合抱之木，生于毫末；

九层之台，起于垒土；

千里之行，始于足下。

——《老子·第六十四章》

北京师范大学刑事法律科学研究院
建院五周年志庆

2005.8—2010.8

京师刑事法文库 ⑰

中国疑难刑事名案法理研究

JURISPRUDENCE ON CRIMINAL CASES

第五卷

主　编／赵秉志

副主编／左坚卫

本卷撰稿人（以撰写顺序为序）

赵秉志　刘媛媛　逄红京　李佳佳

潘永涓　张伟珂　党和苹　宋瑞勇

覃颖慧　杨　光　戴泉泉　林　燕

北京大学出版社
PEKING UNIVERSITY PRESS

图书在版编目(CIP)数据

中国疑难刑事名案法理研究. 第五卷/赵秉志主编. —北京:北京大学出版社,2011.1
(案例评析系列)
ISBN 978 - 7 - 301 - 18363 - 2

Ⅰ. ①中…　Ⅱ. ①赵…　Ⅲ. ①刑事犯罪 - 案例 - 分析 - 中国　Ⅳ. ①D924.05

中国版本图书馆 CIP 数据核字(2010)第 263440 号

书　　　名: 中国疑难刑事名案法理研究(第五卷)
著作责任者: 赵秉志　主编
责 任 编 辑: 孟　瑶
标 准 书 号: ISBN 978 - 7 - 301 - 18363 - 2/D · 2782
出 版 发 行: 北京大学出版社
地　　　址: 北京市海淀区成府路 205 号　100871
网　　　址: http://www.yandayuanzhao.com　电子邮箱: law@pup.pku.edu.cn
电　　　话: 邮购部 62752015　发行部 62750672　编辑部 62117788
　　　　　　出版部 62754962
印　刷　者: 北京鑫海金澳胶印有限公司
经　销　者: 新华书店
　　　　　　730 毫米×980 毫米　16 开本　30 印张　585 千字
　　　　　　2011 年 1 月第 1 版　2011 年 1 月第 1 次印刷
定　　　价: 56.00 元

序　　言

现代刑事法治是由一系列刑事法律事件所组成的鲜活、生动的画卷。在这幅画卷中，刑事案例构成其最跌宕起伏的部分。典型、重大、知名的刑事疑难案件及其诉讼过程，更是从多方面折射出犯罪人的个体问题、法律问题及社会问题。因而选择典型、疑难而为法律人和社会民众所共同关注的刑事要案名案进行研究，既具有专业的学术价值，也蕴含深刻的社会意义。

案例研究是一种理论与实践结合的研究范式。早在20世纪80年代初期和中期，我于中国人民大学刑法专业攻读硕士学位和博士学位期间，我的两位恩师、新中国培养的第一代著名刑法学家高铭暄教授和王作富教授，即通过他们的言传身教、著书立说和实践活动，给了我刑法学研究应当坚持理论联系实际的学术方向与方法的深刻影响。因而在读研究生期间和博士生毕业留校任教后，在专业学习与学术研究中，我注意并且逐渐形成理论联系实际、关注国内外重大现实刑事法治问题的研究风格和特点，其中就包括对典型疑难案例的关注和研析。在新中国第一部刑法典施行十载之年即1990年，我还曾经萌发念头，打算编著一本对刑法典施行后十年间的典型、疑难名案予以研究的著作。为此，当时我已经收集、整理了大量案例资料，甚至也构思了书名与案例研究的体例、特色。遂后，此项目因我工作繁忙且准备出国留学而被束之高阁，但有关念头一直没有打消。后来，我在整理出版五卷本个人文集的过程中，又对刑法学研究中的理论联系实际问题进行了较为深入的思考和归纳，认为其有丰富而合理的内涵，值得努力挖掘和大力弘扬。[①] 其中当然也包含对案例研究的重视。1994年年底，我主持承担了美国福特基金会资助中国人民大学法学院的项目“高级司法官培训教材”之一，内容为以案例研析形式阐述刑法理论与实务问题。我组织一批志同道合的中青年学者，历经近六年的不懈努力，编著出版了九卷本、近三百万字的《中国刑法案例与学理研究》。这部系统研析中国刑法理论与实务的案例研究著作于2001年4月由法律出版社出版发行后，受到法学界尤其是司法实务界的广泛好评与欢迎，一印再印，于2004年9月修订再版后又得以重印，并于2006年荣获司法部第二届全国法学教材与科研成果二等奖。这可以说是法律界、法学界对案例研究形式的肯定。

以上关于案例研究的思考和学术活动，尽管也组织了诸位研究生参与案例研究的

---

① 参见拙著:《刑法总论问题研究》(“刑法学研究系列”之一)“序言”，中国法制出版社1996年版。

项目,但尚未将案例研究作为研究生的学位论文来考虑。在近年来我指导、培养研究生的过程中,主要是基于下述几点原因,我开始尝试引导研究生将典型疑难案件的研究作为硕士学位论文的形式来考虑:其一,倡导青年学者理论联系实际的学风。理论联系实际可以有多种表现形式,而案例研究无疑是其中最为典型、最有特色的形式。其二,促进青年学者关注现实法治问题。现实法治问题也可以表现在许多方面,而典型、疑难的名案要案肯定是现实法治问题最直接、最丰富、最生动的反映。其三,避免硕士学位论文选题的重复与内容的空泛。由于近年来硕士研究生培养数量的急剧大量增加,硕士论文选题重复和内容类似的现象也日趋严重,从而使本应富有学术价值的硕士学位论文质量日益下降,研究生每每为避免重复而伤透脑筋。而选择典型、疑难案件之研究作为硕士学位论文,其法理问题因案而异,就在相当程度上解决了硕士学位论文选题重复与内容空泛的困扰。此外,一件典型疑难案件所涉的主要法理问题毕竟是有限的数个,以一篇硕士学位论文的3—5万字左右的篇幅予以研究,也大体可以研究得较为细致和比较深入,并可以保证和检验出硕士学位论文的质量。因而可以说,硕士学位论文也是研究疑难案件较为适宜的形式。

经过几届指导法学硕士和法律硕士以案例研究为硕士学位论文的实践和答辩经验,这种案例研究形式的硕士学位论文得到了充分的肯定,截至2007年,我和我所指导的研究生们已经积累了20余篇案例研究形式的硕士论文成果。在北京大学出版社蒋浩先生的鼓励和支持下,我构想中的创建以硕士学位论文为主体的案例研究系列著作的蓝图终于得以实现。2008年1月,定名为《中国疑难刑事名案法理研究》(1—3卷)的首批成果由北京大学出版社出版。收入书中的25个案例研究,除1篇为我与左坚卫教授合写、我作为辩护律师办理的一个案件之研究,1篇为刘志伟教授指导的法律硕士论文外,其余23篇均为本人指导并于此前两年通过学位论文答辩的法学硕士论文和法律硕士论文。这些案件有大半为当时全国关注的名案要案,其余也在相当范围内为社会或法律界所知晓。但其更重要的共同特征还在于案件中涉及了诸多值得研究的法理问题乃至社会问题。案例研究的作者们从案情出发归纳和发掘问题,但在问题研究上又不完全拘泥于案情和案件问题,而是旁征博引,生发开去,深入问题,升华法理,从而使案例研究既有实践意义,又有学术价值。案例研究之后,还尽可能地附有案件的判决书、裁定书等司法文书,以备读者查阅和进一步研究有关问题之用。

《中国疑难刑事名案法理研究》(1—3卷)出版后,得到了刑法理论和实务界的广泛关注,取得了较好的社会反响。这进一步坚定了我将案例研究作为硕士研究生的学位论文的想法。我更加注意收集新出现的大案要案的裁判文书及其他资料,并鼓励我指导的学生选择这种毕业论文写作模式。在积累新的案例研究硕士学位论文期间,发生了著名的许霆利用自动取款机技术故障盗窃巨额现金案,该案一审法院的判决结果引起了刑事法学界乃至全社会的关注,学者们对该案进行了热烈研讨,形成了一批相当有深度的科研成果。我在此基础上，于2008年12月编辑出版了《许霆案件的法理争鸣》，作为《中国疑难刑事名案法理研究》的第4卷。这是我对重大疑难热点案件研究模式所作的又一种探索。该书出版后，我继续指导学生以案例研究的形式进行硕士论文写作，又形成了一批这方面的研究成果。经收集和筛选，我挑出了20篇案例研究，编辑成《中国疑难刑事名案法理研究》第5卷和第6卷，交由北京大学出版社出版。这批研究成果中，大多仍为我所指导的硕士研究生完成。所研究的案件有大半为近几年来发生的社会影响面很广的名案要案。其中，第5卷共收入了11个案件，内容涉及危害公共安全罪、破坏市场经济秩序罪、侵犯公民人身权利罪等三个领域；第6卷收入了9个案件，内容涉及侵犯财产罪、妨害社会管理秩序罪和贪污贿赂罪等三个领域。这些案例研究既有对最新发生的热点案件的深度分析，也涉及对数年前发生的重大疑难案件的深层反思。在研究内容和研究体例上，继承了《中国疑难刑事名案法理研究》第1—3卷的风格，保持了这套大型案例研究丛书的系统性、连贯性。

学术研究是薪火相传的事业。学术研究的方向、道路和方法也是学术事业的重要组成部分。我国老一辈刑法学家所倡导的理论联系实际、不尚空谈的学风促进了我国刑法学事业的健康发展，也培养了我们这代中青年刑法学人。基于繁荣发展刑法学事业的使命感和承前启后、培养刑法学青年学者的教师职责，我们应当在论述理论、传授知识的同时，也十分注重对我国刑法学研究中理论联系实际、关注现实法治问题的学风的坚持、维护和弘扬。本书也是我和青年同仁在此方面的探索的继续。我们的研究难免有种种不足乃至谬误之处，但我们坚信此一学术方向与方法是正确的。

最后，衷心感谢北京大学出版社蒋浩先生及编辑同仁对本书及时编辑出版的鼎力支持和辛勤劳动。《中国疑难刑事名案法理研究》这一系列著作就是在蒋浩先生的热情鼓励和直接帮助下才得以面世的，他的鼎力支持，使《中国疑难刑事名案法理研究》这套案例研究系列丛书得以紧贴时代发展的脉搏源源不断地面世，这是对我刑事法研究事业及其理论联系实际的研究风格的莫大肯定和支持，是我们所不能忘记的。

本书主编：赵秉志教授谨识
2010年9月
于北京师范大学刑事法律科学研究院

目　录

（一）危害公共安全罪

(二)破坏市场经济秩序罪

(三)侵犯公民人身权利罪

（一）危害公共安全罪

孙伟铭以危险方法危害公共安全案法理研究

赵秉志* 刘媛媛**

一、选案理由

中国正在由“自行车王国”逐渐进入“汽车时代”。这种发展在给人们生活带来便利的同时，也带来了频频发生的重大交通事故。高度危险的驾驶方式、严重的恶意违反交通规则行为，令公众强烈地感觉到“车祸猛于虎”。近期以来，成都孙伟铭案、广州黎景全案、南京张明宝案、杭州胡斌案等“醉驾”、飙车案件便是其中典型。交通肇事罪量刑之轻缓与危险驾驶引发交通事故后果之恶劣形成了鲜明而强烈的对比，在传统的仇富心理、现代的尊重生命等因素的综合作用下，危险驾驶行为不仅受到了普通民众的高度关注，其也被推到了理论研讨的浪尖风口。这不仅与民众法律意识的崛起有关，同时也折射出当前司法实践中对“醉驾”等危险驾驶行为评价的混乱。在同一时期发生的一系列醉驾案件中，孙伟铭案因其后果之严重、影响之恶劣、争论之激烈而成为学界与媒体共同关注的焦点，更被最高人民法院作为典型案例予以发布，足见其理论意义与研究价值。就孙伟铭案而言，其究竟是构成过失类的交通肇事罪还是故意类的以危险方法危害公共安全罪？醉酒行为本身造成的控辨能力下降是否影响刑事责任的承担？事后的赔偿能否在死刑与无期徒刑的决断之间成为决定性因素？由此引发的，我国对于此类危险驾驶行为有无必要增设新的罪名？诸如此类，在孙伟铭案中都得到了充分体现，并值得深入探讨。因此，将本案选入本书作为研究对象，实有必要。

二、基本案情

2008 年 5 月 28 日，孙伟铭购买了车牌号为川 A43K66 的别克牌轿车。在未取得合法驾驶资格的情况下，孙伟铭长期无证驾驶该车，并有多次交通违法记录。2008 年 12

* 北京师范大学刑事法律科学研究院暨法学院院长、教授、博士生导师，中国法学会刑法学研究会会长。

** 北京师范大学刑事法律科学研究院刑法专业博士研究生，天津商业大学法学院讲师。

月14日中午,孙伟铭与其父母在成都市成华区万年场"四方阁"酒楼为亲属祝寿,期间大量饮酒。16时许,孙伟铭驾驶川A43K66车送其父母到成都市火车北站搭乘火车,之后驾车折返至城东成龙路向成都市龙泉驿区方向行驶。17时许,行至成龙路"蓝谷地"路口时,孙伟铭驾车从后面冲撞与其同向行驶的川A9T332比亚迪牌轿车尾部。其后,孙伟铭继续驾车向前超速行驶,并在成龙路"卓锦城"路段违章越过道路中心黄色双实线,与对面车道正常行驶的川AUZ872长安奔奔牌轿车猛烈碰撞后,又与川AK1769长安奥拓牌轿车、川AVD241福特蒙迪欧牌轿车、川AMC337奇瑞QQ轿车发生碰撞及擦刮,致川AUZ872长安奔奔牌轿车内张景全及尹国辉夫妇、金亚民及张成秀夫妇死亡,另一乘客代玉秀重伤,造成公私财产损失共计五万余元。交通警察接到群众报案后赶至现场将孙伟铭抓获。经鉴定,孙伟铭驾驶的车辆碰撞前瞬间的行驶速度为134—138公里/小时;孙伟铭案发时血液中的乙醇含量为135.8毫克/100毫升。2009年7月22日,四川省成都市中级人民法院认定被告人孙伟铭犯以危险方法危害公共安全罪,判处死刑,剥夺政治权利终身。孙伟铭不服,提出上诉,四川省高级人民法院于同年9月8日作出二审判决,认定孙伟铭犯以危险方法危害公共安全罪,判处无期徒刑,剥夺政治权利终身。

三、裁判要旨

孙伟铭购置汽车以后,未经正规驾驶培训及考核获得驾驶资格证,长期无证驾驶车辆,并多次交通违法;漠视社会公众和重大财产的安全,违法驾车行驶于车辆、人群密集的公共道路,威胁公众安全。尤其是在本次醉酒驾车发生追尾交通事故后,孙伟铭不计后果,以超过限速2倍以上的速度驾车在车辆、人流密集的道路上穿行逃逸,最终跨越道路黄色双实线,冲撞多辆车辆,造成四死一伤、公私财产损失数万元的严重后果。事实表明,孙伟铭对本次行为可能造成严重危害公共安全的后果完全能够预见,虽不是积极追求这种结果发生,但完全放任这种结果的发生,未采取任何避免的措施,其行为完全符合《中华人民共和国刑法》(以下简称《刑法》)关于以危险方法危害公共安全罪的构成要件,已构成以危险方法危害公共安全罪。

孙伟铭系间接故意犯罪,不希望、也不积极追求危害后果的发生,与驾车撞击车辆、行人并造成重大伤亡后果的直接故意犯罪有所不同,主观恶性不是很深,人身危险性不是很大;其犯罪时处于严重醉酒状态,对自己行为的认识和控制能力有所减弱;归案后,其真诚悔罪,并通过亲属尽其所能积极赔偿被害人的经济损失,被害人及其亲属因此出具了谅解书,依法可从轻处罚。基于以上因素综合衡量,孙伟铭尚不属罪行极其严重必须处以极刑的罪犯。

四、引发的理论问题

（一）定罪：交通肇事罪还是以危险方法危害公共安全罪

虽然本案两审均将孙伟铭的行为认定为以危险方法危害公共安全罪，但其定性并非没有争议。辩护方坚持认为，孙伟铭的行为构成交通肇事罪，其实施行为时的主观心理状态应为对自己驾驶机动车的能力过于自信而轻信可以避免的过失，不是故意实施危害公共安全的行为，应以交通肇事罪认定。而控方检察院则认为，孙伟铭长期、持续违法驾车行驶于车辆、人群密集的公共道路，威胁到了公众安全。尤其是在醉酒驾车发生追尾交通事故后，孙伟铭不计后果，以超过限速2倍以上的速度驾车在车辆、人流密集的道路上穿行逃逸，最终造成四死一伤、公私财产损失数万元的严重后果，足以认定其放任危害结果发生的间接故意心态。双方争论焦点即在于行为人对醉酒驾驶行为致人死亡时的罪过形态，即究竟是间接故意还是过于自信的过失？这不仅是长期困扰刑法学界的问题，更是对行为人进行正确定性的关键因素。因此，如何确认行为人的客观行为方式，并考察案发时行为人的醉酒程度、驾车的技术和经验、交通环境的变化情况、相关车辆的状况等具体案情，而非简单的类型化、一刀切，对于正确分析醉酒肇事案件具有决定性意义。

（二）量刑：应处死刑还是无期徒刑

二审对一审量刑的改判，使孙伟铭经历了生死两重天。在正确定性的基础上，如何准确考虑各种量刑因素以作出恰当的刑罚裁量，是法院面临的重要任务。尤其是孙伟铭案这种民愤极大、社会关注度极高的案件，如何在裁判过程中综合考虑犯罪情节、伤亡后果、被告人的主观恶性等案件因素，以及如何与国家刑事政策的整体精神与要求相契合，都是需要认真讨论的问题。

（三）立法：是否要增设危险驾驶罪

现行交通肇事罪的刑罚配置过低，对于实践中酒驾或飙车等危险驾驶案件的处理颇显软弱无力。面对这样的情况，主张重新解释以危险方法危害公共安全罪的观点有之、修订交通肇事罪的观点有之、增设新罪名的观点亦有之。从司法实践的需求、现有法条设置的缺陷、国外立法例的借鉴等方面来看，增设危险驾驶罪实有必要性与可行性。而增设的法条应如何设置，如何实现与其他法条的衔接以免造成矛盾或闲置，均是需要深入考虑的问题。

（四）指导性案例的利与弊

孙伟铭案二审宣判后，最高人民法院不仅在第一时间召开了新闻发布会，而且进一步在随后的公报案例中将本案和佛山黎景全案作为典型案例发布，致使后续发生的多起醉酒驾驶案件一律按照以危险方法危害公共安全罪定罪论处。孙伟铭案这一典型案例究竟起到了何种作用，在我国大陆法系的传统背景下，典型案例的性质、选择、发布主体、效力范围等都是需要深入探讨的问题。

五、定罪:交通肇事罪还是以危险方法危害公共安全罪

交通肇事罪和以危险方法危害公共安全罪均属于危害公共安全罪,其主要区别在于行为人对危害公共安全的后果所持的主观心态不同。后者为故意犯罪,行为人对危害后果持积极追求或放任的心态;前者为过失犯罪,行为人应当预见到自己的行为可能造成危害后果,因疏忽大意没有预见,或者已经预见而轻信能够避免,以致发生危害后果。就孙伟铭案来看,其行为可以分为前后两个阶段,即第一次肇事阶段和后续逃跑阶段。不同阶段的行为定性是否有所不同,怎样判断其主观心理状态发生了从过失到间接故意的转化,对于本案的定性有着决定性影响。

(一)不同阶段行为的不同定性

从现实状况看,"酒驾肇事"案件具有一定的复杂性,集中体现为:行为人在饮酒或醉酒后驾车发生事故后,为逃逸而又致伤亡。对于此类案件,造成恶劣后果的往往是第一次肇事后的后续行为。在这样的情况下,只有准确地认定行为人酒后驾车发生事故行为与事故后逃逸行为的犯罪性质,才能对整个案件作出正确的处理。在进行分析时,需对数个行为展开完整的讨论,而不能一概而论地仅评价第一次肇事行为,或者仅对后续行为进行评判而将第一次肇事行为自然吸收。

具体而言,酒后驾车的行为人,在交通肇事后逃逸,既有可能致交通事故的被害人死亡,又有可能导致其他人(如围观群众、执法的交警、正常行驶的机动车辆上的人、其他行人等)死伤。在分析不同阶段行为的不同定性时,需要厘清交通肇事构成的犯罪与逃逸行为构成的犯罪之间的关系,由此可能产生以下几种不同的情况:

(1)如果酒后或者醉酒驾车发生事故构成交通肇事罪,行为人又逃逸致被害人死亡,对此,应直接按照《刑法》第133条后段规定的情形处理。二者是基本犯与结果加重犯的关系。

(2)如果酒后或醉酒驾驶构成交通肇事罪,行为人逃逸时又过失致他人死伤,符合交通肇事罪的犯罪构成。此时,前后的交通肇事罪构成连续犯,对犯罪人可以考虑从重处罚。

(3)如果酒后或醉酒驾驶构成交通肇事罪,行为人逃逸时又间接故意地致其他人死伤,符合以危险方法危害公共安全罪。对此,应将前后两个犯罪予以数罪并罚。

可见,对于酒后、醉酒驾驶交通肇事(第一冲撞)后又连续冲撞他人的情况,应区别情况确定行为的性质,不能一概认定构成交通肇事罪或者以危险方法危害公共安全罪。①

---

① 赵秉志等:《关于"酒驾肇事"案件刑法对策的初步研究》,载赵秉志主编:《刑事发展研究报告》(2008—2009年卷),中国人民公安大学出版社2010年版,第385页。

在本案中，孙伟铭无证且醉酒后驾车，在与第一辆轿车发生追尾后，孙驾车继续高速前行，并最终越过黄色双实线，先后撞向对面相向正常行驶的四辆轿车，造成4人死亡、1人重伤的严重后果。从上述经过可以看出，孙伟铭在发生第一次撞击时，他的主观心态是过于自信的过失，虽然知道酒后驾车有可能发生事故，但他轻信能够避免发生事故。在第一次撞击之后，没有及时停车，而是为了逃逸继续高速行驶，不计后果，听之任之，最终发生了连续撞击车辆并致多人死伤的惨剧。此时，他的主观心态已经由过失转变为间接故意，且在客观上危害了不特定人的安全，造成了严重后果，从而危害了公共安全。①

对后续连续冲撞行为的定性不能绝对化，不能以客观逆推主观心态。对罪过形态的判断必须依照主客观相统一的原则。首先，第一次肇事应为过失，因为醉酒驾车的行为往往是出于一种自信，行为人认为凭借自己的技术或经验等有利条件，完全可以驾驶而不出事故。其次，逃逸过程中的连续冲撞行为需要进一步具体分析。一种情况是行为人为了逃逸，不计后果，放任危害公共安全后果的发生。比如孙伟铭在发生事故后，超过限制速度2倍以上在车流、人流密集的道路上穿行逃逸；黎景全在发生事故后竟然加大油门冲撞人群，都属于典型的放任心理。此时其主观心态已经不再是过失，而是间接故意。另一种情形是，行为人已经对行为加以控制，如降低车速、踩刹车等，但由于醉酒引起控制能力的下降或由于车速过快，导致后续冲撞致人伤亡情形的，则仍然属于过失。因此，在司法实践中，对于酒后、醉酒驾车肇事后又连续冲撞他人的情况，还是应区别情况确定行为的性质，不能一概而定。②

与孙伟铭案形成对比的另一起影响重大的案件是杭州胡斌飙车案。2009年5月7日晚，被告人胡斌驾驶经非法改装的三菱轿车，严重超速行驶并与同伴有互相追赶的情形。当晚20时8分，胡斌驾车途经某人行横道时，未注意观察路面行人动态，致使车头右前端撞上正在人行横道上行走的男青年谭卓。谭卓被撞弹起，落下时头部先撞上该轿车前挡风玻璃，再跌至地面。事发后，胡斌立即拨打120急救电话和122交通事故报警电话。谭卓经送医院抢救无效死亡。事发路段标明限速为50公里/小时。经鉴定，胡斌当时的行车速度在84.1—101.2公里/小时之间，对事故负全部责任。胡斌案发后，由于其富二代的标签、寻找替身的传闻等报道而引发了广泛关注并受到民众一致的谴责。2009年7月20日，胡斌案作出一审判决，以交通肇事罪判处胡斌有期徒刑3年。胡斌案的审判长对此解释道：根据庭审查明的事实，被告人胡斌平时喜欢开快车，但其认为凭自己的驾驶技术能够避免事故的发生，案发当晚，胡斌在超速驾车过程

① 徐伟、林燕对赵秉志教授的访问：《孙伟铭案定罪量刑准确适当》，http://www.hafxw.cn/Article/rwzx/yjfxj/200909/104939.html，2009年9月10日。

② 袁祥、王逸吟对赵秉志教授的访问：《治理酒后驾车犯罪关键在完善刑事立法》，载《光明日报》2009年10月29日，第9版。

中未违反交通信号灯指令,遇红灯时能够停车,肇事时没有注意观察前方路面情况而撞上在人行横道上行走的男青年谭卓,撞人后立即踩刹车并下车查看谭卓的伤势情况,随即拨打了120及122电话,并留在现场等候处理。① 这一系列行为反映了胡斌肇事时主观上既不希望事故发生,也不放任事故的发生,对被害人谭卓的死亡,其内心持否定和排斥态度,是一种过失的心态,因此,被告人胡斌的主观方面不符合以危险方法危害公共安全罪的主观方面,其行为不构成以危险方法危害公共安全罪。②

醉酒驾车和严重超速驾车都属于危险驾驶,但胡斌案和孙伟铭案得到了截然不同的判决结果。从案情的认定来看,两者的行为方式及其主观心态上的根本不同是导致判决结果相异的本质原因。从客观行为来看,孙伟铭的行为明显分为前后两个阶段:即第一次与比亚迪的追尾以及后来的逃逸行为,真正导致其构成以危险方法危害公共安全罪的是后续的逃逸行为以及在此过程中表现出来的主观心态的转变,即由前期的过于自信的过失转化成了逃逸过程中的放任危害结果发生的间接故意;而胡斌案从整个案情来看,只发生了一次撞击行为,没有逃逸等后续行为,因此,刑法只能评价其唯一的一次撞击行为所构成的犯罪。不管这次撞击行为造成的后果严重程度如何,无论如何也不能否认其是在一次过于自信的心态下实施的交通肇事行为。因此,从两案对比来看,区分清楚具体案情中行为的次数及阶段,对于行为的正确定性是至关重要的。从孙伟铭案来看,其第一次撞击并未造成严重的后果(未达到交通肇事罪的入罪标准),真正使其行为发生质变的正是后续逃逸过程中的连续撞击行为。

此外,以危险方法危害公共安全罪与故意杀人罪也可能产生混淆,现以何朝洋案为例进行分析。③ 2008年8月10日晚11时许,何朝洋在厦门市参加了姐姐的生日酒席,饭后驾驶两轮摩托车载三人返回住处。行至某路段时,发现前方公安人员设置警示牌设卡盘查,何朝洋因具有酒后无证驾车,驾乘人员超过核定人数且均未戴安全帽等一系列违章行为,为了逃避公安机关的检查和处罚,强行驾驶两轮摩托车高速冲关,将正在执勤的交通警察吴某撞出十几米远摔倒在地,致吴某头部受伤,送医院抢救无效死亡。厦门市中级人民法院一审认定何朝洋的行为构成故意杀人罪,并判处其死刑,剥夺政治权利终身。何朝洋随后提出上诉,但福建省高级人民法院二审作出裁定,驳回上诉,维持原判。

行为人酒后或者醉酒驾车冲撞他人,是构成以危险方法危害公共安全罪还是成立故意杀人罪,需要分析行为人冲撞行为作用的具体对象是否为不特定的人或者多数

① 方益波、余靖静:《胡斌为啥判三年:杭州飙车案审判长详解审判结果》,http://news.xinhuanet.com/legal/2009-07/20/content_11740050.htm,2010年12月22日。

② 梁健:《从胡斌案谈交通肇事案件中的自首认定及量刑》,载《人民司法》2009年第20期,第16页。

③ 参见2010年5月26日高铭暄教授、周道鸾教授、张泗汉教授、赵秉志教授与张智辉教授出具的《何朝洋故意杀人案专家论证法律意见书》。

人,在主观上是否放任不特定的人或者多数人的死亡。何朝洋的行为构成间接故意的以危险方法危害公共安全罪,而不是间接故意的杀人罪。对此,可从如下几个方面分析:首先,何朝洋危害行为针对的对象并不是特定的被害人吴某,而是乘车和在场检查的不特定人或者多数人。何朝洋为了逃避检查,避免被罚款和扣车,决定高速驾驶摩托车冲关,这一行为本身就具有很严重的危险性,既有可能造成设卡拦车检查的民警和协警人员伤亡,也有可能造成何朝洋本人和其他乘车人员的伤亡,即该严重违章危险驾驶摩托车的行为可能侵害不特定人或者多数人的人身安全。这完全符合以危险方法危害公共安全罪中的危害“公共安全”这一条件。其次,何朝洋在主观上并不是特定地放任被害人吴某的死亡,而是放任乘车和在场检查的不特定人或者多数人的伤亡。强行冲关的心态恰恰包含了其对任何后果的放任和纵容心理,为逃避检查和可能面临的处罚,在主观上放任任何后果的发生,而非特定地放任被害人吴某的死亡。所以,综合何朝洋主、客观两个方面的实际表现来分析,其行为完全符合以危险方法危害公共安全罪的犯罪构成特征,应认定为该犯罪。何朝洋案件造成一人死亡的严重后果,相对于孙伟铭案来说可谓轻缓,但仅凭这一结果不能否认其驾车撞人的危害公共安全的性质,也不能从一人死亡的后果上认定何朝洋构成故意杀人罪,而应根据主客观相统一的原则全面分析。

(二)间接故意与过于自信过失的界分

一般来说,对于行为人酒后驾车发生事故行为的性质,认为构成交通肇事罪并无不妥。但是,对于事故后逃逸致人死亡的情形,应区分情况:若行为人出于过失,则成立交通肇事罪;若行为人出于故意,则成立以危险方法危害公共安全罪。当然,这里的故意多属于间接的犯罪故意。因此,必须区分“酒驾肇事”者主观上究竟是过于自信的过失还是间接故意。

对于过于自信的过失与间接故意的区分,理论上一般认为,在两种心态中,从认识因素上看,行为人都认识到了行为可能造成严重后果,但过失的行为人还根据个人经验、技术、体力以及工具、环境、天气、他人行为等因素认识到了避免结果发生的可能性,间接故意的行为人对此则没有认识,也不愿去认知;从意志因素上看,行为人都不希望结果的发生,但过失的行为人完全排斥危害结果的发生,而间接故意的行为人听任危害结果发生。就“酒驾肇事”案件而言,行为人主观罪过的区分更为复杂,因为行为人由于饮酒或醉酒而神志不清,辨认能力和控制能力都有所降低,不容易确定其行为当时的心态。对此,应注意以下几点:

(1)所判断的行为人的心态只能是他实施交通肇事和逃逸时的心态,不能将他酒醒后的态度作为判断的依据。

(2)饮酒或醉酒的行为人既然能够驾车,就说明其仍具有一定的刑事责任能力,能认识到行为可能发生危害社会的后果。

(3) 应该分析行为人是否认为自己能够避免危害社会之后果的发生,进而再分析行为人的此种认识有没有充分、现实的根据。如果行为人所说的认为可以避免结果发生的因素或者根据,一般人看来不具有任何合理性,且在客观上根本不足以阻止危害结果发生,那么,该行为人的主观心态实际上即属于间接故意,而非过于自信的过失。①

(4) 对罪过形态的判断必须依据主客观相统一原则。根据主客观相统一原则的要求,刑事责任的确定需要行为人的主观罪过和客观危害之间相互统一与印证。在"酒驾"致人死伤案件中,行为人醉后驾车的行为往往是出于一种自信,认为凭借自己的技术或经验,完全可以驾驶。因而第一次冲撞行为的性质往往属于过失肇事,其后逃逸过程中的连续冲撞情形则需要进一步分析:一种情况是行为人为了逃逸,不采取任何控制措施,继续高速行驶,不计后果,放任危害公共安全后果发生的,比如发生事故后为逃逸而加大油门冲撞,即属于典型的放任心理,此时其主观心态已经发生变化,不再是过失,而是间接故意;另一种情形是行为人已经开始对行为加以控制,如采取了降低车速、踩刹车等行为,但由于醉酒引起控制能力的下降或由于车速过快,导致后续冲撞致人伤亡情形的,则仍然属于过失。②

从孙伟铭案认定的案情来看,孙伟铭在发生事故后,超过限制速度 2 倍以上,在车辆和人流密集的道路上穿行逃逸,连过两个路口、同 5 辆汽车发生撞击,直至撞上最后一辆奇瑞轿车的前保险杠才被迫停车。整个连续撞击的过程中并无刹车、降速等行为,客观上已不具备轻信危害结果能够避免的条件,不可能是过于自信的过失,至少也是放任危害结果的发生,即具有危害公共安全的间接故意。类似的案件如佛山黎景全案,其在发生事故后竟然加大油门冲撞,其主观心态已发生变化,属于典型的放任心理。

认定行为人的主观心态,客观方面的具体行为是主要考察因素;同时需要注意的是,在认定行为人是否具有间接故意时,不能简单地根据冲撞次数,而是应当依据当时案情的具体情况进行分析。湖南赵湘杰案就是需要与此作出区分的另一典型案例。1998 年 3 月 4 日晚,赵湘杰酒后驾车,先将横过马路的行人陈某撞伤,而后驶入逆行道,由于躲闪不及,汽车保险杠的左前端将行人黄某当场撞死。在他人呼喊"撞人了"的情况下赵某仍未停车,由于车速过快,接连撞坏两辆出租车,驶入一家酒店停车场,而后下车步入一家美发厅做按摩。待交警赶来后赵某仍未醒酒,还口出狂言。③ 湖南

① 赵秉志等:《关于"酒驾肇事"案件刑法对策的初步研究》,载赵秉志主编:《刑事发展研究报告》(2008—2009 年卷),中国人民公安大学出版社 2010 年版,第 384 页。

② 赵秉志:《"酒驾"致人死伤案件的法理思考》,http://www.gxxb.net/Html/mjjt/091070906364426173.html,2010 年 12 月 22 日。

③ 参见刘斌:《二十世纪末中国的错案》,载门神网:刑事被害预防专业网站,2006 年 7 月 14 日发表。

省株洲市中级人民法院一审按以危险方法危害公共安全罪判处赵湘杰死刑，湖南省高级人民法院二审以交通肇事罪改判其有期徒刑15年。在赵湘杰案中，第一次与骑车人陈某相撞致其轻微伤，其主观方面显然是过失的。但赵没有停车，而是继续驾车行驶，第二次将骑车人黄某撞倒在地，致其死亡。从实际情况来看，赵湘杰后来两次撞击都是在较短时间、较短距离内因躲避不及而发生，从而造成严重后果。可以说，该案是连续发生了三次过失的交通肇事，但不能由此转化为故意的以危险方法危害公共安全罪。因此，单纯的撞击次数因素是不能成为过失犯罪向故意犯罪转化的理由的，还必须有其他充分的证据证明。

六、量刑：应处死刑还是无期徒刑

孙伟铭案的两审判决定性相同，但量刑却是生死之别。一审死刑判决发布后，舆论并未如想象中的欢喜雀跃，相反随着孙伟铭本人更多个人真实情况被披露，其父的抱病赔偿、孙伟铭对贫困学生的长期资助，都使舆论与民众对其产生了丝丝怜悯。从刑法角度来看，孙伟铭案导致恶果的关键行为是在其处于醉酒的状态下产生的，虽然我国《刑法》已明文规定"醉酒的人犯罪，应当负刑事责任"，但我们同样也应当考虑，因醉酒导致的行为人控辨能力下降，是否能成为减轻处罚的根据？另外，以危险方法危害公共安全罪的最高法定刑是死刑，在四死一伤的案情里，后果不可谓不严重；在从一审死刑到二审无期徒刑的变化中，孙伟铭及其家人的积极赔偿为这一改判增加了多少筹码？这不仅让人回想起"钱是否能买命"的激辩，而且在宽严相济的刑事政策下，这一情节能否成为量刑因素更具有积极的讨论意义。

（一）醉酒导致控辨能力降低可否作为减轻处罚的根据

酒精对人的神经系统具有麻醉作用。饮酒或醉酒的人，行为人可能因为酒精的作用而完全或者部分丧失辨认或者控制自己行为的能力。但是，我国《刑法》第18条第4款明文规定："醉酒的人犯罪，应当负刑事责任。"那么，对于醉酒犯罪的人，其负刑事责任的根据是什么？对于因此部分丧失辨认或者控制自己行为能力的人，能否从宽处罚？对此，我们必须结合醉酒犯罪的刑事责任能力、主观心态及原因自由行为等综合判断。

1. 醉酒犯罪的刑事责任能力特点

酒精对人体神经的毒害作用，简称酒精中毒，也称醉酒。醉酒一般可以分为生理性醉酒和病理性醉酒。由于病理性醉酒属于精神病的范畴，因此刑法上通常所讲的醉酒是指生理性醉酒。

关于生理性醉酒，医学上一般将其分为三个时期：第一期为兴奋期，又称轻度醉酒，表现为脱抑制现象，如兴奋多话、情绪欣快、易激惹、易感情用事、招惹是非等，此时控制能力有所减弱。第二期为共济运动失调期，又称中度醉酒，此时醉酒者动作笨拙，步履蹒跚,举止不稳,语无伦次,辨认和控制能力都有所减弱。第三期为昏睡期,又称高度醉酒,此时醉者面色苍白,皮肤湿冷,口唇微紫,呼吸缓慢伴有鼾声,此时也有一定程度的意识障碍。[①]

根据饮酒量和酒精发作周期的不同,酒后、醉酒行为人的刑事责任能力也呈现出不同的特点:① 在兴奋期,行为人虽然出现脱抑制现象,控制能力也有所减弱,但行为人的辨认能力完好,能辨认和控制自己的行为,其对自己酒后、醉酒时实施的行为仍然可能具有完全的刑事责任能力。② 在共济运动失调期,行为人的辨认和控制能力都有所减弱,属于限制刑事责任能力人,其对自己酒后、醉酒时实施的行为不能完全辨认和控制。③ 在昏睡期,行为人已经出现了意识障碍,其对自己的行为既无辨认能力也无控制能力,属于无刑事责任能力人。

2. 醉酒犯罪的主观心态特点

醉酒犯罪,根据饮酒原因的不同和刑事责任能力的差异,其主观心态也呈现出不同的特点[②]:

(1) 根据醉酒原因的不同,醉酒可分为自愿醉酒和非自愿醉酒。在非自愿醉酒中,行为人醉酒系迫不得已,其主观并未预见到醉酒的危险性。因此,在一般情况下,非自愿醉酒者主观上对自己的行为既无故意也无过失。当然,对因非自愿醉酒陷入限制责任能力而犯罪,则可根据犯罪时的心态确定是否成立故意或者过失,并可依《刑法》第18条第3款的规定对其从轻或者减轻处罚。而自愿醉酒者是自愿降低自己评价危险和控制自身行为的能力,从而增加了伤害他人和实施其他危害社会行为的可能性。自愿醉酒者应对其醉酒后实施的犯罪行为承担故意或者过失的责任。

(2) 根据醉酒前有无犯意的不同,自愿醉酒又可分为事前无犯意的醉酒和事前有犯意的醉酒。事前有犯意的醉酒,是指行为人出于逃避惩罚、减轻罪责的动机或想借酒精对神经的兴奋作用来增强其犯罪勇气,故意醉酒使自己陷入限制责任能力或者无责任能力状态,并利用此状态实施犯罪行为。事前有犯意的醉酒并因此而实施犯罪行为的,行为人主观上具有故意。

(3) 根据醉酒后的责任能力状态的不同,事前无犯意的醉酒又可区分为:① 因醉酒而陷入无责任能力状态的事前无犯意醉酒;② 因醉酒而陷入限制责任能力状态的事前无犯意醉酒。对于第一种情形,一般来说,行为人实施行为时无犯罪的故意、过失,但其醉酒时具有故意或者过失。对此,可依其醉酒时对危害结果的心态而成立故意或者过失。如果行为人虽然陷入无控制能力状态,但尚有辨认能力,这表明行为人在实

---

① 参见汤涛、黄富颖:《原因上的自由行为与急性酒中毒的司法精神病鉴定》,载《法医学杂志》2000年第4期,第226页。

② 赵秉志等:《关于"酒驾肇事"案件刑法对策的初步研究》,载赵秉志主编:《刑事发展研究报告》(2008—2009年卷),中国人民公安大学出版社2010年版,第378页。

施危害行为时仍可能具有犯罪的故意或者过失，对此则应结合行为人醉酒时和实施危害行为时的心态综合认定其犯罪心态。对于第二种情形，行为人不仅对醉酒行为有故意或者过失，而且对犯罪行为的危害后果也有故意或者过失。对此，可依其犯罪时的心态而成立故意或者过失。

3. 醉酒犯罪与原因自由行为

原因自由行为是指行为人由于故意或过失使自己陷于限制责任能力或者无责任能力状态，并在此状态下实施的危害社会的行为。[①] 在原因自由行为中，行为人实施结果行为时是限制刑事责任能力人或者无刑事责任能力人，但其实施原因行为时则是完全刑事责任能力人。关于原因自由行为的可罚性，刑法理论上存在责任原则维持说、责任原则修正说和责任原则例外说。其中，责任原则维持说又分为因果行为说、间接正犯说和统一行为说。[②] 结合原因自由行为的相关理论，笔者认为，醉酒犯罪负刑事责任的根据主要在于：

（1）行为人的醉酒犯罪造成了严重的危害后果。我国《刑法》第 1 条规定，刑法的目的是“惩罚犯罪，保护人民”。因此，尽管刑法既要保护人权也要保障人权，但是从社会政策的角度，刑法立法应当以社会公共利益为重，保护社会的根本利益，对于严重危害社会利益的行为予以严惩。这是行为人对其醉酒犯罪行为承担刑事责任的社会基础。

（2）行为人醉酒犯罪的原因行为与醉酒犯罪的结果行为之间具有直接因果关系。行为人醉后犯罪行为是行为人饮酒这一原因行为所引起的。行为人是整个饮酒行为、酒后或醉酒犯罪行为的发动者。行为人醉酒犯罪的原因行为和结果行为是一个行为整体，共同导致了危害后果的出现。行为人对此应当承担刑事责任。这是行为人对其醉酒犯罪行为承担刑事责任的行为基础。

（3）行为人实施醉酒犯罪的原因行为时具有完全刑事责任能力。虽然行为人在实施危害行为时不具有刑事责任能力或者只具有部分刑事责任能力，但是行为人在饮酒的时候完全能够辨认和控制自己的行为，是完全刑事责任能力人，他有义务和能力控制自己的醉酒行为以防止危害社会的结果，但却没有控制。因此，行为人应当对此承担刑事责任。这是行为人对其酒后、醉酒犯罪行为承担刑事责任的行为人基础。

（4）行为人实施醉酒犯罪的原因是出于故意或者过失。虽然行为人在醉酒状态下实施犯罪行为的当时无责任能力或责任能力受到限制，因而在主观上可能不具有犯罪的故意或者过失，但这种无责任能力或者限制责任能力状态的出现是行为人故意或过失造成的。行为人应当对其故意或过失实施的行为承担刑事责任。这是行为人对

---

① 参见林山田：《刑法通论》，台湾三民书局 1984 年版，第 176 页。

② 参见孟伟：《原因自由行为可罚性之论证》，载《政法论丛》2005 年第 6 期，第 58 页。

其醉酒犯罪行为承担刑事责任的心理基础。[①]

因此,基于上述理论,行为人应当对其醉酒犯罪行为承担刑事责任,并且不能从宽处罚。醉酒驾车本就为社会道德所谴责,如果行为人还能因此而得到宽宥,不仅在实践中有违民众的法感情,在理论上也有悖刑法的价值宗旨。

(二) 孙伟铭案改判无期徒刑的考虑因素

醉驾致死案件是否绝对不会判处死刑? 孙伟铭案的判决具有一定的司法指导性意义。有观点据此推出醉驾致死案件绝对不会判死刑的结论,这似乎过于武断且根据不足。本案虽然后果非常严重,但是其中包含很多从宽因素,如果没有这些从宽因素,在保留死刑的情况下很难说绝对不应也不会适用死刑。笔者主张严格限制并尽量减少死刑的适用,但不能说醉驾致死并认定为以危险方法危害公共安全罪的案件就一概不能适用死刑。

1. 事后悔罪及赔偿行为可否作为量刑因素

孙伟铭案二审改判无期徒刑,网络及社会舆论认为这与其家人积极筹款赔偿有直接关系,"花钱就能买命"的质疑再度激烈发声。结合《法制日报》的相关报道,近年来交通肇事案件数量呈线性递增趋势,交通肇事案件的绝大多数被告人被判处3年以下有期徒刑或者拘役,且这类被告人有80%以上都适用了缓刑,而适用缓刑的案件,有85%左右的被告人都能足额赔付被害人及其家属的经济损失。[②] 这一现象的产生,与行为人的主动赔偿、受害方的积极争取、法院的居中协调,都有一定关系。需要研究的是,行为人事后的积极悔罪和赔偿行为,究竟在量刑中应当起到何种程度的作用,这在一些案件中是实刑与缓刑的区分,而在孙伟铭案中则是生死之别。分析这一问题时需要汴意:

(1) 从被害人的角度看。能否根据被告人已经对被害人进行赔偿而减轻对其的刑事处罚? 尽管赔偿行为本身不是直接影响量刑的因素,而是表明了被告人的悔罪态度和认罪表现,但从被害方角度看,在被害人已经死亡的情况下得到一定数额金钱的赔偿,毕竟降低了被害方家庭的经济负担,一定程度上从物质上减少了犯罪所造成的伤害,这些都是赔偿的积极意义。在和谐社会理念和宽严相济刑事政策指导下,被告人积极赔偿被害方可以考虑作为减轻处罚的依据。[③] 这一做法也得到了最高司法机关的认可。2010年2月8日,最高人民法院《关于贯彻宽严相济刑事政策的若干意见》第23条指出:被告人案发后对被害人积极进行赔偿,并认罪、悔罪的,依法可以作为酌定

---

① 赵秉志等:《关于"酒驾肇事"案件刑法对策的初步研究》,载赵秉志主编:《刑事发展研究报告》(2008—2009年卷),中国人民公安大学出版社2010年版,第379页。

② 参见《胡斌案一审判决已经是走折中路线》,http://view.news.qq.com/a/20090722/000041.htm,2009年7月22日。

③ 赵秉志:《酒驾肇事案件的刑法对策》,载《人民法院报》2009年10月14日,第6版。

量刑情节予以考虑。

（2）从犯罪人的角度看。在孙伟铭案中，案发后其真诚悔罪，并通过亲属尽其所能积极赔偿被害人的经济损失，被害人及其亲属因此出具了谅解书，人民法院对此情节予以考虑，没有判处犯罪人死刑。有人质疑这是花钱买刑。对此，笔者认为，民事赔偿本身不属于刑事案件的量刑情节，是刑事案件犯罪人与被害人处理民事法律关系的表现。民事赔偿本身并不直接等同于犯罪人的真诚悔罪。但是，是否积极地赔偿被害人，在一定程度上表明犯罪人是否确实认识到个人的罪过、是否真诚悔罪。犯罪人基于真诚悔罪态度作出积极赔偿，且取得被害人的真心谅解的情形，可以作为从宽量刑的考虑因素之一。而如果犯罪人没有真诚悔罪，即便赔偿了被害人，也不宜考虑对其从宽处罚。①

2. 间接故意是否属于“罪行极其严重”

根据《刑法》第 115 条第 1 款的规定，以危险方法危害公共安全罪可判处 10 年以上有期徒刑、无期徒刑或者死刑。至于判处何种刑罚，需要综合考虑犯罪情节、伤亡后果和被告人的主观恶性及人身危险性。如果所犯的罪行极其严重，犯罪人的主观恶性较大，符合《刑法》第 48 条第 1 款的规定，即便其是出于间接故意实施的犯罪，也不能绝对地排除死刑的适用，相反，可根据情况适用死刑。当然，在这种情况下应尽可能选择适用死刑缓期二年执行，严格控制和慎重对待死刑立即执行的适用。只有犯罪人确有自首、真诚悔罪等从宽情节，才可考虑不适用死刑。②

根据我国《刑法》第 48 条的规定，死刑只适用于“罪行极其严重”的犯罪分子。根据司法实践经验，适用死刑要符合三个条件：① 犯罪行为的性质及其危害后果极其严重；② 犯罪分子的主观恶性和人身危险性极其严重；③ 犯罪的情节极其严重。在孙伟铭案中，从主观方面来看，其心态并非是希望并追求犯罪结果发生的直接故意，而只是放任犯罪结果发生的间接故意，主观恶性不是很深，人身危险性不是很大。因此，孙伟铭的行为并不符合这三条，不属罪行极其严重。③

（三）交通肇事案件中的自首认定

交通肇事后，虽有部分行为人逃逸，但仍存在肇事后报警、积极抢救伤员、等候处理等行为。虽然孙伟铭案中并不涉及这一问题，但司法实践中的做法不一。如杭州胡斌案中，胡斌撞人后立即踩下刹车并下车查看伤者情况，随即拨打了 120 急救电话和 122 报警电话，并留在现场等候处理。但法院最终并未认定胡斌具有自首情节。“因为

① 赵秉志等：《关于“酒驾肇事”案件刑法对策的初步研究》，载赵秉志主编：《刑事发展研究报告》（2008—2009 年卷），中国人民公安大学出版社 2010 年版，第 385—386 页。

② 同上注，第 386 页。

③ 徐伟、林燕对赵秉志教授的访问：《孙伟铭案定罪量刑准确适当》，http://www.hafxw.cn/Article/rwzx/yjfxj/200909/104939.html，2009 年 9 月 10 日。

被告人胡斌肇事后及时报警并在现场等候的行为,属于履行道路交通安全法规定的义务,刑法对交通肇事后逃逸的行为规定为加重处罚情节,刑事立法上已将履行道路交通安全法规定义务的肇事人予以从轻处罚。如果将被告人胡斌肇事后报警并在现场等候处理这种履行法定义务的行为认定为自首情节并再次从轻或者减轻处罚,那在法律上就进行了重复评价。"[①]而其他地区,如北京、重庆等地,对当事人报警并在现场等候处理的行为则仍视为自首。例如,2008 年 5 月 26 日上午,郭某驾车行至延庆县湖北路东口时,其车左前轮将行人刘女士轧成重伤。肇事后,郭某及时打电话报警,并如实供述了自己的肇事行为。最终被法院认定为构成交通肇事罪,且有自首情节,依法从轻处罚,判处有期徒刑 10 个月,缓刑 1 年。

不仅如此,对于这一问题,理论上的争论也极大。浙江省高级人民法院于 2009 年 8 月 21 日下发的《关于审理交通肇事刑事案件的若干意见》规定:"交通肇事后报警并保护事故现场,是道路交通安全法规定的被告人交通肇事后必须履行的义务。人民法院依法不应将交通肇事后报警并在肇事现场等候处理的行为重复评价为自动投案,从而认定被告人自首。""交通肇事逃逸后向有关机关投案,并如实供述犯罪事实的,可以认定自首,依法在三年以上七年以下有期徒刑的幅度内从轻处罚,一般不予减轻处罚。对于有致死亡一人或者重伤三人以上情节的,不适用缓刑。"此意见一经发布就引发了广泛争论,学界对其质疑者有之,赞同者有之。孙伟铭案虽不涉及这一问题,但理论上的争议导致类似案情在不同地区可能存在截然相反的结果,不仅造成法律适用的不统一,而且会引发民众对刑法公平正义理念的质疑,因此笔者对此问题亦加以阐述。

1. 理论争议

对于在交通肇事罪中报警并保护现场能否成立自首,有两种截然相反的观点。

(1) 否定论观点

否定论认为,交通肇事后报警并在现场等候处理的行为,不能认定为自动投案,不能因此认定为成立自首。主要理由在于:

① 履行法定义务的行为不应得到"自首奖励"。《中华人民共和国道路交通安全法》(以下简称《道路交通安全法》)第 70 条规定,在道路上发生交通事故,车辆驾驶人应当立即停车,保护现场;造成人身伤亡的,车辆驾驶人应当立即抢救受伤人员,并迅速报告执勤的交警或交管部门。由此看来,报警并等候处理的行为均是法律设定的义务,履行义务当然谈不上奖励。[②]

② 如果将肇事后主动报警的行为按自首论,在交通肇事逃逸与不逃逸之间,就会形成处罚上的不平衡。从逻辑上讲,交通肇事后,逃与不逃所负的刑事责任,应该是相

① 方益波、余靖静:《胡斌为啥判三年:杭州飙车案审判长详解审判结果》,http://news.xinhuanet.com/legal/2009-07/20/content_11740050.htm,2010 年 12 月 22 日。

② 参见王玉珏:《交通肇事后报警并保护现场应属"自动投案"》,载《法学》2009 年第 10 期,第 23 页。

邻的责任档次,即逃逸的负加重责任,不逃的负基本责任。假若对不逃逸的按自首论处,逃与不逃所负的刑事责任就不是相邻的责任档次,而是两个相间的责任了。①

③ 将交通肇事后报警的行为认定为自首,有违"禁止重复评价"原则。行政法规规定了肇事后必须报告公安机关,致一人死亡的,在 3 年以下量刑,而如果发生事故后逃逸,则提高法定刑,在 3 年以上 7 年以下量刑。因此,对于肇事后是否及时履行行政法上的义务,在对肇事人的处理上已经作了明显区别,即对于及时抢救伤员、报警的从轻处罚,对于肇事后逃逸的加重处罚。故对及时履行行政法上强制义务的行为人认定为自首,而再予以从轻或减轻处罚,就有重复评价之嫌。②

(2) 肯定论观点

肯定论则认为,交通肇事后报警并在现场等候的行为应当属于自动投案,如果同时符合其他自首的要件,应当成立自首,不能一概而论。主要理由在于:

① 行政法规的相关规定不能改变《刑法》对自首的认定,《刑法》本身也无对交通肇事罪自首的特别禁止性规定。只要行为人的行为符合《刑法》中自首的要求,就应当认定为自首。这种认定不以其他部门法有无报告规定为限。③

② 从诉讼法角度看,对肇事者等候处理并如实供述的行为,不认定为自首,不利于实现刑事诉讼的目的。这不仅侵犯了行为人依法享有的权利,同时也不利于交通事故的及时处理和化解社会矛盾、维护社会稳定。④

③ 交通肇事后履行法定义务与《刑法》上认定自首并不矛盾,不存在重复评价问题。履行《道路交通安全法》的义务并不是自首的例外规定,履行报警义务并不能排斥自首规定的适用。肇事后报警并在肇事现场等候处理的行为与主动去司法机关投案有相同的法律效果,不存在重复评价的问题。

2. 对交通肇事后的自首的认定及处理

交通肇事发生后,是否成立自首,需要结合情况具体认定,其中涉及以下问题:

(1) 酒驾肇事后报警、保护现场、抢救伤者、等候处理的行为能否成立"自动投案"?

笔者认为,从以下几个方面来分析,肇事后的报警等行为可以认定为自首条件中的"自动投案"。① 从《刑法》与《道路交通安全法》的关系看,《刑法》是基本法律,自首是《刑法》中的刑罚裁量制度;而《道路交通安全法》属于行政法范畴的非基本法律,自首并非其规定的制度。两法相比较,某种行为是否构成自首,当然应依《刑法》衡量,

① 参见侯国云:《交通肇事后报警不以自首论的法理解读》,载《人民检察》2009 年第 18 期,第 25 页。

② 参见梁健:《从胡斌案谈交通肇事案件中的自首认定及量刑》,载《人民司法》2009 年第 20 期,第 16—17 页。

③ 参见王玉珏:《交通肇事后报警并保护现场应属"自动投案"》,载《法学》2009 年第 10 期,第 26 页。

④ 参见《浙江高院发布交通肇事自首认定,专家称有违刑法》,http://www.cnr.cn/china/gdgg/200908/t20090829_505449483.html,2010 年 12 月 22 日。

而不是取决于《道路交通安全法》的规定。② 从刑法总则与刑法分则的关系看,刑法总则与刑法分则是一般与特殊的关系。自首作为刑法总则设立的刑罚制度,自然应当适用于刑法分则中的各类各种具体犯罪,交通肇事罪当然不能除外。③ 从自首成立条件上看,自首的成立要求行为人在犯罪后具备自动投案和如实供述罪行两个条件。行为人在交通肇事后不逃逸,保护现场、抢救伤者并向公安机关报告,将自己置于公安机关管束之下的情形,如果案件构成交通肇事罪,则此情形完全符合自动投案的本质特征,理应认定为自动投案。④ 从刑罚适用合理性上看,自首是法定的罪后从宽裁量刑罚的制度,其设立的立法宗旨之一,是为了贯彻罪责刑相适应的原则,对罪后具有不同表现者予以宽严不同的区别对待。而否定交通肇事后不逃逸并报案为自首的主张,抹杀了罪后有显著不同表现应有的不同待遇。的确,如浙江省高级人民法院的规定,如果行为人交通肇事后先逃逸后来又投案自首了,其量刑基准应当是首先在 3 年以上 7 年以下有期徒刑的档次衡量,此种情形下当然不会产生逃逸后再自首比不逃逸并报案更合算的问题。但行为人肇事后不逃逸的情况下,一个是报案而将自己置于公安机关管束之下,另一个是根本没有报案,前者明明符合自首之自动投案的条件都予以否定,适用刑罚之合理性何在?因此,对于酒驾肇事后保护现场、抢救伤者、向公安机关报告的行为应认定为自动投案。[①] ⑤ 从禁止重复评价原则来看。禁止重复评价原则是指在定罪量刑时,禁止对同一犯罪构成事实予以2次或2次以上的法律评价,这是刑法在对犯罪行为进行评价时应当遵循的一个重要原则,违反该原则将导致处罚上的不公正。这一原则存在一个必要的前提,即必须发生在同一诉讼之内就同一犯罪构成事实而言,且数次评价具有同质性,即均为刑事评价。由此看来,《道路交通安全法》系行政法规,因此其对肇事者的义务设定或评价不属于刑事法之领域。肇事后报警并保护现场的行为是履行《道路交通安全法》的义务的行为,而自首则是刑法评价行为,两者完全属于不同性质的评价,绝非重复评价。肇事后逃逸,不仅要接受吊销机动车驾驶证的行政处罚,同时还要接受刑罚惩罚,但同样不违背禁止重复评价的原则。[②] 从禁止重复评价原则设立的价值目标来看,旨在保障被告人人权,因此,对其研究应当着眼于正面条件的界定而非负面条件的限定,对于自首这一从宽情节的理解应尽量从宽解释,而不应限定过死。

(2) 肇事后的报警等行为可以认定为自首中的"自动投案",在此前提下,是否成立自首的关键在于是否成立"如实供述"。

在实践中,酒驾肇事的情况多种多样,因此需要根据案件的具体情形认定行为人是否成立自首,尤其需要重点考察行为人是否属于"如实供述自己罪行":① 对于酒驾

---

① 赵秉志:《当代中国重大刑事法治事件评析》,载《刑法论丛》(2010 年第 3 卷),第 141—142 页。

② 郭越鸣:《交通肇事后报警并保护事故现场能否认定为自首》,载《湖南公安高等专科学校学报》2010 年第 2 期,第 94 页。

肇事后既不报警也不在现场等待有关机关的处理的，一般都不符合自首的条件，不按自首处理。② 对于酒驾肇事逃逸后又自动投案、如实供述自己罪行的，则可根据触犯罪名的不同，在成立交通肇事逃逸这一加重情节的前提下成立交通肇事罪的自首，或者成立以危险方法危害公共安全罪的自首。③ 对于酒驾肇事后报警但仍逃逸，并且拒不到案的，不认定为自首。④ 对于酒驾肇事后报警并在现场等待有关机关处理，但没有如实供述自己罪行的，不认定为自首。⑤ 对于酒驾肇事后报警并在现场等待有关机关的处理，且如实供述自己的罪行的，应当认定为自首。[①]

（3）对酒驾肇事案件中的自首应如何处罚？

司法实践中对于酒驾肇事案件自首认定的混乱，很大程度上是由于将自首的认定和自首的量刑混为一谈，认为认定自首后必定会在量刑上对犯罪人从宽处罚，从而担心会轻判犯罪分子，尤其是罪行严重的犯罪分子。实质上，这种担心是完全没有必要的。一方面，自首属于法定情节中的“可以型”量刑情节，而非“应当型”量刑情节，法官存有一定的自由裁量权，即使认定了自首成立，也不意味着必然会从宽处罚。另一方面，我国《刑法》第 61 条规定：“对于犯罪分子决定刑罚的时候，应当根据犯罪的事实、犯罪的性质、情节和对于社会的危害程度，依照本法的有关规定判处。”该条是我国《刑法》关于量刑的总体性规定，进行刑罚裁量时必须对本条所列的因素进行综合判断，对于犯罪性质恶劣、情节严重、对社会危害程度大或者被告人系自首但主动性不明显的，依法可以不予从宽。

考虑到酒驾肇事过程中自首情形的差异，对自首犯应当区别不同的情节分别对待：① 在一般情况下，均应依照我国《刑法》第 67 条的规定，对自首的酒驾肇事行为人从轻或者减轻处罚，其中犯罪较轻的，可以免除处罚。② 对于酒驾肇事逃逸，后又自首，符合交通肇事罪加重处罚情节的，应在加重处罚的法定刑幅度内，依照自首犯的处罚规定对行为人从宽处罚。③ 根据最高人民法院《关于贯彻宽严相济刑事政策的若干意见》第 17 条第 1 款的规定，“对于自首的被告人，除了罪行极其严重、主观恶性极深、人身危险性极大，或者恶意地利用自首规避法律制裁者以外，一般均应当依法从宽处罚。”因此，对本条中提到的罪行极其严重等犯罪分子，可对其不予从宽处罚。[②]

七、立法：是否要增设危险驾驶罪

虽然“法律不是嘲笑的对象”，但对于确实存在缺陷的立法进行批判并提出修正意见，也是学界和学者不可推卸的责任。我国的交通肇事罪源自 1979 年《刑法》，时代的局限决定了立法的局限：1979 年《刑法》的立法者们不可能预料到 30 年后的中国发生

---

① 赵秉志：《当代中国重大刑事法治事件评析》，载《刑法论丛》（2010 年第 3 卷），第 142 页。

② 同上注。

如此翻天覆地的变化,更加难以想象交通事故之严重、频发与交通肇事罪的较低刑罚配置之间的矛盾会如此突出。立法的修订速度也正随着社会的发展加速而加速,立法之滞后性的特点更加凸显于稳定性的特点。频繁的立法与修法并不能简单地被认为是破坏法律的稳定性,或者是惰性解释法律的表现。除了充分解释现有法律之外,对确实有必要进行的新的立法或修改现有立法,同样也要抱以宽容和鼓励的态度。放眼国外立法,对于醉驾本身即构成犯罪的并非没有,是否能够拿来所用,是我们亟需研究的问题。

(一)理论争议

1997年《刑法》中规定的交通肇事罪仍然沿用的是1979年《刑法》的规定。当时的立法基础仍是基于自行车作为民众日常主要交通工具而机动车数量很少的现实。我们不能苛求当时的立法者能够预料到在较短的时间内机动车保有量即大大增加,更无法苛求他们预见到与之相关的伤亡事故会达到如此严重的程度。社会的飞速发展和交通肇事案件的频繁发生,已不是现有的交通肇事罪所能承受的。从罪刑相适应的原则看,15年有期徒刑和造成的人民生命、财产安全的重大损失已越来越不相适应。面对这样的状况,学者们提出了不同的解决方案,认为对交通肇事罪的司法解释和法律修改存在三条出路[①]:

(1)缩小过失性交通肇事罪,仅限于法律手续齐全的驾驶人员在常速行驶下因无法避免或过分自信而造成的一般交通伤亡事故,除此以外均以危害公共安全罪论处。

(2)纠正目前刑法失之过宽的立法缺陷,修改法律条文,提高最高刑期年限。该观点认为,刑事司法对于规制醉驾行为之罪名"争"多"论"少,洞见其症结乃是处罚醉酒犯罪的刑事立法过于粗疏所致。如果在交通肇事罪中增添加重情节条款,将醉驾、飙车、无证驾驶等情况作为交通肇事罪加重处罚情节,可以达至一举多得之功效。[②]

(3)将危险驾驶行为犯罪化。这一观点不仅为诸多学者所赞同,也得到了有关部门的支持。2010年4月28日,国务委员兼公安部部长孟建柱在向全国人大常委会作《国务院关于加强道路交通安全管理工作情况的报告》时建议研究在《刑法》中增设"危险驾驶机动车罪",认为应当"研究在《刑法》中增设危险驾驶机动车罪,将醉酒驾驶机动车、在城镇违法高速驾驶机动车竞逐等严重危害公共安全的交通违法行为纳入《刑法》,并提高交通肇事罪的法定最高刑"。[③]

(二)增设新罪的必要性与可行性

1. 司法实践的需要

就孙伟铭案等醉酒肇事案件来说,如果说法院依法作出的判决仍让人觉得震慑力

① 参见孙万怀:《犯罪违法交通行为的过度立法与司法犯罪化》,载《中国社会科学报》2009年8月18日,第7版。

② 孙国祥、黄星:《醉酒驾车之刑事法规进路分析》,载《法学论坛》2009年第6期,第39页。

③ 陈丽平:《将研究增设危险驾驶机动车罪》,载《法制日报》2010年4月29日,第7版。

不足、安全感不够的话,我们就需要考虑,是不是应当结合社会发展的现实情况,在立法上适时调整。现代工业的发展给社会共同体生活带来各种风险,为了社会的公共利益和公共安全,刑法须对这种应受处罚的风险状态及时地进行否定性评价,尤其是在涉及公共安全的交通等领域,刑法应提前介入时间。为控制"酒驾"给社会公众带来的巨大风险而及时进行刑罚威慑,成为立法的首要理由。

最新统计数据显示,2009 年 1 月至 8 月,全国发生的酒后和醉酒驾车肇事案件 3 206 起,造成 1 302 人死亡。而且,在这样一组触目惊心的数字背后,还有长达二十余年的交通事故和死亡人数的持续增长。在坊间还流传一种说法:酒后驾车交通肇事案件在 2009 年集体"爆发",从而助其成为近两年来的法治焦点。有学者认为,并非案件本身的特点或恶性程度发生了什么变化,更重要的还在于媒体的关注和群众更加注重生命安全的思想观念的转变。[①] 事实上,酒后驾车每年都引发交通事故,其中也不乏重大的恶性案件,由其引发的争议也并非自今日始。20 世纪已被媒体大肆报道的河南张金柱案、前文提到的湖南赵湘杰案等,不论是定罪还是量刑,都引发了激烈的争论。而 2009 年发生的数起醉驾案件,因其发生之集中、案件之典型、关注之广泛、研讨之深入,为我们加强道路交通安全方面的立法,提供了很好的契机。另外,实践中不仅醉酒驾驶行为,而且吸毒驾驶、超速驾驶等行为同样危害到公众安全,设置危险驾驶罪可以将上述行为都纳入新增罪名,更具有合理性。

2. 现行《刑法》的缺失

对于醉酒驾驶犯罪,我国现行《刑法》中有相关法条可以进行规制,但在规制的范围上,存在着规制范围过窄的缺陷,有待完善。

(1) 我国醉酒驾驶犯罪的法条设置缺失

在我国《刑法》中,可以规制酒后、醉酒驾驶犯罪的法条主要是《刑法》第 115 条关于以危险方法危害公共安全罪的规定和第 133 条关于交通肇事罪的规定。我国《刑法》第 115 条第 1 款规定:"放火、决水、爆炸以及投放毒害性、放射性、传染病病原体等物质或者以其他危险方法致人重伤、死亡或者使公私财产遭受重大损失的,处十年以上有期徒刑、无期徒刑或者死刑。"第 133 条规定:"违反交通运输管理法规,因而发生重大事故,致人重伤、死亡或者使公私财产遭受重大损失的,处三年以下有期徒刑或者拘役;交通运输肇事后逃逸或者有其他特别恶劣情节的,处三年以上七年以下有期徒刑;因逃逸致人死亡的,处七年以上有期徒刑。"从我国《刑法》关于醉酒驾驶犯罪的法条设置及刑罚配置来看,主要有以下缺失,体现在:

① 在立法方式上,《刑法》没有专门设置有关醉酒驾驶犯罪的法条,而是将其与其他相关的不法行为放在一起统一规定。这种立法方式,在效果上不利于有效发挥《刑

① 参见李松、黄洁:《盘点社会公共安全视野下的"2009 醉驾"》,载《法制日报》2009 年 12 月 3 日,第 9 版。

法》有针对性地惩治酒后、醉酒驾驶犯罪的作用。

② 严格区分了故意与过失犯罪。在法条设置上,我国《刑法》严格区分了故意的醉酒驾驶犯罪和过失的醉酒驾驶犯罪,并分别设置罪名。其中,对于故意的醉酒驾驶犯罪,依照以危险方法危害公共安全罪定罪;对于过失的醉酒驾驶犯罪,则依照交通肇事罪定罪。

③ 在犯罪的成立条件上,规定必须发生了严重危害后果才负刑事责任。根据我国《刑法》第115条和第133条的规定,醉酒驾驶,只有发生了致人重伤、死亡或者使公私财产遭受重大损失的,才负刑事责任。相对来说,我国《刑法》没有规定拒绝酒精检测的刑事责任,也没有将醉酒驾驶的部分共犯行为入罪。我国最高人民法院2000年11月10日通过的《关于审理交通肇事刑事案件具体应用法律若干问题的解释》将部分致使、强令酒后、醉酒驾驶的行为纳入交通肇事罪的范围,但并没有规定提供车辆等帮助行为可以入罪。

(2) 我国醉酒驾驶犯罪的刑罚制裁缺失

从刑罚的配置来看,我国对于醉酒驾驶犯罪的制裁存在以下缺失:

① 对过失醉酒驾驶犯罪,法定刑设置很轻。

② 故意犯罪与过失犯罪的法定刑相差悬殊。根据我国《刑法》第115条、第133条和有关司法解释的规定,同样是酒后、醉酒驾驶致使一人重伤的情况下,对过失的酒后、醉酒驾驶致死的,最高只能判处3年有期徒刑,而对故意的酒后、醉酒驾驶致死的,则最低可判处10年有期徒刑,最高可判处死刑。两罪的法定刑相差幅度较大。

③ 在法定刑的设置上,没有规定罚金刑和资格刑。即便在对行为人判处刑罚的同时由公安交通部门按照《道路交通安全法》对醉驾者暂扣、吊销驾驶执照或者禁驾,行为人仍然可以很快重新驾驶。这不利于对酒后、醉酒驾驶犯罪的惩治与预防。

(3) 以危险方法危害公共安全罪处置"酒驾"案件并不具有针对性

一方面,以危险方法危害公共安全罪本身有"口袋罪"之嫌,是否符合罪刑法定原则尚有争议;另一方面,以危险方法危害公共安全罪并不是针对醉酒驾驶行为而专门设立的,"以其他危险方法"应当是相当于与放火、爆炸、决水、投放危险物质相当的方法,而不能认定为泛指任何危害公共安全性质的方法,对于多数危害结果并不是特别严重的醉驾肇事行为来说,以危险方法危害公共安全罪动辄10年以上有期徒刑、无期徒刑或死刑,刑罚明显过重。

3. 国外立法的借鉴

国外有关惩治"酒驾"肇事行为的成功立法经验可供借鉴。严格来说,"酒驾"案件是工业社会发展过程中的社会通病,在世界各国中都普遍存在,因此,合理地借鉴国外立法经验,将有助于提高解决问题的效率。

发达国家在此问题上往往采取较为严格的刑事政策,多设置行为犯或危险犯,刑法介入时间较早而且法网严密,关于惩治“酒驾肇事”危害行为,国外已有一些成功的立法经验,对此我们应当适当参考借鉴。如为了严惩频繁发生的酒后驾驶行为,《日本刑法典》规定了危险驾驶致死伤罪,该罪主要包括酩酊驾驶致死伤罪、超速行驶致死伤罪、无技能驾驶致死伤罪、妨害驾驶致死罪和无视信号致死伤罪。① 2009 年修订的《韩国道路交通法》,新增加了醉酒驾驶车辆罪和拒绝酒精检测罪两项罪名。该法规定任何人不得在醉酒状态下驾驶车辆。警察在有相当理由可以认定当事人属于醉酒驾驶的情况下,可以对其进行酒精检测。测定驾车人是否属于醉酒驾驶的标准,是其血液中酒精浓度的含量是否在 0.05% 以上。② 1988 年《英国道路交通法》中也规定有酒后驾驶罪,主要包括由于酗酒或吸毒不适宜开车时驾驶或企图驾驶机动车辆罪,血液中酒精浓度超过预定标准驾驶或企图驾驶机动车辆罪,以及在上述不适宜状态下疏忽驾驶致死罪。③《德国刑法典》第 315C 条醉酒驾驶罪规定,行为人基于醉酒而无法保证行驶安全时驾驶车辆的,处以 1 年以下监禁;过失者同样根据前款予以处罚。④ 此外,《芬兰刑法典》规定了醉酒交通犯罪,具体包括酒后驾驶、严重酒后驾驶和非机动车交通醉酒、无照驾驶等行为。这些规定对于遏制本国频繁发生的交通事故给本国公共安全带来的威胁起到了明显效果,我国在治理“酒驾肇事”危害行为而完善刑法立法时,可以适当参考借鉴外国成功的立法例。

(三)具体设置

我国《刑法》中的交通肇事罪是结果犯,只有造成严重结果的才构成犯罪,这显然不利于对酒驾案件的处理。我国的刑罚处罚是以结果犯为主,国外的处罚是以行为犯为主,整个理念是不同的,主要是缩小打击面,但不利于刑罚预防功能的发挥。要改变整个理念不可取,但修改个别罪名还是可行的。⑤ 我国最新的立法在这方面也已经有了改变,《中华人民共和国刑法修正案(七)》[以下简称《刑法修正案(七)》]第 11 条在妨害动植物防疫、检疫罪中增补了“危险”状态的规定,这反映了我国刑法立法对过失危险犯的接纳倾向,在理论上被认为是我国《刑法》对危险犯立法的新进展。动植物疫情涉及公共利益,酒后驾车则涉及公共安全,因此,笔者赞成将“危险驾驶罪”的基本犯罪形态设置为危险犯。也就是说,醉酒等危险驾驶行为本身已经对公共安全造成了巨大危险,为了维护社会安全,抑制严重犯罪结果的发生,只要行为人在醉酒等危险状态下实施驾驶行为,并且威胁到公共安全,即使没有造成严重后果也构成犯罪;若造成严

① 参见〔日〕西田典之:《日本刑法各论》,刘明祥、王昭武译,中国人民大学出版社 2007 年版,第 43—47 页。

② 参见王刚:《韩国新增醉酒驾驶车辆罪》,http://www.legalinfo.gov.cn/index/content/2009-09/02/content_1147690.htm,2009 年 9 月 2 日。

③ 参见赵秉志主编:《英美刑法学》,中国人民大学出版社 2004 年版,第 340—341 页。

④ 参见谢杰:《增设危险驾驶罪不妨以抽象危险犯为理论依据》,载《检察日报》2010 年 6 月 21 日,第 3 版。

⑤ 储槐植教授观点。参见徐伟:《追究酒驾法律责任存三个难题》,载《法制日报》2009 年 12 月 9 日,第 5 版。

重后果的,则构成该罪的结果加重犯。只要行为人在醉酒等状态下实施危险驾驶行为,并威胁到公共安全,即使没有造成严重后果的也构成犯罪。[①] 当然,危险犯的范围不宜过大,只应当限于醉酒等危险驾驶行为,对于没有造成严重后果的一般酒后驾驶行为,按照交通管理法规处罚即可。

由此,我们建议在《刑法》中增加"危险驾驶罪"。其基本犯为危险犯,只要危险驾驶,即使没有造成严重后果,即构成犯罪。危险驾驶故意或者过失致人重伤、死亡或者使公共财产造成重大损失的,则为结果加重犯。具体来说,可以考虑在《刑法》第115条后增加1条:

"第一百一十五条之一:有下列危险驾驶行为之一,危害公共安全,尚未造成严重后果的,处……:

(一) 醉酒后驾驶的;

(二) 吸食毒品后驾驶的;

(三) 严重超速驾驶,情节严重的;

(四) 其他危险驾驶行为,情节严重的。

危险驾驶致人重伤或者使公私财产遭受重大损失的,处……

危险驾驶致人死亡或者使公私财产遭受巨大损失或者有其他特别恶劣情节的,处……

过失犯第二款罪的,处……

过失犯第三款罪的,处……

危险驾驶人员抗拒检测的,从重处罚。

犯本条罪者真诚悔罪、积极赔偿、取得被害人谅解的,可以从轻处罚。"

对于本条的刑罚设置,应当合理设置主刑,区分危险犯与实害犯的不同量刑基准,并适当增加罚金刑、资格刑等附加刑,将酌定量刑因素法定化,实现对危险驾驶犯罪行为量刑的科学化、规范化。

八、指导性案例的利与弊

孙伟铭案二审宣判后,对类似案例的定性起到了巨大的示范作用。如果说之前在实践中对于醉酒驾驶案件的性质认定存在不同观点的话,本案的判决及随后最高司法机关的新闻发布会及典型案例的公布,无疑平息了司法实务部门对此类案件定性上的争议与混乱,至少表面上如此。

2009年4月26日,四川省成都市的蒋佳君醉酒后驾车致一人重伤、两人轻伤,公

① 袁祥、王逸吟对赵秉志教授的访问:《治理酒后驾车犯罪关键在完善刑事立法》,载《光明日报》2009年10月29日,第9版。

私财产损失五万余元；肇事后为逃避处罚，不顾公共安全，继续驾车连续冲撞，致一人死亡，公诉机关即以交通肇事罪和以危险方法危害公共安全罪提起诉讼，2010 年 4 月 7 日，成都市高新区人民法院进行了审理①；2009 年 9 月 14 日，沈阳司机钱进酒后驾车肇事后继续撞击他人和车辆，造成一人死亡、两人受伤，并造成财产损失，公诉机关认为其构成以危险方法危害公共安全罪，2010 年 3 月 17 日，沈阳市中级人民法院一审以以危险方法危害公共安全罪判处其有期徒刑 11 年，剥夺政治权利 2 年②；2010 年 4 月 5 日，浙江省三门县杨曙忠大量饮酒后，驾驶一辆黑色宝马车连续冲撞，造成四人死亡、四人轻伤、四人轻微伤及十六万余元财产损失的严重后果，6 月 8 日被浙江省台州市中级人民法院一审按以危险方法危害公共安全罪判处无期徒刑，剥夺政治权利终身。③上述案件均被定性为以危险方法危害公共安全罪，看起来实现了司法适用的统一和公正，但也仅仅是个“看上去很美”的结果。而在这背后，最高人民法院在本案二审判决宣布后的一系列做法却有值得商榷之处。

在孙伟铭案二审宣判的当天，最高人民法院召开新闻发布会，肯定了孙伟铭案与佛山黎景全案的二审判决，同时指出：“今后对醉酒驾车，肇事后继续驾车冲撞，放任危害后果的发生，造成重大伤亡，构成以危险方法危害公共安全罪的，应当依照刑法第一百一十五条第一款的规定定罪处罚，这样才能有效打击、预防和遏制一个时期以来醉酒驾车犯罪多发、高发的态势。”最高人民法院的新闻发布会，从时间上来看可谓及时，从内容上来看可谓精准，从态度上来看可谓鲜明，不仅对两个二审判决有了明确的支持，而且也为其三天后印发的《关于醉酒驾车犯罪法律适用问题指导意见及相关典型案例》奠定了舆论基础。然而，这一新闻发布会的举办及内容确有诸多不妥之处。

(1) 从时间上看，最高人民法院的新闻发布会与两个高级人民法院的二审判决发生在同一天，虽然保证了及时性，但背后引发的问题却不容小觑。召开新闻发布会，必定有一系列准备过程。以最高人民法院的此次新闻发布会为例，由于其针对的是两个高级人民法院的二审判决，则按常理事件的顺序应当是这样的：高级人民法院公布二审判决——最高人民法院收到正式文书——最高人民法院研究并决定召开新闻发布会，同时确定会议内容——筹办会议——召开发布会。可此次发布会之迅速，只能用事先预知来解释。这样一来，实际上将不宜公开的秘密暴露无遗，即案例请示制度。这一制度由于众所周知的弊端而被学者诟病已久，但最高人民法院此举毫无掩饰地默认甚至鼓励了这一做法，着实不妥。或许面对猖獗的恶性交通事故，最高人民法院力图尽快地给各方面一个及时、妥当的交代，但以默认或鼓励案例请示制度为代价，成本过高。

(2) 从内容上看，最高人民法院对两个高级法院的二审判决持毫无异议的支持态

① 参见王鑫：《成都醉驾悍马撞人案开审》，载《人民法院报》2010 年 4 月 8 日，第 3 版。
② 参见周贤忠：《沈阳首次以危害公共安全罪判刑醉驾者》，载《沈阳日报》2010 年 3 月 18 日，第 A08 版。
③ 参见王先富：《浙江醉驾老板一审判处无期》，载《人民法院报》2010 年 6 月 9 日，第 3 版。

度,无形中剥夺了当事人的申诉空间,导致审判监督程序的虚置。《中华人民共和国刑事诉讼法》(以下简称《刑事诉讼法》)第14条和第203条规定,人民法院"应当保障诉讼参与人依法享有的诉讼权利"、"当事人及其法定代理人、近亲属,对已经发生法律效力的判决、裁定,可以向人民法院或者人民检察院提出申诉"。而最高人民法院的这一做法过早地表明,其与二审法院的态度是一致的,从实质条件上来说,申诉没有任何意义,这就迫使当事人放弃了申诉权。

笔者认为,在我国各级司法机关对如何处理"酒驾肇事"案件做法不一的情况下,最高司法机关应当加强以下几个方面的工作:

(1) 适时发布指导性案例。我国未实行判例制度,但最高司法机关也曾通过公报、报纸和出版物发布过典型性案例,为各级司法机关处理同类案件提供参考。最高人民法院发布的《人民法院第二个五年改革纲要(2004—2008)》明确指出,"建立和完善案例指导制度,重视指导性案例在统一法律适用标准、指导下级法院审判工作、丰富和发展法学理论等方面的作用。"对此,最高人民法院可从全国各地各级司法机关处理的此类案件中寻找具有典型意义、正确定罪量刑的"酒驾肇事"案件,通过正式渠道公布,使之成为指导性案例,解决有关疑难问题,引导各地各级司法机关统一司法适用标准。孙伟铭案二审判决后,最高人民法院印发了《关于醉酒驾车犯罪法律适用问题指导意见及相关典型案例》。虽然我国对于"典型案例"的性质、选择标准、效力、适用范围等问题均有较大争议,但从实践中来看,典型案例的公布具有不可忽视的积极作用。

(2) 及时出台有针对性的司法解释文件。司法解释对司法实践中应用法律的疑难问题作出解释,明确法律适用的标准,增强法律规定的可操作性,对司法实践具有重要的意义。在处理"酒驾肇事"案件时,需要对《刑法》分则相关规定的不明确之处(如危险方法的界定、逃逸致人死亡的理解)、犯罪定性和刑罚裁量的诸多疑难问题(如区分过失与间接故意的关键、自首的认定、缓刑的适用等)予以澄清,并形成统一、准确的结论。为此,最高司法机关、公安机关有必要深入研究有关复杂问题,全面总结现有的司法经验,针对"酒驾肇事"案件及时颁布司法解释文件。

(3) 提出立法改进建议,促使立法及时完善。明确、可操作性强的立法规定能为司法实践活动提供统一的操作标准。最高司法机关在处理"酒驾肇事"案件的过程中发现现有立法规定存在不足时,应提出相关的立法完善建议,促使国家立法机关及时对《刑法》分则中关于交通肇事罪、以危险方法危害公共安全罪的规定予以修订。①

九、结语

愈演愈烈的"酒驾肇事"案件和其他危险驾驶行为已经严重威胁到社会公共安全,

① 赵秉志等:《关于"酒驾肇事"案件刑法对策的初步研究》,载赵秉志主编:《刑事发展研究报告》(2008—2009年卷),中国人民公安大学出版社2010年版,第387页。

而现行《刑法》对其缺乏有针对性和有力度的规范,对此我们应当清醒认识、充分重视,积极寻求并统筹规划刑法立法完善的对策。

对交通肇事行为本身即存在一个综合治理的问题。一系列醉酒案件发生后,各地纷纷强化了对酒后驾车、醉酒驾车行为的行政处罚,强调了处罚的普遍性和必然性,掀起了对危险驾驶行为的"围剿风暴",并且已经取得了立竿见影的效果:来自公安部网站的消息,2009 年 8 月 15 日至 22 日,全国道路交通安全形势总体保持稳中有降的态势,全国发生的酒后驾驶肇事事故导致 32 人死亡,同比下降 23.8%。[①] 由此可见,综合治理和严格执法才是遏制恶性交通肇事行为的根本方法。如何降低肇事者的侥幸心理,将非常态下的"风暴"转化为常态下的预防,充分发挥刑法这一最后防线之前的各道防线的作用,是理论界和实务部门共同面临的问题。

我国是具有浓厚酒文化传统的国家,"无酒不成席"的观念远比"饮酒不驾车"的自律来得容易得多。醉酒驾驶惨案的不断发生,其实是中国传统酒文化与现代汽车文明冲突的表现。因此,我们还要处理好法治措施与民情民意和社会观念的关系,动员全社会对于饮酒、醉酒等危险驾驶行为予以关注和声讨,努力树立"饮酒不驾车,驾车不饮酒"的良好社会风尚,形成监督和自我监督的积极氛围。只有真正贯彻综合治理的方针,才能有效地防范和惩治"酒驾肇事"等危险驾驶行为的发生。只有人们真正意识到,醉酒驾车是对交通秩序的破坏,是对自己生命不负责任的时候,人们才可能自觉地远离醉酒驾车行为。

附录

四川省高级人民法院刑事判决书

(2009)川刑终字第 690 号

原公诉机关:四川省成都市人民检察院。

上诉人(原审被告人):孙伟铭,男,1979 年 5 月 9 日出生于西藏自治区,汉族,高中文化,信息技术从业人员,户籍地重庆市沙坪坝区晒光坪 56 号附 10 号 5-1 号,捕前住四川省成都市高新技术产业开发区芳草街 36 号瑞升花园 3 幢 2 单元 502 号。2008 年 12 月 15 日因涉嫌犯交通肇事罪被刑事拘留,同月 26 日因涉嫌犯以危险方法危害公共安全罪被逮捕。现羁押于成都市看守所。

辩护人:施杰,四川鼎立律师事务所律师。

---

① 参见《公安部发布 8 月 15 日至 26 日道路交通安全情况统计》,http://www.gov.cn/gzdt/2009-08/31/content_1405193.htm,2010 年 12 月 22 日。

辩护人:陈红,四川鼎立律师事务所律师。

四川省成都市中级人民法院审理四川省成都市人民检察院指控原审被告人孙伟铭犯以危险方法危害公共安全罪一案,于2009年7月22日作出(2009)成刑初字第158号刑事判决。原审被告人孙伟铭不服,提出上诉。本院于2009年8月4日受理后,依法组成合议庭,于2009年9月4日公开开庭审理了本案。四川省人民检察院指派代理检察员陈王莉、王敏眉出庭履行职务。上诉人(原审被告人)孙伟铭及其辩护人施杰、陈红到庭参加诉讼。合议庭评议后,审判委员会进行了讨论并作出决定。现已审理终结。

四川省成都市中级人民法院判决认定:被告人孙伟铭于2008年5月购买车牌号为川A43K66的别克牌轿车后,长期无证驾驶,并有多次交通违法记录。2008年12月14日16时许,孙伟铭醉酒驾驶该车从成都市成华区万年场"四方阁"酒楼送其父母去火车北站后,又继续驾车沿成龙路前往龙泉驿区。17时许,孙伟铭驾车在成龙路"蓝谷地"路口从后面撞上正常行驶的川A9T332比亚迪轿车尾部后,继续向龙泉驿方向高速行驶,行至成龙路"卓锦城"路段时,越过道路中心双实线,猛烈冲撞对面正常行驶的川AUZ872长安奔奔轿车,接着又先后撞上川AK1769长安奥拓轿车、川AVD241福特轿车、川AMC337奇瑞QQ轿车。致川AUZ872长安奔奔轿车内驾驶员张景全、乘客尹国辉、金亚民、张成秀死亡,代玉秀重伤,造成公私财产损失五万余元。原判认定上述事实有公安机关的接受刑事案件登记表、鉴定结论、证人证言、被告人供述等证据证实。原判认为,被告人孙伟铭作为心智健全、受过一定教育的成年人,在明知驾驶车辆必须经过相关培训,并通过国家有关机关考试的情况下,仍无视国家交通安全法规,置不特定多数人的生命安全于不顾,长期无证驾驶车辆并多次违章,2008年12月14日在严重醉酒的情况下,驾车行驶于车辆、人群密集之处,并最终造成四死一重伤及他人财产损失数万元的严重后果,其行为已构成以危险方法危害公共安全罪,且情节特别恶劣,应予以严惩。依照《中华人民共和国刑法》第115条第1款、第57条第1款之规定,认定被告人孙伟铭犯以危险方法危害公共安全罪,判处死刑,剥夺政治权利终身。

上诉人孙伟铭上诉提出:

(1)其不具有以危险方法危害公共安全的主观故意,一审判决定性不准,适用法律错误。其虽然从2008年7月开始无证驾驶机动车辆并多次交通违法,但主观上并非是对他人生命、健康和财产安全的漠视;事发当天其酒后驾车是违反交通管理法规,不是以汽车作为犯罪工具危害公共安全;酒后驾车追尾、超速、跨双实线发生交通事故,都是在不清醒的状态下实施的行为,没有危害公共安全的主观故意。

(2)原判量刑过重。

辩护人辩护提出:

(1)原判定性不准,量刑不当。孙伟铭犯罪时的主观心理状态应为对自己驾驶机动车的能力过于自信而轻信可以避免的过失,不是故意实施危害公共安全的行为,应以交通肇事罪施予相应刑罚。

(2) 原判遗漏重要事实。根据“天网”监控视频,孙伟铭车辆在发生交通事故前,曾与一辆白色微型车发生擦刮,导致车辆偏向,为躲避前方行人,措施失当才造成严重后果。

(3) 原判认定孙伟铭所驾车辆与比亚迪汽车发生追尾的证据有瑕疵,证据不足;对孙伟铭发生车祸后要求对被害人救援的情节未予认定不当。

(4) 孙伟铭有真诚悔罪表现。案发后其和家人积极赔偿被害人经济损失,并获得被害人方的谅解,应酌情从轻处罚。

为支持其主张,辩护人当庭出示了三组证据:

(1) “天网”监控视频光盘一张及专家意见,证明孙伟铭所驾别克车在发生事故前可能与一辆白色微型汽车发生擦刮,导致车辆偏向,为避让行人,孙操作失误引发惨案。专家认为,与白色车的擦刮是导致孙伟铭车辆肇事的起因,白色车主至少是知情者。

(2) 孙伟铭原工作单位成都奔腾公司、合作单位成都华南公司的证明及同事游川艺、李志刚和其资助对象范小琼的证词,证明孙伟铭的为人及生活、工作状态。

(3) 案发后,孙伟铭支付给受害人亲属的抢救、医疗费收条9张及为筹集赔偿款而出售孙伟铭房屋的买卖合同及相关单据、成都市锦江区人民法院民事调解书、被害人亲属谅解书,证明案发后,孙伟铭先期支付被害人亲属11.4万元,其后,经成都市锦江区人民法院主持调解,被告人与被害人亲属自愿达成赔偿协议,由被告人赔偿被害人经济损失100万元,并于2009年9月3日支付60万元。被害人亲属联名出具了谅解书。

出庭检察员提出:原判认定事实清楚,定性准确,审判程序合法。对于辩护人出示的视频证据,检察员认为,该视频所示图像不能证明孙伟铭所驾车辆与白色微型车发生擦刮,辩护人主张的事实没有相关证据佐证,不能认定。孙伟铭醉酒后驾车高速行驶,不计后果强行超车导致车辆失控才是酿成车祸的真正原因,与是否发生擦刮没有关系;专家意见的结论本身就具有不确定性,且不能作为刑事诉讼的证据使用。检察员对辩护人出示的第二组证据的真实性不持异议,但提出该组证据与本案事实不具有关联性,不能作为从轻、减轻处罚的情节。对辩护人出示的第三组证据,检察员不持异议。关于与比亚迪追尾相关证据的瑕疵问题,检察员认为证据细节上的差异,不能否定证据的真实性、客观性,也不能否定孙伟铭驾车与比亚迪汽车追尾后,未停车解决纠纷而是迅速离开现场这一基本事实。对于孙伟铭在发生车祸后下车呼叫抢救伤者的情节,检察员建议在量刑时酌情考虑。检察员提出,孙伟铭犯罪后果严重,应依法严惩,但鉴于孙伟铭属于间接故意犯罪,案发后本人并通过家人尽力赔偿被害人损失,被害人亦表示谅解,不宜判处死刑立即执行。

经审理查明,2008年5月28日,上诉人(原审被告人)孙伟铭购买了车牌号为川A43K66的别克牌轿车。在未取得合法驾驶资格的情况下,孙伟铭长期无证驾驶该车,并有多次交通违法记录。2008年12月14日中午,孙伟铭与其父母在成都市成华区万年场"四方阁"酒楼为亲属祝寿,期间大量饮酒。16时许,孙伟铭驾驶川A43K66车送其父母到成都市火车北站搭乘火车,之后驾车折返至城东成龙路向成都市龙泉驿区方向行驶。17时许,行至成龙路"蓝谷地"路口时,孙伟铭驾车从后面冲撞与其同向行驶的川A9T332比亚迪牌轿车尾部。其后,孙伟铭继续驾车向前超速行驶,并在成龙路"卓锦城"路段违章越过道路中心黄色双实线,与对面车道正常行驶的川AUZ872长安奔奔牌轿车猛烈碰撞后,又与川AK1769长安奥拓牌轿车、川AVD241福特蒙迪欧牌轿车、川AMC337奇瑞QQ轿车发生碰撞及擦刮,致川AUZ872长安奔奔牌轿车内张景全及尹国辉夫妇、金亚民及张成秀夫妇死亡,另一乘客代玉秀重伤,造成公私财产损失共计五万余元。交通警察接群众报案后赶至现场将孙伟铭抓获。经鉴定,孙伟铭驾驶的车辆碰撞前瞬间的行驶速度为134—138公里/小时;孙伟铭案发时血液中的乙醇含量为135.8毫克/100毫升。

另查明,案发后,上诉人(原审被告人)孙伟铭委托其父变卖名下财产筹款,其父亲亦全力筹款,倾力赔偿被害人的经济损失,被害人及其亲属已出具谅解书。

上述事实,有下列经一、二审庭审举证、质证本院予以确认的证据证实:

(1) 接受刑事案件登记表,证实2008年12月14日17时许,市民周全文向公安机关电话报案:在成龙路"卓锦城"路段,一车牌号为川A43K66的轿车先后与多辆车发生碰撞,有人员伤亡。

(2) 交通事故现场勘查笔录、现场示意图及照片,证实现场位于成都市成龙路"卓锦城"路口附近,该处为双向六车道,中间为双黄中心实线,左右两侧各有一条非机动车道。机动车道和非机动车道间为实体隔离绿化带,该路段全道路限速60公里/小时。

在距"卓锦城"事故现场距离约1 650米的成龙路"蓝谷地"路口,川A9T332车尾部有碰撞痕迹,后保险杠印有43K66车牌反向印迹。

(3) 交通事故尸表检验报告及尸检报告、尸检照片,证实:① 张景全、尹国辉的全身受伤情况,并证实二人的死亡地点在从现场到医院的途中。② 金亚民、张成秀的全身受伤情况,并证实二人的死亡地点在成龙路"卓锦城"路口。③ 张景全系驾车时被碰撞致颅脑、胸部复合性损伤死亡。④ 尹国辉系乘车时被碰撞致颅脑、胸部复合性损伤死亡。⑤ 金亚民系乘车时被碰撞致颅脑、胸腹部复合性损伤死亡。⑥ 张成秀系乘车时被碰撞致颅脑损伤死亡。

(4) 成都市公安局物证鉴定所鉴定书,证实代玉秀的伤情为重型颅脑外伤、右额颞硬膜下血肿、蛛网膜下腔出血、左侧创伤性湿肺、双侧胸腔积液、全身多处骨折。经治疗后左膝关节不能弯曲,左膝关节运动活动度丧失达50%以上,已明显构成肢体残疾;骨盆骨折严重变形。代玉秀的伤情属重伤。

(5) 唾液提取笔录及四川华西法医学鉴定中心检验报告书，证实经检验，提取的孙伟铭口腔拭子与川 A43K66 驾驶员座位气囊上血迹的 DNA 遗传标记一致。

(6) 四川西华机动车司法鉴定所司法鉴定检验报告书，证实：① 经对川 A43K66、川 A9T332、川 AUZ872、川 AK1769 车外部相关痕迹检验，分析认为，川 A43K66 车先与川 A9T332 发生追尾，又相继与川 AUZ872、川 AK1769 车发生碰撞。② 依据“天网”监控录像、现场图等测算，川 A43K66 车在碰撞前瞬间的行驶速度为 134—138 公里/小时。③ 经检验，未发现川 A43K66 车、川 AUZ872 车、川 AK1769 车事故前存在安全隐患。

(7) 中国科学院成都分院测试结果报告，证实经检测，川 A9T332 轿车后保险杠右侧附着物与川 A43K66 轿车前保险杠车牌上提取的漆片为同种类漆。

(8) 涉嫌酒后驾车人员血样提取表及四川华西法医学鉴定中心鉴定，证实 2008 年 12 月 14 日 17 时 55 分，在成都市空军医院抽取孙伟铭血液。同日经检验，从所送孙伟铭血液中检出乙醇，浓度为 135.8 毫克/100 毫升。

(9) 交通事故责任认定书，证实孙伟铭驾驶川 A43K66 车与刘小红驾驶的川 A9T332 比亚迪牌轿车在成龙路“蓝谷地”路口发生交通事故，因孙伟铭未依法取得机动车驾驶证，酒后驾驶机动车，未与前车保持足以采取紧急制动措施的安全距离，且发生交通事故后驾车逃逸，负此次事故的全部责任。

(10) 四川省道路交通事故物损鉴定结论书，证实经鉴定，川 A9T332 比亚迪车的损失金额为 5 571 元；川 AUZ872 长安奔奔车的损失金额为 33 667 元；川 AMC337 奇瑞 QQ 车的损失金额为 2 080 元；机动车辆保险定损单，证实川 AK1769 奥拓车的维修费用为 7 380 元；成都通海三圣汽车销售有限公司的发票，证实川 AVD241 蒙迪欧车在该公司维修，维修费用为 869 元。

(11) 成都市锦江区园林林业局关于成龙路车祸绿化损毁情况的说明，证明因 2008 年 12 月 14 日的车祸造成绿化带受损，其中受损苗木的价值为 6 640 元，恢复需管护的时间为 3 个月。

(12) 成都市公安局交通管理局机动车驾驶证查询结果，证实孙伟铭未办理机动车驾驶证。

(13) 成都市公安局交通管理局机动车查询记录，证实经查询，川 A43K66 别克牌轿车的车主为孙伟铭，产权为个人，车辆登记时间为 2008 年 5 月 28 日。

(14) 川 A43K66 车交通违法未处理电子眼记录，证实川 A43K66 车从 2008 年 5 月 30 日至同年 11 月 5 日，共有 10 次交通违法记录。孙伟铭确认其中 4 次冲红灯及 2 次违反规定使用专用车道是其驾车所为。

(15) 抓获经过，证实 2008 年 12 月 14 日 17 时 09 分，公安机关接到群众报警后，民警于同日 17 时 25 分赶到现场，将被告人孙伟铭抓获。

(16) 户籍材料,证实被告人孙伟铭及被害人的身份情况。

(17) 证人周全文、付雨根、王良伟的辨认笔录,证实经辨认,孙伟铭为2008年12月14日17时许发生车祸时肇事车川A43K66别克车的驾驶员。

(18) 证人余九林的证言,证实其是成都空军医院医护人员,2008年12月14日17时10分,接到120通知后与同事一同赶到现场,见一辆长安奔奔车被撞到绿化带,一中年男子卡在驾驶室位置,救出后医生发现该男子已死亡。

(19) 证人干基友的证言,证实2008年12月l4日17时许,接到120指挥中心电话后,其与医生一同赶到现场,见一辆奔奔车上有两名伤者,车旁还躺有一男一女两名死者。其与医生把女伤者送到医院。

(20) 证人付雨根的证言,证实2008年12月14日l7时许,其驾车搭载家人沿成龙路往龙泉驿方向行驶,当车行至"蒋排骨"路口上坡处时,一辆黑色别克车从其右侧超车后随即向左变道,差点和其所驾车辆相撞。之后该车呈S形左右变道超车,其妻王良伟记下那辆车的牌号是川A43K66。行至"蓝谷地"路口时,见那里停了一辆车尾被撞坏的车,车旁一名男子称肇事车跑了。后行至"卓锦城"路口时,见对面车道停了五辆被撞坏的车,地上躺了两个人,伤情严重,即打电话报警。刚才所见那辆别克车的副驾上有名头部受伤的男子,车上只有他一个人。他下车看见奔奔车上有人受伤,就喊有没有医生。不久120和警察都到了。当时路上车比较多,天气和视线都好。

证人王良伟的证言亦证明了上述情况。

(21) 证人刘小红的证言,证实2008年12月14日17时许,其驾驶川A9T332比亚迪轿车由成都市二环路沿成龙路向龙泉驿方向行驶。当车行至成龙路"蓝谷地"路口时,被一辆黑色别克车从后面追尾。别克车没有停,从右侧超车往三环路方向速度很快地跑了,其随即打电话报警。那车的牌号为川A43K66。

(22) 证人周全文的证言,证实2008年12月14日17时许,其驾车从龙泉驿方向往成都市三环路方向行驶,当行至"卓锦城"路口附近时,见一辆车牌号为川A43K66的车从相向方向高速越过中心双实线,先和一辆奔奔车相撞,奔奔车被撞得腾空侧翻于机动车道与非机动车道之间的隔离绿化带上,之后川A43K66车在道路上旋转,在旋转时与一辆奥拓车发生碰撞,之后又与一辆福特蒙迪欧车发生擦刮,然后再与一辆QQ车发生碰撞。被撞的四辆车当时都是与自己同向,在规定车道内行驶的。其打开川A43K66车的右侧前门,见里面只有驾驶员一个人,他坐在驾驶位置,倒在副驾位置,头部在流血。

(23) 证人袁福祥的证言,证实2008年12月14日17时许,其驾车从龙泉驿往成都市三环路方向行驶,行至"卓锦城"路口处,见相向方向驶来一辆别克车,车速很快地斜着越过中心双实线,撞上自己前面的奔奔车、奥拓车、蒙迪欧车和QQ车,并造成了人员死亡。奔奔车被撞到绿化带上去,那辆别克车上只看见有一个人。

（24）证人谢开新的证言，证实2008年12月14日17时许，其驾驶川AK1769奥拓车从成都市龙泉驿方向沿着成龙路往三环路方向行驶。当行至成龙路“卓锦城”路口时，相向方向一辆黑色轿车突然越过双实线，将前面的一辆奔奔车撞飞到路边，车内有一个人被撞出来。黑色轿车继续碰撞了自己的奥拓车和身后的两辆车。肇事车驾驶员从副驾上下来，头部受伤，他看见地上躺着人，就大喊找医生。当时是晴天，路面干燥，视线较好，自己的车速约30—40公里/小时，在三档。

（25）证人蒋维平的证言，证实2008年12月14日17时许，其驾驶川AVD241福特蒙迪欧车由龙泉驿方向沿成龙路向成都市三环路方向行驶，当车行至“卓锦城”路口时，前方与其同向行驶的一辆长安奔奔车突然腾空飞起，且从车上飞出一个人来。其急忙刹车，看见是一辆黑色车先将奔奔车撞飞，又和后面的一辆奥拓车相撞，飞溅的散落物将其车灯打坏。肇事车上只有一名小伙子，他的头部受伤，因驾驶室被撞变形无法打开车门，只好从副驾位置出来，出来后站立不稳。肇事车的车牌号为川A43K66。

（26）证人王健的证言，证实2008年12月14日17时许，其驾驶川AMC337奇瑞QQ车沿成龙路往成都方向行驶，当行至距“卓锦城”路口约50米时，见一辆黑色轿车从相向方向越过双实线，突然撞向在自己前方同向行驶的一辆长安奔奔轿车，将该车撞上右侧机动车道与非机动车道的隔离绿化带，黑色车最后撞上其所驾奇瑞QQ车的前保险杠后停下。其下车后，见黑色轿车还撞了一辆奥拓车和一辆福特车，长安奔奔车被撞得比较严重，即打电话报警并去抢救伤员。肇事车上只有驾驶员一个人，他的头部受了伤，从副驾位置下来，也在喊现场有没有医生。

（27）证人孙林的证言，证实其与孙伟铭是父子关系。孙伟铭驾驶的车是孙伟铭于2008年5月购买的。案发当日中午11时许，孙伟铭驾车搭载孙林夫妻到万年场“四方阁”酒楼参加寿宴。下午16时许，孙伟铭开车送其夫妇到成都市火车北站坐火车回重庆。寿宴中，孙伟铭喝了白酒。

（28）证人游川艺的证言，证实其与孙伟铭是朋友关系，川A43K66别克车是孙伟铭购买的私车，其平常也曾借用过该车，孙伟铭没有驾照。

（29）被告人孙伟铭的供述，供认川A43K66车是其2008年5月底购买的，前期大多是请朋友代为驾驶，后来主要是自己驾驶，有时借给朋友、同事开。其一直没有驾照，也未到驾校学习，跟着朋友学了一段时间就开始开车了，也知道自己曾有驾车违法的记录，曾驾车从高速公路到重庆等地。有几次酒后也是请人代开。2008年12月14日当天事前知道要送父母离开成都，中午开车送父母到成都市二环路万年场的“四方阁”酒楼为亲戚祝寿，期间喝了些白酒。后来的事情没有记忆。

（30）成都市锦江区人民法院（2009）锦江民初字第2227、2228、2229、2339、2340号民事调解书，证实本案被害人亲属分别向成都市锦江区人民法院提起民事诉讼，经法院主持调解,被告人与被害人亲属自愿达成赔偿协议,由被告人赔偿被害人经济损失100万元。

(31) 谅解书,证实被害人亲属韩常进、金宇航、李淑清、张志宇在与被告人达成赔偿协议后,孙伟铭之父孙林通过变卖房产及借款等方式凑齐了赔偿款。被害人亲属对孙伟铭予以谅解,并请求法院在量刑时对此情节予以考虑。

本案事实清楚,证据确实、充分。综合二审审理中上诉人孙伟铭提出的上诉理由、辩护人发表的辩护意见及出庭检察员提出的检察意见,对本案的焦点问题,本院认为:

关于辩护人提出的原判存在重大事实遗漏的问题。经审查,辩护人出示的视频资料及相关分析说明不能确认孙伟铭所驾车辆在案发前与白色微型车发生过擦刮,也没有白色车车主的报案及相关痕迹勘验,确认该情节的依据不足,不予认定。孙伟铭无证、醉酒、高速危险行驶、在不具备通行条件下强行通过是车辆失去控制引发车祸的直接原因,与其所驾车辆是否与白色车发生擦刮没有因果关系。对辩护人出示的该组证据不予采信,对相应的辩护意见不予采纳。

关于辩护人出示的孙伟铭所在工作单位及同事、朋友、其资助对象的证明和证言。经审查,该组证据证明了孙伟铭案发前的生活、工作状况,但与本案事实及定罪量刑无关,不能作为本案的定案证据。

关于辩护人提出的原判认定孙伟铭所驾车辆与比亚迪汽车追尾的证据间存在矛盾和瑕疵问题。经审查,证人刘小红(比亚迪车驾驶员)的几次证言间确实存在细节上的差异,但不能据此否定其证明的被追尾撞击的基本事实,且该项事实的认定证据还有现场勘查笔录、相关痕迹检验及刑事科学技术鉴定结论、比亚迪汽车被撞部位也查见孙伟铭所驾别克车号牌痕迹等证据,足以认定。

关于孙伟铭行为的性质,检方主张构成以危险方法危害公共安全罪,辩方主张构成交通肇事罪。经审查,以危险方法危害公共安全罪和交通肇事罪均属于危害公共安全罪,二者的主要区别在于行为人对危害公共安全的后果所持的主观心态不同。前者为故意犯罪,行为人对危害后果持积极追求或放任的心态;后者为过失犯罪,行为人应当预见到自己的行为可能造成危害后果,因疏忽大意没有预见,或者已经预见而轻信能够避免,以致发生危害后果。从本案事实及证据证明的情况看,上诉人孙伟铭购置汽车以后,未经正规驾驶培训及考核获得驾驶资格证,长期无证驾驶车辆,并多次交通违法。众所周知,汽车作为现代交通运输工具,使社会受益的同时,由于其高速行驶的特性又易给社会造成危害,因此,国家历来对车辆上路行驶有严格的管理规定。孙伟铭作为受过一定教育、具有完全刑事责任能力的人,在明知国家规定的情况下,仍漠视社会公众和重大财产的安全,藐视法律、法规,长期、持续违法驾车行驶于车辆、人群密集的公共道路,威胁公众安全。尤其是在本次醉酒驾车发生追尾交通事故后,孙伟铭不计后果,以超过限速2倍以上的速度驾车在车辆、人流密集的道路上穿行逃逸,最终跨越道路黄色双实线，冲撞多辆车辆，造成四死一伤、公私财产损失数万元的严重后果。事实表明，孙伟铭对本次行为可能造成严重危害公共安全的后果完全能够预见，虽不是积极追求这种结果发生，但完全放任这种结果的发生，未采取任何避免的措施，其行为完全符合《刑法》关于以危险方法危害公共安全罪的构成规定，已构成以危险方法危害公共安全罪。辩护人提出的孙伟铭在犯罪主观上属于过于自信的过失的意见，不能成立。过于自信的过失是一种有认识的过失，即应当避免而没有避免。应当避免是避免义务与避免能力的统一。虽有避免义务，但没有避免能力，仍属于缺乏应当避免这一要件。在过于自信的过失中，行为人认为凭借自己熟练的技术、敏捷的动作、高超的技能、丰富的经验、有效的防范，完全可以避免发生危害结果，但实际上过高地估计了自己的力量，因而未能防止危害结果的发生。在本案中，孙伟铭既没有经过专业培训，也没有通过国家专门部门考核取得机动车驾驶资格，更没有长期丰富的经验取得熟练的技术及意外处置能力，其酒后高速驾车之行为不仅完全丧失对危害的有效防范，而且大大降低其驾驭危险交通工具的能力。因此，孙伟铭对危害结果的发生没有避免能力，其无证、醉酒、高速驾车发生交通事故，造成重大损害结果的发生是必然的，其主观心理状态上的自信没有客观根据。

关于对孙伟铭的量刑。上诉人孙伟铭无证、醉酒、超限速驾驶机动车在道路上进行危险驾驶，致四人死亡、一人重伤，并造成直接经济损失五万余元，犯罪情节恶劣，后果严重，应依法严惩。但孙伟铭系间接故意犯罪，不希望、也不积极追求危害后果的发生，与驾车撞击车辆、行人并造成重大伤亡后果的直接故意犯罪有所不同，主观恶性不是很深，人身危险性不是很大；其犯罪时处于严重醉酒状态，对自己行为的认识和控制能力有所减弱；归案后，其真诚悔罪，并通过亲属尽其所能积极赔偿被害人的经济损失，被害人及其亲属因此出具了谅解书，依法可从轻处罚。基于以上因素综合衡量，孙伟铭尚不属罪行极其严重必须施予极刑的罪犯。

综上，本院认为，对上诉人（原审被告人）孙伟铭应以以危险方法危害公共安全罪定罪处罚。孙伟铭所提不是故意犯罪的辩解及其辩护人所提孙伟铭的行为应构成交通肇事罪的辩护意见，与查明的事实及相关法律规定不符，不予采纳。辩护人提出的原判存在重大事实遗漏的辩护意见，因证据不足且所提情节与本案事实及定性没有关联，不予采纳。孙伟铭及其辩护人所提的有真诚悔罪表现、原判量刑过重的意见成立，予以采纳。原判认定事实和定罪正确，审判程序合法，但量刑不当。依照《中华人民共和国刑事诉讼法》第189条第2项和《中华人民共和国刑法》第115条第1款、第57条第1款之规定，判决如下：

（1）维持四川省成都市中级人民法院（2009）成刑初字第158号刑事判决中对被告人孙伟铭的定罪部分；

（2）撤销四川省成都市中级人民法院（2009）成刑初字第158号刑事判决中对被

告人孙伟铭的量刑部分;

(3) 上诉人(原审被告人)孙伟铭犯以危险方法危害公共安全罪,判处无期徒刑,剥夺政治权利终身。

本判决为终审判决。

审 判 长 王静宏
审 判 员 胡 华
代理审判员 任冀川
2009年9月8日
书 记 员 罗 兵

附:本案适用的相关法律条文

《中华人民共和国刑事诉讼法》

第一百八十九条第(二)项 第二审人民法院对不服第一审判决的上诉、抗诉案件,经过审理后,应当按照下列情形分别处理:

(二) 原判认定事实没有错误,但适用法律有错误,或者量刑不当的,应当改判。

《中华人民共和国刑法》

第一百一十五条第一款 放火、决水、爆炸以及投放毒害性、放射性、传染病病原体等物质或者以其他危险方法致人重伤、死亡或者使公私财产遭受重大损失的,处十年以上有期徒刑、无期徒刑或者死刑。

第五十七条第一款 对于被判处死刑、无期徒刑的犯罪分子,应当剥夺政治权利终身。

胡斌交通肇事案法理研究

逄红京*

一、选案理由

随着我国交通运输事业的日益发达,车辆迅猛增多。据北京市公安局交通管理局统计,仅北京市机动车辆就已超400万辆。伴随着日益繁忙的交通运输业的发展,全国各地交通事故接连不断地上升。据统计,仅2009年,全国共发生道路交通事故238 351起,造成67 759人死亡、275 125人受伤,直接财产损失9.1亿元①,令人触目惊心。我国每年死于道路交通事故的人数居世界第一,平均每天死亡200多人。道路交通事故已经成为人类的主要杀手之一。而交通肇事犯罪也已经成为一种多发性犯罪,严重地威胁到人民群众生命、财产的安全,成为社会安定的一大隐患。与此同时,高度的社会关注,快速的信息传播手段,逐步完善的大众舆论监督,使交通事故必然成为社会的焦点,有关部门对交通事故的处理稍有不当就会引发一系列的社会问题。轰动全国的胡斌交通肇事案件,就是在这样的社会背景下发生的一起具有代表性的案件。

国家很重视通过立法维护道路交通秩序,预防和减少交通事故。全国人大常委会于2003年10月28日制定颁布了《中华人民共和国道路交通安全法》;为依法惩处交通肇事犯罪活动,2000年11月21日,最高人民法院通过了《关于审理交通肇事刑事案件具体应用法律若干问题的解释》。关于交通肇事罪的立法完善和司法适用问题,理论界的探讨从来没有停止过。胡斌交通肇事案件再一次引起人们对交通肇事犯罪的关注,全国各大媒体争相报道,关于如何对肇事者进行定罪量刑的讨论逐渐白热化。针对此案,专家观点与民众意向"南辕北辙",是"交通肇事罪"还是"危害公共安全罪"的问题成为争论的焦点,甚至有民众建议,借该案件的处理进行相关法律条文的深层次完善。有学者强调,我们应该理性地对待民意,民意也应当理性地尊重法律。② 因此,

---

* 北京市公安交通管理局海淀交通支队干部,北京师范大学刑事法律科学研究院2010届刑法学硕士。

① 参见《全国去年道路交通事故近7万人死亡》,http://www. china news. com. cn. gn/news/2010/01-09/2063204. shtml,2010年12月22日。

② 参见《三菱跑车,撞飞了一名正在斑马线上行走的年轻人》,http://blog. sina. com. cn/s/blog_49b86dbd0100fkpm. htm,2010年12月22日。

笔者希望围绕此案,通过对交通肇事行为的罪名认定及相关问题进行讨论,从理论上澄清有关疑点,并从立法上提出对有效控制和预防交通肇事犯罪的发生具有一定意义的建议,以期能对司法实践中正确认定和处理交通肇事案件有所帮助。

二、基本案情

2009 年 5 月 7 日 20 时 08 分许,肇事者胡斌(男,20 岁,杭州师范大学体育系学生)驾驶小型轿车(车牌号为浙 A608Z0)与孔伟伟、袁小波分别驾车到杭州西城广场看电影。在途经热闹的文二西路南都德加西区路段时,胡斌驾驶的车辆撞上由南向北行走在人行横道上的谭卓(男,25 岁,杭州依赛通讯公司员工),造成谭卓死亡。根据目击者描述,事故发生时,肇事的红色三菱跑车正与一辆法拉利和一辆保时捷飙车,本该靠北西行的跑车,竟飞速驶过路中的黄实线,在靠近大路南边的斑马线上,撞飞了谭卓。据案发现场附近一名保安称,当晚 8 时 10 分左右,3 辆跑车"轰轰轰"飞过,人被撞后飞起四五米高,掉下来后,离斑马线已经有 20 多米远了,脑浆流了一地。

事故发生后,杭州市公安局交警部门查明:胡斌有超速行驶的交通违法行为,且在驶经人行横道时未对行人采取停车或减速让行的措施,已涉嫌构成交通肇事罪。根据依法收集的相关证据,结合鉴定机构出具的鉴定结果,公安交警部门认为,胡斌驾驶机动车在通过设有限速 50 公里/小时标志的路段时超速行驶,行驶中未注意行人动态,且行经人行横道未停车让行人通行,其行为违反了《中华人民共和国道路交通安全法实施条例》(以下简称《道路交通安全法实施条例》)第 45 条("机动车在道路上行驶不得超过限速标志、标线标明的速度")、《道路交通安全法》第 22 条第 1 款("机动车驾驶人应当遵守道路交通安全法律、法规的规定,按照操作规范安全驾驶、文明驾驶")、第 47 条第 1 款("机动车行经人行横道时,应当减速行驶;遇行人正在通过人行横道,应当停车让行")等规定。根据《道路交通安全法实施条例》第 91 条之规定,公安交警部门作出了"5·7"道路交通事故责任认定书,认定胡斌在该起事故中承担全部责任,受害方谭卓无责任。5 月 8 日,杭州市公安局对胡斌执行刑事拘留。

案件发生后,肇事者在城市道路上的飙车行为所隐含的对生命的漠视,激起了民愤。从 5 月 7 日胡斌在杭州市文二西路飙车撞死谭卓,到 7 月 15 日此案在杭州市西湖区法院开庭审理,两个多月以来,人们除了抨击犯罪过程的恶劣,犯罪嫌疑人对待罪行的傲慢和玩世不恭的态度之外,所激烈争论的另一大问题,即为胡斌到底应该被认定为交通肇事罪,还是以危险方法危害公共安全罪。7 月 20 日,被社会舆论称为"杭州飙车案"的杭州"5·7"交通肇事案一审宣判,被告人胡斌被以交通肇事罪一审判处有期徒刑 3 年。

三、裁判要旨

被告人胡斌违反道路交通安全法规,驾驶机动车辆在城市道路上严重超速行驶,造成一人死亡并负事故全部责任，其行为构成交通肇事罪。被告人胡斌肇事后及时报警并在现场等候，该行为属于履行道路交通安全法规定的义务，且《刑法》已将交通肇事后逃逸的行为规定为加重处罚情节，依法不应当将肇事后报警并在现场等候的行为重复评价为自动投案，故不能认定被告人胡斌有自首情节。被告人胡斌案发后虽未逃避法律追究，其亲属也能积极赔偿被害人家属的经济损失。胡斌无视交通法规，案发时驾驶非法改装的车辆在城市主要道路上严重超速行驶，沿途时而与同伴相互追赶，在住宅密集区域的人行横道上肇事并致人死亡，造成恶劣的社会影响，犯罪情节严重，可从重处罚。但被告人胡斌的行为不符合最高人民法院《关于审理交通肇事刑事案件具体应用法律若干问题的解释》第 4 条关于交通肇事罪其他特别恶劣情节的具体规定，认定其有其他特别恶劣情节缺乏法律依据。

四、引发的理论问题

本案一审判决宣告后，有关交通肇事的定罪量刑问题立即引起了人们的热议。本案中，肇事人在街道闹市区超速飙车撞人致死的行为是否存在主观上的间接故意，为什么不以危害公共安全罪定罪，为什么量刑只是 3 年有期徒刑，肇事者主观上的放任态度是否属于恶劣的犯罪情节，如何认定交通肇事自首情节，交通肇事中的赔偿是否是变相地"以钱买命"等法律问题困扰着一直关注这一案件的人们，也是本案中亟须解决的理论问题。

五、交通肇事罪犯罪构成疑难问题研究

（一）交通肇事罪的立法演进

对交通肇事罪的立法在我国历史上可谓源远流长，最早可以追溯到唐朝。如《唐律疏议》之杂律中"城内街巷走车马"条就有交通肇事犯罪相关的内容。按照此记载，在街市和人口聚集的地方行驶车马，发生人员伤亡的，区别公事、私事进行不同的定罪量刑。这大概就是中国法律制度中对因在车马运输中发生致人死伤者按照过失杀人或者过失伤人罪论处的最早记载。

近现代以来，随着中国法制制度逐渐健全，有关交通肇事罪的立法也在不断完善。1935 年《中华民国刑法》第 183 条第 3 项以及第 184 条第 4 项对从事业务的人因业务上的过失导致发生航空危险的以及铁路、公路、水路交通危险的规定为业务过失危险罪。中华人民共和国成立以后，1956 年 11 月 12 日《中华人民共和国刑法草案》第 124 条就规定了交通肇事罪，在 1957 年制定的刑法草案中则正式将交通肇事罪纳入危害公共安全罪这一章。但是，由于受认识局限，当时立法对交通肇事罪的规定存在着一定的不妥之处，比如主体范围过于狭窄、量刑幅度单一等。在此基础上，1963 年刑法草案修正稿将该罪量刑分为两个幅度，但此草案并没有对交通肇事罪主体、量刑幅度予以

完善。1979年7月1日由全国人民代表大会通过的1979年《刑法》对刑法草案中交通肇事罪的主体、法定刑等方面进行了重大的修改,取得了重大的进步。该罪的主体由从事交通运输的人员延伸至非交通运输人员,量刑幅度按照情节分为3年以下有期徒刑或者拘役和3年以上7年以下有期徒刑。最高人民法院、最高人民检察院在1987年3月10日联合发布的《关于严格依法处理道路交通肇事案件的通知》中进一步规定了六项从重处罚的情节,加大了对符合法定情节罪犯的惩罚力度。

相比1979年《刑法》,1997年《刑法》对交通肇事罪作了较大的修改,具体规定如下:"违反交通运输管理法规,因而发生重大事故,致人重伤、死亡或者使公私财产遭受重大损失的,处三年以下有期徒刑或者拘役;交通运输肇事后逃逸或者有其他特别恶劣情节的,处三年以上七年以下有期徒;因逃逸致人死亡的,处七年以上有期徒刑。"可见,该法条将法定刑分为三种幅度,同时规定了交通肇事逃逸的情形及刑罚,进一步完善了对该罪的立法。为便于司法实践中的应用,最高人民法院颁布的《关于审理盗窃案件具体应用法律若干问题的解释》(1998年3月10日发布,法释[1998]4号)第12条规定,盗窃机动车辆后、偷开机动车辆过程中发生交通肇事构成犯罪,又构成其他罪的,以交通肇事罪和其他罪实行数罪并罚。最高人民法院《关于审理交通肇事刑事案件具体应用法律若干问题的解释》(2000年11月15日发布,法释[2000]33号,下文简称《解释》),对交通肇事罪在司法认定和处罚中的一些具体应用法律的问题作了更为详细的阐释,为交通肇事罪的认定提供了更为翔实的法律依据。

(二)交通肇事罪的内涵

所谓肇事,即引起事故。[①] 虽然交通肇事罪是危害公共安全罪一章中最常见的犯罪,也是司法实践中最常发生的犯罪。但是,有关交通肇事罪的概念,刑法学理论界争论不一。有的学者认为,交通肇事只是违反交通运输管理法规的行为,有的学者则认为,只有从事交通运输的人员才能造成交通肇事行为。交通运输管理法规包含于交通管理法规中,前者可能使一些违反交通管理法规的行为不适用该法条,存在法律上的纰漏。后者把交通肇事罪的主体局限为从事交通运输的人员,不符合立法原意。第三种观点认为,交通肇事罪是指行为人违反道路交通管理法规,因而发生重大事故,致人重伤、死亡或者使公私财产遭到重大损失的行为。[②] 该观点既符合立法原意,又切合实际应用,笔者对之也持赞同的态度。

(三)交通肇事罪的主体范围问题

任何犯罪行为都是由一定的犯罪主体实施的。所谓犯罪主体,是指实施了严重危害社会的行为,具有刑事责任能力的人。[③] 就交通肇事罪来说,其犯罪主体为一般主

① 中国社会科学院语言研究所辞典编辑室编:《现代汉语词典》,商务印书馆1996年版,第1593页。
② 赵秉志主编:《中国疑难刑事名案法理研究》,北京大学出版社2008年版,第5页。
③ 马克昌主编:《犯罪通论》,武汉大学出版社2000年版,第239页。

体,即凡年满16周岁、具有刑事责任能力的自然人。一般来说,该罪主体主要包括四类人员:① 直接驾驶交通运输工具的人员,如机动车司机;② 直接指挥、领导交通运输活动的人员,如列车长、调度员;③ 操纵交通设备的人员,如扳道员;④ 管理交通运输安全的人员,如交通协管员。之所以把这类管理人员纳入交通肇事罪主体,是因为他们担负着与交通运输有直接关系的职责,如果不按法律规定正确履行自己的职责,都可能造成重大交通事故。但是,要完全把握交通肇事罪的主体还要注意以下几个方面的问题:

(1) 本罪的主体并不仅局限于从事交通运输的人员,还包括非交通运输人员。按照《刑法》规定,只要行为人的行为符合交通肇事罪的行为条件,就可以成为该罪的主体。因此,在司法实践中,没有或者准备获取合法手续的人员,主动或者被指派驾驶交通运输工具等诸如此类的人员,只要其行为符合法定行为条件,就可以构成交通肇事罪的主体。根据《解释》第7条规定,单位主管人员、机动车辆所有人或者机动车辆承包人指使、强令他人违章驾驶造成重大交通事故的,也可以按该罪处理。[①] 比如不具有驾驶证的非司机开车违章发生重大事故,造成严重后果的,也构成本罪的主体,可认定其构成交通肇事罪。这些人员虽然并不是专门从事交通运输的人员,但在交通运输中,都因自己违反交通运输的行为而造成了重大事故。从这一点来看,交通运输人员和非交通运输人员是相同的,即都实际地从事交通或者运输活动。

(2) 至于非机动车人员是否可构成本罪的主体,法学界一直存在不同的观点。所谓"非机动车",是指人力或者畜力作驱动,通过机械的力传递,进而达到前进目的的交通工具。非机动车的驾驶人员能否成为交通肇事罪的主体,刑法理论界存在着肯定说、否定说和折中说三种观点。笔者认为,交通肇事罪既然是一种发生在特定领域里,具有危害交通运输安全性质的犯罪,在判定非机动车违章造成危害的行为是否构成此罪时,有两点需要特别注意:① 该行为的发生领域是否属于公共交通管理领域;② 该行为是否危害到道路交通运输安全。由此,非机动车人员只要是在公共交通领域违章行驶危害到交通运输安全,发生重大事故的,应当成立交通肇事罪。在司法实践中,对于利用非机动车,如自行车、三轮车、马车等从事交通运输活动,违章肇事,使人重伤、死亡的,一般也认定为交通肇事罪。

(3) 从事航空运输、铁路交通运输的人员是否构成该罪的主体。修订后的《刑法》在立法上已经对航空运输及铁路运输过程中违规发生重大事故的行为规定了独立的罪名,即重大飞行事故罪和铁路运营安全事故罪。这两种犯罪中从事交通运输的人员是指航空人员、铁路人员以外的从事交通运输的人员及其他人员。但是,如果航空人员、铁路人员等特定领域的人员,从事的交通运输活动与自己业务无关,是作为普通机

---

① 王作富主编:《刑法分则实务研究》(上),中国方正出版社2007年版,第194页。

动车驾驶员在驾驶车辆过程中因违章发生重大交通事故,符合交通肇事罪的犯罪构成,可以成为该罪的主体。

(四)交通肇事罪罪过的理解与认定

罪过即犯罪的主观方面,是指"犯罪主体对自己危害行为及其危害社会的结果所持的心理态度"。① 按照行为人对其行为将造成危害社会的结果所持的不同心理态度,罪过包括故意和过失两种基本形式。交通肇事罪的犯罪主观方面表现为过失,包括疏忽大意的过失和过于自信的过失,因而也属于过失犯。

新过失论认为,"即使对结果有遇见可能性,但如果履行了结果回避义务,就不成立过失犯"。② 根据此理论,过失犯的本质是违反客观的注意义务,即懈怠了社会生活上必要的注意义务,即在客观上正常、一般人所应当遵守的回避危害结果的义务。③ 由此得知,过失的本质在于具有注意能力的人对注意义务的违反。关于注意义务的内容,通说认为,"把注意义务分为结果预见义务和结果回避义务,乃是今日学说的立场。"④在这种观点看来,过失的注意义务是指应当认识并且能够预见结果,以及采取适当措施防止结果发生的义务。"所谓过失即违反注意义务,是指明明具有结果的预见可能性,并且有可能采取行为以回避结果的发生,却未能预见结果,或者虽然预见了结果,却未能采取回避结果发生的行为,因而发生结果的场合。"⑤

交通肇事罪正是可以运用这些理论判断过失的犯罪类型。在交通肇事罪中,注意义务的违反在很大程度上表现为对交通管理法规的违反。行为人在主观上可能是故意违反规章制度,但对违章行为可能造成的致人重伤、死亡和财产损失等严重后果存在着过失。因而这种过失是对行为人对自己的违章行为可能造成的严重后果而言的,即对结果应当预见因疏忽大意没有预见,或者虽已预见但轻信能够避免,而非对自己违章行为的心理态度而言。如果行为人对违章行为造成的危害后果持希望或放任的心理态度,就不能认定为交通肇事罪。

同时,应当特别注意甄别间接故意的犯罪心理态度。在传统的罪过观念中,一种罪名只可能有一种罪过形式,要么是故意,它包括直接故意和间接故意;要么是过失,包括疏忽大意的过失和过于自信的过失,不可能同时兼有两个罪过形式。对于主观罪过的区分有利于罪名的认定。但是,有时候这种区分尤其是间接故意和过于自信的过失之间的区分是十分困难的。因为二者在认识因素上很相似,在司法实践中,人的主观心理具有间接性、易变性和不确定性,这就决定了罪过形式认定的复杂性、非直接性

---

① 高铭暄等主编:《刑法学》,中国法制出版社 1999 年版,第 196 页。

② 张明楷:《外国刑法纲要》,清华大学出版社 1999 年版,第 233 页。

③ 王良师:《交通事故责任与交通肇事罪的认定》,载《甘肃政法学院校报》2009 年第 6 期。

④ 〔日〕大塚仁:《犯罪论的基本问题》,冯军译,中国政法大学出版社 1993 年版,第 244 页。

⑤ 〔日〕西田典之:《日本刑法总论》,刘明祥、王昭武译,中国人民大学出版社 2007 年版,第 228 页。

与困难性。欧洲中世纪的法官曾指出,人的思想是无法审判的。圣托马斯·阿甘那认为,世俗法律的制定者只可能审判人的外部行为,而只有上帝才有能力审判人们意志的内部运动。[①] 正因为如此,对间接故意和过于自信过失的区分才更加重要。尤其是在认定交通肇事罪中,行为人对其违章产生危害结果的行为具有轻率性,行为时对后来结果一般没有明确的心态,既可能含侥幸轻信避免成分,也不排除漠不关心、放任的成分。因此,在司法实践中,认定交通事故的行为人主观方面是否是犯罪的过失,对于定罪具有重要的意义。如果经过分析,确定行为人在实施自己的行为时对结果的发生已经不是犯罪的过失而是犯罪的故意,就不能以交通肇事罪定罪处罚,而应当以相关的故意犯罪论处。具体而言,二者的关键区别在于意志因素不同,在间接故意的情况下,行为人对危害后果的发生是放任的,持无所谓的态度,是不反对的、容忍的;而过于自信的过失中,行为人对结果的发生是反对的,但由于过于自信,没有想到真的会发生。可见,对行为所导致的结果有无否定、反对的态度并凭借一定的避免条件和措施,是两者区别的关键所在。行为人过于自信是在认识到行为及其结果发生具有一定的可能性,但同时确实凭借一定的外界条件而认为当时不会发生,从而作出了错误的判断。如果没有任何的外界条件,那么就不能认定为过于自信的过失,可能是间接故意。

（五）交通肇事罪客观方面的理解与认定

根据《刑法》第133条的规定,交通肇事罪的犯罪客观方面表现为行为人违反交通运输法规、制度,发生重大交通事故,致人重伤、死亡或者使公私财产遭受重大损失。对于犯罪客观方面的理解与认定,主要把握以下两个问题:

1. 交通肇事罪发生领域的理解与认定

对此,可以从如下几个方面来分析:

(1) 行为人在交通运输中必须实施了违反交通运输管理法规、制度的行为。所谓交通运输管理法规,“是指一切为了保证交通运输正常进行和交通运输安全的法律、法规。”[②]这里应该包括全国人大及其常委会制定的基本法中与保障交通运输安全相联系的法律,国务院制定颁发的与保障交通安全相联系的具有法律效力的规范性文件,有关主管部门保障交通运输安全的规定,具有立法权的地方各级人民政府、地方人大及其常委会制定颁发的与保障交通安全相联系的规范性文件,各种操作规则、交通惯例和常识。

交通肇事罪的实行行为有一定的特殊性。通说认为,所谓实行行为,应当被理解为有引起犯罪结果的紧迫危险的行为。“每个实行行为必须包含法益侵害之危险的内

---

① 黄海涛:《交通肇事罪研究》,武汉大学2004年法律硕士专业学位论文,第29页。

② 马长生、余松龄主编:《刑法学》,湖南大学出版社、湖南人民出版社2001年版,第298页。

容。虽然杀人的实行行为并不包含人的死亡这一结果,但是,它必须包含足以引起这种结果的危险性,而且只要有这种危险性就足够了。”①结合交通运输法规的规定和实行行为的特性,交通肇事罪的实行行为应有三个特点:① 违反交通运输法律、法规;② 有造成重大交通事故的紧迫危险;③ 属于交通或者运输活动的某个环节,如驾驶车船、指挥交通、穿过马路等。只有行为人实施了交通肇事罪的实行行为才有成立交通肇事罪的可能,如果行为人在交通运输中没有实施交通肇事罪的实行行为,就不可能构成交通肇事罪。

在表现形式上,交通肇事罪的实行行为既可以表现为作为,也可以表现为不作为。所谓作为是指行为人以积极的身体活动实施刑法所禁止的危害行为,交通肇事罪中的作为一般表现为无驾驶资格驾驶机动车、严重超载、强行超车、故意驾驶安全装置不全或失灵的机动车辆、超速飙车、违章驾驶或者醉酒驾驶,等等。所谓不作为指的是行为人负有刑法要求必须履行的某种特定义务,能够履行而没有履行的行为,如拐弯不开方向灯,通过交叉路口或行经人行横道时不减速慢行,驾驶机动车在道路行驶前不检查机动车的安全技术性能,等等。

(2) 违反规章制度,发生重大事故,致人重伤、死亡或者使公私财产遭受重大损失的行为,必须发生在交通运输的过程中,这是交通肇事罪的特定时空条件。

① 交通运输活动正在进行,尚未结束是时间因素。所谓交通运输活动,一般是指通过公路、铁路、航空等运输手段,实现人员或财物在两地之间活动的过程,以及与保障其运行安全紧密联系的其他业务活动。如果发生的重大事故虽然与交通运输工具有关,但并不是处于交通运输活动过程中,就不构成本罪。② 如在工厂、矿场内驾驶装满货物的车倒行,但是没有看到小孩在车旁玩耍,不慎将其压死,可能构成过失致人死亡罪而非交通肇事罪。

② 公共管理的道路交通是空间要素。所谓道路,是指可供行人和机动车辆通行的公共领域,包括公路、城市道路和允许社会机动车通行的小区道路、广场、学校、公共停车场等地方。有些观点认为,在公共交通管理范围之外,如在一些企事业单位内部、院校、社区等非公共交通领域开车肇事,致人重伤、死亡的,一般应以生产、作业责任事故罪,过失致人死亡罪或者过失致人重伤罪论处。笔者不赞同该观点,根据相关法律对道路范围的界定,单位、社区的道路虽然具有一定的非公共性,但是,只要允许社会机动车辆通行,就意味着该道路具有公共性质,符合交通肇事罪中对时空要素的要求。也就是说,“并不是所有非公共交通领域都不符合交通肇事罪中有关道路的限制,仅仅不包括那些封闭式的部门场院内的道路,如某些国家机关所在地、军事单位、国家重点

① 〔日〕西原春夫:《犯罪实行行为论》,戴波、江溯译,北京大学出版社 2006 年版,第 13 页。
② 陈明华主编:《刑法学》,中国政法大学出版社 1999 年版,第 420 页。

保密单位等。”[①]由此可见，判定公共交通管理的范围，主要是看该道路是否允许社会机动车辆通行，允许的话就属于公共交通管理范围，在这些地方违章肇事，造成人员伤亡、财产损失等后果，符合犯罪构成的，应当构成交通肇事罪。

(3) 重大交通事故必须发生在交通运输过程中以及与交通运输有直接关系的活动中，即重大事故与行为人违反交通运输管理法规的行为存在因果关系。[②] 根据因果关系理论，要把某一危害结果归咎于某人，从而追究此人的刑事责任，必须满足的条件之一就是：危害行为和危害结果之间存在因果关系。交通肇事罪的因果关系就是人员、公私财产重大伤亡或损失这一危害后果必须是由行为人违章行为所引起，“这种因果关系表现为一种时间顺序性，即违反法规在前，肇事结果在后，前者引起危害结果的发生，彼此有一种内在联系。对具体肇事结果而言，只有违章行为才是具有刑法意义的原因力。”[③]如果违反交通运输管理法规的行为和危害后果之间没有这种前因后果的关系，就不能构成交通肇事罪。

在司法实践中，交通肇事罪的因果关系主要有以下几种情况：① 单个人单个违章行为造成危害后果；② 单个人数个违章行为造成危害后果；③ 数人违章行为共同作用造成危害后果，在此种情形下，要认真查明不同行为人对危害后果所承担的责任大小，不能一概而论；④ 违章行为和偶然因素相结合共同造成危害后果。在司法实践中，可能会出现偶然因素对于危害结果的产生起决定作用的情形，比如不可抗力等，这就要求司法机关弄清楚造成事故的真正原因，在定罪量刑时慎重行事。

2. 交通肇事罪犯罪结果的理解与认定

交通肇事罪必须实际发生了重大事故，造成致人重伤、死亡或者使公私财产遭受重大损失的严重后果。这是构成交通肇事罪的必要条件之一。交通肇事罪是一种过失犯罪，过失犯罪必须以发生了危害后果即以“致人重伤、死亡或者使公私财产遭受重大损失”的实际发生作为罪名成立的必要条件。因此，如果行为人只是违反了交通运输管理法规、制度，但没有造成以上法定严重后果的，就不能构成交通肇事罪。上述《解释》详细规定了违反交通运输管理的肇事行为构成犯罪需要满足的各种结果条件，并同时规定了交通肇事致一人以上重伤，以交通肇事罪定罪处罚的七种情形。

除了造成法定的严重后果外，还有一个问题需要考虑，即行为人对交通事故所承担的责任大小。也就是说，行为人的违章行为除了要造成致人重伤、死亡或使公私财物遭受重大损失的结果，还要符合法定的责任条件，才能被认定为交通肇事罪。交通肇事罪中的责任主要有同等责任、主要责任和全部责任三个等级，这就意味着，行为人的肇事行为在交通事故中至少要负同等责任才能成立交通肇事罪。上述《解释》中对

---

① 郎胜主编：《中华人民共和国道路交通安全法释义》，法律出版社 2003 年版，第 265 页。

② 张明楷：《刑法学》(下)，法律出版社 1997 年版，第 582—583 页。

③ 陈兴良：《罪名指南》，中国政法大学出版社 2000 年版，第 179 页。

成立交通肇事罪所要满足的结果条件以及相对应的责任条件给予了明确的规定,交通肇事行为只有符合这些结果以及责任条件时,才能构成交通肇事罪。

(六)交通肇事罪客体的理解与认定

"每一个犯罪行为,无论它表现为作为或不作为,永远是侵犯一定的客体的行为。不侵犯任何东西的犯罪行为,实际上是不存在的。"①交通肇事罪作为一种危害公共安全的犯罪,对该罪侵犯的客体主要有以下几种观点:

(1)认为交通肇事罪侵犯的客体是"交通运输安全与秩序"②,即交通运输安全和秩序说。该观点将交通秩序纳入交通肇事罪的客体,着实不妥。秩序是一种状态,交通秩序应该是交通运输运行的状态,交通肇事罪作为一种危害公共安全的犯罪,其重点在于对交通运输安全即不特定多数人生命、财产安全的保护,而不是对交通运输状态的保护。

(2)认为交通肇事罪侵犯的客体是"交通运输的正常秩序和人民生命、财产的安全"③,即交通运输秩序与人民生命、财产安全说。此观点将人民生命、财产安全纳入交通肇事罪的客体,也存在不妥之处。交通肇事罪中所保护的生命、财产安全是在交通运输中发生的,具有具体性,而非抽象性,这是交通肇事罪作为过失型的结果犯所决定的。因此,其保护的社会关系更应该是交通运输中的公共安全。

(3)认为交通肇事罪侵犯的客体是"交通运输安全"④,即与交通有关的不特定人的生命、健康和公私财产的安全,这是交通运输安全说。

笔者认为,由于交通肇事行为实质上是对公共安全的一种侵害,该行为的发生必然会在客观上对不特定多数人的生命、财产安全造成侵害,又由于发生交通肇事行为在空间上即在交通运输中这一特定性,因此其侵犯的客体应该是与交通有关的不特定人的生命、健康和公私财产的安全,即前文提到的第三种观点:交通运输安全。

六、交通肇事罪的犯罪界限问题之探讨

(一)罪与非罪的区别

1. 交通肇事罪与一般交通事故的区分

两者都是违反了交通运输方面的规章制度,但是后者违章行为所造成的危害后果没有达到法定要求的严重程度。交通事故都会引起民事上的法律责任,但并不是所有的交通事故都触犯刑事法律构成交通肇事罪。其重点是要查明行为人的违章行为是否造成了交通肇事罪所要求的危害结果,行为人主观上是否存在过失,客观上是否实

---

① 〔苏〕A. H. 特拉伊宁:《犯罪构成的一般学说》,中国人民大学出版社1958年版,第101页。
② 游伟:《刑事立法与司法应用》,上海教育出版社1992年版,第120页。
③ 金剑主编:《新刑法适用案例指导丛书——危害公共安全罪》,法律出版社1999年版,第306页。
④ 高铭暄、马克昌主编:《刑法学》,中国法制出版社1998年版,第55页。

施了违反交通运输管理法规的行为，其违章行为与危害后果之间是否存在前因后果的关系等。如果不存在违法行为或者虽有违法行为，但违法行为和后果之间没有因果关系，或者交通事故只造成一般或轻微后果，没有达到法定标准，则不能认定为交通肇事罪。另外，在认定交通肇事罪时，还要查清行为人在交通事故中所承担的责任，如果行为人对事故所负责任是同等责任以下，不符合法定标准，也不能认定为交通肇事罪。对于违反交通管理的违章行为，应由主管部门根据相关法律文件予以处罚并要求其承担相应的民事责任。

2. 交通肇事罪与交通事故中意外事件的区别

所谓意外事件，就是指根据《刑法》第 16 条的规定，行为在客观上虽然造成了损害结果，但结果是由于不能预见的原因造成的，不负刑事责任，不是犯罪行为。交通肇事罪与交通事故中意外事件在客观上都发生了损害后果，区别两者的关键在于查明行为人对所造成的重大事故在主观上是否有过失。[①] 如果行为人对违章行为造成的严重后果具有主观上的过失，则应构成交通肇事罪；如果行为人主观上没有罪过，由于不能预见、不能抗拒的因素造成了严重的危害后果，则不构成交通肇事罪。在司法实践中常常遇到因疏忽大意的过失成立的交通肇事罪，这种情况与交通事故中的意外事件有相同点，即对行为的危害结果都没有预见到，比较容易混淆。两者的区别在于交通肇事罪中是能够预见，但因没有尽到注意义务而没有预见，行为人主观上具有过失；而意外事件则是对危害结果的出现没有预见到，而且在当时的具体环境下也不能要求他预见到，就是说，行为人对危害后果的发生没有预见的能力和预见的义务，结果的出现对他而言是意外的，不能认定为犯罪。

（二）此罪与彼罪的区别

1. 本罪与以危险方法危害公共安全罪的区别

以危险方法危害公共安全罪是指故意以放火、决水、爆炸、投放危险物质以外的并与之相当的危险方法，足以危害公共安全的行为。两罪都属于危害公共安全的犯罪，都可能发生危害社会的严重后果，但两者存在明显区别。

（1）主观罪过不同。交通肇事罪的主观罪过为过失；而以危险方法危害公共安全罪主观罪过为故意，即行为人明知其实施的行为会危害公共安全，会发生危及不特定多数人的生命、健康或公私财产安全的严重后果，并且希望或者放任这种结果发生，实践中，这类犯罪者大多持放任态度，属于间接故意。

（2）客观方面要求不同。交通肇事罪在客观方面要求行为人在交通运输活动中，在公共管理的交通道路上，违反交通管理法规，因而发生重大交通事故，致人重伤、死亡或者使公私财产遭受重大损失，违章行为必须造成法定的严重后果才构成犯罪；而

---

① 参见高铭暄、马克昌主编：《刑法学》，北京大学出版社 2000 年版，第 375 页。

以危险方法危害公共安全罪中要求的其他危险方法是有限制的,而不是无所不包的。只有行为人实施危害公共安全的行为所采用的危险方法与放火、决水、爆炸、投放危险物质的危险性相当,且行为的社会危害性达到相当严重的程度,才能按以危险方法危害公共安全罪论处。以危险方法危害公共安全的犯罪行为,一般不要求造成实际的危害结果,而只要是"足以"危害公共安全的,即可构成犯罪既遂。

(3) 两罪侵犯的客体不同。交通肇事罪侵犯的客体是交通运输安全,即与交通有关的不特定人的生命、健康和公私财产的安全。以危险方法危害公共安全罪侵犯的客体是公共安全。所谓公共安全,是指不特定多数人的生命、健康和重大公共财产安全以及其他公共利益安全。这里的"不特定",是与特定相对而言的,它是指犯罪行为可能侵害的对象和可能造成的危害结果事先无法确定,行为人对此既无法预料也难以控制,如果行为人用危险方法侵害了特定的对象,不危及公共安全,对不特定多数人的生命、健康或大量公私财产的安全并无威胁,就不构成以危险方法危害公共安全罪。

在司法实践中,常常遇到行为人以驾车方式冲撞行人,对这类行为如何定罪量刑常常引起争论,笔者认为,除了严格按照两罪犯罪构成区分外,还要注意一点:如果行为人为报复社会,故意驾车冲撞行人,其就不再单纯是从事交通运输活动了,在这种情况下,其故意驾车撞人的危险程度与放火、决水、爆炸、投放危险物质危害公共安全的危险方法相当,行为人驾车撞人的危险方法在客观上就构成了以危险方法危害公共安全罪。

2. 本罪与利用交通工具故意杀人、故意伤害的区别

两者都会出现致人重伤、死亡的危害后果,但两罪存在明显差异。① 主观罪过不同。交通肇事罪中行为人的主观罪过是过失;利用交通工具故意杀人或者故意伤害罪的主观罪过是故意。② 犯罪结果对构成犯罪的作用不同。交通肇事罪中必须造成法定严重后果;而利用交通工具故意杀人或者故意伤害罪不要求有严重后果。③ 对象不同。交通肇事罪的对象是不特定的多数人;而利用交通工具故意杀人或者故意伤害罪中的对象是特定和明确的。

3. 本罪与过失致人死亡罪的区别

交通肇事罪与过失致人死亡罪,在主观方面都出于过失;在客观方面,都造成了致人死亡的严重后果。但它们是不同性质的犯罪,主要区别在:① 主体不同。交通肇事罪的主体主要是从事交通运输的人员,虽然非交通运输人员也可构成该罪主体,但他们也必须是在交通运输活动中;过失致人死亡罪的主体为一般主体。② 发生的领域、场合不同。交通肇事罪是在交通运输活动过程中,发生在公共交通管理的道路上;过失致人死亡罪对发生领域和场合没有特殊要求。

4. 本罪与重大责任事故罪的区别

重大责任事故罪是指在生产、作业中违反有关安全管理的规定,因而发生重大责

任事故或者其他严重后果的行为。两者在客观方面都导致了重大事故,主观方面都是过失,两者区别在于:① 主体不同。交通肇事罪的犯罪主体主要是从事交通运输的人员;重大责任事故罪的主体原则上是直接处于生产、作业岗位的一线人员。② 违反的规定不同。交通肇事罪的行为人违反了保障交通运输安全的规定,而重大责任事故罪的行为人违反了生产、作业的安全管理规定。③ 侵犯的客体不同。交通肇事罪侵犯的客体是交通运输安全;重大责任事故罪侵犯的客体是单位的生产安全。

七、交通肇事罪自首问题的理解与认定

根据我国《刑法》第 67 条的规定,自首包括两种情形:① 犯罪以后自动投案,如实供述自己的罪行的行为;② 被采取强制措施的犯罪嫌疑人、被告人和正在服刑的罪犯,如实供述司法机关还未掌握的本人其他罪行的行为。在交通肇事罪中是否能够成立自首,存在否定和肯定两种观点。

否定者认为,交通运输管理法规中明确规定,交通肇事后,肇事者具有立即抢救伤者,保护现场,并及时报告交通管理机关或公安机关的义务。肇事者没有逃逸,在现场等候处理,主动投案或保护现场、抢救被害人,均是履行了应尽的法定义务,都不存在自首的问题。①

肯定者认为,肇事者逃逸后自动投案都构成自首,而交通肇事后积极进行抢救并向有关机关投案,更应认定为自首,即在交通肇事罪的任何阶段,都存在自首的可能。

笔者认为,交通肇事罪中应该成立自首情节。

(1) 从法律规定来看,刑法总则之所以确立自首制度,就是对自首的行为持一种积极鼓励的态度。《刑法》第 6 条规定:"凡在中华人民共和国领域内犯罪的,除法律有特别规定的以外,都适用本法……",我国法律并未排除交通肇事罪对刑法总则的适用,因此,也不能排除自首制度对交通肇事罪的适用。

(2) 从法律效力上来看,上位法高于下位法,《刑法》作为国家基本法,其他法律、法规所规定的义务不能与《刑法》相冲突或者直接违背《刑法》的明文规定。肇事后停车报警,抢救伤员和财产,保护现场并及时报告交通管理机关或公安机关虽然是其他法律、法规规定的义务,但这并不能成为《刑法》上自首的阻却理由。相反,在交通肇事行为构成犯罪时,如果肇事者作出符合《刑法》关于自首规定的行为,则完全可以认定为自首。这是交通肇事案件适用自首制度的最大特征,也是认定交通肇事犯罪是否成立自首的独特标准。②

(3) 从立法原意来看,《刑法》规定各种从宽量刑的情节就是要保证罪责刑相适

① 高铭暄:《新中国刑法学研究综述》,河南人民出版社 1986 年版,第 479 页。

② 林维:《交通肇事逃逸行为的研究》,载《刑事法判解》(第 1 卷),法律出版社 1999 年版,第 261 页。

应。在一定情况下,如果仅将逃逸后自动投案行为视为自首,按照《刑法》第67条的规定,对其可以从轻或者减轻处罚;其中犯罪较轻的,可以免除处罚。而如果对肇事后不逃逸的自动投案情形不作自首认定,如不能认定为自首,则必须在3年以下有期徒刑或拘役这一量刑幅度内判处,不存在减轻或免除的情形。这可能造成罪刑不相适应,显然与立法规定对逃逸行为加重处罚的原意不符。

(4)从现实方面而言,对主动投案的交通肇事者适用自首,允许其适用从宽处理的量刑情节,可以起到鼓励肇事者主动投案,悔过自新的效果,并有利于查清事实,分清责任,及时赔偿受害者,保持社会稳定,这与法律的精神也是相符的。

八、胡斌交通肇事案件定罪量刑问题探析

(一)胡斌交通肇事主观罪过的分析

从前面相关的案情介绍中可以知道,胡斌驾驶机动车在通过设有限速50公里/小时标志的路段时超速行驶,属于违反交通运输管理法规的行为;撞上过马路的谭卓,属于发生了重大事故,致人死亡的行为。杭州市公安交警部门作出了"5·7"道路交通事故责任认定书,认定胡斌在该起事故中承担全部责任,受害方谭卓无责任。据此,胡斌交通肇事行为符合交通肇事罪的犯罪构成,应成立交通肇事罪。但是,对于本案,许多人认为,案发当时,胡斌明知当地车速限制,还与他人进行飙车,导致谭卓被"撞飞5米高、20米远",足以证明其对危害结果存在着放任心态,不应当仅以交通肇事罪被处以"3年以下"有期徒刑,他应当被定性为"以危险方法危害公共安全罪"而处以10年以上直至死刑的刑罚。

但是,笔者认为,人民法院最终将胡斌的行为定性为交通肇事罪是完全正确的。根据前文对交通肇事罪的介绍,行为人对其违章产生危害结果的行为具有轻率性,行为时对后来结果一般没有明确的心态,既可能含侥幸轻信避免成分,也不排除漠不关心、放任的成分。二者的关键区别在于意志因素不同,过于自信的过失的心态是"轻信可以避免",间接故意的心态则是"放任"其发生。就本案肇事者胡斌来说,他对于闹市区超速飙车可能危及他人安全的后果显然是"应当预见",而且,事实上也确已预见,定性问题的关键在于他对于撞死人的后果所持的心态到底是"轻信可以避免"还是"放任"其发生。根据查明的事实,被告人胡斌认为自己驾驶的车辆性能好,凭自己的驾驶技术能够避免事故的发生,当晚发生事故后,其随即拨打了急救、报警电话,并留在现场等候处理。由此可见,胡斌主观上不希望事故发生,对肇事行为造成的危害后果是排斥的,持否定态度,也没有放任事故的发生,对危害结果的产生是一种过失的心态。因此,被告人胡斌的行为不构成以危险方法危害公共安全罪,应以交通肇事罪定罪处罚。

(二)胡斌闹市区飙车行为的犯罪情节性质问题

庭审中,被害人的诉讼代理人提出胡斌有其他特别恶劣情节,人民法院没有采纳

代理人的意见。这是因为该犯罪情节并未被《刑法》明确规定,不采用符合罪刑法定原则的要求。所谓"罪刑法定"原则,就是"法无明文规定不定罪,法无明文规定不处刑"。只要根据法律规定触犯了相应罪名,就应该按这种罪名定罪量刑。罪刑法定原则是法治社会的基石,无论以何种理由都不能突破该原则。司法实践中,不乏有情节恶劣,令人痛心的案件发生,但是依据罪刑法定原则,如果这些情节没有在《刑法》中得以明文规定,就不能突破法定量刑幅度。司法公正不能为寻求个案的"正义"而牺牲秩序。法治秩序的关键之一就在于法律的确定性,法不能朝令夕改。任何视法律为"工具",以实用主义观念对待、曲解和运用法律的行为都必然会造成比违法行为更严重的后果。上述《解释》第 4 条对交通肇事的其他特别恶劣情节作了详细规定。胡斌的行为不符合司法解释关于交通肇事罪其他特别恶劣情节的具体规定,根据罪刑法定原则,不能认定被告人胡斌交通肇事有其他特别恶劣情节。

至于胡斌闹市区飙车行为可否作为从重的酌定量刑情节予以考虑,笔者认为,酌定情节作为法官在定罪量刑中自由裁量的依据,必须慎重使用。法官在定罪量刑时应综合考虑各方面的因素,比如犯罪的时空条件及周围环境,犯罪造成的危害后果,行为人犯罪后的态度,有无前科等。在此案中,行为人驾驶非法改装的车辆,过于相信自己的驾驶技术,置他人的安全于不顾而在城市住宅密集区超速飙车,在人行横道上致人死亡,其行为造成了恶劣的社会影响,其主观危险程度高于普通的交通肇事行为,综合案件情节来看,其在闹市区飙车的行为可以作为酌定的从重情节予以考虑。

(三)胡斌自首情节问题

胡斌的辩护人在庭审中提出了一系列胡斌有自首情节的意见,人民法院最终没有采纳。法官认为,被告人胡斌在交通肇事后立即报警并在现场等候处理的行为,属于履行法定的义务,刑事立法上已对履行法定义务的行为人予以从轻处罚。如果将胡斌的该行为认定为自首情节,并再次从轻或者减轻处罚,有损法律的公正。笔者在前文已经对有关交通肇事罪自首情节的问题进行论述,一审法院以肇事者有告知义务以及交通肇事罪的法定刑较轻作为不能成立自首的理由,笔者认为存在不妥。既然我国《刑法》及其他相关法律、司法解释,都明确规定了自首行为的定义及条件,并没有对犯罪性质、犯罪种类加以限制。交通肇事中,行为人的行为只要符合自首的条件,就应认定是自首。"当其他法律、法规规定的义务与刑法的自首制度相符时,只能认为在规范要求上,两者具有殊途同归的立法旨趣,而不能以前者是义务的履行而忽视后者的运用,从而使后者的立法意图在具体个案中无法体现。否则对于自首制度的运用无疑具有极大的破坏性。"①另外,将交通肇事后的主动停车报警、抢救伤员等行为定性为自首有利于法律公正性的体现,有利于调动肇事人的自首积极性,能够更好地达到控制犯

---

① 张洪林:《交通肇事罪之相关问题研究》,中国政法大学 2009 年学位论文,第 28 页。

罪的目的。不能因为法定刑轻就不成立自首,这是没有任何依据的。

(四)对胡斌交通肇事案的量刑问题

对于胡斌交通肇事案的量刑,应该注意如下问题:

(1)交通肇事案件属于过失犯罪案件,相对而言,过失较之故意的心理态度,罪过较轻,大多数肇事者由于一时疏忽而造成事故,主观恶性不深,因此,在对其处理时应当更突出刑法的教化作用,而不应当过分强调打击。毕竟刑事法律的目的是“惩戒与教育相结合”,即通过刑罚“教育其本人,并警示其他人”。

(2)《刑法》规定了罪责刑相适应的原则,这是为了保证追究刑事责任和适用刑罚的公正,从而使犯罪人的权利受到法律的合理剥夺、限制与保护,使被害人的权利也得到合理的刑法保护。因此,任何违反罪责刑相适应原则的司法裁量,都是对公民(犯罪人或被害人)权利的不尊重和践踏。在司法实践中,针对犯罪的不同情形,在刑法三项基本原则的指导下,严格按照法律规定适用刑罚,使轻罪与重罪分别得到妥当处理,最终获得刑罚效果的最大化,是刑事司法最终目标的应有之义。

所以,本案中,根据已查明的案情及证据,判定胡斌肇事行为构成交通肇事罪,其飙车行为不属于法定恶劣情节,根据《刑法》对交通肇事罪的量刑规定判处 3 年有期徒刑,并不存在适用刑法过轻的情形。

(五)交通肇事罪中的事后赔偿问题

随着近年来各地道路交通事业的快速发展,交通肇事案件逐渐成为一种常见、多发性犯罪。涉嫌交通肇事罪的犯罪嫌疑人,一般主观恶性较轻,肇事者在事故发生后对被害人及其家属的赔偿是其救助义务的一种合理延伸,是否赔偿不仅直接影响着被损害权益的恢复和救济,更直接反映了肇事者的悔罪、认罪心理。① 在双方自愿的基础上进行事后赔偿,一方面可使被害人得到物质和精神上的双重抚慰,弥补了传统刑事司法对交通肇事罪处理的尴尬,最大限度地给予被害人及其亲属心灵上的慰藉及经济上的补偿,这也有利于在挽救肇事者的同时,给予其一个改过自新的机会,从而化解社会矛盾,缓解社会冲突。之所以把交通肇事这种过失行为作为犯罪处理,更多地是为了预防麻痹大意、违章驾驶,进而营造一个安全有序的道路交通环境,因此,对于那些主观恶性很小,又想积极主动对受害人及其家属进行赔偿来“赎罪”的肇事者来讲,对被害人的经济补偿,足以达到交通肇事罪一般预防的目的,而且对于受害人或其家属来讲,获得经济补偿是他们所需要的,也是平复他们心理伤痛的最佳方法。这种通过积极赔偿获得被害人谅解的方式,最终有利于和谐道路交通环境的构建,有利于实现刑罚惩戒与预防的目的。因此,将事后赔偿作为交通肇事罪的从宽处理情节,不仅与主客观相一致的刑罚原则相契合,而且也体现了交通肇事罪作为业务过失犯罪的处罚

① 刘志华:《事后赔偿应作为交通肇事罪的法定从轻情节》,载《检察日报》2006 年 12 月 12 日,第 3 版。

要求。最高人民法院《关于刑事附带民事诉讼范围问题的规定》第4条也明确将被告人赔偿被害人物质损失的行为,纳入酌定的量刑情节。可见,将事后积极赔偿作为从宽处理情节有助于统一司法,维护社会公平正义。

但是,在司法实践中,具体案件的情况纷繁复杂,其具体后果和社会影响也不尽相同,如果不加以区分,只要进行事后赔偿就予以从宽处理,必然会违背该罪的立法初衷,甚至引起严重的道德问题。因此,适用该量刑情节时,要正确把握每个个案的具体情况,以此来区分其社会危害性的大小,确定是否适用,保证交通肇事罪中从宽量刑情节适用的正当性。笔者认为,将事后赔偿作为交通肇事罪定罪量刑的从轻情节应注意以下几个方面:

(1)必须严格限制适用情形。《刑法》第133条将交通肇事罪划分为三种情形。第一种情形为一般的交通肇事罪,处3年以下有期徒刑或者拘役;第二种情形为交通肇事后逃逸或者有其他特别恶劣情节的,处3年以上7年以下有期徒刑;第三种情形为因逃逸致人死亡的,处7年以上有期徒刑。事后赔偿的从轻情节只能适用于第一个档次的情形。

(2)双方必须自愿。肇事者必须完全认识到自己的错误并真诚表示歉意,被害人或其亲属也没有外力施压或强迫,自愿地接受肇事者的赔偿,对司法机关在肇事者进行赔偿后从轻或减轻处罚没有异议。在这一过程中,司法机关所扮演的角色只能是政策的解读者和结果的确认者,而不是谈判者。

(3)事后赔偿必须获得被害人的谅解。在司法实践中,一般只有在行为人主观恶性小、认罪态度好,同时又进行积极赔偿的情况下才会获得被害人的原谅。把获得被害人的原谅作为量刑时考虑的情节,既防止了那些情节恶劣、主观恶性大的人通过赔偿获得减轻处罚的情形出现,又防止损害被害人权益,破坏社会公正的现象出现。

(4)事后赔偿并不能免除对肇事者的最终处罚。事后赔偿在交通肇事罪中的运用,不免让人有这样的疑问:该制度是不是等同于拿钱“赎罪”,只要是给了钱就会免去法律的追究,撞了也是白撞?这样的理解是有失偏颇的。如笔者在前文所述,交通肇事罪中的事后赔偿只是在刑事责任处置过程中,司法机关可以根据双方达成的协议,从轻、减轻对其的处罚,这并不能排除肇事者构成交通肇事罪,不用接受刑法的任何处罚。根据罪刑法定原则,法律明文规定为犯罪行为的,必须依照法律定罪处刑,“不法行为人承担了民事责任,并不能免除其应负的其他责任。”①因此,在交通肇事罪中,即便是肇事者进行了事后赔偿,但是并不能就此抵消肇事者的所有刑事责任。事后赔偿只能在对肇事者的量刑上予以参考,不能决定肇事者的罪名认定。

(六)舆论监督、人民法院独立审判与人权保障问题

2009年5月7日,胡斌在杭州文二西路飙车撞死谭卓案发生后,肇事者在城市道

① 佟柔主编:《民法原理》,法律出版社1987年版,第43页。

路上的飙车行为所隐含的对生命的漠视,激起了民愤,到7月15日此案在杭州市西湖区法院开庭审理,两个多月以来,各大新闻媒体争相报道,网民在第一时间对胡斌展开了"人肉搜索",一时间网络充满了诛杀杀人凶手"富二代"的声讨声。这种情形让人不禁想起了1997年河南郑州张金柱的案件,在这起案件中,审判机关在民怨沸腾、民愤极大的压力下判处张金柱死刑立即执行。但是法学界一些资深学者认为,审判机关的判决是在巨大的舆论压力下作出的,存在一定的问题。可幸的是,在胡斌案件中,一审法院顶住了外界舆论压力,根据《刑法》确立的基本原则以及犯罪构成的相关理论,认定胡斌肇事行为构成交通肇事罪,而非外界呼声强烈的危害公共安全罪,判处3年有期徒刑。舆论与司法的再次博弈,又引起了人们对舆论监督、人民法院独立审判、人权保障问题的思考。

不可否认,舆论监督对刑事司法有着重要的作用。① 舆论监督使司法权的运作趋于透明、公开,促使刑事司法沿着法制的轨道正常运行,使司法公正真正得以实现。② 舆论监督满足公民作为国家主人对国家权力及其运作的知情权,有助于增强公众对司法的信心,对法制宣传起到积极的作用。正如美国学者华伦(Warren)指出:"一个不容忽视的事实是,如果说法律通过司法判决的官方报告传至法律家,那么可以说法律传至民众则是通过报刊传媒的过滤。"[①]③ 舆论监督对司法不公是一种必要的救济和矫治。司法不公的现象是客观存在的,尤其是在我国法制还不够健全的情况下,舆论监督对司法不公的揭露和批评有利于司法机关及时发现问题,纠正错误,查处司法腐败行为,维护司法清正廉洁,捍卫法律的权威和公正。

但是,舆论监督是一把双刃剑,也可能具有一定的负面作用:① 在特定情况下会对人民法院的独立审判权造成侵犯。新闻媒介煽动性的热点炒作和情绪化的宣传往往会模糊法院中立裁判方的角色,当法庭处于民众的喧嚣包围中时,强大的舆论压力可能会损害严谨而缜密的法律理性,法庭也难保不会丧失公平而使法律天平向一方倾斜。② 不当地侵犯犯罪人及其家属的人权。在人类社会中,人权一直是崇高的理想,"尊重和保障人权也是现代社会的基本价值追求,且已经成为人类文明的重要标志。"[②]刑事法中,被纳入人权保障范围的人包括被害人、犯罪嫌疑人等诉讼参与人。权利保障的内容不仅是传统上的生命权、健康权、自由权、财产权、人身住宅不受无理搜查扣押权,而且还逐步发展为包括隐私不受侵犯权、通讯秘密与通讯自由权、人格尊严等宪法保障的基本人权。然而,新闻媒体的大肆渲染,不加限制的报道,将犯罪嫌疑人及其家人的信息公之于众,对案件妄加定性,在一定程度上,不仅影响了人民法院的独立审判权,也是对他人权利的一种损害。正如一名学者所言:"新闻媒体的报道虽然因

① 参见张志铭:《传媒与司法的关系》,载《中外法学》2000年第1期。
② 〔德〕平纳德:《德国普通行政法》,朱林译,中国政法大学出版社1999年版,第44页。

法律授权具备合法性。但是,新闻自由只要基于公共利益及正当手段即可无限制报道个人的隐私,将使得个人隐私受到不合理的压抑,严重侵害该当事人的自主性。”①因此,在新闻报道中不能忽视对被害人隐私的保护。否则,不当的新闻报道将会极大影响被害人及其家庭的生活安宁,对其隐私造成很大的侵害。

因此,在司法实践中,必须平衡、协调好新闻报道与人民法院独立审判、人权保障的关系,扬其善,避其弊,使舆论监督更好地为之服务。

(1) 树立保障人权的理念。保障公民人权是现代民主法治国家肩负的神圣使命。刑事司法过程中人权保障工作的好坏将直接影响到我国整个人权保障事业的成败。参与到刑事司法中的新闻媒体,往往以与犯罪作斗争,维护社会正义的角度报道案件,不自觉地站在控诉机关一方,以致出现很多不当的报道,严重侵犯他人的隐私权利。因此,新闻媒体从业者必须转变自身的角色定位,树立起人权保障的理念,注意对审判过程的报道方式,比如凡是涉及隐私信息,在报道时应使用化名,不要刊登被害人肖像,对住址、工作单位等信息也要注意保密,在报道中尽量不公开他人身份资料等。

(2) 实现新闻立法,促进舆论监督的规范化。要实现舆论监督与司法公正、保障人权的平衡,最根本的是实现舆论监督的法治化,用法律来规范新闻媒体对司法工作的监督,使新闻自由的范围和程序受到法律上的限制,做到“不仅新闻的采集、发布和传送要遵照有关法律规定进行,而且发表意见和进行批评更要慎重”②,在全社会形成一种依法监督的氛围,最终实现舆论监督的法制化。

(3) 加强司法队伍建设,提高司法机关人员素质。舆论监督之所以会影响到人民法院独立审判,与司法工作人员有一定关系。目前,我国法制建设还不够完善,司法队伍素质还有待进一步提高。在司法实践中,要避免舆论对司法的不良干扰,就必须加强司法队伍建设,提高司法人员素质。

(4) 提高新闻工作者的法律素养,实现法制报道记者的专业化。只有新闻工作者法律素养提高了,树立起人权保障的理念,了解司法的规律与程序,才能减少其盲目报道现象的出现,最终避免因盲目追逐新闻而扰乱司法活动、侵犯他人权利现象的发生,最终达到新闻舆论监督与司法公正、保障人权的平衡。

九、有关交通肇事罪的立法建议

虽然我国《刑法》明文设立了交通肇事罪,以期通过对交通肇事行为的定罪处罚来实现对犯罪者本人的惩罚以及对社会上其他人的警戒。但是,我国现行《刑法》关于交通肇事罪的规定仅仅是惩罚于事后,缺乏事前预防的功能。胡斌交通肇事案暴露出我

---

① 张莉:《隐私权的法律保护》,中国法制出版社 2007 年版,第 180 页。

② 史尚宽:《宪法论丛》,台湾荣泰印书馆 1973 年版,第 329 页。

国《刑法》中有关交通肇事罪的相关条款规定已经落后于时代的发展，造成酒后开车、超速驾车现象愈演愈烈，屡禁不止。“刑罚是对犯罪的反应，刑罚与犯罪之间合理的对应关系是法律公正理念的内在要求，罪刑均衡、罪刑相适应已然成为一条举世公认的刑罚原则。所谓罪刑均衡，概括地说就是在刑罚的配置时做到强度相当、罪刑对应，各类犯罪之间的法定刑彼此协调，即故意犯罪的法定刑应重于过失犯罪，业务过失犯罪的法定刑重于普通过失犯罪，暴力犯罪的法定刑重于非暴力犯罪，国事犯罪的法定刑重于非国事犯罪。”①如何通过刑罚适用来达到犯罪预防，保护交通运输安全的法意，是刑事立法不可回避的问题。笔者认为，要解决这一问题，必须加快刑事司法改革的步伐，完善刑法相关立法规定。建议如下：

（一）完善交通肇事罪刑罚种类，增设资格刑

国外刑法普遍对危及交通安全的犯罪规定了资格刑，如西班牙、法国、俄罗斯等国家。在《俄罗斯刑法》中，交通肇事致两人以上死亡的，除了要被剥夺自由，还要被并处剥夺驾驶交通运输工具的权利。在《西班牙刑法》中，酒后驾驶罪、鲁莽驾驶罪，可被判处永久吊销驾驶执照。

在《刑法》上设立资格刑，通过剥夺犯罪人的驾驶资格，对于惩治、预防犯罪有着重要的作用。

（1）交通肇事罪大多是由于机动车驾驶人员违章构成的，对于这类人员，剥夺其驾驶资格，既是对其犯罪的惩罚，也是防止其在一段时间内再犯交通肇事罪的重要手段。

（2）通过对犯罪人资格的剥夺，减少社会潜在危害因素，同时也能对社会上的潜在肇事者产生警惕作用，增强其代价意识，规范其行为，最终达到刑法一般预防的作用。

（二）增设危险驾驶罪

犯罪是人类社会的一种正常的社会现象。随着人类社会的不断进步，犯罪无论在数量、规模上，还是在犯罪方法、对社会的危害程度上都发生了很大变化，对人类社会构成的威胁越发变得严重。实践证明，犯罪仅靠打击这一治标措施是远远不够的，努力限制、克服各种犯罪诱因，及时消除各种不安定因素，增加、设置潜在的违法犯罪分子实施犯罪行为的困难条件，对于降低犯罪率尤其重要。我国《刑法》关于交通肇事罪的规定仅仅是惩罚于事后，缺乏事前预防功能。设立惩罚危险驾驶行为的犯罪，以惩罚根本不尽注意义务的鲁莽驾驶行为，将危险驾驶如飙车超速、严重超载、驾驶明知是安全装置失灵的机动车辆、驾驶明知是报废的车辆等包含着交通肇事的极大危险性，存在着对人身安全及财产的很大威胁的行为，纳入刑法调整的范畴，可以从源头上对各种可能导致交通事故的危险驾驶行为给予警示。相比待到交通事故发生后对交通肇事者给予刑罚处罚，将特定的危险驾驶行为纳入刑罚调整的范畴更能起到防微杜渐

① 周光权：《法定性研究——罪刑均衡的建构与实现》，中国方正出版社2000年版，第57页。

的作用。

（三）完善交通肇事罪中的刑罚配置

作为一种过失犯罪，交通肇事罪可以分为业务过失犯罪和非业务过失犯罪。据此，交通肇事罪的主体一般也可分为：从事交通运输的人员即业务主体和非交通运输人员即非业务主体。当行为人违反注意义务，造成重大交通事故时，由于业务人员比一般的人具有更高的注意义务和更强的预见、避免能力，相比一般人员，业务人员在主观上的过失就更为严重。因此，《刑法》应该在量刑上区分对待这两种不同主体的过失犯罪，根据业务和非业务的过失，对交通运输人员和非交通运输人员规定轻重不同的法定刑。

（四）提高交通肇事罪的法定刑

对犯罪的人适用刑罚的最终目的是对犯罪者本人进行惩戒以防止其再次犯罪，同时对社会上所有的人予以警戒，防止其以身试法，最终达到犯罪预防的目的。但是，如果对某种犯罪的法定刑过低，与其社会危害性不相符合，那么这种刑罚不仅起不到预防、警戒作用，甚至还会纵容犯罪。我国《刑法》对交通肇事罪的量刑就存在这种情形，3 年以下有期徒刑、拘役，加上可能存在的缓刑，根本不足以给交通肇事者以警戒。因此，笔者建议将交通肇事罪的法定刑作适当提高，由 3 年提高至 5 年，取消拘役，以此增强交通肇事罪的刑罚威慑力，提高交通肇事行为的代价，最终达到预防、减少交通肇事罪发生的目的。

十、结语

交通肇事罪虽然是常见、多发的犯罪，而且一直以来受到立法和司法机关的高度重视，但是理论界以及司法实务界仍然未能完全达成共识，有关问题的争论不绝于耳。本部分由杭州胡斌飙车案引出对交通肇事罪的讨论，对于案件中涉及的法律问题进行深入剖析，针对当前刑事立法中有关交通肇事罪的立法缺陷，笔者提出了自己的建议。虽然行文已完成，但交通肇事罪的有关问题仍有待深入探讨，理论仍需不断完善。

附录

杭州市西湖区人民法院刑事判决书

（2009）杭西刑初字第 337 号

公诉机关：杭州市西湖区人民检察院。

被告人：胡斌，男，1989 年 1 月 20 日出生，汉族，浙江省杭州市人，杭州师范大学体育系学生，住杭州市江干区三华天运 4 幢 1 单元 1802 室。因本案于 2009 年 5 月 8 日被刑事拘留,同年5月17日被逮捕。现押于杭州市看守所。

辩护人:高尔文,浙江九恒律师事务所律师。

杭州市西湖区人民检察院以杭西检刑诉[2009]256号起诉书指控被告人胡斌犯交通肇事罪,于2009年7月3日向本院提起公诉。本院于同日立案,并依法组成合议庭,于同月15日公开开庭审理了本案。杭州市西湖区人民检察院指派检察员葛淑芳、孙军、代理检察员许航出庭支持公诉,被害人诉讼代理人魏勇强,被告人胡斌及其辩护人高尔文,鉴定人傅和平、王慧忠到庭参加诉讼。现已审理终结。

公诉机关指控,2009年5月7日晚,被告人胡斌驾驶经非法改装的车辆,从杭州市机场路前往西城广场看电影,沿途与同伴驾驶的车辆严重超速行驶,时有相互追赶。当晚20时08分,被告人胡斌驾车行驶至文二西路德加公寓西区大门口人行横道时,未注意观察路面动态,车头右前端撞上由南向北行走的被害人谭卓,致其颅脑损伤死亡。被告人胡斌负事故的全部责任。为证实指控的犯罪,公诉人当庭宣读和出示了相关书证、证人证言、被告人供述、鉴定结论、现场勘查笔录和视听资料。公诉机关认为,被告人胡斌的行为已触犯《中华人民共和国刑法》第133条之规定,构成交通肇事罪,且其驾驶非法改装的车辆严重超速并时有与他人相互追赶等,提请本院依法从重判处。

被害人诉讼代理人认为,被告人胡斌肇事时的主观心态是过失,过失以危险方法危害公共安全罪与交通肇事罪有交叉关系,根据罪刑法定原则,被告人胡斌的行为可以交通肇事罪定罪,但其有飙车等严重危害社会的行为,应认定为有其他特别恶劣情节,要求在3—7年有期徒刑的幅度内量刑。

被告人胡斌辩称,起诉书指控其驾驶非法改装的汽车及案发前与同伴相互追赶不符事实。

辩护人认为,被告人胡斌的行为构成交通肇事罪,胡斌有自首情节,认罪态度较好,其亲属已代为赔偿被害人亲属损失,要求从轻处罚;公诉人建议从重处罚及被害人诉讼代理人认为有其他特别恶劣情节的意见均缺乏事实和法律依据。辩护人当庭提交了交通事故赔偿调解书、补充协议、赔偿凭证、收条。

经审理查明,2009年5月7日晚,被告人胡斌驾驶经非法改装的浙A608Z0兰瑟翼豪陆神牌红色三菱轿车,与同伴驾驶的车辆从杭州市江干区机场路出发,前往西湖区文二西路西城广场,想看看该广场是否在放映名为《金钱帝国》的电影。在途经文晖路、文三路、古翠路、文二西路路段时,胡斌与同伴严重超速行驶并时有互相追赶的情形。当晚20时08分,胡斌驾车途经文二西路德加公寓西区大门口人行横道时,未注意观察路面行人动态,致使车头右前端撞上正在人行横道上由南向北行走的男青年谭卓。谭卓被撞弹起,落下时头部先撞上该轿车前挡风玻璃,再跌至地面。事发后,胡斌立即拨打120急救电话和122交通事故报警电话。谭卓经送医院抢救无效,于当晚20时55分因颅脑损伤而死亡。事发路段标明限速为50公里/小时。经鉴定,胡斌当时的行车速度在84.1—101.2公里/小时，对事故负全部责任。

另查明，案发后胡斌亲属与被害人亲属已就民事赔偿达成协议，胡斌亲属已赔偿并自愿补偿被害人亲属经济损失共计人民币1 130 100元。

上述事实，有当庭出示并经法庭质证的下列证据予以证实：

(1) 案发现场监控录像证实，2009年5月7日晚20时08分自东向西行驶的红色轿车在杭州市文二西路德加公寓西区门口人行横道上撞上行人，随后肇事车辆制动停车及肇事司机下车查看被撞人员。

(2) 证人陈瑜、吴双玲证实，案发当晚20时许，其在杭州市文二西路北侧的紫桂公寓门口行走时，目击浙A608Z0红色三菱轿车撞上行人，行人被撞弹起，落下时撞上该轿车前挡风玻璃，再跌至地面。陈瑜遂打电话报警。

(3) 公安机关接警记录、案发经过以及提取的手机通话清单证实，案发当晚20时09分、20时13分，杭州市西湖区公安分局交通警察大队先后接到陈瑜、胡斌的报警；当晚20时09分，胡斌的手机拨打了120急救电话；当警方到达现场时，伤者已被送往医院救治，胡斌在现场等候处理。

(4) 公安机关现场勘查笔录及图片证实，事发路段为东西双向6条机动车道，路面平坦，视线良好，北侧为紫桂花园小区大门，南侧为德加公寓西区大门，两门间有南北向人行横道，设有注意行人标志和限速50公里/小时的标志；肇事车辆浙A608Z0兰瑟翼豪陆神牌轿车前保险杠右侧有撞击痕迹，右侧前翼子板顶端变形，右前大灯破碎，引擎盖右侧变形，前挡风玻璃右侧破碎，右前上角附着毛发，右侧后视镜向后折；现场提取了胡斌血样。

(5) 死亡医学证明书及尸体检验报告证实，被害人谭卓案发当晚20时23分由120急救车送入浙江省立同德医院，20时55分因颅脑损伤而死亡。

(6) 乙醇检验报告证实，案发现场从胡斌身上提取的血样中未检出乙醇成分。

(7) 道路交通事故车辆技术检验报告及质量鉴定报告证实，肇事车辆的转向、制动性能符合安全技术要求，发动机进排气系统、前照灯、悬挂、轮胎与轮辋、车身内部已在原车型的基础上被改装或部分被改装；事故路段行车速度在84.1—101.2公里/小时。

(8) 道路交通事故认定书证实，胡斌驾车过程中存在严重超速，行驶中未注意观察路面行人动态，行经人行道未停车让行，遇紧急情况未采取有效措施等道路交通安全违法行为；在事故中，胡斌承担全部责任，谭卓无责任。

(9) 证人李伟伟、江召兵、张皓、胡年斌证实，案发当晚他们在文二西路德加公寓西区路段看见有红色跑车由东向西行驶，在人行横道处发生车祸，肇事司机停车后走到被撞倒地者旁边打电话，之后就有交警和救护车赶到；事发时肇事车速度很快，经过人行横道时未减速，排气管声音特别响。

(10) 证人尤小恩、金如坤证实,案发当晚他们在文二西路德加公寓西区路段看见两辆红色跑车并排由东向西行驶,两辆车前后追逐,幅度不超过一个车身,另有一辆黑色的车离两车约十几米远,随后发生了车祸。

(11) 证人孔伟伟证实,案发当晚19时30分左右,其与朱科科、胡斌、袁小波从机场路出发去文二西路西城广场欲看电影,胡斌驾驶浙A608Z0号轿车,其驾驶浙AL7C25号轿车,朱科科坐在其车上的副驾驶室位置,袁小波驾驶浙AMU373号轿车;其与胡斌驾驶的车辆在前,袁小波驾驶车辆跟在后面,沿着机场路、文晖路、文三路、古翠路、文二西路行驶,沿途超越其他车辆,相互之间超越的情形不多,当遇到红灯时均停车等候;当其驾车由东向西行驶至文二西路德加公寓门口时,看见有行人由南向北过马路即制动让行,其右边车道胡斌的车辆当时未减速而撞上行人;事发时视线良好,前方车辆不多,事发前四人均未饮酒;其驾驶的车辆与胡斌驾驶的车辆属同一车型,均为红色,但引擎盖颜色和车身标贴略有不同。

(12) 证人袁小波证实,案发当晚19时30分左右,其与胡斌、孔伟伟及孔的朋友四人在机场路用餐后一起去西城广场想看电影,胡斌驾驶浙A608Z0号红色三菱跑车,孔伟伟驾驶浙AL7C25号红色三菱跑车,两车型号、颜色相同,其驾驶浙AMU373号马自达6型轿车;胡斌与孔伟伟的车况较好,一直开在前面,其因路线不熟,就始终跟在后面;胡斌和孔伟伟沿途遇红灯均停车,但有时也相互追赶;遇到车多时速度不快,车少时速度就很快;到达事发地时胡斌与孔伟伟的车基本并排,其车在胡斌的车后,看见孔伟伟的刹车灯亮时,胡斌的车就撞上了行人,随后胡斌的车刹车灯亮并靠右侧停下;案发当时光线良好,道路上车辆情况一般。

(13) 证人朱科科证实,案发当日19时以后,其与孔伟伟、胡斌及一个开马自达6轿车的人从机场路出发去城西;车行至文二西路时,胡斌的车在中间车道,其乘坐孔伟伟的车在左侧车道,孔伟伟见人行横道上有人,马上踩了刹车,此时看见胡斌的车撞了人;胡斌当时没有踩刹车,他一定没有注意到这个行人。

(14) 道路监控录像证实,事故发生前,胡斌与同伴驾驶的车辆沿途时有超车,但在各交叉路口没有违反交通信号灯指令的情况。

(15) 证人余静证实,案发当晚其驾车驶经文二西路丰潭路口时遇红灯,后面两辆红色跑车以很快的速度超车并停在其前方等候,绿灯亮后两车飞快地开走;当其行至德加公寓附近时,其中的一辆红色跑车已经肇事。

(16) 胡斌驾驶证、行驶证以及车辆信息证实,肇事车辆经过年检,胡斌具有驾驶资格。

(17) 户籍证明、工作证明及情况说明证实,被害人谭卓和被告人胡斌的身份情况。

(18) 被告人胡斌的供述,案发当晚其驾驶浙A608Z0号红色三菱轿车从机场路出来,沿文晖路、文三路、古翠路、文二西路驶向西城广场看看该广场是否在放映《金钱帝国》的电影,同行的还有孔伟伟驾驶的浙AL7C25号红色同型号轿车和袁小波驾驶的浙AMU373号马自达6型轿车;当晚20时05分左右,其驾车由东向西行驶至文二西路德加公寓西区门口时在人行横道处撞上行人,其当即停车查看并拨打120急救电话和122报警电话;碰撞瞬间其才发现对方,当时未饮酒,身体状态良好;伤者被送往医院后,其在现场等候交警处理;事发时天晴、路平、视线好,前方同向没有车辆,其在三车道的中间道上,孔伟伟在其左后侧,袁小波在后面;其未注意限速标志,当时是超速的,因同伴不认识路,沿途基本都是其在前,途中也曾被孔伟伟超过;其车辆性能较好,自认驾车水平较高,一路上只要有条件就超车;肇事车是2008年10月从朋友处购买的,购买前已经过改装。

(19) 交通事故损害赔偿调解书、补充协议、赔偿凭证、收条等书证证实,胡斌亲属已支付被害人亲属共计人民币1 130 100元。

本案事实清楚,证据确实、充分,足以认定。

关于被告人胡斌就起诉书指控其驾驶非法改装汽车及案发前与同伴相互追赶两节事实提出的异议。经查,① 检验鉴定报告证实胡斌驾驶的汽车经过非法改装,胡斌在购买该车后也明知原车主对车辆经过非法改装。② 根据在案的监控录像和证人孔伟伟、袁小波等人证言,足以认定案发前被告人胡斌与同伴车辆沿途有相互超越、追赶的事实,胡对此亦曾供认在案。故其就起诉书指控事实提出的异议不能成立,不予采信。

本院认为,被告人胡斌违反交通运输管理法规,因而发生重大事故,致一人死亡并负事故全部责任,其行为已构成交通肇事罪。公诉机关指控的罪名成立。被告人胡斌肇事后及时报警并在现场等候,该行为属于履行《道路交通安全法》规定的义务,且《刑法》已将交通肇事后逃逸的行为规定为加重情节,依法不应将肇事后报警并在现场等候的行为重复评价为自动投案。故辩护人提出胡斌有自首情节的理由不能成立,不予采纳。被告人胡斌案发后虽未逃避法律追究,其亲属也能积极赔偿被害人亲属的经济损失,但胡斌无视交通法规,案发时驾驶非法改装的车辆在城市主要道路上严重超速行驶,沿途时而与同伴相互追赶,在住宅密集区域的人行横道上肇事并致人死亡,犯罪情节严重,并造成恶劣的社会影响。故公诉机关建议对被告人胡斌从重处罚的理由成立,应予支持;辩护人要求从轻处罚的理由不足,不予采纳。胡斌的行为不符合司法解释关于交通肇事罪其他特别恶劣情节的具体规定,被害人诉讼代理人认为本案应当认定为有其他特别恶劣情节,在3—7年有期徒刑幅度内量刑的意见缺乏事实和法律依据,亦不予采纳。

依照《中华人民共和国刑法》第133条、第61条和最高人民法院《关于审理交通肇事刑事案件具体应用法律若干问题的解释》第2条第1款第1项之规定,判决如下:

被告人胡斌犯交通肇事罪,判处有期徒刑3年(刑期从判决执行之日起计算。判决执行以前先行羁押的,羁押一日折抵刑期一日。即自2009年5月8日起至2012年5月7日止)。

如不服本判决,可在接到判决书的第二日起十日内,通过本院或者直接向浙江省杭州市中级人民法院提出上诉。书面上诉的,应当提交上诉状正本一份,副本二份。

(本页无正文)

审 判 长 潘 波
审 判 员 杨承芙
人民陪审员 茅荣伟
2009年7月20日
书 记 员 朱 虹

（二）破坏市场经济秩序罪

林镇裕虚开增值税专用发票案法理研究

李佳佳*

一、选案理由

自1994年1月1日我国增值税新税制实施以来，我国税收收入平均每年增长一千多亿元人民币，增值税对增加我国财政收入，带动经济增长发挥了重要作用。但是，由于增值税具有可作为抵扣税款凭证的特殊性，再加上我国增值税制存在一些漏洞，与之配套的管理措施还不健全，一些不法分子在巨大利益的驱使下，铤而走险，大肆利用增值税专用发票谋求不法利益，虚开增值税专用发票犯罪呈猖狂之势，严重危害了我国的税收征管秩序，并且导致国家税款的大量流失。在此背景下，我国1997年《刑法》将虚开增值税专用发票罪的最高法定刑规定为死刑。然而，对这种犯罪配置死刑的合理性不无疑问。

林镇裕虚开增值税专用发票案是1997年《刑法》颁布、实施后，国家重点打击虚开增值税专用发票行动中，首批被破获的一起数额特别巨大、情节特别严重、给国家造成重大损失的税收犯罪，也是一起典型的虚开增值税专用发票罪被判处死刑的案例。在此案中，不法分子黄金池，与潮阳市国家税务局征收所所长林镇裕、副所长陈汉杰互相勾结，注册了9家三无虚假公司，利用上述企业共计虚开增值税专用发票22 821份，虚开税额3 200多万元，收取手续费并分给林镇裕、陈汉杰两人。林镇裕、陈汉杰两人共计参与虚开增值税专用发票22 839份，虚开税额3 500多万元，已查实受票单位骗取出口退税额571万多元。此案以规模之大、数额之巨、影响之恶劣，成为中华人民共和国成立以来罕见的案例之一。该案经多家媒体报道，引起了社会的广泛关注。对于此案的研究，有利于为今后各级人民法院办理类似案件提供重要的参考价值。从刑法法理角度来看，本案诉讼过程中涉及的共同犯罪的认定问题，共同犯罪主、从犯的认定以及对虚开增值税专用发票罪是否应当配置死刑的问题，也极具有理论探讨的价值。对这

---

* 北京市朝阳区人民法院书记员。

些理论问题的探究,有利于完善我国税收犯罪的司法适用及促进税收犯罪死刑改革的步伐。因此,该案无论从社会影响还是从刑法理论角度看,均具有研究的价值。

二、基本案情

2000年12月20日,广东省汕头市人民检察院向广东省汕头市中级人民法院提起公诉认为,被告人黄金池、林镇裕、陈汉杰、陈壁亮、郑继亮以营利为目的,非法为他人虚开增值税专用发票税款数额特别巨大,情节特别严重,给国家利益造成特别重大损失,其行为均已构成虚开增值税专用发票罪。

针对检察院的控诉,被告人黄金池要求法院从轻处罚,其辩护人认为,被告人黄金池具有自首情节和重大立功表现,建议对其减轻处罚。被告人林镇裕辩称其是渎职犯罪,要求法院从轻处罚。其辩护人提出,被告人林镇裕不构成虚开增值税专用发票共犯,应以受贿罪,徇私舞弊发售发票、抵扣税款罪对其进行处罚。被告人陈汉杰辩称,其行为应构成受贿罪,并要求从轻处罚。其辩护人认为,被告人陈汉杰在共同犯罪中起次要作用,应认定为从犯,建议对其从轻处罚。被告人陈壁亮辩称其行为是渎职犯罪,要求从轻处罚。其辩护人认为,被告人陈壁亮起次要作用,系从犯,建议对其从轻处罚。被告人郑继亮辩称其行为不构成犯罪。其辩护人提出被告人郑继亮在共同犯罪中起次要作用,建议对其减轻处罚。

法院经审理查明:

(1) 1996年7月,被告人黄金池为虚开增值税专用发票而用吴永潭、吴桂合的身份证,在无注册资金、无经营场所的情况下,通过非法手段登记注册成立了潮阳市新佳美贸易有限公司和潮阳市灶浦金鸿昌贸易有限公司,并经被告人林镇裕、陈汉杰、陈壁亮审批,分别办理增值税一般纳税人资格。1997年1月至1999年5月,被告人黄金池分别以上述两家公司的名义,经被告人林镇裕、陈汉杰、陈壁亮审批,共向灶浦征收所领购增值税专用发票168本,共4 200套,然后,在没有真实货物交易的情况下,以四千余家名义单位为受票单位,为他人虚开增值税专用发票4 200套,虚开的价格总计人民币40 672 154.9元,税款总计人民币6 914 266.33元。被告人黄金池虚开的上述增值税专用发票存根联上的受票单位或为虚假单位,或该单位没有受票,致使国家税款损失无法追回。

1998年1月,被告人郑继亮向被告人林镇裕提出其朋友吴少东(在逃)需要虚开增值税专用发票作为汕头市化妆品厂的进项发票,被告人林镇裕即纠合了被告人陈汉杰、黄金池和黄惠周[潮阳市供销企业(集团)灶浦公司人员,在逃],经被告人林镇裕同意,被告人黄金池与黄惠周分别向被告人陈汉杰领取了10万元版的增值税专用发票39套,由被告人黄金池与黄惠周在灶浦征收所办公室为汕头市化妆品厂虚开,被告人陈汉杰作为10万元版的增值税专用发票鉴开人在场“鉴开”,被告人林镇裕、陈壁亮、郑继亮均在场，其中被告人黄金池以潮阳市新佳美贸易有限公司名义虚开21套，虚开价款人民币19184600元，税款人民币3261382元，黄惠周以潮阳市供销企业(集团)灶浦公司名义虚开增值税专用发票18套，虚开价款人民币17119800元，税款人民币2910366元。吴少东将上述虚开的发票向汕头市国家税务局直属分局申报抵扣汕头市化妆品厂的税款，当灶浦征收所收到汕头市国家税务局直属分局的《增值税专用发票核查单》时，被告人陈壁亮明知核查单所列专用发票为虚开的，仍确认属实报审批，被告人林镇裕明知是虚开的增值税专用发票仍签字批准同意复函，致使上述虚开的39套增值税专用发票中的36套被汕头市化妆品厂用以抵扣税款人民币5718715元，造成国家税款损失人民币5718715元，其中由被告人黄金池虚开的18套增值税专用发票造成国家税款损失人民币2808349元。

(2) 1997年8月，被告人黄金池从陈新辉处得知陈新辉的朋友有潮阳市灶浦光辉贸易部和盛杰贸易部两家公司要转让，被告人黄金池便将上述两家公司的经营权买下，分别办理了增值税一般纳税人资格，专门用于虚开增值税专用发票。自1997年8月至1999年5月，被告人黄金池分别以上述两家公司的名义，经被告人林镇裕、陈汉杰、陈壁亮审批，共向灶浦征收所领购增值税专用发票198本，共4950套，然后，在没有真实货物交易的情况下，以四千余家名义单位为受票单位，为他人虚开增值税专用发票4950套，虚开的价格总计人民币41205963.57元，税款总计人民币7005013.81元。被告人黄金池虚开的上述增值税专用发票存根联上的受票单位或为虚假单位，或该单位没有受票，致使国家税款损失无法追回。

(3) 1998年9月，被告人黄金池从被告人陈壁亮处得知被告人陈汉杰堂兄陈均隆的潮阳市新利隆贸易公司一直没有经营，便通过被告人陈汉杰以人民币8000元将该公司的经营权买下，办理了增值税一般纳税人资格，专门用于虚开增值税专用发票。1998年9月至2000年3月，被告人黄金池分别以此公司的名义，经被告人林镇裕、陈汉杰、陈壁亮审批，共向灶浦征收所领购增值税专用发票135本，共3375套，然后，在没有真实货物交易的情况下，以二千五百余家名义单位为受票单位，为他人虚开增值税专用发票3375套，虚开的价格总计人民币23465563.93元，税款总计人民币3989145.87元。被告人黄金池虚开的上述增值税专用发票存根联上的受票单位或为虚假单位，或该单位没有受票，致使国家税款损失无法追回。

(4) 1998年12月，被告人黄金池为虚开增值税专用发票而用本人和其妻陈美姗的身份证，在无注册资金、无经营场所的情况下，通过非法手段登记注册成立了潮阳市灶浦金发贸易部和永佳贸易部，并经被告人林镇裕、陈汉杰和陈新辉审批，分别办理了增值税一般纳税人资格，1998年12月至2000年3月，被告人黄金池分别以上述两家公司的名义，经被告人林镇裕、陈汉杰、陈壁亮审批，共向灶浦征收所领购增值税专用发票244本，共6100套，然后，在没有真实货物交易的情况下，以四千五百余家单位为受票单位,为他人虚开增值税专用发票 6 100 套,虚开的价格总计人民币 40 725 509.63 元,税款总计人民币 6 923 336.63 元。被告人黄金池虚开的上述增值税专用发票存根联上的受票单位或为虚假单位,或该单位没有受票,致使国家税款损失无法追回。

(5) 1999 年 4 月,被告人黄金池用其姐黄得凤和姐夫陈亚松的身份证,在无注册资金、无经营场所的情况下,通过非法手段登记注册成立了潮阳市金美佳贸易部和兴金贸易部,并经被告人林镇裕、陈汉杰和陈新辉审批,分别办理了增值税一般纳税人资格,1999 年 4 月至 2000 年 3 月,被告人黄金池分别以上述两家公司的名义,经被告人林镇裕、陈汉杰、陈壁亮审批,共向灶浦征收所领购增值税专用发票 167 本,共 4 175 套,然后,在没有真实货物交易的情况下,以二千余家单位为受票单位,为他人虚开增值税专用发票 4 175 套,虚开的价格总计人民币 25 218 333.89 元,税款总计人民币 4 287 116.76 元。被告人黄金池虚开的上述增值税专用发票存根联上的受票单位或为虚假单位,或该单位没有受票,致使国家税款损失无法追回。

(6) 被告人黄金池在上述为他人虚开增值税专用发票期间,为达到其牟取非法利益的目的,至案发时共向他人购买伪造的增值税专用发票 219 套,为自己上述九家公司虚开增值税专用发票作为进项发票,以抵扣其为他人虚开增值税专用发票而应交的销项税款,为自己虚开价格总计人民币 128 575 437.95 元,税款总计人民币 21 814 903.38 元,经被告人林镇裕、陈汉杰、陈壁亮和陈新辉非法审批,全部均已抵扣。

被告人黄金池为他人虚开增值税专用发票时,以所开销项增值税专用发票票面价款的 1.1% 的比例向他人收取开票费,以销项票面价格的 0.5% 至 0.8% 的比例作为交纳的税金入库,至案发时已交纳税金总计人民币 1 028 884.92 元,分给被告人林镇裕人民币 6 万余元,分给被告人陈汉杰 6 万余元,分给被告人陈壁亮 2 万多元,余款由被告人黄金池支配,上述各被告人所得赃款均用于日常支出。

三、裁判要旨

(1) 为牟取非法利益而互相勾结,为他人虚开、为自己虚开增值税专用发票,介绍他人虚开增值税专用发票的行为构成虚开增值税专用发票罪的共犯。

(2) 在共同犯罪中首先提议虚开增值税专用发票,是虚开增值税专用发票的直接实施者,并将赃款进行分配,系主犯。

(3) 作为税务机关基层单位的主要负责人,利用其职权与同案共犯人内外勾结,在共同犯罪的关键环节中起主要作用,系主犯,依法应予以严惩。

(4) 归案后能如实供述侦查机关尚未掌握的同种较重罪行,揭发同案被告人共同犯罪事实,检举他人犯罪线索,经查属实,构成重大立功,依法可予从轻处罚。

四、引发的理论问题

综观林镇裕虚开增值税专用发票罪一案,法院与被告人林镇裕及其辩护律师在诸多方面存在分歧。

(1) 在被告人林镇裕是否构成虚开增值税专用发票罪的共犯上存在争议。法院认为被告人林镇裕为牟取非法利益与被告人黄金池等人勾结,为他人虚开、为自己虚开增值税专用发票,其行为已构成了虚开增值税专用发票罪的共犯。而被告人林镇裕辩称,其没有与黄金池等人事先“密谋”虚开增值税专用发票,其辩护律师辩称,根据现有证据尚不足以认定林镇裕具有虚开增值税专用发票的共同犯罪故意。

(2) 林镇裕在虚开增值税专用发票一案中是否为主犯存在争议。法院认为被告人林镇裕作为税务机关基层单位的主要负责人,利用其职权与被告人黄金池等人内外勾结,在骗购增值税专用发票和用虚开的增值税专用发票抵扣税款等共同犯罪的关键环节中起主要作用,应当认定为主犯,而被告人林镇裕及其辩护律师辩称,其是帮助行为而不是具体实行虚开增值税专用发票的行为。此外,从犯罪利益分配看,其所获得的 6 万元的分赃,与他在共同犯罪中所起的主要作用不符。

(3) 对于林镇裕是否存在重大立功也有争议。对于林镇裕是否具有重大立功表现,取决于其立功表现是否得到法院的查证和认定,由于篇幅所限,笔者对此问题不作深论。

对虚开增值税专用发票罪是否应当配置和适用死刑,则作为重点进行理论研究。因此,笔者将主要研究以下三个争议问题:

(1) 林镇裕是否构成虚开增值税专用发票罪的共犯?

(2) 林镇裕是否为虚开增值税专用发票共同犯罪中的主犯?

(3) 对虚开增值税专用发票罪配置和适用死刑是否具有正当性?

五、共同犯罪的认定问题探究

在林镇裕虚开增值税专用发票案中,一审判决书认为,被告人林镇裕与其他被告人“为牟取非法利益而互相勾结,为他人虚开、为自己虚开增值税专用发票,其行为已构成虚开增值税专用发票罪”。而辩护方则认为,林镇裕不具有虚开增值税专用发票的主观故意,也没有直接实施虚开增值税专用发票的行为,其行为不能构成虚开增值税专用发票罪。具体分析法院和辩护方的争议点可以看出,对于共同犯罪的具体认定问题成为认定林镇裕是否构成本罪共犯的重点。其中,对林镇裕是否具有共同犯罪主观故意的认定尤为关键。笔者通过对共同犯罪相关理论的研析,对林镇裕是否构成虚开增值税专用发票罪的共犯进行具体分析。

(一)共同犯罪概述

1. 共同犯罪的概念

我国《刑法》第25条第1款规定:"共同犯罪是指二人以上共同故意犯罪。"这一法定概念是对社会上存在的形形色色的共同犯罪现象的科学概括,成为我国共同犯罪理论研究的基石。

在大陆法系刑法理论中,不同的学派对共同犯罪的概念有不同的解释,其中最具代表性的观点有犯罪共同说和行为共同说。犯罪共同说认为,犯罪的本质是侵害法益,而共同犯罪是二人以上共同对同一法益实施犯罪的侵害。因此,共同犯罪关系是二人以上共犯一罪的关系。在不同的犯罪事实或不同的构成要件之间,不可能存在共同犯罪关系。① 行为共同说认为,共同犯罪的"共同"指的是行为的共同,也就是说,只要行为人实施了共同的行为,就可以成立共同犯罪,不要求必须是同一或者特定的犯罪。②

犯罪共同说以犯罪构成为内容,有其特定的法律标准,严格限制了共同犯罪的范围,使得在实践中发生的一些案例得不到公正的处理。例如,行为人分别以杀人、伤害的故意向被害人开枪,导致被害人死亡,但是无法证明是谁的子弹命中。按照该说,两人成立同时犯,行为人分别承担杀人未遂和伤害未遂的责任,这显然会轻纵犯罪。而行为共同说在一定程度上扩大了共同犯罪的范围。例如,甲以杀人的故意,乙以伤害的故意,共同对丙实施暴力行为,导致丙死亡,根据该说,甲与乙成立共同正犯,但认定甲是故意杀人罪的共同正犯,乙是故意伤害致死罪的共同正犯,其结果与单独犯的结局相同。显然,行为共同说是完全根据各行为人自己的犯意认定犯罪,与单独犯没有什么区别。③

犯罪共同说过于强调共同故意,行为共同说过于强调共同行为,似乎都有偏颇之嫌。与国外刑法学者和外国刑事立法对共同犯罪所下的定义相比,我国《刑法》中关于共同犯罪的定义是具有严密的科学性和高度的概括性的。这一定义科学地概括了共同犯罪的内在属性,体现了主观与客观相统一的原则,既不扩大共同犯罪的范围,也不缩小共同犯罪的范围,是符合社会生活中共同犯罪的实际情况的。④

2. 共同犯罪的构成特征

犯罪构成是承担刑事责任的基础,一个人的行为是否具备犯罪构成特征,是划分罪与非罪的根本标准。在共同犯罪的情况下,仍应以犯罪构成作为承担刑事责任的基础。根据我国《刑法》第25条的规定,共同犯罪的成立条件包括:

---

① 陈兴良:《共同犯罪论》,中国人民大学出版社2006年版,第54页。

② 阎二鹏:《共犯与身份》,中国检察出版社2007年版,第130页。

③ 同上注,第138页。

④ 高铭暄:《刑法专论》,高等教育出版社2006年版,第329页。

（1）共同犯罪的主体要件

共同犯罪的主体，必须是二人以上的达到刑事责任年龄，具有刑事责任能力的人。如果两个行为人，其中一个达到了刑事责任年龄，而另一个没有达到刑事责任年龄，就不能构成共同犯罪；如果一个达到刑事责任年龄，具有刑事责任能力的人教唆或帮助没有达到刑事责任年龄或者不具有刑事责任能力的人去实行犯罪，则前者属于间接正犯，不与后者构成共同犯罪；如果没有达到刑事责任年龄但精神正常的人，主动与达到了刑事责任年龄并具有刑事责任能力的人合谋，甚至是教唆、指使后者，那也不构成共同犯罪，这种情况下只是后者构成单个人的犯罪。此外，两个以上具有不同身份的人可以构成共同犯罪。例如，非国家工作人员教唆国家工作人员挪用公款，其就与国家工作人员构成挪用公款罪的共同犯罪。单位也可以成为共同犯罪的主体。

（2）共同犯罪的主观条件

从主观上讲，共同犯罪的成立必须是二人以上的行为人具有共同故意，各共同犯罪人之间有意思联络。具体包括以下内容：① 各行为人认识到自己不是一个人单独实施犯罪，而和他人配合共同实施犯罪。② 各行为人明知自己与他人配合而实施的犯罪行为导致危害社会的结果。③ 对危害结果的发生采取希望或者放任的态度。

共同犯罪既可表现为各行为人都有犯罪的直接故意，还可以表现为间接故意与直接故意的结合。

（3）共同犯罪的客观条件

从客观方面讲，共同犯罪的成立必须是二人以上具有共同犯罪的行为。共同犯罪行为是指二人以上在共同故意的支配下，共同实施的具有内在联系的犯罪行为。

共同犯罪行为不是单独犯罪行为的简单相加，而是二人以上的犯罪行为在共同犯罪故意基础上的有机结合。共同犯罪行为可以分为实行行为和非实行行为（组织行为、教唆行为、帮助行为等）。实行行为是由刑法分则明文规定的，其犯罪性是显而易见的，而非实行行为则只有与一定的实行行为有机地结合起来，才能表明其犯罪性，成为共同犯罪行为。

共同犯罪中共同行为的表现形式，既可以是共同作为，即各共犯人的行为均为作为；也可以是共同不作为，即各共犯人的行为均为不作为，如共同遗弃罪；还可以是作为与不作为的结合。如银行保安人员与盗窃犯事前通谋，届时盗窃犯入室盗窃，保安人员借故离开，即是由作为与不作为构成的共同盗窃罪。①

（二）共同犯罪故意的认定

1. 共同犯罪故意概述

共同故意是我国刑事立法规定的共同犯罪的罪过形式。共同犯罪的罪过形式是

① 赵秉志：《新刑法教程》，中国人民大学出版社 1997 年版，第 210 页。

指,共同犯罪的行为人实施犯罪行为时,对自己的行为或其他共同犯罪人的行为必然或可能发生的危害社会的结果的心理态度。[①]

作为共同犯罪构成的主观方面要件,共同犯罪故意是共同犯罪行为人承担刑事责任的主观基础。它将各共犯人的单个犯意联贯起来,使得各共同犯罪人的行为在共同故意的支配下形成一个有机的整体。因此,共同犯罪故意是指各行为人通过主观意思联络而形成的,明知自己是和他人配合共同实施犯罪,并且明知共同的犯罪行为会发生某种危害社会的结果,而希望或者放任这种危害结果发生的心理态度。[②] 关于共同故意的定义,理论界基本上都是从认识因素和意志因素两个方面来进行分析的。

(1) 认识因素

共同故意作为一种特殊的犯罪故意,与单独犯罪故意有不同之处,这种不同主要表现在共同故意的认识因素上,共同犯罪人要认识到不是自己一个人单独实施犯罪,而是与他人共同实施犯罪。因此,共同故意的认识因素应当包括:共同犯罪人应该认识到本人所实施的行为的社会危害性并认识到其他共同犯罪人所实施行为的社会危害性,以及预见到共同行为,即与其他共同犯罪人一起实施的行为可能或必然发生危害社会的后果。

行为人认识到其他共同犯罪人所实施的行为具有社会危害性,这是成立共同犯罪故意的必要条件之一。其中,对他人的危害行为认识到什么程度,对认定共同犯罪故意具有十分重要的意义。例如,在事前无预谋的犯罪中,构成共同犯罪是否要求行为人认识到其他行为人实施犯罪活动所采取的手段以及发生的结果呢? 对此,我国有学者认为,对于事前无预谋的共同犯罪,行为的方式、手段以及危害程度都没有明示,每个共同犯罪人对其他共同犯罪人究竟将会采取什么手段,将会造成什么样的危害后果,更不可能认识得很清楚、具体,但绝不能因为他们没有清楚地认识到其他共同犯罪人的具体行为方式和所采取的具体作案手段,就否定其共同故意的存在。[③] 这一观点,否定了构成共同犯罪必须要求行为人对他人的犯罪行为的具体方式、手段有明确认识的说法。

对于共同犯罪结果的预见,也存在不同的情况:① 预见特定的犯罪结果,即某一具体犯罪的结果,如甲教唆乙杀丙,那么甲、乙对丙的死亡结果均应该有所预见;② 预见概括性的结果,如甲教唆乙去"教训"丙,那么甲对"教训"的结果都应当有所预见,如乙对丙造成伤害,或者毁坏丙的财物等,这些犯罪结果都应当在甲应该能够预见的范围内。以上两种情况下,共同犯罪人之间对共同犯罪结果均应当被认为有所预见,存在着共同犯罪故意。

① 韩玲:《共同犯罪的罪过形式研究》,大连海事大学出版社 2007 年版。
② 高铭暄:《刑法专论》,高等教育出版社 2006 年版,第 332 页。
③ 陈兴良:《共同犯罪论》,中国人民大学出版社 2006 年版,第 96 页。

笔者认为,对于行为人是否构成共同犯罪,应当以明知自己和他人的行为具有社会危害性,并且预见到共同行为可能或必然发生危害社会的结果为前提。而是否预见到具体犯罪行为的手段、方式不应属于共同犯罪认识的范围,也并不影响共同犯罪的成立。而对于犯罪结果而言,要看犯罪结果是否在行为人能够预见的范围内。如果犯罪结果是行为人应当并且能够预见的,则存在共同犯罪故意;如果行为人对犯罪结果不能预见或超出了其预见的范围,就只能在其可以预见的结果范围内认定共同犯罪。

(2) 意志因素

共同故意的意志因素具有双重性,这种双重性表现为,行为人对自己行为造成危害社会的结果的希望或放任的心理态度,以及行为人对其他共犯者的行为造成危害社会的结果的希望或放任的心理态度。例如,甲教唆乙杀丙,甲的犯罪故意的意志因素就包含了希望乙的行为造成丙死亡的结果。我国理论界对共同犯罪希望和放任的意志因素还有争议,但笔者认为,持希望或放任的心态并不影响行为人之间存在主观意思联络。根据我国通说,"共同犯罪人一般是希望共同犯罪行为引起危害结果的发生,但在个别情况下也可能是放任危害结果的发生。"[①]即共同犯罪的意志因素既存在共同直接故意,也存在共同间接故意和直接故意与间接故意的结合。共同直接故意固然存在主观意思联络,都放任危害结果发生。一方希望,另一方放任危害结果发生同样可以存在主观意思联络。如某甲图谋抢劫,却担心被抓,在向妻子表明后,妻子说:"别人抢了都没事。"某甲随后实施了抢劫。甲的妻子虽然没有积极地鼓励甲实施抢劫,但也没有加以阻止,主观上是一种间接故意,客观上起到了帮助作用,二人之间对抢劫存在暗合的认识,虽然没有明示,也是存在主观意思联络的,应属于共同犯罪。

2. 共同故意的意思联络

共同故意不是个人故意的机械组合或简单相加,成立共同犯罪,在共同犯罪人之间还必须存在意思联络。即各共同犯罪人对于实施共同犯罪进行的必要沟通,表明其有实施共同犯罪意愿的倾向。无论是明确的联系还是默许的态度,只要各方思想相通,就不影响共同犯罪的成立。因此,认识共同犯罪人之间的意思联络,是理解共同故意的关键。

(1) 意思联络的含义

目前关于意思联络的含义,理论界存在以下几种学说:

① 意思联络是"共同犯罪人的思想沟通成为共同故意的重要内容"。[②] 此观点将意思联络界定为犯罪人的"思想沟通"。此处的"思想沟通"既可能仅仅是互相知道在共同实施犯罪,也可能是进行了某种程度的分工并达成彼此之间的协调,因而这是一

---

① 高铭暄、马克昌:《刑法学》(上编),中国法制出版社 1999 年版,第 292 页。

② 赵秉志、吴振兴:《刑法学通论》,高等教育出版社 1993 年版,第 220 页。

个比较模糊而宽泛的界定。[①]

② 意思联络是共犯人主观上互相沟通、彼此联络,都认识到自己不是在孤立地实施犯罪,而是在和他人一起共同犯罪。[②] 此观点将意思联络界定为共犯人主观上的相互沟通,彼此联络,都认识到自己在和他人一起犯罪。此观点强调犯罪人相互的主观认识,并未明确犯罪人之间要达成一种"合意"。

③ 意思联络是共同犯罪人以明示或暗示的方法表明愿意共同实施某种犯罪。[③] 此观点将意思联络界定为"表示愿意共同实施某种犯罪"。犯罪人之间存在意思联络,意味着具有犯罪"合意"。

④ 意思联络是共同犯罪人不仅主观上均有犯意,而且要有犯意联系,他们之间的犯意互相沟通,彼此协调,只有这样的共同故意,才能使共同犯罪的活动具有内部一致性。[④] 此观点将共同犯罪人的意思联络界定为"犯意互相沟通,彼此协调"。这一观点所描述的共同犯罪人之间的意思联络要求达到"互相沟通,彼此协调"的程度,意思联络程度较高。

上述观点都基本上概括了意思联络的内涵,但也都有不完善之处。第一种观点过于宽泛,对于"思想沟通"界定不明确,在司法实践中不利于对共同犯罪的认定。第二种观点仅从认识因素角度进行描述,有失偏颇。第三种观点的"合意"并不必然形成共同犯罪的故意。第四种观点对意思联络界定得过于严格,要求犯罪人达成彼此之间的协调和分工,有可能漏掉相当一部分有较为严重的社会危害性的共同犯罪行为。

笔者认为,意思联络是使共同犯罪人不仅认识到自己在和他人一起犯罪,借以形成共同犯罪故意的主观沟通和思想联系,而且意思联络具有外在显露的客观性。根据此定义,意思联络的概念应当有以下三个要点:① 意思联络是一种能使犯罪人认识到自己与他人一起犯罪,即行为人明知自己与他人一起实施犯罪。② 意思联络是能使共同犯罪人形成共同犯罪故意的主观特征。③ 意思联络是共同犯罪人将共同犯罪故意通过客观行为表现出来的主观沟通和思想联系。

(2) 意思联络的性质

关于意思联络的性质,学界主要有两种学说:

① 共同故意形成的前提说。该观点认为,意思联络的存在,是共同犯罪故意形成的前提和基础,它本身并不是共同故意的内容。持此观点的学者主张:"正是通过

---

① 覃丽蓉:《共同犯罪的主观要件研究》,四川大学2007年硕士学位论文。

② 张明楷:《刑法学》,法律出版社1997年版,第281页。

③ 马克昌:《犯罪通论》,武汉大学出版社1999年版,第510页。

④ 高铭暄、高格:《刑法学》,北京大学出版社1989年版,第226页。

意思联络,各共同犯罪人的个人犯罪故意,才结成一体,转化为共同的犯罪故意。”①

② 共同故意内容说。张明楷教授主张:“共同故意包括两个内容:一是各共犯人均有相同的犯罪故意;二是各共犯人之间具有意思联络。”②该观点认为,意思联络本身就是共同故意的内容之一,其与共同故意的认识因素不可分。

笔者赞同共同故意内容说,即认为意思联络是共同故意的内容之一。共同故意包括共同认识因素和共同意志因素。意思联络属于共同认识因素的相关内容。具体说,意思联络与共同认识因素之间的关系是外在形式与内容的关系。实际上共犯人之间的主观沟通、思想联络,是形成共同认识因素的过程和外部形式。意思联络与共同认识因素不可分。意思联络是外在形式,共同认识因素是实质内容。③

(3) 意思联络的形式

意思联络并不一定以明示的方式表现出来,默示或者暗示的方式同样也可以形成意思联络。作为意思联系方法,无论明示、暗示,使用语言、文字,直接向对方传达或间接通过同伙为媒介进行传达,都属于意思联络。例如一日夜里,甲和乙在路上看到前面有一女性手持精致提包,于是甲向乙“递了个眼色”,二人即上前将包抢走。可见,这个案件中甲和乙之间的意思联络就是通过“递眼色”和乙的默示认可形成的。可见,意思联络并不需要特定的形式,只需认识到有他人在与自己一起实施犯罪即可。

意思联络并不等同于事前通谋。意思联络可以通过明示或暗示的方式进行,而事前通谋则一般都是明示。意思联络可以发生在共同犯罪进行中的任何时间,而事前通谋一般发生在共同犯罪实施前;意思联络无须在共同犯罪行为之前进行,在实行行为部分完结后发生意思联络亦可,如学理所言的承继共犯。或者在实行行为之际,偶然产生共同犯罪的意思联络也可,如学理所言的偶然共犯。因此,事前通谋只是意思联络的一种形式,二者并不等同。④

此外,对于共同犯罪人之间的意思联络,并不要求所有共同犯罪人之间都必须存在。只要实行犯与其他共同犯罪人之间存在着意思联络就已足够。教唆犯和帮助犯之间就不一定存在意思联络。对于共同犯罪来说,实行犯以外的其他共同犯罪人之间是否存在意思联络,并不影响共同犯罪的成立。而且,实行犯之间,实行犯与其他共同犯罪人之间不需要有直接的意思联络,通过其中的某人相联结的意思联络也可。⑤

(三) 对林镇裕是否构成虚开增值税专用发票罪的分析

通过对共同犯罪相关理论的探究,笔者认为,在林镇裕虚开增值税专用发票一案

---

① 马克昌:《犯罪通论》,武汉大学出版社 1999 年版,第 510 页。

② 张明楷:《刑法学》,法律出版社 2003 年版,第 325 页。

③ 邵维国:《论共同犯罪人的意思联络》,载《大连海事大学学报》(社会科学版)2003 年第 3 期。

④ 同上注。

⑤ 韩玲:《共同犯罪的罪过形式研究》,大连海事大学出版社 2007 年版。

中,一审判决认定林镇裕构成虚开增值税专用发票罪的共犯,认定的事实理由和证据是不充分的。

(1) 要认定林镇裕构成虚开增值税专用发票罪,就要能够肯定林镇裕与黄金池等人的行为构成虚开增值税专用发票罪的共同犯罪。根据《刑法》第 25 条第 1 款的规定及刑法理论关于共同犯罪的通行见解,成立共同犯罪,必须具备主体两人以上,存在共同的犯罪故意及具有共同的犯罪行为这三个条件。通过分析具体案情可知,认定林镇裕与被告人黄金池等人的行为是否属于共同犯罪,关键在于林镇裕与黄金池等人之间是否存在共同犯罪的故意。对此,判定林镇裕与黄金池等人之间是否存在意思联络至关重要。通过对共同犯罪故意理论的分析,笔者认为,意思联络是使共同犯罪人不仅认识到自己在和他人一起犯罪,借以形成共同犯罪故意的主观沟通和思想联系,而且意思联络具有外在显露的客观性。这就要求共同犯罪人不仅要明知他人在实施犯罪,并且认识到自己在和他人一起实施犯罪,并将这种共同犯罪意图表现出来。而在林镇裕虚开增值税专用发票案中,在黄金池到灶浦征收所提出开办公司之前,林镇裕与黄金池并不认识,对此前黄金池等人是否有通过虚开增值税专用发票牟利的预谋,林镇裕是不可能知道的。虽然黄金池称他曾说过办公司后,大家都有好处,但案情中并没有任何证据可以证明林镇裕知道黄金池所说的好处是指虚开增值税专用发票后取得的。因此,法院并没有充分的证据证明林镇裕明知黄金池设立公司、领购增值税专用发票是为了虚开。此外,根据案件的全部材料来看,一审判决书认定林镇裕与被告人黄金池等人之间存在共同犯罪故意的根据,基本上都是被告人黄金池向公安机关和检察机关所作的供述。一方面,从黄金池的供述来看,认定林镇裕具有虚开增值税专用发票的共同犯罪故意的证据明显不充分。另一方面,法院仅凭黄金池个人的供述就认定林镇裕存在虚开增值税专用发票罪的共同故意是不恰当的。此外,要认定林镇裕等人与黄金池具有共同犯罪的故意,还必须具有能够证实林镇裕等人当时答应参与共同犯罪或以什么形式参与共同犯罪的证据,而从案件材料来看,这方面的证据并不具备。因此,法院在证据不充分的情况下就认定林镇裕具有虚开增值税专用发票共同犯罪的故意,显然不利于实现司法审判的客观、公正。

(2) 根据我国《刑法》的规定,虚开增值税专用发票罪在主观构成方面必须是故意,而且一般具有牟利的目的。基本表现为,为他人虚开增值税专用发票以收取高额的手续费或开票费为目的;让他人为自己虚开增值税专用发票以骗取抵扣税款为目的;介绍他人虚开增值税专用发票以收取高额中介费、信息费为目的。而被告人林镇裕虽然有收受黄金池金钱的事实,但他并不具有上述行为的目的。① 林镇裕作为灶浦征收所的负责人,为了完成上级下达的税收征收任务,其根本目的是为了增加税收来源。② 林镇裕没有借虚开增值税专用发票牟利的目的与牟利的事实。林镇裕收取的金钱与本案主犯黄金池实际获取的非法利益相差巨大(据黄金池供述的以 1.1% 的比例收取开票费,除去其缴纳的税款,他实际获得100多万元,而林镇裕仅收取6万多元)。黄金池每次都是为了办理税务手续才给税所的人金钱,且都是单独交给税所的人,每次给或不给,给多给少都只有黄金池自己知道。而从黄金池给税所工作人员的金钱数量来看,也不符合他所谓的分红比例。林镇裕收取的金钱,事实上是黄金池为了谋取非法利益,企图让税所工作人员放弃职责的一种行贿行为,而林镇裕收受金钱的行为,就应是一种收受贿赂的行为。

六、共同犯罪中主、从犯认定问题研讨

退一步来说,法院即使有充分的证据可以认定林镇裕的行为构成虚开增值税专用发票罪,对于林镇裕是否属于共同犯罪中的主犯,也是一个存在争议的问题。在林镇裕虚开增值税专用发票案中,二审法院以"林镇裕身为征收所所长,与黄金池相勾结,共同密谋为他人虚开增值税专用发票牟取非法利益,在骗购增值税专用发票等环节起主要作用",认定林镇裕系本案的主犯。而林镇裕的辩护人提出,上诉人林镇裕不是本案的主犯,因为虚开增值税专用发票犯罪意图并不是林镇裕发起的,林镇裕也没有从事虚开增值税专用发票犯罪活动的组织、领导活动;林镇裕实行的仅仅是帮助行为;从犯罪利益的分配来看,林镇裕所获得的区区6万元的分赃,与他在共同犯罪中所起的主要作用不符。分析二审法院与林镇裕辩护人的分歧可知,对主犯的认定、帮助犯的认定和对主要作用的理解是认定林镇裕是否为本案主犯的关键所在。笔者通过对共同犯罪中主犯的认定,帮助犯的认定,共同犯罪主、从犯认定与犯罪数额的关系进行研究,对上诉人林镇裕不应当被认定为本案主犯进行分析。

(一)共同犯罪人的分类

相对于单独犯罪而言,共同犯罪是一种形式较为复杂,性质更为恶劣,社会危害也更大的犯罪形式。在共同犯罪中,各犯罪人在犯罪中所实施的行为不可能完全相同,所起的作用也有大小之分。为了明确共同犯罪人的定罪与处罚原则,对共同犯罪人进行科学的分类是极其必要的。

共同犯罪人分类的标准,从各国刑法关于共同犯罪的立法例来看,主要有分工分类法与作用分类法两种。前者是以共同犯罪人在共同犯罪中的分工为标准,后者是以各犯罪人在共同犯罪中作用的大小为标准。其中,分工分类法又分为四分制、三分制、二分制和单一制,这一分类法为大多数国家所采用。分工分类法始于1810年《法国刑法典》,后经多次修改。1994年3月1日,经全面修订的新《法国刑法典》生效,其沿用了1810年《法国刑法典》对共同犯罪人的分类。《法国刑法典》对共同犯罪人的分类,采用两分制,即把共同犯罪人分为正犯与从犯两种,并认为正犯是实行犯罪构成要件行

为者,组织、教唆以及帮助者,均为从犯。[①] 1871 年《德国刑法典》在继承 1810 年《法国刑法典》的基础上有所发展。该法典对共同犯罪人的分类,采用三分制,将共同犯罪人分为正犯、教唆犯与从犯。不仅如此,该法典对共同犯罪人实行区别对待,对于从犯采取得减主义,这与 1810 年《法国刑法典》所采取的责任平等主义相比,完善了很多。[②] 因此,这种分类方法为大多数国家所采用。如《日本刑法》施行于 1908 年,迄今为止已修改了 13 次,其也采用三分制,将共同犯罪人分为正犯、教唆犯和从犯,并进而将正犯分为单独正犯和共同正犯,将教唆犯分为正犯之教唆犯、从犯之教唆犯和教唆犯之教唆犯。[③] 苏联对共同犯罪人的分类,长期以来采用三分制,即将共同犯罪人分为实行犯、帮助犯和教唆犯,直到 1960 年才认为将组织、策划、指挥他人犯罪的人视为教唆犯或帮助犯不妥当,从而采用四分制,即在实行犯、帮助犯、教唆犯的基础上,又增加了一个组织犯。[④] 1952 年《阿尔巴尼亚刑法典》在实行犯、教唆犯与帮助犯的基础上增加了组织犯。该法典第 13 条规定:"除实行犯和组织犯外,教唆犯与帮助犯也是共犯。"[⑤]

对共同犯罪人依其在共同犯罪中所起的作用进行分类的方法也有悠久的历史。我国古代法律把共犯区分为首犯和从犯。我国《唐律》规定,两人以上共同犯罪称为共犯,其中,"造意为首,余并为从",即提议的主谋者是首犯,其他参加者为从犯。明、清各代的律例相沿不改,形成了我国关于共同犯罪人的分类传统。[⑥]

分工分类方法和作用分类方法各有其优缺点。分工分类方法能够较好地解决定罪的问题,但不能圆满地解决共同犯罪的量刑问题。另外,分工分类法也不能很好地反映各个犯罪人在共同犯罪中所起的作用的大小。而作用分类方法可以较好地解决量刑问题,却不能很好地解决定罪问题。而刑法的主要任务是解决犯罪人的定罪与量刑,而定罪与量刑又是刑事责任的两个相互联系又相互区别的环节。任何一种的偏离都是不利于正确定罪、量刑的,因此,这个问题的解决,有赖于两种分类法的结合。[⑦]

我国《刑法》对于共同犯罪人的分类采用的是以作用为主,以分工为辅的分类方法。现行《刑法》把共同犯罪人分为主犯、从犯、胁从犯和教唆犯。我国刑法学界普遍认为这种以作用为主、以分工为辅的分类方法,兼顾了两种分类方法的长处,特别是关于教唆犯的规定,有利于正确定罪。[⑧] 刑法学者陈兴良教授指出,采取以作用分类为主、分工分类为辅,两种分类相统一的分类法,具有一定的独创性。当然,如何将作用

---

① 高铭暄:《刑法专论》,高等教育出版社 2006 年版,第 357 页。
② 陈兴良:《共同犯罪论》,中国人民大学出版社 2006 年版,第 153 页。
③ 高铭暄:《刑法专论》,高等教育出版社 2006 年版,第 358 页。
④ 同上注,第 357 页。
⑤ 阴建峰、周加海:《共同犯罪适用中疑难问题研究》,吉林人民出版社 2000 年版,第 229—230 页。
⑥ 曾宪义:《中国法制史》,中国人民大学出版社 2000 年版,第 131 页。
⑦ 陈兴良:《共同犯罪论》,中国社会科学出版社 1992 年版,第 175 页。
⑧ 高铭暄、马克昌:《刑法学》,北京大学出版社、高等教育出版社 2007 年版,第 188 页。

分类法与分工分类法进一步结合，使我国《刑法》中的共同犯罪人的分类既适应共同犯罪的定罪的需要，又适应共同犯罪的量刑的需要，使之更加科学、合理，这仍然是一个有待研究的问题。[①] 还有学者认为，我国《刑法》扬分工分类法和作用分类法之长，避其之短，在共同犯罪人的分类上，在按共同犯罪人在共同犯罪中的作用将其分为主犯、从犯、胁从犯的同时，又根据共同犯罪人的分工标准，划分出教唆犯。教唆犯与前三种共同犯罪人虽然不是并列关系，但教唆犯具有特殊性和复杂性，需要独立地加以研究。[②] 但是，有学者认为，我国《刑法》仅将共同犯罪人分为主犯、从犯和胁从犯，虽然《刑法》对于教唆犯作了专门的规定，但教唆犯并不是与主犯、从犯和胁从犯并列的共同犯罪人。换言之，我国《刑法》只是按共同犯罪人在共同犯罪中的作用规定了主犯、从犯和胁从犯，组织犯、实行犯、帮助犯和教唆犯在我国只是理论上的分类。[③]

（二）主犯的认定

我国《刑法》第 26 条第 1 款规定："组织、领导犯罪集团进行犯罪活动的或者在共同犯罪中起主要作用的，是主犯。"由于组织犯在集团犯罪中的分工是组织、领导犯罪活动，这种活动在共同犯罪中必然起主要作用。因此，就主犯的特征而言，在共同犯罪中起主要作用，是主犯的本质特征。[④] 关于主犯的种类，我国刑法学界存在不同的理解。第一种观点认为，我国《刑法》中的主犯包括两种：(1) 组织、领导犯罪集团进行犯罪活动的。在刑法理论中这种主犯称为组织犯，在我国《刑法》中则称为首要分子。(2) 在共同犯罪中起主要作用的。在共同犯罪中，虽然不是组织者、指挥者，但直接造成严重危害后果，罪恶重大的，或者在犯罪活动中特别卖力、情节特别严重的，也是主犯。[⑤] 第二种观点认为，我国《刑法》中的主犯包括三种：(1) 组织、领导犯罪集团，即在犯罪集团中起组织、策划、指挥作用的犯罪分子；(2) 聚众犯罪中，起组织、策划、指挥作用的首要分子；(3) 在犯罪集团或一般共同犯罪中起主要作用或者罪恶重大的犯罪分子。[⑥] 笔者认为，联系我国《刑法》第 97 条对首要分子的规定，以及刑法分则条文的有关规定，第二种观点是较为可取的，将主犯分为三种：(1) 集团犯罪中的首要分子。集团犯罪中的首要分子是指在集团犯罪中起组织、策划、指挥作用的犯罪分子，也就是组织犯。(2) 聚众犯罪中的首要分子。即在聚众犯罪中起组织、策划、指挥作用的犯罪分子。(3) 其他在共同犯罪中起主要作用的犯罪分子。所谓其他在共同犯罪中起主要作用的犯罪分子，是指主要的实行犯。

---

① 陈兴良：《共同犯罪论》，中国人民大学出版社 2006 年版，第 155—157 页。

② 高铭暄：《新编中国刑法学》，中国人民大学出版社 1998 年版，第 240 页。

③ 张明楷：《教唆犯不是共犯人中的独立种类》，载《法学研究》1986 年第 3 期。

④ 陈兴良：《共同犯罪论》，中国人民大学出版社 2006 年版，第 170 页。

⑤ 高铭暄、马克昌：《刑法学》，北京大学出版社、高等教育出版社 2007 年版，第 189 页。

⑥ 何秉松：《刑法教程》，法律出版社 1997 年版，第 132 页。

在研究主犯概念、特征及分类的基础上,认定主犯,往往是区别对待共同犯罪人的前提,也是认定共同犯罪各犯罪人刑事责任的关键。主犯的认定,分为首要分子的认定与其他主犯的认定。对于首要分子这种特殊主犯,由于我国《刑法》明确规定首要分子是指在犯罪集团或聚众犯罪中起组织、策划、指挥作用的犯罪分子,内涵明确,外延确定,规定的内容具体,操作性强。因此对于首要分子,只需要根据这些规定进行认定就可以了,应当没有什么争论。但对于首要分子以外的其他主犯如何认定,有一定的难度。有的论者对此作了较为全面的论述,认为以下几种人可能被认定为主犯:犯意的发起者、犯罪的纠集者、犯罪的指挥者、犯罪的主要责任者、犯罪的主要实行者。[①] 另有学者认为,首要分子以外的主犯,一般是指犯意的发起者、犯罪的纠集者、指挥者、主要实行者或主要危害结果的主要责任人。[②] 还有学者提出,对认定其他主犯应当注意以下几点:(1) 以犯罪分子的主观因素作为认定主犯的重要依据。我国刑法理论认为,犯罪的社会危害性是主、客观相统一的,在认定犯罪分子的作用时也要结合主、客观因素。(2) 认定主犯应当综合、灵活地进行。因为相同的行为在不同的案件中所起的作用可能完全不同。在实践中应当根据具体的案件具体分析。(3) 不能简单地认为:"如果没有某个环节,整个犯罪就无法进行,实行该环节者就是主犯。"[③]

笔者认为,陈兴良教授在《共同犯罪论》中对首要分子以外的其他主犯的分类是具有指导性的,但不能一概而论,应根据具体案件的情况具体分析。犯罪分子的主观因素应当作为认定其作用的重要依据。我国刑法理论中对犯罪分子的定罪、量刑遵循主客观相统一的原则。在认定犯罪分子在共同犯罪中的作用时也要遵循主客观相统一的原则。我们知道,主观意识是抽象的,难以发现的,通常是以客观行为表现出来的,但不排除司法实践中存在主观与客观不统一的可能性,在此基础上,仅以客观行为认定其在共同犯罪中的作用,就有失公平。正如在林镇裕虚开增值税专用发票一案中,虽然林镇裕未依法正确行使职权,其在灶浦征收所专管员和副所长审批、审核后在有关申报文件上签字、盖章的行为,致使黄金池等犯罪人的犯罪得逞,然而,从案卷证据材料分析,被告人林镇裕主观上并不具有组织、策划、领导、积极参与虚开增值税专用发票的意图。因此,本着主客观相统一的原则,法院认定林镇裕为虚开增值税专用发票罪的主犯是不甚合理的。

(三) 帮助犯的认定

大陆法系国家,将共同犯罪人分为正犯和共犯。广义上的共犯包括共同正犯、教唆犯与帮助犯,狭义的共犯指教唆犯与帮助犯。如 1871 年《德国刑法典》第 49 条规定:"明知重罪或轻罪,而以助言或行为帮助者,以之为从犯而罚之。"现行《日本刑法》

① 陈兴良:《共同犯罪论》,中国人民大学出版社 2006 年版,第 182—188 页。

② 阴建峰、周加海:《共同犯罪适用中疑难问题研究》,吉林人民出版社 2000 年版,第 281 页。

③ 董邦俊:《刑法中的主犯研究》,载《现代法学》2003 年第 5 期。

第62条规定:“帮助正犯的,是从犯。”苏联、东欧前社会主义国家一般用帮助犯这一称谓。如1922年《苏俄刑法典》第16条第3款规定:“以建议、指点、排除障碍、藏匿犯罪人或湮灭罪迹等方法,帮助实施犯罪的是帮助犯。”①我国《刑法》没有明文规定帮助犯,其只是在我国刑法共同犯罪理论中被提到。我国《刑法》第27条第1款规定:“在共同犯罪中起次要或者辅助作用的,是从犯。”由此可知,我国《刑法》中的从犯分为两类:一类是起次要作用的从犯;另一类是起辅助作用的从犯。起次要作用的从犯指的是次要的实行犯。起辅助作用的从犯实质上就是帮助犯。可见,我国《刑法》中的从犯包含有帮助犯的实质内容。

根据大陆法系国家刑法的分类,帮助犯隶属于“共犯”的范畴,它是与正犯相对应的。而正犯是指直接实施犯罪构成客观要件行为或者利用他人作为工具实行犯罪行为的人。正犯就相当于我国刑法理论中的实行犯。因此,区分共犯与正犯则成为区分帮助犯与实行犯的关键。

国外对正犯与共犯如何区分,有多种学说:

1. 主观说

该说认为,必须按照行为者的意思、目的、动机等主观的基准来区别正犯和共犯。主观说又分为意思说和利益说。意思说是一种纯粹主观说,认为以实现自己犯罪的意思而实施行为者就是正犯;以共犯意思,即以参与他人犯罪意思而实施行为者就是共犯。德国联邦法院案例中基本采用这种学说。利益说认为,为了自己的利益(或者目的)实行犯罪就是正犯,而为他人的利益(或者目的)实行犯罪就是共犯。②

2. 客观说

该说分为形式的客观说和实质的客观说。

(1) 形式的客观说。又称为形式说,它以犯罪构成要件为基础,认为直接实施符合构成要件的实行行为者是正犯,除此之外的行为加功者都是共犯。形式的客观说以犯罪构成要件为标准来认定正犯的成立,因此它所主张的正犯概念只能是限制的正犯概念。

(2) 实质的客观说。根据判断标准的不同,又分为必要说、同时说、重要作用说与危险性程度说。其中前两种观点基本上已经不再有主张者,故不再加以介绍。重要作用说认为,对犯罪的实现起了重要作用的是正犯,只起从属性作用的是从犯。而判断是否起重要的作用,则需要以共同者内部的地位,对实行行为加功的有无、态样、程度等为标准。危险性程度说主张在形式的客观说的基础上,从实质的角度考虑行为对实现法益侵害的危险性程度,认为正犯者行为的危险性程度大于共犯者。③

---

① 郝守才:《共同犯罪人分类模式的比较与优化》,载《现代法学》2007年第5期。

② 陈家林:《正犯体系与正犯概念研究》,载《中华刑事法杂志》2005年第1期。

③ 同上注。

3. 行为支配说

又称目的客观说。该说立于目的行为论的立场,将行为支配作为正犯的要素,根据是否实施了有目的的支配行为来区分正犯与共犯。①

我国刑法学者张明楷教授认为,我国刑法理论上对正犯与共犯的区分基本上采取的是形式的客观说。② 著名刑法学者马克昌教授认为,犯罪是构成客观要件与主观要件的统一,区分帮助犯与实行犯,应当以客观要件与主观要件的统一为依据,不能只根据一个方面,而忽视另一方面。由此可以得出结论:以实行犯罪的意思,直接实行犯罪构成客观要件的行为的,是实行犯;以帮助他人犯罪的意思,实施犯罪构成客观要件之外的行为的,是帮助犯。③

在林镇裕虚开增值税专用发票一案中,林镇裕在向黄金池发售增值税专用发票和对黄金池虚开的增值税专用发票办理抵扣税款手续的过程中,林镇裕负责在灶浦征收所专管员和副所长审批、审核后在有关申报文件上签字、盖章的行为,只是为黄金池实施虚开增值税专用发票之实行行为提供帮助的帮助行为。根据我国《刑法》第 205 条第 4 款的规定,虚开增值税专用发票,"是指有为他人虚开、为自己虚开、让他人为自己虚开、介绍他人虚开行为之一的。"而本案证据均不能证明被告人林镇裕直接实施过上述行为中的任何一种行为。因此,林镇裕的行为不具备虚开增值税专用发票罪的客观要件,其行为仅为虚开增值税专用发票的帮助行为。

(四)共同犯罪中主、从犯认定与犯罪数额的关系

我国刑事立法与司法实践一直强调数额在经济犯罪定罪中的作用。在单独犯罪中,应以其非法所得的数额作为定罪的依据,这是毫无疑问的。但在共同犯罪中,根据什么数额对共同犯罪人定罪,理论界一直存在争议。我国刑法学界存在以下几种观点:(1)分赃数额说。该说主张各共同犯罪人只对自己实际分得赃物的数额承担责任。(2)分担数额说。该说主张各共同犯罪人应对本人应当分担的数额负责。(3)参与数额说。该说主张各共同犯罪人应对本人实际参与的经济犯罪数额承担刑事责任。(4)犯罪总额说。该说主张以共同经济犯罪的财物总额作为确定各共同犯罪人刑事责任的标准。(5)综合数额说。该说主张应根据具体案件的具体情况,着重以《刑法》中有关共犯成员刑事责任的原则为基础,结合共同经济犯罪的特点具体分析。④

纵观以上几种学说,对共同犯罪的定罪与数额问题之所以存在分歧,根本原因是将共同犯罪的定罪与数额的关系和量刑与数额的关系混为一谈。"分赃数额说",是将个人非法所得的数额作为处罚的基础,但此说过于强调各共同犯罪人的刑事责任的独

① 张明楷:《刑法的基本立场》,中国法制出版社 2002 年版,第 286—291 页。
② 同上注,第 293 页。
③ 马克昌:《犯罪通论》,武汉大学出版社 1999 年版,第 552 页。
④ 沈惠娣:《共同经济犯罪中从犯数额的认定》,载《华东政法学院学报》2002 年第 4 期。

立性,忽视共同犯罪的刑事责任的整体性。在实践中,对于犯罪未遂未得到任何财物的,尚未分赃就被破获的以及共同挥霍完的情形,此说将无法适用。“分担数额说”,根据作用换算成应当分担的数额,其与“分赃数额说”如出一辙。其一方面缺乏操作性,另一方面仍强调各共同犯罪人刑事责任的独立性,忽视共同犯罪刑事责任的整体性,将共同犯罪视为数个单独犯罪的简单相加。“参与数额说”对于从犯中共同实行犯是适用的,但对于帮助犯则不能直接适用。“综合数额说”,看起来十分公平,却不能真正解决问题。[①]“犯罪总额说”,对于实行犯而言,应当以其参与额定罪,而不应当以共同犯罪总额为标准定罪。因此笔者认为,有必要将“参与数额”与“犯罪总额”相结合来认定共同犯罪。对于组织犯来说,其犯罪数额为其为犯罪集团预谋实施的经济犯罪的总数额;对于共同实行犯来说,其犯罪数额为其参与数额;对于帮助犯来说,间接参与额相当于犯罪总数额。对于教唆犯来说,其犯罪数额根据被教唆人受教唆之意所为的犯罪行为在共同犯罪中的作用而定。总之,对于共同犯罪的犯罪数额的认定应当采用“参与数额和犯罪总额相结合”的方式。

在林镇裕虚开增值税专用发票罪一案中,与整个虚开增值税专用发票获利高达100余万元相比,林镇裕只获得了6万元。虽然根据法学理论,在共同犯罪中分赃数额的多少一般不能决定某个共犯是否属于主犯,但在该案中,林镇裕仅获6万元,并不属于犯罪未遂未得到任何财物,也不属于尚未分赃就被破获,更不属于共同挥霍完的情形。而且在大量的司法实践中,各主犯分赃的数额大体相当,而且要多于从犯分赃的数额。因此,从常理分析,林镇裕所获得的区区6万元分赃,与他在共同犯罪中所起的主要作用不符。如果林镇裕由于拥有重要职权而在“骗购增值税专用发票和用虚开的增值税专用发票抵扣税款等共同犯罪的关键环节中起主要作用”,那么在他冒着实施虚开增值税专用发票犯罪被判死刑的巨大风险下,他要求获得的分赃数额绝不仅仅是6万元,而是更多。

(五)对林镇裕行为的认定

在林镇裕虚开增值税专用发票一案中,一审判决书将林镇裕的行为认定为虚开增值税专用发票共同犯罪中的主犯,是不应该的。根据《刑法》第26条第1款的规定:“组织、领导犯罪集团进行犯罪活动的或者在共同犯罪中起主要作用的,是主犯。”而所谓组织、领导犯罪集团进行犯罪活动,是指行为人对共同犯罪或发起犯罪意图,或纠集、联系犯罪成员,或制定犯罪活动计划,或指挥、领导其他共犯进行犯罪活动等。所谓在共同犯罪中起主要作用,是指行为人或者首先产生犯罪意图教唆他人犯罪,或者亲自实施刑法分则规定的具体犯罪的实行行为,而不是仅仅为其他共犯实施刑法分则的具体犯罪的实行行为提供帮助或者是被胁迫参加犯罪活动。而在林镇裕虚开增值

---

① 陈兴良:《共同犯罪论》,中国人民大学出版社2000年版,第282页。

税专用发票一案中,法院将林镇裕的行为认定为虚开增值税专用发票共同犯罪中的主犯是不恰当的。

(1) 虚开增值税专用发票的犯罪意图不是林镇裕发起的,林镇裕也没有从事虚开增值税专用发票犯罪活动的组织、领导活动。从案件相关材料来看,林镇裕以前与黄金池并不认识,是黄金池基于办公司领购增值税专用发票并虚开赚钱的意图而找到被告人陈汉杰,然后再由陈汉杰介绍其与林镇裕认识,而且是黄金池向林镇裕提出办公司赚钱后大家都有好处。这表明,虚开增值税专用发票犯罪意图并不是林镇裕发起的。而且没有证据显示林镇裕为了实行虚开增值税专用发票犯罪而进行有关的组织、指挥或领导。因此,在案件中,林镇裕既不是使黄金池等人产生虚开增值税专用发票意图并实行虚开增值税专用发票行为的教唆者,也不是虚开增值税专用发票犯罪活动的组织者、指挥者或领导者。

(2) 林镇裕实行的仅仅是帮助行为而不是具体实行虚开增值税专用发票的行为。从各种证据来看,一审判决书中认定林镇裕"在骗购增值税专用发票和用虚开的增值税专用发票抵扣税款等共同犯罪的关键环节中起主要作用",主要是指林镇裕在向黄金池发售增值税专用发票和对黄金池虚开的增值税专用发票办理抵扣税款手续过程中,林镇裕负责在灶浦征收所专管员和副所长审批、审核后在有关申报文件上签字、盖章。但是,据此根本不能认定林镇裕的签字、盖章行为在整个虚开增值税专用发票犯罪活动中起的是主要作用,充其量只不过是为黄金池实施虚开增值税专用发票的实行行为提供帮助。如果在没有其他证据证明林镇裕对整个虚开增值税专用发票犯罪实行了组织、策划、指挥活动的情况下,硬将其认定为本案的主犯,就与《刑法》第 26 条关于共同犯罪中主犯的规定及刑法理论中的通行见解相悖。

(3) 从犯罪利益的分配来看,林镇裕所获得的区区 6 万元的分赃,与他在共同犯罪中所起的主要作用不符。从刑法理论分析,虽然在共同犯罪中分赃数额的多少一般不能决定某个共犯是否属于主犯,但无论是从实践中还是从情理上看,各主犯分赃的数额大体相当,而且要多于从犯分赃的数额。而从本案的情况看,既然林镇裕由于拥有重要职权而在"骗购增值税专用发票和用虚开的增值税专用发票抵扣税款等共同犯罪的关键环节中起主要作用",又要冒着实施虚开增值税专用发票犯罪被判死刑的巨大风险,那么,在整个虚开增值税专用发票过程除了交纳税款仍有高达 100 余万元的情况下,其要求获得的分赃数额就不应是区区的 6 万元,而是更多,否则与情理不符,而且明知自己在虚开增值税专用发票获取利益的活动中起主要作用的林镇裕也不会答应的。这就在相当程度上表明了林镇裕不可能是共同犯罪中的主犯。

七、虚开增值税专用发票罪配置死刑是否正当之分析

（一）增值税专用发票概述

1. 增值税

增值税这一概念1917年由美国耶鲁大学的亚当斯（T. Adams）首先提出。当时被称为营业毛利税而不是增值税。1921年德国资本家西蒙斯（C. F. V. Siemens）正式提出增值税的名称，并详细阐述这一税制的内容。初始，增值税的提出并没有得到政府的重视，其实践活动直到20世纪50年代才从法国开始。①

增值税是以增值额为课税对象的一种税；进一步说，是对商品流转各个环节的增值额课征的一种税。② 正确理解增值额是理解增值税的关键。所谓"增值额"，是指纳税人在一定时期内销售产品或提供劳务所得的收入大于购进商品和取得劳务时所支付的金额的差额，是纳税人在其生产经营活动中所创造的新增价值。举一个简单的例子来解释增值额的概念（如表1）。③

表1 如何判断一个面包生产及销售过程中的增值额 （单位：元）

生产阶段	销售商品价格	增值额
阶段1（小麦）	=0.50	0.50
农场主0.50		
阶段2（面粉）		
面粉加工厂0.50+0.20	=0.70	0.20（0.70-0.50）
阶段3（面包）		
面包加工商0.50+0.20+0.18	=0.88	0.18（0.88-0.70）
阶段4		
销售商0.50+0.20+0.18+0.12	=1.00	0.12（1.00-0.88）
消费者面临的最终价格	1.00	0.00

增值税可分为生产型、收入型、消费型增值税三大基本类型。生产型增值税以销售收入减去原材料、燃料、动力等法定的非增值项目后的余额为课税的增值额。其计税依据相当于工资、租金、利息、利润和折旧之和，其特点在于折旧不从税基中扣除。收入型增值税与生产型增值税不同在于，其税基不包含折旧。消费型增值税以销售收入减去投入生产的中间性产品价值和同期购入的固定资产全部价值为课税增值额。其特点是固定资产价值从税基中扣除。

① 杨斌：《税收学》，科学出版社2004年版，第190页。

② 同上注。

③ 同上注，第192页。

增值税的优点:(1) 它符合税收中立原则。税收上的中立性是指课征税收的过程不会干扰消费者的选择和生产者的决策。在征收增值税时,对于企业来说,由于纳税人购进投入品的已纳税额可以抵扣,商品的税负不会因为交易次数的增加而增加,企业也不再需要通过纵向联合来减少交易的次数,从而降低税负。因此增值税使企业组织形式的决定不受税收的影响。此外,增值税税率单一,不会改变商品间的相对价格,从而也不会引起厂商因为征税而改变商品生产的决策的现象出现。(2) 增值税的税收特征使其具有强劲的筹集财政收入的能力。增值税税基宽,税源充裕,容易满足政府的财政需要,使税收收入能随经济增长而增长,也使政府有条件对大多数小规模纳税人实行简易办法征收,降低征管费用。(3) 增值税对储蓄和投资收益不征税,有利于鼓励储蓄,促进投资的增加,从而推动经济的增长。

由于增值税所具有的独特优势,在法国的实践成功以后,其被越来越多的国家所采用。国际上也已形成相当系统、完善、规范的增值税课征制度。我国从 1979 年开始试点采用增值税,1994 年全面推行,增值税已成为我国税制结构中占据第一位的主体税种。我国实行的是生产型增值税,现行税法规定的增值税的征税对象,是在中华人民共和国境内销售货物或提供加工、修理修配劳务以及进口货物过程中实现的增值额。我国增值税的纳税人是在我国境内一切经营销售、进口列入增值税征税对象范围的货物,提供应税劳务的单位和个人。我国将增值税纳税人分为一般纳税人和小规模纳税人①,实行分类管理。小规模纳税人以销售额的 4% 实行简易征收,小规模纳税人不得领购、使用增值税专用发票,不得抵扣进项税额,购货方从小规模纳税人处购入货物或取得应税劳务,其已纳税额也不得抵扣。

2. 增值税专用发票

我国增值税对专用发票的依赖,使其独具特点。我国增值税实行凭发票注明的税款抵扣进项税额的制度。增值税专用发票是销货方纳税义务和购货方进项税额的合法证明,是纳税人能否抵扣进项税额的主要依据。增值税专用发票是增值税制度的有机组成部分。

手写版增值税专用发票的主要内容有:(1) 开票日期;(2) 购货单位名称、地址及纳税人登记号;(3) 商品或劳务名称、计量单位、数量、单价、销售金额;(4) 税率和税额;(5) 价税合计数;(6) 销货单位名称、地址及纳税人登记号。增值税专用发票的基本联次有四联。第一联为存根联,由销货方留存备查;第二联为发票联,购货方作付款的记账凭证;第三联为税款抵扣联,购货方作扣税凭证;第四联为记账联,销货方作销售的记账凭证。②

---

① 根据《中华人民共和国增值税暂行条例》和《增值税专用发票使用规定》的规定,一般纳税人和小规模纳税人划分的基本原则是纳税人的会计核算是否健全,是否能够提供准确的税务资料。

② 《增值税专用发票使用规定(试行)》第 7 条,国税发[1993]150 号。

在我国增值税制度中,企业销售自己的产品或商品,给购货方开具增值税专用发票,注明已纳税额;购货方作为生产者或经营者,在本道环节把加工后的产品或商品再销售出去时,就可以把购进上一环节已纳税款抵扣掉,只就本环节增值部分依率缴纳税款。在这一过程中,增值税专用发票既是征税的依据,也是扣税的依据,它起到了将这些层层抵扣的不同阶段相串联的作用。

为增强专用发票的防伪功能,实现对企业销售收入的监控,减少税款流失,我国于1994年开始试点实行增值税专用发票防伪税控开票系统。企业凭税务机关发行的税控IC卡领购电脑版专用发票,并用安装有金税卡及相关软件的电脑开具专用发票,企业凭IC卡向税务机关进行纳税申报。企业取得防伪税控系统开具的专用发票抵扣联,必须经过税务机关认证,确认发票所载密码信息正确后,方可申报抵扣[①],这一系统后来发展成为“金税工程”[②]实施项目之一。

(二)虚开增值税专用发票行为的表现形式

从1994年税制改革之后,增值税在我国税制中举足轻重的地位进一步得到加强。然而,增值税在为我国政府带来可观的财政收入的同时,其流失也日益成为严重的问题。增值税流失的渠道是多方面的,纳税人利用各种手法减少销项税、虚增进项税,进行偷逃增值税活动;某些不法分子骗取出口退税,导致增值税大量流失。其中虚开增值税专用发票是导致增值税流失现象中的一种常见手段。

从税收工作实践和对典型案例的分析看,虚开增值税专用发票行为主要具有以下几种表现形式:(1)企业间没有真实的交易,仅为企业间的增值税专用发票互开,即没有货物或劳务的移动,仅有增值税专用发票的传递。由于一般纳税人认定标准执行不严格,一些不具备条件的小公司、小企业,甚至是无场地、无资金、无实际经营的“三无”企业混入一般纳税人的行列,这些企业以“交易”为幌子,互相虚开增值税专用发票,或为他人虚开增值税专用发票以偷逃税款。2002年审结的陈奕波虚开增值税专用发票案就属于这种类型。1999年1月至2000年8月间,罪犯陈奕波为牟取非法利益,伙同他人操纵友联、新粤强、天艺、隆泰四家虚假公司,在没有实际货物购销的情况下,为他人、让他人为自己虚开增值税专用发票,给国家利益造成了特别重大损失。[③](2)企业间有真实交易,但在表现形式上,货物没有随着增值税专用发票一同移动。即甲企业

① 杨斌:《税收学》,科学出版社2004年版,第201页。

② 所谓“金税工程”,就是以计算机主干网络为依托,以信息采集、处理、传输和运用为手段,对税务登记、一般纳税人管理、发票管理、税款征收、税务稽查等税收管理全过程进行严密监控的计算机管理体系,它可以将一般纳税人开具、取得的增值税专用发票通过金税网络进行交叉比对,发现问题及时查处,以实现对进、销项专用发票真实性的有效监控,防止伪造、虚开专用发票等违法犯罪行为的发生。“金税工程”自2001年7月1日起在全国范围内正式开通运行,到2003年7月1日,全部需要开具增值税专用发票的一般纳税人均纳入“金税工程”体系。

③ 黄伟明:《经济犯罪死刑的历史和比较研究》,中国人民大学2007年博士学位论文,第96页。

销售货物给乙企业,但增值税专用发票却开给了丙企业。(3) 一些基层税务部门和税务人员,无视国家法律的规定,无视职业道德,滥用职权,向不具备增值税一般纳税人资格的企业或“三无”企业开具增值税专用发票,导致国家税款的流失。震惊全国的第一起虚开增值税专用发票案中,主犯之一的王震就是税务人员,他利用职务之便,带着一本增值税专用发票,在两天中为两个地方的不法者虚开价税合计 4 500 万元,从中非法获利 50 万元。① 在税务系统大力推广“金税工程”以后,一些税务人员利用职权便利和掌握的高科技知识,大量使用防伪税控系统作案,偷逃税额巨大。2003 年 11 月 3 日,北京市第一中级人民法院审判的全国最大的陈学军、吴芝刚虚开增值税专用发票案即为典型。此案中,吴芝刚是个大学毕业不到 3 年的年轻税务工作人员,他有着比同事丰富的计算机知识,并热衷于钻研“金税工程”和税收征管软件,他对当时正在运行的“金税工程”和税收征管软件中的漏洞心知肚明。他利用工作之便和掌握的专业技术,通过非法获得的密码,进入税务所的电脑系统违规、违法操作,私改数据,甚至在电脑里随意起几个公司的名字,把陈学军等人非法购买的发票算到这些并不存在的公司名下,致使国家税款流失巨大。②

(三) 虚开增值税专用发票罪的立法概况

1. 虚开增值税专用发票罪的立法背景

自 1994 年增值税新税制实施以来,我国税收收入平均每年增长一千多亿元人民币,增值税对增加我国财政收入,带动经济增长发挥了重要作用。但是,由于我国实行增值税制时间不长,与之配套的管理措施尚不健全,一些不法分子趁改革之机钻国家空子。就增值税本身而言,其可作为抵扣税款凭证的特殊属性,很快就成为犯罪活动的目标。一些不法分子在巨大利益的驱使下,铤而走险,大肆利用增值税专用发票谋求不法利益,严重危害了税制改革和国家税收工作的顺利进行,也使国家遭受了巨大的经济损失。

几乎从 1994 年 1 月 1 日增值税制开始施行的那一天起,就有不法之徒将虚开增值税专用发票作为牟取暴利的新目标。如广东省肇庆市鼎湖区的个体户莫乾光、莫乾佐兄弟俩自从新税制实施后,听说做发票生意可以发大财,便通过非法手段,先后申报了三家公司,领取了营业执照,进行了税务登记,堂而皇之地成为增值税一般纳税人,并从鼎湖区税务部门领取了专用发票。据统计,1994 年全国检察机关立案侦查虚开、代开增值税专用发票案件 1 264 件,立案案犯 2 669 人,经济损失 37 亿多元。广东省检察机关从 1994 年 4 月到 1995 年 4 月,共查处虚开增值税专用发票案 78 起,价税合计达 98 亿元,可抵扣税额值 14 亿多元。③ 实际发生的案件数远不止上面统计的数字。

---

① 王祺元:《增值税专用发票十年回眸》,载《中国税务》2004 年第 7 期。

② 同上注。

③ 刘鸿炜:《利用增值税专用发票违法犯罪为何屡禁不止》,载《瞭望》1996 年第 1 期。

与此同时,虚开增值税专用发票行为呈现其自身的特点:(1) 虚开增值税专用发票案涉案金额特别巨大,涉案金额高达几十万、几百万、几千万,乃至成亿、数十亿,给国家造成巨额损失。(2) 犯罪手段越来越多样化且不断翻新,网络协作趋势增强。此外,由于该种犯罪发生在经济领域,必然有一套运作流程,因而容易滋生其他经济犯罪,形成一条恶性循环的犯罪链。(3) 结伙犯罪,犯罪人大多是企业经营人员,有明显的地域性或亲缘性。(4) 税务机关工作人员与犯罪分子内外勾结,有的案件有黑社会分子参与,犯罪活动空间大,司法机关查证和抓捕的难度大。(5) 单位犯罪突出,近年来立案侦查的骗税案件,多数是单位犯罪。

在虚开增值税专用发票行为如此猖獗的形势下,对于虚开增值税专用发票的立法势在必行。

2. 虚开增值税专用发票罪的立法概况

我国 1979 年《中华人民共和国刑法》并没有规定有关虚开增值税专用发票类行为的罪名,因为在相当长一段时间内,我国并不存在增值税专用发票。1994 年实行新税制后,司法机关在相关司法解释没有出台之前,对虚开增值税专用发票类行为是以偷税罪进行处罚的。最高人民法院、最高人民检察院于 1994 年 6 月 2 日发布了《关于办理伪造、倒卖、盗窃发票刑事案件适用法律的规定》,该规定第 2 条规定:"以营利为目的,非法为他人代开、虚开发票金额累计在 50 000 元以上的,或者非法为他人代开、虚开增值税专用发票抵扣税额累计在 10 000 元以上的,以投机倒把罪追究刑事责任。"这一司法解释暂时解决了对虚开增值税专用发票行为的定罪与处罚问题。然而,投机倒把罪,不能揭示虚开增值税专用发票行为的本质特征,没有明文规定虚开增值税专用发票行为的具体适用标准,适用这一罪名有些牵强。

虚开增值税专用发票罪,始见于 1995 年 10 月 30 日第八届全国人大常委会第十六次会议通过并颁布实施的《关于惩治虚开、伪造和非法出售增值税专用发票犯罪的决定》。此决定对虚开增值税专用发票的特征、罪名、法定刑都作了具体规定,并且规定了虚开增值税专用发票罪的法定最高刑为死刑。此后,至 1997 年《刑法》颁布实施之前,最高人民法院及最高人民检察院相继发布了一系列司法解释,针对该罪在具体实践中出现的问题进行了说明。1995 年 12 月 18 日,最高人民检察院发布《关于认真执行〈关于惩治虚开、伪造和非法出售增值税专用发票犯罪的决定〉的通知》,对《关于惩治虚开、伪造和非法出售增值税专用发票犯罪的决定》的立法精神,各级人民检察院的监督工作及该罪的犯罪数额标准,"跨法犯"问题进行了规定。1996 年 6 月 7 日,最高人民法院在《关于为他人代开增值税专用发票的行为如何定性问题的答复》中明确了虚开增值税专用发票包括自己未进行实际经营活动但为他人经营活动代开增值税专用发票的行为。1996 年 10 月 17 日,最高人民法院发布《关于适用〈全国人民代表大会常务委员会关于惩治虚开、伪造和非法出售增值税专用发票犯罪的决定〉的若干问题的解释》,该解释具体规定了虚开增值税专用发票罪的客观行为方式,并将该罪规定为数额犯,详细规定了虚开增值税专用发票罪的具体犯罪情节。[①]

1997年《中华人民共和国刑法》重新修订后,将税收犯罪纳入其中。在刑法分则第三章"破坏社会主义市场经济秩序罪"中专节增设了"危害税收征管罪",规定了虚开增值税专用发票罪、偷税罪等20多个罪名,还在第九章"渎职罪"中专门规定了国家工作人员"徇私舞弊不征、少征税款罪","违法提供出口退税凭证罪"等罪名。其中对虚开增值税专用发票、用于骗取出口退税、抵扣税款发票罪和伪造、出售伪造的增值税专用发票罪规定了死刑。

(四)虚开增值税专用发票犯罪原因分析

虚开增值税专用发票犯罪作为典型的经济犯罪,发展得如此迅速,不仅仅是法律意识淡薄、道德修养匮乏、不法利益驱动等个体原因所致,亦有社会环境因素的影响。其中,我国增值税制在设计上存在的漏洞,直接导致了税收流失,成为我国增值税流失的基础因素。具体说来,虚开增值税专用发票罪的产生原因有以下几个方面:

1. 个体因素

(1) 巨大的经济利益的诱惑成为犯罪分子走上歧途的主要原因

增值税专用发票的抵扣制度极大地诱惑了犯罪分子。以虚开者为对方虚开1 000万元的货税为例,税收是170万元(税率为17%),如虚开者收5‰的手续费,就可得好处费5.85万元,而此票到税务机关抵扣时,可抵扣国家税款170万元,得票的人有160多万元的好处。面对如此巨大的经济利益,一批又一批的犯罪分子铤而走险,不惜以身试法,走上了虚开增值税专用发票犯罪的不归路。

(2) 缺乏法律意识和纳税观念,道德修养匮乏是虚开增值税专用发票犯罪的另一重要原因

一些税务人员缺乏职业道德,无视国法,在利益的诱惑下失去了国家公务员应有的职业操守,与虚开增值税专用发票的犯罪分子相勾结,偷逃国家巨额税款。根据资料统计,在实施虚开增值税专用发票的犯罪分子中,初中以下低文化程度者所占比例高达70%[②],这部分文化水平较低的犯罪分子法制观念淡漠,对国家税收活动的重要性,虚开增值税专用发票犯罪的危害性、后果都没有足够的认识。由于虚开增值税专用发票犯罪不需以暴力为手段,有些犯罪分子因此认为虚开增值税专用发票不是犯罪。而且他们心理方面的自我调节能力较差,无法理性地判断利害关系,在抵御犯罪倾向和诱惑方面存在较大缺陷,极易被他人鼓动和影响,走向犯罪。此外,我国公民纳税意识淡薄,对税收制度了解不足,依法纳税的环境和氛围未能形成也是该罪的产生

① 莫开勤:《危害税收征管犯罪的定罪与量刑》,人民法院出版社2000年版,第157页。
② 李鑫:《当前虚开增值税专用发票特点、原因与对策》,载《犯罪研究》2006年第2期。

原因之一。

2. 社会因素

(1) 增值税制度的不完善

增值税作为新型税收制度,其设计的不完善,使其在实际运行中存在一些问题。①对增值税一般纳税人和小规模纳税人的划分标准不明确,实践中很难掌握。增值税一般纳税人和小规模纳税人的划分标准有二,一是应税销售额标准;二是会计核算标准。对第一条标准,税法中规定一般纳税人规模标准是应税销售(营业)额,工业企业100万元/年以上,商业企业180万元/年以上,由于有具体的定量规定,容易掌握。对第二条标准,税法的规定只是原则性规定,如会计核算是否健全,是否能提供准确的纳税资料等。由于没有统一、严格的量化指标,因此各地在掌握划分标准时宽严不一,有的地区一般纳税人比例只有20%左右,有的地区则超过50%。这样往往会导致放宽一般纳税人的认定标准,使大批会计核算不健全,不具备一般纳税人资格的小规模纳税人混进一般纳税人队伍,容易导致税收流失行为的发生。[①] ②受征管能力和管理成本的制约,我国对增值税一般纳税人与小规模纳税人采取不平等待遇。一般纳税人可以领购、使用增值税专用发票,而小规模纳税人则不可以,这导致其在交易中,因不能开具增值税专用发票用于交易对方税款的抵扣而损失了部分交易。[②] 以原材料销售行业为例,买方一般都会要求卖方开具增值税专用发票,用以作为进项发票向税务机关申报抵扣,因此,如果卖方不具备一般纳税人资格而不能开票,就会失去交易的机会,或者只能由其承担增值税而无利可图。这就造成一些增值税小规模纳税人为了能够与增值税一般纳税人平等竞争,千方百计想要得到增值税专用发票,有的人不得不找到专门虚开发票者,在双方不存在真实货物交易的情况下让对方为其虚开增值税专用发票,以致触犯刑律。

(2) 增值税配套制度不完善,征管工作存在漏洞

在我国税收征收管理工作中,普遍存在征管制度未得到有效落实、征管水平低下、征管手段落后等问题,致使征管工作出现许多"漏洞"和"空隙",使不法分子有机可乘。例如,在公司登记管理、一般纳税人资格的审批上存在较大漏洞,对增值税发票的发放管理不严,不严格审查一般纳税人的主体资格,不按照规定的条件发放,犯罪分子能够较容易地骗取增值税专用发票;税务征管人员的业务素质和政治素质还有待提高,目前全国税务干部中,缺乏能熟练掌握税收业务知识、懂查账、懂计算机、会外语的全面业务素质较高的业务骨干。从政治素质看,这几年税务部门工作人员以情代法、索贿受贿、徇私枉法,甚至与犯罪分子合谋进行逃税、骗税的现象时有发生;1997年后,涉税

① 梁朋:《税收流失经济分析》,中国人民大学出版社2000年版,第88页。

② 赵秉志:《死刑改革探索》,法律出版社2006年版,第473页。

犯罪都是由税务部门查实违法后移交公安机关侦办的,由于税务稽查的力量较为薄弱,缺乏能担当稽查力量的人员,税务部门获取的材料在刑事诉讼中不具备证据效力,公安机关需要重新取证,使本身就缺乏警力和经费的公安机关对大量的涉税犯罪行为查处乏力,打击效率低。①

(3) 打击力度不够,执法不严

① 由于经济犯罪属于“法定犯”,而非“自然犯”,所损害的是国家的利益,而不是企业和个人的利益,没有特定的被害人,因而广大民众甚至包括税务机关和司法部门的人员,对其危害性和严重性缺乏充分的认识。一些税务侦查部门对虚开税额较小的案件不愿去查处,有些行政、司法机关也没有投放大量的人力、物力、财力来严加惩治虚开增值税专用发票的行为,从而放纵了虚开增值税专用发票的犯罪行为。② 在执法、司法工作中存在执法不公、执法不严的问题。部分税务人员对于具有特殊地位的“纳税大户”或“名人”给予特殊待遇,甚至使之成为不受税法约束的特殊公民或特殊企业。在税收征缴过程中,存在“以补代罚”、“以罚代刑”的现象,即以上缴税款代替罚款,以罚款代替刑事处罚。这使得犯罪分子有恃无恐,他们通过偷漏税活动已经占有了大量不义之财,区区罚款不足以威慑他们。

(五) 虚开增值税专用发票罪适用死刑的现状及效果分析

1994 年,“增值税专用发票面市仅十余天,仿造的增值税专用发票就已经摆在了国家税务总局领导的办公桌上。”②可见增值税专用发票犯罪行为发展之迅猛和猖獗。此后,十余年间,增值税专用发票犯罪活动的势头从来都没有减弱过。面对仅仅几个月内就已经相当猖獗的增值税专用发票犯罪活动,1994 年 4 月,一场打击增值税专用发票犯罪的专项斗争拉开了帷幕。随后,最高人民法院、最高人民检察院及全国人大常委会对虚开增值税专用发票犯罪行为进行专项立法,明确规定了虚开增值税专用发票罪,并将死刑设置为法定最高刑。在此后的司法实践中,因虚开增值税专用发票犯罪行为被判处死刑的案件屡见不鲜。

1994 年我国破获第一起虚开增值税专用发票案,主犯胡明及税务人员王震被判处并执行死刑。此后,到 2004 年 5 月,全国已经有 195 人因增值税专用发票犯罪被一审判处死刑,70 人已被执行死刑。其中,因为倒卖、虚开增值税专用发票被判处死刑的有 175 人,55 人已被执行死刑。在所有死刑案件中,共有 12 名税务人员被判死刑,4 人已被执行死刑。③ 由此可以看到,尽管在 1995 年我国就以单行刑法对虚开增值税专用发票、用于骗取出口退税、抵扣税款发票罪和伪造、出售伪造的增值税专用发票罪设置了死刑,而且也一直对增值税专用发票犯罪进行了专项打击,甚至对一大批罪犯判处了

---

① 翁作熙:《虚开增值税专用发票犯罪问题研究》,载《公安研究》2002 年第 4 期。

② 王祺元:《增值税专用发票十年回眸》,载《中国税务》2004 年第 7 期。

③ 王祺元:《增值税专用发票的死刑档案》,载《经济参考报》2004 年第 6 期。

死刑、无期徒刑等严厉刑罚,但我国每年仍有犯罪分子因虚开增值税专用发票犯罪被适用死刑,而且虚开增值税专用发票犯罪适用死刑的频率也在不断提高。由此可以看出,虚开增值税专用发票犯罪并没有因为适用最严厉的死刑刑罚而得到遏制,以死刑威吓和震慑税收违法犯罪分子的目的并没有达到。甚至可以说,死刑的适用更使一些犯罪分子孤注一掷,反正被抓到都是适用死刑,不如放手做,结果越做越大,导致现在的涉税犯罪金额越来越大。同时,正是因为刑罚的严厉,有的犯罪分子为逃避惩罚,采取的犯罪手段越来越隐蔽,技术含量越来越高,这在一定程度上增加了办案的难度。

(六)虚开增值税专用发票罪配置死刑缺乏正当性之分析

1. 虚开增值税专用发票罪配置死刑不符合"罪责刑相适应"原则

罪责刑相适应原则是我国1997年《刑法》规定的刑法基本原则之一。其基本含义是,刑罚的轻重应当与犯罪分子所犯罪行的轻重相适应,"轻罪轻罚、重罪重罚"是该原则的内容之一。对于虚开增值税专用发票罪的死刑适用,"罪"主要表现为虚开增值税专用发票行为对社会经济造成损害,破坏经济秩序,"刑"即对犯罪分子判处死刑。根据罪责刑相适应原则,我们需要探讨的是:是否仅仅由于经济犯罪分子实行了对经济利益侵害的"罪",就可以对其判处剥夺生命之"刑",二者之间是否是相当的,换句话说,人的生命是否可以等同于财产。① 从生命与财产的关系来看,生命构成人作为生物体存在的基础,财产则构成生命发挥作用的物质基础和条件。然而,生命是人的价值中至高无上的价值,人类只有在生命的基础上才能创造物质和财富,人类是物质财富的创造者。经济的损失可以由人来弥补,而生命的缺乏却不是经济可以替代的。因此,人的生命并非等同于财产,或者说,人的生命不能用财产的多少来衡量。再看虚开增值税专用发票的犯罪案件,犯罪分子通过虚开增值税专用发票,抵扣税款,致使国家经济受到严重损失,经济损失固然巨大,但生命的价值是无法用经济得失的多少来衡量的,以生命刑作为对其的惩罚措施,实有过当。因此,对于虚开增值税专用发票罪配置死刑是与罪责刑相适应原则相违背的。

2. 虚开增值税专用发票罪配置死刑不符合国际通行做法及国际人权公约的基本精神

世界上其他国家和地区的法律并没有在刑法典或税法中明确规定虚开增值税专用发票罪这一具体罪名,但对税收犯罪具体行为的惩治和预防都非常重视。有的国家或地区在刑法典中规定了税收犯罪,有的国家或地区虽然没有在刑法典中规定税收犯罪,但在相关税法中规定了税收犯罪。对于税收犯罪,各个国家都规定了相应的刑罚。例如,《美国联邦税法》规定了各种税收诈欺行为,其中主要包括:试图偷税或逃税,故意不征税或不代征税,故意不提交统计报告书,不提供信息资料或不交纳税金,诈欺性

① 马冬梅:《简论经济犯罪与死刑》,载《内蒙古民族大学学报》2005年第4期。

说明或虚假陈述,诈欺性的报告书、陈述或其他文件。除了税法的规定之外,其他可用来指控公司税收诈欺行为的条文还有:《美国法典》中的虚伪陈述、一般诈欺罪、合谋以及邮电诈欺。美国联邦法律规定的税收犯罪,适用的最高刑为5年以下监禁或1万美元以下罚金或二者并处。① 《德国税法》第369条规定了税收犯罪的一般种类,第370条对偷逃税收犯罪的行为作了具体的规定。其第369条规定的税收犯罪的一般种类有:(1)根据税法应当受刑罚惩罚的行为;(2)违反海关法非法进出口的行为;(3)仿造或者准备仿造与税收标志有关的价值标志的行为;(4)包庇实施了以上行为的人的行为。《德国税法》对偷逃税收犯罪的行为适用的最高刑为6个月以上10年以下监禁。除了判处主刑以外,还可以判处附加刑和保安处分。② 日本税法分中央税法和地方税法两大类,《日本地方税法》规定了煽动不缴纳税款罪和抗税罪。《日本国税征收法》规定了涉及中央税的妨碍税收犯罪,包括非法处分财产罪、不实陈述罪和阻碍检查罪。日本税法对税收犯罪规定的最高刑为3年有期徒刑。③ 韩国将税收犯罪规定在《税犯处罚法》中,包括了逃税罪,滞纳税款罪,征税渎职罪,违反增值税法罪,隐匿财产罪,毁灭账目罪,多计亏损罪,虚假申报罪,煽动、教唆不法罪等。其规定的近10种税收犯罪中,法定最高刑期均为3年有期徒刑。④ 香港的税收违法犯罪行为,规定在《税务条例》中,被规定为犯罪的是第82条第1款规定的逃税罪,对逃税罪规定的最高刑为3年监禁(类似内地的拘役)。⑤ 我国台湾地区的税收犯罪规定在"捐税稽征法"和其他一些税法中,主要有逃税罪,代征人、扣缴义务人逃税罪,代征人、扣缴义务人侵占罪,税收帮助、教唆罪。⑥ 我国台湾地区对税收犯罪规定的最高刑是5年有期徒刑。⑦

从税收犯罪的刑罚适用来看,各国和地区对于税收犯罪都没有规定死刑。世界上现已废除死刑的国家和地区无疑不存在对税收犯罪适用死刑的可能。根据相关统计数字,截至2009年2月1日,世界上已有93个国家和地区在法律上完全废止了死刑,超过10年未执行死刑或暂停适用死刑的国家和地区有36个,只针对特殊情况下的犯罪适用死刑的国家和地区有9个。易言之,现今在法律上或事实上废除死刑或者废除普通犯罪死刑的国家和地区已多达138个。除这些国家和地区对税收犯罪不适用死刑外,那些在法律中还没有废除死刑的国家和地区,也未对税收犯罪适用死刑,而且对税收犯罪适用的刑罚一般为较轻的自由刑。例如美国、韩国、日本以及我国台湾地区等。因此,从现在资料来看,我国《刑法》规定虚开增值税专用发票罪的最高刑为死刑,

---

① 周密:《美国经济犯罪和经济刑法研究》,北京大学出版社1993年版,第180页。
② 王世洲:《德国经济犯罪与经济刑法研究》,北京大学出版社1999年版,第199—207页。
③ 黄伟明:《经济犯罪死刑的历史和比较研究》,中国人民大学2007年博士学位论文,第96页。
④ 李永君:《税收犯罪认定处理实务》,中国方正出版社1997年版,第33—35页。
⑤ 周洪波:《税收犯罪研究》,中国人民大学2001年博士学位论文。
⑥ 同上注。
⑦ 李永君:《税收犯罪认定处理实务》,中国方正出版社1997年版,第33—35页。

实与其他国家和地区的做法相去甚远,不符合其对税收犯罪不适用死刑的通行做法。

从国际公约的相关规定看,限制或废除死刑是当今国际社会的主流。早在1948年12月10日,联合国大会通过的《世界人权宣言》第3条就规定:"人人有权享有生命、自由和人身安全。"其第5条还规定:"任何人不得加以酷刑,或施以残忍的、不人道的或侮辱性的待遇或刑罚。"1966年12月16日,联合国通过的《公民权利和政治权利国际公约》第6条第1款和第2款明确规定:"人人皆有固有的生命权。这个权利应受法律保护。不得任意剥夺任何人之生命","在尚未废除死刑的国家,判处死刑只能是作为对最严重的罪行的惩罚"。[①] 此公约为了尊重国家主权,仍然承认死刑在一定范围内的存在,但强调只有对"最严重的犯罪",刑法才能规定死刑,这在一定程度上表明了国际主流社会限制和废除死刑的倾向。根据1984年5月25日联合国经济与社会理事会通过的《关于保证面临死刑者权利的保护的保障措施》第1条规定:"在没有废除死刑的国家,只有最严重的罪行可判处死刑,应理解为死刑的范围只限于对蓄意而结果为害命或其他极端严重后果的罪行。"其所界定的"最严重的犯罪",实际上指的是最严重的暴力犯罪。[②] 由此理解,财产犯罪、经济犯罪等不涉及暴力的犯罪就不能被认为是最严重的犯罪,这也是世界各国和国际公约较为一致的看法。既然如此,我国对经济犯罪死刑的大量适用就有悖于国际公约,为国际社会所不认可。

3. *虚开增值税专用发票罪配置死刑的不公平性*

通过配置和适用死刑来解决一种因为体制问题而诱发的犯罪,对于犯罪人来说是不公平的。之所以这么说,是因为我国的增值税改革从一开始就是存在弊端的。我国目前实行的增值税是并不规范的增值税。一方面,它不是全面型增值税,按照增值税的基本原理来看,增值税具有道道征税、税不重征、环环紧扣、税负公平的特征。如果一种产品从投入、产出、交换、消费的各个环节都征收增值税,那么将形成一个环环相扣、相互制约的税制局面。而我国目前只在工业生产和商品流通两个环节征收增值税,其他环节则不征收,这使得上述内部的制约作用减弱。再加上增值税配套制度不完善,征管工作存在漏洞,新的问题不断涌现。例如,现在普遍存在的以虚假身份注册虚假公司,骗取一般纳税人资格后,套购电脑版增值税专用发票进行虚开骗税的现象。另一方面,我国实行的一般纳税人和小规模纳税人的分类也是不合理的,这种做法相当于人为地制约了纳税人在市场经济条件下的公平竞争。这种行政审批和纳税人划分的不尽合理,使一些增值税小规模纳税人为了得到与增值税一般纳税人平等竞争的机会,千方百计、不择手段地想得到增值税专用发票,为了偷税而购买增值税专用发票。这些客观存在又相当庞大的增值税专用发票买方市场,使一些不法分子打起了倒

---

① 万云峰:《经济犯罪死刑限制与废止研究》,中国人民大学2005年博士学位论文,第140—141页。

② 王勇:《论经济犯罪中死刑存废问题》,载《社会科学论坛》2007年第8期。

卖和虚开增值税专用发票从中牟取暴利的主意,导致相关犯罪形势越来越严峻。

税收制度的改革,对于一个国家来说是政治、经济生活中一件非常重大的事情。税收制度改革是关系国计民生的大事,它的成功改革,要考虑本国的历史传统和当时的实际情况,要借鉴国外的经验,考察实际的可行性。① 然而我国在税收改革之初,正处于市场经济的起步阶段,各方面措施并不完备,税收管理体制也比较混乱,再加上增值税制度在当时是个新事物,在建立之初难免存在很多漏洞,并且人们对新事物的接受力不是很强,税收观念淡薄,虚开增值税专用发票的犯罪行为有了可乘之机。

人是经济的人,每个人都会追求自身利益的最大化。为了获得最大的经济利益,从事生产经营活动的纳税人想方设法通过各种手段降低成本、提高利润。② 然而,由于经营能力、条件、机遇等方面的不同,处于竞争地位的各个经营者并不能都达到自己所预期的经济目标。这时就出现了理想和现实之间的心理落差,纳税人自然会想到通过一定的方法平衡落差。既然税收制度中存在那么多可以钻的漏洞,打国家税收的主意对于他们来说不失为一个增加收益的好办法。以增值税为例,增值税的税率是17%,如果一个一般纳税人得到一张虚开的增值税进项专用发票而得以抵扣了这笔税款的话,那他将多取得17%的利润,这绝对是一个让人心动的诱惑。

从这方面分析,虚开增值税专用发票罪的频发,也与制度不健全有关。我国由于在实行增值税这项制度之前没有做好充分的准备,投入的成本不足,对运行中可能存在的问题考虑不周,采取的预防措施不够,造成整个增值税制度的不健全,以犯罪人的生命承担这种后果,明显是不公平的。当然,并不能因为体制的不健全就允许不法之徒利用国家制度的漏洞违法犯罪,虚开增值税专用发票罪应当被打击,但不应适用死刑。

4. 死刑对虚开增值税专用发票犯罪的威慑力有限

死刑是与犯罪作斗争的最严厉的暴力手段,较之其他刑种具有更大的威慑力量,但死刑也存在不可克服的缺点,即死刑的威慑力是有限的。以经济犯罪为例,自古以来我国对经济犯罪都严惩不贷,处决了大批严重经济犯罪分子,1997年《刑法》也对多数经济犯罪设置了死刑,然而,我国的经济犯罪率并不比那些对经济犯罪不适用死刑的国家低。现实就是最好的例证,在设置死刑的情况下,虚开增值税专用发票大案却一直居高不下,犯罪数额不断加大,国家损失巨大。相反,在2003年7月1日,全部需要开具增值税专用发票的一般纳税人均被纳入"金税工程"体系后,利用增值税专用发票进行的犯罪行为得到有效遏制,"金税工程"对加强税收征管、减少税款流失起到了重要作用。可见,其效果明显好于死刑的威慑作用。死刑并不是遏制犯罪的灵丹妙

---

① 王祺元:《增值税专用发票十年回眸》,载《中国税务》2004年第7期。

② 朱利生:《涉税犯罪的死刑适用研究》,吉林大学2004年硕士学位论文。

药，将减少虚开增值税专用发票罪的对策建立在适用死刑上并不科学，从税收制度的根本上寻求解决问题的对策才是正道。正如贝卡里亚在《论犯罪与刑罚》一书中所说："滥用极刑从来没有使人改恶从善，这促使我去研究，在一个组织优良的社会里，死刑是否有益和公正。"

（七）虚开增值税专用发票罪死刑的限制适用

我国将虚开增值税专用发票罪的法定最高刑规定为死刑，是由我国特殊的国情和历史时期所决定的。改革开放后，我国实行经济体制改革，进入了社会转型时期。由于相关的社会制度并没有完全建立，各种社会矛盾错综复杂，日益严重的犯罪危害了社会秩序的稳定。20世纪90年代，经济秩序犯罪尤为严重。面对如此严峻的犯罪形势，立法者增设虚开增值税专用发票罪的死刑，试图以死刑达到遏制犯罪的目的，也反映了当时的立法者意图通过死刑同犯罪作斗争的一种努力。然而，随着经济、社会的发展，对虚开增值税专用发票罪适用死刑的规定具有太重的时代痕迹了。随着我们将"尊重、保障人权"写入《宪法》，随着和谐社会构建的逐步深入，限制并逐步减少死刑已是大势所趋。由于法律的相对稳定性，立法上全面废止虚开增值税专用发票犯罪的死刑并不是一蹴而就的事情，但限制虚开增值税专用发票罪适用死刑则是非常急迫的。

1. 在立法上控制死刑的适用

虚开增值税专用发票罪作为经济犯罪之一，其社会危害性主要表现在犯罪的数额上，因此，其犯罪数额的大小，成为衡量虚开增值税专用发票犯罪行为的社会危害性严重程度的主要根据，也成为对虚开增值税专用发票犯罪定罪、量刑的根据。我国《刑法》对虚开增值税专用发票犯罪的死刑适用规定了"数额特别巨大，情节特别严重，给国家利益造成特别重大损失"，而在司法实践中，情节严重也一般是以犯罪所造成的损失数额认定。这无疑是一种"犯罪数额决定论"。虽然数额特别巨大，是衡量"罪行极其严重"的一条很重要的标准，但在决定对犯罪分子是否适用死刑时不仅要考虑犯罪的数额，还应该考虑其主观恶性的程度①，这样才能符合我国《刑法》规定的主客观相统一的定罪、量刑标准。因此，我国刑事立法应当对虚开增值税专用发票罪适用死刑的条件进行严格限制，应当规定只有在犯罪数额特别巨大，主观恶性也极其严重的情况下才能对犯罪人适用死刑。

2. 在司法上控制死刑的适用

在刑事立法上控制虚开增值税专用发票罪死刑的适用固然重要，但要真正减少死刑，司法适用上的严格限制更是行之有效的途径。

（1）严格掌握适用死刑的条件

我国《刑法》总则第48条第1款中明确规定："死刑只适用于罪行极其严重的犯罪

---

① 赵秉志、万云峰：《论经济犯罪死刑案件数额认定之正当程序》，载《人民司法》2005年第1期。

分子”,这是对死刑适用对象所进行的具体、明确的界定。“罪行极其严重”是法官判断对犯罪分子是否适用死刑的关键,然而,对于“罪行极其严重”的理解尚存在不同的看法。第一种观点认为,罪行极其严重是指罪行对国家和人民利益的危害特别严重,手段极其残忍,情节特别恶劣,行为人具有极其严重的人身危险性,即罪大恶极的犯罪分子。① 第二种观点认为,罪行极其严重实际上就是指犯罪性质极其严重和犯罪行为造成的危害后果极其严重。② 第三种观点认为,死刑只适用于犯罪性质和危害后果特别严重,犯罪的主观恶性特别巨大的犯罪分子。③ 前两种观点的表述没有考虑到犯罪人的主观恶性,有客观归罪的嫌疑。第三种观点更为完善,我国《刑法》对犯罪行为定罪、量刑是以主客观相统一原则为标准的,只能对客观上“罪大”,并且主观上“恶极”的犯罪分子适用死刑。只有据此标准定罪,才能更准确地适用刑罚。

(2) 充分重视酌定从宽情节

我国《刑法》在量刑上规定了从犯、自首、立功等法定从轻、减轻情节。在量刑时,对具有法定从轻情节的犯罪分子给予宽大处理。然而司法实践中,对法律规定的坦白、退赃等酌定从轻情节却适用得很少。笔者认为,在对虚开增值税专用发票罪死刑案件的裁判中,应当充分考虑这些量刑情节。我国《刑法》规定,对于罪行极其严重的犯罪分子,应当判处死刑。然而犯罪分子能够主动退回全部或大部分赃款、赃物,使国家和社会所遭受的经济损失得到弥补,犯罪的社会危害性相应减小,犯罪人的人身危险性也就相应减少。在此种情况下,对犯罪人就不宜再适用死刑。此外,对于虚开增值税专用发票罪中出现的亲属积极赔偿国家损失的情况,也应当加以重视。实践中,犯罪人的亲属、朋友愿意集资以赔偿国家损失,在这种情况下,正说明我们国家作为一个强大的主体,有责任挽救一个即将支离破碎而又心怀希望的家庭,我们也不应当怀疑有着这样一个强大情感支持的犯罪人没有可能改过自新,重新做人。因此法律将此情节规定为酌定从轻情节也是极其必要的。

(3) 平衡适用死刑的标准

我国《刑法》对于数额犯,在立法及相关司法解释中规定了起诉标准、量刑幅度,特别是对死刑的适用标准也作了严格的规定。但是司法实践中,由于我国幅员辽阔、地区经济发展不平衡,各个地方对于量刑标准都保留着自己不同的做法,致使对虚开增值税专用发票罪死刑的适用出现了地区差异。这种因地区不同导致在死刑适用上的不平衡,不符合生命等价的理念和刑法平等适用的原则。④

面对中国特殊的经济、政治、人文背景,严格限制死刑的适用成为中国废除死刑道

---

① 高铭暄:《新编中国刑法学》,中国人民大学出版社 1998 年版,第 332—333 页。

② 刘德法:《论死刑适用的几个问题》,载《新乡师范高等专科学校学报》2000 年第 1 期。

③ 赵秉志、肖中华:《论死刑的立法控制》,载《中国法学》1998 年第 1 期。

④ 赵秉志:《死刑改革探索》,法律出版社 2006 年版,第 367—368 页。

路上的必然选择。然而随着经济、社会的不断发展,人类文明程度的不断提高,中国构建和谐社会进程的不断推进,废除死刑成为我国死刑制度发展的必然趋势。

（八）虚开增值税专用发票罪废除死刑之探讨

1. 虚开增值税专用发票罪废除死刑的可行性分析

（1）我国在构建和谐社会的背景下,废除死刑适应时代发展的进程

中国共产党十六届四中全会提出了“构建社会主义和谐社会”的新命题。自此,我国步入了构建社会主义和谐社会的新征程。实现社会和谐,建设美好社会,始终是人类孜孜以求的一个社会理想,也是包括中国共产党在内的马克思主义政党不懈追求的一个社会理想。我们所要建设的社会主义和谐社会,是民主法治、公平正义、诚信友爱、充满活力、安定有序、人与自然和谐相处的社会。构建和谐社会的关键在于“以人为本”和人的全面发展的核心价值观。在构建和谐社会的过程中,应坚持“以人为本”的核心价值理念,不断推动物质文明、精神文明、政治文明和社会文明的发展。在新的时期,我们党提出了构建社会主义和谐社会的命题,为死刑的废除提供了更大的平台,加速了死刑废止的进程。在和谐社会条件下,以人为本、对生命的尊重和关爱理念为死刑的废除创造了条件。① 物质文明的高度发展,增强了国家防御犯罪和改造犯人的实力。经济又快又好的发展,为国家积累了殷实的物质基础,使国家有足够的财力投入对犯罪的事前防御,使其不至发展为最严重的犯罪。国家甚至能够承受长期关押罪犯所带来的昂贵费用。[①] ② 政治文明的发达,为废除死刑的立法提供了平台。民主、文明、尊重人权的政治是社会主义和谐社会的政治保证。存在不甚合理的死刑立法是不符合和谐社会的要求的,只有完善法律,使其成为理性的法律,才能实现和谐社会的价值目标。③ 精神文明的发达,为民众的宽容提供了心理平台。和谐社会条件下,人们的价值观念、道德理念、文化素养上升到新的水平,人们更注重对人性的关怀和理解,越来越多的人加入到反对死刑的行列中来。

（2）废除虚开增值税专用发票罪的死刑不会引起不良的社会反响

“不杀不足以平民愤”,表明了民众对严重犯罪适用死刑的一种态度,也成为众多理论法学家在探讨死刑废除时一个不得不考虑的重要方面。在中国几千年的历史中,不论是在统治者的观念中,还是在普通民众的观念中,死刑都被认为是一种具有威慑力的刑罚。直到今天,“杀人偿命”仍然是民众对于严重犯罪的一种惯性表达。因此,人们对于死刑的废除能否接受和理解？会不会出现不良的社会反响？这些问题都成为影响死刑废除进程的重要因素。但是,废除虚开增值税专用发票罪的死刑,却不会产生这种不良的社会反响。这是因为:① 税收的性质决定民众对税收犯罪比较漠视。税收是指国家依据法律规定的标准,通过强制手段无偿地取得财政收入。强制性和无

① 曹红卫:《和谐社会条件下死刑废止问题探究》,载《法制天地》2007 年第 12 期。

偿性是其基本特征。尽管站在国家的立场,税收是“取之于民,用之于民”的,但实际上税收不具有对价性,纳税人缴纳了税款,未必就能享受到相应价值的公共服务,这不免会冲淡纳税人的纳税意识,引起民众对税收犯罪的漠视。[①] ② 虚开增值税专用发票的纳税人范围较窄,虚开增值税专用发票的犯罪行为导致国家税收的流失和税收征管秩序的破坏并不直接影响普通民众的日常生活和安全感。因此,民众对虚开增值税专用发票的犯罪行为不会像对暴力犯罪那样深恶痛绝。③ 虚开增值税专用发票罪是新型犯罪,从法律设定此罪名到今天只有十几年的时间,在此过程中,对虚开增值税专用发票罪适用死刑也不如对暴力犯罪那样频繁。因此,普通民众并未产生以死刑惩治此罪的依赖心理,如果废除它,也不会引起普通民众的心理失衡。

2. 对虚开增值税专用发票罪废除死刑的立法建议

(1) 在我国立法上应废止虚开增值税专用发票罪的死刑规定

对虚开增值税专用发票罪适用死刑,无论是以罪刑相适应原则及刑罚公正观念为标准,还是就民众的心理承受能力而言,都有轻罪重判之嫌。虚开增值税专用发票的犯罪行为虽然严重地侵犯了社会经济秩序,侵犯了国家的财产权,但其毕竟没有使用暴力手段,也没有侵犯公民的人身权利。与其他暴力性犯罪比较而言,虚开增值税专用发票罪的社会危害性相对较弱。纵观世界各国,已有117个国家废除了死刑,即使是在保留死刑的国家,也没有规定经济犯罪判处死刑的,更不用说对虚开增值税专用发票犯罪行为适用死刑。因此,我国应当通过法律明文规定及时地废除虚开增值税专用发票罪的死刑规定。

(2) 规定虚开增值税专用发票罪的最高法定刑为无期徒刑

我国《刑法》应当将虚开增值税专用发票罪的法定最高刑规定为无期徒刑。无期徒刑是仅次于死刑的严重的刑罚方法。无期徒刑同死刑相比,特殊预防和一般预防的效果是相同的,但无期徒刑给了犯罪人悔过自新的机会,突出了对人权的保障,淡化了刑罚的报应色彩,并且防止形成人的生命可以用金钱来衡量的错误观念。[②] 此外,无期徒刑可以给犯罪分子一个弥补国家经济损失的机会,通过强制犯罪分子无偿劳动,使其尽可能弥补其犯罪给国家、社会和人民造成的经济损失。同时需要注意,在将无期徒刑规定为虚开增值税专用发票罪的法定最高刑时,对无期徒刑应采取谨慎适用的态度。只有当虚开增值税专用发票行为骗取国家税款,数额特别巨大,情节特别严重,给国家利益造成特别重大损失的,又没有从轻、减轻情节的情况下,才应考虑适用无期徒刑。

---

① 黄京平、彭辅顺:《税收犯罪死刑废止的可行性分析》,载《政法论丛》2005年第4期。
② 马冬梅:《简论经济犯罪与死刑》,载《内蒙古民族大学学报》(社会科学版)2005年第4期。

（3）将退赃、积极赔偿国家损失规定为法定从轻、减轻情节

鉴于虚开增值税专用发票的犯罪行为易导致国家经济的巨大损失，国家在虚开增值税专用发票罪立法之初，将其法定最高刑规定为死刑，以死刑之威慑作用来惩罚致使国家经济遭受重大损失的行为。如果犯罪人退回全部或者大部分赃款、赃物，表明犯罪人的犯罪行为的社会危害性减轻，人身危险性减弱，国家的经济损失得到了弥补。如果犯罪人及其亲属积极赔偿国家经济损失，表明犯罪人有足够悔过自新的态度。我国立法应当鼓励犯罪人在犯罪后积极退回赃款、赃物，减少国家和社会的经济损失。因此，建议立法机关在废除虚开增值税专用发票犯罪的死刑规定时，将退赃和积极赔偿国家损失规定为法定从轻、减轻的量刑情节，应当对退赃和积极赔偿国家损失的情节比照没有退赃情节从轻或者减轻处罚。

（九）对林镇裕被判处虚开增值税专用发票罪死刑的分析

林镇裕虚开增值税专用发票一案作为1997年《刑法》颁布、施行后一起重大的虚开增值税专用发票案，涉罪数额巨大，造成国家税收的大量流失，理应受到严惩。然而，通过对本案的法理分析，笔者认为，一、二审法院对林镇裕判处死刑实属不应。

（1）我国《刑法》总则第48条第1款中明确规定，“死刑只适用于罪行极其严重的犯罪分子”，由于我国《刑法》对犯罪行为定罪、量刑是以主客观相统一原则为标准的，因此，这里所指的“罪行极其严重”应当是指犯罪分子犯罪性质和危害后果特别严重，犯罪的主观恶性特别巨大。客观行为的“罪大”与主观方面的“恶极”是缺一不可的。而在本案中，林镇裕因在灶浦征收所专管员和副所长审批、审核后的有关申报文件上签字、盖章的行为，导致了黄金池等人虚开增值税专用发票犯罪得逞，致使国家财政税收大量流失，危害后果特别严重，但林镇裕的主观恶性并非特别巨大。根据案卷材料的内容，灶浦征收所实际每年只能征收到实际任务50%—60%的税款，而上级机关给灶浦征收所下达的税收任务却逐年增加，最高时达200多万元。不仅如此，上级机关和有关部门还让灶浦征收所负担每年约40万元依法应由地税部门履行的职责。这些本不应由灶浦征收所承担的任务和灶浦征收所在正常情况下无法完成的任务，成为驱使本案林镇裕等国税公务人员不计后果、涉嫌犯罪的客观因素之一。作为灶浦征收所的负责人，林镇裕只能寻求各种办法完成上级下达的税收任务，其根本目的是为了增加税收来源。在这一点上，林镇裕的主观恶性并非特别巨大。

（2）对林镇裕虚开增值税专用发票罪适用死刑是不公平的。如果一种犯罪只是个别现象，我们还可以说是个人素质或管理上存在问题，但是，如果这种现象是普遍的、大面积的，我们就不能不认真地反思一下现行的制度了。增值税制度作为我国的一种新型税收制度，从其实行之初就存在很多的问题。增值税制度本身存在的缺陷，一般纳税人和小规模纳税人分类的不合理，增值税配套制度的不完善，征管工作存在的漏洞，再加上人们税收观念的淡薄，成为虚开增值税专用发票犯罪背后的原因。可

以说,国家税收制度的弊端和国家制度的不完善成为税务工作人员林镇裕放松警惕的原因之一。因此,造成虚开增值税专用发票犯罪的频发,制度的不健全也有一定关系。如果要从根本上遏制虚开增值税专用发票犯罪,国家应当改革增值税制度,完善相关配套制度,加强监管,而不应当期望通过对犯罪分子适用死刑来达到遏制虚开增值税专用发票犯罪的目的。同样,对于林镇裕来说,如果在国家体制不健全的背后,让其以死刑作为自己一失足成千古恨的代价,未免太不公平。

(3) 二审法院应当充分考虑林镇裕积极退赃和他的亲戚、朋友为其筹集资金以赔偿国家损失这一酌定量刑情节。酌定量刑情节,是指在刑法理论指导下总结司法实践经验而形成的可以从重或者从轻处罚的情节。从理论上讲,除了定罪情节、法定量刑情节、司法解释规定的量刑情节和定罪剩余的构成要件事实转化而来的量刑情节之外,凡是能够在一定程度上表明行为的社会危害性和行为人的人身危险性以及体现党和国家刑事政策的主、客观事实情况,都归属于酌定量刑情节的范畴。① 我国《刑法》在量刑上规定了从犯、自首、立功等法定从轻、减轻情节。在量刑时,对具有法定从轻情节的犯罪分子给予宽大处理。而在司法实践中,酌定量刑情节却适用得很少,这使得刑事法律所规定的酌定量刑情节失去其应有的意义。虚开增值税专用发票罪的社会危害性在于造成国家和社会利益的重大损失,而在本案中,林镇裕主动退回赃款,其家属和朋友积极筹集资金共计人民币 200 万元以赔偿国家损失,这一行为使国家和社会所遭受的经济损失得到弥补,犯罪的社会危害性相应减小,犯罪人的人身危险性也相应减少。在这种情况下,如果法院不考虑这一酌定量刑情节,一味地对林镇裕判处死刑,对于林镇裕及其亲戚、朋友来说都是希望的灭失,也将可能使更多的人对法律丧失信心和希望。

八、结语

虚开增值税专用发票罪作为典型的经济犯罪,对其犯罪者是否应当配置和适用死刑,一直是刑法界探讨的热点。笔者以林镇裕虚开增值税专用发票一案为研究对象,对相关问题进行了分析与梳理。

(1) 对林镇裕是否构成虚开增值税专用发票罪的共犯问题进行了理论研析及案情的具体分析。笔者认为,一、二审法院认定林镇裕构成虚开增值税专用发票罪的共犯有所不当。从案件的材料来看,公诉机关没有足够的证据证明林镇裕明知黄金池的虚开行为,也就没有足够的证据证明林镇裕与黄金池等人之间存在共同犯罪的故意,因此法院认定林镇裕与黄金池等人构成虚开增值税专用发票罪的共犯是不恰当的。

(2) 即使法院有充分的证据认定林镇裕的行为构成虚开增值税专用发票罪,一、

① 高铭暄、马克昌:《刑法学》,北京大学出版社、高等教育出版社 2007 年版,第 284 页。

二审法院认定林镇裕为虚开增值税专用发票罪主犯的结论也有所不当。通过对虚开增值税专用发票共同犯罪中的主犯问题的法理研究及案情的具体分析,笔者认为,在该案中,被告人林镇裕并不是虚开增值税专用发票罪犯罪意图的发起者,也没有从事虚开增值税专用发票犯罪的组织、领导活动,并没有具体实行虚开增值税专用发票的行为,他只是为黄金池虚开增值税专用发票犯罪提供了帮助,不应被认定为主犯。

(3)从法学理论角度对虚开增值税专用发票罪配置和适用死刑缺乏正当性进行了分析。笔者认为,对虚开增值税专用发票罪配置和适用死刑有违我国《刑法》中罪责刑相适应的原则,是不符合国际通行做法及国际人权公约的基本精神的。此外,由于我国税收制度本身存在弊端,相关配套制度不健全,造成相关犯罪频发,让犯罪人承担全部的责任也是不公平的。笔者认为,在对经济犯罪死刑的限制逐渐成为历史发展的趋势,并在国际社会达成共识的背景下,我们距离废除虚开增值税专用发票罪死刑的规定不会太遥远。①

附录一

广东省汕头市中级人民法院刑事判决书

(2001)汕中法刑二初字第4号

公诉机关:广东省汕头市人民检察院。

被告人:黄金池,男,1962年2月28日出生于广东省潮阳市,汉族,初中文化程度,原系潮阳市峡山镇英光乡溪心村村委会副主任,住潮阳市峡光镇英光乡溪心村,因涉嫌虚开增值税专用发票于2000年10月17日被刑事拘留,同年11月4日被逮捕。现羁押于广东省汕头市看守所。

辩护人:黄春和,广东汕头市韩江律师事务所律师。

被告人:林镇裕,男,1946年7月5日出生于广东省潮阳市,汉族,高中文化程度,原系潮阳市国家税务局关埠分局灶浦征收所所长。住潮阳市樱园税务局宿舍5栋801房,因涉嫌虚开增值税专用发票于2000年11月28日被刑事拘留,同年12月10日被依法逮捕。现羁押于广东省澄海市看守所。

辩护人:周伟、邵俊武,广东国源岭东律师事务所律师。

被告人:陈汉杰,男,1947年2月10日出生于广东省潮阳市,汉族,高中文化程度,

---

① 令人欣慰的是,2010年8月23日,《中华人民共和国刑法修正案(八)草案》提交全国人大常委会审议。其中,第30条即删除了《中华人民共和国刑法》中关于虚开增值税专用发票罪适用死刑的规定。看来,废除虚开增值税专用发票罪死刑的目标很快就会实现,中国刑事法治正在沿着一条既符合世界法治发展潮流,又有利于中华法律文化进步的道路前进。

原系潮阳市国家税务局关埠分局灶浦征收所副所长。住潮阳市关埠镇税务所宿舍,因涉嫌虚开增值税专用发票于2000年11月28日被刑事拘留,同年12月10日被逮捕。现羁押于广东省澄海市看守所。

辩护人:孟令坤,北京市光大律师事务所律师;刘文深,广东众大律师事务所律师。

被告人:陈壁亮,男,1959年5月1日出生于广东省潮阳市,汉族,大学专科文化程度,原系潮阳市国家税务局关埠分局灶浦征收所专管员。住潮阳市关埠镇居民区西片,因涉嫌虚开增值税专用发票于2000年11月28日被刑事拘留,同年12月10日被逮捕。现羁押于广东省澄海市看守所。

辩护人:吴迪安,广东国源领东律师事务所律师。

被告人:郑继亮,男,1958年9月23日出生于广东省潮阳市,汉族,大学专科文化程度,原系潮阳市国家税务局关埠分局灶浦征收所副所长。住潮阳市棉城镇文光街道办事处平和东居委公婆巷9号2户。因涉嫌虚开增值税专用发票于2000年11月2日被刑事拘留,同年11月14日被逮捕。现羁押于广东省澄海市看守所。

辩护人:熊海博,广东广成律师事务所律师。

广东省汕头市人民检察院以汕检刑一起字第48号起诉书指控被告人黄金池、林镇裕、陈汉杰、陈壁亮、郑继亮虚开增值税专用发票,于2001年12月21日向本院提起公诉。本院依法组成合议庭,公开开庭审理了本案。广东省汕头市人民检察院指派代理检察员王旭霞、翁耿生、陈晓东出庭支持公诉,被告人黄金池、林镇裕、陈汉杰、陈壁亮、郑继亮及其辩护人均到庭参加诉讼。现已审理终结。

汕头市人民检察院指控:

(1) 1996年7月,被告人黄金池伙同翁和合(在逃)、陈桂增(在逃)为牟取非法利益,找到时任潮阳市国家税务局关埠分局灶浦征收所副所长即被告人陈汉杰,要求到灶浦征收所管辖地开办贸易公司,领购增值税专用发票为他人虚开赚取开票费,并许诺赚钱后给予税所有关人员好处,陈汉杰即找到所长林镇裕,经被告人林镇裕、陈汉杰与黄金池、翁和合、陈桂增共同密谋后,黄金池在无注册资金、无经营场所的情况下,出具虚假证明向潮阳市工商局申请注册成立了新佳美贸易公司等九家虚假贸易公司,并经林镇裕、陈汉杰、陈壁亮审批,违法办理了增值税一般纳税人资格,1997年1月至2000年3月,黄金池以上述九家虚假贸易公司的名义向灶浦征收所领购增值税专用发票913本,22 818套,大肆为他人虚开增值税专用发票,其犯罪事实如下:

① 1996年7月,被告人黄金池用吴永潭、吴桂合的身份证登记注册成立了潮阳市新佳美贸易有限公司后,1997年1月至1999年5月,被告人黄金池共向灶浦征收所领购增值税专用发票84本,2 100套,以成都市瑞安灯饰贸易部等二千余家单位的名义虚开增值税专用发票2 100套,价款总计人民币20 470 036.78元,税款总计人民币3 479 906.25元,价税合计人民币23 949 943.03元。经查,开出的增值税专用发票存根

联上受票单位或为虚假单位或没有接受此受票，致使国家税款损失无法追回。

1998年1月，被告人郑继亮向被告人林镇裕提出其朋友吴少东（在逃）需要虚开三千多万元的增值税专用发票作为汕头市化妆品厂进项进行抵扣，在场的黄金池、黄惠周[潮阳市供销企业（集团）灶浦公司人员，在逃]当即表示要为其虚开，经林镇裕同意后，黄金池、黄惠周分别向陈汉杰领取了存放在其处保管的潮阳市新佳美贸易有限公司和潮阳市供销企业（集团）灶浦公司的10万元版的增值税专用发票，随后在国税灶浦征收所办公室共同为汕头市化妆品厂虚开增值税专用发票39套，价税合计人民币42 476 148元，其中黄金池以潮阳市新佳美贸易有限公司名义虚开21套，价款人民币19 184 600.00元，税款共计人民币3 261 382.00元，价税合计人民币22 445 982元；黄惠周以潮阳市供销企业（集团）灶浦公司名义虚开增值税专用发票1本18套，价款共计人民币17 119 800.00元，税款共计人民币2 910 366.00元，价税合计人民币20 030 166.00元。

吴少东接受虚开的增值税专用发票后，即向汕头市国家税务局直属分局申报抵扣税款，当灶浦征收所收到汕头市国家税务局直属分局的《增值税专用发票核查单》时，身为专管员的被告人陈壁亮明知核查单所列专用发票为虚开的，仍确认属实报林镇裕审批，被告人林镇裕明知是虚开的增值税专用发票仍签字批准同意复函，致使汕头市化妆品厂接受虚开的39套增值税专用发票中的36套被抵扣税款5 718 715.00元，造成国家税款损失5 718 715元，其中黄金池虚开的18套增值税专用发票税款共计人民币2 808 349.00元被抵扣，造成国家税款损失人民币2 808 349元。

② 1996年7月，被告人黄金池用吴永潭、吴桂合的身份证登记注册成立了潮阳市灶浦金鸿昌贸易有限公司，1997年8月至1999年5月共向灶浦征收所领购增值税专用发票84本，2 100套，以北京市火炬羊毛衫厂等二千余家单位的名义虚开增值税专用发票2 100套，价款总计人民币20 202 118.12元，税款总计人民币3 434 360.08元，价税合计人民币23 636 478.00元。经查，开出的增值税专用发票存根联上受票单位或为虚假单位或没有接受此受票，致使国家税款损失无法追回。

③ 1997年8月，被告人黄金池从被告人林镇裕处得知一家单位不能领购太多的增值税专用发票，又从灶浦征收所专管员陈新辉（在逃）处得知其朋友有两家公司要转让，便与翁和合、陈桂增密谋后，以每家公司5 000元的受让价格使潮阳市灶浦光辉贸易部和盛杰贸易部转为自己经营，并在被告人林镇裕的要求下签订了转让协议，专门用于虚开增值税专用发票。潮阳市灶浦光辉贸易部1998年至1999年5月，共向灶浦税务征收所领购增值税专用发票88本，2 200套，以南昌百货公司服装柜等二千多家单位的名义，虚开增值税专用发票2 200套，价款共计人民币19 735 775.77元，税款共计人民币3 355 081.88元，价税合计人民币23 090 857.65元。

盛杰贸易部自1997年8月至1995年5月共向灶浦税务征收所领购增值税专用发票110本，2 750套，以南京市百货公司等16个省、市二千三百多家单位的名义，虚开增值税专用发票2750套,价款共计人民币21470187.80元,税款共计人民币3649931.93元,价税合计人民币25120119.73元。经查,开出的增值税专用发票存根联上受票单位或为虚假单位或没有接受此受票,致使国家税款损失无法追回。

④ 1998年9月,被告人陈壁亮见陈汉杰堂兄陈均隆的潮阳市新利隆贸易公司一直没有经营,就向陈汉杰提议转让给黄金池,双方密谋后,在被告人林镇裕的要求下,签订了转让协议。被告人黄金池支付转让费人民币8000元后将该公司用于专门从事虚开增值税专用发票。1998年9月至2000年3月,被告人黄金池以新利隆贸易公司名义共向灶浦税务征收所领购增值税专用发票135本,3375套,以安徽省安庆市百货大楼等全国16个省、市二千五百余家单位的名义虚开增值税专用发票3375套,价款共计人民币23465563.93元,税款共计人民币3989145.87元,价税合计人民币27454709.80元。经查,开出的增值税专用发票存根联上受票单位或为虚假单位或没有接受此受票,致使国家税款损失无法追回。

⑤ 1998年12月,被告人黄金池为多领购增值税专用发票,又用其妻陈美姗的名义在专管员陈新辉的帮助下注册成立了潮阳市灶浦金发贸易部,用于专门从事虚开增值税专用发票。1998年12月至2000年3月,被告人黄金池以金发贸易部名义共向灶浦税务征收所领购增值税专用发票122本,3050套,以安徽省安庆市百货大楼等全国17个省、市二千五百余家单位的名义虚开增值税专用发票3050套,价款共计人民币20433488.68元,税款共计人民币3473693.07元,价税合计人民币23907181.75元。经查,开出的增值税专用发票存根联上受票单位或为虚假单位或没有接受此受票,致使国家税款损失无法追回。

⑥ 1998年12月,被告人黄金池为多领购增值税专用发票,又用自己的名字在专管员陈新辉的帮助下注册成立了潮阳市永佳贸易部,用于专门从事虚开增值税专用发票。1998年12月至2000年3月,被告人黄金池以永佳贸易部名义共向灶浦税务征收所领购增值税专用发票122本,3050套,以无锡百乐针织门市部等全国15个省、市二千余家单位的名义虚开增值税专用发票3050套,价款共计人民币20292020.95元,税款共计人民币3449643.56元,价税合计人民币23741664.51元。经查,开出的增值税专用发票存根联上受票单位或为虚假单位或没有接受此受票,致使国家税款损失无法追回。

⑦ 1999年4月,被告人黄金池为多领购增值税专用发票,又用其姐黄得凤的名义在专管员陈新辉的帮助下注册成立了潮阳市灶浦金美佳贸易部,用于专门从事虚开增值税专用发票。1999年5月至2000年3月,被告人黄金池以金美佳贸易部名义共向灶浦税务征收所领购增值税专用发票84本,2100套,以南京市玄武门百货大楼等全国17个省、市一千余家单位的名义虚开增值税专用发票2100套,价款共计人民币12654980.86元,税款共计人民币2151346.75元,价税合计人民币14806327.61元。

经查,开出的增值税专用发票存根联上受票单位或为虚假单位或没有接受此受票,致使国家税款损失无法追回。

⑧ 1999 年 4 月,被告人黄金池为多领购增值税专用发票,又用其姐夫陈亚松的名义在专管员陈新辉的帮助下注册成立了潮阳市灶浦兴金贸易部,用于专门从事虚开增值税专用发票。1999 年 4 月至 2000 年 3 月,被告人黄金池以兴金贸易部名义共向灶浦税务征收所领购增值税专用发票 83 本,2 075 套,以湖南省株洲市轻纺大厦等全国 17 个省、市一千余家单位的名义虚开增值税专用发票 2 075 套,价款共计人民币 12 563 353.03 元,税款共计人民币 2 135 770.01 元,价税合计人民币 14 699 123.04 元。经查,开出的增值税专用发票存根联上受票单位或为虚假单位或没有接受此受票,致使国家税款损失无法追回。

(2) 被告人黄金池为偷逃税款,向潮阳市两英镇无业人员"阿生"、"阿口子"(真实姓名不说,无法查找)购买假的增值税专用发票 219 套,为自己虚开抵扣进项增值税专用发票,共计价款人民币 128 575 437.95 元,税款共计人民币 21 814 903.38 元,价税合计人民币 150 390 341.33 元,并已抵扣。

被告人黄金池按所开销项增值税专用发票票面价款的 1.1% 的比例收取开票费,以销项票面价格的 0.5% 至 0.8% 的比例作为交纳的税金入库,其余作为利润与灶浦征收所的被告人林镇裕、陈汉杰、陈壁亮、郑继亮分成,其中被告人获取非法收入人民币 7 万余元,被告人林镇裕获取非法收入人民币 6 万余元,被告人陈汉杰获取非法收入 6 万余元,被告人陈壁亮获取非法收入 3 万多元,被告人郑继亮获取非法收入人民币 2 000 余元。

汕头市人民检察院对指控的上述犯罪事实,庭审时出示了以下证据作为依据:① 被告人黄金池、林镇裕、陈汉杰、陈壁亮、郑继亮的供词;② 侦查机关查获的书证:增值税专用发票存根联 22 818 套、抵扣 222 套及各被告人的辨认笔录;③ 证人刘灿杰、肖辉民、周文强等人的证词;④ 汕头市国家税务局出具的税务稽查报告、潮阳市审计师事务所出具的验资证明书、中国人民银行印制科学技术研究所提供的鉴定报告和全国各地税务部门出具的增值税专用发票稽查表;⑤ 汕头市公安局、潮阳市公安局、汕头市税务局、潮阳市国家税务局、汕头市工商局、潮阳市工商局和潮阳市城市信用社出具的证明材料;⑥ 汕头市公安局出具的本案破案经过。

广东省汕头市人民检察院认为,被告人黄金池、林镇裕、陈汉杰、陈壁亮、郑继亮以营利为目的,非法为他人虚开增值税专用发票,税款数额特别巨大,情节特别严重,给国家利益造成特别重大损失,其行为均已触犯《中华人民共和国刑法》第 205 条之规定,构成虚开增值税专用发票罪。提请本院依法判处。

被告人黄金池对起诉书指控其犯虚开增值税专用发票罪没有异议,但提出其有检举揭发潮阳市供销(集团)灶浦公司为汕头化妆品厂虚开增值税专用发票的犯罪事实,据此要求对其从轻处罚。其辩护人提出,被告人黄金池在为汕头化妆品厂虚开增值税专用发票的该宗犯罪中受他人安排实施作案，在该宗共同犯罪中起次要作用，系从犯；该宗犯罪是被告人黄金池在侦查机关尚未掌握的情况下主动交代的，应以自首论；被告人黄金池归案后检举揭发黄惠周的犯罪行为，并经查证属实，且从在逃的黄惠周的犯罪行为看，黄惠周有可能被判处无期徒刑以上的刑罚，故应认定被告人黄金池有重大立功表现；建议对被告人黄金池减轻处罚。

被告人林镇裕辩称其起初并不清楚被告人黄金池开办虚假公司专门虚开增值税专用发票，其本人只是为黄金池作案提供方便，并接受其贿赂，其行为应是渎职犯罪，要求合议庭考虑其系为增加灶浦征收所税源而实施犯罪，对其予以从轻处罚。其辩护人提出被告人林镇裕并没有与被告人黄金池、陈汉杰等人密谋虚开增值税专用发票，客观上又没有实施虚开增值税专用发票犯罪行为，只是利用职权为他人虚开增值税专用发票犯罪提供便利，并收受他人贿赂，其行为造成了国家的税收损失，其不构成虚开增值税专用发票共犯，应以受贿罪、徇私舞弊发售发票、抵扣税款罪对其进行处罚。

被告人陈汉杰提出其没有与被告人黄金池、林镇裕等人密谋虚开增值税专用发票，其本人只是为黄金池作案提供方便，并接受其贿赂，其行为应是渎职犯罪，要求合议庭考虑其系为增加灶浦征收所税源而实施犯罪，对其予以从轻处罚。其辩护人提出被告人陈汉杰在虚开增值税专用发票共同犯罪中的作用明显比被告人黄金池、林镇裕小，起次要作用，应认定为从犯，建议对其从轻处罚。

被告人陈壁亮辩称其起初并不清楚被告人黄金池开办虚假公司专门虚开增值税专用发票，其本人只是为黄金池作案提供方便，并接受其贿赂，其行为应是渎职犯罪，要求合议庭考虑其系为增加灶浦征收所税源而实施犯罪，对其予以从轻处罚。其辩护人认为，被告人陈壁亮没有参与密谋，作案过程处于被支配地位，起次要作用，系从犯，建议对其从轻处罚。

被告人郑继亮辩称其是介绍汕头市化妆品厂找被告人林镇裕联系买材料并开票，而非介绍虚开增值税专用发票，起诉书指控其非法所得2 000元不是事实，其行为不构成犯罪。其辩护人提出起诉书指控被告人郑继亮非法所得2 000元证据不足，认为被告人郑继亮仅介绍他人虚开增值税专用发票，而未实施其他虚开增值税专用发票犯罪行为，在共同犯罪中起次要作用，建议对其减轻处罚。

经审理查明：

1996年7月，被告人黄金池伙同翁和合、陈桂增(均在逃)，到潮阳市国家税务局关埠分局灶浦征收所找该所副所长陈汉杰，提出要到灶浦征收所管辖地开办贸易公司，领购增值税专用发票为他人虚开、牟取非法利益，并许诺将非法所得与该征收所有关人员分享。被告人陈汉杰即为此找了该所所长被告人林镇裕；尔后，被告人黄金池及翁和合、陈桂增与被告人林镇裕、陈汉杰为牟取各自的非法利益而进行密谋；随后，被告人林镇裕、陈汉杰又纠合了灶浦征收所的专管员被告人陈壁亮和陈新辉(在逃)，与

被告人黄金池等人内外勾结,互相配合进行虚开增值税专用发票的犯罪活动。其犯罪事实如下:

(1) 为他人虚开增值税专用发票

① 1996年7月,被告人黄金池为虚开增值税专用发票而用吴永潭、吴桂合的身份证,在无注册资金、无经营场所的情况下,通过非法手段登记注册成立了潮阳市新佳美贸易有限公司和潮阳市灶浦金鸿昌贸易有限公司,并经被告人林镇裕、陈汉杰、陈壁亮审批,分别办理增值税一般纳税人资格。1997年1月至1999年5月,被告人黄金池分别以上述两家公司的名义,经被告人林镇裕、陈汉杰、陈壁亮审批,共向灶浦征收所领购增值税专用发票168本,共4 200套,然后,在没有真实货物交易的情况下,以成都市瑞安灯饰贸易部、北京市火炬羊毛衫厂等四千余家名义单位为受票单位,为他人虚开增值税专用发票4 200套,虚开的价格总计人民币40 672 154.9元,税款总计人民币6 914 266.33元。被告人黄金池虚开的上述增值税专用发票存根联上的受票单位或为虚假单位,或该单位没有受票,致使国家税款损失无法追回。

1998年1月,被告人郑继亮向被告人林镇裕提出其朋友吴少东(在逃)需要虚开增值税专用发票作为汕头市化妆品厂的进项发票,被告人林镇裕即纠合了被告人陈汉杰、黄金池和黄惠周[潮阳市供销企业(集团)灶浦公司人员,在逃],经被告人林镇裕同意,被告人黄金池与黄惠周分别向被告人陈汉杰领取了10万元版的增值税专用发票39套,由被告人黄金池与黄惠周在灶浦征收所办公室为汕头市化妆品厂虚开,被告人陈汉杰作为10万元版的增值税专用发票鉴开人在场"鉴开",被告人林镇裕、陈壁亮、郑继亮均在场,其中被告人黄金池以潮阳市新佳美贸易有限公司名义虚开21套,虚开价款人民币19 184 600元,税款人民币3 261 382元,黄惠周以潮阳市供销企业(集团)灶浦公司名义虚开增值税专用发票18套,虚开价款人民币17 119 800元,税款人民币2 910 366元。吴少东将上述虚开的发票向汕头市国家税务局直属分局申报抵扣汕头市化妆品厂的税款,当灶浦征收所收到汕头市国家税务局直属分局的《增值税专用发票核查单》时,被告人陈壁亮明知核查单所列专用发票为虚开的,仍确认属实报审批,被告人林镇裕明知是虚开的增值税专用发票仍签字批准同意复函,致使上述虚开的39套增值税专用发票中的36套被汕头市化妆品厂用以抵扣税款人民币5 718 715元,造成国家税款损失人民币5 718 715元,其中由被告人黄金池虚开的18套增值税专用发票造成国家税款损失人民币2 808 349元。

② 1997年8月,被告人黄金池从陈新辉处得知陈新辉的朋友有潮阳市灶浦光辉贸易部和盛杰贸易部两家公司要转让,被告人黄金池便将上述两家公司的经营权买下,分别办理了增值税一般纳税人资格,专门用于虚开增值税专用发票。自1997年8月至1999年5月,被告人黄金池分别以上述两家公司的名义,经被告人林镇裕、陈汉杰、陈壁亮审批,共向灶浦征收所领购增值税专用发票198本,共4 950套,然后,在没有真实

货物交易的情况下,以南昌百货公司服装柜、南京市百货公司等四千三百多家单位为受票单位,为他人虚开增值税专用发票4950套,虚开的价格总计人民币41205963.57元,税款总计人民币7005013.81元。被告人黄金池虚开的上述增值税专用发票存根联上的受票单位或为虚假单位,或该单位没有受票,致使国家税款损失无法追回。

③ 1998年9月,被告人黄金池从被告人陈壁亮处得知被告人陈汉杰堂兄陈均隆的潮阳市新利隆贸易公司一直没有经营,便通过被告人陈汉杰以人民币8000元将该公司的经营权买下,办理了增值税一般纳税人资格,专门用于虚开增值税专用发票。1998年9月至2000年3月,被告人黄金池分别以此公司的名义,经被告人林镇裕、陈汉杰、陈壁亮审批,共向灶浦征收所领购增值税专用发票135本,共3375套,然后,在没有真实货物交易的情况下,以安徽省安庆市百货大楼等二千五百余家名义单位为受票单位,为他人虚开增值税专用发票3375套,虚开的价格总计人民币23465563.93元,税款总计人民币3989145.87元。被告人黄金池虚开的上述增值税专用发票存根联上的受票单位或为虚假单位,或该单位没有受票,致使国家税款损失无法追回。

④ 1998年12月,被告人黄金池为虚开增值税专用发票而用本人和其妻陈美姗的身份证,在无注册资金、无经营场所的情况下,通过非法手段登记注册成立了潮阳市灶浦金发贸易部和永佳贸易部,并经被告人林镇裕、陈汉杰和陈新辉审批,分别办理了增值税一般纳税人资格,1998年12月至2000年3月,被告人黄金池分别以上述两家公司的名义,经被告人林镇裕、陈汉杰、陈壁亮审批,共向灶浦征收所领购增值税专用发票244本,共6100套,然后,在没有真实货物交易的情况下,以安徽省安庆市百货大楼、无锡百乐针织门市部等四千五百余家单位为受票单位,为他人虚开增值税专用发票6100套,虚开的价格总计人民币40725509.63元,税款总计人民币6923336.63元。被告人黄金池虚开的上述增值税专用发票存根联上的受票单位或为虚假单位,或该单位没有受票,致使国家税款损失无法追回。

⑤ 1999年4月,被告人黄金池用其姐黄得凤和姐夫陈亚松的身份证,在无注册资金、无经营场所的情况下,通过非法手段登记注册成立了潮阳市金美佳贸易部和兴金贸易部,并经被告人林镇裕、陈汉杰和陈新辉审批,分别办理了增值税一般纳税人资格,1999年4月至2000年3月,被告人黄金池分别以上述两家公司的名义,经被告人林镇裕、陈汉杰、陈壁亮审批,共向灶浦征收所领购增值税专用发票167本,共4175套,然后,在没有真实货物交易的情况下,以南京市玄武门百货大楼、湖南省株洲市轻纺大厦等二千余家单位为受票单位,为他人虚开增值税专用发票4175套,虚开的价格总计人民币25218333.89元,税款总计人民币4287116.76元。被告人黄金池虚开的上述增值税专用发票存根联上的受票单位或为虚假单位,或该单位没有受票,致使国家税款损失无法追回。

(2) 被告人黄金池非法购买伪造的增值税专用发票为自己虚开

被告人黄金池在上述为他人虚开增值税专用发票期间,为达到其牟取非法利益的目的,至案发时共向他人购买伪造的增值税专用发票219套,为自己上述九家公司虚开增值税专用发票作为进项发票,以抵扣其为他人虚开增值税专用发票而应交的销项税款,为自己虚开价格总计人民币128 575 437.95元,税款总计人民币21 814 903.38元,经被告人林镇裕、陈汉杰、陈壁亮和陈新辉非法审批(明知系虚开、不辨真伪和不发函检查),全部均已抵扣。

综上所述,被告人黄金池共参与为他人虚开增值税专用发票价款总计人民币190 472 125.92元,税款总计人民币32 380 261.4元,查实已抵扣税款人民币2 808 349元,造成国家税款损失人民币2 808 349元;非法购买伪造的增值税专用发票为自己虚开价款总计人民币128 575 437.95元,税款总计人民币21 814 903.38元,已抵扣税款人民币21 814 903.38元。被告人林镇裕、陈汉杰分别共参与为他人虚开增值税专用发票价款总计人民币207 591 925.92元,税款总计人民币35 290 627.4元,查实已抵扣税款人民币5 718 715元,造成国家税款损失人民币5 718 715元;参与他人为自己虚开增值税专用发票的进项价款总计人民币144 889 600.40元,税款总计人民币24 588 311.02元,已抵扣税款24 588 311.02元。被告人陈壁亮共参与为他人虚开增值税专用发票价款总计人民币83 322 318.83元,税款总计人民币14 164 794.2元,查实已抵扣税款2 808 349元,造成国家税款损失人民币2 808 349元;参与他人为自己虚开增值税专用发票的进项价款总计人民币88 484 370.19元,税款总计人民币14 999 421.86元,已抵扣税款14 999 421.86元。被告人郑继亮共参与为他人虚开增值税专用发票价款总计人民币36 304 400元,税款总计人民币5 718 715元,查实已抵扣税款5 718 715元,造成国家税款损失人民币5 718 715元。

被告人黄金池为他人虚开增值税专用发票时,以所开销项增值税专用发票票面价款的1.1%的比例向他人收取开票费,以销项票面价格的0.5%至0.8%的比例作为交纳的税金入库,至案发时已交纳税金总计人民币1 028 884.92元,分给被告人林镇裕人民币6万余元,分给被告人陈汉杰6万余元,分给被告人陈壁亮2万多元,余款由被告人黄金池支配,上述各被告人所得赃款均用于日常费用。

被告人黄金池于2000年10月17日被抓获归案后如实交代已被侦查机关掌握为他人虚开增值税专用发票的犯罪事实,同月25日还主动交代尚未被侦查机关掌握的伙同本案其他四被告人为他人虚开增值税专用发票的犯罪事实;2000年11月1日又在交代其本人犯罪事实时向侦查机关提供侦破其他案件的重要线索,经查证属实。

认定上述事实的证据有:

……

上列证据,均经庭审质证,且能够互相印证,合议庭予以确认,作为定案的依据。

本院认为,被告人黄金池与被告人林镇裕、陈汉杰、陈壁亮无视国法,为牟取非法利益而互相勾结,为他人虚开、为自己虚开增值税专用发票,被告人郑继亮无视国法,介绍他人虚开增值税专用发票,其行为均已构成虚开增值税专用发票罪。上述五被告人为虚开增值税专用发票罪的共犯,其行为骗取国家税款数额特别巨大,情节特别严重,并给国家利益造成特别重大损失。被告人黄金池在共同犯罪中首先提议虚开增值税专用发票,是虚开增值税专用发票的直接实施者,并将赃款进行分配,系主犯。论罪依法应判处死刑,立即执行,鉴其因涉嫌虚开增值税专用发票被捕归案后能如实供述侦查机关尚未掌握的同种较重罪行,揭发同案被告人共同犯罪事实,提供侦破潮阳市供销企业(集团)灶浦公司为汕头化妆品厂虚开增值税专用发票罪的重要线索并经查证属实,有立功表现,依法可予从轻处罚。被告人林镇裕作为税务机关基层单位的主要负责人,利用其职权与被告人黄金池等人内外勾结,在骗购增值税专用发票和用虚开的增值税专用发票抵扣税款等共同犯罪的关键环节中起主要作用,系主犯,依法应予以严惩。被告人陈汉杰作为税务机关基层单位的负责人,利用其职权与被告人黄金池等人内外勾结,在共同犯罪的纠合阶段和实施阶段起主要作用,系主犯,依法应予严惩。被告人陈壁亮、郑继亮在虚开增值税专用发票的共同犯罪中起次要作用,系从犯,依法应予从轻处罚。公诉机关对上述五被告人指控的罪名成立。被告人黄金池及其辩护人提出其有立功表现的辩解和辩护意见,有事实依据,被告人黄金池据此要求对其从轻处罚的理由成立,予以采纳。被告人陈壁亮、郑继亮的辩护人分别提出其系共同犯罪中的从犯,建议对其从轻处罚的辩护意见成立,予以采纳。各被告人及其辩护人其余的辩解和辩护意见或缺乏事实依据,或理由不能成立,均不予采纳。依照《中华人民共和国刑法》第205条第1款、第2款,第208条第2款,第25条第1款,第26条第1款,第27条,第68条,第57条第1款和最高人民法院《关于处理自首和立功具体应用法律若干问题的解释》第4条、第5条、第6条之规定,判决如下:

(1)被告人黄金池犯虚开增值税专用发票罪,判处死刑、缓期二年执行,剥夺政治权利终身,并处没收个人全部财产。

(2)被告人林镇裕犯虚开增值税专用发票罪,判处死刑,剥夺政治权利终身,并处没收个人全部财产。

(3)被告人陈汉杰犯虚开增值税专用发票罪,判处死刑,剥夺政治权利终身,并处没收个人全部财产。

(4)被告人陈壁亮犯虚开增值税专用发票罪,判处无期徒刑,剥夺政治权利终身,并处没收个人全部财产。

(5)被告人郑继亮犯虚开增值税专用发票罪,判处无期徒刑,剥夺政治权利终身,并处没收个人全部财产。

如不服本判决,可在接到判决书的第二日起十日内通过本院或者直接向广东省高级人民法院提出上诉。书面上诉的应提交上诉状正本一份,副本二份。

审　判　长　×××
审　判　员　×××
代理审判员　×××
2001年3月2日
书　记　员　×××(代)
×××
×××

附录二

广东省高级人民法院刑事裁定书

(2001)粤高法刑经终字第128号

原公诉机关:广东省汕头市人民检察院。

上诉人(原审被告人):林镇裕,男,1946年7月5日出生,汉族,出生地广东潮阳市,高中文化程度,原系潮阳市国家税务局关埠分局灶浦征收所所长,住潮阳市樱园税务局宿舍5栋801房。因本案于2000年11月28日被刑事拘留,同年12月10日被逮捕。现押于澄海市看守所。

辩护人:周伟、邵俊武,广东国源岭东律师事务所律师。

上诉人(原审被告人):陈汉杰,男,1947年2月10日出生,汉族,出生地广东潮阳市,高中文化程度,原系潮阳市国家税务局关埠分局灶浦征收所副所长,住潮阳市关埠镇税务所宿舍。因本案于2000年11月28日被刑事拘留,同年12月10日被逮捕。现押于澄海市看守所。

辩护人:蔡延澍,广东花城律师事务所律师。

上诉人(原审被告人):郑继亮,男,1958年9月23日出生,汉族,出生地广东潮阳市,大学专科文化程度,原系潮阳市国家税务局关埠分局灶浦征收所副所长,住潮阳市棉城镇文光街道办事处平和东居委公婆巷9号2户。因本案于2000年11月2日被刑事拘留,同年11月14日被逮捕。现押于澄海市看守所。

原审被告人:黄金池,男,1962年2月28日出生,汉族,农民,出生地广东潮阳市,初中文化程度,住潮阳市峡山镇英光乡溪心村。因本案于2000年10月17日被刑事拘留,同年11月4日被逮捕。现押于汕头市看守所。

原审被告人:陈壁亮,男,1959 年 5 月 1 日出生,汉族,出生地广东潮阳市,大学专科文化程度,原系潮阳市国家税务局关埠分局灶浦征收所专管员,住潮阳市关埠镇居民区西片。因本案于 2000 年 11 月 28 日被刑事拘留,同年 12 月 10 日被逮捕。现押于澄海市看守所。

广东省汕头市中级人民法院审理汕头市人民检察院指控原审被告人黄金池、林镇裕、陈汉杰、陈壁亮、郑继亮犯虚开增值税专用发票罪一案,于 2001 年 3 月 1 日作出(2001)汕中法刑二初字第 4 号刑事判决。原审被告人林镇裕、陈汉杰、郑继亮均不服,分别提出上诉。本院依法组成合议庭,经过阅卷,讯问上诉人、原审被告人,听取辩护人的意见,认为本案事实清楚,决定不开庭审理。现已审理终结。

原审判决认定:1996 年 7 月,被告人黄金池伙同翁和合、陈桂增(均在逃)一起找到时任潮阳市国家税务局关埠分局灶浦征收所副所长即被告人陈汉杰,提出在灶浦征收所管辖地开办贸易公司,领购增值税专用发票为他人虚开、牟取非法利益,并许诺将非法所得与该征收所有关人员分享。陈汉杰即找到时任该所所长即被告人林镇裕。黄金池、翁和合、陈桂增与林镇裕、陈汉杰经过密谋后,纠合该所专管员即被告人陈壁亮和陈新辉(在逃),内外勾结,进行虚开增值税专用发票的犯罪活动。

1996 年 7 月至 1999 年 4 月,被告人黄金池通过非法手段先后登记注册成立潮阳市新佳美贸易有限公司、潮阳市灶浦金鸿昌贸易有限公司、潮阳市灶浦永佳贸易部、潮阳市灶浦金发贸易部、潮阳市金美佳贸易部和潮阳市兴金贸易部,向他人受让潮阳市灶浦光辉贸易部、潮阳市灶浦盛杰贸易部和潮阳市新利隆贸易公司,并经被告人林镇裕、陈汉杰和陈壁亮或陈新辉审批取得增值税一般纳税人资格。从 1997 年 1 月至 2000 年 3 月,黄金池分别以上述九家公司的名义向灶浦征收所领购增值税专用发票,在没有真实货物交易的情况下,以成都市瑞安灯饰贸易部等一万多家单位为受票单位,为他人虚开增值税专用发票共 22 800 套,价款计人民币 171 287 525.92 元,税额计人民币 29 118 879.4 元。上述虚开的增值税专用发票存根联上的受票单位或为虚假单位,或该单位没有受票,致使国家税款损失无法追回。

1998 年 1 月,被告人郑继亮向被告人林镇裕提出其朋友吴少东(在逃)需要虚开增值税专用发票作为汕头市化妆品厂的进项发票,林镇裕即纠合被告人陈汉杰、黄金池和黄惠金(在逃),由黄金池、黄惠周向陈汉杰领取各自存放在陈处保管的潮阳市新佳美贸易有限公司和潮阳市供销企业(集团)灶浦公司的 10 万元版的增值税专用发票为汕头市化妆品厂虚开。其中黄金池以潮阳市新佳美贸易有限公司名义虚开 21 套,价款人民币 19 184 600.00 元,税款共计人民币 3 261 382.00 元;黄惠周以潮阳市供销企业(集团)灶浦公司名义虚开增值税专用发票 18 套,价款共计人民币 17 119 800.00 元,税款共计人民币 2 910 366.00 元。吴少东用上述虚开的增值税专用发票向汕头市国家税务局直属分局申报抵扣税款。当灶浦征收所收到汕头市国家税务局直属分局的《增值税专用发票核查单》时，被告人陈壁亮明知核查单所列专用发票为虚开的，仍确认属实报林镇裕审批复函，致使上述虚开的39套增值税专用发票中的36套被抵扣，抵扣税款总额人民币5718715元，造成国家税款损失5718715元，其中黄金池虚开的增值税专用发票造成国家税款损失人民币2808349元。

被告人黄金池在为他人虚开增值税专用发票期间，为达到其牟取非法利益的目的，至案发时共向他人购买伪造的增值税专用发票219套，为自己上述九家公司虚开增值税专用发票作为进项发票，以抵扣其为他人虚开增值税专用发票而应交的销项税款，为自己虚开价格总计人民币128575437.95元，税款总计人民币21814903.38元，经被告人林镇裕、陈汉杰、陈壁亮和陈新辉非法审批，用于抵扣其为他人虚开的增值税专用发票税款。

被告人黄金池为他人虚开增值税专用发票时，以所开销项增值税专用发票票面价款的1.1%的比例向他人收取开票费，以销项票面价格的0.5%至0.8%的比例作为交纳的税金入库，至案发时，共交纳税金计人民币1028884.92元，分给被告人林镇裕、陈汉杰各人民币6万元，陈壁亮2万多元。

原审法院认定上述事实，有书证、证人证言及各被告人的供词等证据证实。

原审法院认为，被告人黄金池与被告人林镇裕、陈汉杰、陈壁亮无视国法，为牟取非法利益而互相勾结，为他人虚开、为自己虚开增值税专用发票，被告人郑继亮无视国法，介绍他人虚开增值税专用发票，其行为均已构成虚开增值税专用发票罪。上述五被告人为虚开增值税专用发票罪共犯，其行为骗取国家税款数额特别巨大，情节特别严重，并给国家利益造成特别重大损失。被告人黄金池提起犯意，是虚开增值税专用发票的直接实施者，分配赃物，在共同犯罪中起主要作用，系主犯，论罪应判处死刑，鉴于其归案后能如实供述侦查机关尚未掌握的同种较重罪行，提供侦破潮阳市供销企业(集团)灶浦公司为汕头化妆品厂虚开增值税专用发票罪的重要线索，并经查证属实，有立功表现，依法可予从轻处罚，给予改造机会。被告人林镇裕、陈汉杰利用职权与被告人黄金池等人内外勾结，林镇裕在骗购增值税专用发票和用虚开的增值税专用发票抵扣税款等共同犯罪的关键环节中起主要作用，陈汉杰在共同犯罪的纠合阶段和实施阶段起主要作用，均系主犯，应予严惩。被告人陈壁亮利用职权为实施虚开增值税专用发票犯罪提供便利；被告人郑继亮介绍他人虚开增值税专用发票，陈壁亮、郑继亮在共同犯罪中起次要作用，系从犯，依法应予从轻处罚。公诉机关对上述五被告人指控的罪名成立。依照《中华人民共和国刑法》第205条第1款、第2款，第208条第2款，第25条第1款，第26条第1款，第27条，第68条，第57条第1款和最高人民法院《关于处理自首和立功具体应用法律若干问题的解释》第4条、第5条、第6条之规定，作出以虚开增值税专用发票罪分别判处被告人黄金池死刑，缓期二年执行，剥夺政治权利终身，并处没收个人全部财产；判处被告人林镇裕、陈汉杰死刑，剥夺政治权利终身，并处没收个人全部财产;判处被告人陈壁亮、郑继亮无期徒刑,剥夺政治权利终身,并处没收个人全部财产的刑事判决。

上诉人林镇裕上诉提出,其没有与黄金池等人事先密谋虚开增值税专用发票;收受黄金池的金钱不是虚开增值税专用发票非法获利的分成行为;不是本案犯罪活动的组织者和介绍者,也未积极实施虚开增值税专用发票的犯罪行为,不是主犯;有重大立功表现,要求从轻处罚。林镇裕的辩护人提出林镇裕没有直接实施虚开增值税专用发票的行为,也不具有虚开增值税专用发票的主观故意,原判认定林为虚开增值税专用发票罪的共犯、主犯不当;有重大立功表现,要求给予改造机会。

上诉人陈汉杰上诉提出,其并不知黄金池到灶浦开公司的目的是为了虚开增值税专用发票,其只是按照工作上的分工在黄金池领购增值税专用发票的申请表上签名,原判认定其在共同犯罪的纠合阶段和实施阶段起主要作用,系主犯,与事实不符;其1997年至2000年,先后收受黄金池3万多元,原判认定6万元不当;原判量刑过重,要求给予悔过自新的机会。陈汉杰的辩护人提出陈汉杰没有共同犯罪的故意,未与黄金池共同实施虚开增值税专用发票的行为,陈汉杰收受黄金池财物的行为构成受贿罪,原判定性不准;陈汉杰有自首、重大立功表现,要求从轻、减轻处罚。

上诉人郑继亮上诉提出,其在共同犯罪中的作用远远轻于其他同案被告人,原判对其量刑过重;其在本案侦查阶段,能积极检举、揭发他人犯罪行为,要求给予减轻处罚。

经审理查明:1996年7月,原审被告人黄金池伙同翁和合、陈桂增(均在逃)一起找到时任潮阳市国家税务局关埠分局灶浦征收所找该所副所长即上诉人陈汉杰,向陈汉杰提出在灶浦征收所管辖地开办“三无”公司(无注册资金、无经营场地、无从业人员),领购增值税专用发票为他人虚开、牟取非法利益,并许诺将获利后部分分给该征收所有关人员。陈汉杰即带黄金池找到时任该所所长即上诉人林镇裕,林镇裕表示同意。随后,黄金池先后登记注册成立或向他人受让潮阳市新佳美贸易公司等九家公司或贸易部,单独或伙同翁和合、陈桂增与灶浦征收所人员林镇裕、陈汉杰、陈壁亮、陈新辉(在逃)等人内外勾结,进行虚开增值税专用发票犯罪活动。具体犯罪事实如下:

(1) 1996年7月,被告人黄金池伙同翁和合、陈桂增用吴永潭、吴桂合(均不知情)的身份证及伪造的证明材料登记注册成立潮阳市新佳美贸易有限公司和潮阳市灶浦金鸿昌贸易有限公司。通过上诉人林镇裕、陈汉杰和原审被告人陈壁亮审批取得一般纳税人资格,领购增值税专用发票。1997年1月至1999年5月,黄金池在没有真实货物交易的情况下,分别以上述两家公司为销货单位,以成都市瑞安灯饰贸易部、北京市火炬羊毛衫厂等四千余家单位为进货单位,为他人虚开增值税专用发票共4 200套,价款计人民币40 672 154.9元,税额计人民币6 914 266.33元。

1998年1月,上诉人郑继亮向上诉人林镇裕提出其朋友吴少东(在逃)需要虚开三千多万元增值税专用发票作为汕头市化妆品厂(法定代表人为吴少东)的进项发票。林镇裕、郑继亮向上诉人陈汉杰了解到黄金池的新佳美公司和潮阳市供销企业(集团)灶浦公司有10万元版增值税专用发票,便通知黄金池和潮阳市供销企业(集团)灶浦公司黄惠周(在逃)到灶浦征收所为汕头化妆品厂虚开增值税专用发票。黄金池、黄惠周分别向陈汉杰领取各自存放在陈汉杰处保管的增值税专用发票后,在灶浦征收所办公室为汕头市化妆品厂虚开。黄金池以潮阳市新佳美贸易有限公司名义虚开21套,价款计人民币19 184 600元,税额计人民币3 261 382元;黄惠周以潮阳市供销企业(集团)灶浦公司名义虚开增值税专用发票18套,价款计人民币17 119 800元,税款计人民币2 910 366元。吴少东用上述虚开的发票向汕头市国家税务局直属分局申报抵扣税款,该局即向潮阳市税务机关发出《增值税专用发票核查单》。灶浦征收所收到该核查单后,作为专管员的陈壁亮、黄列群(在逃),明知核查单所列的增值税专用发票是虚开的,仍分别在黄金池和黄惠周虚开的增值税专用发票核查单的核查栏上签名确认稽核相符,并由林镇裕在主管税务机关局领导栏上签名,报上级税务机关盖章复函,致使上述虚开的39套增值税专用发票中的36套被抵扣,抵扣税款总额人民币5 718 715元。其中黄金池虚开的增值税专用发票18套被抵扣,抵扣税款计人民币2 808 349元。上述被抵扣的税款无法追回。

(2) 1997年8月,原审被告人黄金池从陈新辉处得知陈新辉的朋友有两家公司要转让,便通过陈新辉向他人受让潮阳市灶浦光辉贸易部和盛杰贸易部。随后,黄金池分别以上述两家贸易部的名义通过陈新辉和上诉人陈汉杰、林镇裕等人领购增值税专用发票。1997年8月至1999年5月,黄金池分别以上述两家公司为销货单位,以南昌百货公司服装柜、南京市百货公司等四千三百多家单位为进货单位,为他人虚开增值税专用发票4 950套,价款计人民币41 205 963.57元,税额计人民币7 005 013.81元。

(3) 1998年9月,原审被告人黄金池从原审被告人陈壁亮处得知上诉人陈汉杰的堂兄陈均隆注册登记的潮阳市新利隆贸易公司一直没有经营,便通过陈汉杰向陈均隆受让该公司。并通过上诉人林镇裕、陈汉杰和陈壁亮领购增值税专用发票用于为他人虚开。1998年9月至2000年3月,黄金池分别以潮阳市新利隆贸易公司为销货单位,以安徽省安庆市百货大楼等二千五百余家名义单位为进货单位,为他人虚开增值税专用发票3 375套,价款计人民币23 465 563.93元,税额计人民币3 989 145.87元。

(4) 1998年12月,原审被告人黄金池为多领购增值税专用发票,用其本人及其妻陈美姗的身份证,伪造证明材料,登记注册成立潮阳市灶浦金发贸易部和永佳贸易部,并通过上诉人林镇裕、陈汉杰和陈新辉办理了增值税一般纳税人资格并领购增值税专用发票。1998年12月至2000年3月,黄金池分别以上述两家公司为销货单位,以安徽省安庆市百货大楼、无锡百乐针织门市部等四千五百余家单位为进货单位,为他人虚开增值税专用发票6 100套,价款计人民币40 725 509.63元,税额计人民币 6 923 336.63 元。

(5) 1999 年 4 月,原审被告人黄金池用其姐黄得凤和其姐夫陈亚松的身份证,仿造证明材料,登记注册成立潮阳市金美佳贸易部和兴金贸易部,通过上诉人林镇裕、陈汉杰和陈新辉办理了增值税一般纳税人资格并领购增值税专用发票。1999 年 4 月至 2000 年 3 月,黄金池分别以上述两家公司为销货单位,以南京市玄武门百货大楼、湖南省株洲市轻纺大厦等二千余家单位为进货单位,为他人虚开增值税专用发票 4 175 套,价款计人民币 25 218 333.89 元,税额计人民币 4 287 116.76 元。

综上所述,原审被告人黄金池为他人虚开增值税专用发票 22 821 套,价款计人民币 190 472 125.92 元,税额计人民币 32 380 261.4 元,其中被抵扣 18 套,抵扣税款计人民币 2 808 349 元,无法追回;上诉人林镇裕、陈汉杰参与为他人虚开增值税专用发票 22 839 套,价款计人民币 207 591 925.92 元,税额计人民币 35 290 627.4 元,其中被抵扣 36 套,抵扣税款计人民币 5 718 715 元,无法追回;原审被告人陈壁亮参与为他人虚开增值税专用发票 7 596 套,价款计人民币 83 322 318.83 元,税额计人民币 14 164 794.2 元,其中被抵扣 18 套,抵扣税款计人民币 2 808 349 元,无法追回;上诉人郑继亮参与为他人虚开增值税专用发票 39 套,价款计人民币 36 304 400 元,税额计人民币 6 171 748 元,其中被抵扣 36 套,抵扣税款计人民币 5 718 715 元,无法追回。

原审被告人黄金池为他人虚开增值税专用发票,从中按其所虚开的增值税专用发票价款额的 1.1% 收取开票费,先后多次分给上诉人林镇裕、陈汉杰各 6 万多元,原审被告人陈壁亮 2 万多元,交纳税款人民币 1 028 884.92 元。

原审被告人黄金池在为他人虚开增值税专用发票的同时,为抵扣税款,向不法分子购买假增值税专用发票 219 套,为自己虚开进项发票价款计人民币 128 575 437.95 元,税额计人民币 21 814 903.38 元,并通过原审被告人陈壁亮或陈新辉抵扣其为他人虚开增值税专用发票的税款。

上述事实有下列证据证实:

(1) 黄金池申请登记注册潮阳市新佳美贸易有限公司、潮阳市灶浦金鸿昌贸易有限公司、潮阳市灶浦永佳贸易部、潮阳市灶浦金发贸易部、潮阳市金美佳贸易部和潮阳市兴金贸易部的有关资料,向他人受让的潮阳市灶浦光辉贸易部、潮阳市灶浦盛杰贸易部和潮阳市新利隆贸易公司的有关企业登记资料,潮阳市工商局出具的证明材料以及证人刘灿杰、陈小航、林坤洲、周文强、林伟涛等证言证实上述公司或贸易部均为“三无公司”;

(2) 潮阳市灶浦征收所提供的税务登记表,证实上述九家公司均经灶浦征收所上报潮阳市国家税务局批准为增值税一般纳税人;

(3) 潮阳市灶浦征收所提供的《领用增值税专用发票申请表》,证实黄金池以潮阳市新佳美贸易有限公司等九家公司的名义向灶浦征收所领购增值税专用发票 22 821

套，均由专管员陈壁亮或陈新辉同意，副所长陈汉杰批准，所长林镇裕加盖公章；

(4) 黄金池为他人虚开的22 821套增值税专用发票的存根联及灶浦征收所提供的《增值税专用发票使用明细表》，证实黄金池虚开增值税专用发票的套数、价款、税额；

(5) 汕头市国家税务局直属分局向潮阳市税务机关发出的《增值税专用发票核查单》，证实陈壁亮、黄列群、林镇裕在黄金池和黄惠周虚开的增值税专用发票核查单上签名确认稽核相符；

(6) 汕头市国家税务局出具的证明材料证实汕头化妆品厂用黄金池以潮阳市新佳美贸易公司名义虚开的增值税专用发票18套作为进项抵扣，抵扣税款计人民币2 808 349元；用黄惠周以潮阳市供销(集团)灶浦公司名义虚开的增值税专用发票18套作为进项抵扣，抵扣税款计人民币2 910 366元，上述被抵扣的税款无法追回；

(7) 黄金池为自己虚开的219套进项增值税专用发票抵扣联和潮阳市国家税务局出具的证明材料，证实黄金池虚开进项增值税专用发票，抵扣其为他人虚开增值税专用发票的事实；

(8) 中国人民银行印制科学技术研究所提供的三份鉴定报告，证实黄金池用于抵扣新佳美公司等九家虚假企业进项增值税发票，除"新利隆贸易部"10张进项增值税发票为真券外，其余均为伪造的；

(9) 潮阳市国家税务局出具的证明材料及提供的税款缴纳书，证实黄金池交纳税款的数额；

(10) 上诉人林镇裕、陈汉杰、郑继亮和原审被告人黄金池、陈壁亮对犯罪事实分别供认在案。各上诉人及原审被告人对参与虚开增值税专用发票的供述基本一致，与其他证据相印证。

上述证据已经原审庭审举证、质证，本院予以确认。

关于上诉人林镇裕提出没有与黄金池等人事先密谋，上诉人陈汉杰提出事先不知黄金池开公司的目的是为了虚开增值税专用发票的辩解，以及林镇裕的辩护人和陈汉杰的辩护人提出林镇裕、陈汉杰没有虚开增值税专用发票的主观故意及客观行为，原判定性不准的辩护意见，经查，黄金池事先征得林镇裕、陈汉杰的同意，在林镇裕、陈汉杰的配合下，开办虚假企业骗购增值税专用发票为他人虚开，谋取非法利益，这有黄金池的供词，林镇裕、陈汉杰在预审阶段亦分别供认在案，三人对此节的供述基本一致，足资认定。林镇裕、陈汉杰与黄金池事先通谋，主观故意明显；且在实施犯罪过程中，利用职权让黄金池领购增值税专用发票，使黄金池的犯罪行为得以实施，应以共犯论处，原判对林镇裕、陈汉杰定罪并无不当。

关于上诉人林镇裕、陈汉杰及林镇裕、陈汉杰的辩护人提出原判认定林镇裕、陈汉杰为主犯不当的辩解及辩护意见，经查，林镇裕、陈汉杰身为征收所所长、副所长，与黄金池相勾结,在黄金池骗购增值税专用发票等环节起关键作用,原判认定林镇裕、陈汉杰为主犯正确。

关于上诉人陈汉杰提出只收受黄金池3万多元的辩解,经查,原判认定黄金池将非法所得分给林镇裕、陈汉杰等人,其中分给陈汉杰6万多元的事实,有黄金池关于其每月到征收所申报纳税时,按当月开票收入的情况,有时分给林镇裕、陈汉杰1 000元或2 000元,每人共6万多元的供述证实,陈汉杰亦供认在案,其供述与黄金池基本一致,足资认定。陈汉杰辩称只收受黄金池3万多元,没有依据。

关于上诉人陈汉杰的辩护人提出陈汉杰有自首情节的辩护意见,经查,陈汉杰在有关部门找其谈话后,于2000年9月7日在检查材料中交代黄金池向其提出到灶浦征收所管辖地区办企业,但未如实交代自己的犯罪事实,不符合自首的构成要件。

关于上诉人郑继亮提出原判量刑过重,要求给予减轻的辩解,经查,郑继亮介绍他人虚开增值税专用发票,在共同犯罪中起次要作用,系从犯,原判据此已给予从轻处罚。其介绍他人虚开增值税专用发票的行为,给国家利益造成特别重大损失,虽是从犯,但不足给予减轻处罚。

关于林镇裕、陈汉杰、郑继亮提出有立功表现的辩解,经查不能成立。

综上所述,上诉人林镇裕、陈汉杰、郑继亮的上诉理由及林镇裕、陈汉杰的辩护人的辩护意见均不能成立,不予采纳。

本院认为,原审被告人黄金池与上诉人林镇裕、陈汉杰和原审被告人陈壁亮内外勾结,注册虚假企业,领取一般纳税人资格骗购增值税专用发票,在没有货物购销的情况下,为他人虚开和为自己虚开增值税专用发票的行为均已构成虚开增值税专用发票罪。上诉人郑继亮介绍他人虚开增值税专用发票的行为亦构成虚开增值税专用发票罪。上诉人和原审被告人为他人虚开增值税专用发票被受票单位抵扣税款人民币570多万元无法追回,给国家利益造成特别重大损失,情节特别严重,依法均应惩处。在共同犯罪中,黄金池提起犯意,并具体实施,起主要作用,系主犯;林镇裕、陈汉杰身为征收所所长、副所长,与黄金池相勾结,共同密谋为他人虚开增值税专用发票牟取非法利益,在骗购增值税专用发票等环节起关键作用,均系本案主犯。对黄金池、林镇裕、陈汉杰均应按照各自所参与的全部犯罪处罚。陈壁亮身为征收所专管员,与黄金池等人相勾结,协助黄金池骗购增值税专用发票及抵扣税款,在共同犯罪中起辅助作用;郑继亮介绍他人虚开增值税专用发票,在共同犯罪中起次要作用,陈壁亮、郑继亮在本案中均系从犯,依法应给予从轻处罚。被告人黄金池论罪应判处死刑,鉴于其归案后能如实交代司法机关尚未掌握的同种较重罪行,检举同案被告人共同犯罪以外的罪行,有立功表现,依法可以从轻处罚。原审判决认定事实清楚,定罪准确,量刑适当,审判程序合法。依照《中华人民共和国刑事诉讼法》第189条第1项、第190条之规定,裁定如下：

驳回上诉，维持原判。

本裁定依法报请最高人民法院核准。

审　判　长　×××
代理审判员　×××
代理审判员　×××
2001年3月26日
书　记　员　×××

附录三

中华人民共和国最高人民法院刑事判决书

（2001）刑复字第80号

被告人：林镇裕，男，1946年7月5日出生，汉族，广东省潮阳市人，高中文化，原系广东省潮阳市国家税务局关埠分局灶浦征收所所长，住潮阳市樱园税务局宿舍5栋801房。2000年12月10日被逮捕。现在押。

被告人：陈汉杰，男，1947年2月10日出生，汉族，广东省潮阳市人，高中文化，原系广东省潮阳市国家税务局关埠分局灶浦征收所副所长，住潮阳市关埠镇税务所宿舍。2000年12月10日被逮捕。现在押。

广东省汕头市中级人民法院审理汕头市人民检察院指控被告人林镇裕、陈汉杰犯虚开增值税专用发票罪一案，于2001年3月2日以（2001）汕中法刑二初字第4号刑事判决，认定被告人林镇裕、陈汉杰犯虚开增值税专用发票罪，分别判处二被告人死刑，剥夺政治权利终身，并处没收个人全部财产。宣判后，林镇裕、陈汉杰不服，提出上诉。广东省高级人民法院于2001年3月26日以（2001）粤高法刑经终字第128号刑事裁定，驳回上诉，维持原判，并依法报请本院核准。本院依法组成合议庭，对本案进行了复核。现已复核终结。

经复核查明：1996年7月，黄金池（同案被告人，已判刑）伙同他人同被告人陈汉杰提出在潮阳市国家税务局关埠分局灶浦征收所（以下简称灶浦征收所）管辖地开办企业，为领购并虚开增值税专用发票，黄金池许诺给灶浦征收所有关人员分利。陈汉杰便带黄金池找到被告人林镇裕共同商议此事，林镇裕亦同意。黄金池向当地工商管理部门注册成立或承接经营了无注册资金、无从业人员、无经营场地的潮阳市新佳美贸易公司等九家公司或贸易部，后从灶浦征收所取得了一般纳税人资格，并领购了增值税专用发票。1997年1月至2000年6月,被告人林镇裕、陈汉杰伙同黄金池以潮阳市新佳美贸易有限公司等九家企业的名义,在没有货物销售的情况下,为他人虚开增值税专用发票22 800份,虚开税额29 118 879.4元。黄金池向受票单位收取了手续费并分给林镇裕、陈汉杰。

1998年1月,郑继亮(同案被告人,已判刑)向被告人林镇裕提出汕头市化妆品厂需要虚开增值税专用发票,林镇裕便通知黄金池和潮阳市供销企业(集团)灶浦公司黄惠周(在逃)到灶浦征收所为汕头市化妆品厂虚开增值税专用发票。黄金池、黄惠周分别找被告人陈汉杰领取了保管在陈汉杰处的增值税专用发票后,在没有货物销售的情况下,黄金池以潮阳市新佳美贸易有限公司名义为汕头市化妆品厂虚开增值税专用发票21份,虚开税额3 261 382元;黄惠周以潮阳市供销企业(集团)灶浦公司名义为汕头市化妆品厂虚开增值税专用发票18份,虚开税额2 910 366元。汕头市化妆品厂用上述虚开的增值税专用发票向汕头市国家税务局直属分局申报抵扣税款时,该局向潮阳市税务机关发出《增值税专用发票核查单》。林镇裕在核查单上签字确认后报上级税务机关盖章复函,致使上述虚开的39份增值税专用发票中有36份被抵扣,抵扣税款5 718 715元,至本案侦查终结前无法追回。

上述事实,有虚开的增值税专用发票存根联复印件、税务机关的稽核报告、鉴定结论、同案被告人供述及证人证言证实。二被告人亦供认,足以认定。

本院认为,被告人林镇裕、陈汉杰伙同他人在没有货物购销的情况下,为他人虚开增值税专用发票的行为,均已构成虚开增值税专用发票罪。其虚开的增值税专用发票被受票单位用于向税务机关抵扣税款5 718 715元,至本案侦查终结前无法追回。骗取国家税款数额特别巨大,情节特别严重,给国家利益造成特别重大损失,论罪均应判处死刑。鉴于被告人林镇裕在归案后检举他人犯罪线索,经查属实,构成重大立功,可从轻处罚,对其判处死刑,可不立即执行;被告人陈汉杰在归案后能积极检举他人犯罪线索,根据本案的具体情节,对其判处死刑,亦可不立即执行。一审判决、二审裁定认定的事实清楚,证据确实、充分,定罪准确。审判程序合法。依照《中华人民共和国刑事诉讼法》第199条、《最高人民法院关于执行〈中华人民共和国刑事诉讼法〉若干问题的解释》第285条第3项和《中华人民共和国刑法》第205条第1、2款、第48条第1款、第57条第1款、第68条第1款的规定,判决如下:

(1)撤销广东省汕头市中级人民法院(2001)汕中法刑二初字第4号刑事判决和广东省高级人民法院(2001)粤高法刑经终字第126号刑事裁定中对被告人林镇裕、陈汉杰的量刑部分;

(2)被告人林镇裕犯虚开增值税专用发票罪,判处死刑,缓期二年执行,剥夺政治权利终身,并处没收个人全部财产;

(3)被告人陈汉杰犯虚开增值税专用发票罪,判处死刑,缓期二年执行,剥夺政治权利终身,并处没收个人全部财产。

本判决送达后即发生法律效力。

审 判 长 ×××
审 判 员 ×××
代理审判员 ×××
2001 年 12 月 26 日
书 记 员 ×××

“番茄花园”软件侵权案法理研究

潘永涓*

一、选案理由

洪磊等人侵犯计算机软件著作权案，即“番茄花园”软件侵权案，是国内较为典型的侵犯计算机软件著作权的案件，也被称为“中国反盗版刑事第一案”，行为人洪磊等人非法修改微软正版XP软件生成“番茄花园”系统软件后上传至公共网络供用户免费下载，同时亦制作了大量“番茄花园”软件光碟用于销售，并通过网站点击广告、捆绑插件、流氓软件等方式收取广告费营利。由于“番茄花园”软件的实际用户与潜在用户数量极多，而本案的主要受害人又是在世界软件领域内占据霸主地位的微软公司，因此，本案的诉讼过程一直受到社会各界的关注。如今，本案的案犯均已获刑，但关于这一典型案例的讨论却未停止。在知识产权领域，规制网络盗版行为和提升民众反盗版意识是完善著作权法的重要课题；在经济领域，反垄断和本土科技产业的振兴成为当前经济战略的首要环节；在软件行业，各品牌都将提升软件反盗版系数、丰富反盗版手段作为行业发展的必要前提。而从刑法学的角度看，本案最值得关注的是刑法如何实现对计算机软件的保护问题。

我国《刑法》于第217条中规定了严重的侵犯计算机软件著作权的行为应受刑罚处罚，此后最高人民法院在1998年《关于审理非法出版物刑事案件具体应用法律若干问题的解释》，最高人民法院和最高人民检察院在2004年《关于办理侵犯知识产权刑事案件具体应用法律若干问题的解释》中对软件著作权犯罪的相关问题也作出了规定。从法律规定和司法解释的变化中不难看出，作为入罪标准之一的违法所得数额，由1998年的“个人违法所得数额五万元以上，单位违法所得数额二十万元以上”降至2004年的“违法所得数额三万元以上”，这表明侵犯著作权罪的入罪门槛正逐步减低，而《刑法》也不再刻意强调自然人犯罪与法人犯罪之间的区别。与此种法律趋势相伴而生的，是针对日益泛滥和多样化的侵犯计算机软件著作权行为，学者们也纷纷提出要降低知识产权犯罪的入罪门槛，完善知识产权犯罪立法，如主张取消“以营利为目

---

* 北京师范大学刑事法律科学研究院2008级硕士。

的"的主观要件,取消"违法所得数额"等数额标准,增加客观方面的行为类型,增设严重犯罪行为的抽象危险犯,等等。在实践中,层出不穷的软件侵权案件,手段多样的软件侵权方式,尤其是发生在网络环境下错综复杂、媒介众多、难辨真伪的侵权行为,也着实暴露出法律的滞后性被现实车轮碾轧后留下的尴尬。许多新型软件侵权行为在现有法律框架内难以认定,许多表现出严重社会危害性的侵权行为因不符合侵犯著作权罪的构成要件得以逍遥法外,诸多法律空白使得实务界、理论界都不得不正视软件著作权侵权行为的刑法规制问题。

笔者选取"番茄花园"软件侵权案这一影响较大的案件作为理论研究的引子,以法律解释的视角,分析"番茄花园"案中行为人特殊的侵权方式和营利模式,对我国《刑法》第217条规定的"复制发行"行为、"以营利为目的"的内涵以及在计算机软件著作权侵权行为中的具体认定等问题进行探讨。笔者试图通过理论与实践相联系的方法,讨论如何适用现有的刑法规定来解决侵犯计算机软件著作权犯罪中呈现的新问题,探求侵犯计算机软件著作权犯罪的立法完善问题,考量规制和防范侵犯计算机软件著作权犯罪的刑事策略问题,以期更好地实现对计算机软件这一高端科学技术的刑法保护,推动国家科技竞争力的不断提升。

二、基本案情

番茄花园网站是洪磊于2004年5月11日进行域名注册,专门提供盗版软件下载,在国内享有极高知名度的网站。为逃避政府部门的打击,该网站采用论坛形式发布侵权内容,只有会员才能进入侵权内容页面,并且每年只有特定几天开放会员注册。在番茄网站页面上有大量中外知名软件公司的侵权盗版信息,其提供的侵权内容基本涵盖商业软件联盟旗下主要成员公司微软、奥多比、塞门铁克、欧特克等公司的主要软件产品,以及国内知名软件公司金山、方正等公司的软件产品,并将这些盗版软件集成在"番茄DVD工具盘"上。经番茄花园盗版产品侵权行为人的多年研发,其盗版产品的WINDOWS XP安装系统十分方便,不需要输入CD-KEY或可自行生成CD-KEY,软件自身可升级或可免升级,并可以加快系统的运行速度,在盗版产品安装完成后还可以在系统中形成番茄花园标志,用户在使用时其产品同正版产品基本无区别。由于番茄花园盗版软件的上述"优点",致使其在市场上具有很大的影响力。

番茄花园网站除了提供网络盗版下载外,还与某不法企业勾结,生产销售盗版光盘,其盗版光盘分无包装、简单包装、精美包装三个档次,销售价格从5元到150元不等,其精美包装的盗版产品,销售商均以正版的名义销售。同时,洪磊还与四川网联互动广告有限公司和成都共软网络科技有限公司合作,未经微软公司许可,复制微软WINDOWS XP计算机软件后制作多款"番茄花园"版软件,并以修改浏览器主页、默认搜索页面、捆绑他公司软件等形式,在"番茄花园"版软件中分别加载百度时代网络技术(北京)有限公司、北京阿里巴巴信息技术有限公司、北京搜狗科技发展有限公司、网际快车信息技术有限公司等多家单位的商业插件,通过互联网在"番茄花园"网站、"热度"网站发布,供公众下载累计达十多万次,由百度时代网络技术(北京)有限公司、北京阿里巴巴信息技术有限公司、北京搜狗科技发展有限公司、网际快车信息技术有限公司支付四川网联互动广告有限公司和成都共软网络科技有限公司广告费共计人民币2 924 287.09元。

由此,番茄花园盗版产品已经形成和发展为网站下载、光盘贩卖等多角度、全方位的侵权模式,具有较高市场占有率和完善的销售网络,对商业软件联盟主要成员公司的正版软件的售卖造成巨大冲击,造成了难以估量的经济损失,并在国际上也有相当的负面影响。2008年6月,在国家版权局和公安部组织的打击网络侵权专项治理工作中,商业软件联盟代表其成员公司微软等公司向国家版权局及公安部进行了投诉。苏州市公安局依法对番茄花园网站采取了行动,对番茄花园网站负责人洪磊依法采取强制措施,查获其利用互联网侵犯知识产权牟利的犯罪证据,并依法查扣了其相关所得款项人民币200余万元。同案案犯四川网联互动广告有限公司和成都共软网络科技有限公司的法定代表人和主要责任人员也纷纷落案。

2009年8月20日,苏州市虎丘区人民法院依法判决洪磊和两被告单位侵犯著作权罪成立,判处洪磊有期徒刑3年6个月,并处罚金人民币100万元。被告单位四川网联互动广告有限公司和成都共软网络科技有限公司也分别被判处罚金,其主要责任人员张天平被判处有期徒刑2年,孙显忠被判处有期徒刑3年6个月。

三、裁判要旨

(1) 以营利为目的,未经著作权人许可,复制、发行其计算机软件,违法所得数额巨大,情节特别严重的,构成侵犯著作权罪。

(2) 在共同犯罪中,如果单位与个人均起主要作用,则均应当认定为主犯,应按照其参与的全部犯罪处罚。受他人指使复制、发行他人计算机软件,在共同犯罪中起辅助作用,只应认定为从犯,应减轻处罚。

(3) 犯罪以后自动投案,如实供述自己的罪行,系自首,可减轻处罚。

四、引发的理论问题

本案作为典型的网络环境下软件著作权侵权案件,在事实认定和法律适用上存在许多争议性问题,主要有以下几点:

(一) 软件著作权侵权中"复制发行"行为的具体认定问题

主要包括如下几个方面的问题:(1) 洪磊并未原封不动地复制微软正版操作系统,而是对系统主题、桌面、按钮等外观进行美化,对不常用功能进行关闭或卸载,打开原版系统中的功能模块限制，取消了正版验证程序。通过这一系列大费周章的修改而生成的“番茄花园”操作系统大大提高了微软正版系统的运行速度，美化了操作系统的外观，克服了正版软件存在的缺陷，在用户中大受好评。此种对他人的软件进行一定的改动后予以复制、发行的情况，是否属于《刑法》第217条规定的“复制发行”？洪磊的改良行为是否具备独立的著作权价值？（2）“番茄花园”盗版系统主要通过网络传播，侵害的是著作权人的信息网络传播权，并非复制发行权，这与《刑法》第217条规定的“复制发行”并不相符，未经许可通过信息网络向公众传播计算机软件的行为能否认定为侵犯著作权罪中的复制发行行为？

（二）番茄花园网站的三种获利模式是否应认定为“以营利为目的”

根据洪磊的供述，番茄花园的盈利模式有三种：（1）番茄花园网站的点击广告；（2）洪磊通过番茄花园网站提供包括XP美化包在内的软件下载，这些软件中捆绑了流氓软件以及部分需要推广的软件或者插件，由软件厂商支付推广费；（3）通过预装在番茄花园版中的流氓软件，为广告主带去流量或注册用户，按照流量收取广告费。以上三种获利方式都不是传统的直销式营利模式，而是间接营利模式。由于间接营利的隐蔽性、复杂性，在认定过程中容易存在争议，如插件问题就涉及插件设计者自身的著作权利益，因此，需要具体问题具体分析。此外，将间接营利纳入刑法范畴，也引起了是否不当扩大了犯罪圈的争论。

（三）本案中的共同犯罪问题

本案的被告是自然人洪磊，单位成都共软网络科技有限公司和成都红果科技有限公司，自然人洪磊主要负责产品研发和技术支持，而两被告单位并未参与盗版软件的制作和维护过程，只是为其联系广告客户，签订软件推广合同。这种明知他人实施侵犯著作权犯罪而为其赚取广告费进行商业运作并按约分成的行为，能否认定为侵犯著作权罪的共同犯罪行为？此外，本案中百度、阿里巴巴等广告客户明知对方利用盗版软件为媒介进行广告宣传仍然参与其中，与之进行商业广告往来，此种行为是否应受《刑法》谴责？

（四）由本案引发的防治侵犯知识产权犯罪的刑事政策问题

本案的发生曾在网民中引起轩然大波，多数用户为“番茄花园”喊冤。有人认为，“番茄花园”软件比微软正版更加实用，某种程度上已经超越微软，对这种技术创新性行为没必要动刑①；也有人认为，本案的判决更加稳固了微软在软件行业的垄断地位，本案的实质就是微软借机打击新锐，抢夺其在华的市场占有率，这种情况极不利于反垄断工作的进行和本土技术产业的提高。② 这场关于反盗版与反垄断的论战极为深刻

① 魏雅华：《“番茄花园案”：一个阴险的法律陷阱》，载《中国高新区》2009年第4期。

② 刘兴东：《微软的反攻战 谁杀死了“番茄花园”》，载《品牌》2008年第10期。

地表明了当前国民的知识产权意识不成熟的现状。也正是这样的现状,决定了知识产权犯罪尤其是软件著作权犯罪的刑事防治策略应当从我国国情出发,在现有知识产权犯罪的法律版图下,合理地划定犯罪圈,有效地衔接侵权责任、行政责任和刑事责任,逐步培养国民的版权保护意识,最终提高对计算机软件的保护水平。

五、"复制发行"问题

(一)复制行为、发行行为的内涵及两者的关系

1. 复制行为、发行行为的内涵

复制,是对作品的最初始、最基本也是最重要和最普遍的传播、利用方式,所以,复制权是著作财产权的一项最基本权利。① 我国《刑法》条文中并未对复制的概念进行规定,刑法学界对复制行为内涵的界定一般借鉴1991年《中华人民共和国著作权法实施条例》(以下简称1991年《著作权法实施条例》)第5条第1项的规定:"复制,是指以印刷、复印、临摹、拓印、录音、录像、翻拍等方式将作品制作一份或多份的行为。"2001年《中华人民共和国著作权法》(以下简称2001年《著作权法》)通过后,基本采用了原有概念的内容,只是将临摹这一方式删除。有论者认为,临摹作为一项技艺性智力成果,对古书画艺术的保护有重要意义,因此应当与普通的复制行为有所区分,故2001年《著作权法》将临摹剔除出复制行为。② 但笔者认为,临摹技艺的运用过程实际上仍是对原本的再现,没有独立的创作成分。临摹固然对古书画艺术的保护意义重大,但任何超出合理使用制度限制的临摹行为,都是侵权行为。2001年《著作权法》也并未明确将临摹排除在复制行为之外,它使用"等方式"这一开放的表达方法,完全可以将临摹涵盖在复制行为之内。

关于复制行为的形式,按照载体是否相同,可分为狭义的复制行为和广义的复制行为。狭义的复制行为一般仅指以同样形式制作成品,如将文书加以手抄、印刷,将录音带、录像带加以翻版录制等。广义的复制行为则是指以不同于作品的原来形式来表现该作品,如将工程设计或产品设计等平面图形作品制作成立体形式的工程或产品,将纸质图书电子化等。狭义的复制属于原封不动的再现行为,为法律所不容,但广义的复制不是再制与原作品形态完全相同之物,仅其旨趣具有同一性,是否属于《刑法》条文中的复制行为呢? 笔者认为,《刑法》将复制行为视为不法,是因为复制行为侵害了著作权人的复制权,而复制权的核心是再现作品的权利,作品的再现与载体无关。这是因为著作权所保护的是作品的表达,而非作品的载体,正如一幅名画无论是画在墙上还是被转化为电子文档,法律所要保护的都不是作为载体的墙和电子数据,而是

---

① 刘春田:《知识产权法》,高等教育出版社、北京大学出版社2007年版,第67页。

② 同上注。

名画本身所表达的智慧。因此,无论复制行为的载体如何变化,无论是从平面到立体,从有形变无形,只要行为不法地实现了对作品的再现,就应视为复制行为。

复制行为是否意味着对作品内容一成不变地照搬照抄呢?现实生活中,侵权行为发展的多样性、隐秘性,已经使得复制行为的判断存在盲点。行为人可能会对作品进行修改后再复制发行,文字作品、音乐作品等识别度较高的复制品尚可通过比对来定性,较为复杂的是笔者即将重点讨论的计算机软件侵权行为,其中涉及计算机高级语言的转换,源代码和源程序的比对,软件叠合复制等专业领域的问题。因此,未来的侵权形式绝不可能表现为单一的照抄照搬,乔装打扮、改头换面的复制行为将是《刑法》规制的重点。笔者认为,复制行为不仅包括传统意义上的完全抄袭,还应当包括各种未作实质性更改的剽窃行为。也即是说,虽然复制品与原作相比有所变动,但只要未作实质性更改(这种实质性判断在软件著作权侵权中更难判断),都是窃取他人智慧的产物,都应视为复制行为。①

发行权,是著作权人的另一项法定的绝对权利。发行,通常意味着作品走向市场,走向大众。何为发行行为呢?由新闻出版署颁布的《出版物市场管理规定》第2条曾规定了"发行"包括总发行、批发、零售以及出租、展销等活动。此可以看成是发行行为的一般概念。根据我国1991年《著作权法实施条例》第5条的规定,"发行,是指为满足公众对作品的需要,通过出售、出租等方式向公众提供一定数量的作品复制件的行为。"2001年《著作权法》第10条修正了这一概念,它认为,"发行权,即以出售或者赠与向公众提供作品的原件或者复制件的权利。"由此可见,发行行为的法律概念将其行为方式限定在出售和赠与,而将出租行为排除在外,将其行为对象规定为作品原件或是复制件。

那么,侵犯著作权罪中的发行行为是否也应当限定为出售和赠与行为呢?行为人非法出租他人作品严重侵害著作权的行为是否应受刑罚处罚呢?笔者认为,发行行为作为法律概念,体现的是对现实生活的高度概括,其内涵应当是丰富的。例如出售行为,就包含了批发、零售、代销、推销、搭售、展销、贩卖等各种有偿性的交换活动,又如赠与行为,不仅指具备对向性的无偿施受行为,也应包括散发、张贴等具备无偿性特征的发布行为。因此,发行既不以作品受众的合意为前提,也不以受众是否有偿获得作品为条件,只要提供的方式合法,作品原件或复制件发生了转移,都属于发行行为。②因此,按照发行行为的通常含义,出租也应当属于发行的一种。但2001年《著作权法》将其从发行权中删除,作为一项单独的权利——出租权在该法中被规定,这是因为出租和出售或赠与等行为虽具备本质目的的一致性,即为了满足公众欣赏文学艺术作品的需要,但是二者还是存在不同,出售或赠与行为的后果是作品的原件或复制件的买

---

① 关于对计算机软件进行修改行为的定性问题,笔者将在后文"复制发行计算机软件行为的具体认定"的第一点中具体论述。

② 刘春田:《知识产权法》,高等教育出版社、北京大学出版社2007年版,第68页。

受人获得了该物的所有权,出租关系中的承租人则是在约定的期间内通过租赁物权而对载于该物之上的作品享有非商业性的利用权,法律特征的不同决定了2001年《著作权法》对二者区别保护。① 因此,笔者认为,对侵犯著作权罪行为方式的理解应当与2001年《著作权法》保持一致,因为"任何能被解释和需要解释的法律概念都不再是日常用语意义上的概念,因而不能按照日常的理解来解释这些概念,而必须根据法律确定的保护目的来进行解释。这种规范性的解释可能会明显地背离日常使用的词语意思。"②法律既然将出租权独立出来进行特别保护,意味着出租与发行已然在《刑法》上具备了不同意义,也即非法出租行为与非法发行行为相比,表现出的社会危害性程度是有所不同的。因此,按照罪刑法定的要求,对于未经权利人许可出租其作品的行为不宜认定为"发行行为"。

2. 复制行为、发行行为的关系

我国《刑法》第217条规定了侵犯著作权罪的四种行为方式,其中第1款规定了"未经著作权人许可,复制发行其文字作品、音乐、电影、电视、录像作品、计算机软件及其他作品的。"在这款规定中,复制与发行两个概念紧密相连,中间并无表明二者关系的标点符号,因而造成了实践中法律适用上的困惑。究竟复制与发行之间是并列关系,还是结合关系?即是"复制并发行",还是"复制或发行"?根据2004年最高人民法院、最高人民检察院颁行的《关于办理侵犯知识产权刑事案件具体应用法律若干问题的解释》第3条的规定,"复制发行"是指复制、发行或者既复制又发行的行为。这似乎从司法层面上肯定了二者之间的并列关系。但学者们围绕这一问题仍争论不休,主要有以下几种观点:

持"复制或发行"观点的学者认为,尽管《刑法》并未将"复制"与"发行"隔开,但这种坚守字面含义的做法可能不是立法的原意。因为2001年《著作权法》第47条规定:"……未经著作权人许可,复制、发行、表演、放映、广播、汇编、通过信息网络向公众传播其作品的……"这里只有"复制、发行"而没有"复制发行",可见这两个用语之间系并列关系而并非结合关系。③ 对刑法用语的理解应当考虑到著作权法的规定,使二者相互协调,刑法才能真正起到部门法之保障法的作用。而最高人民法院、最高人民检察院颁布的司法解释也坚持了这一立场,认为"复制发行"是指复制、发行或者既复制又发行的行为。因此,"复制或发行"的观点在立法与司法上都是有道理的。要求同时具备复制和发行两个行为,必然导致对严重侵害他人权利的复制行为或发行行为的放纵。④

---

① 刘春田:《知识产权法》,高等教育出版社、北京大学出版社2007年版,第68页。

② 〔德〕魏德士:《法理学》,丁小春等译,法律出版社2005年版,第92页。

③ 高铭暄、王俊平:《侵犯著作权罪认定若干问题研究》,载《中国刑事法杂志》2007年第3期。

④ 聂洪勇:《知识产权的刑法保护》,中国方正出版社2000年版,第120页。

持“复制并发行”观点的学者则认为,复制与发行实际上是紧密相连的,从文义、语法上看,二者不是并列关系,复制的目的是发行,复制是发行的手段,发行是复制的结果。发行行为必然包含了复制行为,复制行为必须与将侵权制品分散的行为相结合才具有社会危害性,因而才具备刑事可罚性。① 此外,“复制或发行”的观点有架空《刑法》第218条之嫌,发行大都是指有偿地向公众提供复制件,与销售行为有很大程度上的重合性。如果行为人仅仅实施了发行行为(销售行为),按照想象竞合犯的原则,都应按照侵犯著作权罪处理,这样就架空了《刑法》第218条规定的销售侵权复制品罪,是一个严重的问题。

针对上述两种观点各自的缺陷,有学者提出了解决办法,即将复制发行理解为“复制或者复制并发行”的行为,这样既避免了“复制并发行”难以惩处单纯复制行为的弊端,又避免了“复制或发行”的观点架空《刑法》第218条的弊端,可以更好地适应惩治侵犯著作权犯罪的需要。

笔者认为,“复制并发行”的观点较为可取。其理由除了“复制或发行”观点本身存在架空《刑法》第218条的弊端,容易造成法律体系内部的混乱外,还有如下三点:(1)复制与发行的确密不可分,尽管它可以被人为地拆分为两个行为,但正如前述学者所说,两者之间是手段与目的的关系,现实生活中大多数的复制行为之后也必然伴随着发行行为,因此将二者看成是密不可分的整体是符合《刑法》文义的。(2)主张“复制或发行”观点的学者引用2001年《著作权法》(以下简称《著作权法》)的规定来解释刑法问题有一定的可取性,但也有片面性。诚然,侵犯著作权罪是《刑法》在《著作权法》的基础上给予产权人权益的特殊保护,因而对侵犯著作权罪的理解必然要考虑《著作权法》的规定。《著作权法》规定了单纯的复制或是发行行为都要负民事责任甚至是行政责任,但这是否意味着只要这些单独行为在危害程度上有所加重就会被划入《刑法》规制的范围呢?笔者认为,肯定的理解是片面的。立法者在考虑犯罪圈的划定时,不但要考虑单纯行为的危害程度,还要考虑两种单纯行为的结合、行为人的主观恶性等各个要素。因此,单纯地以《著作权法》的规定来解释刑法概念的语义稍显薄弱。(3)只有既复制又发行的行为才能够成侵犯著作权罪的实行行为,具备该罪所要求的社会危害程度。《刑法》中的实行行为是指蕴含于刑法分则各具体犯罪构成中,具有法益侵害现实危险性的行为,这表明只有《刑法》中规定的,达到紧迫的现实危险性的违法行为才具备实行行为所要求的社会危害程度,应受刑罚处罚。② 在侵犯著作权罪中,单纯的复制行为,只是表现为将合法作品复制为多份的过程,侵权制品并未因此而进入流通领域,著作权人的利益只是受到了威胁,并未产生紧迫的现实性危险,因此,单

① 侯艳芳、何亚军:《侵犯著作权罪界限划定疑难问题探析》,载《法学杂志》2008年第6期。

② 王刚:《实行行为理论探究》,载《中南财经政法大学研究生学报》2008年第5期。

纯的复制行为并不能单独构成侵犯著作权罪的实行行为。只有既复制又发行的行为才会对著作权人的合法权益造成紧迫的现实性危险,单纯的复制行为不可与复制并发行行为同等对待,应作为侵犯著作权罪的犯罪未遂处理。对于单纯发行行为,表明行为人发行的复制品既不是自己所有的,也不是自己复制的,实际上是在销售他人非法复制的侵权制品①,因而符合销售侵权复制品罪的客观要件,以《刑法》第218条规定的销售侵权复制品罪处置即可。

(二) 复制发行计算机软件行为的具体认定

复制行为或是发行行为,在较为传统的文字作品侵权、音像制品侵权案件中的认定都是较为简单的,基本上通过比对都能作出判断。随着计算机技术的普及,侵犯计算机软件著作权犯罪案件的数量也不断攀升,在法律适用的过程中,由于此类案件的技术性和复杂性,对软件的复制、发行行为的认定出现了问题,如"番茄花园"案中,行为人洪磊改良操作系统、破坏软件验证程序以及利用网络传播盗版软件的行为是否符合犯罪构成就引起了很大争议,以下将一一论述。

1. 对他人的计算机软件进行一定修改后予以复制发行行为的定性

笔者在复制行为的内涵部分曾经探讨,复制行为是否意味着对作品内容一成不变地照搬照抄呢? 最后得出结论,复制行为不仅包括了传统意义上的完全抄袭,还应当包括各种未作实质性更改的剽窃行为。因此,可以肯定的是,即便对他人的计算机软件进行了修改并复制发行,只要不涉及软件的实质性部分,就可认定为《刑法》第217条规定的"复制发行"行为。

在实践中,对计算机软件进行非实质性修改后加以复制的情况是十分复杂的,软件不同于文字作品或音乐作品,对软件进行的修改有时并不能通过简单的比对就被发觉,软件可以被分解为代码、模块、程序、功能设计等各级构成层次,各层次经过组织、结构、顺序甚至是语言的变化可表现出不同或相同的功能,这些原因决定了软件侵权犯罪的隐蔽性、技术性。目前,按照侵权软件复制成分的多少和技术含量的高低,较为典型的非实质性修改行为主要有三类:(1) 擅自对他人开发的软件解密后进行简单的复制,这种复制技术含量低,比较容易暴露,目前已不常见。(2) 不对软件程序进行原封不动的复制,而是对被侵权的软件程序作一些伪装性改动,如更改他人程序中的变量名,在不影响实际处理结果的情况下重新排列操作运算的指令序列顺利,用不同的高级语言编写程序代码等。这类行为技术含量较高,在廉价销售的商业盗版软件中十分常见。(3) 采用被侵权软件的实质部分与侵权人自己开发的部分进行叠合复制,这类复制难度最大,隐蔽性也最高。② 在对上述情况进行认定时,只要抓住复制件与原件

① 柏浪涛:《侵犯著作权罪疑难问题探究》,载《河南省政法管理干部学院学报》2007年第5期。
② 徐昱春:《计算机软件著作权侵权行为认定》,载《北京工业大学学报》2007年第2期。

相比并未进行实质性修改这一要点，就可将改头换面后的盗版行为认定为不法。需要指出的是，对实质性修改的判断在软件侵权领域是一项纷繁复杂且历久弥新的工作，判断的方法和原则也在不断改进，笔者将在后文"（三）侵犯计算机软件著作权"中对计算机软件侵权的判断标准进行介绍。

在本案中，洪磊对系统主题、桌面、按钮等外观进行美化，对不常用功能进行关闭或卸载，打开原版系统中的功能模块限制，取消了正版验证程序，并由此生成了"番茄花园"系统软件。但洪磊对微软 XP 软件进行的修改并未涉及操作系统的实质性部分，不仅没有使软件功能发生任何变化，而且也没有就软件的程序、代码、编程、结构的任何一部分进行独创性的创作，他所完成的美化、关闭、清理等功能只是对正版软件细枝末节的改变，因此，洪磊的改良行为不能掩盖他复制他人作品的真相。①

2. 未经权利人许可通过信息网络向公众传播他人计算机软件行为的定性

在"番茄花园"案中，另一个有争议的问题是通过网络向公众传播盗版软件的问题。网络时代的到来，意味着传播已不仅仅限于有形的载体，数字化的浪潮使得几乎所有形式的作品都有可能成为电子数据，在互联网这样一个开放的环境中被发送、传输、接收。在本案中，行为人洪磊大部分的侵权行为是发生在网络环境下，他的"番茄花园"软件最初被放在公共论坛上供他人免费使用，后来又成立了专门的网站用以提供盗版软件，并通过网站广告、插件广告等形式营利。现实生活中类似的案件也屡见不鲜。这说明通过公共网络传播盗版制品已经成为侵犯知识产权违法犯罪的重要形式。

我国《刑法》第 217 条规定的"复制发行"行为，并未明确将网络传播行为包含在内，2004 年最高人民法院、最高人民检察院颁行的《关于办理侵犯知识产权刑事案件具体应用法律若干问题的解释》把上述行为"视为"侵犯著作权罪中的"复制发行"行为。对于这一司法解释，有学者质疑，认为既然 2001 年《著作权法》将"网络传播权"规定为一种独立的权利，就意味着"发行"与"网络传播"是两个互不包容的行为，司法解释将其视为"复制发行"行为，有类推解释之嫌。

大多数学者对司法解释的这一做法是赞同的。他们认为，信息网络传播过程中涉及传统作品的数字化、数字化作品的上传、网络传输、公众浏览或下载等过程。在这个过程中，必然伴随着数字化作品的复制发行行为。虽然信息网络传播行为与传统的复制发行行为存在着区别，即能否让公众在个人选定的时间和地点获得作品，但这种区别不是本质上的，它只会使复制发行的效率大大提高。在《刑法》没有明确将网络传播行为纳入侵犯著作权罪的行为方式时，司法解释将网络传播行为解释为复制发行行为，是一种合理的扩张解释，不是类推解释。②

---

① 当然，笔者认为，洪磊的改良行为本身也并非毫无著作权价值。尽管他的行为违法，但是他所制作的美化包、系统主题等产品中具备独创性的部分，仍然是《著作权法》上的作品，应受法律保护。

② 田国宝：《侵犯著作权罪疑难问题探究》，载《法学》2004 年第 5 期。

笔者认为,肯定论者充分考虑到了当前网络环境下侵犯著作权犯罪泛滥的趋势,将复制件上传至公共网络供用户下载,侵权人需要付出的犯罪成本十分小,但却能产生较之以其他有形形式实施的犯罪更加严重的后果。随着人类社会信息化和网络化程度的进一步加深,公共网络必然成为盗版滋生的温床,因此,在现行《刑法》未规定"网络传播"这一特殊侵权方式时,以司法解释的方法予以扩张解释,是权宜之计。但权宜之计也许只能缓一时之急,笔者认为,基于网络传播行为的独立特征,《刑法》应当将通过信息网络向公众传播他人作品增设为侵犯著作权罪的行为方式。网络传播行为虽然与传统的复制发行行为并不存在本质上的不同,但它所具备的技术性、隐秘性、快捷性、广泛性,都决定了对网络传播行为进行管理、规制的特殊性。2001 年《著作权法》明确将"网络传播权"列为一项独立的权利,客观上也说明了无形的网络传播行为和传统的复制发行行为是有区别的,网络的开放性造成了侵权主体、侵权行为在认定上异常复杂,有的时候普通的上传、下载者也可能就是侵权者,比如在 P2P 软件的使用中,用户在下载他人提供的数据的同时也在上传自己所拥有的数据,这时所有的用户都有侵权之嫌。随着网络文化更加深入地影响人类的生活,"网络传播"这一特殊侵权形式必然表现出新的特点,体现更加严重的社会危害性,因此,《刑法》应当注意到二者之间的区别,对于此类通过现行法律解释都无法解决的问题,通过刑法修正案的形式增设通过信息网络向公众传播他人作品为侵犯著作权罪的行为方式,处罚违法所得数额较大或是情节较为严重的网络传播行为,这样才能保持《著作权法》与《刑法》之间的协调。

3. 破坏计算机软件技术保护措施和权利管理信息行为的定性

在"番茄花园"案中,行为人洪磊通过对微软 XP 操作系统进行改良,取消了正版验证程序,绕过了软件技术保护措施,制作出无需进行正版验证就可免费使用、升级的盗版软件。类似的破解行为在软件盗版案件中大量发生,不仅表现为破解技术保护措施,还包括发放虚假的软件许可证,恶意传播注册码,制作并传播注册机等形式多样的侵权行为。这类破坏计算机软件技术保护措施与权利管理信息的行为应当如何定性和处理呢?

我国 2001 年《著作权法》分别针对规避、破坏技术保护措施以及权利管理信息的行为规定了相应的民事和行政责任,并规定"构成犯罪的,依法追究刑事责任"。但是,我国 1997 年《刑法》并没有关于破坏技术保护措施与权利管理信息构成犯罪的规定。依据罪刑法定原则,目前不能追究这些行为的刑事责任。但笔者认为,随着软件行业反盗版意识的增强,技术保护措施所表现的形式和承担的功能都将发生变化,因此,不可一概认为该类行为不受刑法规制。

破坏计算机软件技术保护措施与权利管理信息行为最初的表现形态是,故意删除或者改变软件权利管理电子信息(即表明软件名称、著作人、著作财产权人或其授权之人及利用期间或条件之相关电子资讯),故意制作并传播破解补丁破坏或避开技术保护措施。这类行为将权利人为正版软件设置的反盗版措施破坏殆尽,使得正版软件能够被任意下载、使用、升级,因而危害很大。但由于这只是单纯的破坏行为而非《刑法》第217条规定的侵犯著作权行为,因而不能追究其刑事责任。当然,如果行为人将软件破坏后形成所谓的"破解版"软件并复制发行,则符合侵犯著作权罪的构成要件,应追究其刑事责任。

目前使用较为广泛的软件技术保护措施主要是软件注册码。[①] 为了防止盗版,软件注册码被广泛应用于软件运行的各个阶段,消费者只有输入正确的注册码,才能实现软件所具备的升级、美观、信息、激活等各项功能。更为重要的是,软件行业已开始普及数字化销售模式,厂家向大众出售的不再是软件设计本身,而是该软件的许可证(软件注册码的一种),也即是说,任何人都可以拥有软件本身,但要实现软件功能必须购买软件许可证,购买软件许可证也就购买了软件。由于软件注册码的广泛应用,当前破坏软件技术保护措施行为大多表现为针对软件注册码的侵权,主要有以下几类:(1)恶意传播注册码。这主要指传播者通过正当或不正当的途径获得注册码后,恶意向他人传播。(2)提供注册码搜索引擎。此类引擎是专门为在互联网上搜索注册码而设计的专业软件。(3)制作并传播注册机(算号机)。注册机是指能给软件使用者提供注册码的小型软件,注册码的产生是以机器码为基础,通过特定公式计算出来的,注册机就是根据机器码计算注册码的小程序。(4)发放虚假的计算机软件许可证,以此销售盗版软件。[②] 笔者认为,对上述侵权行为进行定性的关键在于辨明行为是针对软件注册码还是软件本身。倘若上述行为所提供的注册码具备软件许可证的功能,也即消费者获得了注册码就意味着获得了软件所有权,则行为针对的是软件本身,行为人恶意提供软件许可证实质上是一种变相的"复制发行"行为,侵害了软件的著作权,情节严重的,应以侵犯著作权罪论处;倘若上述行为所提供的注册码仅用于避开技术保护措施而实现软件的某种功能,则行为针对的是软件注册码,是单纯的破坏计算机软件技术保护措施的行为,侵害的是软件著作权人的修改权。由于单纯针对软件注册码的侵权行为的危害尚未达到刑法要求的程度,因而依法只能给予民事赔偿或是行政处罚。

综上所述,笔者认为,破坏计算机软件技术保护措施与权利管理信息行为大多都属于单纯的破坏行为,只有那些直接侵害软件本身的破解、传播行为,才能认定为侵犯著作权罪。

---

① 软件注册码是指为了不受限制地实现计算机软件的功能,而在软件安装或使用的过程中,按照指定的要求所输入的由字母、数字或其他符号所组成的序列码。参见雷涛:《软件注册码:现行法律尚未触及的盲点》,载《法学》2003年第9期。

② 雷涛:《软件注册码:现行法律尚未触及的盲点》,载《法学》2003年第9期。

(三)侵犯计算机软件著作权的判断标准

目前实践中侵权计算机软件著作权犯罪的形式是多样而复杂的,这不仅表现为行为方式难以认定,还表现为"非实质性修改"的标准难以把握。随着软件盗版的技术含量不断提高,以往简单的复制改良型侵权将渐渐消失,取而代之的是更加隐蔽而难以判断的技术型侵权,这更加大了刑事司法认定的难度。笔者认为,我国及其他国家在软件著作权民事侵权领域已经积累了较为成熟的侵权判断标准,有必要在刑事法领域研究中借鉴这些判断标准,用以解决刑事司法中的难题。

1. 美国的"抽象、过滤和比较"三步判断法和"实质相似性加接触"标准

美国作为软件产业发达、软件著作权法律保护相对完善的国家,通过多个典型判例的实践,确立了比较科学的软件侵权判断标准。但在这一过程中,美国也曾走过弯路,例如美国曾确立了 SSO(Structure, Sequence, Organization)标准,将软件著作权的范围从文字编码扩大到软件的结构、顺序、组织,软件的结构、顺序、组织不再被视为软件作品的思想,而是被作为软件作品思想的表达形式加以保护。[①] 随后,美国法院又在 Computer Associates International 公司诉 Altai 公司案中推翻了 SSO 标准,确立了"抽象、过滤和比较"三步判断法。这一标准在多年的司法实践中得到认可并进一步发展,目前仍是美国认定软件著作权侵权的权威标准。

"抽象、过滤和比较"三步判断法严格地区分了表达形式和技术思想,认为著作权法只能保护软件的表达形式,不能扩大到技术思想。首先对计算机程序进行抽象,把原告的软件按其层次和结构分解为相应的部分,从代码、子模块、模块……直到最高层次的功能设计,对程序分层次逐级抽象,将不受著作权法保护的思想抽象出来;然后再过滤出程序的表现中不属于著作权法保护范围的内容(如已经进入公有领域的表达形式以及由于表达形式有限而存在的仅有的几种表达即所谓"功能限定的有限表达");在此基础上,再对过滤后的受保护部分与被控侵权程序进行实质相似性对比。[②]

三步判断法所要完成的任务是在量化的基础上对两程序进行比对,最后作出是否具备实质相似性的判断。实质相似性的判断不仅要求复制的成分达到一定的量,而且要比对复制成分在被复制软件中的重要程度。若复制成分与被复制软件实质部分的重合达到一定量,则可作出二者具备实质相似性的判断。

在通过三步判断法认定实质相似性后,为了避免独立开发时出现的技术方面的选择设计巧合,美国法院又创设出了更为完善的"实质相似性加接触"原则,即在确认两个程序实质相似的基础上,还要考虑被告是否接触或有可能接触了原告的作品。所谓

---

① 徐昱春:《计算机软件著作权侵权行为认定》,载《北京工业大学学报》2007 年第 2 期。

② 张晓津:《计算机软件著作权侵权判断问题研究》,载《知识产权》2006 年第 1 期。

接触是指被控侵权软件的开发者以前曾有"研究、复制对方计算机软件产品"的机会。因为实践中有可能出现两个程序构成实质相似,但双方的作品都是独立创作产生的情况,此时如不能证明被告接触或可能接触了原告的作品,则不存在侵权问题。①

2. 我国的"实质性相似+接触+排除合理解释"标准

我国第一起侵犯计算机软件著作权案件由北京市海淀区人民法院于1993年审理,十多年过去了,我国在软件著作权侵权案件的审判方面已积累了不少经验。在参考美国侵权判断标准的基础上,总结出了适合我国国情的判断标准。

我国在司法审判中,基本适用的是"实质性相似+接触+排除合理解释"标准,即在认定了实质性相似和接触的情况下,仍允许被告通过对"实质性相似"的合理解释来否认侵权。这可以说是在对美国标准修正后产生的新标准。

这一新标准的适用前提是,首先明确权利人主张权利的软件的保护范围。在此,软件的思想部分、不具有独创性的部分和已经进入公有领域属于公知公用的部分被排除,由于表达形式有限而存在的仅有的几种表达也被排除。这一过程相当于三步判断法中的过滤。在确定了权利保护范围之后,再对两软件进行比对,作出是否具备实质相似性的判断。我国司法实践对软件的比对总结出的步骤是:(1) 对被控侵权软件与权利人的软件直接进行软盘内容对比或者目录、文件名对比;(2) 对两软件的安装过程进行对比,注意安装过程中的屏幕显示是否相同;(3) 对安装后的目录以及各文件进行对比,包括对比文件名、文件长度、文件建立或修改的时间、文件属性等表面现象;(4) 对安装后软件使用过程中的屏幕显示、功能、功能键、使用方法等进行对比;(5) 对两软件的程序代码进行对比。程序代码比对是最为重要的阶段。因为软件的目标程序由源程序代码编译而成,源代码作为软件的最基本要素,是进行实质相似性认定的最重要资料。②

我国适用的"实质性相似+接触+排除合理解释"中,排除合理解释这一环节是在美国标准之上的新发展。笔者认为,这一发展是恰当的,相较于美国标准更加严谨。实际上,对"接触"的证明常常是难以把握的,侵权人何时何地接触过软件,权利人难以知晓,因此,法律不宜将过多的举证责任分配至权利人一方,而是将部分举证责任转嫁给侵权人。权利人只需举证侵权人有接触软件的可能性,如权利人的软件作品曾公开发表过,此后由侵权人提出"合理来源的解释",如提不出,即可认定构成侵权。

---

① 徐显春:《计算机软件著作权侵权行为认定》,载《北京工业大学学报》2007年第2期。

② 张晓津:《计算机软件著作权侵权判断问题研究》,载《知识产权》2006年第1期。

六、"以营利为目的"问题

(一)"以营利为目的"的内涵

1. 刑法意义上的"以营利为目的"

我们通常所说的"营利",是指商业活动中谋求利益的过程。"营",有谋求、力图、寻求、思虑、谋虑之意。"利",则指利润,通常表现为物质性利益。① 我国《刑法》分则条文中关于"以营利为目的"的规定主要出现在第217条的侵犯著作权罪、第218条的销售侵权复制品罪和第303条的赌博罪、开设赌场罪中。同时,《刑法》第152条的走私淫秽物品罪,第175条的高利转贷罪,第187条的吸收客户资金不入账罪,第228条的非法转让、倒卖土地使用权罪,第265条的盗窃罪,第326条的倒卖文物罪,第363条的制作、复制、出版、贩卖、传播淫秽物品牟利罪中还规定了"以牟利为目的"。由此可以看出,以营利或牟利为目的作为犯罪构成要素的犯罪多出现于破坏社会主义市场经济秩序罪和妨害社会管理秩序罪中,涉及的数罪名也大都与先天易于商业化的行为相关。可以说,"以营利为目的"和"以牟利为目的"都表现出《刑法》所不容的贪利性。那么二者之间有何区别呢?通常说来,营利的词性为中性,既可能存在合法营利,也可能存在非法营利,或褒或贬只能根据实际情况来判定;而牟利的词性为贬义,通常指以不正当手段谋取私利。从刑法的意义上说,受到刑法非难和谴责的必然是通过犯罪谋求利润的非法行为,这在非法营利和牟利行为中都可能出现,因此,可以认为二者的意义完全相同。

刑法分则条文规定了某些犯罪必须"以营利为目的",也就意味着"以营利为目的"成为这些犯罪的构成要素。在刑法学上,如果某类犯罪的成立必须具备特定犯罪目的,则此类犯罪可称为目的犯。目的犯中的目的,是独立于犯罪故意以外的超过主观要素,是独立的主观构成要素,其内容属于"溢出保护法益"之外的内在意向,客观上不要求有行为与之相对应。之所以这样规定,是因为在目的犯的场合,行为在具备了客观要件、主体要件、客体要件以及主观要件时,还不足以达到刑法所要求的危害社会程度,不足以确认犯罪的成立,只有再具备特定的犯罪目的,才能完整地体现行为社会危害的严重程度,"以营利为目的"正是承担了这样的功能。

在《刑法》将营利目的规定为犯罪构成要素的特定犯罪中,"以营利为目的"从主观恶性与客观危害两个方面说明了行为对社会的危害已经达到犯罪程度:(1)营利目的体现出行为人的主观恶性严重。行为人以犯罪为手段获取非法利润,同没有这种心理状态的犯罪相比,更能说明行为人应当受到谴责与非难。尤其是在侵犯知识产权这类破坏市场经济秩序的犯罪中,行为人不仅无视国家对知识产权秩序的宏观管理,还

① 于志刚:《侵犯著作权罪中以营利为目的的网络异化》,载《昆明理工大学学报》2008年第7期。

企图通过盗取他人智慧成果的方式谋取本属于产权人的经济利益,较之出于泄愤、恶作剧等单纯的侵权行为,更应受到刑罚制裁。(2) 营利目的体现出行为人的客观行为危害严重。行为人在营利目的的驱使下,会更积极主动和反复、继续实施某种犯罪行为,进而导致行为人扩大犯罪行为的规模和加重危害结果。① 而且,非法营利行为的出现意味着正常的经济往来和社会秩序受到了冲击,国家将要付出更多的人力、物力、财力去清理、整顿市场秩序,恢复原有的社会关系。综上,"以营利为目的"对于特定犯罪的认定具有十分重要的刑法意义。

2. *直接营利和间接营利*

《刑法》上的"以营利为目的",按照不同的划分标准,可以分为不同的类型:按照行为人是否获取利润,可以将营利分为自利营利与他利营利;按照犯罪行为是否确实营利,可以将营利分为确定营利与非确定营利;按照犯罪行为是否直接获取非法利润,可以将营利目的分为直接营利与间接营利。② 笔者认为,无论是自利营利还是他利营利,是确定营利还是非确定营利,其实质都侵害了法律所保护的利益,主观上都反映了权利人非法获利、侵害法益的目的,至于行为人自己是否获利,营利实现确定与否并不影响犯罪的成立,因此前两种分类在刑法学上没有大的价值。在现实生活中,真正难以解决的是由于营利方式的不同而导致的司法认定问题。随着犯罪方式的多样化、犯罪主体的复杂化,行为人已不再拘泥于直接的简单交换形式的营利方式,而更多地采用间接营利方式。

所谓直接营利,是指只要行为人完成了《刑法》规定的犯罪行为,就能直接获取非法利润。例如行为人将复制的音乐专辑卖给消费者,消费者支付对价的行为。在软件著作权侵权领域,行为人主要采取的直接营利方式就是非法复制他人的正版软件,制作成盗版光碟、软盘后直接销售获利。此外还有在互联网上实行的直接交易行为,主要包括两类:(1) 仅仅将互联网作为信息发布和交易的媒介,如行为人在论坛、门户网站、BBS 留言板上发布有关产品和交易信息,利用 B2C 电子商务、在淘宝网等电子商务网站上"开店",建立类似现实中的商家店铺等,而实际的交易是在网下完成的;(2) 直接将计算机软件等侵权产品或者破译他人计算机软件的保护程序形成破解版软件放在网站上供人有偿下载。③

所谓间接营利,是指行为人完成了《刑法》规定的犯罪行为后,还需要行为人或第三者实施其他行为才能获取利润。④ 间接营利的形式多样,方法隐蔽,大多数营利模式表面上看起来是无偿的,只有通过深入分析行为人或第三者实施的其他行为才能认定

① 张明楷:《论刑法中的以营利为目的》,载《检察理论研究》1995 年第 18 期。
② 同上注。
③ 于志刚:《侵犯著作权罪中以营利为目的的网络异化》,载《昆明理工大学学报》2008 年第 7 期。
④ 张明楷:《论刑法中的以营利为目的》,载《检察理论研究》1995 年第 18 期。

其营利的目的。例如,行为人在有偿提供下载合法著作权作品服务时,附赠侵权复制品。表面上看,行为人正当销售正版产品,同时无偿赠与侵权产品,并不具有通过销售侵权产品营利的目的。但仔细分析可以看出,附赠行为作为买卖的一部分,其本身的无偿性并不能掩盖行为目的的营利性。事实上,附赠行为并不是完全免费的,它的营利目的只是被间接地掩藏在合法的正版销售行为中,行为人通过附赠侵权品的方式来刺激正版产品的销售,其最终目的还是要营利,只不过非法营利的部分被分摊在合法所得中。因此,不应以部分行为的无偿性来否认整体行为的营利性。

由于我国《刑法》未对间接营利的情况进行明确规定,因而随着间接营利模式越来越多样化,司法实践中认定行为人是否具有营利的目的出现了越来越多的难题。2004年最高人民法院、最高人民检察院颁行的《关于办理侵犯知识产权刑事案件具体应用法律若干问题的解释》作出规定,"以刊登收费广告等方式直接或者间接收取费用的情形,属于刑法第二百一十七条规定的'以营利为目的'",对侵犯知识产权犯罪领域的间接营利作出了明确的规定。实践中,间接营利难以认定的情况多发生于网络环境下,在侵犯计算机软件著作权犯罪领域更加复杂。

在侵犯计算机软件著作权犯罪领域,较为典型的间接营利方式主要有:(1) 在合法提供没有价值或者很小价值的正版软件产品供人有偿下载的同时,附赠侵权复制品,主要以侵权产品获利。(2) 设立网站或网页提供盗版软件,收取会员费或信息费。(3) 通过设立网站或网页无偿提供盗版软件,通过高点击率和访问量收取广告费用。(4) 无偿提供盗版软件,通过捆绑插件中的弹出广告,或者通过捆绑部分需要推广的软件,向广告主和软件厂商收取广告费或推广费。

对于将营利区分为直接营利和间接营利,有学者指出,《刑法》在界定侵犯著作权罪时是非常严格的,《刑法》不保护著作权中的所有权利,也不惩罚所有的侵犯著作权的行为,《刑法》只是把那些比较典型的,危害行为和主观恶性都非常严重的侵犯著作权行为规定为犯罪。因此,如果把营利目的区分为直接营利和间接营利,从而把间接营利目的也视为营利目的,就是扩大了犯罪圈,与《刑法》在设定侵犯著作权罪时的立法旨趣大不相同。笔者认为,侵犯著作权犯罪,尤其是网络环境下的软件侵权犯罪,是一类与现代科技发展紧密相连的犯罪行为,它体现出来的新颖性和技术性,往往使法律陷入滞后的尴尬境地。为了保持法律的稳定性和协调性,以法律解释的方法将间接营利纳入刑法规制的范畴,是恰当的。间接营利虽然没有直接实现经济利益,但行为的实质仍然是通过非法利用他人智慧成果的方式获得不法利益,间接营利所反映出的社会危害程度并不比直接营利低,在很多情况下,间接营利会获得较直接营利更多的利润,其较为隐蔽的获利方式不仅会对著作权人的经济利益造成损害,也会对其他相关权利(如物权、隐私权等)造成一定的损害,体现出更加严重的社会危害性。因此,将严重的非法利用他人合法作品间接营利的行为规定为侵犯著作权罪,具备实质合理性,不会出现论者所说的不当扩大犯罪圈的问题。

(二) 侵犯计算机软件著作权犯罪中"以营利为目的"的认定

在侵犯计算机软件著作权案件中,直接营利是较为传统的营利模式,因而认定比较简单。而间接营利,尤其是网络环境下的间接营利,由于其具有相当的复杂性、隐蔽性,因而认定起来比较困难,例如对"番茄花园"案中的捆绑插件、网站广告等营利形式的认定就存在很多争议。下面就本案的争议问题和实践中的其他争议问题分别进行讨论。

1. 网站广告

本案中,行为人洪磊的营利方式之一,就是在其注册的"番茄花园"网站上,免费提供盗版的"番茄花园"操作系统软件。由于网站集聚了较高的人气,点击率居高不下,吸引了广告商的注意,最终通过收取广告费用的方式获得暴利。这种为提高网站知名度而许可他人免费使用侵权复制品的行为,并未向下载者索取任何费用,换来的只是虚拟世界中的高点击率,能否认定为"以营利为目的"呢?

学界普遍认为,网站广告这类营利模式可以说是典型的间接营利。[①] 行为人无偿提供盗版软件换取网站的高点击率,能够吸引更多的风险投资和广告业务,最终行为人的无偿行为间接地获得了金钱利益的回报。因此,不可把行为人免费提供软件的行为和其赚取广告费的行为割裂开来,二者应当是一个统一的整体。虽然行为人获利的来源是广告,但只有盗版软件的传播,行为人才能赚取广告费,最终实现营利的目的。最高人民法院、最高人民检察院颁布的《关于办理侵犯知识产权刑事案件具体应用法律若干问题的解释》也认可了通过刊登广告收取费用行为的营利性。

但也有论者对此质疑,认为在此类网站上,商业广告和软件下载位于同一网络界面,可以理解为下载者在享受免费下载服务的同时接受广告画面;或可理解为网站浏览者在接受广告资讯时,"顺便"享受免费下载服务,软件下载只是浏览者浏览网站的附带获利,因而无法举证浏览者的具体浏览目的为何,不能仅依据网站运营者依靠点击率收取费用而认定其"以营利为目的"。[②]

笔者认为,上述置疑是牵强的。事实上,即便是商业广告与软件下载位于同一网络界面,网站广告也通常是以横幅、通栏、弹出、按钮等形式附着于网页之上的,其占据的通常只是网络界面的次要部分,而软件下载却始终位于网页的显著位置,因此,在同一网络界面,广告与软件也是有主次之分的,正常的浏览者通常都能辨别这样的差异。现实中确实存在某类专门以广告咨询为主要内容的网站,例如,某婚庆网站的内容全部都是婚纱店、照相馆等与婚庆相关的业务广告,浏览者浏览的目的就是为了选择适

---

① 高铭暄、王俊平:《侵犯著作权罪认定若干问题研究》,载《中国刑事法杂志》2007 年第 3 期。

② 黄苑:《侵犯著作权罪研究》,西南政法大学 2007 年硕士学位论文。

合自己的品牌。但这类网站通常都专营广告资讯,不会再多此一举地提供免费下载业务,即使有,也不能忽视附赠侵权品行为对网站点击率的刺激作用。因此,上述根据浏览目的认定行为性质的做法是站不住脚的。实际上,网站广告行为只是为侵权行为制造了一个合法的伪装,难以掩盖其间接营利的实质。

2. 捆绑插件、软件广告

本案中,行为人洪磊的另一营利模式,是在无偿提供的盗版"番茄花园"中捆绑插件或需要推广的软件,插件中装有弹出式广告,由广告主支付广告费,而捆绑的软件通常以恶意软件的形式被强制性安装在用户的电脑上,以此提高软件的知名度,由软件商支付推广费。通常情况下,二者都属于在无偿行为掩盖下间接收取广告费营利的行为,只是刊登广告的方式与网站广告有所不同,网站广告通常就是简单的数字化发布,而捆绑插件、软件广告则体现了更强的技术性,在侵害著作人权利的同时也涉及插件制作者和用户的利益,因此,不可一概认定为"以营利为目的",需要具体问题具体分析。

(1) 捆绑需要推广的软件

捆绑需要推广的软件,通常涉及的是恶意软件的问题。恶意软件是指在未明确提示用户或经用户许可的情况下,在用户计算机或其他终端上安装运行,侵犯用户合法权益的软件。它的特征就是在用户不知情的前提下,强迫用户使用其功能或收集用户隐私信息,并且很难删除,具有强制性、恶意性、隐蔽性。① 需要推广的软件一般都是以恶意软件的形式被捆绑在无偿提供的盗版软件中,通过强制安装来提高软件的知名度,获取一定的广告效应。因此,这是一种较网站广告更高级的营利模式。从整体上看,没有盗版软件的传播行为,恶意软件就无法被强制性安装,也就达不到预期的广告效应,盗版提供者也就无法获得广告费,所以这种行为应认定为"以营利为目的"。需要注意的是,这种行为不仅可以构成对软件著作权的侵害,同时也对计算机用户的物权和隐私权造成了损害。因为恶意软件一旦被强制性安装在用户的计算机上就不能删除,用户计算机系统受到破坏,硬件资源被占用,导致电脑性能下降,妨害了用户对计算机的正常使用,构成对用户物权的侵害。此外,恶意软件隐蔽在计算机操作系统后台,能够监控用户在网上的行为,搜集用户信息,若危及用户的私人信息和生活安宁,就构成对用户隐私权的侵害。

(2) 捆绑插件

捆绑插件是一个比较复杂的问题,主要是由于现代插件技术的成熟,使得捆绑插件涉及的利益方发生了变化。插件,是针对某种软件在应用功能上的不足而开发的附属软件,用于捆绑在本体软件中。根据插件编制方的不同,插件可以分为官方插件和

① 董春江:《恶意软件带来的侵权问题之法律思考》,载《重庆邮电大学学报》2008 年第 5 期。

第三方插件。官方插件由软件开发商自行编制,但大多数软件公司基于商业考虑都不愿做这种优化工作,因此官方插件并不多见。现实生活中最为多见的是第三方插件,它由用户自己或者非软件编制方的其他组织或个人针对某个软件而编写,用于优化应用软件,并供自己或者他人使用、下载,最为典型的就是针对腾讯 QQ 的珊瑚虫软件。[①] 捆绑软件中的插件通常是指第三方插件,因为由软件公司开发的官方插件是不存在侵权问题的。

第三方插件应用的初期,是直接在本体软件的基础上进行修改,形成改良版的软件。行为人若是直接在本体软件上植入插件,弥补软件本身的功能缺陷后无偿提供给他人,实际上是对正版软件进行修改的行为,如果未对软件作实质性更改,就构成《刑法》第 217 条规定的"复制发行"行为。此时行为人通过插件中植入的广告赚取广告费,应当认定为"以营利为目的"。

随着插件技术的日渐成熟,第三方插件不需要更改原软件就可以实现功能优化,因此,更多的第三方插件编写人可以独立开发出针对本体软件的"增强包",它是完全独立于本体而存在的一种插件,不需要更改本体程序的任何程序代码,但必须借助本体软件才能实现自身的功能。也就是说,第三方插件具备了独立的著作权价值。在现实生活中,行为人利用插件广告营利的方式主要有两种:一种是将本体软件和"增强包"打包在一起,形成"增强版"软件,无偿提供给他人使用,借助"增强包"中捆绑的广告来赚取广告费;另外一种是无偿提供"增强包"插件,由下载者自行将本体软件和"增强包"插件同时运行实现软件功能,"增强包"插件提供者借助"增强包"中捆绑的广告来赚取广告费。两种行为虽有相似性,但在认定中存在很大不同。

对于第一种营利方式,将本体软件和"增强包"打包在一起,无偿提供给他人使用"增强版"软件,借助"增强包"中捆绑的广告来赚取广告费,是否具备"以营利为目的",有论者认为,由于"增强包"毕竟具有独立的著作权价值,行为人虽然不负责任地将正版本体软件和"增强包"打包赚取广告费,但广告费中的一部分确实是由"增强包"著作权价值换来的合法收益,而且本体软件和"增强包"密不可分,广告费用的分摊难以计算,行为人利用正版本体软件所得的违法数额也是难以计算的,因此,不宜认定为"以营利为目的"。[②] 笔者认为,这种观点值得推敲。既然本体软件和"增强包"密不可分,离开了本体软件,"增强包"就不能实现其功能,可见没有行为人无偿提供本体软件的行为,"增强包"中捆绑的广告就不能实现,行为人也不可能获得广告费。但即使在不安装"增强包"的情况下,本体软件仍能发挥应有的功能,只是存在少许缺陷罢了。这充分说明,在"增强版"软件中,本体软件才是营利的主要部分,离开了本体软件,"增

① 于志刚:《侵犯著作权罪中以营利为目的的网络异化》,载《昆明理工大学学报》2008 年第 7 期。
② 同上注。

强包”将毫无作用,“增强包”独立的著作权价值并不能掩盖行为人利用他人智慧牟利的目的,单纯地用“违法所得难以计算”的理由来逃避“以营利为目的”的认定也是不科学的。事实上,纵容这类“打擦边球”的行为,无疑会怂恿更多侵权人采用“增强版”软件的形式损害正当权益人的利益。

对于第二种营利方式,由于行为人并未提供本体软件的下载服务,只是将自己研制的“增强包”无偿提供给他人,由下载者自行将本体软件和“增强包”软件同时运行并实现软件功能,行为人依靠“增强包”中的广告营利,是一种合法的营利行为,也是“增强包”著作权价值的独立体现。下载者将“增强包”与本体软件同时运行并实现“增强包”功能的行为,并不在《刑法》的评价范围之内。因此,在认定捆绑插件广告的行为是否以营利为目的时,要注意分清插件的类型,分析行为的本质。

3. 商业性使用盗版软件行为

商业性使用盗版软件行为通常表现为企事业单位在生产经营活动中将购买的正版或盗版软件复制成多份并在多台计算机上使用的行为。我国法律并未明确将使用盗版软件的行为规定为侵权或犯罪,但是有论者认为,商业性使用盗版软件行为的客观危害很大,而且行为人的目的是为了节省大笔许可费以降低生产成本,这意味着使用者通过降低生产成本而使利润得到了增加,客观上实现了间接营利,因而可以认定为“以营利为目的”,对这种行为也可以以侵犯著作权罪定罪处罚。①

有论者认为,人的各种行为都具有功利性,但功利性和营利性是不同的概念。以营利为目的不能以使用者的身份、工作性质是否具有商业性来判定。以营利为目的必须是直接目的,而非最终目的。未经许可大量安装盗版软件,单纯为了降低生产成本、减亏等不能被认定为以营利为目的。

笔者亦认为,将商业性使用盗版软件行为认定为“以营利为目的”是不妥当的。从营利目的的实质来看,商业性使用盗版软件的确大大减少了企业在技术方面的投入,降低了企业的生产成本从而达到提高利润的目的,可以认为是间接营利的一种,但《刑法》并不是不加区分地将所有的间接营利形式认定为“以营利为目的”。笔者认为,从刑法解释和刑事司法实践的角度来看,不宜将商业性使用盗版软件行为认定为“以营利为目的”。(1)从刑法解释上看,由于《刑法》条文不能全面地涵盖现实生活的全部,因此任何一个法律概念在司法适用的过程中都存在被解释的可能,“以营利为目的”亦是如此。但对法律概念进行解释并不是一个毫无限制、天马行空的过程,它应当表现为一种有原则的创造性活动,在一般百姓对刑法用语的理解范围内积极地、主动地去发现立法者的原意,解决普通百姓对刑法规定理解的现实需求。因此,刑法解释应遵循的首要原则是解释必须符合一般百姓的理解能力。将商业性使用盗版软件行为中

① 赵秉志主编:《侵犯著作权犯罪研究》,中国人民大学出版社 2008 年版,第 219 页。

的营利解释为“以营利为目的”,普通百姓或许并不能从中获取直观的认同,因为此类间接营利的方式与现实生活中直接性、最终性的营利方式存在较大差距,超出了普通百姓的理解能力,勉强将其解释为“以营利为目的”只会造成大众认识法律过程中的困惑,不利于法律的理解和适用。(2)从刑事司法实践上看,如果将商业性使用盗版软件行为认定为“以营利为目的”,在调查取证和“违法所得数额”认定的操作上存在困难。由于商业性使用盗版软件行为主要发生在企业的工作场所内,业主可以任意控制盗版软件的安装、复制、卸载,完全可能通过技术手段规避侦查机关的调查取证,而侦查机关为调查关键物证而采用的系统恢复、软件追踪等技术侦查措施也将大大耗费司法成本,与司法效率原则冲突。在“违法所得数额”的认定问题上,无论司法机关是依据违法企业使用盗版软件节约的成本还是依据正版软件生产商遭受的利益损失来认定,都要涉及违法企业使用盗版软件的数量、次数等需要依靠调查取证来解决的问题,因此,调查取证的高难度也给“违法所得数额”的认定带来了困难。(3)即使将商业性使用盗版软件行为中的营利解释为“以营利为目的”,也难以将这类行为认定为侵犯著作权罪。侵犯著作权罪的客观方面表现为复制发行侵犯他人著作权作品的行为,商业性使用盗版软件的行为,虽表现为将购买的正版或盗版软件复制成多份并在多台计算机上使用的行为,但其实质上只是一种企业内部的使用行为,违法企业并没有公开发行盗版软件,也没有进一步扩大盗版软件的不利影响,这与侵犯著作权罪中规定的复制发行行为相去甚远,不宜认定为侵犯著作权罪。

(三)“以营利为目的”的存废问题

之所以会出现“以营利为目的”的存废问题的争论,首先是由于“以营利为目的”的认定存在困难,其次是由于现实生活中出现了大量不以营利为目的的侵犯著作权行为(如出于泄愤,恶意通过公共网络传播他人的作品)。这类行为虽没有贪利性,却对权利人造成了无可挽回的损失,社会危害性极大,因此,学界展开了关于“以营利为目的”存废问题的讨论。

1. 废止论、修改论、保留论之争

废止论者认为,《与贸易有关的知识产权协议》(以下简称《TRIPS 协议》)未规定侵犯著作权罪入罪要“以营利为目的”,而我国作为《TRIPS 协议》的成员国在《刑法》中规定构成侵犯著作权罪须“以营利为目的”,显然违背了应承担的国际义务;著作权犯罪规定了“以营利为目的”,而商标、专利、商业秘密犯罪却没有作此要求,《刑法》不应对它们区别对待;著作权犯罪不要求具备“以营利为目的”的主观要件已经成为刑事立法的发展趋势,如日本、法国、意大利等国著作权犯罪都没有要求“以营利为目的”①;“以营利为目的”的规定没有现实意义,这通常是不证自明的问题,取消该要件并不影响该

---

① 裴显鼎:《刑法应当取消著作权犯罪的“以营利为目的”要见》,载《深圳大学学报》2006 年第 5 期。

罪构成的完整性,有此规定反而不利于惩治某些非营利性网络著作权侵权行为。[①]

保留论者认为,“以营利为目的”的侵犯著作权行为,不仅侵犯了著作权人的合法权益,同时也破坏了国家对文化市场的管理秩序,通常比不以营利为目的的侵犯著作权行为的危害性更大;将一些不以营利为目的的侵犯著作权行为排除在犯罪之外,可以限制刑法打击的重点;在我国《刑法》中著作权犯罪是重罪重罚,如果取消“以营利为目的”,必定不当地扩大了犯罪圈[②];著作权与先天易于商业化的专利权、商标权(或称工业产权)和商业秘密权等相比,著作权拥有更多思想、精神方面的内容,与人类知识的传播、普及有着更多关联,《著作权法》关于合理使用的限制也比专利、商标等规定得更多也更为具体。因而《刑法》对著作权给予区别待遇[③];《TRIPS 协议》第 61 条对于故意以“商业规模”假冒商标或对版权盗版的情况要求会员国规定为犯罪,对商业规模完全可以作营利性的理解,因而我国并未违反条约义务。[④]

修改论者在兼顾废止论和保留论的基础上认为,我国《刑法》规定的“以营利为目的”过于模糊,难以认定,应当借鉴《TRIPS 协议》的相关规定,将“以营利为目的”改成“以商业规模故意侵犯著作权”,这样不仅可以和国际接轨,还可以借此概括侵犯著作权罪的主观要件和违法所得、销售收入及非法经营等不同的数额标准。同时,修改论者还要求在改变定罪标准的情况下,适当降低起刑点,以贯彻罪刑相适应原则。[⑤]

2. 笔者所持观点

笔者认同保留论者的观点,认为我国目前不宜在侵犯著作权罪中取消“以营利为目的”的规定。笔者赞同保留论者提出的诸多理由,同时,对废止论和修改论的观点也有自己的看法。

(1) 从著作权保护的哲学依据上看,“以营利为目的”具备存在的现实价值。著作权作为一项天赋人权,是对个人智力劳动的表彰,国家对著作权依法保护,一方面是为了保障著作权人神圣不可侵犯的财产利益和人格利益,不断激励人们为社会的文明与进步创造精神财富和智力支持;另一方面也是为了科学地调控社会的智力资源,合理地限制著作权人对知识的独占性权利,以保障文化作品的传播和精神产品的共享,推动社会文化的进一步繁荣。因此,著作权的法律保护,一方面,在强调与知识共享的同时,要以产权私有为补充;另一方面,在给“智慧之火加上利益之油”的同时,又要注重平衡权利人与社会公众之间的利益。因为对于一种权利的过度保护往往会侵入、限制甚至剥夺其他权利,如果对著作权保护力度过大就会使得社会大众人心惶惶,感到法

① 赵秉志主编:《侵犯著作权犯罪研究》,中国人民大学出版社 2008 年版,第 314—315 页。

② 赵秉志:《关于完善我国侵犯著作权犯罪立法的几点建言》,载《深圳大学学报》2006 年第 5 期。

③ 卢建平:《知识产权犯罪门槛的下降及其意义》,载《政治与法律》2008 年第 7 期。

④ 高荣林:《论侵犯著作权罪以营利为目的的哲学依据》,载《湖北警官学院学报》2009 年第 1 期。

⑤ 卢建平:《知识产权犯罪门槛的下降及其意义》,载《政治与法律》2008 年第 7 期。

律“明显而立即的危险”,深恐自己动辄得咎,后果不堪设想。[①] 从侵犯著作权罪的规定上看,“以营利为目的”恰恰具备了这样的平衡价值。因为通过“以营利为目的”的限制,为侵犯著作权罪划定了一个合理的打击范围,既能让目前社会上较为猖獗的贪利性的侵犯著作权犯罪行为受到《刑法》的规制,以保障权利人的利益,也将社会危害性较小的非营利性的侵犯著作权行为排除在《刑法》的视野之外,为社会公众的知识分享创造一定的条件,有效地保障了权利人与社会公众利益之间的平衡。如果取消“以营利为目的”,势必会扩大侵犯著作权犯罪的打击范围,这将打破著作权人、社会公众之间的利益平衡,而利益平衡正是构建知识共享、交流通畅的理想文化环境的必备条件。所以著作权犯罪应当保留“以营利为目的”,保证著作权人与社会公众利益之间的平衡。

(2) 废止论和保留论争论的一大焦点,是“以营利为目的”的规定能否实现《刑法》对著作权保护的问题。废止论的观点认为,在网络环境下,由于网络传播的快捷性和成本的低廉性,越来越多的不以营利为目的的著作权侵权行为给权利人造成的损害是无可挽回的,具备了相当的社会危害性,因此,有必要取消“以营利为目的”的规定,实现《刑法》对著作权的全面保护。笔者认为,上述担忧是现实的,但盲目取消“以营利为目的”的规定却并不一定可行。犯罪行为之所以受到刑法的谴责,是因为无论从行为人的主观恶性还是行为的客观实害上看,该行为都已经达到刑法所不能容忍的程度。不以营利为目的的侵权行为固然能产生与以营利为目的的侵权行为一样甚至更大的客观实害,但二者在主观方面仍有不同,贪利性在侵犯著作权罪这一类破坏市场经济秩序的犯罪中是最能体现行为人的主观恶性的,不能忽视这一重大差别,给予两者相同的刑法处遇。那么,对于这类危害巨大的非营利性侵权行为应当如何制裁呢?笔者认为,我国对知识产权实行的民事保护、行政保护、刑法保护的综合保护体系决定了行政法规已经前置性地解决了很多刑法无暇顾及的问题。对于危害巨大的非营利性侵权行为,可以通过严厉的行政处罚措施加以规制。

(3) 我国《刑法》是一部典型的重刑法,对侵犯著作权罪不仅规定了较高的入罪标准,如“以营利为目的”的规定和违法数额的规定等,还规定了较为严厉的刑罚,侵犯著作权罪的法定刑是3年以上7年以下有期徒刑,这与国外多数国家对知识产权犯罪轻罪轻罚的状况是不同的。这也否定了废止论者提出的“世界多数国家的知识产权犯罪都未规定以营利为目的,因此我国也应取消这一规定”的理由。因为我国与其他国家的状况是根本不同的,日本、法国等国虽然对侵犯著作权罪规定了较低的入罪标准,不要求“以营利为目的”,但其犯罪刑度大都是3年以下有期徒刑,注重罚金刑的适用,使得它们可以充分做到罪刑相适应。而在我国,如果取消“以营利为目的”的规定,势必

① 高荣林:《论侵犯著作权罪以营利为目的的哲学依据》,载《湖北警官学院学报》2009年第1期。

导致某些并未达到严重危害程度的犯罪受到重罚,不当扩大打击面,打破刑法体系内部的协调。

(4) 废止论者认为,"以营利为目的"的规定没有现实意义,它作为犯罪主观要件不需要特别证明,该要件可有可无,取消该要件并不影响该罪犯罪构成完整性的理由存在问题。笔者认为,"以营利为目的"是侵犯知识产权罪的构成要素,它作为超过主观故意的要素,不需要客观行为与之对应,但对"以营利为目的"的证明通常仍要对犯罪数额、情节进行考察,最后推定出来。虽然对它的证明并不是一件难事,且在很多情况下不证自明,但这并不意味着它可有可无,因为它是犯罪成立所必须具备的,不能因为它容易被证明就否认"以营利为目的"存在的价值。事实上,形态万千的犯罪方式已经让"以营利为目的"的认定出现了困难,但我们同样也不能因为它难以认定,就对它不加认定,彻底否认"以营利为目的"作为犯罪构成要素的重要性。

(5) 笔者认为,修改论的观点在操作上存在困难。"以商业规模故意侵犯著作权"的规定虽然与国际接轨,但是商业规模这一由外文直译过来的概念,其内涵应当如何把握,这不仅在理论上尚无定论,在实践中也超出了大众的理解能力。有学者曾指出,商业规模主要是指:① 主要是为了营利;② 具备商业事务的特征或与商业事务有关;③ 职业侵权行为。[①] 笔者认为,这三类行为都不同程度地体现了行为的营利性,其实质与"以营利为目的"并无区别。而"以营利为目的"这一表达,更加贴近我国广大群众的理解能力,尽管有学者认为它过于模糊,但笔者认为,法律概念在能够为大众接受的同时,保持一定的解释空间是必不可少的。因此,"以营利为目的"更加适合我国国情,不宜轻易取消。

七、本案共同犯罪问题分析

(一) 本案犯罪形态问题:单位犯罪或者单位和自然人的共同犯罪

本案不是一起简单的自然人犯罪案件,在本案的发展过程中,多个单位参与进来,而自然人洪磊的身份也由开始的网站注册人,变为公司股东、公司员工,同时还涉及母公司与子公司之间复杂的股权关系,因此,本案犯罪形态的认定也存在许多争议。

本案基本可以分为两个阶段:第一阶段是自然人洪磊独立开发"番茄花园"盗版软件的阶段。2003 年间,洪磊完成了对微软 XP 系统软件的改良,并将改良后的"番茄花园"软件发布于交流性论坛中,供网民无偿下载。2004 年 5 月 11 日,洪磊注册了"番茄花园"网站,将"番茄花园"软件的多个版本发布在网站上供网民免费下载,由于"番茄花园"软件在用户中大受欢迎,因而网站聚集了很高的人气,点击率非常高,也因此,许多广告客户与洪磊达成协议,在网站上登载广告,并支付给网站所有人洪磊每月高达

---

① 孔祥俊:《WTO 知识产权协定及其国内适用》,法律出版社 2002 年版,第 417 页。

20万元的广告费。可以说,在第一阶段,犯罪主体只有自然人洪磊一人,盗版软件的制作、传播以及非法营利的实现都是由洪磊一人完成的,因此,本案的第一阶段是单纯的自然人犯罪。

本案的第二阶段,主要是行为人洪磊与成都红果科技有限公司(以下简称"红果公司")共同经营"番茄花园"网站,并由成都共软网络科技有限公司(以下简称"共软公司")负责广告推广营利的阶段。共软公司于2007年1月设立,公司的法定代表人是孙质强,孙显忠担任公司的执行董事和经理。红果公司于2008年4月由共软公司以法人出资设立,并由共软公司授权张天平、宋思颖各代持80%和20%的股份,并承诺他们享有"共软"员工同等待遇并在年终根据红果公司的盈利情况获得奖励的权利,张天平担任公司的执行董事和经理。由此可以看出,共软公司与红果公司实际上是母公司与子公司的关系,因为后者由前者出资设立,而红果公司实际上就是共软公司为独立发展网络业务而成立的子公司。洪磊于2006年与共软公司的负责人孙显忠相识,并于2006年8月与孙显忠签订协议,约定由洪磊负责网站日常管理,由孙显忠和红果公司负责进行网站推广和经营,待洪磊的经营收入达到500万元时,将"番茄花园"网站的所有权转让给红果公司,洪磊每月可获得最低5万元的收入。此时洪磊还只是盗版软件的开发人,而在2007年1月共软公司成立之时,洪磊就与孙显忠、张天平一起成为共软公司的股东,尽管在2007年6月公司股权发生了变动,但洪磊又于2008年再次成为共软公司的股东。由如此复杂的主体构成和股权关系可以得出,洪磊由网站管理人向公司股东身份的转变,决定了本案犯罪形式的认定必然是充满争议的。

笔者曾经思考,针对洪磊的特殊身份和案件的相关证据,本案的第二阶段是否能认定为单纯的单位犯罪呢?洪磊在从事侵权活动期间,虽为"番茄花园"网站的管理人,但他同时还是共软公司的股东,共软公司作为红果公司的母公司,子公司的营利则意味着母公司的营利,因此,洪磊与红果公司的合作行为也可看成是洪磊利用自己管理的"番茄花园"网站为由自己担任股东的共软公司营利的行为。因为,洪磊作为共软公司的股东,公司的营利意味着他本人财产权利的增多,他是公司当然的组成部分,而实际上,根据相关证据,洪磊"番茄花园"网站聘用的雇员梁国华使用的是共软公司的劳动合同,共软公司财务记录中显示雇员梁国华每月从共软公司领取工资,而洪磊托管计算机主机、借用设备时也是以共软公司的名义,这是否意味着洪磊作为共软公司的必要成员,从事的侵权活动是公司成员的职务行为,应当认定为单位犯罪呢?

答案是否定的,笔者认为,上述疑问出现的原因是误解了股东与公司的关系。首先,公司的营利的确意味着股东财产权利的增多,但是法人财产权和股东个人财产权则是两个不同的概念。因为股东的出资一旦确定,就成为公司法人财产权的一部分,公司法人财产权独立于股东的出资,公司的营利虽最终会以股利的形式分配给股东,但营利通常首先将作为公司法人财产用于提取法定准备金,维持公司正常运营,只有维持公司正常运作后盈余的部分才作为股利分配,而公司的亏损最终也只表现为法人财产权的减损,股东个人并不需要负连带责任。因此,将洪磊个人非法的获利与共软公司的获利相等同是违背公司法基本原理的。其次,洪磊的行为不能认定为职务行为。公司某些股东确实具备职员的身份,可以从事职务行为,但作为股东的职员必须与公司之间存在合法的劳动关系。洪磊是公司股东,但没有任何证据可以表明他与共软公司签订了劳动合同,即便是他与共软公司事实劳动关系的认定也是困难的,因为他从未在公司支取任何工资。那么基于洪磊的股东身份,能否将他认定为单位犯罪中的"负直接责任的主管人员"呢?单位的主管人员,实际上就是单位的领导机构的成员,而单位领导机构通常是决策、执行、监督机构的统一体。洪磊作为决策机构股东会的组成人员之一,是否对公司犯罪负有责任呢?笔者认为,股东会的决策通常体现为集体的意志,而需要对公司犯罪负责的股东会成员通常也是对决议形成起主导作用的人。本案并无证据证明洪磊在公司决策过程中起到了主导作用,因此,不能作出这样的认定。最后,不能仅以洪磊使用了共软公司名义实施犯罪行为就否定他自身行为的违法性。因为洪磊的行为不是公司职务行为,使用公司名义实质上是洪磊与共软公司共同犯罪的一种默契,"番茄花园"网站的运作是洪磊个人行为,最终是为了获得红果公司每月提供的经营性分成,至于洪磊作为共软公司股东的获利,既存在共软公司非法获利所得的股利,还存在共软公司合法经营所得的股利。综上所述,本罪的第二阶段,是自然人与单位共同犯罪。

(二)广告公司、广告主的刑事责任问题

1. 广告公司的刑事责任问题

在本案的审理过程中,被告人孙显忠曾经辩称,共软公司经营的是网络推广联盟,即利用自己的软件、主题资源包、格调网、极速浏览器等与其他公司进行广告合作,并没有复制发行盗版软件的故意和行为,也没有侵犯他人著作权。因此,不构成侵犯著作权罪。

明知他人实施侵犯著作权犯罪而为其赚取广告费进行商业运作并按约分成的行为,应当如何认定,也是本案争议的重要问题。被告公司是一家专营网络推广的公司,没有实施任何的复制发行行为,只是负责为"番茄花园"网站和"番茄花园"软件联系广告商,签订广告合同,之后按约分成,基本上是一种合法的中介活动。被告公司所经营的部分广告业务,通过格调网、极速浏览器等合法的媒介进行传播,而以盗版软件这一不合法媒介从事广告业务的活动是否违法,至今还没有确定的法律依据,因为《中华人民共和国反不正当竞争法》(以下简称《反不正当竞争法》)与《中华人民共和国广告法》(以下简称《广告法》)中,都只规定了虚假广告行为。

笔者认为,单独通过被告公司的业务行为来判断行为是否违法,割裂了行为的客观联系,忽略了行为的主观方面。从客观上看,洪磊制作盗版软件、捆绑插件的行为与广告公司以盗版软件为媒介经营广告业务的行为是统一的、相互联系的整体,没有广告公司从中运筹、斡旋,洪磊无法通过盗版软件中的广告功能牟取暴利,没有洪磊复制发行盗版软件的行为,广告公司也无法按约分成。从理论上看,明知他人实施犯罪而为其提供各种便利条件的,属帮助犯,应该按照共同犯罪处理。本案中,广告公司的行为就是典型的帮助行为,因为它明知洪磊提供的是盗版软件仍帮助其实现非法营利,也正是广告公司为洪磊带来的帮助刺激、坚定了他继续犯罪的欲望。从主观上看,《刑法》对行为的评价是主客观相统一的,广告公司的行为本身虽然体现不了侵犯著作权的故意,但它确实在明知他人犯罪的情况下,与之通谋,积极地加入到犯罪行为中,帮助其实现犯罪。这种心态历来都是受刑法所谴责的。我国刑事立法中规定了许多通谋共犯,如《刑法》第156条规定的走私罪的通谋共犯。因此,对于与实行犯通谋按照共犯论处的原则也可以适用于侵犯著作权犯罪共犯的认定中。此外,明知他人犯罪,利用他人犯罪行为为自己牟利的做法与直接故意犯罪体现的社会危害性是相当的,如果不加以处罚,更多的“借刀杀人”之举将涌现,刑法之正义将无法实现。

2. 广告主的刑事责任问题

本案的涉案主体中,另一类让人关注的是暴风国际、金山公司、搜狗公司、酷我公司、国际快车公司、易趣公司等国内知名的软件公司。他们经营着在网民中知名度较高的软件,却作为广告主,通过与盗版操作系统软件合作的方式,宣传自己的产品,提高市场占有率。他们的这类明知他人复制发行盗版软件,仍与之进行广告合作的行为,是否存在违法性呢?

笔者认为,虽然广告主明知他人复制发行盗版软件仍与之合作的行为客观上刺激甚至鼓动了行为人的犯罪行为,从表面上看似乎存在着一种共同犯罪的默契,但这与广告公司对行为人的帮助行为有本质的不同。我国《刑法》中规定的共同犯罪,是指二人以上基于共同的故意,以共同的行为实施的犯罪。这首先要求共同犯罪主体存在犯罪的通谋,其次要求共同犯罪主体之间存在实行行为、组织行为、教唆行为或帮助行为。广告主虽然主观上明知他人复制发行盗版软件,但它的主观目的并不是与洪磊等犯罪主体共谋犯罪,而是企图通过盗版软件的广告宣传效益达到扩大产品市场影响并最终营利的目的,因此二者之间不存在共同的故意;广告主与洪磊等犯罪主体积极地接洽并展开广告业务的行为,虽然为犯罪的实施提供了机会和途径,但这类行为并不是帮助行为,因为广告主的行为最终指向的是产品的推广和自身合法业务的营利,其最终目的并不是利用复制发行盗版软件行为获取非法利益,因此二者之间也不存在共同的犯罪行为。实际上,这类在盗版软件中做广告的行为,与使用盗版软件的行为是无异的,只不过这种使用,不是为了实现软件的功能,而是为了实现广告的效应。在知识产权保护较为完善的国家和地区,如美国、中国香港等,使用盗版软件的行为都是违法的,如中国香港地区的《版权条例》中就规定了使用电脑程序、电影、电视剧、录音这四种侵权复制品的刑事责任。但是我国并未规定使用盗版行为的刑事责任,基于基本国情的考虑,使用盗版行为甚至不用承担民事责任,这与其他国家和地区较为成熟的知识产权保护意识是不一样的。因此,本案中的广告主与洪磊等犯罪主体之间并不存在共同犯罪行为,广告主也不必因使用盗版行为承担刑事责任。

八、防治侵犯计算机软件著作权犯罪的刑事政策问题

本案发生后,民众对于本案曾质疑,大多数“番茄花园”用户为洪磊喊冤,认为洪磊的“番茄花园”软件大大提高了微软正版软件的运行速度,丰富了软件功能,在用户中广受好评,从某种程度上说,“番茄花园”系统已经超越了微软的 XP 系统,实现了技术的创新,没必要对他处刑。① 也有人认为,这场诉讼真正的获益者不是中国民众,也不是中国政府,而是微软公司。本案实际上是微软公司借机打击新锐,提高市场占有率,稳固其在软件行业的垄断地位之举。因而追究本案相关人的刑事责任不利于反垄断的进行和本国技术产业的提高。② 一时间,民众中掀起了一场关于反盗版与反垄断的论战。

笔者认为,这场论战反映的正是我国在知识产权保护中亟待解决的问题,那就是民众知识产权意识的淡薄和他们对高端科技发展战略的误解。在我国这样一个高端技术产业尚不发达的发展中国家,科技进步的核心是自主研发,而不是模仿改良,企图通过限制他人的方法来发展自己,最终是行不通的。加大对软件产品的知识产权保护力度,并不意味着垄断的加剧,而是为本国软件行业的发展提供法律保护,也为中国经济与国际接轨,促进对外交流提供法制保障。因此,反盗版与反垄断并不是矛盾的,二者可从法律和经济的角度共同促进软件行业的健康发展。

我国目前的国情是,计算机软件盗版行为泛滥,且形式也开始多样,技术性不断提高,由于民众知识产权意识淡薄而引发的使用盗版行为在某种程度上加速了盗版行业的发展。因此,对计算机软件进行法律保护,尤其是对危害巨大的计算机软件侵权行为给予刑法处遇,进而威慑犯罪,是保护计算机软件著作权的重要环节,也是刑事政策所必须考虑的问题。

笔者认为,规制软件著作权犯罪,刑事政策需要考虑的首要问题应是我国《刑法》关于侵犯著作权罪的规定的特点。我国《刑法》是一部重刑法,在规制侵犯著作权犯罪时,规定了严格的入罪条件,也规定了较重的刑罚,行为人最重可获 7 年有期徒刑。这一现实决定了我国《刑法》只集中力量打击最为严重的侵犯著作权行为,对于主观心态

---

① 魏雅华:《“番茄花园案”:一个阴险的法律陷阱》,载《中国高新区》2009 年第 4 期。

② 刘兴东:《微软的反攻战 谁杀死了“番茄花园”》,载《品牌》2008 年第 10 期。

和客观实害都未达严重程度的侵权行为,《刑法》不予规制。当然,这并不意味着我国《刑法》在惩治侵犯著作权罪时一味地强调重刑,通过对犯罪行为人主观恶性和行为客观危害的具体分析,根据宽严相济的刑事政策,对相对较轻的犯罪行为也可以从宽处罚,如判处罚金刑和缓刑。许多学者针对越来越严重的犯罪形势,提出了取消某些构成要件以降低侵犯知识产权犯罪门槛的建议,笔者认为,这种做法忽略了我国重刑法的特征,盲目地降低标准只会造成罪刑的不平衡,损害刑法的威信。更为合适的做法是,对某些极其严重而现实中又难以认定的问题,如网络环境下的侵权方式等问题,通过刑法解释的方法将其纳入刑法规制的范畴,切不可动辄修改《刑法》,破坏法律的稳定性。

刑事政策需要考虑的第二个问题是我国知识产权的保护模式。任何一项违法行为的防治,都不是单个部门法本身所能解决的。在我国的法律体系内部,承担打击违法犯罪行为职能的并不只有刑法,我国的民法、行政法中也分别规定了多种形式的赔偿方法和惩罚措施,在很多情况下,民事赔偿措施和行政处罚措施不仅能够及时地补偿受害人的损失,有力地规制轻微违法行为,必要时还能弥补刑罚设置过于严厉的缺陷,配合刑罚的执行。因此,如何协调好法律体系内各个子系统的关系,使得民法体系、行政法体系和刑法体系能够相互配合,三者一体合力,共同实现犯罪的防治,是值得关注的问题。笔者认为,综合保护体系,并不仅仅是三种保护方式的简单相加,而是三种保护模式良性互动、互相配合的过程。在这个过程中,既要明确而合理地划定民法、行政法、刑法的管制范围,又要保持相关法律概念、法律条文的协调,既要体现对不同程度侵权行为进行惩治的层次性,又要保持民事赔偿、行政处罚、刑罚处罚的相互配合,既要从实体上促成三种保护方式的结合互动,又要从程序上减少三种诉讼模式共同运转产生的重复性司法弊端。我国对软件著作权的保护也应当遵循这样的综合保护模式,对于较为轻微的侵权行为,通过民事责任的方式赔偿损失,对于较为严重的侵权行为,通过行政处罚的方式加以管制,而对最为严重的侵权行为才科以刑罚。这就要求立法机关在不断完善知识产权犯罪刑事立法的同时,也应当重视知识产权民事保护和行政保护的制度设计,充分利用民事程序和行政程序对知识产权的前置性保护这一特殊阶段,不断适时地调整《刑法》的规制范围和刑罚设置,将“刑法威慑”这块好钢用在“打击最严重的侵犯知识产权犯罪”的刀刃上,切不可脱离综合保护模式的范畴,重刑事而忽略民事、行政,应当将计算机软件著作权的民事保护、行政保护、刑事保护结合起来。

实现对软件著作权的刑法保护,刑事政策所需要关注的第三个问题,是我国的基本国情,因为任何一项刑事政策都是社会政策,如何实现对软件著作权的刑法保护,自然也离不开对社会民情的考量。由于我国国民的知识产权意识较为淡薄,对现实中存在的大量侵权行为没有一个正确的认识,比如使用盗版软件行为,通过公共网络传播他人软件的行为。这类行为的覆盖范围之广,发生频率之高,已经让普通群众形成侵权的惯性。对这类普遍性侵权行为施以行政处罚或刑事处罚,不仅在司法上缺乏操作可能性,也将导致民众的不理解。目前《刑法》所规定的侵犯著作权犯罪,是以营利为目的的,违法数额较大的复制发行他人作品的行为,这类行为由于具备贪利性和巨大的实害性,将其入罪已经能够被普通大众所接受,而其他的非贪利性侵权,恶作剧式的侵权行为成为刑法打击的对象,显然还不能被中国大众所理解。因此,在软件著作权的刑法保护过程中,无论是通过修改《刑法》中某类犯罪的犯罪构成,还是通过刑法解释的方法降低犯罪的门槛,都应当考虑普通群众的理解能力问题,都应当考虑在我国目前的基本国情下能否实现的问题。当然,将群众尚不认可的侵权行为排除在《刑法》规制的范围外,并不意味着对人们侵权惯性的纵容。加强对大众知识产权意识的培养,循序渐进地推进对普遍性侵权行为的管制,都是刑事政策为实现对软件著作权的保护而采取的社会手段,因此,切不可脱离中国现实来考量软件著作权侵权犯罪的防治问题。

综上所述,软件著作权保护所应坚持的刑事政策,应当是在尊重我国《刑法》的基本特征和基本国情的基础上,坚持重罪重罚,合理地划定犯罪圈,适时解释《刑法》以丰富犯罪构成的内涵,在宽严相济原则的指导下,加大罚金刑和缓刑的适用范围,充分发挥综合性保护体系的作用,将软件著作权的民事保护、行政保护、刑事保护协调、统一起来。同时,还应通过文化宣传、普法教育等社会手段,逐步提升民众的知识产权保护意识,这样才能从根源上防治软件著作权侵权行为,完整地实现对软件著作权的刑法保护。

九、结语

计算机软件著作权的刑法保护是目前国际社会所普遍关注的问题。这一方面是由于计算机软件技术属于高端科技的范畴,对计算机软件著作权保护程度的高低将直接影响一国的科技竞争力;另一方面是由于软件技术的不断发展,侵犯计算机软件著作权犯罪无论是在行为主体、行为方式还是主观方面,都已发生了新的变化,尤其是犯罪行为在网络这一特殊环境下表现出来的新特点,使得刑法理论与实践都不得不对侵犯计算机软件著作权犯罪的刑法适用和立法完善高度关注。放眼当下,计算机技术已然成为人类社会交往、经济交流、国际合作所不可或缺的手段,与此同时,种种破坏计算机网络技术安全和侵害计算机软件著作权的盗版行为也愈演愈烈。尤其是在我国这样一个高端软件技术尚处于攻关阶段、大众知识产权意识淡薄的国家,计算机软件著作权侵权行为的泛滥只会让民众形成盲目依赖的心理惰性,阻碍科技的进步。

“番茄花园”案作为“中国反盗版刑事第一案”,它的落幕并不代表一场打击盗版斗争的结束，相反，它却是我国今后更加严厉地规制侵犯著作权犯罪行为的开始。在实务界，“番茄花园”案的出现加深了司法工作人员对于侵犯计算机软件著作权犯罪的认识，也丰富了他们打击侵犯计算机软件著作权犯罪的经验。在理论界，学者们根据司法实践中出现的种种司法适用和认定上的难题，提出了更加合理和实用的立法建议。笔者在撰写本文的过程中，通过对侵犯计算机软件著作权犯罪的客观方面、主观方面以及犯罪形式等理论问题的研究，也进一步深化了对侵犯著作权罪的理解，并深刻感受到刑法研究在司法实践的挑战面前所展现的理论力量。未来的世界必将进入智能科技和网络互联的时代，在这样高端而又复杂的社会环境下，侵犯计算机软件著作权犯罪必将表现出更加新奇的特点，笔者认为，刑法研究应当秉承时代发展的步伐，不断丰富和完善侵犯计算机软件著作权犯罪的构成特征，不断探求和追寻防治侵犯计算机软件著作权犯罪的刑事政策，为刑事司法实践的顺利进行提供理论保障。

附录

江苏省苏州市虎丘区人民法院刑事判决书

（2009）虎知刑初字第0001号

公诉机关：苏州市虎丘区人民检察院。

被告单位：成都共软网络科技有限公司，法定代表人孙质强，住所地四川省成都市武侯区科华中路9号。

诉讼代表人：孙质强，男，1972年2月22日出生，汉族，住重庆市潼南县小渡镇集灵村4组201室，系成都共软网络科技有限公司法定代表人。

辩护人：范勇，上海兴浦律师事务所律师。

被告人：孙显忠，又名孙雨，男，1980年12月19日出生，身份证号码510227198012198198，汉族，大专文化，系成都共软网络科技有限公司总经理，住四川省成都市锦江区大观堰街5号附2号。2008年12月19日被抓获，同年12月22日因涉嫌侵犯著作权犯罪被刑事拘留，2009年1月22日被逮捕。现羁押于苏州市第一看守所。

辩护人：于国富，北京市盛峰律师事务所律师。

被告人：张天平，男，1982年2月28日出生，身份证号码510724198202281230，汉族，大专文化，系成都共软网络科技有限公司市场总监、成都红果科技有限公司经理，住四川省安县塔水镇龙桥村2组。2008年8月22日因涉嫌侵犯著作权犯罪被刑事拘留，2008年9月19日被逮捕。现羁押于苏州市第一看守所。

辩护人：班克庆，华胜律师事务所律师。

辩护人:李晓明,江苏颐华律师事务所律师。

被告人:洪磊,男,1979年11月15日出生,身份证号码320502197911153013,汉族,大专文化,系"番茄花园工作室"负责人,住江苏省苏州市玉山路38号4幢1002室。2008年8月15日因涉嫌侵犯著作权犯罪被刑事拘留,2008年9月19日被逮捕。现羁押于苏州市第一看守所。

辩护人:毛勤勇、王晋鲁,江苏开明律师事务所律师。

被告人:梁焯勇,又名梁国华,男,1980年2月9日出生,身份证号码440181198002097814,汉族,初中文化,系"番茄花园工作室"雇员,住广东省广州市番禺区环城西路376号202房。2008年8月17日因涉嫌侵犯著作权犯罪被刑事拘留,2008年9月19日被逮捕。现羁押于苏州市第一看守所。

辩护人:吴秋星、李旭,江苏兴吴律师事务所律师。

苏州市虎丘区人民检察院以虎检诉刑诉[2009]176号起诉书指控被告单位成都共软网络科技有限公司、被告人孙显忠、张天平、洪磊、梁焯勇犯侵犯著作权罪,于2009年6月3日向本院提起公诉。本院于同日立案并依法组成合议庭,公开开庭审理了本案。苏州市虎丘区人民检察院指派检察员沈学林出庭支持公诉,被告单位成都共软网络科技有限公司诉讼代表人孙质强、被告人孙显忠、张天平、洪磊、梁焯勇及辩护人范勇、于国富、班克庆、李晓明、毛勤勇、吴秋星到庭参加诉讼。现已审理终结。

苏州市虎丘区人民检察院指控:2006年12月至2008年8月期间,四川网联互动广告有限公司(另案处理)和被告单位成都共软网络科技有限公司为营利,由被告人孙显忠指示被告人张天平和被告人洪磊、梁焯勇合作,未经微软公司的许可,复制微软Windows XP计算机软件后制作多款"番茄花园"版软件,并以修改浏览器主页、默认搜索页面、捆绑他公司软件等形式,在"番茄花园"版软件中分别加载百度时代网络技术(北京)有限公司、北京阿里巴巴信息技术有限公司、北京搜狗科技发展有限公司、网际快车信息技术有限公司等多家单位的商业插件,通过互联网在"番茄花园"网站、"热度"网站发布供公众下载累计达十多万次,由上述公司支付四川网联互动广告有限公司和被告单位成都共软网络科技有限公司广告费共计人民币2 977 630.39元。公诉机关认为,被告单位成都共软网络科技有限公司、被告人孙显忠、张天平、洪磊、梁焯勇的行为均已构成侵犯著作权罪。同时认为被告人张天平系自首,可从轻或减轻处罚。为证实上述指控,公诉人当庭讯问了被告单位成都共软网络科技有限公司诉讼代表人孙质强、被告人孙显忠、张天平、洪磊、梁焯勇,宣读了有关证人证言,出示了相关书证。

被告单位成都共软网络科技有限公司诉讼代表人孙质强认为其不清楚单位触犯了法律。

被告人孙显忠对被指控的犯罪事实提出异议,称其直到案发,才知道番茄花园侵犯微软公司的软件,因为当时其都放手让张天平与番茄花园合作。

被告人张天平、洪磊、梁焯勇对被指控的犯罪事实无异议。

被告单位的辩护人范勇提出,被告单位的法定代表人及股东会、董事会均没有以任何形式参与番茄花园侵权;客观上被告单位也没有与被告人洪磊签订合同,孙显忠的个人行为不能代表公司行为;被告单位涉案收入从2007年4月开始,应当与四川网联互动广告有限公司的收入区分开来;起诉书指控的290余万元中,有合法收入;被告单位拥有大量自主知识产权,为国家和社会作出了巨大贡献,目前因账户被冻结濒临破产。综上,请法院酌情考虑共软公司的实情,依法维护其合法权益。

被告人孙显忠的辩护人于国富提出,被告人孙显忠未实施非法复制发行他人计算机软件作品的行为,其经营的是网络推广联盟,即利用自己的软件、主题资源包、格调网、极速浏览器等与其他公司合作;被告人孙显忠不具有非法复制、发行微软 Windows XP 的主观故意,也没有指使被告人洪磊侵犯他人著作权;起诉书指控的290余万元中,有合法收入;发行微软 Windows XP 中还有其他人通过刻制光盘的二次传播;被告人孙显忠主观恶性很小,认罪态度良好,且并未在相关活动中获得个人利益,家庭有实际困难,建议法院坚持疑罪从无的原则处理。

被告人张天平的辩护人李晓明、班克庆提出,被告人张天平在工作过程中,逐渐认识到番茄花园上有微软 Windows XP 软件的下载,但他并没有参与复制、发行,其只是为了履行自己工作的职务,其主观恶性很小;被告人张天平作为市场总监,只能按照公司要求将广告投放在番茄花园的网站上,仅仅基于自己的工作职责,没有亲自参与微软 Windows XP 的复制发行;被告人张天平具有自首情节,具有法定的从轻或减轻情节,同时也是初犯,没有前科,认罪态度较好。综上,建议法庭对张天平予以减轻处罚。

被告人洪磊的辩护人毛勤勇提出,起诉书认定违法所得数额巨大及情节严重,没有事实证实,仅有百度等公司支付给网联及被告单位共软公司广告费共计200多万元,这种收入不能证实是完全对应于复制、发行番茄版的微软 Windows XP 软件的来源;起诉书指控本案通过互联网在"番茄花园"网站、"热度"网站发布微软 Windows XP 供公众下载累计达十多万次,没有依据,只能认定为一般的点击数。

被告人梁焯勇的辩护人吴秋星提出,被告人梁焯勇系从犯,其只是番茄花园的雇员,并非本案被告单位的成员,其仅是根据被告人洪磊的要求制作了微软 Windows XP 美化版软件,在整个案件中也只占很小的一部分。被告人梁焯勇的收入开始是被告人洪磊收入的3%,后来每月8 000元,从这点,也可以看出其在案件中并不起主要作用,应当从轻或减轻处罚;起诉书中的广告费并不等于是违法犯罪所得,还包括合法的部分。

经审理查明:2006年12月至2008年8月期间,四川网联互动广告有限公司(另案处理)和被告单位成都共软网络科技有限公司为营利,由被告人孙显忠指示被告人张天平和被告人洪磊、梁焯勇合作,未经微软公司的许可,复制微软 Windows XP 计算机软件后制作多款“番茄花园”版软件,并以修改浏览器主页、默认搜索页面、捆绑他公司软件等形式,在“番茄花园”版软件中分别加载百度时代网络技术(北京)有限公司、北京阿里巴巴信息技术有限公司、北京搜狗科技发展有限公司、网际快车信息技术有限公司等多家单位的商业插件,通过互联网在“番茄花园”网站、“热度”网站发布供公众下载。其中被告人洪磊负责制作的番茄花园 WINXP SP3 V. 3300、WINXP SP2 V3. 3、WINXP SP3 V1. 0、WINXP SP2 V3. 5、WINXP SP2 V3. 4、WINXP SP3 V1. 21、WINXP SP3 V1. 1、WINXP SP2 安装版和免激活版累计下载 71 583 次,被告人梁焯勇负责制作的番茄花园 WINXP SP2 V6. 2、LEI NLITEXP SP3 V1. 0 美化版累计下载 8 018 次,郑国槟(另案处理)负责制作的番茄花园 GHOSTXP SP3 V1. 0、GHOSTXP SP3 V1. 1、GHOSTXP SP3 V1. 2 版累计下载 117 308 次。被告单位成都共软网络科技有限公司从百度时代网络技术(北京)有限公司获取非法所得计人民币 935 665. 53 元,从北京阿里巴巴信息技术有限公司获取非法所得计人民币 1 611 996. 46 元,从北京搜狗科技发展有限公司获取非法所得计人民币 69 538. 50 元,从网际快车信息技术有限公司获取非法所得计人民币 307 086. 6 元。综上,被告单位成都共软网络科技有限公司违法所得共计人民币 2 924 287. 09 元。

上述事实,有公诉机关提交,并经庭审质证、认证的下列证据证实:

(1) Microsoft Windows XP Professional 注册证书以及证明,证实 Microsoft Windows XP Professional(微软视窗 XP 专业版)于 2001 年 10 月 25 日在美国首次出版,2001 年 11 月 6 日在美国版权局注册,该作品为修改后的版本并且此前的作品 2000 年也已在美国版权局注册;Microsoft Office XP Professional(微软办公室 XP 专业版)于 2001 年 5 月 31 日在美国首次出版,2001 年 7 月 16 日在美国版权局注册,该作品为修改后的版本并且此前的作品 1999 年也已在美国版权局注册; Microsoft Office Professional Edition 2003(微软办公室 2003 专业版)于 2003 年 10 月 21 日在美国首次出版,2003 年 12 月 9 日在美国版权局注册。

(2) Microsoft Windows Server V2003 和 Windows XP Professional Edition 软件产品登记证书,证实 Microsoft Windows Server V2003 和 Windows XP Professional Edition 经微软(中国)有限公司申请分别于 2003 年与 2006 年被国家信息产业部登记备案;Microsoft Windows Server 2005 和 Windows XP Home Edition 经微软(中国)有限公司申请分别于 2005 年与 2006 年被国家信息产业部登记备案。

(3) 鉴定书(微软鉴字[CY08]第 138 号),证实微软公司作为世界著名的计算机软件公司,开发并发行了 Microsoft Windows 系列、Microsoft Office 系列等多种软件并享有完整的知识产权,同时 Microsoft(g)是微软公司的注册商标。微软(中国)有限公司从未授权任何单位或个人对上述软件进行修改,也从未授权任何单位或个人将上述软件放置在互联网上提供下载服务。

(4) 中国版权保护中心版权鉴定委员会出具的中版鉴字(2008)第008号至第024号鉴定报告、中版鉴字(2008)第008号至第024号-2号鉴定报告的补充说明,证实番茄花园 Windows XP sp2 终结版、Windows XP nLite XP sp3 V1.0 版、Windows XP sp2 V6.2 美化版、WindowsXP sp2 V3.5 版、GHOST XP sp3 V1.0 版、Windows XP sp2 V3.3 版、GHOST XP sp3 V1.1 版、GHOST XP sp3 V1.2 版、Windows XP sp3 V1.1 版、Windows XP sp3 V1.21 版、Windows XP sp3 V.3300 版、Windows XP sp2 V3.4 版、Windows XP sp3 V1.0 版、Windows XP sp2 精简优化版 V2.5 等软件与微软软件核心程序均集中在 Windows 目录下,且二者的目录结构和文件存在大量相同的内容,因此可以认定番茄花园软件是对微软软件核心程序进行复制的产物。

(5) 关于中国版权保护中心版权鉴定委员会的说明、人民法院司法鉴定人名册公告,证实中国版权保护中心是独立的事业单位法人,进入了最高人民法院鉴定机构名录;中国版权保护中心鉴定委员会作为中国版权保护中心的职能部门,经中国版权保护中心授权行使版权鉴定的职能;中版鉴字(2008)第008号至中版鉴字(2008)第024号鉴定报告及补充说明均在授权范围内出具。

(6) 组织机构代码证、企业法人营业执照,证实成都共软网络科技有限公司系具有法人资格的有限责任公司,孙质强是成都共软网络科技有限公司的法定代表人;成都网联互动广告有限公司系具有法人资格的有限责任公司,孙显忠是成都网联互动广告有限公司的法定代表人。

(7) 企业登记申请材料、公司设立登记提交材料、公司变更登记申请提交文件、公司设立登记提交材料、公司变更登记提交材料、成都共软网络科技有限公司章程修正案、成都共软网络科技有限公司股东会决议、成都共软网络科技有限公司章程,证实成都网盟科技有限公司于2004年3月设立,2007年10月底,孙显忠将持有的60%股权转让,并辞去该公司执行董事和经理职务,张天平将持有的5%股权转让后退出了股东会;成都网联互动广告有限公司于2004年8月由孙显忠和张天平设立;成都共软网络科技有限公司于2007年1月设立,股东有孙显忠、洪磊、张天平、张应福,由孙显忠担任该公司的执行董事和经理,2007年6月,经公司股东会决议同意洪磊和张应福退出,将持有的股权分别转让孙显忠、王宝珊、蔡文胜,2007年11月,成都共软网络科技有限公司决定增资400万元人民币,并于2008年又吸纳洪磊、何红梅、潘东海、刘勇为公司的新股东。

(8) 股份代持协议、公司设立登记提交材料,证实成都共软网络科技有限公司授权张天平、宋思颖各代持成都红果科技有限公司80%和20%的股份,承诺他们享有"共软"员工同等待遇并在年终将根据"红果"盈利情况进行奖励,同时约定张天平、宋思颖不得以转让、委托等任何形式对代持股份进行处置并负有保密义务,后张天平、宋思颖向成都市工商行政管理局登记成立了成都红果科技有限公司,由张天平担任成都红果科技有限公司执行董事和经理。

(9) 合作协议,证实2007年9月洪磊将其持有的番茄花园网站及软件的50%收益权转让给孙显忠,孙显忠将其持有的成都共软网络科技有限公司3%的股权转让给洪磊,同时保证洪磊每月获得番茄花园总分成收益的25%,该协议在洪磊取得400万元人民币的收益后生效;2008年8月,洪磊将其持有的番茄花园网站及软件的所有权及收益权全部转让给成都红果科技有限公司,由成都红果科技有限公司负责承担网站所有的运营风险(包括版权问题),成都红果科技有限公司保证洪磊每月获得番茄花园总毛利润的5%,但不得低于人民币5万元(办公成本、出行成本等自理),洪磊作为网站终身管理员有权利和义务管理好论坛。

(10) 劳动合同、保密协议,证实2007年11月洪磊以番茄花园工作室的名义,使用成都共软网络科技有限公司《劳动合同》版本,同梁国华(梁焯勇)签订了劳动合同,聘请梁国华(梁焯勇)从事番茄花园软件新版本制作工作,负责每45天出一个番茄花园新的系统光盘的策划和制作,并要求对有关"共软"局部及整体利益的商业秘密保密,番茄花园工作室每月固定支付梁国华(梁焯勇)8 000元工资;2008年3月,成都共软网络科技有限公司雇用郑国槟担任技术岗位工作;2008年2月,成都共软网络科技有限公司聘请张天平担任市场总监,并安排在"红果"岗位工作。

(11) "2008年6月工资"、"共软员工英文名及职称表"、劳动合同、市场部财务规章,证实成都共软网络科技有限公司总经理是孙雨(孙显忠),张天平在市场部任市场总监,郑国槟在技术部从事产品服务支持;梁国华(梁焯勇)2008年6月作为"红果"职员,由"共软"支付了8 000元工资;杨荣、宋思颖、郑国槟、赵一曦、辛贤军分别与成都共软网络科技有限公司签订劳动合同,但均作为"红果"职员从成都共软网络科技有限公司领取工资。

(12) 主机托管服务协议、付款回单、情况说明、番茄花园服务器托管变更、合同变更说明,证实2006年9月洪磊租用电信苏州分公司专用机房空间和网络线路以及其他配套设施存放主机并委托代为维护;2007年4月,四川网联互动广告有限公司与电信苏州分公司重新签订合同,将主机存放在南施街,由电信苏州分公司为"网联"提供主机托管服务;2007年12月25日,四川网联互动广告有限公司致函电信苏州分公司,通知已将协议约定的服务器及相关服务皆转入"成都共软"名下,要求电信苏州分公司在2007年底以后的履约期限中,对原协议约定的发票开具以及合同中的相关权利义务,将服务转向成都共软网络科技有限公司;2008年7月,成都共软网络科技有限公司继续租用电信苏州分公司专用机房空间和网络线路以及其他配套设施存放主机并委托代为维护。

(13) 合作合同、合作协议,证实2007年4月张天平代表成都共软网络科技有限公司与百度在线网络技术(北京)有限公司达成协议,双方共同由"共软"绿色浏览器及其他产品的用户推广"百度"搜索引擎服务,根据签订的合作合同附件(一)指定的计费名对应用途,dwsoldg、6dg、7dg 和 lpg 分别对应"番茄花园"版、郑国槟版、SKY 版和番茄主站;2007 年 8 月,张天平代表成都共软网络科技有限公司与百度时代网络技术(北京)有限公司签订协议,利用"共软"的"www. 9533. com"网站、极速浏览器、绿色浏览器和番茄吧软件共同进行搜索引擎合作;2008 年 6 月,孙显忠代表成都共软网络科技有限公司与百度时代网络技术(北京)有限公司签署合作伙伴关系战略联盟协议,利用"共软"的番茄花园、电脑公司版装机软件及此两款软件日后改名版、升级版和极速浏览器、绿色浏览器、番茄工具条插件以及番茄网站,在信息使用、广告宣传、市场活动、技术支持及服务等方面共同开展搜索合作。

(14) 成都共软网络科技有限公司 2008 年 5 月至 8 月招商银行交易明细、账务明细清单、户口历史交易明细表、资金往来明细、DWSO 总账、DWSO 分类明细、四川省成都市其他服务业发票、招商银行借记通知、付款回单、支付结算查询报表等,证实 2007 年 8 月至 2008 年 7 月百度时代网络技术(北京)有限公司共支付成都共软网络科技有限公司涉及"番茄花园"网站提供下载的"番茄花园"Windows XP 系列计算机软件产生的推广费计人民币 935 665. 53 元。

(15) 软件捆绑协议、补充协议、合同审批单、搜索合作协议、名称变更通知、企业法人营业执照,证实 2006 年 5 月张天平代表四川网联互动广告有限公司与北京三七二一科技有限公司达成协议,利用"网联"全权代理的"番茄花园"系列软件及协议期内后续版本和其他相关软件产品,捆绑"三七二一"的"网络实名"与"雅虎助手"后以默认安装方式提供下载;2006 年 8 月,孙显忠以四川网联互动广告有限公司的名义与北京三七二一科技有限公司签订协议,利用"网联"全权代理的系列操作系统相关共享软件及协议期内后续版本和其他相关软件产品,捆绑"三七二一"的"网络实名"与"雅虎助手"后以默认安装方式提供下载;2006 年 8 月,北京三七二一科技有限公司变更名称为北京阿里巴巴信息技术有限公司,后因四川网联互动广告有限公司业务调整和更名为成都共软网络科技有限公司,2007 年 5 月由孙显忠对原软件捆绑合作协议进行了补充、修改;2007 年 12 月,张天平代表成都共软网络科技有限公司与北京阿里巴巴信息技术有限公司订立搜索合作协议,在番茄吧、WINDOWS 优化大师、极速浏览器、东海 GHOST 软件及协议期内后续版本或"番茄花园"网站、9533 网址导航中加入搜索代码,协助北京阿里巴巴信息技术有限公司推广搜索引擎服务并按照搜索流量获取推广费用。

(16) 资金往来明细、登录名分类明细、四川省成都市广告业发票、四川省成都市其他服务业发票、招商银行结算业务委托书、户口历史交易明细表、账务明细清单、成都共软网络科技有限公司 2008 年 5 月至 8 月招商银行交易明细,证实 2007 年 1 月至

2008年8月北京阿里巴巴信息技术有限公司(原北京三七二一科技有限公司)已累计支付成都共软网络科技有限公司涉及“番茄花园”Windows软件上捆绑搜索代码或搜索工具产生的推广费1 611 996.46元。

(17) 合作协议、补充协议,证实2007年5月和2008年4月张天平代表成都共软网络科技有限公司与北京搜狗科技发展有限公司签订协议,由成都共软网络科技有限公司在其拥有的平台上推广“搜狗拼音输入法”产品。

(18) 数据统计清单,证实以在“番茄花园”网站发布的“番茄花园”系列计算机软件上捆绑的方式,对“搜狗拼音输入法”进行推广涉及的费用为69 538.50元。

(19) 软件捆绑合作协议,证实2006年12月张天平代表四川网联互动广告有限公司与北京胜风明信息技术有限公司达成协议,由四川网联互动广告有限公司将“快车(flashget)”捆绑在“番茄花园”及其后续版本上推广。

(20) 付费清单、招商银行借记通知、四川省成都市其他服务业发票,证实2007年2月至2007年6月北京胜风明信息技术有限公司支付四川网联互动广告有限公司推广费53 343.3元,支付成都共软网络科技有限公司推广费307 086.6元。

(21) 公司更名证明、名称变更通知,证实2007年4月四川“网联”以业务发展需要为由,致函通知北京胜风明信息技术有限公司:“原四川网联互动广告有限公司更名为成都共软网络科技有限公司”;2007年12月,北京胜风明信息技术有限公司经核准,名称变更为网际快车信息技术有限公司。

(22) 证人郑国槟的证言,证实其在系统安装、维护技术方面很有心得,应孙显忠的邀请于2007年3月至“共软”从事系统优化工作,后在孙显忠的安排、指示下,从网络上下载Windows XP计算机软件和注册码后,将孙显忠提供的要安装的软件捆绑进去,对Windows XP系统的注册表进行一些修改,制成ISO镜像文件交给孙显忠,再由孙显忠把软件给洪磊等人,其根据洪磊提出的问题和意见,在番茄论坛上对软件的情况发帖说明,并由洪磊在上面提供下载的种子和链接;其先后制作了五个GHOST版的Windows XP计算机软件,并发布到洪磊的番茄论坛上,所发布的软件通过网上BT下载的方式,或通过论坛链接“热度下载”让网民使用;安装捆绑软件是为这些软件作宣传推广,“共软”可以从中获取广告费,相应软件公司会通过调查统计的数据,根据从番茄花园作品产生的其软件使用量,来给付“共软”公司相应的报酬;番茄花园网站把番茄论坛做成一个版块,就是要利用番茄花园作品的人气,通过在上面挂一些广告赚取广告收入,论坛上主要是自己和洪磊、@sky@等人发布的番茄花园作品,洪磊、@sky@主要制作Windows XP的免激活版和美化版;“红果”公司是从“共软”公司分立出来的,财务、人事等都是由“共软”管理,人员都是原“共软”的员工,工资也是由“共软”公司发给。

(23) 证人陈昌美的证言,证实孙显忠是“共软”网络公司的老板,“红果”的员工就是"共软"的职员,劳务合同也都是和"共软"签订,他们的工资均从"共软"领取,"红果"公司的负责人是张天平,同时也是"共软"的股东之一。

(24) 证人侯燕的证言,证实成都共软网络科技有限公司的法定代表人是孙质强,股东有孙显忠、张天平、王宝珊、蔡文胜等人,其中孙显忠所占股份最多且公司也由他负责经营,与其说"共软"旗下有"红果"这个部门,还不如把它称作项目更加妥当些,"红果"有张天平、宋思颖、郑国槟、"梁国华"等人,公司最大的收入来自"百度"支付的推广费,因为网站提高了"百度"的知名度,增加了"百度"的点击量(使用量)。

(25) 证人夏倩娣的证言,证实成都共软网络科技有限公司现在共有七个股东,分别是孙显忠、张天平、蔡文胜、何红梅、洪磊、潘东海、刘勇,孙显忠是成都共软网络科技有限公司最大的股东。

(26) 证人何红梅的证言,证实孙显忠是成都共软网络科技有限公司的老总,其没有参与过公司的任何经营活动。

(27) 证人薛柏的证言,证实2006年9月洪磊至中国电信苏州分公司,申请租赁服务器和宽带用于开办网站,IP地址是58.211.0.168/58.211.138.137/58.211.138.136,服务器就放在电信南施街机房里,2007年4月,洪磊要求变更原协议的服务内容,提出使用他自己的服务器,由他只支付机位费和宽带费,又在年底要求将相关服务转入成都"共软",2008年7月,成都"共软"因工作需要,再新增了一台服务器和交换机。

(28) 证人刘志宇的证言,证实百度时代网络技术(北京)有限公司与成都共软网络科技有限公司有过业务合作,由百度时代网络技术(北京)有限公司提供搜索引擎代码给成都共软网络科技有限公司,"共软"以各种方式引导普通用户使用"百度"搜索,由此为"百度"带来收益,"百度"按照约定的比例把收益的一部分支付给"共软"作为推广费,具体的捆绑方式和放置广告形式由"共软"操作,而"百度"主要根据最终效果付款。钱款均以银行转账形式汇入"共软"284580285210001账户,据统计,"共软"DW-SO账号中有1dg、14dg、6dg、7dg这几个计费名,涉及"番茄花园"网站提供下载的番茄花园版Windows XP系列计算机软件,累计推广费总额为人民币935 665.56元。

(29) 证人王晓阳的证言,证实北京阿里巴巴信息技术有限公司(原北京三七二一科技有限公司)分别与四川网联互动广告有限公司、成都共软网络科技有限公司有过合作,四川网联互动广告有限公司与成都共软网络科技有限公司以及北京阿里巴巴信息技术有限公司与北京三七二一科技有限公司系同一个公司,北京阿里巴巴信息技术有限公司(原北京三七二一科技有限公司)向成都共软网络科技有限公司(四川网联互动广告有限公司)提供搜索代码和搜索工具,由成都共软网络科技有限公司(四川网联互动广告有限公司)将搜索代码和搜索工具捆绑在它的产品和网站上引导用户使用,由北京阿里巴巴信息技术有限公司(原北京三七二一科技有限公司)按搜索量依约定的价格支付成都共软网络科技有限公司(四川网联互动广告有限公司)推广费,登录名

“wang'an041”和“tomato”以及“GhostXP-SP2”分别对应的是番茄花园版计算机软件以及 Ghost XP 计算机软件,据统计,2007 年 1 月至 2008 年 8 月,其共支付成都共软网络科技有限公司人民币 1 611 996.47 元。

(30) 证人魏潇的证言,证实 2007 年 9 月至 2008 年 9 月北京搜狗科技发展有限公司与成都共软网络科技有限公司有过合作,由成都“共软”把相应的“搜狗拼音输入法”捆绑在番茄花园版 Windows XP 系列计算机软件中,将这些软件发布在番茄花园网站上供网民下载,在安装过程中引导用户安装“搜狗拼音输入法”,其公司通过银行转账汇入成都共软网络科技有限公司 1 283 747.25 元,据统计,涉及番茄花园版 Windows XP 系列计算机软件的代码,分别是 3141、3209、3244、3322、3602、4067、4256,以在“番茄花园”网站发布的“番茄花园”系列计算机软件上捆绑的方式,对“搜狗拼音输入法”进行推广涉及的费用为 69 504.50 元。

(31) 证人童玮亮的证言,证实北京胜风明信息技术有限公司(现“网际快车信息技术有限公司”)与成都共软网络科技有限公司及四川网联互动广告有限公司有过软件捆绑合作,成都共软网络科技有限公司将网际快车软件捆绑在他们的番茄花园版 Windows XP 系列软件中推广,网际快车信息技术有限公司累计支付四川网联互动广告有限公司推广费 53 343.3 元,支付给成都共软网络科技有限公司推广费 307 086.6 元。

(32) 苏州市公安局信息网络安全监察处制作的远程勘验工作记录,证实 2008 年 8 月 15 日 10 时至 2008 年 8 月 16 日 17 时,苏州市公安局信息网络安全监察处对番茄花园网站和热度下载网站进行了远程勘验取证,发现两个网站均提供各种版本的 Windows 系列软件下载,经从部分截图中统计到,热度网站番茄花园版 GHOST XP sp3 V1.2 下载 7 877 次,GHOST XP sp3 V1.1 下载 98 574 次。番茄花园网站 GHOST XP sp3 V1.2 下载 4 760 次、番茄花园 GHOST XP sp3 V1.1 下载次数 3 327 次、番茄花园 GHOST XP sp3 V1.0 下载 2 770 次、番茄花园 WINXP sp3 V.3300 下载 5 037 次、番茄花园 WINXP sp2 V3.3 下载 16 974 次、番茄花园 WINXP sp3 V1.0 下载 2 764 次、番茄花园 WINXP sp2 V3.5 下载 20 499 次、番茄花园美化 WINXP sp2 V6.2A 下载 6 272 次、番茄花园 WINXP sp2 V3.4 下载 11 074 次、番茄花园 WINXP sp3 V1.21 下载 1 497 次、番茄花园 WINXP sp3 V1.1 下载 3 151 次、番茄花园 LEI NLITE XP sp3 V1.0 下载 1 746 次、番茄花园 WINXP sp2 下载 10 587 次。

(33) 苏州市公安局信息网络安全监察处制作的电子证物检查笔录,证实 2008 年 8 月 19 日 18 时 30 分至 8 月 21 日 17 时,苏州市公安局信息网络安全监察处为查找并提取保存案件相关的电子证据,对洪磊个人所使用的台式电脑、笔记本电脑以及开设网站所使用的两台服务器等电子存储设备进行了电子证物检查,发现多个版本的番茄花园 Windows 系列软件。

(34) 苏州市公安局信息网络安全监察处制作的电子证物检查笔录,证实 2008 年

9月5日10时30分至2008年9月7日12时，苏州市公安局信息网络安全监察处对洪磊涉嫌侵犯知识产权案中前期调查所获取的番茄花园系列软件进行了电子证物检查，发现番茄花园 Windows 系列软件中加载百度时代网络技术(北京)有限公司、北京阿里巴巴信息技术有限公司、北京搜狗科技发展有限公司、网际快车信息技术有限公司等多家单位的商业插件。

(35) 发破案经过、抓获经过，证实微软公司于2008年7月向公安部举报番茄花园侵犯著作权后，该案被交由苏州市公安局虎丘分局立案侦查，2008年8月15日，虎丘分局治安大队会同市局网监处，在洪磊居住地抓获洪磊；2008年8月17日，在深圳当地公安机关的配合下，于宝安区梁焯勇暂住地抓获了梁焯勇；2008年8月22日，在成都公安技侦部门的协助下，于成都郑国槟暂住地将郑国槟抓获；同日张天平向成都公安机关投案；2008年12月19日，成都市公安局行动技术处民警抓获孙显忠并送看守所羁押。

(36) 搜查笔录，证实2008年8月15日下午13时30分至14时30分，公安人员在本市新区保利雅苑4-1002室洪磊的住处，搜获华硕笔记本电脑和兼容电脑各一台、光盘36张、银行卡7张及协议、合同等。

(37) 被告人孙显忠、张天平、洪磊、梁焯勇的户籍证明证实四被告人犯罪时均已满18周岁。

本院认为，被告单位成都共软网络科技有限公司、被告人孙显忠、张天平伙同被告人洪磊、梁焯勇共同以营利为目的，未经著作权人许可，复制、发行其计算机软件，违法所得数额巨大，情节特别严重，其行为均已构成侵犯著作权罪，对被告单位应当判处罚金，对各被告人应当判处3年以上7年以下有期徒刑，并处罚金。被告人孙显忠作为被告单位直接负责的主管人员、被告人张天平作为被告单位直接责任人员，应当承担刑事责任。在共同犯罪中，被告单位成都共软网络科技有限公司、被告人孙显忠、张天平、洪磊均起主要作用，均系主犯，应按照其参与的全部犯罪处罚。被告人梁焯勇受被告人洪磊指使复制、发行他人计算机软件，起辅助作用，系从犯，应减轻处罚。被告人张天平犯罪以后自动投案，如实供述自己的罪行，系自首，可减轻处罚。公诉机关指控被告单位成都共软网络科技有限公司、被告人孙显忠、张天平、洪磊、梁焯勇犯侵犯著作权罪的事实清楚，证据确实、充分，罪名及提请对被告人张天平减轻处罚的理由成立，本院予以采纳，但指控被告单位成都共软网络科技有限公司获取非法所得为人民币2 977 630.39元一节，经查被告单位成都共软网络科技有限公司从网际快车信息技术有限公司获取非法所得为人民币307 086.6元，而非人民币360 429.9元，其中人民币53 343.3元系网际快车信息技术有限公司支付给四川网联互动广告有限公司，故被告单位成都共软网络科技有限公司的违法所得为人民币2 924 287.09元。关于被告单位成都共软网络科技有限公司诉讼代表人孙质强认为其不清楚单位触犯了法律的意见，经查，被告单位通过被告人孙显忠、张天平与被告人洪磊、梁焯勇合作，利用被告人洪磊、梁焯勇制作的盗版Windows系列软件，以修改浏览器主页、默认搜索页面、捆绑需推广的客户商业软件等形式牟利，而且全部非法所得均汇入公司账户，因此被告单位法定代表人是否清楚本单位触犯法律不影响本案的定罪量刑。关于被告人孙显忠辩称“其直到案发，才知道番茄花园侵犯微软公司的软件，因为当时其都放手让张天平与番茄花园合作”的意见，经查，同案被告人张天平、洪磊的供述均证实被告人孙显忠明知洪磊的番茄花园网站流量大的原因是网站有盗版Windows系列软件下载，还指示被告人张天平、洪磊修改浏览器主页、默认搜索页面、捆绑需推广的客户商业软件，供他人下载。上述事实被告人孙显忠也曾在公安机关供述，故对被告人孙显忠的辩解不予采纳。关于辩护人范勇提出“被告单位主观上均没有犯罪的故意，客观上没有实施犯罪的事实”的意见，本院认为，单位犯罪的主观故意由单位集体研究决定或由单位负责人决定，本案中被告人孙显忠是被告单位成都共软网络科技有限公司的实际负责人，该事实有证人郑国槟、陈昌美、侯燕、夏倩姊、何红梅的证言证实，被告人孙显忠本人也予以确认，因此，被告人孙显忠的主观故意及客观行为体现了被告单位的意志及行为。其次，本案中牟取的违法所得均归被告单位所有，因此被告单位成都共软网络科技有限公司构成侵犯著作权罪。关于辩护人范勇提出“被告单位涉案收入从2007年4月开始，应当与四川网联互动广告有限公司的收入区分开来”的意见，经查属实，应当将网际快车信息技术有限公司支付给四川网联互动广告有限公司推广费53 343.3元予以扣除。关于辩护人范勇、于国富、毛勤勇、吴秋星提出“起诉书指控的290余万元中，有合法收入”的意见，经查，百度时代网络技术（北京）有限公司、北京阿里巴巴信息技术有限公司、北京搜狗科技发展有限公司、网际快车信息技术有限公司共支付被告单位成都共软网络科技有限公司推广费共计人民币4 000余万元，而起诉书指控的被告单位成都共软网络科技有限公司获取的290余万元，除网际快车信息技术有限公司支付给四川网联互动广告有限公司的推广费53 343.3元外，其余均系被告单位基于侵犯著作权的违法所得。关于辩护人于国富提出“被告人孙显忠未实施非法复制发行他人计算机软件作品的行为，其经营的是网络推广联盟，即利用自己的软件、主题资源包、格调网、极速浏览器等与其他公司合作；被告人孙显忠不具有非法复制、发行微软Windows XP的主观故意，也没有指使被告人洪磊侵犯他人著作权”的辩护意见，经查，同案被告人张天平、洪磊的供述均证实被告人孙显忠明知洪磊的番茄花园网站流量大的原因是网站有盗版Windows系列软件下载，还指示被告人张天平、洪磊修改浏览器主页、默认搜索页面、捆绑需推广的客户商业软件，供他人下载，且上述事实与被告人孙显忠在公安机关的供述相互印证，故对此辩护意见不予采纳。关于辩护人于国富提出“被告人孙显忠主观恶性很小，认罪态度良好，且并未在相关活动中获得个人利益，家庭有实际困难，建议法院坚持疑罪从无的原则处理”的意见，经查，被告人孙显忠为了牟取非法利益,伙同他人侵犯微软 Windows 软件的著作权,主观恶性较大;被告人孙显忠实际控制并拥有成都共软网络科技有限公司大部分股权,其单位获取的非法利益显然与被告人孙显忠个人有着直接的利害关系,因此,被告人孙显忠在侵犯著作权中未获取个人利益的观点没有事实依据。辩护人李晓明、班克庆提出"被告人张天平只是为了履行自己工作的职务,其主观恶性很小,没有亲自参与微软 Windows XP 的复制发行"的意见,经查属实,但其明知被告人洪磊的番茄花园网站流量大的原因是网站有盗版 Windows 系列软件下载,还按照公司指示要求被告人洪磊在盗版微软 Windows XP 软件中修改浏览器主页、默认搜索页面、捆绑需推广的客户商业软件,供他人下载,其行为构成侵犯著作权罪;辩护人李晓明、班克庆提出"被告人张天平具有自首情节,具有法定的从轻或减轻情节,同时也是初犯,没有前科,认罪态度较好,建议法庭对张天平减轻处罚"的意见,经查属实,本院予以采纳,并对被告人张天平予以减轻处罚。辩护人毛勤勇提出"起诉书认定违法所得数额巨大及情节严重,没有事实来证实"的意见,经查,基于番茄花园软件(盗版微软 Windows XP 软件)修改浏览器主页、默认搜索页面、捆绑需推广的客户商业软件,供他人下载的行为,百度时代网络技术(北京)有限公司、北京阿里巴巴信息技术有限公司、北京搜狗科技发展有限公司、网际快车信息技术有限公司共支付被告单位成都共软网络科技有限公司推广费共计人民币 2 924 287.09 元,有上述公司与成都共软网络科技有限公司的合作协议,证人证言,财务凭证等证据证实;辩护人毛勤勇提出"起诉书指控本案通过互联网在番茄花园网站、热度网站发布微软 Windows XP 供公众下载累计达十多万次,没有依据,只能认定为一般的点击数"的意见,经查,苏州市公安局信息网络安全监察处制作的远程勘验工作记录,证实了 2008 年 8 月 15 日 10 时至 2008 年 8 月 16 日 17 时,苏州市公安局信息网络安全监察处对番茄花园网站和热度下载网站进行了远程勘验取证,发现两个网站均提供各种版本的 Windows 系列软件下载及下载数量。辩护人吴秋星提出"被告人梁焯勇系从犯"的意见,经查属实,本院予以采纳,并对被告人梁焯勇予以减轻处罚。据此,对被告单位成都共软网络科技有限公司、被告人孙显忠依照《中华人民共和国刑法》第 217 条第 1 款第 1 项,第 220 条,第 25 条第 1 款,第 26 条第 1 款、第 4 款,第 64 条及最高人民法院、最高人民检察院《关于办理侵犯知识产权刑事案件具体应用法律若干问题的解释》第 5 条第 2 款,最高人民法院、最高人民检察院《关于办理侵犯知识产权刑事案件具体应用法律若干问题的解释(二)》第 1 条之规定,对被告人洪磊依照《中华人民共和国刑法》第 217 条第 1 款第 1 项,第 25 条第 1 款,第 26 条第 1 款、第 4 款,第 64 条及最高人民法院、最高人民检察院《关于办理侵犯知识产权刑事案件具体应用法律若干问题的解释》第 5 条第 2 款,最高人民法院、最高人民检察院《关于办理侵犯知识产权刑事案件具体应用法律若干问题的解释(二)》第 1 条之规定,对被告人张天平依照《中华人民共和国刑法》第 217 条第 1 款第 1 项,第 220 条,第 25 条第 1 款,第 26 条第 1 款、第 4 款,第 67

条第1款,第64条及最高人民法院、最高人民检察院《关于办理侵犯知识产权刑事案件具体应用法律若干问题的解释》第5条第2款,最高人民法院、最高人民检察院《关于办理侵犯知识产权刑事案件具体应用法律若干问题的解释(二)》第1条之规定,对被告人梁焯勇依照《中华人民共和国刑法》第217条第1款第1项,第25条第1款,第27条第1款、第2款,第64条及最高人民法院、最高人民检察院《关于办理侵犯知识产权刑事案件具体应用法律若干问题的解释》第5条第2款,最高人民法院、最高人民检察院《关于办理侵犯知识产权刑事案件具体应用法律若干问题的解释(二)》第1条之规定,分别判决如下:

(1) 被告单位成都共软网络科技有限公司犯侵犯著作权罪,判处罚金人民币8772861.27元(罚金自判决生效之日起缴纳),上缴国库。

(2) 被告人孙显忠犯侵犯著作权罪,判处有期徒刑3年6个月(刑期从判决执行之日起计算。判决执行以前先行羁押的,羁押一日折抵刑期一日,即自2008年12月19日起至2012年6月18日止),并处罚金人民币100万元(罚金自判决生效之日起缴纳),上缴国库。

(3) 被告人张天平犯侵犯著作权罪,判处有期徒刑2年(刑期从判决执行之日起计算。判决执行以前先行羁押的,羁押一日折抵刑期一日,即自2008年8月22日起至2010年8月21日止),并处罚金人民币10万元(罚金自判决生效之日起缴纳),上缴国库。

(4) 被告人洪磊犯侵犯著作权罪,判处有期徒刑3年6个月(刑期从判决执行之日起计算。判决执行以前先行羁押的,羁押一日折抵刑期一日,即自2008年8月15日起至2012年2月14日止),并处罚金人民币100万元(罚金自判决生效之日起缴纳),上缴国库。

(5) 被告人梁焯勇犯侵犯著作权罪,判处有期徒刑2年(刑期从判决执行之日起计算。判决执行以前先行羁押的,羁押一日折抵刑期一日,即自2008年8月17日起至2010年8月16日止),并处罚金人民币10万元(罚金自判决生效之日起缴纳),上缴国库。

(6) 被告单位成都共软网络科技有限公司的违法所得计人民币2924287.09元,予以没收(没收款自判决生效之日起缴纳),上缴国库。

如不服本判决,可在接到判决书的第二日起十日内,通过本院或者直接向江苏省苏州市中级人民法院提出上诉。书面上诉的,应当提交上诉状正本一份,副本二份。

审　判　长　章鸣林
审　判　员　王永伟
代理审判员　王耀华
2009年8月20日
书　记　员　沈国芳

（三）侵犯公民人身权利罪

赵作海故意杀人案法理研究

赵秉志[*]　张伟珂[**]

一、选案理由

继杜培武、王树红、佘祥林、聂树斌、呼格吉勒图等蒙冤者之后，2010 年 5 月，赵作海以 11 年的冤狱再次唤起人们对刑事司法程序的极大关注，像此前的案件一样，该案秉承了冤假错案的一贯特征：刑讯逼供，以口供为中心的证据片断，司法机关协调配合，但是赋予本案极大象征意义的也许是在案件澄清、主人公恢复自由不久的 6 月 24 日，最高人民法院、最高人民检察院、公安部、国家安全部和司法部联合发布了《关于办理死刑案件审查判断证据若干问题的规定》和《关于办理刑事案件排除非法证据若干问题的规定》，明确了特定情形下非法实物证据排除规则，不仅扩大了非法证据排除的范围，而且初步建立了排除非法证据的程序以及相应的举证责任制度。虽然本案的发生同相关规范颁行的关联性很难被确定，但不可否认的是，新规范的实施对于避免相似案件的发生，至少在制度性建构上向前迈进了一步。我们不奢望赵作海案像孙志刚案一样成为中国法治进程中的里程碑——毕竟树立这样一块里程碑的代价是残酷的，事实上本案也只是司法裁判历史上诸多相似一幕的重现，但是该案再一次地告诫公众——警惕以保障自由的法律之名剥夺合法公民的自由之身，法治之路漫漫而多棘。

冤假错案就像物理实验中的误差，在法律真实与客观真实的距离面前，也许有司法运行过程中永远无法回避的创伤，但是我们本可以凭借人类的智慧与文明把这个“误差”降为最小。① 一个新的冤案掀起了人们期待司法制度变革和司法理念革新

---

* 北京师范大学刑事法律科学研究院暨法学院院长、教授、博士生导师，中国法学会刑法学研究会会长。
** 北京师范大学刑事法律科学研究院 2010 级博士研究生。

① 即使一直以完善的人权保障制度、严谨的法律程序自居的英美国家，也有一定数量的冤假错案存在。据估计，在美国，1/4 的被告人是无辜的，全美被判处死刑的案件中至少有 1% 的被告人是被冤枉的；而依照英国公民自由小组大法官（Civil Liberties Group Justice）的保守说法：“每年至少有 15 人被陪审团错判。”参见刘品新：《当代英美刑事错案的实证研究》，载《国家检察官学院学报》2007 年第 1 期。

的又一轮高潮,在以血泪浇灌的自由之花换来社会关注的同时,如果我们不能很好地反思、改变现有司法体系中陈旧的内容,也许赵作海的遭遇会像杜培武们一样,仅仅是法治进程中匆匆翻过的一页。因此,我们有必要对赵作海杀人冤案进行深度思考。此为本案入选的理由。

二、基本案情

被告人赵作海,男,1952 年 10 月出生于河南省柘城县,汉族,文盲,农民,捕前住柘城县老王集乡赵楼村。“被害人”赵振晌,男,1954 年生,赵作海同村农民。

1998 年 2 月 15 日,赵振晌的侄子赵作亮到公安机关报案称其叔父失踪,怀疑被赵作海杀害。1999 年 5 月 8 日,赵楼村发现一具高度腐败的无头尸体,公安机关遂把赵作海列为重大嫌疑人并于5 月 9 日将其刑事拘留。5 月 10 日至6 月 18 日,赵作海作了 9 次有罪供述;6 月 18 日,柘城县检察院作出批准逮捕的决定;8 月 15 日,柘城县公安局将该案移送检察院审查起诉;9 月 28 日,柘城县检察院向商丘市检察院报送审查起诉,商丘市检察院两次将该案退回公安机关补充侦查。此后,柘城县公安局又移送过此案,检察院均未受理。

至 2002 年全国清理超期羁押专项活动期间,柘城县政法委召开会议协调研究该案,认为案件基本事实清楚,基本证据确实、充分,商丘市检察院可尽快起诉。后商丘市政法委扩大会议研究决定,由市检察院重新阅卷。同年 11 月 11 日,河南省商丘市人民检察院以商检起诉(2002)81 号起诉书指控被告人赵作海犯故意杀人罪,其指控内容为:1997 年 10 月 30 日夜,被告人赵作海在与本村妇女杜 × ×私通时,被也与杜 × ×有通奸关系的本村村民赵振晌发现,赵振晌持刀将被告人砍伤,被告人逃至家中,持刀躲在自家大门后,等赵振晌追到后,被告人用刀刺向被害人,致赵振晌当场死亡,然后将赵振晌的尸体肢解、隐藏。公诉机关认为,被告人赵作海的行为已构成故意杀人罪,适用《中华人民共和国刑法》第 232 条之规定,请求法院依法判处。

被告人赵作海对起诉书指控的犯罪事实当庭予以否认;其辩护人辩称本案事实不清、证据不足,请求宣告被告人赵作海无罪。

商丘市中级人民法院(2002)商刑初字第 84 号刑事判决书认定的事实为:被告人赵作海和被害人赵振晌均与本村妇女杜 × ×有通奸关系。1997 年 10 月 30 日夜,被告人赵作海在杜 × ×家与杜 × ×通奸时,被赵振晌碰见,赵振晌遂持刀将赵作海头、面部砍伤,赵作海逃离杜家,赵振晌追赶至赵作海家院内,赵作海持刀将赵振晌杀死并将尸体肢解、隐藏。被告人赵作海归案后在侦查环节曾多次供述持刀杀害赵振晌并肢解尸体的犯罪事实,其供述杀害赵振晌的原因、情节与现场勘验笔录、刑事技术鉴定及有关证人证言相一致,且用以包裹尸体躯干的编织袋片提取后,经赵作海及其妻赵振起、儿子赵西良辨认无误。商丘市中级人民法院认为,被告人赵作海杀害赵振晌并肢解尸体的事实清楚，证据确实、充分。赵作海当庭翻供理由及其辩护人的辩护意见不能成立，法院不予采纳。

2003年2月13日，河南省高级人民法院作出(2003)豫法刑一复字第13号刑事裁定书认定：被告人赵作海持刀杀人，手段残忍，后果严重，应予严惩。赵作海虽翻供，但一审当庭出示的证据来源清楚，收集程序合法，证据之间能相互印证，其否认犯罪的理由不能成立。鉴于被害人在案发原因上有一定的过错，对被告人赵作海可判处死刑，不立即执行。核准商丘市中级人民法院(2002)商刑初字第84号以故意杀人罪判处被告人赵作海死刑，缓期二年执行，剥夺政治权利终身的刑事判决。

2010年4月30日，被“杀死”的赵振晌“复活”，出现在赵楼村。5月6日，商丘市中级人民法院报告河南省高级人民法院，被认定为本案被害人的赵振晌又回到村中。

2010年5月8日，河南省高级人民法院作出(2010)豫法刑再字第15号刑事判决：(1) 撤销本院(2003)豫法刑一复字第13号刑事裁定和商丘市中级人民法院(2002)商刑初字第84号刑事判决；(2) 宣告被告人赵作海无罪。

另外，根据2010年7月商丘市人民检察院对赵作海故意杀人案中侦查人员涉嫌实施刑讯逼供等失职、渎职行为印发的起诉意见书的认定①，1999年5月8日至6月10日，赵作海先后被控制在柘城县老王集乡派出所和柘城县公安局刑警队，分别被铐在连椅、床腿或摩托车后轮上，公安办案人员分班轮流审讯和看守，这种体罚控制情况持续长达33天。为获取赵作海实施故意杀人的供述，侦查人员罗某某持枪威吓赵作海，并指使、纵容李某某、王某某、周某某、郭某某、司某某等人采取用木棍打、手枪敲头、长时间不让休息和吃饭等方法轮番审讯赵作海。赵楼村村民杜某某和赵作海的妻子赵某某也被传唤和长时间非法关押。②

三、裁判要旨

被告人因私情和被害人发生矛盾并将其杀死，事实清楚，证据充分。由于被告人曾经在公安机关的侦查环节作了多次杀人的笔录，并且有合理的证据存在，所以被告人及辩护人否认杀人的辩护不足采信。

四、引发的理论问题

几乎同所有为人关注的冤假错案一样，赵作海案遵循着同样的逻辑规则：有罪推

---

① 参见 http://www.wswnet.cn/zhonghe/main.asp? id=8718，2010年8月2日。

② 根据媒体的相关报道，杜某某向媒体表示，赵作海被刑拘后，她和赵作海同时被关押在老王集乡派出所，为了让她承认和赵作海有私情，民警让其跪在木棍上，用木棍打，用皮鞭抽。而身为赵作海妻子的赵某某也表示，“井中出现无头尸后，她被关在一座酒厂里一个多月。当她说自己不知道丈夫杀人时，被惩罚跪在棱角分明的棍子上。”相关信息参见《“赵作海冤案”背后的悲情》，载《法律与生活》2010年第6期；《赵作海：命就像一根草》，载《南方周末》2010年5月13日，第A7版。

定——刑讯逼供(或暴力取证)——协商会诊——裁判定罪。如此顺畅的体系,犹如完整的证据链条,使赵作海们陷入牢狱的磨难,更有不幸者坠落地狱的深渊。可以说,四个环节中任何环节的缺失都足以阻止冤假错案的发生,但是机缘巧合使不幸降临到一个人身上。人们在感叹命运多舛、生命脆弱的同时,无不对有罪推定的司法理念、刑讯逼供的侦讯手段、协商会诊的司法模式痛加鞭挞。当然,引起人们关注的不仅是程序制度的不足,一系列的争议还存在于对实体法规则的反思以及对案件自身更深层次的思考中。由此,本案所蕴含的焦点涉及程序与实体的多个方面。

1. 无罪推定原则的理解与制度完善

理论界对于《中华人民共和国刑事诉讼法》(以下简称《刑事诉讼法》)是否确立无罪推定原则存在争论,赵作海的不幸遭遇再一次让公众反思有罪推定与无罪推定对人权保障的不同价值。从被羁押的第一天起,赵作海就被贴上了“犯人”的标签,此后的刑讯逼供、超期羁押都只是这一认定的延伸。如果我们能够完整地确立无罪推定原则,赋予犯罪嫌疑人、被告人充分的诉讼权利来保障其合法权益,那么赵作海也许会经历另一种生活。面对他悲痛的眼神,我们不得不深刻反思。

2. 刑讯逼供罪的争议问题

刑讯逼供对这次冤案的作用有多大,我们不得而知。只是刑讯逼供在获取口供中所发挥的功效使侦查人员屡试不爽。当赵作海无罪释放之后,相关责任人员因刑讯逼供接受司法调查,一个不幸的家庭结束了,又有新的家庭即将遭遇不幸。作为《刑法》明确规定的罪名,刑讯逼供罪在司法实践中远没有发挥应有的作用,通过对其构成要件的明确,立案标准的分析,加强对刑讯逼供的实体法治理,提高刑事司法的威慑力,也是一个值得探讨的路径。

3. “超期羁押”型非法拘禁罪的认定问题

赵作海从被拘留到一审被判死刑缓期二年执行,前后历时三年多,累计羁押时间高达千余日,超出法律规定最长六百余天的羁押期限,超期羁押让人惊嘘不已。一直以来,国家有关部门都会不时地进行超期羁押专项清理,然而一次次的清理,依旧是一个个的超期不止。监督机制的改革与完善我们已经讨论得太多,能否从实体法的角度建构完整的刑事责任追究机制,运用刑罚手段惩治超期羁押行为,值得我们深思。

4. 赵振晌侵害行为的性质认定及追责的正当性

赵振晌的“复活”为赵作海的人生带来了惊天大逆转,正如13年前赵振晌砍伤赵作海后的“神秘失踪”。赵作海的遭遇几乎吸引了全社会的眼球,而对赵振晌持刀伤害赵作海的侵害行为则鲜为人所关注,也许是人们不愿意在一个悲剧结束的时候再惩罚另一个沧桑老人。然而,当侵害行为发生后,从《刑法》的角度阐释行为的法律评价,也许能够更深层次地挖掘本案的社会价值。对于赵振晌而言,侵害行为应当被认定为故意伤害罪还是故意杀人罪的未遂,13年的逃亡经历是否能够依据追诉时效的规定而回避法律的制裁？这些问题都值得深入分析。

五、无罪推定原则的理解与制度完善

赵作海案再次唤起人们对无罪推定制度的思考，我国的《刑事诉讼法》中究竟是否存在无罪推定原则，为何无罪推定原则在刑事诉讼程序中没有发挥应有的人权保障机能，这些疑问都将伴随着我们在现有制度框架下对无罪推定原则的反思过程。

（一）无罪推定原则的历史发展及内涵——兼议与有罪推定的关系

1. 无罪推定原则的发展及现状

（1）无罪推定原则的形成和发展

遵循现代法治理念的发展脉络，无罪推定在刑事司法制度中的确立抑或在人权保障领域发挥的巨大作用，经历了从思想启蒙到制度建构的完整过程。在刑讯逼供之风盛行、司法恣意的封建纠问制诉讼模式下，以无罪推定为重要内容的人权保障理念凭借欧洲启蒙运动的汹涌浪潮对封建传统刑事诉讼体制展开了强烈进攻，唤醒刑事司法对人权的关注和保障——不仅关涉犯罪嫌疑人、被告人等诉讼参与人的利益，而且有助于推动刑事诉讼程序的文明化、人道化、规范化。

正如任何一项法治理念的产生都源于社会深厚的文化积淀和法律传统一样，无罪推定作为一项法治理念扛起反封建司法专制的大旗，也根植于欧洲大陆深厚的法律底蕴——古代罗马法"有疑，为被告人之利益"的原则成为其最早的法律渊源。① 但是作为现代刑事司法理念，最早提出这一理论的是 18 世纪意大利著名刑法学家贝卡里亚。② 他在其经典之作《论犯罪与刑罚》中写道："在法官判决之前，一个人是不能被称为罪犯的。只要还不能断定他已经侵犯了给予他公共保护的契约，社会就不能取消对他的公共保护。"③贝氏的这一主张为自由、平等、博爱的启蒙运动注入了新的含义。作为启蒙运动胜利成果之一的法国 1789 年《人权宣言》第 9 条明确规定："任何人在其未被宣告为犯罪以前，应当被推定为无罪。"此后 1791 年《法国宪法》更是因将无罪推定明确为宪法原则而开世界之先河，同年蕴含无罪推定原则的美国《人权法案》生效。与同样保障人权、限制刑罚权恣意行使的罪刑法定原则波折的命运不同，无罪推定原则

---

① 有学者认为，无罪推定原则最早产生于我国上古时期，如"罪疑惟轻"、"与其杀不辜，宁失不经"。参见王海雄：《中国古代人身权利保障的新思考——兼论古代无罪推定与罪行法定在现阶段的深化》，载《中南民族大学学报》2004 年第 S1 期。在笔者看来，本句话难以成为无罪推定的渊源，首先不必说其本身是否包含保障人权的初衷，单就其含义来讲，"与其杀不辜，宁失不经"是指在处理两可的疑难案件时，宁可偏宽不依常法，也不能错杀无辜。一方面其体现的是古代纯朴的道德观；另一方面本身也包含着法外处置的可能，这与无罪推定原则本身有重大区别。只不过仅根据其含义可以看出，在我国古代文化传统中存在着无罪推定的思想。

② 有观点认为，贝卡里亚所主张的亦非无罪推定，只是对有罪推定的否定。参见宋振武：《无罪推定原则之辨正》，载《烟台大学学报》2004 年第 1 期。

③ 参见〔意〕贝卡里亚：《论犯罪与刑罚》，黄风译，中国大百科全书出版社 1993 年版，第 31 页。

的影响在世界范围内逐渐扩大,尤其是在第二次世界大战后,随着民主化运动的深入和人权保障的进一步强化,它为国际公约或区域性的国际组织所接受,并且越来越多的国家在刑事诉讼法或宪法中将无罪推定规定为一项基本原则。

然而,无罪推定原则在我国法律制度中的确立却颇费周折。清末修律是中华法系与西方法律文化和制度的一次激烈交锋,一心想通过修律实现民族自立的修律大臣们"不仅移植了大量西方近代的司法制度和原则,也导入了许多资产阶级的司法观念"。[①] 无罪推定以保障人权的巨大作用而为立法者所关注并成为《大清刑事民事诉讼法草案》的基本思想。虽然后来该草案并没有成为正式生效的法律,但是对无罪推定原则的移植则为民国立法所继承,直至我国台湾地区现行的"刑事诉讼法"第 154 条对无罪推定作出了明确规定。[②]

中华人民共和国成立后,由于无罪推定原则的"出身问题"——资产阶级法律的标签,其在我国社会主义法律体系中是否应当存在引起了激烈的争论,并伴随着 20 世纪 50 年代"反右"运动扩大化而逐渐被驱逐出法律的范畴。无罪推定一度成为法学研究的禁区。即使在改革开放后,法学研究愈发充满生气,但是无罪推定原则并没有随着 1979 年《中华人民共和国刑事诉讼法》(以下简称 1979 年《刑事诉讼法》)的颁布而受到重视。因为无罪推定的法律拟定与实事求是的指导思想之间是否存在矛盾的问题没有得到合理解决,无罪推定原则再次丧失了中国化的机会。[③] 直到 20 世纪 90 年代,随着对现代法治理念研究的日益深入和对保障人权的关注,同时奠基于学术界对无罪推定原则深入研究所取得的丰硕成果,无罪推定原则终于在《刑事诉讼法》中占据一席之地。

(2) 无罪推定原则的立法现状

有学者认为,无罪推定的思想最早体现在英国习惯法的证据制度中。早期英国刑事诉讼中的无罪推定存在于证实任何犯罪的过程中,不仅在刑事审判中,即使在整个刑事诉讼中,只要断言某一犯罪行为已经实施,就要运用无罪推定。无罪推定的牢固性很强,为了驳倒它,必须将被告人的罪行证明到"排除一切合理怀疑"的程度。[④] 然而,随着无罪推定原则对促进刑事诉讼程序正当化的巨大价值,其已经超越了证据制度的狭小范畴,在世界范围内,为国际公约或条约所广为接受和推广,并有越来越多的国家将其转化为国内法。

① 刑事诉讼法明确无罪推定原则。刑事诉讼法是规定刑事诉讼的任务、基本原则

---

① 参见何勤华:《西法东渐与中国司法的近代化》,载"中国法学网",http://www.iolaw.org.cn/showNews.asp? id=9916,2010 年 7 月 22 日。

② 我国台湾地区现行"刑事诉讼法"第 154 条对无罪推定原则的明确是在 2003 年修改后,但之前的规定依然秉承了无罪推定的思想。

③ 参见文正邦、孙洪坤:《无罪推定的法哲学思考》,载《法商研究》2000 年第 2 期。

④ 参见林劲松:《作为宪法原则的无罪推定》,载《甘肃社会科学》2004 年第 5 期。

与制度,侦查机关、控诉机关、审判机关在刑事诉讼中的职权和相互关系,当事人及其他诉讼参与人的权利、义务,以及如何进行刑事诉讼的具体程序的法律规范。因此在刑事诉讼中规定无罪推定原则的具体内容和要求,更有利于从微观的制度层面实现其保障人权的机能。目前有一些国家和地区就采用了此种立法模式。如我国台湾地区"刑事诉讼法"第154条规定:被告未经审判证明有罪确定前,推定其为无罪。犯罪事实应依证据认定之,无证据不得认定犯罪事实。

② 在宪法或宪法性法律文件中规定无罪推定原则。宪法是国家的根本大法,规定着一国公民的根本权利和义务,以及国家机关的设置和职能。因此,在宪法中规定无罪推定就意味着该原则成为公民的基本权利,任何公民一律享有未经特定程序和法定机关而不得被定罪处罚的宪法保障,司法机关行使司法权力受其最高限制,同时有关犯罪与刑罚的制度和规范性文件亦都应当受到无罪推定的制约。在这个意义上,在宪法中明确规定无罪推定原则较单独规定在刑事诉讼程序中所体现的价值更为深远。这些国家既有在宪法中明确规定无罪推定原则的,如1947年《意大利共和国宪法》在"公民的权利与义务"篇第27条规定:在终局性的判决作出之前,被指控人不得被认为有罪。[①] 也有以相关条文的内涵来体现无罪推定原则的。如美国、日本,其中前者是在宪法修正案中通过"不得被迫自证其罪"等规定予以体现,后者则是以"非法证据排除规则"、"禁止强制不利陈述"来体现的。

③ 区际公约或国际公约对无罪推定原则的规定。第二次世界大战后,国际性的人权保障运动兴起,以《世界人权宣言》为标志,越来越多的国际公约或区际公约把保障人权作为一项重要的协商内容。无罪推定原则得以在国际范围内获得更大的共识并得到完善。其中比较具有代表性的公约有:1948年的《世界人权宣言》(第11条第1款:"凡受刑事控告者,在未经获得辩护上所需的一切保证的公开审判而依法证实有罪以前,有权被视为无罪")、1966年的《公民权利和政治权利国际公约》(第14条第2款:"凡受刑事控告者,在未依法证实有罪之前,应有权被视为无罪")、1950年的《欧洲人权公约》(第6条第2款:"凡受刑事罪指控者在未经依法证明为有罪之前,应当推定为无罪")、1969年的《美洲人权公约》(第8条第2款:"被指控犯有罪刑的每一个人,只要根据法律未证实有罪,有权被认为无罪")。

2. 无罪推定原则的内涵

无罪推定原则的通常表述是:凡受刑事罪指控者在未经审判机关依法证明为有罪之前,应当推定为无罪;抑或不得认定有罪。虽然表述不同,但是"推定无罪"与"不得

① 此外,还有《俄罗斯联邦宪法》、《菲律宾共和国宪法》、《阿尔及利亚民主人民共和国宪法》、《土耳其宪法》、《加拿大宪法》等都对无罪推定原则予以明确。相关内容参见宋振武:《无罪推定原则之辨正》,载《烟台大学学报》2004年第1期;夏锦文:《无罪推定原则的意义解读——一种诉讼法哲学分析》,载《南京师大学报》2002年第4期。

认定有罪”实质上是相同的。推定无罪意味着行为人在法律上仍然是无罪之人,应该享有法律所赋予的各项权利来充分保证自己不受国家权力的侵犯;“不得认定有罪”是“无罪”的反向表述,至少在有充分的证据并经法定程序证明行为人构成犯罪之前,行为人不得被认定有罪。按该原则认定的后果就是赋予行为人“无罪”的地位,当然,这种“赋予”仍然是基于保障人权的一种法律推定。从上述表述可以看出,无罪推定原则包含三个基本要素:审判机关、依法证明、推定无罪(或不得认定有罪)。审判机关一般来讲是指独立于立法机关、行政机关的具有中立性的法院;依法证明要求对犯罪嫌疑人、被告人的审判必须依照法定的程序、达到法定的证明标准后才能认定;推定无罪是指在获得充分的证据证明犯罪嫌疑人、被告人有罪之前其在法律上是无罪的。因此,三个要素可以分别表述为无罪推定原则所蕴含的三项基本规则。

(1) 只有法院才具有确定犯罪嫌疑人、被告人有罪的职权。审判权属于代表司法机关的法院的专属职能,其与司法权一样有丰富的内容,但是其中最重要的当属定罪权。定罪权由独立于行政权和立法权的法院独立行使,其他任何国家机关都不享有定罪量刑的权力。这样既可以确保法律适用的规范、统一,更重要的是可以保障司法权行使的客观、公正。因为作为司法机关,法院不承担控诉职能,而是作为辩方与控方平衡的桥梁。定罪权仅赋予法院行使也就表明,侦查机关和检察机关对犯罪嫌疑人、被告人所采取的相应措施仅仅是为了诉讼的顺利展开而“不得已为之”,不具有对犯罪嫌疑人、被告人的实体效果。可以说,由于控方不具有最终认定有罪的权力,也就意味着犯罪嫌疑人、被告人仅仅是因为其与特定事项的关联而产生配合控方调查的情境,但仍然处于同控方平等的地位。

(2) 必须依照法律规定的正当程序、证明标准确定被告人有罪。被告人被认定有罪必须符合三项程序性条件:遵守法律规定的正当程序、符合有罪认定的证明标准、存在有罪判决。遵守法律规定的程序不仅是对审判机关的要求,也是对侦查机关、检察机关的诉讼活动的制约,即控方的证据搜集必须合法、客观,必须保证犯罪嫌疑人的合法权利受到应有的尊重和保障,在诉讼过程中没有受到非法处遇,审判机关依法行使审判权,严格保障被告人的辩护权得到充分行使,辩护意见和个人正当诉求得到应有的尊重。符合有罪认定的证明标准是指,有罪判决必须建立在法律规定的严谨的证据链条之上,在西方国家,这一充分的证明标准就是“排除一切合理怀疑”。当然,正当的法律程序更有利于证据搜集的客观、公正,从而为能够“排除一切合理怀疑”、确定是否有罪提供最终的依据。毕竟,合理怀疑的全部排除就意味着是否有罪的事实推理超越了无罪推定的法律拟制,有罪判决才能产生。而存在有罪判决表明了只有法院的判决才能证明被告人有罪,其他机关的任何文件或法院的其他法律文书都不能成为认定被告人有罪的依据。

(3) 在有罪判决作出之前,被告人在法律上是无罪的。依法作出的有罪判决宣告被告人在法律上是有罪的。但是有罪判决作出之前,不管事实上被告人是否实施了犯罪行为,在法律上他应当被认为是无罪的。当然这种无罪仅仅是一种法律上、观念上的无罪,与事实无涉。其目的就在于保证犯罪嫌疑人、被告人在强大的国家权力面前有抗争的机会和能力。在法律上被推定为无罪,就要使其能够充分行使辩护权与控方的指控展开对抗,而一旦贴上有罪的标签,其权利行使必将陷入危难的境地,此时较强大的控方而言,犯罪嫌疑人、被告人无疑陷入了"二次危难"的处境。由此看来,法律上的无罪更多是被赋予了程序上的价值,较封建专制司法体系下的有罪推定而言,更具有推动现代刑事司法制度文明化的意义。

随着诉讼理念的不断发展,在刑事诉讼程序的运行过程中,无罪推定原则遵循控辩双方的利益平衡产生四个派生原则。

(1) 证明被告人有罪的责任,应当由控诉方来承担,犯罪嫌疑人、被告方不负证明自己无罪的责任。作为受指控的一方如果承当证明无罪的义务将会被置于更加不利的境地,因为任何时候证明自己无罪都要比证明有罪难得多,更何况对方是作为国家暴力工具的检控方。基于这样的逻辑,从保护弱势一方的立场出发,有罪证明只能由控方承担。当然,被告方不负证明责任并不否定其拥有提供证据证明自己无罪的权利。

(2) 犯罪嫌疑人、被告人享有沉默权。沉默权要求行为人面对检控方的指控,拥有不自证其罪的权利,即在检控面前可以通过保持沉默而不发表可能对其不利的证言。沉默权的赋予是无罪推定原则的必然结果。既然法律上行为人是无罪的,就不能强迫其提出对己不利的证据,赋予沉默权是应有之义。甚至在个别情况下,即使作出虚伪陈述也不应当为法律所禁止,因为提供有罪证据与行为人无关。

(3) 不得采用刑讯逼供等非法手段获取证据。无罪推定原则要求在法律上赋予犯罪嫌疑人、被告人无罪的情况下,控诉机关必须人道地、文明地对待行为人,刑讯逼供等非法手段是以行为人有罪为逻辑前提的,因此必然与无罪推定原则相矛盾。

(4) 对案件被证明的事实提出合理怀疑时,应当作无罪处理。证据的搜集如果不能排除一切合理怀疑,就证明检控机关的证据不能形成犯罪成立的完整证据链条,试图证明被告人有罪的推理就难以成立。而无罪推定下的法律拟定必将转换为被告人无罪的事实认定,审判机关应当据此作出无罪判决。

3. 无罪推定原则的理论基础

无罪推定原则秉承保障人权的根本宗旨,通过逻辑假设的运行机制,为实现司法资源高效利用的制度设计提供良性保证。而对无罪推定原则理论基础的深入分析,更有利于认识无罪推定原则的深刻内涵。

(1) 无罪推定的价值基础——人权保障。作为一种法律设定,"无罪推定缺乏基础事实,它的存在基础是保障人权的价值公设。"[①]从贝氏为无罪推定理论发出呐喊的那一刻,无罪推定注定与人权保障理论密切相关。在该原则下,犯罪嫌疑人被赋予辩护权、沉默权、最后陈述权等多项足以抗衡控方的权利,与古代诉讼体制下刑讯逼供成风、口供中心主义的野蛮与恣意形成鲜明对比。当然这是一种可反驳的推定,它不是对犯罪嫌疑人、被告人作出的无罪判定或终结性结论,仅仅是对其在刑事诉讼过程中所处地位的保护性假定或设定。它给犯罪嫌疑人以公正和人道的对待,防止其人格尊严受到不适当的贬损导致诉讼地位恶化。[②]

(2) 无罪推定的实践基础——司法资源的稀缺性。面对社会的日益发展,人的需求日益多样化,矛盾与争议愈发显得复杂,有限的司法资源在现实面前稀缺性更加突出。而作为指引、预测、评价、裁判人类行为的法律规则,通过调整关系和安排行为的各种方式,使其在最少的阻碍和浪费的情况下给予整个利益方案以最大的效果。[③] 无罪推定原则以对犯罪嫌疑人的无罪设定为起点,通过严禁刑讯逼供、非法证据排除规则等制度的运行,保障对犯罪嫌疑人行为定性的正确性,至少排除有罪推定下冤假错案所带来的司法程序循环往复、国家赔偿、社会信任度下降为代表的司法成本上升。司法资源的稀缺性必然要求效益的最大化,这是司法权甚至国家权力行使的应有之义,也是无罪推定原则的价值所在。

(3) 无罪推定的运行基础——逻辑推理的客观性。无罪推定逻辑假设的前提是没有充分的证据能够证明犯罪嫌疑人的行为构成犯罪,而设置无罪推定可以有效地同控方有罪推定的主观意念及其支配下的检控行为相抗衡[④],无罪推定建构在客观事实的基础之上——正如前文所述,让人证明自己无罪是困难的,而无罪推定"是对被告人在判决前一种身份和地位的假设,其有罪、无罪是有待证明的,但在证明结论得出前只能作无罪的假设,既不能作有罪假设,也不存在第三种假设,矛盾没有第三方。"[⑤]由此看来,无罪推定并不是凭直觉、意念来运行的,而是按照一定程序设计来运作,通过严谨的证据分析和法律推论体现程序理性。[⑥]

4. *以史为镜:对有罪推定的历史反思*

有罪推定是指在对犯罪嫌疑人进行刑事追诉的过程中,从法律上假定其有罪。在有罪推定的司法理念支配下,刑事诉讼的过程不再只是为了查清案件事实,而是为了

---

① 参见毛淑玲、刘金鹏:《刑事法中的推定与无罪推定》,载《法学杂志》2009 年第 12 期。

② 参见文正邦、孙洪坤:《无罪推定的法哲学思考》,载《法商研究》2000 年第 2 期。

③ 参见〔美〕庞德:《通过法律的社会控制》,徐显明译,商务印书馆 2008 年版,第 47 页。

④ 虽然人们一直尊重无罪推定并努力践行,但是无可否认在检控方尤其是在侦查人员的主观意识中,仍然存在对犯罪嫌疑人可能有罪的推定。当然这和无罪推定的法律原则并不必然冲突,前者是个人的主观心理,而后者则是客观的制度设计,通过良好的运行机制来限制主观的随意和偏见。

⑤ 参见尤广辉、时延安:《无罪推定原则之多维分析》,载《南都学坛》2002 年第 6 期。

⑥ 参见刘元璋:《无罪推定原则的伦理基础》,载《江汉论坛》2007 年第 9 期。

找到能够追究犯罪嫌疑人刑事责任、有罪、罪重的证据。犯罪嫌疑人无罪、罪轻的证据仅仅是在刑事诉讼过程中附带发现的。与有罪推定的刑事诉讼理念相联系,必然注重对犯罪嫌疑人口供的使用,口供中心主义成为其代表的证据观。在其支配之下,侦查机关必然不择手段、通过各种方式来获取口供和证人证言。同时法官也成为承担控诉职能的一方主体,犯罪嫌疑人、被告人的诉讼权利受到极大侵害,没有完整辩护权来表达意愿,完全是刑事诉讼任意处置的客体。有罪推定构成封建纠问制诉讼理念的主干,刑讯逼供、秘密审讯,犯罪嫌疑人的个人权利受到极端践踏,即使证人也不能幸免。

在反对封建刑罚权恣意行使、专制暴虐的启蒙运动中,以保障人权、限制司法权滥用为目的的无罪推定摧毁了有罪推定的司法屏障,奠定其现代刑事司法理念的核心地位。与纠问制诉讼模式下的有罪推定模式相对立,无罪推定在保证法院独立审判的前提下,在法律上赋予了犯罪嫌疑人、被告人无罪的地位。法律上的无罪与事实上是否实施犯罪行为并没有必然联系,仅仅是一种法律地位的体现。在此司法模式下,被追诉人与控诉方处于完全平等的地位。完整的辩护权、沉默权、严禁刑讯逼供、非法证据排除规则等一系列的制度设计在中立的司法者的适用下,使犯罪嫌疑人、被告人的人格尊严得到尊重,法律得到信仰。可以说有罪推定模式使人成为实现诉讼目的的工具,而无罪推定的诉讼模式则把人当作诉讼的主体,赋予其完整的人格内涵。

"以史为镜,可以知兴衰。"以有罪推定为对照,可以明白刑事诉讼模式不同的优劣得失。无罪推定对人权的尊重和崇尚亦成为国家刑事司法现代化的一面明镜。毕竟,"从无罪推定的政治哲学意义上分析,它体现了对公民的一种普遍人权保障。它的意义在于不仅为国家建立一种对刑事被指控人较为宽容、更加文明和人道的社会政治环境创造了理论依据,而且为司法机关在整个社会中树立起威信和公正形象创造了群众基础。"①

(二)穿越错案:对《刑事诉讼法》第12条的反思

1.《刑事诉讼法》第12条与无罪推定原则的关系

《刑事诉讼法》第12条规定:未经人民法院依法判决,对任何人都不得确定有罪。本条规定是否可以看作是无罪推定原则在法律中的体现,理论界存在着不同的观点,有学者持肯定态度,也有学者认为本条没有确立无罪推定原则,"至少是未完全确立无罪推定原则,其基本理由是我国《刑事诉讼法》未确立犯罪嫌疑人的沉默权,相反规定了犯罪嫌疑人有如实陈述的义务。"②还有学者持第三种观点,即"我国刑事诉讼中实际实行的不是有罪推定,也不是完整的无罪推定,而有'疑罪从挂'的取向。"③从司法部门的意见来看,最高人民法院认为是"罪从判定"原则,最高人民检察院则认为是无

① 参见文正邦、孙洪坤:《无罪推定的法哲学思考》,载《法商研究》2000年第2期。
② 参见宋振武:《无罪推定原则之辨正》,载《烟台大学学报》2004年第1期。
③ 参见梁庆寅、罗仕国:《无罪推定的逻辑形式》,载《中山大学学报》2006年第1期。

罪推定原则。[①] 笔者认为,对《刑事诉讼法》第12条该如何定性,需要从以下两个角度来分析。

(1) 对第12条内涵的理解。第12条分为两部分:“未经人民法院依法判决”和“对任何人都不得确定有罪”,从句式上分析这是一个双重否定句,抛开语气上的着重点,可以转换为“只有经过人民法院依法判决,才能确定有罪。”据此,对本条的理解可以从以下三个方面考虑:首先,从整个法律条文的表述来看,人民法院没有判决前,被追诉人只是处于“不得确定有罪”即“不确定”的状态之中,这就从客观上否定了侦查机关、检察机关的定罪权。从而必然使不享有定罪权的控诉机关在收集证据的时候必须从有罪、无罪这种“不确定”的角度考虑进行证据的全面搜集,即不能仅仅为实现对犯罪嫌疑人的追诉而只搜集有罪、罪重的证据。其次,“确定”一词具有十分重要的意义。它表明人民法院的判决具有确认犯罪成立的唯一性,至于在依法判决之前,被告人有罪或无罪处于不明状态。事实上也正是如此,因为刑事诉讼程序正在进行之中,证明被追诉人有罪、无罪、罪重、罪轻的证据尚未最终确定。第12条的规定在赋予法院独享审判权的同时也对被追诉人的法律地位作了客观的描述,不包含任何法律推理的成分。再次,确定被告人有罪的判决,人民法院必须依法作出。“依法”既包括《刑事诉讼法》等程序法,也包括《刑法》关于定罪量刑的实体规定。

综上得出以下结论:① 只有法院才有确定有罪的权力;② 有罪判决作出之前,被告人处于有罪、无罪不确定的状态,不存在对被追诉人无罪的推定,也不存在对被追诉人有罪的假设;③ 法院的有罪判决必须依法作出。从中可以看出,本条的规定既比“罪从判定”内容丰富,也不完全等同于无罪推定,更不存在有罪推定的思维逻辑。

(2) 从相关的法律制度设计来看第12条所体现的法律思想。无罪推定原则要求在刑事诉讼过程中赋予被告人完整的辩护权、沉默权,并确立非法证据排除规则,而根据《刑事诉讼法》的相关规定[②],被告人从检察机关审查起诉之日起才享有聘请律师为其辩护的权利,并且被告人应当履行如实供述的义务,就证据制度而言,没有确立完整的非法证据排除规则。[③] 所有这些法律制度都与无罪推定原则存在一定的冲突。当然,《刑事诉讼法》中有一些规定与无罪推定是相吻合的,比如法院的独立审判权,罪从判定,严禁刑讯逼供等。但是不可否认,保障被追诉人利益的最重要权利的缺失使第

① 参见尤广辉、时延安:《无罪推定原则之多维分析》,载《南都学坛》2002年第6期。

② 如第33条规定:公诉案件自案件移送审查起诉之日起,犯罪嫌疑人有权委托辩护人;第93条规定:犯罪嫌疑人对侦查人员的提问,应当如实回答。

③ 2010年6月24日发布的《关于办理刑事案件排除非法证据若干问题的规定》确立了两种排除后果和一种救济方式:(1) 绝对排除。即采用刑讯逼供、暴力、威胁方法取得的非法言词证据依法必须排除,即使它是真实的、可靠的,也不能作为定案根据,没有任何自由裁量余地。(2) 自由裁量的排除。即物证、书证的取得违反法定程序、影响公正审判的,可以被排除。可补正的救济,即一些技术性的违法,可以责令侦查人员去补正。整体上较之前有较大进步。

12 条的规定(抑或整个《刑事诉讼法》的规定而言)很难同无罪推定原则保持完全一致。只不过在罪从判定原则下,第 12 条的规定表现为与无罪推定原则的交叉关系,而这个交集即只有法院才能确定被告人有罪。

事实上,《刑事诉讼法》第 12 条拟定的初衷也不是关于无罪推定原则的确立。据《中华人民共和国刑事诉讼法释义》一书在表述该条的立法意图时所载:“我们反对有罪推定,但也不是西方国家的那种无罪推定,而是实事求是地进行侦查,客观地收集有罪或无罪、罪轻或罪重的各种证据,在人民法院作出有罪判决以前,我们不称被告人是罪犯,但也不说他没有罪或者假定他无罪,如果假定他无罪,那么侦查机关对他进行侦查、采取强制措施就没有根据了。因此,我们的原则是实事求是地进行侦查。”①由此看来,在立法者看来,无罪推定与实事求是是冲突的,为了更好地符合诉讼程序的真况,确立诉讼程序展开的依据,只能以实事求是的方式来表达:即有罪判决作出之前,被告人处于有罪、无罪不确定的状态,不存在对被追诉人无罪的推定,也不存在对被追诉人有罪的假设。那么无罪推定原则和实事求是真的存在冲突吗?

笔者认为这种观点是值得商榷的。首先需要明确的是客观真实和法律真实是存在差距的。追求客观真实是实事求是,尊重法律真实也是实事求是,因为法律真实是建立在客观、完整的证据链条之上的,即使适用非法证据排除规则认定的“法律真实”也是一种客观的真实所在,因为它体现了对法律规律的尊重,依然秉承实事求是的思想。从这个意义上说,法律真实基于“法律工作者认识到诉讼不是也不可能是发现真情的科学调查研究。”②而无罪推定原则的实事求是性就在于“以承认一定条件下人的认识的有限性为前提,体现了正确的认识论原则与法律价值论的有机统一”。③ 其次,“无罪推定只是在程序上假定被追诉人无罪,从而为设置保障被追诉人合法权益的正当程序提供理论基础,其本身并不涉及被追诉人是否犯罪的实体事实。”④作为规范性命题意义上的无罪推定原则,它本身不是一种“无罪”或“有罪”的断言式陈述,而是表现为“如何”或“应当”的规范式陈述;其内容不再是事实内容,而是与“事实无涉”的程序规则。⑤

综合以上分析,笔者认为,无罪推定原则与实事求是的法律思想是不存在本质冲突的,不管从原则本身的内涵分析,还是从刑事诉讼程序中相关制度的建构对比,都难以得出本条规定是无罪推定原则的体现。即使《刑事诉讼法》中存在诸如审判独立、严禁刑讯逼供等制度,恐怕也只是因为这些是现代刑事诉讼理念的基本要求,而与无罪

---

① 参见宋振武:《无罪推定原则之辨正》,载《烟台大学学报》2004 年第 1 期。

② 参见毛淑玲、刘金鹏:《刑事法中的推定与无罪推定》,载《法学杂志》2009 年第 12 期。

③ 参见梁庆寅、罗仕国:《无罪推定的逻辑形式》,载《中山大学学报》2006 年第 1 期。

④ 参见林劲松:《作为宪法原则的无罪推定》,载《甘肃社会科学》2004 年第 5 期。

⑤ 参见夏锦文:《无罪推定原则的意义解读——一种诉讼法哲学分析》,载《南京师大学报》2002 年第 4 期。

推定原则无涉。而恰恰由于对无罪推定原则存在误解,人权保障的观念让位于惩罚犯罪的社会本位法治理念,就造成了《刑事诉讼法》存在的问题,即“对于判决之前的被指控人缺乏相应的程序保障,尤其是法典上没有规定刑讯等非法取证行为的否定的程序后果,没有确立对非法证据的排除规则,在实际的司法程序中刑讯逼供等非法取证现象普遍存在,非法证据畅用无阻,这使得对判决前的被指控人的无罪设定或禁止有罪推定没有实效性,而没有实效性的设定或禁令即为虚设。”①

2. *以赵作海案为例对诉讼制度若干问题的思考*

无罪推定原则以其丰富的思想和内涵对于构建现代文明、规范的刑事诉讼制度,实现保障人权、限制司法权的目的具有重要价值,除此之外“很难找到另一项法律原则能够像它那样对保障人的名誉、尊严、权利和自由具有如此重要的作用。”②而赵作海的经历——他的名誉、尊严、权利、自由受权力压制的消失殆尽,为这句话,甚至为无罪推定原则缺失下的刑事诉讼程序的运行缺陷提供了很好的注脚。

(1)对“犯罪嫌疑人如实回答讯问的义务”的思考。《刑事诉讼法》明确规定了犯罪嫌疑人如实回答侦查人员讯问的义务。该条规定体现了实事求是的法律思想,但同时也为侦查人员滥用侦查权利、追逐口供打开了方便之门。笔者认为,对犯罪嫌疑人的该义务设定同有罪推定的司法理念紧密相连。在有罪推定的思维逻辑下,犯罪嫌疑人被假定为一个实施了犯罪行为,完全了解犯罪发生全过程的人。对其的羁押、讯问是为了了解犯罪发生的事实情况,所以其应当如实回答侦查人员的讯问。并且借此义务的设定,侦查人员可以以“不老实”、“认罪态度不好”为由加大审讯力度,乃至刑讯逼供、超期羁押。因为“义务”的承担已经剥夺了他在诉讼中平等的法律地位,有罪推定的逻辑更是把犯罪嫌疑人置于“阶级敌人”的处境。相反,如果犯罪嫌疑人“如实”回答相关讯问,为侦查人员的事实推定提供“小前提”,所带来的就是“真诚悔罪”的法律宽恕。赵作海案就是在这样的思维逻辑下产生的。在其被侦查人员带走的28天里,被铐板凳、打脑袋、被枪口砸、不许睡觉,直至其作了9次有罪供述之后③,仍然被羁押长达37个月。严禁刑讯逼供、超期羁押的法律规定在有罪推定的逻辑面前形同虚设。试想,如果以“沉默权”、“不得强迫自证其罪的权利”代替如实回答的义务,赵作海的生活也许会是另一种情形。

(2)对辩护制度的追问。辩护权是为世界多数国家及国际公约承认的一项公民基本权利。作为一项公民基本权利,辩护权是集手段性、条件性及保障性权利于一体

---

① 参见宋振武:《无罪推定原则之辨正》,载《烟台大学学报》2004年第1期。

② 参见尤广辉、时延安:《无罪推定原则之多维分析》,载《南都学坛》2002年第6期。

③ 不仅是赵作海,赵作海的妻子赵某某和本案的证人杜某某也遭遇了警方暴力和非法拘禁,参见《赵作海:命就像一根草》,载《南方周末》2010年5月13日,第A7版。

的权利集合[①]，它保障被追诉方在面对强大的国家机关追诉时能够获得平等的法律地位和人权保障，避免遭受非人道的待遇。比如受到侦查时，其有获得律师帮助和辩护的权利；受到讯问时有保持沉默的权利；面对控方证据有提出质证的权利；法庭审判结束时有最后陈述的权利……然而，与文明、规范的现代法治意义上的辩护权相比，我国的辩护制度在设计和运行过程中存在诸多的问题。如侦查阶段的律师没有调查取证权，甚至没有被法律承认的辩护地位，仅仅是一个“法律顾问”；被追诉人的会见、通信权受到限制；侦查阶段中律师的在场权没有得到制度保障……这些问题形成一个完整的区域特征，即在侦查阶段完全是孤立的被追诉人与强势的控诉机关相对抗，如此一来，其合法权利和人格尊严的保障只能依靠追诉方的“善良心地”。所有的这一切在赵作海案中表现得更为极致。据媒体报道，赵作海故意杀人一案的辩护律师只不过是法律援助中心指派的一名来自律师事务所的实习律师，并无律师执业证，也没有独立办案的经验。从此后的案情发展可以看出，辩护人在诉讼过程中所发挥的作用就是从形式上赋予审判程序以合法性，为这起冤假错案贴上正义的标签。人们不禁拷问：如果律师从赵作海被带走的那一刻就介入案件的侦查并调查取证，冤案还能发生吗？如果律师能够在警方讯问过程中享有在场权并得到保障，刑讯逼供还能得逞吗？

赵作海案为我们带来深刻反思刑事诉讼相关规则的机会，虽然有些悲壮，但是制度缺陷所带来的程序危机以及对人权的侵犯撞击着人们的心灵。清除滋生冤假错案的“黑色土壤”，让法律正义以真正正义的方式在人间得到实现，是塑造法律信仰的必然选择。

（三）本案引发对侦查阶段无罪推定原则的完善

在刑事诉讼的审判阶段，至少在法律程序的设计上，陈述权、质证权、出庭权、申请回避权、调查取证权等保障手段都完整地被赋予了被告人，罪从判定的法律原则也向人们宣布只有法院才能确定被告人有罪，那么在赵作海们的背后，我们又该如何避免悲剧的复演呢？事实已经证明，刑事诉讼对被追诉人的法律保障尤其是在侦查阶段孤立无援的境遇中的保障在残酷的现实面前又一次落空。无罪推定原则不能消除刑事诉讼实践中的所有问题，但是其平衡司法对抗，对弱者保护的法律理念足以成为实现程序正义的优先选择。毕竟“无罪推定原则正是基于弥补嫌疑人此种不足的考虑而明确其诉讼主体地位，赋予其一系列对抗追诉机关的特殊权利，并设计相关程序予以保障。”[②]所以笔者认为，在侦查程序中，从两个方面完善无罪推定原则显得尤为重要。

---

① 辩护权的内容十分丰富，依据不同的侧重，分为举证权、质证权、辩论权、沉默权、申诉权、通信权等多项权能，以“维护犯罪嫌疑人、被告人在刑事诉讼中受到人道、文明的对待和公正的裁判”。参见顾永忠：《刑事辩护的现代法治涵义解读》，载《中国法学》2009 年第 6 期。

② 参见樊崇义、刘涛：《无罪推定原则渗透下侦查程序之架构》，载《社会科学研究》2003 年第 2 期。

1. 确立侦查阶段的沉默权规则

沉默权这一西方刑事司法程序中的舶来品,能不能成为我国刑事诉讼程序中的被追诉人的一项基本权利,曾在法学界引起广泛的争议,肯定者有之,反对者亦不在少数。然而沉默权是一个很丰富的范畴,绝不仅仅是赋予被追诉人"不说话"的权利如此简单。在刑事诉讼的不同阶段,沉默权可以有侦查阶段的沉默权和审判阶段的沉默权之分;在不同的明确方式上,有通过法律推定的沉默权和法律明确表述的沉默权之别。[①] 但是在笔者看来,无论是法律推定的沉默权还是法律明确表述的沉默权,在司法程序中对被追诉人的影响均不是很大,因为即使法律没有规定警方必须明确告知沉默权的情况,被追诉人依然可以通过及时聘请的律师获得沉默权的明示。[②] 所以沉默权制度中的主要问题是被追诉人能够在刑事诉讼的什么阶段享有沉默权。具体到我国的诉讼程序中,在审判和侦查阶段是否都应当将沉默权立法化值得研究。但是就现有制度而言,《刑事诉讼法》对证明责任的分配使被告人在审判阶段不负有证明自己有罪的责任,相反证明被告人有罪的责任完全由控诉方承担。因此可以认为在审判阶段被告人是享有沉默权的。与之相反,在侦查阶段由于法律明确了"犯罪嫌疑人的如实回答义务",该义务必然与沉默权产生冲突。因为沉默权的行使是一种消极表现方式,而"如实回答义务"则是积极配合行为。法律的规定必然排斥侦查阶段沉默权的行使,换句话说,《刑事诉讼法》没有规定侦查阶段的沉默权。

笔者认为,在侦查阶段应该赋予犯罪嫌疑人充分的沉默权。即犯罪嫌疑人对于侦查人员的讯问有保持沉默的权利,不负有对自己不利的问题的回答义务,除非自愿放弃这一权利。沉默权的法定化对侦查阶段双方主体的制约是明确的。对于侦查人员而言,沉默权可以强化无罪推定的法律意识。"一般认为不受强迫自证其罪的权利是基于无罪推定原则所生之权利,无罪推定原则也被视为沉默权的根据之一。"[③]不履行"如实作证义务"的犯罪嫌疑人被认为"态度顽固",而不履行自己权利的犯罪嫌疑人则没有值得苛责的理由。沉默权的赋予让侦查人员知道审讯对象是一个被法律推定无罪的公民,而不是"敌人",双方具有完全平等的诉讼地位。从犯罪嫌疑人的角度来讲,沉默权的赋予可以增加其对抗司法强权的力量,去选择保护自身利益最有效的方法,即强化其诉讼主体的地位。

当然,也有学者认为,沉默权制度化会导致犯罪嫌疑人以沉默逃避侦查人员的讯

---

① 有学者对沉默权的分类进行明确归类,上述四种分别称为:审讯沉默权、审判沉默权、默示沉默权和明示沉默权。参见何家弘:《沉默权制度及刑事司法的价值取向》,载《国家检察官学院学报》2000 年第 4 期。

② 当然在不同的法律规则之下,对证据的效力可能会有不同的影响。比如在明确的沉默权中,没有在审讯前告知这一权利,可能导致所收集的证据无效。而在未明确的沉默权中,则不存在因未告知这一权利而导致证据效力的丧失。

③ 参见宋振武:《无罪推定原则之辨正》,载《烟台大学学报》2004 年第 1 期。

问，不利于实现《刑事诉讼法》打击犯罪的目的，也不符合由基层公安机关技术设备落后，办案经费短缺导致的“讯问”唱主角的司法现状。① 对此笔者不能苟同。犯罪嫌疑人是否回答讯问，这不取决于犯罪嫌疑人是否知道沉默权，知道该权利他会沉默，不知道该权利他仍可以沉默，相反，沉默权的设立，更重要的是让司法人员明白犯罪嫌疑人有不说话的法定权利，在其面前端坐的是一个拥有正当人格尊严受法律保护的主体，而不是一个可以供其不择手段获取口供的工具。沉默权的赋予也并非要阻止侦查人员的讯问，它只是使人权的内涵又多了一层意义，将“应当如实回答的义务”替换成“自愿回答的权利”。当然，某些基层公安机关的确存在各种各样的困难，但这不是排斥沉默权的理由，与文明、正当的诉讼程序相对应，通过增加办案经费、提高侦查技术弥补“口供”缺失所引起的证据脆弱是非常必要的。所以，以“沉默权”代替“如实回答的义务”并不必然带来难以接受的结果，“在犯罪嫌疑人、被告人自愿如实陈述的情况下，课予如实回答义务的程序与赋予沉默权的程序相比，在利用自愿如实陈述破获案件方面并无长处；……在犯罪嫌疑人、被告人不愿陈述而沉默的情况下，课予如实回答义务的程序在提高结案率和定罪率方面，也并不比赋予沉默权的程序更占优势。”②

“将无罪推定原则确立为刑事诉讼的基本原则，废除嫌疑人如实供述义务，反对强迫自证其罪的特权并肯定沉默权。当然，基于我国目前的刑事司法状况，一步到位地肯定沉默权可能会导致较大的放纵犯罪的风险，但我们不能因为这种可能的风险而否定沉默权的基本价值。”③沉默权制度不是制止刑讯逼供，更不是解决冤假错案的灵丹妙药，一种恶习的消除，一种观念的革新，不能奢望通过一个制度的建立就能实现，从这个意义上说，沉默权立法化正如无罪推定原则的确立一样，可能更具政治宣言式象征性的法律意义，在程序运行过程中还需要相关制度予以保障。但无法回避的是，沉默权制度不仅能够成为遏制刑讯逼供、防止冤假错案链条上的一个因子，更重要的是，其符合人权保障和现代刑事司法理念的要求。

需要注意的是，沉默权的行使不以侦查机关明确告知为必要，因此为了充分保障权利的行使，作为辩护律师，必须在侦查阶段开始时就介入案件，为犯罪嫌疑人提供充分的“法律帮助”。

2. 侦查阶段律师辩护制度的完善

“中外刑事司法经验证明，侦查阶段既是犯罪嫌疑人的合法权益最容易受到侵犯的时候，也是犯罪嫌疑人最需要律师帮助的时候。”④但是根据《刑事诉讼法》的规定，犯罪嫌疑人在侦查阶段所能获得的律师帮助是极为有限的。如辩护律师只有在人民

---

① 参见何家弘：《沉默权制度及刑事司法的价值取向》，载《国家检察官学院学报》2000 年第 4 期。

② 参见宋英辉：《不必自我归罪原则与如实陈述义务》，载《法学研究》1998 年第 5 期。

③ 参见樊崇义、刘涛：《无罪推定原则渗透下侦查程序之架构》，载《社会科学研究》2003 年第 2 期。

④ 参见孙长永：《侦查阶段律师辩护制度立法的三大疑难问题管见》，载《法学》2008 年第 7 期。

检察院对案件审查起诉之日后,才能查阅、摘抄、复制本案的诉讼文书、技术性鉴定材料,可以同在押的犯罪嫌疑人会见和通信。而在犯罪嫌疑人被侦查机关第一次讯问后或者采取强制措施之日起,律师所能提供的帮助仅仅是提供法律咨询、代理申诉、控告。即使是如此萎缩的权利范围,在司法实践中也由于律师会见难而使权利不能得到充分保障。辩护律师作为监督者,在侦查阶段并没有实现对侦查机关的监督和制约,对提高嫌疑人的诉讼地位和利益保护也没有实质的作用。譬如赵作海案中,辩护人所能发挥的辩护作用被忽略到极致。在现今"纠问式"的侦查模式内尽可能赋予辩护律师和犯罪嫌疑人更多的权利保障,不仅是保护犯罪嫌疑人正当利益的合法需要,也是维护法律程序正当化的重要途径。

当然,辩护权的丰富内涵决定了构建完善的辩护权制度必定需要一个系统、精确的工程结构,通过赵作海案所暴露出的制度缺陷,笔者认为,在一系列的子要素中,建立以审判为中心的刑事诉讼结构,完善律师全程参与刑事诉讼活动的制度是很必要的,具体来讲,以下两方面在制度建构方面显得极为迫切①:

(1)确立律师侦查阶段的调查取证权

侦查阶段的调查取证权是指在侦查阶段,辩护律师向有关单位和个人收集与本案有关的材料的权利。② 赋予辩护律师在侦查阶段的调查取证权并不是为了迎合刑事诉讼的发展趋势,而是因其具有十分重要的意义和价值。首先,调查取证权能够使辩护律师积极、准确、高效地为犯罪嫌疑人提供法律帮助。《刑事诉讼法》规定,辩护律师自犯罪嫌疑人在被侦查机关第一次讯问后或者采取强制措施之日起,能够为其提供法律咨询、代理申诉、控告。虽然这些事项的内容极为简单,但是,再简单的主张,在刑事诉讼中都需要证据予以证明,辩护律师没有法定的调查取证权,证据的搜集必然受到极大限制,为犯罪嫌疑人所提供的帮助极为有限。其次,确立调查取证权,可以及时地获取证据证明案件事实,提高诉讼效率。证据具有客观性,但有些证据也具有不易保存的特点,在享有调查取证权的情况下,辩护律师可以及时搜集证明犯罪嫌疑人无罪、罪轻的证据,为犯罪嫌疑人申请取保候审、变更强制措施提供依据,也为以后充分发挥辩护机能打下基础,进而降低诉讼成本,节约司法资源。最后,调查取证权可以强化控辩

---

① 当然这不是说其他权利的确立不重要,事实上,诸如会见权、保释权等对于维护犯罪嫌疑人的主体地位同样具有十分重要的作用,这里选择两个权利内容,只是认为其更具有代表性。

② 侦查阶段调查取证权的设定具有一定的复杂性,因此学界也颇有争议。比如调查取证的对象是任何人还是对于特定的主体有特别程序要求;调查取证始于采取强制措施之日起,还是辩护律师第一次会见犯罪嫌疑人之后;调查取证的权限是允许所有合法的调查行为,还是仅限于保全证据、申请鉴定、查阅卷宗等程序性事项。相关问题参见陈光中、汪海燕:《侦查阶段律师辩护问题研究》,载《中国法学》2010 年第 1 期;孙长永:《侦查阶段律师辩护制度立法的三大疑难问题管见》,载《法学》2008 年第 7 期。由于制度的构建相对复杂,考虑到笔者的目的不在于制度结构的内部分析,因此对于本问题的探讨仅限于确立的必要性。

双方的激烈对抗,促进刑事追诉客观真实的实现。只有享有调查取证权的辩护律师,才有权利充分获取强有力的证据,也只有拥有强大证据的辩护方,在审判过程中才能对抗更强大的控诉机关,而这种激烈的对抗必将使案件真相愈发明朗,至少能有助于实现法律真实而避免冤假错案的频发。

(2) 明确讯问期间的律师在场权

与侦查阶段无罪推定原则的确立相一致,随着辩护制度从审判阶段延伸到侦查阶段,必然要求辩护内容从实体辩护向程序辩护与实体辩护并重的格局转变。[①] 程序辩护"从刑事程序法规则中寻找与公检法人员交涉与抗辩的根据。在此过程中,律师会依据一定的程序规范,向司法机关提出一系列程序动议或异议,以维护嫌疑人与被告人的利益。"[②]从这个角度看,程序辩护对遏制刑讯逼供具有十分重要的功能。而要完整地实现程序辩护,明确讯问时的律师在场权是必要的。

讯问期间的律师在场权是指在侦查阶段,犯罪嫌疑人接受相关人员讯问,必须通知其辩护律师在场。在讯问期间增强辩护方力量的意义是显而易见的。首先,在场律师可以对侦查机关的讯问内容、讯问方式和讯问程序进行监督,防止诱供、骗供、刑讯逼供的发生。辩护律师可以对不正当的讯问方式予以申诉,从而更有利于非法证据的认定和排除。其次,有助于逐步改变侦查人员"口供中心主义"的证据观念,注重对实物证据的搜集。因为讯问时律师在场可以消除犯罪嫌疑人的紧张心理,平衡犯罪嫌疑人与侦查机关地位的悬殊,保证所获得口供的自愿性。尤其是通过有效地减少侦查阶段的刑讯逼供,逐渐减少侦查机关对口供的依赖。[③]

除此之外,为了能够保障辩护价值的充分实现,在时机成熟的时候,改革现行的侦控羁押模式,建立侦查与羁押管理机关相分离的监管机制,更能从制度上平衡侦辩双方的力量对比。从这个意义上说,"完善侦查阶段律师辩护制度的立法,涉及侦查权力的重新分配,犯罪嫌疑人和辩护律师权利的扩大,司法权力的适度介入,证据规则的修改等诸多方面的问题。"[④]这一改革过程唯有循序渐进而不得操之过急。但毋庸置疑的是,"刑事辩护的状况如何,在很大程度上反映了一个国家刑事诉讼制度的民主化、法治化、文明化的发展程度。同时,也标志着一个国家人权保障事业的发展程度。"[⑤]完善的辩护制度能够赋予无罪推定更加完整的法律价值,"它集中体现刑事诉讼中人权保护的思想,使进入刑事诉讼的任何公民在受到国家刑事追诉的威胁时也有一种法理和

---

① 程序辩护就是在刑事诉讼的全过程,旨在维护犯罪嫌疑人、被告人的诉讼权利和其他合法权益不受侵犯所进行的辩护活动,诸如依法享有并行使沉默权、保释权、律师在场权、非法证据排除权等。参见顾永忠:《刑事辩护的现代法治涵义解读》,载《中国法学》2009 年第 6 期。

② 参见顾永忠:《刑事辩护的现代法治涵义解读》,载《中国法学》2009 年第 6 期。

③ 参见陈光中、汪海燕:《侦查阶段律师辩护问题研究》,载《中国法学》2010 年第 1 期。

④ 参见孙长永:《侦查阶段律师辩护制度立法的三大疑难问题管见》,载《法学》2008 年第 7 期。

⑤ 参见顾永忠:《刑事辩护的现代法治涵义解读》,载《中国法学》2009 年第 6 期。

规则与之抗衡,从而可能保持自己的主体地位,保持人的尊严。”①

六、刑讯逼供罪争议问题探讨

如前文所述,1999 年 5 月 8 日至 6 月 10 日,赵作海先后被控制在柘城县老王集乡派出所和柘城县公安局刑警队,分别被铐在连椅、床腿或摩托车后轮上,公安办案人员分班轮流审讯和看守,这种体罚控制情况持续长达 33 天。而为获取赵作海实施故意杀人的供述,侦查人员罗某某持枪威吓赵作海,并指使、纵容李某某、王某某、周某某、郭某某、司某某等人采取用木棍打、手枪敲头、长时间不让休息和吃饭等方法轮番审讯赵作海,并最终获得了法院判决所认定的事实:被告人赵作海归案后在侦查环节曾多次供述持刀杀害赵振晌并肢解尸体的犯罪事实,其供述杀害赵振晌的原因、情节与现场勘验笔录、刑事技术鉴定及有关证人证言相一致,且用以包裹尸体躯干的编织袋片提取后,经赵作海及其妻赵振起、儿子赵西良辨认无误。刑讯逼供将无辜之人逼迫为一个“罪大恶极”之徒,其劣迹由此可见一斑。

刑讯逼供犹如诉讼程序中的一颗毒瘤,侵蚀着公众的法律信仰和对司法公正的期盼,在一次次的毒瘤破裂时,一个个人间悲剧就会悲壮地呈现在世人面前。自清末修律以来,刑讯逼供经历了从法律中剔除到严格禁止的“切除手术”,但是始终未能根除其在司法实践中的影响。中华人民共和国成立以来,从政策到法律,从行政规章、行政法规到基本法律,对刑讯逼供进行了全面禁止,从制度上、观念上试图消除这一程序正义的最大瑕疵。但是一个个冤假错案让世人明白,刑讯逼供根基很深,彻底解决这一世界难题任重而道远。对于刑讯逼供屡禁不止的原因,以往更多的是反思制度存在的不足、缺失的法律理念并通过相关制度的完善消除其对司法实践的影响,对于刑事实体法在治理刑讯逼供犯罪方面所发挥的作用,研究相对较少,可以说,较之程序法研究的热情程度,实体法研究则是一个相对灰暗的角落。笔者认为,刑讯逼供罪在司法实践中对于刑讯逼供行为的犯罪治理远没有实现其应有的评价和裁判功能,其中固然有多方面的原因,但是《刑法》第 247 条刑讯逼供罪和相关司法解释②中存在的争议不利于对刑讯逼供行为的惩治应该是原因之一,因此,在下文的论述中,笔者拟通过对刑讯逼供罪的部分构成要件、立案标准以及法定刑进行分析,转换角度以求成效之意。

(一)犯罪客体的界定

1. 本罪的直接客体

犯罪客体是犯罪行为所侵犯而为刑法所保护的法益。从犯罪客体的描述上,我们

---

① 参见吴萍:《我国刑事司法与无罪推定原则的差距及完善对策》,载《江西社会科学》2002 年第 11 期。

② 《刑法》第 247 条规定:司法工作人员对犯罪嫌疑人、被告人实行刑讯逼供或者使用暴力逼取证人证言的,处 3 年以下有期徒刑或者拘役。致人伤残、死亡的,依照本法第 234 条、第 232 条的规定定罪从重处罚。

很容易判断立法者对某一犯罪损害法益的认同程度。根据犯罪客体的范围不同,犯罪客体可以分为一般客体、同类客体和直接客体。就刑讯逼供罪而言,按照学界通说,其直接客体是公民的人身权利和司法机关的正常活动。笔者认为,此种观点是值得商榷的。在刑法理论中,同类客体是为某一类犯罪所共同侵犯而为刑法所保护的法益,直接客体是为某一具体犯罪所侵犯的法益。由此,"公民的人身权利"应该是"侵犯公民人身权利、民主权利罪"一章中侵犯人身权利犯罪的同类客体。而"司法机关的正常活动"应该是司法机关工作人员实施的渎职犯罪和部分侵犯人身权利犯罪的同类客体。那么在本罪中为刑讯逼供行为所侵犯的直接客体应该如何确定呢?笔者认为,根据《刑法》第 247 条的规定,本罪的犯罪对象是犯罪嫌疑人和被告人,这就决定了本罪客观行为所侵犯的法益只能是犯罪嫌疑人、被告人的人身权利,由于在刑事诉讼程序中,犯罪嫌疑人、被告人可以统称为被追诉人,因此本罪的直接客体之一可以界定为被追诉人的人身权利。此外,由于本罪的主体只能是司法工作人员,而刑讯逼供的行为只能发生在诉讼程序的讯问过程中,并且根据刑事诉讼法律的规定,刑讯逼供获得的言词证据是无效的,所以该犯罪行为必然导致正常的讯问活动受到破坏,所以在同类客体"司法机关的正常活动"之下,本罪的直接客体还应该包括讯问程序的正当性。

2. 主要客体与次要客体的选择

复杂客体是犯罪客体的类型之一,本罪的客体又属于双重客体。一般来说,双重客体包括主要客体和次要客体。其中主要客体是"刑法重点予以保护"的客体,次要客体是"刑法附带保护"的客体。当然这里的"附带保护"和"非着重保护"是相对而言的,主要客体与次要客体的划分是由它们在刑法分则体系中的地位决定的。主要客体与同类客体具有某种共同性,或者是同类客体的"表现形式"。次要客体也许具有很高的价值,但因为它与同类客体缺乏共同性,就只能屈居于次要地位。① 可以说,主要客体与次要客体的选择更加具体体现着立法者的法益保护倾向,也决定着该规则在惩治犯罪时所发挥的作用。具体而言,刑讯逼供罪在我国《刑法》中归属"侵犯公民人身权利、民主权利罪"一章。本章的同类客体是公民的人身权利和民主权利,这就决定了具有复杂客体的本罪的主要客体应当属于公民的人身权利,而司法机关的正常活动只能由本罪的次要客体所体现。② 这说明立法者设置本条款的目的是要保护公民的人身权利免受司法权的侵犯。但是从现实的情况来看,该条款并没有发挥其应有的作用。可以说,保护公民的人身权利是通过限制司法权的恣意和滥用来实现的,但是本条的客体选择却颠倒了手段和目的的关系。在笔者看来,欲实现保护公民人身权利的目的,

---

① 参见薛瑞麟:《犯罪客体的分类》,载《政法论坛》2007 年第 2 期。

② 具体来讲,本罪的主要客体和次要客体应该在被追诉人的人身权利和讯问程序的正当性两者间选择,但是考虑到两个直接客体所属的同类客体不具有同一性,所以为了论证的方便,下文的论证是将司法机关的正常活动和公民的人身权利两个同类客体作比较的。

必须明确对司法权的限制,通过限制来达到目的的实现。换句话说,《刑法》对刑讯逼供罪的主次客体的选择不利于刑讯逼供犯罪的治理以及对犯罪嫌疑人、被告人的刑法保护,有必要对其予以调整。

笔者认为,现有规定的合理性欠缺在以下三个方面有所体现。

(1) 从《刑法》规定来看,第 247 条注重的是对刑讯逼供行为的禁止和处罚,而不是以侵害结果的发生为中心。由"司法工作人员对犯罪嫌疑人、被告人实行刑讯逼供或者使用暴力逼取证人证言的,处三年以下有期徒刑或者拘役"的规定可知,只要行为人实施了刑讯逼供行为,就可以认定构成本罪,该条并没有规定认定犯罪需人身侵害实际发生或威胁产生,也不需要对人身权利的侵害作出证明。当然一般情况下,刑讯逼供必然伴随着对人身权利的侵害,并且往往都会出现致残、致死等严重后果,但是在特殊情况下则很难认定,如赵作海式冤案中的人身侵害。然而在所有刑讯逼供案件中,不管是否侵害人身,刑讯逼供行为都是必然存在的。从这个意义上说,将侵犯公民人身权利作为主要客体不能实现法律规定和司法实践的完整统一。

(2) 从世界范围内打击刑讯逼供犯罪的历史来看,严禁刑讯逼供并不仅仅在于它侵害了公民个人的人身权利,而在行为本身的反人道、反人类性,其与现代文明、规范的刑事诉讼司法理念背道而驰。如果仅仅是因为它侵犯了公民个人的人身权,现有《刑法》的其他条款完全可以承载惩治犯罪的机能,而不用另立条款,投入专门的司法资源。我国《刑事诉讼法》明确规定严禁刑讯逼供,《刑法》又专门设置相应的条款,即使是行政法规亦有对严禁刑讯逼供的专门规定,这在一定程度上说明,在建设社会主义法治国家的征途中,刑讯逼供对司法制度、正常司法活动的破坏是非常严重的,应当严格禁止。但是如果将刑讯逼供罪的保护客体定位于人身权,则与此立法理念正好相反。

(3) 将刑讯逼供罪规定在侵犯人身权利罪一章,也许是为了凸显本条规定保障人权的根本目的,司法机关的正常活动并不是其所要保护的主要法益。然而问题是,即使为了彰显个人保护的色彩,也不一定非要将其置于本章,相反通过对司法机关正常活动的积极保护更能实现保障人权的目的,毕竟司法工作人员滥用职权才是问题的根本所在。与此相应,世界上许多国家的刑法都是在公务人员犯罪的章节中对本罪予以规定的。如《德国刑法典》是在第 30 章渎职罪之第 343 条予以规定的①;《日本刑法典》是在第 25 章渎职罪之第 195 条规定的②,《墨西哥刑法典》是在第 11 篇第 1 章公务员犯罪中予以规定的③,与此相类似,《希腊刑法典》是在第 12 章公务犯罪之第 239 条加以规定的④, 除此之外,俄罗斯、韩国等国也是采用与此相类似的立法模式。

---

① 参见《德国刑法典》,徐久生、庄敬华译,中国方正出版社 2004 年版,第 170 页。

② 参见《日本刑法典》,张明楷译,法律出版社 2006 年版,第 72 页。

③ 参见《墨西哥联邦刑法典》,陈志军译,中国人民公安大学出版社 2010 年版,第 121 页。

④ 参见《希腊刑法典》,陈志军译,中国人民公安大学出版社 2010 年版,第 97 页。

主要客体与次要客体的合理界定能够更好地实现犯罪客体的规范评价功能和指引功能,并且和刑讯逼供罪的客观方面这一事实评价要素实现良好统一。首先,将司法机关的正常活动作为刑讯逼供罪的主要客体,公民的人身权利作为次要客体①,更具有合理性。犯罪主要客体决定某一犯罪行为的社会危害性②,刑讯逼供罪的主要客体归属司法机关的正常活动,表明对司法工作人员的行为规制成为《刑法》惩治刑讯逼供罪的主要内容。从这个意义上,在本罪中,刑法的主要功能就是引导和调整司法工作人员依法司法、文明司法,通过维护司法机关的正常活动,实现刑法保护公民人身权利的目的。这样,刑法对公民人身权利的保障就显得更加积极,更加明确。而"将刑讯逼供罪归类于侵犯公民人身权利、民主权利罪一章,体现了国家侧重于对公民人身权利的保障而不是侧重于对国家机关工作人员行为的限制。这种立法体现的价值取向对公民权利的保障方面是消极的、被动的。"③其次,犯罪主要客体的调整,能够更好地发挥刑法的威慑功能,它表明立法者治理犯罪立场的转变,法律关注的焦点将是刑讯逼供行为,而以人身权利受到侵害为核心内容,从而通过严格治理刑讯逼供行为实现保障人权免受司法恣意侵犯的最终目的。最后,司法工作人员身份的特殊性决定了其在行使职权的过程中侵犯公民人身权利的行为必将以侵犯司法机关的正常活动为表现方式,从主体身份的角度来讲,保护受侵犯的犯罪客体与犯罪主体身份的一致性是刑法体系协调性的内在要求。

综上所述,本罪主要客体的变化不仅有利于实现刑法分则体系的协调,更有利于发挥刑法治理刑讯逼供犯罪的机能,凸显刑讯逼供行为严重侵害司法机关正常活动的法益侵害性。

(二)犯罪对象的确定

根据《刑法》第247条的规定,本罪的犯罪对象为犯罪嫌疑人和被告人。在刑事诉讼程序中,犯罪嫌疑人和被告人是被严格区分的两个范畴,一般来讲,就公诉案件而言,以人民检察院向人民法院正式提起公诉为界,在此之前被追诉人称为犯罪嫌疑人,之后的被追诉人称为被告人。在自诉案件中,从自诉人向法院提起刑事自诉时起,控告对象即称为被告人。然而较之被告人范畴的明确性,对于犯罪嫌疑人的称谓始于刑事诉讼的哪一阶段,其他行为主体能否成为本罪的犯罪对象,仍有进一步研究的必要。

1. 犯罪嫌疑人的范围

犯罪嫌疑人的称谓对应于刑事诉讼的什么阶段,理论界存在诸多争议,既有学者认为犯罪嫌疑人是司法机关在刑事侦查和审查起诉过程中被列为嫌疑人的人④;也有

---

① 当然,主要客体和次要客体的变化必然导致刑讯逼供罪在《刑法》中归属的变化。

② 参见马克昌主编:《犯罪通论》,武汉大学出版社1999年版,第116页。

③ 参见陈高慧:《论刑讯逼供罪的归类》,载《中南财经政法大学研究生学报》2007年第4期。

④ 参见林斌、丁理:《刑讯逼供罪之对象研究》,载《湘潭师范学院学报》2007年第1期。

学者认为在侦查和审查起诉阶段,涉嫌犯罪的人被称为犯罪嫌疑人[①];另有观点认为,犯罪嫌疑人和被告人是指在刑事诉讼中被指控有犯罪行为而被司法机关依法追究刑事责任的人。[②] 除此颇具代表性的观点,对犯罪嫌疑人的范畴认定仍有不同主张。[③]但是问题集中在一个方面,即从什么时候开始使用"犯罪嫌疑人"的称谓是合适的?

笔者认为,"犯罪嫌疑人"是一个严谨的法律概念,在刑事诉讼程序中,它不仅仅是一个普通的法律范畴,也是一种法律确认的特定身份,承担相应的法律义务并享有法律赋予的各种权利。"一个人一旦被确认为犯罪嫌疑人,将产生两种法律后果,一是他将受到广泛的侦查调查与控制,也就是说,他的人身自由可能被限制或剥夺,其财产权利也可能受到不利影响;另一方面,与这一身份相伴而生的诉讼权利也随之产生。"[④]因此,犯罪嫌疑人的确定对于控辩双方来讲就显得尤为重要。而各种观点要么将犯罪嫌疑人的界定拓展得过于宽泛,不符合法律规定的实际情况,要么从刑事诉讼程序的角度对其界定得过于笼统。在笔者看来,犯罪嫌疑人的界定更侧重于对"时间"的关注,这个时间与特定的诉讼程序相关联,并以特定的证据事实为依托。具体来讲,犯罪嫌疑人的称谓应当始于第一次讯问或采取强制措施之日起。因为依据《刑事诉讼法》的规定,"犯罪嫌疑人在被侦查机关第一次讯问后或者采取强制措施之日起",可以聘请律师为其提供法律咨询、代理申诉、控告。这就意味着,在这个时间点之后,行为人就享有了"犯罪嫌疑人"所特有的权利。而"对于不需要逮捕、拘留的犯罪嫌疑人,可以传唤到犯罪嫌疑人所在市、县内的指定地点或者到他的住处进行讯问",也就是说,传唤讯问也是犯罪嫌疑人的认定方式之一。所以犯罪嫌疑人可以界定为,在刑事诉讼中,从被侦查机关第一次讯问后或采取强制措施之日起至人民检察院依法提起公诉止的人。

结合以上分析,犯罪嫌疑人具有以下特点:(1)犯罪嫌疑人只能是自然人。《刑法》确定的犯罪主体包括自然人和单位,但是单位的特殊性决定了其不能称之为犯罪嫌疑人,当然也不能包括涉嫌构成刑事犯罪的单位的法定代表人。(2)犯罪嫌疑人的认定依赖于一定的证据事实。但是这里的证据条件并不一定要达到"事实清楚,证据确实、充分"的程度,而是依赖于确定犯罪嫌疑人的具体时间。如果在立案之后,对于发现涉嫌犯罪的行为人有逮捕的必要时,则犯罪嫌疑人确定的证据标准就是批准逮捕的基本条件;同样,如果需要对行为人实施刑事拘留,则证据标准必须达到符合拘留的

---

① 参见陈光中主编:《刑事诉讼法》,中国政法大学出版社1999年版,第73页。

② 参见林斌、丁理:《刑讯逼供罪之对象研究》,载《湘潭师范学院学报》2007年第1期。

③ 如有学者认为,从第一次讯问或采取强制措施之后即符合犯罪嫌疑人的时间条件,参见刘梅湘:《犯罪嫌疑人的确认》,载《法学研究》2003年第2期;有观点主张应当是司法工作人员根据一定的证据怀疑可能有犯罪事实并对其进行刑讯逼供的人。参见罗明:《谈刑讯逼供罪犯罪对象主体的构成》,载《辽宁公安司法管理干部学院学报》2000年第1期。

④ 参见刘梅湘:《犯罪嫌疑人的确认》,载《法学研究》2003年第2期。

法定条件。因此整体来讲,犯罪嫌疑人认定的证据标准应当取决于确定讯问或强制措施时的法定证据条件。(3) 从第一次接受讯问或采取强制措施之日起可以称为犯罪嫌疑人。在此之前的时间这个称呼是不能适用的,即使有重大嫌疑,也仅仅是侦查人员的监控对象。(4) 犯罪嫌疑人享有特定的权利。刑事诉讼中有些权利是犯罪嫌疑人的身份确定之后所独享的,如聘请律师为其提供法律咨询、代理申诉、控告,被逮捕的犯罪嫌疑人聘请的律师可以为其申请取保候审等。

根据《刑事诉讼法》第 61 条的规定,对于现行犯或者重大嫌疑分子符合法定情形的,公安机关可以先行拘留。那么现行犯、重大嫌疑分子与犯罪嫌疑人的关系就应当以采取强制措施为标准加以区分。如果公安机关对其采取了拘留措施的,则是犯罪嫌疑人,反之就不是。①

2. 被告人的界定

在刑事诉讼程序中,被告人的界定相对来说较为明确。主要包括两大类:(1) 公诉案件的被告人,即从人民检察院依法向人民法院提起公诉之日起至人民法院作出判决之前,犯罪嫌疑人在刑事诉讼中的称谓改为“被告人”。(2) 自诉案件的被告人是指在刑事自诉案件中,受到自诉人控告的人。依照自诉案件的具体类别又可分为三种类型:① 告诉才起诉案件中的被告人;② 被害人有证据证明的轻微刑事案件中的被告人;③ 公诉转自诉案件中的被告人,即在被害人有证据证明对自己人身、财产权利受到侵犯并应当依法追究刑事责任,而公安机关或者人民检察院不予追究其刑事责任的案件中的被告人。这里需要注意的是,由于刑事附带民事诉讼的被告人不一定是刑事案件中的被告人,因此当两者不一致时应该加以排除。

3. 其他违法主体能否成为本罪的犯罪对象

在对案件进行处理的过程中,其他违法行为主体如治安案件中的行政相对人能否成为刑讯逼供的犯罪对象仍存在些许争议。由于犯罪对象的界定直接影响着刑法的效力边界,影响着行为人的人身权利和自由,因此犯罪对象的认定应该严格遵守罪刑法定原则的基本要求,在该原则的框架内对犯罪嫌疑人、被告人等犯罪对象予以合理解释,而不能在纠正程序错误的同时违背实体法的基本原则。笔者认为,基于以下理由,除犯罪嫌疑人、被告人之外的其他违法主体不能成为本罪的犯罪对象。

(1) 犯罪嫌疑人、被告人的概念是特定的。在诉讼程序和其他纠纷解决程序中,虽然有不同称谓的行为主体,但是犯罪嫌疑人、被告人是有特定内涵的,既区别于诉讼程序中的自诉人、反诉人、第三人,也区别于行政相对人等治安案件中的一方当事人。由于各种不同类别的主体在纠纷解决过程中分担不同的权利和义务,因此彼此之间是有根本区别的。即使在诉讼中存在刑事被告人、民事被告人,以及刑事附带民事被告

---

① 参见刘梅湘:《犯罪嫌疑人的确认》,载《法学研究》2003 年第 2 期。

人等多种被告人类别,但是各主体之间的权利、义务的内容不同,所以也不能混为一谈。

(2) 这是由刑讯逼供行为的时间和目的决定的。由于刑讯逼供的时间只能发生在刑事诉讼的过程中即立案之后,并且其目的只能是为了获取被追诉人的口供,所以在其他纠纷解决阶段是不存在犯罪嫌疑人和被告人的。刑讯逼供罪的这一特征可以使之区别于暴力取证罪。虽然同为司法工作人员实施的侵犯公民人身权利的犯罪,并且为《刑法》的同一条款所规定,但是由于行为目的的区别,必然导致两种犯罪行为发生的具体诉讼程序和犯罪对象有本质区别。

(3) 有利于合理确定刑讯逼供罪的处罚范围。将刑讯逼供罪的犯罪对象确定为犯罪嫌疑人、被告人之外的其他主体,会不适当地扩大其他犯罪的打击范围,不仅不利于犯罪的惩治和预防,还会因刑法过于严厉而使犯罪行为获得社会的同情,从而有损刑法的权威性。事实上,对于其他纠纷解决程序中出现的侵害公民人身权利的行为,在刑事责任之外还有民事责任、行政责任等多种责任追究机制予以规制,所以刑讯逼供罪犯罪对象的有限性并不会导致纵容犯罪的恶果。

(三) 行为要件

刑讯逼供罪,是指司法工作人员对犯罪嫌疑人、被告人使用肉刑或者变相肉刑逼取口供的行为。按照刑法理论通说,刑讯行为必须以获取口供为目的才能成立刑讯逼供罪。在"刑讯逼供"的词语结构中,"刑讯"是手段,"逼"是行为程度和性质的效果体现,而"供"则是行为的最终目的,从这个意义上说,"刑讯"是刑讯逼供罪的行为要件,而"逼供"应当是目的行为。如果行为人不具有"逼供"的主观故意,而是出于其他目的如泄私愤、寻刺激等,则不能构成刑讯逼供罪。目的行为对手段行为的限制,既控制了刑讯逼供罪的调整范围,同时"获取口供"的正当性也为刑讯逼供行为的犯罪惩治设置了社会屏障。① 因此对刑讯逼供罪的行为要件分析,既要考虑具体行为在实体法上的界定,又要兼顾行为本身对程序规则的侵犯。

1. 何为"刑讯"

一般来讲,刑讯逼供是指司法工作人员对被追诉人使用肉刑或变相肉刑的方式逼取口供的行为。以此,"刑讯"在法律意义上就包括使用肉刑和变相肉刑两种方式。所谓肉刑,是指直接施加于犯罪嫌疑人或被告人人身,可使其身体健康遭到损害或肉体、精神遭受痛苦的摧残手段,如捆绑、吊打、违法使用械具、刑具等。所谓变相肉刑,是指上述肉刑以外的其他使犯罪嫌疑人或被告人肉体、精神遭受痛苦折磨的各种手段和方

---

① 从法律制度设计者到法律适用者,从公安机关、检察机关到审判机关再到整个社会,都在为刑讯逼供行为的滋生提供着发展空间。"我们发现,所有的引起民愤的刑讯逼供行为,都存在一个基本的前提,那就是被讯问者的无辜。"(参见吴丹红:《角色、情境与社会容忍——法社会学视野中的刑讯逼供》,载《中外法学》2006 年第 2 期)。赵作海案也是一个例证。

法。如长时间冻饿、站立、罚跪、晒烤,使用强烈灯光照射不准睡眠,轮番不断审讯,不准犯罪嫌疑人、被告人休息等。[①] 当然,在司法实践中,刑讯逼供的手段可谓层出不穷,如赵作海案中在耳朵旁边放鞭炮,跪圆棍子等。

根据2006年7月26日公布生效的最高人民检察院《关于渎职侵权犯罪案件立案标准的规定》,刑讯逼供的立案标准中明确规定了肉刑和变相肉刑两种刑讯逼供方式。前者是指如殴打、捆绑、违法使用械具等恶劣手段;后者则为以较长时间冻、饿、晒、烤等手段逼取口供,严重损害犯罪嫌疑人、被告人身体健康的行为。结合此规定,笔者认为,应当从以下角度理解刑讯行为:(1) 实施肉刑来逼取口供的,必须有同殴打、捆绑和非法使用械具所造成侵害或威胁程度相近的性质。其中"殴打"应当是指那些以力度强、单次时间迅疾、工具为钝器(也包括手掌、拳头、脚、头、肩部等身体部位的能够用来击打的较大部位)、击打部位较大为特点的打击[②],"捆绑"指被追诉人被绳带等缠绕拴住以抑制其的反抗同时也使其难以用奔跑等方式逃脱。在刑事诉讼过程中,为了防止被追诉人逃跑并为了刑事诉讼的顺利进行,特定情形的捆绑行为是被允许的。在刑讯逼供中作为一种刑讯手段而使用时,其所承载的内容则是通过对被追诉人的身体强制和肉体折磨来达到逼取口供的目的。"非法使用械具"则是指违反《人民警察使用警械和武器条例》等相关规定使用械具的行为。因此,以所列手段之外的其他方式构成肉刑的也必须与之侵害或威胁人身权利的程度相类似,如掐、拧、用针扎、以身体撞击墙体等行为。(2) 变相肉刑则以较长时间冻、饿、晒、烤等手段为代表。此外还包括电击、不许睡觉、雨淋、罚站、半蹲等多种方式。变相肉刑一般情况下不会造成身体特征上的极大损伤,较之肉刑更具有隐蔽性、易恢复性等特点。其着眼于通过强大的精神压制和摧残,突破犯罪嫌疑人、被告人的心理防线,从而获得符合讯问目的的口供。

值得注意的是,不人道的待遇和人格侮辱行为不宜认定为刑讯行为,对于前者如提供残羹冷炙等,而后者比如强迫食用违背民族信仰和民族习惯的食物等。因为诸如此类行为在对身体的侵害和精神的摧残程度上低于肉刑和变相肉刑对法益的侵害或威胁,所以应当排除在"刑讯"范围之外。

对于刑讯逼供中各种方式持续的时间,笔者认为,具体某一种肉刑或变相肉刑构成刑讯逼供的时间不宜有特定的限制,因为刑讯逼供的行为应该是从整体上进行评价,不需要也不可能单独对某一方式的逼供行为进行时间上的衡量。另外,在司法实践中,对同一被追诉人实施刑讯逼供的方式往往也是多种多样的。因此,只要刑讯逼供整体上的时间持续到一定程度,即可认定为犯罪,而不用证明其中某种方式实施逼供的时间。

---

① 参见刘昂:《酷刑概念解析》,载《法学杂志》2007年第5期。

② 参见刘志伟:《虐待被监管人罪客观要件的研析》,载《河南省政法管理干部学院学报》2004年第2期。

2. “逼供”的认定——兼议与“不得强迫自证其罪原则”的关系

逼供是指在刑事诉讼中,司法工作人员通过强制手段从犯罪嫌疑人、被告人口中获得违背其自愿意志的供词。因此逼供行为必然同“不得强迫自证其罪的原则”发生根本冲突。

早在古罗马法时期就有“不得强迫任何人自己控告自己”的诉讼原则,但是作为现代诉讼理念的“不得强迫自证其罪原则”是在同封建专制主义和野蛮的封建司法程序斗争的过程中产生的。英国资产阶级革命胜利后,代表资产阶级利益的长期国会便于1641年6月25日颁布法令,确立了“反对强迫性自我归罪的证言特免权”制度。即在对某个问题的回答有可能使自己受到刑事追诉或者被没收财产时,他有权拒绝回答司法官员的提问,有权保持沉默。该制度的确立反映了人类司法活动在文明和尊重人权方面的进步,而且各国的法律学者也不断丰富其理论依据。此后该制度得到不断完善并向前发展,逐渐为世界上更多的国家所接受,并最终发展为现代的沉默权规则。① 可以说,刑事诉讼的现代文明发展史也是逼供行为屡禁不止与“不得强迫自证其罪原则”不断强化而斗争不断的结果。刑讯逼供行为代表着专制、粗暴和非人道,而“不得强迫自证其罪原则”则反映了对人权的极大尊重和对司法权的客观、公正的恪守,这种矛盾是天生的。

“逼供”的实体正义色彩和“不得强迫自证其罪原则”的程序价值必然产生根本的冲突。在功利主义的司法理念中,只要“逼供”能够获得证明犯罪事实的证据,实现实体正义,程序的瑕疵是可以包容的。而为了“不得强迫自证其罪原则”的程序正义失去实体正义,则是不可接受的。这也就说明了为什么只有在赵作海式的冤案发生之后我们才会通过“民意”来集体抗议司法机关刑讯逼供的惨无人道,而在刘涌式的案件中则是对刑讯逼供的“民意”沉默;也再次展示了实体正义与程序正义的冲突所生存的社会土壤。也许这个社会不是不能容忍刑讯逼供,只是不能容忍刑讯逼供造就新的冤案发生。

然而,对法治的追求必然要求司法制度的设计和运行遵从现代刑事司法理念的基本规则。对人权的尊重和保护,司法权的谨慎行事应当是题中之意。逼供行为的强迫性所带来的程序瑕疵和对实体正义的潜在破坏应当引起人们的警惕,毕竟“不愿强迫自证其罪”是人性的基本体现,在刑讯逼供的“正当性”面前,任何一个人都可能成为“逼供”的对象,成为“刑讯”的手段不断更新的试验田。

3. 不作为是否可以成为刑讯逼供的行为方式

刑讯逼供的通常表现方式是以积极的行为,通过肉刑、变相肉刑的方式逼取口供,即以作为为主要行为方式。那么不作为是否可以成为刑讯逼供的表现方式呢?对此,

① 参见何家弘:《沉默权制度及刑事司法的价值取向》,载《国家检察官学院学报》2000年第4期。

笔者持肯定态度。“作为”的刑讯逼供表现为殴打、捆绑等行为方式,而不作为的刑讯逼供则以“默示、同意”为表现方式。

具体来讲,以不作为的方式实施的刑讯逼供存在以下特点:(1) 作为义务。《刑事诉讼法》明确规定严禁刑讯逼供,以及通过引诱、威胁、欺骗的方式获得证据。所以司法工作人员在搜集证据的过程中就负有依照正当方式、法定程序的义务。而刑讯逼供行为恰是对该法律明文规定的义务的违反。(2) 从行为内容上来讲,不作为的刑讯逼供主要表现为默示和同意等。默示相对于明示而言,是指对于他人实施刑讯逼供的建议和行为不阻拦、不拒绝甚至纵容该行为的实施。而同意与默示具有相似的表现方式,对于刑讯逼供行为并不加以反对。两者的共同特点就是在没有亲自实施积极行为的前提下,为他人刑讯逼供的顺利进行提供心理上的支撑。(3) 以不作为方式实施的刑讯逼供更多存在于共同犯罪之中,即积极实施者与不作为行为人成立刑讯逼供罪的共同犯罪。就行为人的主体身份而言,不作为行为人只能是司法工作人员,而刑讯逼供的积极实施者既可以是司法工作人员,也可以是其他不具有该身份的人员如协警等。

(四) 立案标准问题

根据2006年7月26日公布生效的最高人民检察院《关于渎职侵权犯罪案件立案标准的规定》(以下简称“规定”),刑讯逼供犯罪的立案标准是:(1) 以殴打、捆绑、违法使用械具等恶劣手段逼取口供的;(2) 以较长时间冻、饿、晒、烤等手段逼取口供,严重损害犯罪嫌疑人、被告人身体健康的;(3) 刑讯逼供造成犯罪嫌疑人、被告人轻伤、重伤、死亡的;(4) 刑讯逼供,情节严重,导致犯罪嫌疑人、被告人自杀、自残造成重伤、死亡,或者精神失常的;(5) 刑讯逼供,造成错案的;(6) 刑讯逼供3人次以上的;(7) 纵容、授意、指使、强迫他人刑讯逼供,具有上述情形之一的;(8) 其他刑讯逼供应予追究刑事责任的情形。从内容上看,立案标准的明确为刑讯逼供犯罪的追诉奠定了基础,在一定程度上有利于刑讯逼供行为的确认。从形式上看,本规定采取了列举式的立法模式,前七种情形较为具体,而最后一项为“兜底”条款,以便法律规范能够更好地适应层出不穷、花样迭出的逼供手段。

然而,将《刑法》第247条的具体规定和此立案标准相比就会发现,仍然有一些问题值得商榷。

1. 从两者的协调性上来讲,《刑法》第247条对刑讯逼供罪的规定将其归类为行为犯,但是从立案标准的规定来看,刑讯逼供罪的追诉必须以法定的犯罪结果和犯罪情节的发生为要件。这显然和《刑法》典的规定相冲突。根据司法解释的法律效力,在司法实践中,只能依据此规定来确定刑讯逼供行为是否构成犯罪,所造成的结果必然是追诉标准的提高,从而导致一部分破坏讯问程序正当性和被追诉人人身权利的行为逃脱法律的制裁。

2. 从内容上，具体标准的设定也值得我们深思。

（1）如何理解殴打、捆绑、违法使用械具与“恶劣”的关系？如果将“恶劣”作为具体行为性质的一个限定词，则表明有不“恶劣”的殴打、捆绑、违法使用械具的行为存在。相反，如果将“恶劣”作为一个对行为性质的规范评价，即表意为司法工作人员对被追诉人实施的任何殴打、非法捆绑、违法使用械具都是“恶劣”，就意味着“恶劣”是立法者对行为的一种价值表述而已。这样的区分绝非咬文嚼字，其具有十分重要的司法价值。以赵作海案为例，在其面对媒体的回忆中，在羁押期间，侦查人员用木棍打、手枪敲头等行为逼其口供。如果对“恶劣”一词的理解采用第一种解释方式，则必然要考虑警方的行为是否足够“恶劣”；如依后一种解释，则警方的棍击行为已经是恶劣的，因为其已经违背了行使职权的正当性，为法律所禁止。从这个意义上说，对于“恶劣”一词该如何理解对于司法实践的作用不容低估，这将直接影响刑讯逼供行为的性质认定。

（2）如何理解“较长时间”及其与损害结果的关系？冻、饿、晒、烤等手段逼取口供必须达到“较长时间”才符合刑讯逼供罪的追诉标准。但是立案标准中并没有对具体时间作出明确规定，比如赵作海最初遭受刑讯逼供的 6 天时间算不算“较长时间”，答案并不明确。但是从“规定”内容的协调性上看，非法拘禁罪的立案标准之一是非法剥夺他人人身自由 24 小时以上的，由此刑讯逼供罪中的“较长时间”以 24 小时为宜。此外，“较长时间”与“严重损害犯罪嫌疑人、被告人身体健康的”危害结果之间的关系也存在疑问。从逻辑上看，危害结果应当是时间条件的补充要素，仅有时间条件的满足，即达到 24 小时的冻、饿、晒、烤等时间，只要没有出现严重的危害结果，就不满足刑讯逼供罪的追诉标准。如此一来，是否追诉就要看被追诉人的体质，那么身强力壮的犯罪嫌疑人或被告人必将受到“格外关照”。最终，立法设置刑讯逼供罪的效果必定大打折扣。

（3）立案标准的情形(4)对“刑讯逼供”的要求上有“情节严重”的限制，那么“情节严重”是否应当包含本条规定的所有六种情形呢？从立案标准的整体设置来看，刑讯逼供罪的追诉必然要求符合“情节严重”的标准，其他六种标准也都在程度上符合严重性。如果“情节严重”包含了这六种情形，那么情形(4)的规定已经多余，因为“情节严重”的表述已经够追诉标准，不需要出现后边的结果即可。① 从另外一个角度讲，“情节严重”成了一个限制性条件，如果“情节不严重”时，比如冻、饿、晒、烤 15 个小时之后，由于被追诉人的心理承受能力弱或体质差而自杀、自残造成重伤、死亡，或者精神失常，又该如何处理呢？是否能够因为“情节不严重”而排除刑事追诉呢？

---

① 换句话说，“举轻以明重”，“情节严重”已达到追诉标准，无须另外规定“导致犯罪嫌疑人、被告人自杀、自残造成重伤、死亡，或者精神失常的”这一结果。

(4) 立案标准的情形(5)中规定刑讯逼供,造成冤假错案的符合立案标准。这里就可能存在一个问题,如果刑讯逼供没有造成被追诉人的重伤或死亡,依照《刑法》规定,即使刑讯逼供罪成立,也只能在3年以下有期徒刑或拘役的范围内量刑。而《刑法》的追诉时效规定,涉嫌犯罪的最高刑为5年以下有期徒刑时的追诉时效为5年,那么在前述条件下,如果直到冤假错案出现被追诉人才控告之前存在刑讯逼供行为,并且也不存在"应当立案而没有立案"和"立案之后逃避侦查和审判"的情形,那么此时还能对司法工作人员的刑讯逼供行为追究刑事责任吗?如果不能,那么情形(5)的规定就不完善。如果能,则有可能在澄清了一个错案之后又制造了另一个错案。

(5) 情形(6)提供的立案标准要求刑讯逼供在"3人次以上",需要注意的是,虽然数量上的限制对反映情节的严重性有一定的作用,但是两人次的刑讯逼供不能达到立案标准却未能有合理的解释。比如在赵作海案中,刑讯逼供行为并没有造成其身体上的重大损伤,在这个案件中也只有赵作海一人被刑讯逼供,如果不是最终被确认为冤假错案,那么本案最终将会因只有赵作海一个受害人而不符合刑讯逼供的立案标准。换句话说,在某些案件中,冤假错案是否成立将直接决定刑讯逼供犯罪是否成立。毕竟情形(3)中的"轻伤"结果是很难认定的,赵作海就是在控告刑讯逼供过程中因伤口愈合而难逃牢狱之灾。从这个角度讲,该情形的确定再一次提高了刑讯逼供罪的追诉条件。另外,从逻辑及立案标准的各项的单一性来看,本情形规定中的"刑讯逼供"不需要出现其他法定情形中的"恶劣"、"严重情节"等,那么是否意味着刑讯3人的情形下,出现轻微伤时即可对行为人进行追诉,这值得进一步研究。

(6) 情形(7)规定了纵容、授意、指使、强迫他人刑讯逼供的情形。从词义上来看,纵容表现为放任、无所谓的态度,在犯罪意义上具有明知他人实施刑讯逼供而不加约束、放纵实施的主观内容。"授意"、"指使"与"教唆"具有相似的法律含义,而"强迫"则表现为与"胁迫"同义。据此可以理解为本情形规定实际上是对刑讯逼供共同犯罪的确认。那么,"他人"是指司法工作人员还是包括辅助、聘任执行司法工作的人员?该句式表述重点在于强调共同犯罪行为下的立案标准问题,因此这里的主语,即实施纵容、授意、指使、强迫他人刑讯逼供的人,只能是具有司法工作人员身份的。至于"他人"则可以包括不具有司法工作人员身份的主体,如辅警、协警等。事实上,在司法实践中,由于基层警力的缺乏,更多的协警充实到警队中从事司法工作,在正式民警的纵容、教唆、胁迫下实施刑讯逼供具有一定的普遍性。

笔者认为,上述几点质疑和思考看似微不足道,实则关系到立法者对刑讯逼供行为的评价倾向。不确定的立法规范必将不利于实现其规范指引和裁判的功能,尤其对于刑事法律而言。

(五) 法定刑问题

根据《刑法》第247条的规定,刑讯逼供罪的法定刑分为两个档次:第一档次以实施特定行为为基础,即对犯罪嫌疑人、被告人实施刑讯逼供的,处3年以下有期徒刑或者拘役。第二档次以出现特定结果为标准,即刑讯逼供致人伤残、死亡的,依照故意伤害罪、故意杀人罪的规定定罪从重处罚。据此,本条规定使刑讯逼供罪归属于行为犯的范畴,只要实施刑讯逼供行为就可以成立刑讯逼供罪。同时当刑讯逼供行为致人轻伤、重伤或死亡时,由于特定加重结果的出现,以故意伤害罪、故意杀人罪定罪量刑。刑讯逼供罪的法定刑设置在理论界引起极大的争议,问题主要集中在:法定刑的设置档次是否过于简单?能否适应司法实践的复杂性?第二档次的量刑规定适用转化犯的理论是否合适?诸如此类问题,学界研究可谓众说纷纭。笔者认为,法定刑的合理性既不能脱离设置的基本原则,同时要兼顾司法实践的现实需要。因此对于法定刑问题的阐释将以法定刑设置的基本原则为基础,通过司法实践的多样性需要加以分析。

1. *法定刑设置的基本要求*

作为制刑权的重要内容,法定权的设置必然遵循刑法的基本原则,即罪刑法定原则、刑法面前人人平等原则、罪责刑相适应原则。罪刑法定原则提倡相对确定的法定刑和法定刑的明确性,而刑法面前人人平等原则要求立法者必须对类型化的犯罪行为设置公平、公正的法定刑。罪责刑相适应原则要求立法者对某一罪名法定刑的设置必须考虑其类型化的犯罪行为客观上所造成的社会危害程度,从而根据危害程度的差异而设置层次分明的量刑档次。因此在法定刑的设置中必须坚持以类型化的犯罪行为的社会危害性为基础,同时兼顾各犯罪行为法定刑比例的协调性。

(1) 社会危害性根据。按照刑法理论的通说,严重的社会危害性是犯罪的本质特征。离开了社会危害性,犯罪行为将无从认定。所以社会危害性不仅是认定犯罪的根据,也应该是设置法定刑的根据。因为在任何情况下,法定刑的设置情况都反映了立法者对于行为危害性的态度。社会危害性较重的犯罪其法定最低刑必然要高,社会危害性相对较低的犯罪其法定最低刑也一定会相对较低,同样,犯罪社会危害性程度较为复杂的犯罪,其法定刑的设置档次也应该区分得更为明晰。无论是报应主义的刑罚观,还是功利主义的刑罚理念,脱离了社会危害性这一根本的判断标准,都将失去法定刑设置的明确坐标。当然,确定具体犯罪行为的法定刑的界限,并不能直接依靠社会危害性得出具体的结果,还需要考虑与之相关的更为具体的关系。①

(2) 协调性原则。协调性原则是指法定刑的设置应当实现本罪法定最低刑与最高刑的统一和量刑档次之间的层次性,同时兼顾刑法分则对社会危害性相近的犯罪行为的立法平衡性。前者可以称之为内部协调或个罪协调,后者为外部协调或总体协调。内部协调的实质是各罪法定刑的设置应当适应犯罪行为社会危害性多样化的需

---

① 如刑种与危害性的对应关系,各种具体的犯罪类型的危害性的确定与比较等。参见李洁:《法定刑设定根据与设定技巧研究》,载《江苏行政学院学报》2006年第4期。

要,具有与相同或相近社会危害性程度以及加重的社会危害性相适应的量刑档次以满足司法实践的需要,防止出现社会危害性差别巨大的具体犯罪行为被设置相同刑罚强度的法定刑。"法定刑体系的总体协调实质上是罪与罪之间法定刑的总体平衡,即社会危害性相同的犯罪类型设置相同的法定刑,社会危害性不同的犯罪类型设置不同的法定刑。"①协调性是刑法面前人人平等原则在法定刑设置中的具体体现,因此从根本上说,良好的协调性是公平、正义的根本要求,也是立法科学化、文明化的不懈追求。

2. 法定刑设置问题分析

以前述法定刑设置的基本要求为基础,刑讯逼供罪两个量刑档次的设置不能满足犯罪行为复杂化的需要,不能合理区分不同社会危害性程度的犯罪行为的差异性。具体来讲,以下三方面值得深思。

(1) 第一档次的法定刑设置不合理。"根据罪状的表述,刑讯逼供罪属于行为犯,这体现了对刑讯逼供从严治罪的立法精神。然而,其法定刑的配置却比侵犯人身权利的相关结果犯、相关过失犯罪的法定刑还低,明显与行为犯的评价不相吻合,违背了罪刑相适应原则。"②例如,《刑法》第244条规定:用人单位违反劳动管理法规,以限制人身自由方法强迫职工劳动,情节严重的,对直接责任人员,处3年以下有期徒刑或者拘役,并处或者单处罚金。第245条第1款规定:非法搜查他人身体、住宅,或者非法侵入他人住宅的,处3年以下有期徒刑或者拘役。从行为性质上看,第244条和第245条规定的犯罪行为对人身自由、社会安全秩序所造成的社会危害性要低于刑讯逼供行为,但是前两种犯罪的法定刑要么和后者持平,要么高于其法定刑,很难反映刑讯逼供罪的社会危害性程度,更何况国家工作人员实施的犯罪行为本应该比普通公民实施的同性质的犯罪行为承受更重的刑罚。③ 从整体上讲,该设置已经背离了法定刑设置的总体性原则。

(2) 两个档次的法定刑设置过于简单。刑讯逼供行为的表现方式以及社会危害性的复杂性从其立案标准中就能够看出。以肉刑和变相肉刑为内容的刑讯行为所造成的人身伤害包括了轻微伤、轻伤、重伤甚至死亡等全部范畴。从法定刑设置的根本依据来看,作为侵犯公民人身权利的犯罪,法定刑必然体现不同的伤害结果所对应的量刑档次。但是与故意杀人罪、故意伤害罪、过失致人死亡罪等典型的人身侵害犯罪

---

① 有学者对于设置总体协调的法定刑体系的过程所遵循的准则作了解释:(1) 对相同客体的故意犯罪重于过失犯罪;(2) 对相同结果的业务过失犯罪重于普通过失犯罪;(3) 职务犯罪重于非职务犯罪;(4) 社会犯罪重于家庭犯罪;(5) 特别法犯罪重于普通法犯罪。参见刘远:《法定刑设置论》,载"京师刑事法治网",http://www.criminallawbnu.cn/criminal/info/showpage.asp? ProgramID = &pkID = 8555&keyword = %B7%A8%B6%A8%D0%CC,2010年7月25日。

② 参见周清华:《刑讯逼供罪的法定刑思考》,载《人民检察》2006年第7期。

③ 如《刑法》第238条非法拘禁罪、第243条诬告陷害罪、第245条非法侵入住宅罪等条款都明确规定国家工作人员利用职权实施的同种犯罪行为从重处罚。

相比,两个档次的法定刑标准过于简单。即使同《刑法》第238条非法拘禁罪的三个量刑档次相比,本罪仅仅关注基本犯罪构成的量刑档次和出现致人伤残、死亡结果时的法定刑标准,而忽略了造成被追诉人伤残、死亡的原因对法定刑的影响。

(3)法定刑中第二个量刑档次不甚合理。依据本条规定,刑讯逼供致人伤残、死亡的,依照故意杀害罪、故意杀人罪的规定定罪从重处罚。对于该规定的理解,刑法学界存在诸多争议。[①] 从法律条文的文义解释的角度看,刑讯逼供行为造成了被追诉人伤残、死亡结果的,就应当认定为故意伤害罪、故意杀人罪,对于司法工作人员对危害结果的发生的主观心理态度,法律规范不予关注。对于这样解释和适用所存在的问题,除了违反主客观相统一和罪责刑相适应的基本原则,还将造成刑法分则体系内的不协调。仍以第238条为例,非法拘禁罪中明确区分了致人伤残、死亡的法定刑和使用暴力致人伤残、死亡的法定刑,其基本原理在于区分了不同犯罪主观方面(过失和故意)对定罪量刑的影响。然而前后相邻的两个条款对相同的行为作出不同的解释实属不妥[②],因此唯一合理的解释就是本条规定遗漏了"致人伤残、死亡"这一过失责任下的伤害结果所对应的合理的法定刑设置,第二个量刑档次所对应的危害结果应该是在主观故意的支配下发生的。

法定刑协调性的缺失和不平衡性,必然导致罪刑的不相适应,进而危及罪刑法定原则在《刑法》中的适用。因此对于上述诸多缺陷,笔者认为有必要从以下三个方面加以完善:① 第一个量刑档次改为"处三年以下有期徒刑",去除现行规定中的"拘役",体现对国家工作人员利用职权实施侵犯公民人身权利犯罪从重处罚的原则;② 在现有两个量刑档次之间,增加一档即"致人伤残的,……致人死亡的,……",体现对过失责任的责任认定;③ 现有第二个量刑档次改为"刑讯逼供故意致人伤残、死亡的,依照本法第二百三十四条、第二百三十二条的规定定罪从重处罚。"

对于刑讯逼供的非法性和非道义性,贝卡里亚曾经指出:"如果犯罪是肯定的,对他只能适用法律所规定的刑罚,而没有必要折磨他,因为他交待与否已经无所谓了。如果犯罪不是肯定的,就不应折磨一个无辜者,因为在法律看来他的罪行并没有得到证实。"[③]如果每一个司法工作人员都能树立这样一种理念,即使刑事实体法的规定存

① 第一种观点认为刑讯逼供致人伤残或者死亡,如果是过失致人伤残、死亡,应以刑讯逼供罪的结果加重犯处理为宜;如果是故意致人伤残、死亡则应适用第二个量刑档次。第二种观点认为本规定是特别条款,无论对结果发生持故意还是过失态度,都应当承担故意伤害罪、故意杀人罪的刑事责任。第三种观点认为《刑法》将刑讯逼供罪规定为转化犯并不合理,并建议将其规定为结果加重犯或情节加重犯更为妥当。参见赵秉志、许成磊:《刑讯逼供罪中"致人伤残、死亡"的理解与认定》,载《河南省政法管理干部学院学报》2004年第2期。

② 虽然刑讯逼供行为包含暴力的因素,但是从逼取口供的角度出发,刑讯逼供者一般是排斥伤残、死亡结果的发生的,从这个意义上讲,刑讯逼供中的伤残、死亡结果应当存在对应的过失责任。

③ 参见〔意〕贝卡里亚:《论犯罪与刑罚》,黄风译,中国大百科全书出版社1993年版,第31页。

在不足与欠缺，也不会影响其犯罪惩治、人权保障功能的顺利实现。《刑法》是其他部门法的保障法，对于刑讯逼供行为而言，防范和治理必然需要多元化的责任追究机制。而较法律规定的严谨性而言，法律保障的及时性也许更为重要，所以只有构建民事、行政、刑事的多层次的法律制裁模式，才能充分发挥规范的指引机能，有效根除刑讯逼供这颗司法毒瘤。

七、"超期羁押"型非法拘禁罪的司法认定

根据河南省高级人民法院判决书的认定：赵作海因涉嫌故意杀人于1999年5月9日被刑事拘留，同年6月19日被逮捕，至2002年11月11日商丘市人民检察院向商丘市中级人民法院提起公诉，羁押时间前后长达3年6个月，超出法律规定最长600余天的羁押期限。而在此期间，无论是公安局，还是检察院、法院，都没有对这一严重侵犯公民人身自由的行为有所顾忌。而这也是司法现状的真实反映。我国的刑事司法实践中，超期羁押一直都显得尤为普遍和严重，从有限的数据统计即可窥见一斑：2001年全国检察机关对超期羁押提出书面纠正意见66 196人，但当年仍有7 212名犯罪嫌疑人、被告人被超期羁押，更为严重的是有38件45人超期羁押5年以上仍未得到解决，其中羁押8年以上的18件23人。① 以此看来，赵作海仅仅是受到超期羁押的庞大群体中的一个微小个体。

（一）超期羁押型非法拘禁罪概述

"羁押是由国家法律明确规定的暂时剥夺人身自由权的强制方法"②，作为对公民个人自由的剥夺性方式，其正当性的基础就在于必须依照法律规定的程序，依特定事实的发生或可能发生为必要条件，并提供相应的保障和救济程序。而超期羁押作为和刑讯逼供相并列的刑事诉讼两大毒瘤，其为法律所禁止的根源即在于其法律正当性的丧失。超期羁押运行于法律规则之外，脱离法治的框架对公民个人的正当权利和自由恣意践踏。在某种程度上，超期羁押对公民个人自由的剥夺超越了有期自由刑的强度，并危及法律的权威和司法公信力，因此为各国法治政府所禁止。然而我国传统法律文化中程序正义理念缺失，对实体正义过分关注，尽管超期羁押的严重社会危害性早已引起学界的极大关注，但也许由于超期羁押本身的反程序性更为明显，也许由于在人们的观念中，超期羁押更多地是为了案件事实的顺利挖掘，所以学界关注的热点更多集中在诉讼制度的完善和程序正义理念的强化，从实体法的角度探讨超期羁押的犯罪化和刑罚适用的理论相对较少。但是在赵作海故意杀人一案中，犯罪嫌疑人遭到超期羁押，甚至证人也遭受了长时间的非法拘禁，超期羁押与非法拘禁的相似性不免

---

① 参见杨立新、刘根菊：《法治视野下的羁押制度》，载《政法论坛》2004年第4期。

② 同上注。

会引起相应的思索:通过超期羁押的行为类型化探讨其与非法拘禁罪的关系,即笔者所设定的超期羁押型非法拘禁罪,以期为超期羁押行为的刑事责任认定提供依据。

1. *超期羁押的概念*

就学界现有的研究成果而言,对于超期羁押的概念存在不同的阐释。有人认为超期羁押是指在刑事诉讼中,有关办案机关与办案人员依法对犯罪嫌疑人、被告人采取刑事拘留、逮捕强制措施后,羁押时间超过《刑事诉讼法》规定期限的行为。① 也有人主张超期羁押是指公安司法机关在刑事诉讼过程中超过法律规定的办案期限羁押犯罪嫌疑人、被告人的违法行为。② 另有观点认为,超期羁押,其实质是有关机构超出法定的期间,对嫌疑人、被告人的人身自由作出了限制。③ 还有学者主张超期羁押是指基于合法令状对犯罪嫌疑人或被告人实施羁押而超出法定羁押期限的一种事实状态。④

上述四种关于超期羁押的概念认定,表述各有不同,但是在超期羁押的发生时间、行为主体、行为对象、行为基础等方面有相同的认识,即超期羁押只能发生在刑事诉讼程序中,就主体和对象而言,是公安司法机关针对犯罪嫌疑人、被告人实施的羁押行为,并且该羁押行为发生在刑事拘留、逮捕期限届满之后。当然各观点之间的差异性也不可避免,比如观点四将超期羁押限定于事实状态,而其他三种观点则更倾向于超期羁押的违法性。笔者认为,对超期羁押的概念界定必须体现其本质属性,而作为一种为法律所禁止的行为模式,超期羁押的违法性应当是其不容回避的法律属性,因此,在对概念进行阐释时,超期羁押应明确归于违法行为的范畴。此外,观点三认为超期羁押是超出法定期限限制人身自由的措施似有不妥,因为在刑事诉讼中,强制措施被区分为剥夺人身自由的刑事拘留、逮捕和限制人身自由的取保候审、监视居住,从超期羁押的外延上看,有必要区别限制和剥夺两个概念。

综上所述,超期羁押应当是指在刑事诉讼过程中,公安司法机关违反法律关于刑事拘留、逮捕的法定期限的规定,无正当理由对犯罪嫌疑人、被告人逾期不予释放或者变更强制措施的违法行为。

2. *超期羁押型非法拘禁罪确立的正当性*

超期羁押型非法拘禁罪是指在刑事诉讼过程中,公安司法机关违反法律关于刑事拘留、逮捕的法定期限的规定,利用职权以逾期继续关押的方式非法剥夺犯罪嫌疑人、被告人人身自由的行为。需要说明的是,本类型的非法拘禁罪并非我国《刑法》所设置

---

① 参见张明楷:《超期羁押的刑事责任探究》,载《浙江社会科学》2002 年第 4 期。

② 参见李忠诚:《超期羁押的成因与对策》,载《政法论坛》2002 年第 1 期。

③ 参见陈瑞华:《超期羁押问题的法律分析》,载《人民检察》2000 年第 9 期。

④ 参见李英才:《关于超期羁押问题的思考》,载《中南财经政法大学学报》2002 年第 6 期。

的罪名，仅仅是从行为属性上作为非法拘禁罪的一种特殊类型而存在。① 在这个意义上理解，超期羁押不仅要具有与非法拘禁罪相类似的行为模式，更重要的是要具有行为入罪化的正当性根据。毕竟刑法法规实体正当原则是罪刑法定原则的基本要求，一个行为是否应当犯罪化、如何设定刑罚，应当斟酌考量其必要性和合理性，其要求禁止处罚不当罚的行为，不得处罚没有法益侵害而不需要处罚的行为。② 因此超期羁押行为以非法拘禁罪定罪量刑的根据就在于其严重的社会危害性，即对公民人身自由的侵害和对国家机关正常活动的破坏。

(1) 超期羁押行为侵犯公民的人身自由权利。人身自由权是公民的一项法定的基本权利。《中华人民共和国宪法》(以下简称《宪法》)第 37 条规定："中华人民共和国公民的人身自由不受侵犯。任何公民，非经人民检察院批准或者决定或者人民法院决定，并由公安机关执行，不受逮捕。禁止非法拘禁和以其他方法非法剥夺或者限制公民的人身自由，禁止非法搜查公民的身体。" 因此在宪法意义上，公民在法律设定的范围内，人身自由权受到法律的绝对保护，这种保护既包括消极保护也包括积极保护，而更为法律所关注的则是消极保护，即任何人非经正当程序不得剥夺公民的权利和自由。而超期羁押正是国家机关违反《宪法》规定的义务，明知违法而积极实施非法剥夺公民人身权利的行为，尤其其动辄就是几十天、近百天的非法关押行为，对公民人身自由权利的侵犯显得尤为严重。毕竟"当国家机关以适用法律的名义，利用国家机器剥夺公民的人身自由时，其对公民人身权利侵害的普遍性、严厉性，远远超过普通公民的侵害行为。"③

(2) 超期羁押不但侵犯公民的人身自由，而且由于行为对刑事诉讼正当程序的违反，必将破坏司法机关的正常活动和刑事诉讼程序的正当性。《刑事诉讼法》对刑事拘留、逮捕的羁押期限作出了明确规定，司法机关的正常活动以刑事诉讼的依法展开为前提，背离诉讼程序的行为必将扰乱司法机关的正常活动，干扰侦查、审查起诉、审判等诉讼程序的顺利进行，所带来的必将是司法成本的上升和司法效率的低下(赵作海案即是例证)。同时，超期羁押的非规范性将导致法律规则指引功能的丧失，因为在紊乱的程序面前，人们无法预知自己行为的法律后果和评价，进而无法在合乎利益的范围内作出正确的选择。不容忽视的是，超期羁押行为将破坏公众对法律的尊重和敬仰。超期羁押的行为主体违背法律却未能受到法律责任的追究，法律面前人人平等的观念将遭受强烈质疑，最终必将影响法律公平、正义的规范价值。

---

① 有学者认为，非法拘禁与超期羁押有本质的区别，如超期羁押是基于合法令状而采取的，而非法拘禁是在没有令状的情况下实施的。参见李英才：《关于超期羁押问题的思考》，载《中南财经政法大学学报》2002 年第 6 期。笔者认为，超期羁押行为的违法性核心在于"超期"上，就行为模式来讲，与非法拘禁行为并没有本质区别。

② 参见梁根林：《罪刑法定视野中的刑法合宪审查》，载《法律科学》2004 年第 1 期。

③ 参见张明楷：《超期羁押的刑事责任探究》，载《浙江社会科学》2002 年第 4 期。

然而根据2003年的最高人民检察院《关于在检察工作中防止和纠正超期羁押的若干规定》的规定,对于违反《刑事诉讼法》和本规定,滥用职权或者严重不负责任,造成犯罪嫌疑人超期羁押,构成犯罪的,依照滥用职权罪、玩忽职守罪的规定追究刑事责任。笔者认为,该规定对超期羁押行为的定性值得商榷。无论从理论上还是法律规定上,超期羁押型非法拘禁罪的设定都有明确的法理依据。

(1) 根据《刑法》第238条第4款的规定,国家机关工作人员利用职权犯非法拘禁罪的,依照前三款的规定从重处罚。这里的"国家机关工作人员"当然包括公安司法机关的工作人员,而超期羁押行为正是上述人员利用职权实施。可以说本条第4款所规定行为的外延要大于超期羁押行为的范畴,后者属于前者的一种法定形式。所以超期羁押型非法拘禁罪的设定具有法律依据。此外根据《刑法》第397条的规定,国家机关工作人员滥用职权,本法另有规定的,依照规定。而《刑法》第238条第4款的规定正好与此条款相对应,司法机关工作人员利用职权侵犯他人人身自由适用非法拘禁罪的相关规定具有法律上的正当性。

(2) 从法定刑配置上看,国家机关工作人员滥用职权的行为构成犯罪有两个量刑档次,分别是"三年以下有期徒刑或者拘役"以及"三年以上七年以下有期徒刑",并且犯罪成立要求致使公共财产、国家和人民利益遭受重大损失,或者情节特别严重。与此相比,非法拘禁罪的法定刑有三个量刑档次,即"三年以下有期徒刑、拘役、管制或者剥夺政治权利"、"三年以上十年以下有期徒刑"和"十年以上有期徒刑",如果有暴力致人伤残、死亡的情形,处罚则更为严重。对比两罪的法定刑配置,后者显然比前者的法定刑档次更加衔接,犯罪惩治力度更重,尤其突出刑法对公民权利的保护功能。从这个意义上说,适用滥用职权罪打击超期羁押行为与非法拘禁罪相比,不符合"国家工作人员利用职权犯罪从重处罚"的量刑原则,相反,以非法拘禁罪认定超期羁押则更能体现罪责刑相适应的基本原则。

综上所述,超期羁押型非法拘禁罪的认定更具合法性、合理性。

(二) 超期羁押型非法拘禁罪构成特征分析

如前文所述,超期羁押型非法拘禁罪是指在刑事诉讼过程中,公安司法机关违反法律关于刑事拘留、逮捕的法定期限的规定,利用职权以逾期继续关押的方式非法剥夺犯罪嫌疑人、被告人人身自由的行为。因此该类型的非法拘禁罪的特征包括以下几个方面。

1. 犯罪对象

根据理论界的通说,犯罪对象是指犯罪分子在犯罪过程中对之直接施加影响的,并通过这种影响使某种客体遭受侵犯的具体的人和物。① 据此,超期羁押型非法拘禁

---

① 参见马克昌主编:《犯罪通论》,武汉大学出版社1999年版,第125页。

罪的犯罪对象必须符合以下特征:(1) 犯罪对象只能是具体的自然人,而不能是代表某种利益的物。因为超期羁押是针对特定自然人而实施的强制措施;(2) 犯罪对象必须存在于刑事诉讼的程序中,既包括一直处于刑事诉讼程序之中,也包括始于刑事诉讼,但刑事诉讼结束之后处于非法羁押状态的情形;(3) 犯罪对象必须受到羁押措施的束缚,人身自由权利受到剥夺;(4) 犯罪对象受到羁押行为的影响必须是直接的、现实的、强制性的、有形的。此外,就超期羁押行为的特殊性而言,“超期”是对羁押行为的一个时间限定,同时也说明了超期羁押以存在正常羁押为前提,自始至终的非法关押不符合超期羁押的行为类型,非法关押行为所侵害的对象也不是超期羁押型非法拘禁罪的犯罪对象。在普通非法拘禁罪中,犯罪对象并没有任何特别的范围限制,但是超期羁押行为的特殊性决定了其犯罪对象的特定性。

犯罪嫌疑人、被告人可以成为超期羁押型非法拘禁罪的犯罪对象。这里的犯罪嫌疑人、被告人与前文刑讯逼供罪所认定的范畴是一样的,在此不再赘述,不同的是,该被追诉人受到刑事拘留、逮捕的制约。根据《刑事诉讼法》的规定,经人民检察院批准或者人民法院决定,由公安机关执行,可以逮捕犯罪嫌疑人、被告人,公安机关、检察机关在必要的时候可以拘留犯罪嫌疑人。可以说,司法实践中普遍存在的超期羁押基本上都是针对受到刑事拘留、逮捕的犯罪嫌疑人和被告人的。

不过,受到拘传的犯罪嫌疑人、被告人无正当理由未能按时释放的,不能认为是超期羁押。根据《刑事诉讼法》的规定,人民法院、人民检察院和公安机关都有权对犯罪嫌疑人、被告人实施拘传。拘传的对象是未被羁押的犯罪嫌疑人、被告人,拘传的目的是强制就讯,而不是强制待侦、待诉、待审,没有羁押的效力,在讯问后,应当将被拘传人立即放回。所以拘传对象既然没有受到羁押,时间届满未依法获得释放就不能认为是超期羁押,只能以其他类型的非法拘禁行为定性。同样,处于取保候审、监视居住期满无正当理由未予取消的犯罪嫌疑人、被告人也不能成为超期羁押的犯罪对象。因为根据法律规定,被羁押的犯罪嫌疑人、被告人及其法定代理人、近亲属有权申请取保候审,所以羁押和后两种强制措施是有本质区别的。由于处于监视居住和取保候审期间的行为人没有处于羁押状态,人身自由权利受到非法限制而不是剥夺,故不符合超期羁押的行为特点。

刑满未予释放的服刑人不能成为超期羁押的犯罪对象。服刑人是指依照法院的生效判决,在拘役所(或看守所)、监狱等服刑机构接受监管、履行刑罚的人。笔者认为,刑满未予释放的服刑人不能认定为超期羁押的受害人是因为超期羁押行为是对公民人身自由和司法机关正常活动的侵害,而刑罚执行权并不具有司法权的性质。首先,在刑事执行过程中,并没有一个纠纷或者争端存在,也不存在不确定的权益或利益需要裁判,因而,刑事执行权不是裁判权,更不是审判权;其次,在刑事执行过程中,刑事执行机关是刑事法律关系的主体或者是一方当事人,而不是中立的第三方,不具备司法权的独立性;再次,对于刑事执行过程中刑事执行机关的违法、违规行为,罪犯可以控告,因而刑事执行权不具有司法权的终局性;最后,刑事执行机关对于罪犯进行的刑事执行是主动实施的,不具备司法权的被动性。[①] 因此,刑罚执行权非司法权的属性使其不当行使不会破坏司法机关的正常活动,与超期羁押的性质有本质区别。与此相类似,由于司法拘留、行政拘留和刑事拘留在法律性质、法律效果、法律依据等方面有根本不同,所以受到司法拘留、行政拘留的行为人逾期未能依法获释的,不能以超期羁押论。当然,由于法律规定不能对证人采取刑事拘留、逮捕等剥夺人身自由的强制措施,因此证人即使受到长期的非法拘禁,也不能认定为超期羁押。

需要说明的是,上述部分主体在人身自由受到国家机关工作人员甚至司法机关工作人员职权行为的侵犯时,其自身不能被认定为超期羁押型非法拘禁罪的犯罪对象,但是并不妨碍以普通的非法拘禁罪或其他罪名追究相关责任人的刑事责任。

2. 客观行为特征

超期羁押型非法拘禁罪的客观行为表现是利用职权以逾期继续关押的方式非法剥夺犯罪嫌疑人、被告人人身自由的行为,简单说来就是利用职权拒绝释放。因此其具体内容可以通过以下五个方面予以说明。

(1) 利用职权。职权是指职位范围内所固有的发布命令和期盼命令得到执行的权力,利用职权的原意应当是指行为主体利用法律赋予的特定职责和权力实施特定的行为,具体到超期羁押中,主要是指利用从事公安司法工作所形成的职务权限,从这个层面上看,超期羁押的职权利用行为本质上也是“滥用职权”的行为。利用职权是超期羁押行为与其他非法拘禁行为的重要区别。它为非法拘禁行为披上了正当的法律外衣,使超期羁押承受非法性的同时获得了公众的“认同”,同时也正是因为公安司法机关及其工作人员对职权的利用,使得超期羁押的社会危害性要远远大于普通非法拘禁行为,所以如果公安司法机关工作人员在没有利用职权的情况下实施了非法拘禁行为,则不符合该特定类型的特征。此外,利用职权以行为主体享有特定权力为前提,如果其没有相应的权力而实施了羁押行为,比如其他国家机关工作人员为讨要债务冒充公安司法人员长期关禁受害人,亦不能作此认定。

---

① 参见柳忠卫:《论刑事执行权的性质》,载《刑法论丛》第12卷。对于刑事执行权性质的认识,该论者认为,我国理论界主要有四种观点:(1) 司法权说。在我国诉讼法学界,长期以来占统治地位的传统观点是:执行权属于国家司法职能的一部分,执行行为是一种司法行为,执行权属于司法权。(2) 行政权说。此说认为,作出司法判决是司法行为,执行司法判决是行政行为,执行工作的性质归属于行政活动,具有行政性质。(3) 综合说。(4) 双重属性说。该说认为,刑事执行权是与审判权并列的司法权和行政权的下位权力,刑事执行权的本质属性是司法和行政相结合的强制权。

（2）行为的强制性。超期羁押中剥夺犯罪嫌疑人、被告人人身自由的行为必须具有强制性。强制性是指违背他人意志，强行使他人处于被管束之中，这主要表现为使用足以剥夺人身自由的强制性手段，如实施关押、监禁等。[①] 一般来说，超期羁押的行为表现方式是以刑事拘留、逮捕的名义长期关押，拘留和逮捕作为保证刑事诉讼程序正常进行的法定强制措施，其强制性是不言而喻的。也正因为如此，《刑事诉讼法》明确规定了刑事拘留、逮捕的法定期限，期限届满必须予以释放或者变更强制措施。当然，强制性是就行为性质而言的，并不因被关押人不知道其非法性而丧失强制性，即使在被关押人自以为因实施犯罪应当被关押的情况下，超越法定期限的羁押行为仍然不能改变其强制性，这是由行为方式的客观属性决定的，不以行为对象的意志为转移。

（3）行为表现方式的单一性。对于普通的非法拘禁罪而言，行为表现方式花样繁多，既包括关押、禁闭、捆绑、绑架等有形的强制方法，也包括麻醉、欺骗、胁迫等无形的强制方法，既有剥夺人身自由的行为手段，也有限制人身自由的行为方式。但是超期羁押型非法拘禁罪的行为表现方式则相对较为单一，受刑事拘留、逮捕的行为性质制约，拘禁是其唯一的表现方式。与关押、禁闭的含义相似，拘禁是指将被害人关押于一定的场所，从而剥夺其行动自由。相应的，绑架并不能成为超期羁押的行为方式，因为绑架是指挟持他人作为人质的行为，超期羁押中，行为主体必然不存在挟持被害人作为人质实现非法目的的可能性。[②] 当然，由于超期羁押打着保障刑事诉讼顺利进行的幌子，"拘禁"只能是有形的、物理的强制方法，通过对受害人实施心理强制迫使就范的无形强制不能认定为超期羁押。

虽然在刑法的范畴中，限制和剥夺的区别并不明显，限制他人人身自由也可以构成非法拘禁罪，但是在刑事诉讼中，限制和剥夺的区分是存在的，所以在超期羁押中，非法拘禁只能是剥夺他人人身自由的行为。因为超期羁押是超越拘留、逮捕的法定期限不予释放的行为，因此必然以拘留、逮捕为载体，而拘留、逮捕是法定的剥夺人身自由的临时性强制措施，必然使剥夺人身自由行为成为该类型的非法拘禁罪的唯一行为构成。换句话说，在刑事诉讼过程中，变更强制措施后的取保候审和监视居住如果超过法定期限，或者发现取保候审和监视居住存在错误后不予释放的，不能认定为超期羁押，因为二者只是限制人身自由的强制措施。

（4）行为的非法性。非法性亦即违反法律的性质，超期羁押行为的非法性就在于违反《刑事诉讼法》关于羁押期限的明确规定，无正当理由仍逾期继续关押犯罪嫌疑

---

① 参见魏昌东、钱小平编著：《非法拘禁罪、绑架罪专题整理》，中国人民公安大学出版社 2009 年版，第 15 页。

② 参见赵秉志、阴建峰：《非法拘禁罪构成中的若干问题研讨》，载《河南省政法管理干部学院学报》2004 年第 2 期。

人、被告人。由此,其非法性表现在以下方面:① 程序非法,即超期羁押违背了法律的正当程序,既包括羁押行为审批手续不健全,也包括单纯的超过法定期限;② 无正当理由,即没有阻却违法性的理由。从犯罪构成的角度来看,超期羁押行为构成犯罪,必然不存在正当化事由,即该行为既不是法令行为,也不是基于被害人承诺、推定的被害人承诺的行为,更不可能是正当防卫、紧急避险的行为。

(5) 行为的具体类型。就超期羁押的行为内容而言,"超期"是行为构罪的核心要素。超期羁押的行为类型也与"超期"的方式密切相关,从司法实践来看,超期羁押主要有以下三种类型:① 得到释放犯罪嫌疑人、被告人或者变更强制措施的决定之后依然羁押。比如依照法律规定,公安机关收到释放犯罪嫌疑人的通知书后,应当立即释放犯罪嫌疑人,此后如果仍然对犯罪嫌疑人继续羁押,就属于此类型。② 在拘留、逮捕之后没有正当理由长期羁押。即对犯罪嫌疑人刑事拘留、逮捕之后,法定期限届满没有办理相关延期申请,而继续关押犯罪嫌疑人的情形。③ 发现错拘、错捕之后仍不释放而继续关押的。

此外,从行为的表现方式来看,作为与不作为都可以成为非法拘禁罪的危害行为,当然不作为的非法拘禁罪的认定以行为人承担作为义务为前提。但是,笔者认为,超期羁押型非法拘禁行为的表现方式只能是不作为。因为超期羁押是以合法羁押为前提,在存在一段时间的羁押的前提下,羁押的正当性理由丧失而仍然予以关押的情形。那么在这样的前提下,公安司法机关及其工作人员负有依照法律将犯罪嫌疑人、被告人依法释放或者变更强制措施的义务,而超期羁押正是能够履行这一作为义务而不履行的危害行为。所以与非法拘禁罪中行为主体通过作为与不作为侵犯公民人身自由不同,超期羁押是以不履行"释放义务"为内容的不作为行为。

3. 犯罪主体

根据《刑事诉讼法》的规定,人民法院、人民检察院和公安机关如果发现对犯罪嫌疑人、被告人采取强制措施不当的,应当及时撤销或者变更。公安机关释放被逮捕的人或者变更逮捕措施的,应当通知原批准的人民检察院。检察机关作出不起诉决定后,如果被不起诉人在押,应当立即释放。法院作出无罪判决后,如果被告人在押的,亦应当立即释放。所以超期羁押的实施者,既可能是公安机关等拥有刑事侦查权的国家机关及其办案人员,也可能是检察机关、审判机关等司法机关及其办案人员。但是根据《刑法》第 30 条、第 238 条的规定,本罪的犯罪主体只能是自然人,即导致超期羁押的直接负责的主管人员和其他直接责任人员。具体原因如下:

(1) 犯罪主体界定的前提:行为主体与责任主体的关系

在刑法理论中,危害行为是指由行为人心理活动所支配的危害社会的身体动静。所以行为主体可以界定为以心理活动所支配并实施危害社会的行为的人。当然,这里的人既包括自然人也包括法人。行为主体注重的对行为实施者的事实评价,与价值无涉。但是危害行为与犯罪行为的特殊关系,决定了行为主体与责任主体具有天然的渊源关系,甚至前者是确定后者存在的前提。在犯罪构成中,犯罪主体是指实施严重危害社会行为、具有刑事责任能力并最终应当承担刑事责任的人。责任主体体现着法律对实施危害行为的行为人的法律评价,具有更加丰富的内容。因此,就行为主体和责任主体的关系而言,其既有联系又有区别。首先,两者在大部分情况下是一致的,即实施了危害行为的人通常情况下会被认定为犯罪主体并承担相应的刑事责任,这是责任主体的基本要求,一个人不能为别人的行为承担刑事责任。但是在特定情况下,实施特定行为的人与责任主体又存在着不一致。因为作为责任主体必须具有相应的刑事责任能力,例如在无刑事责任能力人实施了侵害行为的情况下,即使是可以认定为行为主体,也不能被法律评价为犯罪主体。其次,犯罪主体的认定还应该符合刑法分则对于具体犯罪的特殊要求,这里既有自然人之间身份的差异,也有自然人与单位之间的差异,这种差异性反映着行为社会危害性的差别,同时也体现着法律评价的倾向性。比如对贪污贿赂犯罪的主体,要求具有国家工作人员的身份,盗窃罪的犯罪主体只能是自然人,即使盗窃行为是以集体名义作出,并且是为了集体利益而实施的。因此,行为主体与责任主体的区分就为超期羁押中犯罪主体的认定提供了前提。

(2)非法拘禁罪不存在单位犯罪,单位不能成为犯罪主体

根据《刑法》第30条的规定,成立单位犯罪必须有法律的明确规定。单位犯罪的特点就在于,单位犯罪必须在单位主体的意志支配下实施,并且通过刑法总则和刑法分则予以明确规定。具体到非法拘禁罪的犯罪构成,如果成立非法拘禁罪的单位犯罪,就必须由刑法分则对此予以明文规定,这是罪刑法定原则的基本要求。但是《刑法》第238条的规定并没有明确单位在非法拘禁犯罪中的主体地位,所以单位不能成为犯罪主体。而就超期羁押的决定程序来看,单位意志较为明显。所谓单位故意犯罪的集体意志,在很大程度上是通过决策主体体现出来的。判断犯罪行为是否体现了单位的集体意志,需要看犯罪行为是否经单位负责人决定。作为一项剥夺公民人身自由的临时性强制措施,刑事拘留是以公安机关、人民检察院的名义作出的,逮捕是由公安机关、检察院的侦查部门提出逮捕申请,检察机关批准,或者由人民法院决定并由公安机关执行的,可以说,两种羁押措施都是以国家机关的名义作出的,所以超期羁押的行为主体一般情况下是公安司法机关,而不是具体的个人。

如此一来,以国家机关名义作出的刑事拘留、逮捕并造成超期羁押的,就不能追究国家机关非法拘禁罪的刑事责任。无怪乎"人们习惯于认为,超期羁押是国家机关所为,而国家机关不能成为非法拘禁罪、滥用职权罪的主体,所以,超期羁押行为不成立犯罪,否则违反罪刑法定原则。"①

① 参见张明楷:《超期羁押的刑事责任探究》,载《浙江社会科学》2002年第4期。

(3) 追究直接负责的主管人员和其他直接责任人员非法拘禁罪的刑事责任具有正当性

不能追究公安司法机关因超期羁押而构成非法拘禁罪的刑事责任,并不代表超期羁押型非法拘禁罪没有正确的犯罪主体,其实追究直接负责的主管人员和其他相关的直接责任人员非法拘禁罪的刑事责任具有正当性。

关于追究超期羁押型非法拘禁罪的自然人责任,有学者从逻辑推理、罪刑法定、国际司法等多个角度进行了详细、客观的论证。[①] 在此,笔者仅以超期羁押中普遍存在的两种情形为例,说明追究自然人责任的正当性。

① 对于经有关负责人作出决定的超期羁押。基于有关负责人的命令而实施的超期羁押的责任追究,实质是执行上级命令能否免责的问题,其在刑法理论界历来充满争议,但是从公民合法权利的保护,公务员职务行为的正当性和行政权力的高效性来看,执行上级命令的行为并不必然免责,若排除犯罪性必须符合以下条件:A. 执行的命令必须是所属上级国家工作人员基于职权所发布的;B. 命令行为属于下级国家工作人员职务范围内的事项;C. 命令的发布形式和程序都不违法;D. 下级国家工作人员必须不明知上级发布的命令违法。[②] 据此,基于上级命令实施的超期羁押中,由于羁押行为的延期没有正当的缘由和法律依据,因此可以推定命令的发布形式和程序都存在违法性,进而直接责任人员就不能以执行命令为由排除行为的犯罪性,追究其刑事责任具有正当化根据。当然,依据《中华人民共和国公务员法》(以下简称《公务员法》)的规定,公务员执行公务时,认为上级的决定或者命令有错误的,可以向上级提出改正或者撤销该决定或命令的意见;上级不改变或撤销,或者要求立即执行的,公务员一般应当执行该决定或命令,执行的后果由上级负责,公务员不承担责任。所以这种情况下的直接责任人员可以免责。

而对于命令的发布者而言,《刑法》中渎职犯罪的认定为其承担刑事责任提供了很好的注脚。

② 对于发现无正当理由逾期关押而不作为的情形。根据法律规定,刑事诉讼中发现存在不应当继续羁押的情形,应当立即释放或者变更强制措施。所以负责羁押的公安司法机关的工作人员如果发现无正当理由逾期关押的情形,就负有立即释放的义务。当其能够履行法定义务而怠于履行,致使受害人长期无辜羁押,就应当追究其不作为的刑事责任。当然基于释放程序的法定性和严格性,如果直接责任人员没有直接释放的权力,在其就发生事实及处置意见向有关负责人如实反映之后,可以免责,这也符合《公务员法》的相关规定,但是对于决定主体则不适用。

---

① 参见张明楷:《超期羁押的刑事责任探究》,载《浙江社会科学》2002 年第 4 期。

② 参见马克昌主编:《犯罪通论》,武汉大学出版社 1999 年版,第 818—819 页。

4. 犯罪主观方面

剥夺他人的人身自由是非法拘禁罪的客观表现,从行为本质上将,客观行为是在主观目的的支配之下实施的。因此非法拘禁罪的犯罪主观方面必须以剥夺他人人身自由为内容,在超期羁押型犯罪中亦如此。即超期羁押型非法拘禁罪的犯罪主观方面的内容为明知羁押时间已超过法定期限,已非法剥夺他人人身自由,仍然不予释放。从中可以分析得出,超期羁押犯罪中行为人的主观方面只能是故意,不可能是过失,并且仅限于直接故意,不存在间接故意的可能性。具体来说:(1) 剥夺他人人身自由的事实是客观的,超过法定的期限的情形是真实的,在对此情形有明确认识的情形下,行为人一定能够认识到不予释放必将侵犯受害人的人身自由,因此直接故意的心理态度确定无疑。(2) 有学者认为,由于疏忽大意而忘记解除他人的羁押,或者没有准确记清办案时间,而导致对他人的羁押超期,可以看作过失的超期羁押。[①] 笔者认为,论者所列举的情形在特定条件下的确有可能存在,但是从现实来看,超期羁押一般持续时间较长,何况采取强制措施是有严格的法律程序限制的。以"疏忽大意"为借口显然是难以成立的。(3) 超期羁押型非法拘禁罪的主观方面也不可能是间接故意。在理论上,间接故意是明知行为可能发生危害社会的结果,并且放任结果的发生。然而在超期羁押中,行为与社会危害性之间并不存在时间、地点上的间隔,行为存在必然伴随着严重的社会危害性,因此只要行为人意识到行为正在发生,就没有理由"放任"结果的发生。

超期羁押型非法拘禁罪的主观故意的内容包括认识因素和意志因素。其中认识因素又包括事实认识和规范认识。前者是指行为人不仅要认识到羁押事实的存在,还要认识到逾期未予释放的事实。而在规范认识问题上,即超期羁押犯罪的认定是否需要行为具有违法性认识则存在争议。笔者认为,超期羁押型非法拘禁罪较普通非法拘禁罪的社会危害性更为严重,法律明确规定,对于司法工作人员利用职权实施的非法拘禁罪从重处罚,就在于犯罪主体作为一个执法者,明知行为违反法律的明确规定,侵犯公民人身自由仍然实施,从而加重了主观罪过的严重性,因此超期羁押型犯罪中,主观认识应当包括违法性认识,换言之,如果行为人不知道自己行为的违法性,或者自认为是合法的,又如何认定其存在对"超期羁押"行为的明知呢?而本罪的意志因素应当是希望他人的人身自由受到剥夺,这是直接故意的应有之义。

超期羁押型非法拘禁罪不是目的犯,因此行为目的的内容不影响犯罪的成立。在司法实践中,超期羁押的目的可谓多种多样,既有为了收集证据、提讯方便的,也有为了省去繁琐的诉讼程序或者为防止犯罪嫌疑人、被告人逃脱的,当然亦不能排除假公

---

① 参考荆凤梅、赵艺林:《超期羁押构成非法拘禁罪的法理分析》,载《河南省政法管理干部学院学报》2004年第5期。

济私,为了掩护冤假错案而包庇错误的。但无论是为了什么目的实施超期羁押,即使是出于良好的意愿、正当的动机,也只能算是酌定的量刑情节,不会最终影响行为性质的认定。

超期羁押型非法拘禁罪的构成特征分析能够促进超期羁押行为司法认定的有效性,更好地区分犯罪的既遂与未遂,并有利于共同犯罪问题的解决,从而为正确认定刑事责任奠定基础。当然问题不止于此,超期羁押犯罪治理绝不是犯罪构成所能独自承受的。比如在超期羁押型犯罪中,与普通的非法拘禁罪不同,其非法拘禁的时间确定有一定难度,这其中主要是制度性的原因即受《刑事诉讼法》规定的制约。刑事诉讼中明确规定了多种导致羁押期限重新计算的情形:精神鉴定不计入时限;犯罪嫌疑人不讲真实姓名、住址、身份不明的,侦查羁押期限自查清其身份之日起计算;侦查期间,发现犯罪嫌疑人另有重要罪行的,自发现之日起重新计算侦查羁押期限;审查起诉和审判中改变案件管辖的,重新计算羁押期限……可以说,“超期羁押是一个随诉讼阶段的递进而出现滚动现象的复杂问题。”①然而超期羁押的期限又直接反映着行为的社会危害性并最终体现在刑事责任的分配上,因此超期羁押型非法拘禁罪的研究是一个较为系统的工程,它的复杂性、影响力超越了普通非法拘禁罪对社会公众的影响。从这个角度讲,超期羁押型非法拘禁罪的犯罪构成研究仅仅是揭开了超期羁押犯罪治理万里长征的序幕,更深层次的问题还等待着学界思考、探寻。

八、赵振晌侵害行为性质认定及追责

根据河南省高级人民法院(2003)豫法刑一复字第13号刑事裁定书认定的事实:“1997年10月30日夜,被告人赵作海在杜××家与杜××通奸时,被赵振晌遇见,赵振晌持刀将赵作海头、面部砍伤。”根据有关媒体的更为深入的报道,赵振晌发现赵作海在本村杜××家,因看不惯赵作海和有夫之妇瞎搞,并且认为赵作海之前私吞他的1 000多元工钱,遂回家拿来菜刀,对熟睡的赵作海头上砍了一刀。然后自以为砍死了人的赵振晌将凶器扔在村东小庙后的路边,怀揣400元钱和身份证,连夜逃离家乡。在此后的十多年时间里,赵振晌去过安徽、陕西、湖南等地,以捡破烂为生。他从未回过家,也从来不敢向别人说出自己的名字,担心被公安机关找到。②

如果根据司法机关的事实认定,赵作海故意杀人一案就呈现颇为独特性的一面:冤案中的“受害人”应当是现实生活中的加害人,而原“加害人”则成了真正的受害人。赵作海为不存在的“犯罪行为”蒙受了11年的冤狱,那么侵害行为的真正实施者赵振晌是否应当为自己的不法行为承担刑事责任呢?如果有完整的证据链条证明上述报

---

① 参见李忠诚:《超期羁押的成因与对策》,载《政法论坛》2002年第1期。

② 参见《赵作海:命运就像一根草》,载《南方周末》2010年5月13日,第A7版;《一错再错:河南“赵作海”错案追踪》,载《检察日报》2010年5月11日,第4版。

道属实,这个问题的答案无疑是肯定的。

(一) 赵振晌侵害行为的性质认定

依据赵振晌接受媒体采访时的答复,事发当日其持刀对熟睡的赵作海头上砍了一刀,致其头、面部受伤,然后畏罪潜逃。据此,赵振晌的行为性质界定的分歧就在于持刀砍伤赵作海的行为应当认定为故意伤害罪还是故意杀人罪的未遂?这就涉及刑法理论中故意伤害罪与故意杀人罪未遂的区分。由于在该两种犯罪类型中,犯罪行为的侵害结果都是对受害人造成了人身损害,并且没有出现死亡的危害结果,结果的相似性使得认定只能依赖两罪的犯罪主观方面。从犯罪构成上看,故意伤害罪要求具有伤害他人的故意,而故意杀人罪需要行为具有非法剥夺他人生命的意图。但是,由主观目的的抽象性及与客观行为的支配关系所决定,通过客观行为特征等一系列客观方面要素的分析有助于合理认定两罪犯罪主观方面的区别。一般来讲,对于伤害故意和杀人故意两种主观故意内容的区分需要考虑以下要素:(1) 打击的部位,即暴力手段侵害的身体部位是否存在致命危险;(2) 打击的手段,即侵害行为所凭借的工具等;(3) 打击的力度,即侵害行为的客观强度是否足以致命;(4) 打击持续的时间;(5) 纠纷产生的原因,即侵害行为发生的原因、背景;(6) 加害人与被害人的关系,双方关系的亲疏远近、纠葛恩情等要素也会影响犯罪主观方面的认定;(7) 犯罪结束后加害人的态度和行为表现。当然除此之外的伤害结果(或未遂结果)出现的其他原因、案发时间、地点等都有可能成为认定犯罪主观方面的要素。

结合媒体报道的情况,依据以上几项判断标准,赵振晌的侵害行为存在以下几个值得关注的方面:(1) 打击部位——头部具有致命性;(2) 将菜刀作为侵害工具,打击手段颇为恶劣;(3) 两人之前存在经济纠纷,赵振晌多次讨要遭到拒绝,两人关系恶化;(4) 纠纷产生既源于经济纠纷又包括生活中的其他问题,直接诱因是赵振晌看到赵作海在杜××家夜宿;(5) 侵害行为实施后,自以为杀人的赵振晌畏罪潜逃 13 年。综合以上内容,笔者认为,赵振晌主观上是存在非法剥夺他人生命的故意的,其中最主要的判断依据是打击部位和打击手段。众所周知,打击部位——头部的高危性和打击手段——菜刀的锐利性相结合,对生命的威胁是显而易见的,作为一个具有完全刑事责任能力的行为人,赵振晌明知自己的行为会导致他人生命受到侵害,仍然希望(或放任)危害结果的发生,剥夺他人生命的主观故意非常明显。此外,双方因经济纠纷导致关系恶化和杜××事件的影响,赵振晌自认杀人后畏罪潜逃的行为表现,皆在一定程度上证明其杀人动机的存在和对行为性质的认知程度,从而进一步排除其故意伤害的可能性,应当认定为其具有非法剥夺他人生命的犯罪故意。因此,赵振晌的侵害行为应当认定为故意杀人罪,但是由于意志以外的原因并没有出现他人生命遭到剥夺的危害结果,所以在理论上应当认定为故意杀人罪的未遂。

(二) 追究刑事责任的正当性

犯罪行为发生后,能否追究犯罪嫌疑人的刑事责任,在一定程度上受追诉时效的限制,只有在追诉时效的期限内,或者不受追诉时效限制的情况下,依法追究刑事责任才具有正当性。在本案中,赵振晌畏罪潜逃13年,由于刑案事发之后,不存在《刑法》第88条规定的"在人民检察院、公安机关、国家安全机关立案侦查或者在人民法院受理案件以后,逃避侦查或者审判的,不受追诉期限的限制;被害人在追诉期限内提出控告,人民法院、人民检察院、公安机关应当立案而不予立案的,不受追诉期限的限制"这两种情形,所以追究刑事责任的正当性应当从是否在追诉时效的期限内加以考察。

1. 该侵害行为的追诉时效问题

根据《刑法》第87条的规定,犯罪经过下列期限不再追诉:(1)法定最高刑为不满5年有期徒刑的,经过5年;(2)法定最高刑为5年以上不满10年有期徒刑的,经过10年;(3)法定最高刑为10年以上有期徒刑的,经过15年;(4)法定最高刑为无期徒刑、死刑的,经过20年。如果20年以后认为必须追诉的,须报请最高人民检察院核准。这就是《刑法》中关于追诉时效的规定。根据该条款,追诉时效的认定需要合理界定四项中"法定最高刑"的含义。

在刑法理论中,对于"法定最高刑"应如何理解存在着不同观点,但是根据最高人民法院的相关司法解释,应按其"罪行应当适用的条或款的法定最高刑计算";并规定如果案件尚未审判的,在基本事实查清的情况下,则可以以估量的刑期,计算追诉期限。所以这里的"法定最高刑"应理解为"应当适用的条或款的法定最高刑"。[①] 但需要注意的是,赵振晌的侵害行为并没有造成死亡的危害结果,这就意味着仅成立故意杀人罪的未遂,而根据《刑法》第23条第2款的规定,对于未遂犯,可以比照既遂犯从轻或者减轻处罚。那么作为法定的量刑情节,犯罪未遂能否成为追诉时效中的考察要素值得进一步确定。笔者认为,法定的量刑情节不影响"法定最高刑"的认定,不应当成为影响追诉时效的一个要素。因为量刑情节是在法定刑的基础之上,人民法院在裁量刑罚时,所参考的决定刑罚轻重和免除刑罚的特定情节,既包括法定量刑情节,如自首、犯罪中止、犯罪未遂等,也包括酌定的量刑情节,如犯罪手段、方式等。在追诉时效的判断中,其参考依据是法定最高刑,故应当区别于宣告刑确定时参考的量刑情节。量刑情节的功能是在既定法定刑下影响宣告刑,而定罪情节的功能是影响法定刑。因此定罪情节是计算追诉时效期限的根据,量刑情节不能作为追诉时效期限的计算根据。[②] 具体到本案中,犯罪未遂作为量刑情节不能影响赵振晌侵害行为的追诉时效,决定后者的只能是法定情节,即犯罪行为的终了。根据《刑法》第89条第1款的规定,追诉期限从犯罪之日起计算;犯罪行为有连续或者继续状态的,从犯罪行为终了之日起计算。赵振晌实施侵害行为的犯罪之日是1997年10月30日,距离2010年5月案发近13年。而不存在"较轻情

---

① 参见张武举:《如何理解我国刑事追诉时效中的几个问题》,载《河北法学》2004年第4期;徐志坚:《追诉时效及其司法认定问题探讨》,载《华东刑事司法评论》第5卷。

② 参见高庆盛:《量刑情节能否作为计算追诉时效期限的依据》,载《人民检察》2007年第7期。

节"的故意杀人罪的法定最高刑是死刑,即意味着相应的追诉时效应当是20年,据此赵振响侵害行为尚未超过法定的追诉时效,在理论上追究其刑事责任具有正当性。

2. 从行为人的悔罪态度看追责的正当性

除了合乎追诉时效的法律规定外,赵振响对侵害行为的认识所反映的悔罪态度仍表明追责的必要性。据媒体报道,赵振响没有对赵作海有任何歉疚之意,甚至耿耿于怀。他说:"不愧疚,我也冤枉。我现在生活不能自理了,也很辛苦。"①当然,一句话并不能成为追究一个人刑事责任的根本依据,然而值得注意的是,在对他人的生命权益造成巨大威胁、伤害的情形下,仍然不能认识到自身行为的严重社会危害性,即折射出春秋数载畏罪潜逃的生活并未削减其主观方面的可谴责性,人身危险性亦不能因13年未实施犯罪行为而完全消灭。

需要说明一点,在惩罚犯罪的过程中,定罪和量刑是相区别的两个过程。认定赵振响的侵害行为构成故意杀人罪的未遂,并不必然意味着在13年后的今天仍要对其适用刑罚进行处罚,更不意味着要适用10年以上有期徒刑、无期徒刑甚至死刑来为受害人伸张正义。刑罚裁量既要考虑宽严相济的刑事政策,综合评价加害人的年龄、身体、近年来的行为表现对量刑的影响,也要兼顾刑罚目的、功能的特殊要求,从而使司法裁判既维护法律尊严,也不会影响善良民众的情感和对法治的信仰。

九、结语

英国著名哲学家培根在《论司法》一文中说过,一次不公正的判断比多次不平的举动为祸尤烈,因为这些不平的举动不过弄脏了水流,而不公的判断则把水源败坏了。②与此相比,赵作海案较此更甚,从侦查阶段的刑讯逼供、超期羁押,到检察阶段的证据不足审查起诉,再到司法判决的疑罪从轻,整个刑事诉讼的过程岂止是一次"不公正"的裁判所能概括的。在冤案形成的背后,是司法理念的错位、程序正义的缺失、法律保障的空乏、责任追究的无奈。面对冤案频发的司法丑闻,不仅法学界、司法界,整个社会都在对赵作海案所展现的法理问题表示极大的关注。

在推崇依法治国的今天,无罪推定原则与有罪推定的司法理念在刑事司法实践中交错并行,使无罪推定原则在司法实践中的深入显得异常艰难,也让我们不得不反思制度本身在推广现代诉讼理念中所能发挥的机能。面对赵作海的悲惨遭遇,也许真正实现人民法院独立审判,加强职能部门之间的权力监督和制约更为根本,也似乎更能避免冤假错案的重现。但是更具操作性的方式则是弥补制度缺失所造成的规则失序,如非法证据排除规则、完善的律师辩护制度,犯罪嫌疑人、被告人讯问制度的改进,这

---

① 参见《重庆晨报》2010年5月14日,http://cqcbepaper.cqnews.net/cqcb/html/2010-05/14/content_1173422.htm,2010年8月10日。

② 参见〔英〕弗兰西斯·培根:《培根论说文集》,水天同译,商务印书馆1983年版,第193页。

些量小细微的改变对于避免重蹈冤假错案的覆辙也许显得更为实际。

刑讯逼供行为对司法程序正当性的危害和人身权利侵害的严重性,早已引起社会的广泛关注,但如果不是冤假错案的曝光,不是各种"××死"频繁出现,人们对司法审判的关注重点往往在于判决是否公正,实体正义是否得到实现(这也是整个社会法律理念的一种真实反映)。因此在悲剧发生之后,我们更多的是从观念、制度角度反思刑讯逼供的屡禁不止,很少从犯罪惩治的角度去探寻通过对刑讯逼供的刑事责任认定进而体现法律的否定评价。事实上,通过刑讯逼供罪立案标准的合理设定,犯罪主体的确立,犯罪对象、犯罪行为的进一步明确,能够更好地表明犯罪的严重社会危害性,更好地借助刑罚的威慑性、严厉性、强制性遏止刑讯逼供这个顽疾。①

赵作海案再一次让我们感受到刑事诉讼程序中超期羁押的严重危害性,面对对人身自由的恣意侵犯,对司法权力的随心所欲,对超期羁押行为的否定评价显得比对刑讯逼供的惩治脆弱许多。然而,从刑法规范的角度,透过非法拘禁罪的行为特征,超期羁押的违法本质与非法拘禁犯罪极为一致甚至危害性更加严重。超越刑事诉讼对刑事拘留、逮捕规定的法定期限,利用职权长时间关押、拘禁自由公民,公安司法机关及其工作人员的违法行为已经严重侵犯了公民的人身自由,这种行为本身已超越了诉讼法的界限,而无论目的如何正当。今天,超期羁押治理已不仅是刑事诉讼法律所涉及的问题,在很大程度上也需要甚至必须有刑法的参与。换句话说,如果刑法规范不能在犯罪行为面前发挥应有的评价机能,又岂止是赵作海们的悲哀!

随着赵作海获得65万元的国家赔偿,他的生活也逐渐步入正常人的轨道,社会上曾经颇为激烈的斥责和评论也渐趋平静,然而对赵作海案件带给我们的法理思考却不能戛然而止。毕竟案件本身值得反思,期待改变的地方还有很多,比如对证人的暴力取证行为的法理分析,"民意"在赵作海入狱和平伸冤屈的过程中发挥了怎样的作用……然而笔者只是选取了其中的四个问题作为探究研析的对象,因为四个问题始终围绕一个核心:人身自由;始终怀抱一个目标:人间悲剧不再重演。

附录一

河南省商丘市中级人民法院刑事判决书

(2002)商刑初字第84号

公诉机关:河南省商丘市人民检察院。

---

① 相对应的,程序上建立、健全非法证据排除规则,规定侦查人员出庭作证义务和不出庭的法律后果,都是遏制刑讯逼供行为的有效措施。

被告人:赵作海,男,1952年10月出生于河南省柘城县,汉族,文盲,住柘城县老王集乡赵楼村。1999年5月9日因涉嫌故意杀人犯罪被柘城县公安局刑事拘留,同年6月19日被依法逮捕。现押于柘城县看守所。

指定辩护人:胡泓强,商丘卓衡律师事务所律师。

河南省商丘市人民检察院以商检起诉(2002)81号起诉书指控被告人赵作海犯故意杀人罪,于2002年11月11日向本院提起公诉。本院依法组成合议庭,不公开开庭审理了本案。商丘市人民检察院指派代理检察员郑磊出庭支持公诉,被告人赵作海及其辩护人胡泓强到庭参加诉讼。现已审理终结。

商丘市人民检察院指控:1997年10月30日夜,被告人赵作海在与本村妇女杜××私通时,被也与杜××有通奸关系的本村村民赵振晌发现,赵振晌持刀将被告人砍伤,被告人逃至家中,持刀躲在自家大门后,等赵振晌追到后,被告人用刀刺向被害人,致赵振晌当场死亡,然后将赵振晌的尸体肢解、隐藏。

针对指控的事实,公诉机关当庭宣读和出示了下列证据:(1) 被告人赵作海的供述;(2) 证人赵作亮、赵作印、赵振超、杜××、赵庆忠的证言;(3) 现场勘验笔录、刑事技术鉴定;(4) 物证。公诉机关认为,被告人赵作海的行为已构成故意杀人罪,适用《中华人民共和国刑法》第232条之规定,请依法判处。

被告人赵作海对起诉书指控的犯罪事实当庭予以否认;其辩护人辩称本案事实不清,证据不足,请求宣告被告人赵作海无罪。

经审理查明:被告人赵作海和被害人赵振晌均与本村妇女杜××有通奸关系。1997年10月30日夜,被告人赵作海在杜××家与杜××通奸时,被赵振晌碰见,赵振晌遂持刀将赵作海头、面部砍伤,赵作海逃离杜家,赵振晌追赶至赵作海家院内,赵作海持刀将赵振晌杀死并将尸体肢解、隐藏。

上述事实,有下列证据证实:(1) 被告人赵作海供述杀人的情节、手段与现场勘验笔录、刑事技术鉴定相一致;(2) 证人杜××、赵振起、赵庆忠、赵作亮、赵作印的证言证实被告人赵作海于1997年10月30日夜曾被赵振晌砍伤及被告人赵作海被砍伤后的反常情况,以及赵振晌从此失踪;(3) 被告人赵作海作案用的凶器、包裹尸体的编织袋片、麻绳已提取,经赵作海、赵振起、赵西良辨认无误。

上述证据经当庭示证、质证,来源清楚,收集程序合法,证据内容能相互印证,上述事实,本院予以确认。

被告人赵作海当庭对起诉书指控的犯罪事实予以否认;其辩护人辩称本案事实不清,证据不足,请求宣告被告人赵作海无罪。经查,被告人赵作海和被害人赵振晌均与本村村民杜××有通奸关系。被告人赵作海归案后在侦查环节曾多次供述持刀杀害赵振晌并肢解尸体的犯罪事实,其供述杀害赵振晌的原因、情节与现场勘验笔录、刑事技术鉴定及有关证人证言相一致,且用以包裹尸体躯干的编织袋片提取后,经赵作海及其妻赵振起、儿子赵西良辨认无误。本院认为,被告人赵作海杀害赵振晌并肢解尸体的事实清楚,证据确实、充分。赵作海当庭翻供理由及其辩护人的辩护意见不能成立,本院不予采纳。

本院认为,被告人赵作海目无国法,持刀行凶杀死人命,其行为已构成故意杀人罪。公诉机关指控的罪名成立。被告人及其辩护人的辩护意见不能成立,本院不予采纳。被告人赵作海杀人后肢解尸体,犯罪性质恶劣,手段残忍,后果严重,社会影响极坏,本应严惩,但鉴于被害人赵振晌首先持刀攻击被告人,有一定过错,对被告人判处死刑,可不予立即执行。依照《中华人民共和国刑法》第232条、第57条第1款之规定,判决如下:

被告人赵作海犯故意杀人罪,判处死刑,缓期二年执行,剥夺政治权利终身。

如不服本判决,可在接到判决书的第二日起十日内,通过本院或者直接向河南省高级人民法院提出上诉。书面上诉的,应当提交上诉状正本一份,副本两份。

审　判　长　张远随
审　判　员　胡选民
代理审判员　魏新生
2002年12月5日
书　记　员　张　杰

附录二

河南省高级人民法院刑事裁定书

(2003)豫法刑一复字第13号

被告人:赵作海,男,1952年10月出生,汉族,文盲,柘城县老王集乡赵楼村村民。因涉嫌故意杀人于1999年5月9日被刑事拘留,同年6月19日被逮捕。现押于柘城县看守所。

商丘市中级人民法院审理商丘市人民检察院指控原审被告人赵作海犯故意杀人罪一案,于2002年12月5日作出(2002)商刑初字第84号刑事判决,认定被告人赵作海犯故意杀人罪,判处死刑,缓期二年执行,剥夺政治权利终身。本案在法定期限内没有上诉、抗诉。商丘市中级人民法院依法报送本院核准。本院依法组成合议庭进行了复核,现已复核终结。

经复核查明,被告人赵作海与被害人赵振晌均与本村妇女杜××有通奸关系。1997年10月30日夜,被告人赵作海在杜××家与杜××通奸时,被赵振晌遇见,赵振晌持刀将赵作海头、面部砍伤。赵作海逃离杜家,赵振晌追赶至赵作海家院内,赵作海持刀将赵振晌杀死,后将尸体肢解、藏匿。

上述犯罪事实,有下列证据证实:被告人赵作海对杀死赵振晌的犯罪事实曾予供认,其供述与现场勘验、刑事技术鉴定相一致,与证人证言相印证。被告人赵作海作案所用的凶器、包裹尸体的编织袋、麻绳已提取,经赵作海及其妻赵振起,其子赵西良辨认无误。一审庭审时被告人赵作海虽翻供,但在宣判后又表示服判不上诉。本案事实清楚,证据确凿,足以认定。

本院认为,被告人赵作海持刀杀人,手段残忍,后果严重,应予严惩。赵作海虽翻供,但一审当庭出示的证据来源清楚,收集程序合法,证据之间能相互印证,其否认犯罪的理由不能成立。鉴于被害人在案发原因上有一定的过错,对被告人赵作海可判处死刑,不立即执行。原审判决定罪准确,量刑适当,审判程序合法。依照《中华人民共和国刑事诉讼法》第201条、《最高人民法院关于执行〈中华人民共和国刑事诉讼法〉若干问题的解释》第278条第1款、第2款第1项的规定,裁定如下:

核准商丘市中级人民法院(2002)商刑初字第84号以故意杀人罪判处被告人赵作海死刑,缓期二年执行,剥夺政治权利终身的刑事判决。

本裁定送达后即发生法律效力。

审 判 长 王宏印
审 判 员 胡 烨
审 判 员 王金城
河南省高级人民法院
2003年2月13日
书 记 员 徐文杰

附录三

河南省高级人民法院刑事判决书

(2010)豫法刑再字第15号

原公诉机关:商丘市人民检察院。

原审被告人:赵作海,男,1952年10月10日出生,汉族,文盲,农民,捕前住商丘市柘城县老王集乡赵楼村。1999年5月9日因涉嫌犯故意杀人罪被刑事拘留,同年6月18日被逮捕。现在河南省第一监狱服刑。

商丘市人民检察院指控被告人赵作海犯故意杀人罪一案,商丘市中级人民法院于

2002 年 12 月 5 日作出(2002)商刑初字第 84 号刑事判决。在法定期限内没有上诉、抗诉,商丘市中级人民法院依法报请本院复核。本院于 2003 年 2 月 13 日作出(2003)豫法刑一复字第 13 号刑事裁定。上述裁判发生法律效力后,本院院长发现原裁判认定事实确有错误,经本院审判委员会研究,于 2010 年 5 月 8 日作出(2010)豫法刑监字第 29 号再审决定,对本案提起再审。本院依法另行组成合议庭进行了审理,并报请本院审判委员会进行了研究。河南省人民检察院副检察长贺恒扬列席了本院审判委员会。本案现已审理终结。

商丘市中级人民法院一审查明,被告人赵作海和被害人赵振晌与本村妇女杜 × × 有通奸关系。1997 年 10 月 30 日夜,赵作海在杜 × × 家与杜 × × 通奸时被赵振晌碰见,赵振晌持刀将赵作海面部砍伤。赵作海逃离杜家后,赵振晌追赶至赵作海家院内,赵作海持刀将赵振晌杀死并将尸体肢解、隐藏。

认定上述事实的证据有被告人赵作海供述故意杀人的情节、手段与现场勘查笔录、刑事技术鉴定书一致;证人杜 × × 、赵振起(赵作海之妻)、赵庆忠、赵作亮、赵作印均证实,赵作海于案发当晚被赵振晌砍伤并有反常情况,赵振晌从此失踪;赵作海作案用的凶器、裹尸用的编织袋片及麻绳提取后,经赵作海、赵振起、赵西良辨认无误。

商丘市中级人民法院认为,被告人赵作海持刀行凶杀死人命,其行为已构成故意杀人罪。且杀人后肢解尸体,犯罪性质恶劣、手段残忍,后果严重,社会影响极坏,本应依法严惩。鉴于被害人赵振晌首先持刀攻击被告人,有一定过错,对被告人赵作海判处死刑,可不立即执行。依照《中华人民共和国刑法》第 232 条、第 57 条第 1 款之规定,判决被告人赵作海犯故意杀人罪,判处死刑,缓期二年执行,剥夺政治权利终身。

本院复核查明的事实和证据与一审相同。另查明一审庭审时赵作海虽翻供,但在宣判后又表示服判不上诉。

本院复核认为,原判判决定罪准确,量刑适当,审判程序合法。依照《中华人民共和国刑事诉讼法》第 201 条、《最高人民法院关于执行〈中华人民共和国刑事诉讼法〉若干问题的解释》第 278 条第 1 款、第 2 款第 1 项之规定,裁定核准商丘市中级人民法院(2002)商刑初字第 84 号以故意杀人罪判处被告人赵作海死刑,缓期二年执行,剥夺政治权利终身的刑事判决。

2010 年 5 月 6 日,商丘市中级人民法院报告本院,被认定为本案被害人的赵振晌又回到村中,经查属实,请求本院审查处理。

本院再审查明,2010 年 4 月 30 日,柘城县公安局发现被认定为本案被害人的赵振晌回到村中后,对其进行了询问。2010 年 5 月 2 日,柘城县公安局又分别询问了证人李中愿(原赵楼村支书)、赵振兰(赵振晌的姐姐)、赵素梅(赵振晌外甥女),确认回村的赵振晌系本案原审认定的被害人。经商丘市人民检察院、商丘中级人民法院联合调查,情况属实,本院予以确认。

本院再审认为,原裁判认定被告人赵作海故意杀死被害人赵振晌的事实错误。依照《中华人民共和国刑事诉讼法》第206条、第162条第2项之规定,判决如下:

(1) 撤销本院(2003)豫法刑一复字第13号刑事裁定和商丘市中级人民法院(2002)商刑初字第84号刑事判决。

(2) 宣告被告人赵作海无罪。

本判决为终审判决。

审 判 长 韩兆印
审 判 员 尚嘉联
审 判 员 张云龙
2010年5月8日
书 记 员 郝明亮

廖婷婷杀死精神病患妹妹案法理研究
——以刑法社会学思考为重点

党和苹*

一、选案理由

刑法是一种法律社会现象,那么刑法也可以以刑法与社会之间的关系为主要对象进行社会学分析,这属于刑法社会学的研究内容。刑法社会学研究不是对刑法学研究的一种否定,相反的,还需要认真对待和积极吸取刑法学的研究结论,换句话说,刑法社会学不过是换一个视角对刑法的另一种分析。因为刑法不仅是束之高阁的一部法典,更是与社会生活息息相关的社会规范。分析刑法与社会的关系,了解民众的反应,分析我国本土法律资源的特色,可以为刑法学研究提供另一条路径,同时为刑法规范的科学化提供建设性意见,并能促进司法公正和我国法治现代化的更好实现。

廖婷婷杀死精神病患妹妹案为我们的刑法社会学研究提供了一个绝好的切入点。犯罪人廖婷婷为了减轻自己、家庭的负担,用枕头将长期患精神病的被害人廖娟娟(系犯罪人孪生妹妹)捂死。该案发生后,媒体、理论界以及社会民众均给予了广泛关注。二审法院"判三缓五"的结论,无论是在理论界还是在民众中,都引起了热烈的讨论。中央电视台、凤凰卫视等各主流媒体保持了追踪报道,搜狐、新浪、网易三大门户网站展开了专题讨论,赵秉志教授等专家学者也纷纷发表各自的观点、看法。本案已然成为标志我国法治建设的里程碑事件。但廖婷婷杀死精神病患妹妹案有关的争点较多,笔者拟选取其中三点进行详细分析,包括亟待思考的缓刑如何适用于涉及严重罪名的犯罪,家庭犯罪与普通犯罪的区别,中国式法与情的关系等具有相当研究价值的问题。

基于对以上几点问题的研究,笔者希望对我国家庭犯罪作详细的分析,并对我国有关缓刑的刑事立法及法律文化建设提出中肯的建议。

二、基本案情

案情介绍:被告人廖婷婷,女,19岁,1988年2月2日出生,汉族,高中文化,四川省

---

* 北京师范大学刑事法律科学研究院2007级刑法学硕士,现为爱尔兰人权中心博士研究生。

成都市人。被害人廖娟娟系被告人廖婷婷的孪生妹妹。被害人廖娟娟2001年患器质性精神障碍,在发病时有打人、毁物等症状,其家人也多次受伤。为控制其发病时的行为,家人用铁链将其固定在床上。因多年治疗未愈,家庭为此花光了积蓄,其孪生姐姐即原审被告人廖婷婷为帮助母亲照顾妹妹生活也被迫休学,曾为此服药自杀。迫于经济压力,2007年8月,被害人廖娟娟被送至收费较低廉的四川省彭州市精神病医院治疗。住院期间,被害人廖娟娟生活不能自理。同年8月21日晚,经医院通知,被告人廖婷婷及其父母等前往医院探望,处理陪护事宜。原审被告人廖婷婷提出留在医院陪护并得到父母同意。随后,原审被告人廖婷婷为被害人廖娟娟擦洗了身体。次日凌晨2时许,原审被告人廖婷婷为解脱被害人廖娟娟的痛苦,以及解除自己及家庭的困境,用枕头将被害人廖娟娟捂死在病床上。凌晨3时许,原审被告人廖婷婷打电话向公安机关投案,并如实供述了自己的犯罪事实。案发后,华西医科大学医学技术鉴定中心经公安机关委托,对原审被告人廖婷婷进行了司法精神病学鉴定,确认其表现符合抑郁症的诊断,其违法行为与其疾病有一定关系,对其认定为部分刑事责任能力人。

2008年1月31日,本案一审在四川省彭州市人民法院开庭,四川省彭州市人民检察院以被告人廖婷婷故意杀人罪提起公诉。法院经审理认为,被告人廖婷婷用枕头将被害人廖娟娟捂死,非法剥夺他人生命的行为,构成故意杀人罪。被害人廖娟娟系被告人廖婷婷的孪生妹妹,被告人在犯罪时正患抑郁症,对其妹妹实施的犯罪行为,可以认定为情节较轻,应在3年以上10年以下科刑,且被告人在犯罪时正患抑郁症,案发后主动投案,如实供述自己的罪行,具有自首情节,加之,被告人廖婷婷认罪态度较好。综合以上情节,四川省彭州市人民法院于2008年2月26日作出判决,以被告人廖婷婷犯故意杀人罪,判处有期徒刑3年,缓刑5年。

一审宣判之后,四川省彭州市人民检察院依法向成都市中级人民法院提起抗诉。

成都市中级人民法院受理案件后于4月17日公开开庭审理了此案。庭审中,控辩双方争议的焦点有:(1) 被告人廖婷婷是有预谋的故意杀人还是临时起意;(2) 患抑郁症的廖婷婷作案时是否有足够的辨识能力和自我控制能力;(3) 杀害家庭成员行为的社会危害性是否严重;(4) 一审对廖婷婷的量刑是否罚当其罪。

成都市中级人民法院认为,被告人廖婷婷采用捂口鼻的方式致被害人廖娟娟死亡的行为已构成故意杀人罪,依法应追究其刑事责任。原审被告人廖婷婷因特殊的起因和动机而对家庭成员实施犯罪,与其他严重危害社会治安秩序的故意杀人犯罪有着明显的区别;原审被告人廖婷婷犯罪时患抑郁症,辨认和控制自己行为的能力较低,仅具备部分刑事责任能力;原审被告人廖婷婷犯罪后投案自首,依法可以从轻或者减轻处罚;综合以上量刑情节,对其减轻处罚是符合我国法律规定的。考虑到原审被告人廖婷婷的犯罪事实和法定的从轻或者减轻处罚情节,可以对其减轻处罚;原审被告人廖婷婷具有无前科、认罪悔罪、被害人父母已谅解等酌定从轻处罚的情节,且人身危险性相对较小,对其暂不执行所判刑罚不至于再危害社会,故可适用缓刑。2008 年 7 月 23 日,成都市中级人民法院作出终审判决:驳回成都市检察院的抗诉,维持彭州市人民法院作出的一审判决。

三、裁判要旨

被告人廖婷婷采用捂口鼻的方式致被害人廖娟娟死亡的行为已构成故意杀人罪,依法应追究其刑事责任。

原审被告人廖婷婷犯罪时患抑郁症,辨认和控制自己行为的能力较低,仅具备部分刑事责任能力;原审被告人廖婷婷犯罪后投案自首,依法可以从轻或者减轻处罚;综合以上量刑情节,对其减轻处罚是符合我国法律规定的。

考虑到原审被告人廖婷婷的犯罪事实和法定的从轻或者减轻处罚情节,可以对其减轻处罚;原审被告人廖婷婷具有无前科、认罪悔罪、被害人父母已谅解等酌定从轻处罚的情节,且人身危险性相对较小,对其暂不执行所判刑罚不至于再危害社会,故可适用缓刑。

四、引发的理论问题

由本案引发的法理问题主要有:(1) 如何把握缓刑的适用条件。缓刑制度的特殊功能在涉及故意杀人罪等严重罪名的犯罪时是否能发挥同等作用,如何把握针对这类犯罪适用缓刑的条件,成为刑法领域中的重要问题。(2) 家庭内犯罪与普通犯罪的区别。家庭犯罪的社会危害性应如何认定,被告人父亲呼吁的刑事和解能否适用于家庭犯罪等。(3) 中国式法与情的分析。中国传统文化中的法与情关系与西方法学理论中的论述是有差异的,我国特有的人情因素对现实的刑事法治建设提出了严峻的挑战。

对廖婷婷故意杀人案的研究,可以为刑法学的研究开拓新的领域。首先,犯罪、刑事责任和刑罚问题,既是一种法律规定、法律现象;也是一种社会事实、社会现象,因此,对之既可以进行法学即刑法学研究,也可以进行法律社会学即刑法社会学研究。后一种研究是建立在前一种研究基础上的,前一种研究基本上不将处于规范之外的刑法与社会之间的关系作为研究对象,有时即使有所涉及,但囿于刑法学的学科属性也无法充分展开,深入讨论,故也急需刑法社会学予以弥补。两种方向的研究同时进行,必然会使我们对刑法的认识更为深入与全面。其次,刑法社会学的研究可以为刑法学研究提供新的研究方法,由法律社会学的研究任务和学科特点所决定,法律社会学不可能有什么严格、专一的范式,相反却要求在研究方法上的多元化,不局限于以社会学一门学科作为方法论的渊源,其他学科的方法,只要行之有效的,也兼容并蓄,广为吸摄。对于刑法的社会学研究而言,法律社会学研究方法的导入,无疑具有重要的意义。

再次,刑法社会学的研究有利于实现我国立法的科学化。根据马克思主义法社会学原理,立法是建立在特定的社会事实基础之上的。从本体论意义上讲,社会关系的发展水平决定着法律的性质内容及其调整范围,而法律永远是随着社会的发展变化而发展变化的。那些不依赖于个人意志而存在的社会生活条件,乃是法律现象得以产生、存在和发展的现实基础,而这些现实的社会关系却不是法律现象所能创造出来的,恰恰相反,它们本身正是创造法律现象的根源和基础;法律现象不是由于人们的意志而存在的,恰恰相反,它要受到客观的社会关系制约。法律现象是第二性的、派生的东西,而现实的社会关系却是第一性的、本源的东西。最后,刑法社会学的研究有利于实现司法公正。在刑事司法实践中,司法人员是刑法规范的适用者,适用刑法规范,离不开规范知识而且主要靠规范知识,但也不是仅靠规范知识和直接的三段论式的逻辑推理就能解决定罪量刑中的各种问题的,否则,只要输入刑法条文和犯罪事实,即可输出定罪与量刑的结果,那么计算机当比人更能胜任司法工作了。事实是当刑法条文含义和案件事实不明时,司法人员经常会遇到对相互矛盾、冲突或含混、边缘状态的问题的权衡取舍,这时影响其作出抉择的因素,除了规范性知识外,必然还涉及许多相关社会因素。

五、缓刑对于触犯严重罪名的犯罪人的适用条件

案例相关事实:在彭州法院一审"判三缓五"的判决中,"缓"字遭到的非议最多。彭州法院审理认为,被告人犯罪时正患抑郁症,案发后主动投案,如实供述自己的罪行,具有自首情节,加之,被告人廖婷婷认罪态度较好,综合以上情节,法院判决对其适用缓刑。而彭州市检察院随即提出抗诉,认为此案社会危害性极大,不应适用缓刑。

彭州市检察院在新闻发布会上表示,故意杀人罪在《刑法》上不同于其他罪名,因为生命权利是人最重要的人身权利。因此,故意杀人是最严重的侵犯人身权利的犯罪,故《刑法》规定,量刑时应考虑从高到低。廖婷婷被鉴定犯罪时患抑郁症,案发后自首,法院量刑时考虑这些情节是正确的,但应结合全案考虑。检察机关同时认为,被害人廖娟娟当时卧床不起,生活不能自理,被告人廖婷婷为了让家人摆脱经济、精神的双重困扰,残忍地杀害了廖娟娟,社会危害性极大,不适用缓刑。同时,成都市检察院(即本案二审公诉机关)在接受媒体采访时表示,检察院无论在一审公诉此案,还是目前向法院提出抗诉中,均坚持廖婷婷有依法可以从轻的情节,但没有轻至缓刑的依据,法院在此案中量刑畸轻。①

---

① 参见《姐姐捂死妹妹案续:检察院称无缓刑依据》, http://news.sina.com.cn/s/2008-03-11/042715119206.shtml,2010 年 12 月 22 日。

(一) 缓刑及其适用条件

1. 缓刑的定义

理论界对“缓刑”的界定并不一致,主要有:(1) 联合国在1951年发布的《缓刑与相关措施》文件中,缓刑的定义是:“一种处理特别挑选出来的犯罪人的方法……在附条件的暂缓刑罚的同时,对犯罪人实行人身监督,并提供个别指导或治疗……”① (2) 在美国学者卡特利齐看来,缓刑是一种“将监督与帮助相结合的社会教育刑罚的方法,它适用于根据其犯罪人格、感受性(receptiveness)挑选出来的犯罪人,犯罪人有人身自由,这种自由制度的目的是向犯罪人提供改变社会生活方式的机会,将犯罪人安置在他们自己选择的、不会再次违反刑法规范的社会环境中。”②(3) 德国学者汉斯·海因里希·耶赛克认为,缓刑是“对行为人再社会化实施影响而又不剥夺自由的手段”。③ (4) 在日本学者野村稔眼中,缓刑是“在宣告刑罚之际,根据被告人的情节认为没有必要现实地执行刑罚,对于刑罚给予一定期间的延缓。其宗旨在于,为了唤醒被告人的规范意识而起到特殊预防的效果,对他只加以责任非难,没有必要施加作为责任非难的现实发现形式的刑罚。”④(5) 我国学者何秉松认为,“缓刑是对判处一定刑罚的罪犯,在一定的法定条件下,暂缓执行或不执行原判刑罚的一种制度。”⑤

以上定义揭示了“缓刑”不同方面的特点:(1) 服刑人是经过挑选的,并非对所有的犯罪人都可适用缓刑。至于挑选的标准,具体各国有所差异,主要包括犯罪行为轻微,人身危害性较低等。(2) 附条件的延缓执行所判刑罚。缓刑在一定期间内都不会现实地执行所判刑罚,但受刑者必须遵守一定条件。一旦违反这些条件,服刑人将被收监执行监禁刑;如果一定期间内严格执行所列条件,原判刑罚将不被执行。(3) 必要的人身监督。尽管服刑人的自由刑暂时不予执行,但相关机构或人员会对其是否遵守相关条件进行监督。(4) 给予指导和帮助。不论是“指导或治疗”还是“对再社会化实施影响”,都是指服刑人需要的不仅是监督管理,还有指导和帮助,使缓刑的作用能够真正凸现出来。

综上,笔者认为,缓刑的定义是针对一定的犯罪人附条件延缓执行所判刑罚,并给予必要的人身监督、指导及帮助的刑罚执行方法。

2. 缓刑的价值

缓刑的价值,也称为缓刑的作用,是指缓刑所具有的能够满足国家和社会或者个

---

① 吴宗宪等:《非监禁刑研究》,中国人民公安大学出版社2003年版,第351页。

② 同上注。

③ 〔德〕汉斯·海因里希·耶赛克、托马斯·魏根特:《德国刑法教科书》,徐久生译,中国法制出版社2001年版,第1000页。

④ 〔日〕野村稔:《刑法总论》,全理其、何力译,法律出版社2001年版,第492页。

⑤ 何秉松:《刑法学教科书》,中国法制出版社2000年版,第600页。

人某种需求的属性和功能,是我们研究缓刑的适用原因以及适用缓刑所追求的目标。[①]美国学者克莱门斯·巴特勒斯认为,缓刑是对付犯罪的明智政策,是刑事政策中最重要的政策之一,在预防犯罪工作中,能够而且将继续担负重任。[②]缓刑不仅被规定在很多国家的刑法中,而且还在使用中保持着比较高的比率,其根本原因就在于缓刑在理论和实践中都具有重要价值,主要体现在:

(1)消除短期自由刑的负面效应

短期自由刑的弊端越来越被社会所认识。根据西方一些从事犯罪预防研究的人员以及国家司法部门的调查,不少被判处短期自由刑的服刑人在刑满出狱后再次犯罪,并且所犯罪行的性质和情节往往比原来所犯之罪更加严重。[③]这是因为短期自由刑往往缺乏足够的时间来实现对犯罪者的教育感化,同时服刑人容易受监狱亚文化影响,罪犯入狱后可能不但没有悔过自新,反而"交叉感染",习得新的犯罪技巧,并形成更坚定、强烈的反社会心理,出狱后更易再次犯罪。此外,缓刑考验期一般比原判刑期要长,这就使得服刑人接受监督指导和帮助的期限较长,更利于对他们的教育改造。

(2)符合刑罚经济原则

刑罚经济性原则,也称为节约性原则,是指在刑罚执行过程中,力求以最小的投入来获得有效地预防和控制犯罪的最大社会效益,以不执行、减少执行以及不实际执行刑罚来达到执行刑罚的效果。[④]也就是说,在使用较轻缓的刑罚能达到刑罚目的的时候就不能使用较重的刑罚。[⑤]被宣告缓刑的罪犯,都是主观恶性不深、人身危险性不大的犯罪人。如果对他们正确地适用缓刑,在考验期内给予有效监督指导,那么不需要监禁就能达到特殊预防的效果,实现刑罚的目的。反之,本来不需要执行监禁刑的犯罪人,如果执行了,就是刑罚上的浪费,就不符合刑罚经济原则。这就是有的学者所指的"刑罚多余"或"刑罚过剩"。[⑥]我国的监禁刑成本相当之高,如在我国北京,监狱中的服刑人年平均花费大约是3万元。缓刑制度的行刑成本相对较低,可以把节省下来的人力、物力、财力投入监狱建设以及用于改造罪行较重、人身危害性较强的服刑人。

(3)有利于服刑人的再社会化,构建和谐社会与贯彻宽严相济的刑事政策

缓刑是非监禁刑制度的一种,服刑人无需在监狱内执行刑罚,因此也不会出现服刑人与社会发展脱节,刑期或者观察期结束后难以融入社会的问题。虽然我国现已出现如"中途之家"的组织帮助刑满释放之人适应社会生活,但类似组织在我国还属于新

---

① 参见赵秉志:《刑法总则问题专论》,法律出版社2004年版,第602页。

② 参见〔美〕克莱门斯·巴特勒斯:《矫正导论》,孙肖雳等译,中国人民公安大学出版社1991年版,第128—129页。

③ 参见左坚卫:《缓刑制度比较研究》,中国人民公安大学出版社2004年版,第68页。

④ 马克昌:《刑罚通论》,武汉大学出版社1995年版,第528页。

⑤ 参见左坚卫:《缓刑制度比较研究》,中国人民公安大学出版社2004年版,第82页。

⑥ 参见储槐植、赵合理:《构建和谐社会与宽严相济刑事政策之实现》,载《法学杂志》2007年第1期。

生事物,数量和效果都有限,不可能从根本上避免刑满释放之人难以融入社会的后果。同时,服刑人是否在监狱被关押过,社会公众的看法和态度会迥然不同,这会使得服刑人出狱后的生存环境十分恶劣,即使有心重返社会也可能没有这样的能力。① 值得注意的是,中国共产党十六届六中全会通过了《中共中央关于构建社会主义和谐社会若干重大问题的决定》,其中明确规定要实施宽严相济刑事政策。缓刑制度正是宽严相济刑事政策从宽方面的刑罚制度。② 随着缓刑制度的完善以及适用范围的扩大,更有利于宽严相济刑事政策的贯彻实施。

3. 我国《刑法》关于缓刑适用条件的规定

缓刑适用的具体条件,各国不尽相同。有的国家以特定的罪名作为适用缓刑的首要条件,有的以所判处刑罚的轻重为标准,大多数国家是以限定的犯罪类型和刑罚的轻重作为适用的形式条件。我国《刑法》主要以所判处刑罚的轻重为适用缓刑的形式条件。

(1) 形式条件

根据我国现行《刑法》第 72 条第 1 款的规定,缓刑适用的形式条件是适用于被判处拘役、3 年以下有期徒刑的犯罪分子。我国《刑法》之所以将有期徒刑 3 年作为分水岭,是因为它在我国《刑法》中有重要的意义,相对来讲,它是轻罪和重罪的分界点。我国刑法分则和单行刑事法律中对普通的刑事犯罪规定含有 3 年以下有期徒刑或者拘役的法定刑条款比较多,如抢劫罪的最低刑期是 3 年以上,重婚罪、侮辱罪等犯罪的最高刑期为 3 年以下有期徒刑,由此可以这样理解,需要判处 3 年以上有期徒刑的,相对来讲,都是罪行较重的,行为人的人身危险性较大,行为的社会危害性也较大;而需判处 3 年以下有期徒刑的,相对的,行为人的人身危险性较小,行为危害性也不大,因此,对被判处 3 年以下有期徒刑的犯罪分子适用缓刑符合我国《刑法》的逻辑。③

(2) 实质条件

在当今世界缓刑立法中,多数规定以犯罪人有无再犯可能性作为缓刑适用的基本实质条件,其具体实质条件主要包括犯罪情节、犯罪后的表现(悔罪表现)和犯罪人个人情况三方面。所谓犯罪情节是指"与犯罪行为或犯罪人有关的,体现行为社会危害性程度和行为人人身危险性程度,因而在定罪量刑中必须予以考虑的各种具体事实情况。"④所谓悔罪表现,是"犯罪人对自己所犯罪行悔悟的具体表现"。⑤ 如《意大利刑法典》第 164 条第 1 款规定:"只有根据刑法典第 133 条规定的情节,法官认为犯罪人不会再犯新罪(不存在产生惯犯的危险),才允许适用缓刑。"

---

① 参见左坚卫:《缓刑制度比较研究》,中国人民公安大学出版社 2004 年版,第 76—78 页。
② 参见马克昌:《"宽严相济"刑事政策与刑罚立法的完善》,载《法商研究》2007 年第 1 期。
③ 参见赵秉志:《刑罚总论问题探索》,法律出版社 2003 年版,第 533 页。
④ 赵秉志:《刑法总论问题探索》(第三卷),法律出版社 2003 年版,第 577 页。
⑤ 同上注。

我国现行《刑法》将缓刑的实质条件表述为“根据犯罪分子的犯罪情节和悔罪表现,适用缓刑确实不致再危害社会。”在缓刑适用中,缓刑人员适用缓刑后确实不致再危害社会是缓刑适用中的关键要件。[①] 在美国,法院在拟作出缓刑宣告前,会致令被告人所在社区的缓刑工作人员对犯罪人的基本情况和与犯罪有关的情况进行调查,形成调查总结报告,提供给法官作为判决的参考。[②] 英国、韩国也有相同的制度。[③]

(3)排除条件

所谓排除条件,是指法律明文规定不得适用缓刑的情形。从我国的《刑法》规定来看,缓刑适用的排除条件只有累犯一种。我国《刑法》第74条规定:“对于累犯,不适用缓刑。”累犯,是指被判处一定刑罚的犯罪人,在刑罚执行完毕或赦免之后,在法定期限内又犯一定之罪的情况。对累犯不适用缓刑,是因为“累犯在执行一定刑罚之后无视受刑的体验而再次犯罪,说明其人身危险性严重,难以改造;如果不执行所判处的刑罚,他们再次犯罪的可能性会更大。”[④]因此对累犯适用缓刑,不符合缓刑制度的目的,也不能实现缓刑所追求的效果。

(二)我国目前缓刑制度在涉及严重罪名的犯罪中适用的问题

目前,我国缓刑制度如何在涉及严重罪名的犯罪中适用,立法并没有作出特殊规定,如何把握在这类犯罪中的适用条件,成为值得注意的一个理论问题。

1. 缓刑的形式条件中是否需要增设罪种要求

在世界范围内,很多国家和地区的立法和我国类似,即没有对适用缓刑的罪种作出限制,如《德国刑法典》、《法国刑法典》、《日本刑法典》、《意大利刑法典》、《韩国刑法典》、《俄罗斯联邦刑法典》、1985年修订的《加拿大刑法典》和我国台湾地区“刑法”等。[⑤] 但仍有少数国家和地区关于缓刑的立法中存在罪种限制。如英国规定,对谋杀罪、纵火罪、抢劫罪和强奸罪等严重的刑事犯罪分子不适用缓刑。[⑥] 我国香港地区《刑事诉讼程序法》也规定,对于非预谋杀人、强奸或者强奸未遂、聚众斗殴、运输毒品、抢劫等犯罪,不得判处缓刑。[⑦]

我国现行《刑法》中关于缓刑的适用条件并没有罪种上的要求。廖婷婷案中,被告人廖婷婷犯故意杀人罪(既遂)仍被判以缓刑,引起了检察机关乃至部分社会人士的质疑,是否需要对缓刑适用的罪种进行限制,成为一个重要的理论问题。有学者认为,我

---

① 高铭暄:《刑法学原理》(第3卷),中国人民大学出版社1997年版,第459页。
② 参见刘强:《美国刑事执行法的理论与实践》,法律出版社2000年版,第208页。
③ 参见于志刚:《刑罚制度适用中的疑难问题研究》,吉林人民出版社2001年版,第373页。
④ 张明楷:《刑法学》,法律出版社2003年版,第468页。
⑤ 参见左坚卫:《缓刑制度比较研究》,中国人民公安大学出版社2004年版,第98页。
⑥ 参见王运生、严军兴:《英国刑事司法与替刑制度》,中国法制出版社1999年版,第167—168页。
⑦ 参见赵秉志:《香港刑事诉讼程序法》,北京大学出版社1996年版,第269页。

国《刑法》对可以适用缓刑的罪种还是不作出绝对限制较好。① 同时也有学者提出,对杀人罪、抢劫罪、强奸罪、放火罪、爆炸罪等严重危害社会治安的刑事犯罪不宜适用缓刑。因为这类犯罪侵犯了不特定多数人的人身权利、生命、健康,正常的生活、生产、工作秩序或者大量公私财物的安全,足以威胁多人的人身和大量的财产安全,社会影响大,社会危害性大,易引起社会、政治、经济的严重不稳定,使广大群众的人身、财产安全难以保证。②

笔者同意前者的意见。首先,根据多数学者的观点,有期徒刑 3 年是轻罪与重罪的分水岭。如被判处 3 年以下有期徒刑或者拘役,即使属于杀人罪、抢劫罪、强奸罪、放火罪、爆炸罪等严重罪名,也是轻罪范畴,社会危害性自然没有严重犯罪大。其次,对那些符合形式条件但触犯严重罪名的犯罪人,我们通过对其实质性条件的审查决定是否适用缓刑更为科学。如果一刀切地规定某些罪名不适用缓刑,可能会使一些应该判处缓刑的犯罪人进入监狱,造成“交叉感染”的恶果,增加了行刑成本,而且会给服刑人刑满释放的“再社会化”制造障碍。也就是说,缓刑制度的特殊价值,在这类犯罪人身上同样可以得以显现。那么,我们不妨在实质条件的审查中,详细评价其人身危险性和有无再犯可能,以个案审查的方式得出结论。最后,世界上多数国家也采用“不设罪种限制”的方式,并取得了良好效果。我们没有必要全盘改动缓刑的决定方法,正所谓“条条大路通罗马”,我们只需要健全实质条件的评价体系。相反,全盘颠覆现有体系则可能影响我国《刑法》的公信力。在本案中,我们没有必要因为廖婷婷触犯的是故意杀人罪这一罪名就直接得出该案不适用缓刑的结论,毕竟该案情形特殊,委实难在其他社会成员身上复制,考虑犯罪人是否符合缓刑的实质条件不失为更合乎法理及人心的选择。

2. 对实质条件的评价规则粗略

我国现行立法对于“适用缓刑确实不致再危害社会的”的规定非常粗略,对犯罪情节和悔罪表现仅作出了原则性规定。当然,为了保证刑法的稳定性与原则性,刑法不可能也没有必要将犯罪情节和悔罪表现的各种情形一一列举。这就需要司法解释对此进行解释,指导司法实践。目前,有关的法律文件包括:(1) 最高人民法院 1999 年发布的《全国法院维护农村稳定刑事审判工作座谈会纪要》中关于对农民被告人依法判处缓刑、管制、免予刑事处罚的问题中规定,对农民被告人适用刑罚,既要严格遵循罪刑相适应的原则,又要充分考虑到农民犯罪主体的特殊性。对于罪行较轻且认罪态度好,符合宣告缓刑条件的,应当依法适用缓刑。这是对特殊犯罪主体的考虑。(2) 最高人民法院《对于对贪污、受贿、挪用公款犯罪分子依法正确适用缓刑的若干规定》第 3

---

① 参见左坚卫:《缓刑制度比较研究》,中国人民大学出版社 2004 年版,第 99 页。
② 参见臧明、唐文生:《不宜适用缓刑的几种情况》,载《河北法学》1994 年第 6 期。

条第3项规定,犯罪动机、手段等情节恶劣,或者将赃款用于投机倒把、走私、赌博等非法活动的,不适用缓刑。这一规定考虑了犯罪动机、犯罪手段的恶劣所体现出的人身危险性与社会危害性。(3) 2006年最高人民检察院《关于在检察工作中贯彻宽严相济刑事司法政策的若干意见》第8条规定,对于初犯、从犯、预备犯、中止犯、防卫过当、避险过当、未成年人犯罪、老年人犯罪以及亲友、邻里、同学同事等纠纷引发的案件,确需提起公诉的,可以依法向人民法院提出从宽处理、适用缓刑等量刑方面的意见。以上法律文件对"犯罪情节"和"悔罪表现"也没有作出具体解释,使得缓刑的适用缺少可参考的具体标准。

对犯罪人的社会危害性,我国《刑法》同样没有规定具体的判断标准和调查程序。因此,对犯罪人人身危险性的预测需要法官进行主观判断,是否可以适用缓刑在很大程度上要依靠法官的主观推测,没有充分的事实依据和可参考的资料。① 不同的案件在不同的法官看来,可能会得出截然不同的结论,这可能会导致缓刑在适用中产生较大差异,不利于维护司法公正。我们可以借鉴现行《意大利刑法典》的规定。根据该法典第164条的规定,只有当法官根据下列情节推定犯罪人将不再实施新的犯罪时,才允许适用缓刑:(1) 说明犯罪严重程度的情况。包括:① 行为的性质、类型、手段、对象、时间、地点和其他方式;② 对被害人造成的损害或者危险程度;③ 故意或者过失的程度。(2) 说明犯罪人的犯罪能力的情况。包括:① 犯罪的原因和犯罪人的特点;② 刑事处罚前科,尤其是犯罪人在犯罪前的品行和生活;③ 犯罪时的品行和犯罪后的品行;④ 犯罪人所处的个人、家庭和社会生活环境。② 其中,犯罪后的品行是通过犯罪后的表现彰显出来的。

本案中,犯罪人廖婷婷行为的性质、方式、对被害人的损害和犯罪故意等要素与一般的故意杀人罪案件并无太大差异,可以说其行为造成的后果是严重的。但该案有一特殊情形,犯罪原因及特殊的家庭环境,社会其他成员甚至家庭内除被害人以外的成员均难以对犯罪人造成类似的伤害或影响,因此廖婷婷的故意杀人行为很难再现,从这一意义上说,我们可以说犯罪人廖婷婷"确实不致再危害社会"。

3. 对涉及故意杀人罪等严重罪名的犯罪人如何适用缓刑

一旦触犯严重罪名,对犯罪人是否适用缓刑的决定应该更加谨慎,对其的监督力度也可适当加强。

(1) 建立人格调查制度

再犯预测是以人格调查为依据的犯罪预测制度,再犯预测的核心是人格调查。人格调查是指为了在刑事程序中对每个犯罪人都能选择恰当的处遇方法,使法院能在判

---

① 参见魏东等:《中国缓刑制度的实证考察与完善建议》,载李希慧、刘宪权主编:《中国刑法学年会文集》(2005年第1卷),中国人民公安大学出版社2005年版,第807页。

② 参见黄风:《意大利刑法典》,中国政法大学出版社1998年版,第42页。

决前的审理中,对被告人的素质和环境作出科学的分析而制定的制度。[①] 各国都很注重人格调查的理论与实践,1950 年在海牙召开的第十二届国际刑法及监狱会议就判决前的人格调查进行过专门的讨论。

针对如犯罪人廖婷婷的人格调查应设立专门机构负责。首先,犯罪人格调查需要精神医学、法医学、心理学等专业知识,没有专业的培训是无法胜任人格调查这一工作的。法官不能作为人格调查的主体,这有悖法官居中裁判的规则,且法官也未必具有相关素质。其次,缓刑的执行机关(公安机关)也不适宜承担这一角色。尽管公安机关与犯罪人有广泛、直接的接触,之前的人格调查与后续的执行融为一体更为节约司法资源,但公安机关在刑事诉讼过程中还承担侦查角色,如果同时被赋予两种身份,公安机关便有机会在侦查阶段借着可以对缓刑作出评价的权力对犯罪嫌疑人施加影响,从而影响司法公正。

人格调查的内容应当广泛。缓刑的适用前提是犯罪人"不致再危害社会",所以,缓刑人格调查的内容应当围绕犯罪人的再犯可能性也即社会危害程度来设定。笔者认为,人格调查的内容可以借鉴德国的立法,包括犯罪人的性格、犯罪人的生平、行为的动机、行为后的态度(如悔罪并赔偿其行为所造成他人的损害等)、生活关系(如家庭状况、婚姻、职业等)及缓刑对他/她可期待的影响等。[②] 利用科学方法测量犯罪人的心理,必须由医学和心理学的专家实施。在涉及故意杀人罪等严重犯罪时,调查应该更加深入,掌握的标准应更加严格,最终提出适宜于监禁刑还是缓刑的建议。[③]

人格调查的程序应当正当、合法。首先,缓刑人格调查程序的启动必须在定罪量刑之后,也就是说,只有在认定被告人满足缓刑适用的形式条件和排除条件时才可对犯罪人进行人格调查,这是基于无罪推定原则和被告人人权保护的考虑。对无罪之人,国家无权对其进行人格调查,否则是对公民权利的任意侵害。其次,人格调查程序应适度公开。人格调查内容应向公诉人、辩护人及犯罪人公开。在判决书中,法官可以有选择地把调查报告中的内容引入其中,增强判决书的说服力,但涉及犯罪人本人或他人的隐私除外。最后,人格调查程序必须规范。例如,调查工作必须是两人进行,调查完毕后应制作成调查报告;开庭审理时调查人员必须到庭并向法庭报告该调查报告的内容。

(2) 是否需要引入缓刑听证制度

人格调查与缓刑听证同为犯罪人个人情况的调查,但各有侧重,在本质上能够互相衔接。二者的关系是:人格调查是对犯罪人人格进行的更为专业的研究,而缓刑听

---

① 陈兴良:《刑法的人性基础》,中国方正出版社 1996 年版,第 425—427 页。

② 参见林山田:《刑罚学》,台湾商务印书馆 1983 年版,第 214—215 页。

③ 在英国和美国,为了保证缓刑适用的准确性,法律要求缓刑监督官为法院对案件的判决提供判决前的报告,提出和评估对案犯适宜监禁刑还是适宜于缓刑的建议(郭翔:《英国的缓刑制度》,载《法学家》1996 年第 5 期)。

证则是通过程序安排使社会公众充分知悉犯罪人的犯罪情况，并邀请被害人、与被告人有密切关系的相关人和有关机关参与，共同提出是否对犯罪人适用缓刑的意见。此外，人格调查是要在对犯罪人独特人格研究的基础上对犯罪采用恰当矫正措施，符合刑罚个别化的制度安排；而缓刑听证则是在程序上保障公众的知情权与参与权，符合刑罚社会化的制度安排。所以，人格调查与缓刑听证不能相互替代，专门机构作出的人格调查报告可以作为听证的重要参考材料。

但是听证程序的这些优势是建立在吸收与犯罪相关的各方包括公诉方、被害方以及犯罪人的家属、所在单位或社区、所在基层组织参与听证活动的基础之上的。在我国，证人不出庭作证已成为刑事司法审判的顽疾，在这种大环境下，要想在听证程序上聚集所有相关人士也不太现实。而形成调查报告的过程中也需要充分听取各方面的意见，对预测犯罪人再犯可能性以及其回归社会后的客观环境的相关内容进行详细的调查。所以，在引入判决前调查报告的情况下，笔者认为，在我国可以暂不设置缓刑适用的听证程序。但是在调查报告中应重点突出公诉方和被害方的意见，以制约法院自由裁量权的滥用和真正缓和被告人与被害人之间的矛盾。

(3) 完善缓刑考验期内的考察监督制度

我国的缓刑考察制度缺乏专门、专业的考察主体。《刑法》对于缓刑考察主体作出了规定，即缓刑考察的机关是公安机关，缓刑犯所在单位或基层组织予以配合。这样的规定虽然在表面上建立起一个由国家机关牵头，基层组织或单位予以配合的较为完善的体系，但在实践中是远远不够的。公安机关的职能过多，任务较重，受人力、物力所限，开展缓刑考察确实存在困难。我国学者对于建立一个专门、专业的缓刑考察主体基本达成共识，对于由谁来担当这一重任还存在不同的观点。归纳起来，主要有两种观点。第一种观点是考虑到公安机关管理户籍，与缓刑犯接触最多，主张将缓刑考察主体仍确定为公安机关，但建议在公安机关内部设立专门机构和人员来专门从事这方面的工作，在县级以上公安局设立专门的缓刑监督组织和专职人员，从事缓刑监督考察工作。[①] 第二种观点主张由司法行政部门来担任此职，建议在司法行政部门内部设立专门的缓刑考察机构，并配备专业人员，负责缓刑考察工作。值得一提的是，2003年7月，最高人民法院、最高人民检察院、公安部、司法部联合发布的《关于开展社区矫正试点工作的通知》中，规定司法行政机关为社区矫正的工作主体，这种规定肯定了司法行政部门在社区矫正中的地位，但没有明确工作主体与监督考察主体的工作的具体分工，导致社区矫正实践中具体对缓刑犯实施监督考察的主体不明，给缓刑犯的考察工作带来一些问题。因此，从立法上确认司法行政部门作为缓刑考察制度的主体，明确其工作职责，可以很好地解决立法的冲突问题。

---

① 参见胡学相：《完善我国缓刑制度的立法构想和司法对策》，载《现代法学》2004年第2期。

考察内容的规定还应当遵循以下几点:① 考察内容应当具有可操作性。我国这部分立法规定比较原则,不具有可操作性,应当加以细化。比如,《刑法》中缓刑犯需报告自己的活动情况的规定过于原则,不易操作。立法应当对于缓刑犯在多长时间内定期进行报告以及报告哪些内容进行配套规定。再如,应当对考察机关如何与司法机关密切联系、互相配合作出细化规定,增强其可操作性。虽然《刑法》限于篇幅并不可能面面俱到,但可以期待司法解释或行政法规对《刑法》的补充。② 考察内容应当更加具有针对性,实现刑罚个别化。我国目前缓刑制度的考察没有针对不同的犯罪人的特点增加不同的考察内容,针对性不强。为此,考察机关应当建立与缓刑犯的联系,做好对缓刑犯的管理工作,建立起每个缓刑犯的档案文件,细致开展工作,掌握他们的不同情况,在开展考察工作中不断探索经验,针对不同犯罪人的特殊性相应地规定个别的考察措施,比如,对于触犯严重罪名的犯罪人,可以设置更严格的规定,并在监督的同时做好指导、帮助工作,以真正实现缓刑的价值。

六、家庭犯罪与普通犯罪的区别

案件相关事实:2007 年 8 月 22 日凌晨 2 时许,原审被告人廖婷婷为解脱被害人廖娟娟的痛苦,以及解除自己及家庭的困境,用枕头将被害人廖娟娟捂死在病床上。凌晨 3 时许,原审被告人廖婷婷打电话向公安机关投案,并如实供述了自己的犯罪事实。在本案二审中,杀害家庭成员行为的社会危害性是否严重成为庭审的焦点之一。

家庭是社会中的最基本单位,每个社会成员都置身于家庭之中。《中国大百科全书》在社会学卷中将家庭定义为:“由婚姻、血缘或收养关系所组成的社会生活的基本单位。”[①]家庭犯罪是犯罪的一部分,它既有犯罪的共性,也有自己的特性。家庭犯罪首先具有家庭性和刑事违法性两个标志。家庭性是指犯罪行为发生在具有血缘关系、婚姻关系和收养关系的家庭成员之间。刑事违法性是指家庭成员之间的行为触犯了刑事法律。那么,家庭犯罪的定义可以归纳为:具有血缘关系、婚姻关系和收养关系的家庭成员之间实施了触犯法律并应受刑法惩罚的行为。

(一) 我国历史上对家庭犯罪定罪量刑的立法及司法精神——以《唐律疏议》为样本

《唐律疏议》以其丰富的内容、高超的技术和鲜明的特色成为中华法系的代表性法典,标志着中国封建立法技术达到最高水平。因此,笔者选取《唐律疏议》作为研究我国古代对家庭犯罪定罪量刑的立法及司法精神的样本。

自汉以后,儒家思想开始一统天下,儒家伦理逐渐成为社会的行为规范,法律也朝着儒家化发展,法律儒家化这一历程在唐代完成。“礼”要求建立父慈子孝、兄友弟恭、

---

① 中国大百科全书出版社编辑部:《中国大百科全书》,中国大百科全书出版社 1991 年版,第 102 页。

夫义妇听、长惠幼顺这样一个有秩序的社会。“欲得儿孙孝,无过教及身。一朝千度打,有罪更须嗔。”①隋唐时,笞怒打骂是家庭管理教育子女常用的手段,然而也带来家庭内的暴力问题,其影响绵延至今。这种家庭内的暴力教育手段在古代是被认可的,法律对此虽不加禁止,但也有限制,规定严禁伤及子孙生命。《唐律疏议》中规定的家庭暴力犯罪罪名颇多,这一方面体现了家庭暴力的普遍性;另一方面也说明立法者对此的重视。服制是礼的重要内容之一,服制近,则血缘近;反之则远。礼入法后,服制在法律中也有表现:服制近,“尊欺卑”的处罚轻,“卑犯尊”的处罚重;服制远,“尊欺卑”的处罚相对严厉,“卑犯尊”的处罚相对减轻。有关家庭成员间严重暴力犯罪的罪名主要有:

1. 殴伤妻妾

根据唐律的规定,“诸殴、伤妻者,减凡人二等。死者,以凡人论。……(皆须告,乃坐。即至死者,听馀人告。杀妻仍为‘不睦’)。过失杀者,各勿论。”疏议曰:妻之言齐,与夫齐体,义同于幼,故得减“凡人二等”。“皆须妻告,乃坐”,即外人告者,无罪。“过失杀者,各勿论”,为无恶心,故得无罪。② 从中可以看出,法律对非致死的殴击行为,比较宽松,且“皆须妻、妾告,乃坐”,言外之意他人告则无效。我国古代确立了夫尊妻卑的地位,法律主要是以防范互相伤害为准则。因此,唐律中有殴伤妻妾和妻殴詈夫的规定,詈夫纳入法律范围反映了夫妻关系的不平等。殴伤妻中,最严重的是致妻死亡。唐律对此也摒弃了“尊犯卑减轻”的原则,规定“死者,以凡人论”。

2. 殴妻前夫子

《唐会要》记载:“男年二十,女年十五以上,及妻丧达制之后,孀居服纪已除,并须申以婚姻,令其好合。若贫穷之徒,将迎匮乏,仰于亲近乡里富有之家。衰多益寡,使得资送。”③由此可见,唐代非但不强迫妇女守节,反而鼓励再嫁。对于再嫁引起的家庭矛盾,唐律中也作出了规定:“诸殴妻前夫之子者,减凡人一等。同居者,又减一等。死者,绞。”疏议曰:谓曾经同居,今异者,依礼继父同居,服期,谓妻少子幼,子无大功之亲,与之适人,所适者亦无大功之亲,而所适者以其资财,为之筑家庙于家门之外,几时使之祀焉,是谓同居。④ “减凡人一等”、“同居者又减一等”的规定表现出高明的立法技术,这种减轻处罚的原则也为现今立法所继承。但这种减轻是有限度的,若致死则不被减轻。

3. 妻殴伤夫

“丈夫虽贱,皆为阳。妇人虽贵,皆为阴。”在儒家立法中,夫妻尊卑是截然不同的,

---

① 王梵志、项楚:《王梵志诗校注》,上海古籍出版社 1991 年版,第 485 页。

② 长孙无忌等:《唐律疏议》,中华书局 1983 年版,第 409—410 页。

③ 王溥:《唐会要》,中华书局 1955 年版,第 1527 页。

④ 长孙无忌等:《唐律疏议》,中华书局 1983 年版,第 419 页。

妻殴詈夫是卑触犯尊的行为。“诸妻殴夫,徒一年。若殴伤重者,加凡人斗伤三等(须夫告,乃坐)。死者,斩。”[①]本条相对“殴伤妻”的处罚加重了许多,也反映了夫妻法律地位的不平等。

4. 殴击平辈

儒家“礼”要求兄友弟恭,唐律也要求如此。对兄弟间互殴致轻伤者处罚较轻,重伤及死者则是严厉处置,并且服制愈近,处罚也愈加严厉。相关规定有:(1)“诸殴缌麻兄、姊,杖一百。小功、大功,各递加一等。伤重者,各递加凡斗一等。死者,斩。”“礼”要求血缘越近越应友爱。缌麻亲已是较远的亲属,血缘越近,处罚也越重。(2)这个罪名并没有包括亲兄弟姐妹,唐律对亲兄弟姐妹有专门的规定:“诸殴兄、姊者,徒二年半;伤者,徒三年;折伤者,流三千里;刃伤,及折支,若瞎其一目者,绞;死者,皆斩。詈者,杖一百。”疏议曰:兄、姊至亲,更相急难,弯弧垂泣,义切匪他。也就是说,兄姊间本应亲密无间,相互殴击即违天理人伦。亲兄弟姐妹相犯的处罚明显比殴缌麻兄姊严厉许多,这种同罪异罚,体现的正是礼的不同要求。(3)“诸殴兄之妻,及殴夫之弟、妹,各加凡人一等。……若妻之子殴伤夫妾,加凡人一等(至死者,各依凡人法)。疏议曰:嫂叔不许同文,所以远别嫌疑。殴兄之妻,及殴夫之弟、妹者,礼敬顿乖。”[②]由此,加凡人一等。

礼是我国古代社会的主流观念,我国古代刑法的礼法结合,使得法理及立法与百姓的主流意识趋同。“一切有悖于儒家礼义的行为均被视为法律所禁止的行为,一切有悖于儒家礼义的行为均被视为危害封建统治关系和社会秩序的行为。”[③]犯罪行为对礼制的伤害程度大体相当于其行为的社会危害性。家庭内的暴力教育手段以及无心之过,均无罪。家庭犯罪主要的处理原则是不告不理,服制近的,“尊欺卑”社会危害小,处罚轻,“卑犯尊”的处罚重,服制远的则相反。

(二)家庭犯罪的社会危害性

贝卡里亚认为的“犯罪对社会的危害是衡量犯罪的真正标尺”是一个显而易见的真理。[④] 尽管陈兴良教授在2000年曾提出要将社会危害性概念逐出注释刑法学领域,但更多的刑法学家仍认为行为具有一定的社会危害性,是犯罪最基本的特征。所谓的社会危害性,即指行为对刑法所保护的社会关系造成或可能造成这样或那样损害的特性。犯罪的社会危害性,也就是指对国家和人民利益的危害性。其大小主要决定于以下几个方面:(1)决定于行为侵犯的客体,即行为侵犯了什么样的社会关系。(2)决定

① 长孙无忌等:《唐律疏议》,中华书局1983年版,第410页。
② 同上注,第417页。
③ 张晋藩等:《中国刑法史新论》,人民法院出版社1992年版,第279页。
④ 〔意〕贝卡里亚:《论犯罪与刑罚》,黄风译,中国大百科全书出版社1993年版,第67页。

于行为的手段、后果以及时间、地点。(3) 决定于行为人的情况及其主观因素。[①]

以廖婷婷故意杀人案为例,该种行为与一般的故意杀人案件在"行为侵犯的客体","行为的手段、后果以及时间、地点"两个要件上均没有任何变化,仅在第三个要件,即"行为人的情况及其主观因素"上与一般案件有所不同,不同之处如下:(1) 家庭犯罪行为人的犯罪动机酝酿周期通常较长,且被害人常存在过错或者犯罪人在精神上或者肉体上长期遭受折磨。本案中,因被害人廖娟娟(犯罪人的孪生妹妹)多年治疗未愈,犯罪人廖婷婷及其家庭被其所累,廖婷婷被迫休学,因长期照顾妹妹而受其伤害,也曾为此服药自杀。终于一日爆发,将被害人捂死,为自己及家庭寻找解脱。(2) 家庭犯罪行为人对其他社会成员的人身危害性一般较小。如本案中的犯罪人廖婷婷,其犯罪的动机是结束精神病妹妹对自己及家庭的拖累,她的犯罪对象是特定的,对家庭外的社会成员并没有较强的人身危害性,甚至对家庭内除长期折磨自己的被害人之外的其他成员也无犯意。这也是不少百姓支持"判三缓五"的理由。

廖婷婷案在我国民众及专家中都引起了热烈讨论。结合笔者之前谈到的《唐律疏议》及其所代表的中国民众的传统观念。家庭内部的很多行为可以不被认定为犯罪,比如家庭内部的暴力教育手段,盗窃行为等。又有很多行为会被减轻处罚,如唐律中长辈殴击晚辈可以"减凡人二等",但如果造成死亡的结果,无一例外的都是死刑,这便是所谓"以凡人论"。也就是说,社会是神圣的,其利益需要法律的保护,家庭也是神圣的,同样受到法律的尊重。但当这二者发生冲突的时候,一般情况下,法律倾向于保护家庭的神圣性,但在冲突达到一定程度的时候,法律必须越过家庭的围栏对社会的利益进行保护,且保护的力度等同于对待社会其他个人或团体。至于冲突到何种程度作为分界点,是一个很难回答的问题。不过生命作为人的最高价值,一旦其被剥夺,即触及了社会保护的底线,法律的天平不会再向家庭倾斜,家庭关系至多只能作为一个酌定情节,不会在大方向上影响法律的决定。

家庭犯罪与一般犯罪的社会危害性相较,笔者认为,在一般违法性行为或较轻的犯罪行为上,家庭犯罪的社会危害性低于一般犯罪,但在诸如剥夺生命权的犯罪行为上,家庭犯罪的危害性和一般犯罪的危害性是等同的。家庭关系只在处刑上作为酌定情节予以考虑,且不会在很大程度上影响最后的判决。

(三) 家庭犯罪能否适用刑事和解

本案发生后,犯罪人廖婷婷之父一直在询问的问题是,本案是否可以适用刑事和解,因为他作为被害人廖娟娟之父,已经原谅了犯罪人廖婷婷。家庭犯罪存在如本案中廖某身兼被害人及被告人之父的双重身份的情况,类似的家庭犯罪可否适用刑事和

---

① 参见高铭暄、马克昌:《刑法学》,北京大学出版社、高等教育出版社 2000 年版,第 47—48 页;赵秉志:《刑法总论》,中国人民大学出版社 2007 年版,第 138 页。

解制度,成为另一个重要问题。

1. 刑事和解的概念

所谓刑事和解制度,又称被害人与加害人的和解(即“Victim-Offender Mediation”,简称 VOM,或“Victim-Offender Reconciliation”,简称 VOR),是指在犯罪发生后,经由调停人(通常是一名社会志愿人员)的帮助,使被害人与加害人直接商谈,解决刑事纠纷,其目的是为了恢复被加害人所破坏的社会关系,弥补被害人所受到的伤害以及恢复加害人与被害人之间的和睦关系,并使加害人改过自新,复归社会。[①]

被害人与加害人的直接对话与会商,通过沟通和交流,一方面能够让加害人了解到自己行为造成的不利后果,并用赔偿损失、道歉等方式表明自己的悔罪心情,以求得到对方和社会的谅解;另一方面,能够给予被传统刑法制度所忽略的被害人一个表达思想感情的途径,通过对加害人的述说,减轻犯罪行为对其所造成的痛苦。在某些情况下,当事人的近亲属、社会公民或其他人员也会参与到会商之中。在此会商中,当事人会讨论发生了什么,犯罪对各自生活的影响,以及对犯罪的其他感受。最终,他们会尽可能地达成赔偿协议,以修复犯罪所带来的损害。[②]

2. 被害人在刑事和解中的主体地位的回归

现代刑事司法制度是在反对封建野蛮残酷的刑罚制度,对处于绝对弱势地位的刑事被告人境遇进行深刻反思的社会背景下产生的。因此,现代意义上的刑罚观念是以犯罪人为本位的。[③]在被告人主体地位被关注的同时,被害人却长期没有得到应有的重视,成为现代刑事司法制度的“受害人”。犯罪被视为“孤立的个人反对统治阶级的斗争”,犯罪所侵害的不仅仅是个人利益,而更多的是国家利益,国家俨然成为任何犯罪的受害者,在对待犯罪中拥有完全的主导地位。这对于被害人而言,“是极不公正的,不仅犯罪的侵害使他们失去了权利和尊严,而且国家对犯罪的追诉也在一定程度上将其排斥在外,使其进一步感受到权力的失落和尊严不受尊重。”[④]也就是说,被害人至多算是犯罪行为的“证人”,在国家追究犯罪人刑事责任的过程中帮助国家出庭作证。

直到第二次世界大战以后,被害人的主体地位才开始引起足够的重视。德国犯罪学家汉斯·冯·亨蒂希于 1941 年发表的《论作案者于受害者之间的相互影响》一文首

---

① 马静华:《刑事和解制度论纲》,载《政治与法律》2003 年第 4 期。

② 参见向朝阳、马静华:《刑事和解的价值构造及中国模式的构建》,载《中国法学》2003 年第 6 期。

③ 刑事古典学派理性地构建了保障犯罪人权利的刑罚理论,关注犯罪行为及其危害结果。刑事实证学派认为犯罪人是刑事司法制度的被害者,主张他们有复归社会的权力,并倡导了一系列特殊处遇,如缓刑、保安处分等。与之相适应的无罪推定原则、辩护制度等一系列现代司法制度都旨在改善被告人的地位。承认被告人在诉讼中的主体地位几乎成为现代刑事诉讼制度的标志性理念,已被世界各国的刑事立法所接受(参见刘凌梅:《西方国家刑事和解理论与实践评介》,载《现代法学》2001 年第 1 期;陈光中、葛琳:《刑事和解初探》,载中国人民大学法学院、北京市检察官协会:《“和谐社会语境下的刑事和解”学术研讨会论文集》2006 年版,第 34—57 页)。

④ 狄小华:《复和正义和刑事和解》,载王平主编:《恢复性司法论坛》2006 年版,第 66—72 页。

次提出被害人在犯罪学研究中的地位，他认为“在犯罪进行过程中，受害者不再是被动的客体，而是主动的主体”。[①] 被害人学从犯罪学中脱离出来，成为一门独立的学科。海希德随后出版了《犯罪人和被害人》一书，由此掀起了国际范围内被害人学研究的浪潮。[②] 20世纪60年代以后，西方国家的被害人犯罪学蓬勃发展，出现了“被害者导向”的刑事政策思潮，其中如何保障被害人的权利成为学者们的热门话题。实际上，被害人对于追求犯罪人的报应只是第二位的，对被破坏的社会关系的恢复才是被害人真正需要的。被害人对被害恢复的诉求主要包括物质赔偿和心理恢复，而这两方面正是以国家为本位的司法模式最容易忽视的。

日本犯罪学家大谷实认为，保护被害人的刑事政策的意义在于，维持、确保国民对刑事司法在内的法秩序的信赖，由此而对预防犯罪和维持社会秩序作出贡献：相对于被害人保护的本体目标，推进犯罪人重返没有敌意的社会只是它的附属效果。[③] 1957年英国的法改革者马杰里·费莱（Margery Fry）认为，在刑事诉讼过程中不应当无视被害人的存在，因此应该赔偿被害人因犯罪遭受的损失，并着力于罪犯与被害人的和解。自此，“被害人与加害人的和解”与“赔偿”成为被害人学的两个重要概念。[④] 被害人主体地位的回归是刑事和解制度发展的重要社会背景之一。

3. 刑事和解在家庭犯罪中如何适用

本案中，廖某具有双重身份，同时是被害人和犯罪人的父亲。廖某的想法是——如果适用刑事和解的话，他作为被害人的父亲已经原谅犯罪人，那么检察机关在起诉时便可以酌情提出量刑建议了。

对于廖某和部分民众的想法，检察机关的回答是：“首先，在此案中，凶手和被害人属于一个家庭，因此，该案不涉及刑事和解的问题。此外，刑事和解也还只在探索阶段。在这一系列的讨论中，廖娟娟（被害人）没有参与，因此，这个讨论的基础不对等。”[⑤]显然，检察机关的回答理由并不充分。首先，从刑事和解的定义及理论背景来看，均不能直接得出凶手和被害人同属一个家庭便不能使用刑事和解的论断。其次，被害人没有参与是否必然导致讨论的基础不对等呢？诚然，刑事和解的一个重要的理论是被害人主体地位的回归，但是否一旦被害人死亡的话，其近亲属就必然丧失和犯罪人“和解”及要求“赔偿”的权利呢？显然不是。我们试想一下，如果此案中廖婷婷（犯罪人）和廖娟娟（被害人）并非来自同一个家庭，廖婷婷将廖娟娟杀死，在第三方的

① 〔德〕汉斯·约阿希德·施奈德：《国际范围内的被害人》，中国人民公安大学出版社1992年版，第419页。

② 马静华、罗宁：《西方刑事和解制度考略》，载《福建公安高等专科学校学报》2006年第1期。

③ 〔日〕大谷实：《刑事政策学》，黎宏译，法律出版社2000年版，第309页。

④ 刘凌梅：《西方国家刑事和解理论与实践评介》，载《现代法学》2001年第1期。

⑤ 参见《抗诉检方：过低量刑可能减弱警戒》，http://news.sina.com.cn/s/2008-03-11/055915123459.shtml，2010年12月23日。

安排下,廖婷婷和廖娟娟的家人在一起商谈,最后廖婷婷得到了廖娟娟家人的真心原谅,检察机关能否酌情提出从轻的量刑建议呢?答案当然是肯定的,这是一个标准的刑事和解过程,不因为被害人无法参与,便必然导致刑事和解讨论的基础不对等。

本案与以上讨论的刑事和解的标准程序有何出入呢?不同之处在于,标准程序中被害人的近亲属只作为被害人的近亲属,不像本案中的廖某拥有双重身份——被害人与加害人的近亲属。在一般程序中,我们可以合理期待被害人(即使已死亡)的近亲属能够从被害人的角度出发,充分代表被害人的利益。本案中,廖某不仅代表了被害人的利益,被告人的利益,更具有自身的明确目的——不希望自己的家庭因为法律的管辖而支离破碎。因此,如果按照一般的程序,便很可能出现被害人与加害人的共同近亲属偏袒加害人利益,致使被害人利益未得到充分主张甚至无人代理的后果。刑事和解强调的是被害人主体地位的回归,而不是其地位的缺失。这类案件的关键是如何解决因双方家庭成员重合而导致的代理人利益的冲突问题。笔者认为,此时可以由检察机关充当被害人的代理人,参与刑事和解程序。首先,因犯罪发生在一个家庭之中,其亲属出于保护生者的原因多会倾向于犯罪人一方,而检察机关作为起诉机关,其立场接近于被害人一方,这样的安排比较符合人之常情。其次,如果不通过刑事和解程序,那么检察机关便作为公诉人代表国家追诉犯罪人的刑事责任。检察机关对案情比较了解,且立场权威,进入刑事和解程序能确保其作为犯罪人的对立面,切实代表被害人的利益。最后,即使双方达成和解,犯罪人获得的,也是根据具体事实作出的量刑建议,此建议由检察机关向法庭提出,即最终裁决权仍在法院。

如果家庭犯罪中被害人没有死亡,但犯罪行为性质较为严重时,也可以适用以上方法,由检察机关适当介入,以免家庭成员为了开脱犯罪人的刑事责任,忽视被害人的利益。另外,如果犯罪性质较轻的话,检察机关则无介入的必要,其刑事和解的程序可以参照一般犯罪的正常程序。家庭中的很多违法行为,《刑法》并不作为犯罪处理,即使作为犯罪处理,其处罚也与一般犯罪有所差异。通过刑事和解,有家人的参与,相信不失为更好的恢复家庭和谐的方式。

七、中国式法与情关系的分析

相关案件事实:本案被告人杀害孪生妹妹的行为被法庭认定为触犯故意杀人罪,但有很多民众出于对其家庭的同情,希望法院能够轻判。很多媒体关注这一案件,凸显了情与法的矛盾。在法与情的命题中,中西方法学理论及哲学中都有过精辟的分析。

(一)西方法学理论中关于法与情的探讨

西方法学理论也讨论法与情的关系,“情”意指情感。波斯纳在讨论法律中的情感时,主要分析了三个问题:(1)不法行为是被情感激发的,这一事实应如何影响法律对于这一行为的评价。(2)法律是否应当以及应当如何运用情感。(3)法律的管理人——法官、陪审员、检察官或警察——的情感状态应该如何。[①]

（1）在“冷血犯罪”和“激情犯罪”中，抓捕情绪化的罪犯更容易，而且其再犯的危险也更小（因为犯罪的情形是特定的，而这一情形不那么容易重现），从而往往抵消了提高刑罚以确保威慑犯罪和剥夺犯罪能力的需要，再加之“大多数激情犯罪都受到被害人挑衅”。[②] 攻击者的预期惩罚成本越少，挑衅者就容易受到攻击，而了解到这一点，人们就更不容易挑衅了。也有犯罪不适合上述“冷血犯罪”和“激情犯罪”的二分法的。连续作案的杀人犯，以及特定类型的性犯罪罪犯非常危险，他们的情感使得他们更加危险，因此他们应当受到更严酷的刑罚。总之，“法律意识到情感是人类行为的一个维度，但是法律对这一事实的回应却是由特定情形、特定目的决定的，而不是由一个高高在上的关于情感的善恶的见解来决定的。”[③]（2）随着监禁刑变得越来越昂贵，人们重新激发了对选择性刑罚包括蒙羞刑（Shaming Penalties）的兴趣。[④] 在使用蒙羞刑上，新近的兴趣主要是各种形式的示众，比如要求一个故意破坏他人财物者穿着囚服打扫人行道。这种方法与监禁一样，可以施加相同的负效用，从而取得相同的威慑犯罪的效果，而成本更低。但是这种刑罚也不例外地存在反对观点。比如可能会使本已极为严重的种族和民族紧张进一步恶化。也有担心蒙羞刑这样的刑罚会导致粗暴的监狱环境、简化的司法以及残忍的刑罚，而不是官方尊重社会任意阶层的尊严。此外，只要罪犯一直呆在监狱，监禁本身就可以避免犯罪，而蒙羞刑使得这样的预防作用消失了。（3）司法官员的恰当的情感状态。毋庸置疑的是，一些最强烈的情感，比如愤怒、憎恶、愤慨以及热爱，可能在司法程序中都是不合适的。但适度的情感似乎也是适当的，或至少是不可避免的。决定的任务越不确定，“客观因素”对于不适当情感的抵抗力就越弱，这是支持那些用来限制法官在案件中的情感卷入（Emotional Involvement）的规则的一个理由。但即使在简单的案件中，合理司法决策需要的情感也往往要比完成对抗性任务需要得更多。特别是，它可能需要愤慨和移情（Fellow Feeling）。愤慨常是一种识别违法行为的方式，因为为一条道德规则给出一个有说服力的理性依据常常很难，我们的很多道德规则的基础都是情感，而不是评价情感的理性。另一方面，移情的认知因素在于，想象另一个人的处境；其中表达情感的因素，亦即使移情成为一种情感而

---

① 参见理查德·A. 波斯纳：《法律理论的前沿》，武欣、凌斌译，中国政法大学出版社 2003 年版，第 234 页。

② Alon Harel, *Efficiency and Fairness in Criminal Law: The Case for a Criminal Law Principle of Comparative Fault*, 82 California Law Review 1181 (1994).

③ James B. Jacobs, Kimberly Potter, *Hate Crimes: Criminal Law and Identity Politics*, Oxford, 1998.

④ Dan M. Kahan, *What Do Alternative Sanctions Mean?* 63 University of Chicago Law Review 591 (1996); Kahan, *Social Meaning and the Economic Analysis of Crime*, 27 Journal of Legal Studies 609 (1998); Toni M. Massro, *The Meanings of Shame; Implications for Legal Reform*, 3 Psychology, Public Policy, and Law 645 (1997); James Q. Whitman, *What Is Wrong with Inflicting Shame Sanctions?* 107 Yale Law Journal 1055 (1998).

不仅仅是理性的一个维度,就是感受那个人因其处境而产生的那种感情状态。移情在执行司法职能中的重要性在于,使法官认识到不在场的当事人的利益,换言之,就是防止"有效启示"——即太重视生动而直接的印象,从而太强调法庭上的当事人的感受、利益和人性,而太忽视可能受判决影响的不在场当事人。[①]

(二)中国传统文化中法与情的关系

无论在中国古代或现代,中国学者都会论及法与情的联系。景汉朝先生在《中国司法改革策论》一书中指出,司法不公的原因中有一个主要原因——"人缘"、"地缘"关系的影响。[②] 这是法与情关系中"情"在中国的特殊含义——人情、情理。

根据史料记载,古代司法是与人情直接相关的。在司法裁判中,情理、人情是法及裁判官员重要的依据之一。敦煌出土的唐代初年的判词中已有"论法法不可容,论情情实难恕"[③]的惯用语。南宋《名公书判清明集》中"揆之法意、揆之人情"、"于法意人情"、"揆之条法、酌之人情"之类的词句不胜枚举。明、清时期的民事纠纷几乎全是依靠"人情"裁断的。古代所讲的人情,主要是指一般的人情世故、地方风土人情和风俗习惯。[④] 而笔者现在讨论的人情有两方面的内容:一是和西方理论中类似的感情;另一方面内容是由于我国"礼治秩序"教化下的伦理、情理。后者是由我国的特殊国情决定的。这样的人情影响司法现象,可以分为两大类。一类成为统治者认可的明规则。比如承袭孔子说的"父为子隐,子为父隐,直在其中矣"的观点而实行的亲亲相隐制度,以及体现了封建特权主义的八议制度,都是官方合法徇私的做法。而另一类则作为潜规则作用于我国社会。在潜规则的作用下,私下执法犯法的事情,更是遍及衙门官署。这些现象,不仅正史有记载,作为反映当时社会生活的古典文学,也有深刻揭露。我们看一下《水浒传》,每一个官员甚至衙役都是依着方方面面的人情处理案件的。于是,这才有了一百零八将被逼上梁山的结果。

人情因素对法治建设影响的严重程度是中国所特有的。这与我国的传统法律文化有关。费孝通先生对于中国传统社会伦理结构的特性进行了最为深刻的分析,他将中国的社会秩序称为"礼治秩序",并指出,在乡土中国的礼治秩序下,"礼"是公认的行为规范,本和法律无异。礼和法不相同的地方是维持规范的力量——法律靠国家政治的、有形的权力来推行,而维持"礼"这种规范的是传统。进一步,在对比历史上各国存在的权力结构时,费先生提出了"横暴权力"、"同意权力"、"教化权力"三大概念。其中,横暴权力是指自上而下的威吓性统治的力量,主要是专制政治所需要的文化资源;

---

① 参见理查德·A.波斯纳:《法律理论的前沿》,武欣、凌斌译,中国政法大学出版社 2003 年版,第 233—259 页。

② 景汉朝:《中国司法改革策论》,中国检察出版社 2002 年版,第 5 页。

③ 刘俊文:《敦煌吐鲁番唐代法制文书考释》,中华书局 1989 年版,第 443 页。

④ 郭建:《古代法官面面观》,上海古籍出版社 1993 年版,第 168—169 页。

同意权力是指在社会中经由默认、契约、退让而形成的力量，主要是民主社会所提供的文化资源；而教化权力是指通过文化的传承和传统的限制所造成的力量，主要是中国传统的文化资源。中国封建王朝通常采用“无为而治”治理天下，让乡土社会用教化进行社会平衡，从而形成“教化权力”的局面。①

在礼治之下，中国法律精神的判断，又一直游离在国法和人情之间。在中国传统社会中，法的正统性不依赖于一个终极根据的设定，仅需的基础是人与人之间关系的“情景伦理”和“社会交换”。② 而且可以说，在情与法的较量中，国家法在传统乡土社会中所发挥的功能及所处的地位并不是很重要，它们总是疏离、陌生的，“情”往往占据上风，显得异常活跃与发达。③ 试想，在一个远近、亲疏、长幼、尊卑的自然秩序的血缘集团中，要讲个人的权利，讲法律面前一律平等，岂不是太不近人情了吗？因此，这种社会只能以人情为法度。④

（三）我国刑事法治建设中面临的关于法与情的特殊问题

西方理论中强调的情纯粹是作为感官功能的感情，其研究意义是如何在司法程序中保留适当的感情因素而剔除掉不合适的部分，比如法院的回避制度即是为了避免不合适的感情因素影响司法公正。而我国学者对于法与情的描述着重强调的并不是同情、怜悯或者感同身受，而是在伦理的意义上来说的，类似于法律的另一种社会规范，它在中国的广大地区至今仍发挥着实在或潜在的作用，有时甚至可以替代法律在民众心中的崇高地位。中国几千年文明形成的礼制秩序既是我们现代法治建设面临的重要精神财富，也对我国法治的现代化进程提出了种种挑战。

朱苏力教授在研究我国法律文化本土资源后得出这样的结论：中国的法治之路必须注重利用中国本土资源，注重中国法律文化的传统和实际。⑤ 本土资源意味着尊重我国的传统，因为我国法治的发展必然是我国社会转型和变迁的产物。本土资源也意味着要重视在社会生活中实际发生作用的“活法”。比如有学者主张，法官可以巧妙地应用习惯、惯例，照顾情理，使用民间的通俗语言，就事论事地处理案件，为解决纠纷而妥协，实现法官工作方法的平民化，能够穿行于制定法和习惯法之间。⑥ 离开对中国百姓文化心理和习惯的了解，不从中国实际出发，就不可能产生有利于中国的法治。⑦ 如果中国法治有问题的话，那这些就都是中国问题，就是中国法律人必须认真回答和解

---

① 参见费孝通：《乡土中国》，三联书店 1985 年版，第 50 页。

② 参见季卫东：《面向二十一世纪的法与社会》，载《中国社会科学》1996 年第 3 期。

③ 参见汤唯：《法社会学在中国——西方文化与本土资源》，科学出版社 2007 年版，第 181 页。

④ 张铭远：《黄色文明——中国文化的功能和模式》，上海文艺出版社 1990 年版，第 117—118 页。

⑤ 朱苏力：《变法，法治建设及其本土资源》，载《中外法学》1995 年第 5 期。

⑥ 朱苏力：《送法下乡——中国基层司法制度研究》，中国政法大学出版社 2000 年版，第 181 页。

⑦ 参见田成有：《法律社会学的学理与运用》，中国检察出版社 2002 年版，第 215 页。

决的问题。①

如何从“乡土中国”转变到现代法治社会,学者就路径问题提出了不同看法:(1)关于“实然社会秩序论”,他们主张中国的法治之路只能靠逐步形成一套与社会生活相适应的规则体系来完成,而在这种渐进发展的过程中,甚至在很长的时期内,我们还会存在一些保守、落后、简陋、不规范、非正式化的本土资源。(2)关于“多元社会秩序论”。部分学者认为,目前国家法还停留在纸上,中国社会转型的“社会秩序二元结构”会在一个很长时期内存在,这就使中国社会实际存在着两种运作机制并存的局面。一种机制是由国家或法律确认的现行新机制;一种是由中国传统发展起来的本土文化旧机制。反对者担心,由此会导致法律实践中出现“两层皮”现象:深层仍是强调“礼治”和“人治”为内核的传统法律文化精神,表层却是强调法治精神的现代法律制度。(3)“应然社会秩序论”。中国的确存在着多元社会秩序存在的实现,但并不意味着存在即合理。如果强化传统文化,则先进的法律制度和法律理念将被抵制。另外在多种社会秩序冲突的情况下,社会应有一种价值选择。正如费孝通先生所说,在一个变迁很快的社会,传统的效力是无法保证的。尽管一种生活方式在过去是怎样有效,如果环境改变,谁也不能再依着老法来应付新的问题。

笔者认为,社会的传统性与现代性并不是截然相反的两条路。无论是单独走传统的路,或者全盘移植西方现代法律制度,都不是适合我国国情的做法。庞德就曾论证,中国的法律虽于世界现代法律中撷取其精华为材料,但它们应该采取适合中国人的模式。“因为人民并不为法律而存在,法律是为人民而存在,只有中国精神才能使中国法律有效地治理中国人民。”②中国问题的解决必须立足于中国自身。中国法制现代化的历史进程,是根源于中国社会生活条件的,反映中国社会需要的法制变革运动,不可避免地具有自己独特的表现形式,体现着中国社会发展的特有逻辑。③ 我们应该注重法律的本土化资源,同时选择性地吸收外来经验。任何一种外来文化都要经历一个本土化的过程,适者生存,不适者淘汰。弗兰肯伯格曾经说过:“关键的问题在于本国的法律以及法律经验怎样被引入,其他国家的法律与经验如何加以选择。”法律学者们强调的一个观点是:不能人为地创造一种理想模式,然后将中国硬往里装,而是要立足自己的本土资源向法律文化多元化发展。

八、结语

对触犯严重罪名的犯罪人适用缓刑也能发挥缓刑的特殊价值,因此缓刑适用于这

---

① 参见朱苏力:《道路通向城市:转型中国的法治》,法律出版社 2004 年版,第 300 页。

② 王健:《庞德与中国近代的法律改革》,载张生主编:《中国法律近代化论集》,中国政法大学出版社 2002 年版,第 204 页。

③ 公丕祥:《东方法律文化的历史逻辑》,法律出版社 2002 年版,第 358 页。

类犯罪人的形式条件不需要增加罪种要求，但对实质条件的评价规则还较粗略。当缓刑适用于这类犯罪人时，应建立人格调查制度并加强在考察期内的监督制度。在现阶段，在缓刑决定的过程中引入听证制度的条件还不成熟。

我国古代对家庭犯罪主要的处理原则是不告不理，服制近的，“尊欺卑”社会危害小，处罚轻，“卑犯尊”的处罚重，服制远的则相反。家庭犯罪与一般犯罪的社会危害性相较，在一般违法性行为或较轻的犯罪行为上，家庭犯罪的社会危害性低于一般犯罪，但在诸如剥夺生命权的严重的犯罪行为上，家庭犯罪的危害性和一般犯罪的危害性是同等的，其家庭关系只在处刑上作为酌定情节予以考虑，且不应在很大程度上影响最后的判决。犯罪性质较轻时，对家庭犯罪的犯罪人适用刑事和解制度可以参照一般程序。如果家庭犯罪的犯罪性质较严重时（无论被害人是否缺位），均可由检察机关介入，充当被害人的代理人，以免家庭成员为了开脱犯罪人的刑事责任，忽视被害人的利益。如果犯罪性质较轻，检察机关则无介入必要，其刑事和解的程序可以参照一般犯罪的正常程序。本来家庭中很多违法行为，《刑法》也不将其作为犯罪处理，即使作为犯罪处理其处罚也与一般犯罪有差异。通过刑事和解，有家人的参与，不失为更好的恢复家庭和谐的方法。

西方法学理论讨论法与情的关系时，“情”意指情感。研究问题有：(1) 不法行为是被情感激发的，这一事实应如何影响法律对于这一行为的评价。(2) 法律是否应当以及应当如何运用情感。(3) 法律的管理人——法官、陪审员、检察官或警察——的情感状态应该如何。这时强调的情纯粹是作为感官功能的感情及其在司法过程中发挥的作用。法与情关系中的“情”在中国有特殊含义，意指人情、情理。这样的人情影响司法现象，可以分为两大类。一类成为统治者认可的明规则。而另一类则是作为潜规则作用于我国社会。在“情”的作用下，中国的社会秩序被称为“礼治秩序”，在乡土中国的礼治秩序下，“礼”是公认的行为规范，本和法律无异。人情因素对法治建设影响的严重程度是中国所特有的。在礼治的教化下，中国法律精神的判断一直游离在国法和人情之间。如何从“乡土中国”转变到现代法治社会，学者就路径问题提出了不同看法，有“实然社会秩序论”、“多元社会秩序论”、“应然社会秩序论”之争。而社会的传统性与现代性并不是截然相反的两条路，无论是单独走传统的路或是全盘移植西方现代法律制度，都不是适合我国国情的做法。应注重法律的本土化资源，同时选择性地吸收外来资源，将本土法律文化向多元化发展。

附录一

四川省彭州市人民法院刑事判决书

(2008)彭州刑初字第43号

公诉机关:四川省彭州市人民检察院。

被告人:廖婷婷,女,1988年2月2日出生,汉族,高中文化,四川省成都市人,住四川省成都市锦江区东怡街16号11栋2单元5号。2007年8月22日,因涉嫌故意杀人犯罪被四川省彭州市公安局刑事拘留,同月31日,被四川省彭州市人民检察院批准逮捕,同日,由四川省彭州市公安局执行逮捕,现羁押于四川省彭州市看守所。

辩护人:周鹏,四川川达律师事务所律师。

辩护人:廖志勇,男,1965年6月14日出生,汉族,四川省成都市人,住四川省成都市锦江区东怡街16号11栋2单元5号(系被告人之父)。

四川省彭州市人民检察院以彭检刑诉(2008)第17号起诉书指控被告人廖婷婷犯故意杀人罪,于2008年1月14日向本院提起公诉。本院依法组成合议庭,经四川省彭州市人民检察院申请,征得被告人廖婷婷及其辩护人的同意,本案适用普通程序简化审,于2008年1月31日公开开庭审理了本案。四川省彭州市人民检察院检察员陈丽,被告人廖婷婷及其辩护人周鹏、廖志勇均到庭参加诉讼。本案现已审理终结。

经审理查明,被害人廖娟娟系被告人廖婷婷的孪生妹妹。从2001年开始,被害人廖娟娟便患狂躁型器质性间歇性精神病,经多年治疗未能治愈。被害人廖娟娟生病期间,由被告人廖婷婷及其母亲照料。2007年8月,被害人廖娟娟由其父母送至四川省彭州市精神病医院住院治疗。其间,因被害人廖娟娟生活不能自理,2007年8月21日,被告人廖婷婷及其父母等到四川省彭州市精神病院探望被害人廖娟娟。当晚,由被告人廖婷婷住在被害人廖娟娟的病房内陪护。次日凌晨2时许,被告人廖婷婷用枕头将被害人廖娟娟捂死在病床上。凌晨3时许,被告人廖婷婷打电话向公安机关投案,并如实供述自己的犯罪事实。经华西医科大学医学技术鉴定中心法医精神病学鉴定:被告人廖婷婷患有抑郁症,其违法行为与其疾病有一定关系,对其2007年8月22日的违法行为应负部分刑事责任。同时建议对被告人廖婷婷监护治疗。

上述事实,有彭州市公安局接受刑事案件登记表、立案决定书、破案报告、现场照片、现场图、被告人廖婷婷常住人口信息、证人黄秀兰、魏国江、李黎、邓加发、李成奎、潘红梅、张凯、方世龙、邓妮露、罗桂芝、冯启臻、李全华的证言、彭州市公安局刑事科学技术鉴定结论、华西医科大学法医学技术鉴定中心法医精神病学鉴定结论等证据证实,足以认定。

被告人在开庭审理过程中对事实和证据没有提出异议,但被告人的辩护人以被告人廖婷婷患有抑郁症，因受场景刺激，并在绝望的情况下，才产生杀人动机，故请求对其从轻处罚。

本院认为，被告人廖婷婷用枕头将被害人廖娟娟捂死，非法剥夺他人生命的行为，符合《中华人民共和国刑法》第232条的规定，构成故意杀人罪，公诉机关指控其构成故意杀人罪的罪名和事实成立，本院予以支持。被害人廖娟娟系被告人廖婷婷的孪生妹妹，被告人在犯罪时正患抑郁症，对其妹妹实施的犯罪行为，可以认定为情节较轻，应在3年以上10年以下科刑。被告人廖婷婷犯罪时患抑郁症，依照《中华人民共和国刑法》第18条第3款"尚未完全丧失辨认或者控制自己行为能力的精神病人犯罪的，应当负刑事责任，但是可以从轻或者减轻处罚"的规定，可以对被告人从轻或者减轻处罚；被告人廖婷婷案发后主动投案，如实供述自己的罪行，系自首，依照《中华人民共和国刑法》第67条第1款的规定，可以从轻或减轻处罚；加之，被告人廖婷婷认罪态度较好，可酌定从轻处罚。综合以上法定、酌定从轻或减轻处罚情节，结合本案案情，可对被告人廖婷婷适用缓刑。因此，被告人的辩护人提出从轻处罚的辩护意见，本院予以采纳。据此，依照《中华人民共和国刑法》第232条，第67条第1款，第18条第3款，第72条第1款，第73条第2款、第3款（条文全文附后）之规定，判决如下：

被告人廖婷婷犯故意杀人罪，判处有期徒刑3年，缓刑5年。

（缓刑考验期限，从判决确定之日起计算。即自2008年2月26日起至2013年2月25日止）。

如不服本判决，可在接到判决书的第二日起十日内，通过本院或者直接向四川省成都市中级人民法院提出上诉。书面上诉的，应当提交上诉状正本一份，副本一份。

审 判 长　张　敏
代理审判员　张　扬
人民陪审员　张建萍
2008年2月26日
书 记 员　钟　锐

附：本判决所适用的法律条文

《中华人民共和国刑法》

第十八条　精神病人在不能辨认或者不能控制自己行为的时候造成危害结果，经法定程序鉴定确认的，不负刑事责任，但是应当责令他的家属或者监护人严加看管和医疗；在必要的时候，由政府强制医疗。

间歇性的精神病人在精神正常的时候犯罪，应当负刑事责任。

尚未完全丧失辨认或者控制自己行为能力的精神病人犯罪的，应当负刑事责任，但是可以从轻或者减轻处罚。

醉酒的人犯罪,应当负刑事责任。

第六十七条 犯罪以后自动投案,如实供述自己的罪行的,是自首。对于自首的犯罪分子,可以从轻或者减轻处罚。其中,犯罪较轻的,可以免除处罚。

被采取强制措施的犯罪嫌疑人、被告人和正在服刑的罪犯,如实供述司法机关还未掌握的本人其他罪行的,以自首论。

第七十二条 对于被判处拘役、三年以下有期徒刑的犯罪分子,根据犯罪分子的犯罪情节和悔罪表现,适用缓刑确实不致再危害社会的,可以宣告缓刑。

被宣告缓刑的犯罪分子,如果被判处附加刑,附加刑仍须执行。

第七十三条 拘役的缓刑考验期限为原判刑期以上一年以下,但是不能少于二个月。

有期徒刑的缓刑考验期限为原判刑期以上五年以下,但是不能少于一年。

缓刑考验期限,从判决确定之日起计算。

第二百三十二条 故意杀人的,处死刑、无期徒刑或者十年以上有期徒刑;情节较轻的,处三年以上十年以下有期徒刑。

附录二

四川省成都市中级人民法院刑事裁定书

(2008)成刑终字第182号

原公诉机关(抗诉机关):四川省彭州市人民检察院。

原审被告人:廖婷婷,女,1988年2月2日出生于四川省蓬溪县,汉族,高中文化,无业,户籍在四川省成都市锦江区东怡街16号11栋2单元5号,现住成都市双桥路223号五冶生活区银行宿舍。2007年8月22日因本案被彭州市公安局刑事拘留,2007年8月31日经彭州市人民检察院批准逮捕,同日由彭州市公安局执行逮捕。2008年2月26日经彭州市人民法院决定,同日被取保候审。

辩护人:周建中,四川兴华中律师事务所律师。

辩护人:郭莉,四川兴华中律师事务所律师。

四川省彭州市人民法院以普通程序简化审程序审理四川省彭州市人民检察院指控原审被告人廖婷婷犯故意杀人罪一案,于2008年2月26日作出(2008)彭州刑初字第43号刑事判决。宣判后,原公诉机关四川省彭州市人民检察院提出抗诉。本院于2008年3月14日受理后,依法组成合议庭,公开开庭审理了本案,四川省成都市人民检察院指派代理检察员刘东、叶锐及书记员刘琴出庭履行职务,原审被告人廖婷婷及其辩护人周建中、郭莉到庭参加诉讼。本案经报请四川省高级人民法院批准延长审理期限1个月,并同意辩护人先后两次提出的延期审理申请,延期审理共计两个月。本案现已审理终结。

原判认定,被害人廖娟娟系被告人廖婷婷的孪生妹妹,从2001年开始患狂躁型器质性间歇性精神病,经多年治疗未愈,一直由被告人廖婷婷及其母亲照料。2007年8月,被害人廖娟娟被送至四川省彭州市精神病医院住院治疗,其间,因生活不能自理,同月21日,被告人廖婷婷及其父母等人到医院对其进行探望。次日凌晨2时许,被告人廖婷婷用枕头将被害人廖娟娟捂死在病床上。凌晨3时许,被告人廖婷婷打电话向公安机关投案,并如实供述自己的犯罪事实。经司法精神病学鉴定,被告人廖婷婷患有抑郁症,应负部分刑事责任。原判以经庭审质证、认证的接受刑事案件登记表、现场图及照片、刑事科学技术鉴定结论、法医精神病学鉴定结论、证人证言等证据认定上述事实。原判认为,被告人廖婷婷的行为构成故意杀人罪;其患抑郁症、自首,可以从轻或者减轻处罚,认罪态度较好,可以酌情从轻处罚,遂按照《中华人民共和国刑法》第232条、第18条第3款、第67条第1款、第72条、第73条的规定,以被告人廖婷婷犯故意杀人罪,判处有期徒刑3年,缓刑5年。

抗诉机关四川省彭州市人民检察院、出庭支持抗诉的四川省成都市人民检察院抗诉提出:被告人廖婷婷故意杀人,事前有预谋,手段残忍;其患抑郁症,但没有丧失辨认或者控制自己行为的能力,不具有从轻处罚的情节;其具有自首情节,依法只是可以从轻处罚,不应当减轻处罚。故原判对被告人廖婷婷判处有期徒刑3年,缓刑5年属于适用法律不当、量刑畸轻。

原审被告人廖婷婷的辩护人提出以下辩护意见:原审被告人廖婷婷故意杀人是家庭长期忍受廖娟娟精神病折磨的情感总爆发,是受到在彭州住院治疗的廖娟娟惨景刺激引发的,不属于预谋犯罪,也不属于手段残忍;原审被告人廖婷婷具有多个法定和酌定的从轻或者减轻处罚情节,一审量刑适当,应予以维持。

经审理查明,被害人廖娟娟(女,遇害时19岁)2001年患器质性精神障碍,在发病时有打人、毁物等症状,其家人也多次受伤。为控制其发病时的行为,家人用铁链将其右足踝锁住固定在床上。因多年治疗未愈,家庭花光了积蓄,其孪生姐姐即原审被告人廖婷婷为帮助母亲照顾其生活也被迫休学。原审被告人廖婷婷逐渐变得精神异常并曾服药自杀。迫于经济压力等,2007年8月10日,被害人廖娟娟被送至收费较低廉的四川省彭州市精神病医院住院治疗。住院期间,被害人廖娟娟卧床不起,生活不能自理。2008年8月21日晚,经医院通知,原审被告人廖婷婷及其父母等人前往医院探望被害人廖娟娟,处理陪护事宜,同时做好了留家属陪护的相应准备。到医院后,原审被告人廖婷婷及其父母等人目睹了被害人廖娟娟卧床不起、生活不能自理、大小便失禁、下身赤裸等景况。原审被告人廖婷婷提出由其留在医院陪护被害人廖娟娟并得到父母同意。随后,原审被告人廖婷婷在病房窗户上加贴报纸将窗户予以遮挡,又为被害人廖娟娟擦洗了身体。次日凌晨2时许,原审被告人廖婷婷为解脱被害人廖娟娟的痛苦,解除自己及家庭的困境,用枕头将被害人廖娟娟捂死在病床上。凌晨3时许,原审被告人廖婷婷打电话向公安机关投案,后如实供述了自己的犯罪事实。案发后,华西医科大学医学技术鉴定中心经公安机关委托,对原审被告人廖婷婷进行了司法精神病学鉴定,确认原审被告人廖婷婷的表现符合抑郁症的诊断,其违法行为与其疾病有一定关系,对其2007年8月22日的违法行为评定为部分刑事责任能力。

上述事实,有下列证据予以证实:

(1) 彭州市公安局接受刑事案件登记表、抓获经过:证实2007年8月22日凌晨3时许,廖婷婷打电话向公安机关报案并投案,公安民警随后赶至现场将廖婷婷抓获的情况。

(2) 现场勘查笔录及照片:证实现场位于彭州市致和镇北京村地界的彭州市精神病院内东面病房最南端的房间内。室内窗户内侧粘贴有报纸,窗下的单人床上有一枕头、一提包(内有衣架、衣物、小食品等)。该床东侧靠墙有另一单人床,床上有一具呈仰卧状、上盖被单的女尸;女尸穿短袖T恤、连衣裙,无内裤。室内两张床之间的地面,摆放有木凳等生活用品,木凳上有电风扇。

(3) 彭州市公安局刑事科学技术鉴定及照片:证实死者廖娟娟,女,① 机械性窒息是导致其死亡的直接原因,符合捂压口鼻所致。② 左手腕可见13cm×3cm的损伤后形成的结痂,部分结痂已脱落。③ 全身其余部分的尸表检验及解剖未见扼颈及其他损伤。

(4) 华西医科大学法医学技术鉴定中心精神病学鉴定:证实鉴定人通过审查廖婷婷的供述,其家属和同学的证言,发现廖婷婷案发4年前即存在情绪低落、自杀观念等精神异常表现;对廖婷婷的精神检查主要查见抑郁综合征。按照《中国精神障碍分类与诊断标准第三版》(CCMD-3),确认廖婷婷的表现符合抑郁症的诊断,其违法行为与其疾病有一定关系,故对其2007年8月22日的违法行为评定为部分刑事责任能力。

(5) 房屋买卖协议,租房协议,中国人民解放军成都军区总医院病人费用清单,成都三六三医院四川伽马刀中心MRI检查申请单、大病医疗保险住院医疗收费清单,彭州市精神病医院病情证明书,成都物价局、卫生局制定的医疗服务价格标准,川劳社办(2007)46号文件,成都市新华人民医院门诊日志,家庭生活照片等:证实① 廖志勇、王素珍家曾多方医治廖娟娟的疾病,并变卖了房产而租房居住,廖娟娟在家被铁链锁住右足踝,后于2007年8月10日因脑器质性精神障碍入住彭州市精神病院的情况;② 精神病医院对精神病人的治疗实行收费制的情况;③ 廖婷婷于2005年5月6日因服药过量接受洗胃等治疗的情况。

(6) 廖志勇2008年3月31日签名的谅解书:表明廖志勇表示已失去女儿廖娟娟,

不愿再失去廖婷婷,请求对廖婷婷宽大处理。

(7) 常住人口信息表:证实原审被告人廖婷婷与被害人廖娟娟的基本身份情况。

(8) 证人魏国江、黄秀兰、李黎、邓加发、李成奎和潘雪梅(彭州市精神病院的医护人员)2007年8月22日的证言:证实廖娟娟因脑器质性精神障碍于2007年8月10日入院,后她大小便不能自理要人照看,不能下床活动,一直没有穿裤子。经医院通知,2007年8月21日晚9时许,她父母等共6人到医院探望并与医院协商陪护问题。廖婷婷主动提出留下并得到亲属的同意,后将随身携带的风扇和换洗衣物等拿进了廖娟娟的病房,廖婷婷称夏天穿得少要遮拦窗户,即与廖佳佳用报纸将病房窗户封严。廖婷婷随后拿脸盆打水为廖娟娟擦洗了身体。次日凌晨4时许,廖婷婷告诉医护人员她在凌晨1时30分许用枕头将廖娟娟捂死了,是"帮廖娟娟解脱了,廖娟娟不再痛苦了",并说:"母亲他们会理解我的,为了廖娟娟,我的书没读成,我是在为母亲减轻负担。"

(9) 证人张凯、邓妮露(廖婷婷的同学)2007年8月22日的证言:证实二人知晓廖婷婷的家庭情况。廖婷婷平时照顾妹妹廖娟娟,廖娟娟得精神病后脾气非常暴躁,曾经砍了廖婷婷头上一刀。廖婷婷曾表露过压力很大、想自杀,还曾服药自杀。2007年8月22日凌晨3时40分,廖婷婷给张凯打电话说:"你不用给我找工作了,我把我妹弄死了。"凌晨3时50分,廖婷婷给邓妮露打电话说她亲手杀死了廖娟娟,她一直有这个想法,但以前没有机会,这次终于有机会了。称:"解脱了,我家里都解脱了","6年了,家里解脱了,我不在乎,为妹妹的事我一直无能为力。"

(10) 证人廖志勇、王素珍(廖婷婷、廖娟娟的父母)2007年8月22日、2008年3月28日的证言:证实双胞胎姐妹廖婷婷和廖娟娟是其女儿。廖娟娟2001年因高烧而患病,一发病就乱打人,全家人都被她打过,家里只好用铁链将她锁住,并由廖婷婷对其进行照顾,为治疗廖娟娟的病,全家花光了所有积蓄,房子也卖了,曾先后将廖娟娟送至数家精神病医院治疗,但不是遭到拒收就是费用很高,不得已才将她送到彭州市精神病院,其费用也是每个月1800元,生活费另算。廖娟娟在家的时候被照顾得很好,没有发病时生活正常,干干净净的,天天还出去玩,手根本就没有腐烂,她和廖婷婷还经常互相梳妆打扮。廖婷婷为了照顾廖娟娟而放弃了学业,还曾因为无法忍受而服药(廖娟娟的镇静药)自杀。2007年8月10日,廖娟娟到彭州市精神病院接受治疗,后医生打电话来说需要给廖娟娟找个看护。于是家里作了两个准备,要么在彭州请一个看护,要么家里留人照顾廖娟娟。2007年8月21日晚约9时许,廖志勇、王素珍全家及李全华、罗桂芝到了彭州市精神病院,看到廖娟娟躺在床上动不了,话也说不清楚。后廖婷婷主动提出留下照顾廖娟娟,王素珍要求一起留下,廖婷婷让王素珍回家照顾廖佳佳,因此决定让廖婷婷一人留下。廖婷婷就把来之前准备好的装有换洗衣服等物品的包拿到廖娟娟的病房内。当时病房内的窗户被报纸遮了一半,廖婷婷和廖佳佳就用报纸把窗户下半部分遮住了。后来廖志勇、王素珍等人就离开了医院。

(11) 证人廖佳佳(廖婷婷、廖娟娟的妹妹)2008 年 3 月 29 日的证言:证实廖娟娟在没有发病而清醒的时候,看到她对廖婷婷、对父母造成的伤害,她自己也很难过,就会不断地哭、打自己、撞墙,不停地道歉,我们看到这些也很伤心。她生病后,全是廖婷婷在家照料,廖婷婷为此连学业都放弃了。平时廖婷婷对廖娟娟很好,廖娟娟打她、用刀砍她,她都没有对廖娟娟不好过。2007 年 8 月 21 日晚在彭州市精神病院,当时天气很热,廖娟娟躺在床上却盖着被子,我们发现她左手有一圈都腐烂了,又没有穿内衣、内裤,只穿了一件病员服,衣服、裙子上还有屎、饭,掀开被子就一股恶臭,当时我们都忍不住哭了。廖婷婷留下作陪护后,因为窗户是透明的,医生说几个女娃娃住起来不方便,拿报纸给廖婷婷让把窗户贴上,于是我和廖婷婷一起贴的报纸。

(12) 证人李全华和罗桂芝(廖婷婷和廖娟娟的干爹、干妈)、冯启臻(邻居)于 2007 年 8 月 22 日、11 月 13 日的证言:证实廖娟娟得病后在家里打人、砸东西,到处求医都没治好,平时都是廖婷婷和她母亲在照顾廖娟娟,自从廖娟娟得病后,廖婷婷的精神状态也不是很健康等情况;2007 年 8 月 21 日晚,李全华、罗桂芝陪同廖志勇一家去彭州市精神病院看望廖娟娟,所述情况与证人廖志勇、王素珍、廖佳佳等人的证言基本一致。

(13) 原审被告人廖婷婷的供述:自己和妹妹廖娟娟感情一直都好,她得病后一直治不好,脾气暴躁,全家人都被她打伤过,又摔东西,父亲没办法就用铁链将她锁住,但有空还是带她出去玩。她也很痛苦,我们全家都痛苦,都活得很累,但自己对她没有恨。大约从 2006 年开始,自己就有弄死廖娟娟的想法,这样就能得到解脱。廖娟娟被送到彭州市精神病院后,2007 年 8 月 21 日,医院通知说廖娟娟生活不能自理,要求家属找人陪护,父亲跟自己商量,自己就要求去医院陪护廖娟娟。下午 6 点过,自己带了现金和一个装了日常用品的包,跟父母、妹妹、干爹和干妈一起到彭州市精神病院。后同医生商量廖娟娟的陪护问题,自己强烈要求留下来陪护廖娟娟,父母和医生都同意了,让自己先照顾几天,要是不行就再商量,后家人就回去了。因为廖娟娟没有穿裤子,自己在陪护时又睡在靠窗的床位,窗户本身是透明的,所以在病房的窗户上贴报纸。之后自己打水帮廖娟娟把身上擦干净后让她睡了。自己在床上睡不着,凌晨 1 点过,自己拿起自己睡的枕头走到廖娟娟的床上,用枕头捂住她的面部,同时坐在她的胸口上,就将她杀死了。然后自己用手机打了 110 报警,在等警察的时候自己给张凯、邓妮露打电话说了这事。

上述控、辩双方的证据来源合法,经一、二审庭审质证,能够相互印证并排除证据间的矛盾,形成了证据锁链,且证据确实、充分,足以证实指控的原审被告人廖婷婷故意杀人的事实,以及本案的起因、原审被告人廖婷婷的杀人动机和其他犯罪情节。

在庭审质证中,(1) 对于控方出示的法医精神病学鉴定,控方认可原审被告人廖婷婷作案时患抑郁症,但否定原审被告人廖婷婷仅具有部分刑事责任能力的鉴定结论,认为原审被告人廖婷婷没有失去控制和辨认自己行为的能力,辩方认为该鉴定结论合法有效,应予以采信。本院评议认为,该鉴定系控方依法收集的合法有效的证据,且鉴定结论得到本案其他证据的印证,而控方的反对意见缺乏证据支持。故对控方的质证意见不予采纳,对辩方的质证意见予以采纳,该鉴定结论应作为定案依据予以采信。(2) 对于辩方出示的廖志勇的谅解书,控方认为廖志勇是被害人廖娟娟、原审被告人廖婷婷二人的父亲,具有双重身份,在角色冲突中作出的倾向于某一方的意思表示均不恰当,对该谅解书应不予采信。本院评议认为,该谅解系廖志勇的真实意思表示,由于该案系家庭成员之间的犯罪,应当尊重其他家庭成员特别是父母对该案的态度并在量刑时予以适当考虑,故对控方的质证意见不予采纳,该证据应予以采信。(3) 对于辩方为证实原审被告人廖婷婷有家族精神病史所举的证据材料包括证人廖志勇、王素珍的证言,以及控方否认其有家族精神病史所举的证据材料包括证人蒋启文、姜团明的证言及村委会的证明,本院评议认为,原审被告人廖婷婷是否有家族精神病史的情况,与原审被告人廖婷婷患精神病无事实关联,故本院未采信控、辩双方的上述证据材料作为定案依据。(4) 对于控方展示的"廖婷婷的博客文章"一篇,辩方认为该证据材料并非合法有效的证据。本院评议认为,由于该证据材料不具备证据必备的形式要件,不能作为证据使用,故采纳辩方的质证意见,本院对该证据材料未予采信。

本院认为,原审被告人廖婷婷于2007年8月22日凌晨采用捂口鼻的方式致死被害人廖娟娟的行为已构成故意杀人罪,应依法追究其刑事责任。原审被告人廖婷婷因特殊的起因和动机而对家庭成员实施犯罪,与其他严重危害社会治安秩序的故意杀人犯罪有着明显区别;原审被告人廖婷婷犯罪时患抑郁症,辨认和控制自己行为的能力较低,仅具有部分刑事责任能力,依法可以从轻或者减轻处罚;原审被告人廖婷婷犯罪后投案自首,依法可以从轻或者减轻处罚;综合以上量刑情节,原审法院对原审被告人廖婷婷适用的刑罚适当。

抗诉机关所提本案是预谋犯罪的抗诉理由,本院认为,2007年8月21日晚,原审被告人廖婷婷随父母到彭州市精神病院探望被害人廖娟娟,并留下来陪护被害人廖娟娟的事实,已由相互印证的医院的医护人员、廖志勇和王素珍等证人的证言以及原审被告人廖婷婷的供述予以证实,因此,原审被告人廖婷婷供述早有杀人的想法以及作案后打电话告诉证人邓妮露"以前没有机会,这次终于有机会下手"这样一个显示有犯罪预谋的情况,并未在原审被告人廖婷婷的客观行为上予以反映。抗诉机关所提本案作案手段残忍的抗诉理由,本院认为,尸检报告除了显示被害人廖娟娟有口鼻被捂的损伤外,没有检见扼颈及其他损伤,也不能确认口鼻被捂的时间长短,故原审被告人廖婷婷供述对被害人廖娟娟捂口鼻达40分钟,还扼颈,并无其他证据能够印证。抗诉机关所提原判对原审被告人廖婷婷判处有期徒刑3年,缓刑5年属于适用法律错误、量刑畸轻的抗诉理由,本院认为,综合考虑原审被告人廖婷婷的犯罪事实和法定的从轻或者减轻处罚情节,可以对其减轻处罚;原审被告人廖婷婷又具有无前科、认罪悔罪、被害人父母已谅解等酌定从轻处罚的情节,且人身危险性相对较小,对其暂不执行所判刑罚不致再危害社会,故可适用缓刑。

综上所述,抗诉机关所提原审被告人廖婷婷系预谋犯罪、作案手段残忍的抗诉理由,不予采纳;对辩护人所提原判量刑适当,应予以维持的辩护意见予以采纳。原判认定事实清楚,审判程序合法,定罪正确,量刑适当。据此,依照《中华人民共和国刑事诉讼法》第189条第1项的规定,裁定如下:

驳回抗诉,维持原判。

本裁定为终审裁定。

合议庭组成人员　(略)
判　决　日　期　(略)
书　　记　　员　(略)

刘加奎故意杀人案法理分析

宋瑞勇*

一、选案理由

2004年12月22日，罗干同志在中央政法工作会议上指出："正确运用宽严相济的刑事政策，……同时要坚持惩办与宽大相结合，才能取得更好的法律和社会效果。"最高人民法院和最高人民检察院在向十届全国人大四次会议作报告时，也都不约而同地再次强调了宽严相济的刑事政策。由此，继"惩办与宽大相结合"之后，"宽严相济"成为我国又一项基本刑事政策。

当下，限制和废除死刑成为世界性的潮流与趋势已是不争的事实①，即使"在未废除死刑的国家，判处死刑也只能作为对最严重的罪行的惩罚。"②其实中国自古就有慎刑恤杀的法律思想，"少杀、慎杀"的刑事政策也是我国老一辈无产阶级政治家的共同主张。尽管由于各种原因，在当前直至以后很长的时期内我国全面废除死刑，尤其是废止暴力犯罪的死刑尚不现实，但是限制死刑却渐已成为学界和司法实务界的共识与主张。

"保留死刑，严格控制死刑"是当前我国的基本死刑政策。非暴力犯罪死刑的废止是当前死刑改革的热点课题之一，"中国废止死刑之路应以逐步而及时地废止非暴力犯罪死刑为切入点和突破口"③，但学界对暂时保留暴力犯罪的死刑基本没什么争议。这里首先应当界定什么是暴力犯罪，所谓"暴力"，赵秉志教授理解为：直接或者借助自然、物理之力对他人人身的自由权、健康权、生命权施加强力打击或者强制行为，其范围不仅包括捆绑、拘禁、殴打、伤害、杀害、决水、爆炸等有形力，亦应包括施行催眠、麻

* 北京师范大学刑事法律科学研究院2006级刑法学硕士。

① 据相关统计数字，截至2004年1月，世界上已经有79个国家和地区在立法上明确废除了所有罪行的死刑，15个国家和地区废除了普通犯罪的死刑，还有23个国家和地区在事实上废除了死刑。参见李希慧、王宏伟：《宽严相济刑事政策基本问题探究——以构建和谐社会为视角》，载赵秉志主编：《刑法论丛》（第11卷），法律出版社2007年版，第6页。

② 《公民权利和政治权利国际公约》第6条第2款。

③ 赵秉志：《中国逐步废止死刑论纲》，载《法学》2005年第1期。

醉、用酒精灌醉等无形力,而暴力的程度则不仅包括对他人人身自由、健康或者生命造成损害,也应包括尚未对他人人身安全造成损害,但对他人人身安全构成危险。① 故意杀人罪作为死刑适用中的"大户",是自然犯,也是典型的暴力犯罪。在司法实践中,对故意杀人罪案件限制和慎用死刑,将对死刑"数字"的减少起到重要的作用。

基于故意杀人案件的"暴力性"和对被害人生命权这一最高权利的非法剥夺,犯罪人很容易被认定为"罪行极其严重"而适用死刑,但是法律规定,如果被判处死刑而又"不是必须立即执行"的,可以适用死缓。因此,如果从立法上明确"必须立即执行"的情形,一方面可以使法律规定具体、明确;另一方面还能在一定程度上限制死刑立即执行情形的数量,因为列举式的规定,不可能穷尽现实生活中的方方面面。如果立法能进一步明确"不是必须立即执行"的情形,就又能进一步缩小"必须立即执行"的数量,因为只要属于"不是必须立即执行"情形的,就可以排斥"立即执行"的适用。

刘加奎故意杀人案的判决作为最高人民法院推荐的一个范本,在指导下级法院如何在故意杀人案件中正确适用死刑方面显然具有重要价值。该案有两个特别情节:(1)被害人的过错;(2)民意。通过对这两个情节进行法理分析,考量其对死刑适用的作用和影响,总结司法实践经验,无疑有助于由点到面,对死刑改革这个系统工程的建设增加一个支撑点。

二、基本案情

刘加奎和马立未同在湖北省随州市五眼桥农贸市场相邻摊位卖肉。1997 年 10 月 22 日上午 11 时许,刘加奎之妻胡坤芳在摊位上卖肉时,有客户来买排骨,因自己摊位上的排骨已售完,便介绍左边摊主王××卖给客户,此时,被害人马立未之妻徐翠萍(本案另一被害人)即在自己摊位上喊叫更低的价格,但客户嫌徐翠萍卖的排骨不好,仍买了王××卖的排骨。为此,徐翠萍指着被告一方,继而与胡坤芳发生争执厮打,二人均受轻微伤。被群众拉开后,徐翠萍又把胡坤芳摊位上价值 300 多元的猪肉甩到地上。市场治安科明确"各自看各自的伤,最后凭法医鉴定结果再行处理"。但是马立未夫妇拒绝市场治安管理人员的调解,在事发后当日和次日多次强迫被告人刘加奎拿出 360 元钱给徐翠萍看病,并殴打了刘加奎夫妇。被告人在矛盾发生后,多次找到市场治安科和随州市公安巡警大队等单位要求组织解决,并反映马立未方人多势众、纠缠不休,请有关组织对自己给予保护。被害人马立未以刘加奎向其妻赔礼道歉、承认错误为条件,托人给刘加奎捎话要求私了,刘加奎拒绝并托亲属找公安机关要求解决。马立未知道后威胁说:"黑道、白道都不怕,不给我媳妇看好病绝不罢休!"11 月 24 日下午

① 参见赵秉志:《中国逐步废除死刑之建言——以废止非暴力犯罪死刑为中心》,载赵秉志主编:《死刑制度之现实考察与完善建言》,中国人民公安大学出版社 2006 年版,第 211 页。

3时许,刘加奎被迫雇车同马立未一起到随州市第一医院放射科给徐翠萍拍片检查,结果无异常。马立未仍继续纠缠,刘加奎十分恼怒,掏出随身携带的剔骨刀朝马立未背部刺一刀,马立未、徐翠萍见状迅速跑开,徐翠萍跑动时摔倒在地,刘加奎朝徐翠萍的胸、背、腹部连刺数刀,又追上马立未,朝其胸、腹、背部等处猛刺十余刀,然后持刀自杀(致肝破裂)未遂,被群众当场阻止。马立未因被刺破肝脏致大出血而死亡;徐翠萍的损害属重伤。

襄樊市中级人民法院认为,被告人刘加奎持刀行凶,杀死一人,重伤一人,其行为已构成故意杀人罪。杀人情节恶劣,手段残忍,本应依法严惩,但本案事出有因,被害人对案件的发生和矛盾的激化有一定过错。被告人归案后,认罪态度尚好,有悔罪表现。依照《中华人民共和国刑法》第232条、第48条第1款、第57条的规定,于1998年2月22日判决如下:被告人刘加奎犯故意杀人罪,判处死刑,缓期二年执行,剥夺政治权利终身。

一审宣判后,被告人刘加奎向湖北省高级人民法院提出上诉,其上诉称:为争卖排骨之事与被害人马立未夫妇发生矛盾后,被害一方多次殴打侮辱、敲诈勒索我们,并非是一审判决所称的一定过错,而是一种侵犯人权的犯罪行为。在医院为徐翠萍拍片检查结果无异常的情况下,马立未仍无理要求拿十万八万为其妻徐翠萍整容,这是我行凶的直接原因。请考虑我在事情发生后曾找过多个部门得不到解决的情况下犯罪,要求从轻处罚。襄樊市人民检察院以被告人刘加奎在公共场所预谋杀人,手段残忍,后果严重,社会影响极坏,依法应当判处其死刑立即执行为由,提出抗诉。

二审湖北省高级人民法院经开庭审理查明的被告人刘加奎的犯罪事实与一审判决认定的基本一致。但认定起诉书指控并已被一审判决确认的"徐翠萍拍片检查后无异常时马立未仍提出无理要求"这一情节,只有被告人刘加奎一人供述,没有其他证据能够印证,不能成立。该院认为,该案被害一方虽有一定过错,但被告人刘加奎用剥夺他人生命的犯罪手段报复被害人,手段残忍,情节恶劣,后果特别严重,应依法严惩。公诉机关抗诉要求判处被告人刘加奎死刑的理由成立,予以采纳。二审于1998年6月24日判决如下:(1)撤销襄樊市中级人民法院刑事判决中对刘加奎的量刑部分;(2)上诉人刘加奎犯故意杀人罪,判处死刑,剥夺政治权利终身。

最高人民法院经复核认为,被告人刘加奎持刀行凶杀人的行为已构成故意杀人罪。一、二审判决认定的事实清楚,证据确实、充分,定罪准确,审判程序合法。一审判决根据本案的起因及矛盾发展上被害人一方有一定过错的具体情节,对被告人刘加奎判处死刑,缓期二年执行,剥夺政治权利终身,并无不当;检察机关抗诉后,二审判决改判被告人刘加奎死刑立即执行失当。经最高人民法院审判委员会讨论决定,于1999年9月6日判决如下:(1)撤销湖北省高级人民法院二审判决中对被告人刘加奎的量刑部分;(2)被告人刘加奎犯故意杀人罪,判处死刑,缓期二年执行,剥夺政治权利终身。

三、裁判要旨

(1)本案纯属因生产生活、邻里纠纷等民间矛盾激化引发的故意杀人刑事犯罪案件。被告人与被害人之间平素并无矛盾,只是因为一点纠纷没有及时处理好而使矛盾激化。

(2)被告人在被害人没有任何对其人身加害的情况下,又是在医院内的公共场所用剔骨刀刺向被害人夫妇,致一死一重伤。手段残忍,后果极其严重,应依法予以严惩。但本案事出有因,被害人对案件的发生和矛盾的激化有一定过错。本案被告人杀人,与被害人苦逼而被告人寻求组织解决未果有直接关系。被告人行凶杀人后立即自杀(致肝破裂)未遂,归案后认罪态度尚好。

(3)案发后,当地群众几百人签名写来请求司法机关对刘加奎从轻处理的信函,十余人向法庭提供了对被告人有利的证明材料,这些情节虽不是法定从轻处理情节,但也是考虑对被告人是否判处死刑立即执行的因素。

(4)最高人民法院1999年10月27日《全国法院维护农村稳定刑事审判工作座谈会纪要》中,对故意杀人的处刑问题明确规定,对于被害人一方有明显过错或者对矛盾激化负有直接责任的,一般不应当判处死刑立即执行。

四、引发的理论问题

(1)"不是必须立即执行"的理解和适用问题。三级法院对本案罪名的认定和刑种的适用是一致的,即被告人犯故意杀人罪,应判处死刑。但对如何适用刑罚,即是否对被告人的死刑判决立即执行却有不同的判定:襄樊市中级人民法院和最高人民法院认为"不是必须立即执行";而湖北省高级人民法院却认为是"必须立即执行"。"不是必须立即执行"是立法中对死刑适用的条件性限制,由于该立法规定并未细化具体的标准,所以在司法实践中不同的法院就会有不同的认定。什么情形属于"不是必须立即执行"?什么情形不属于"必须立即执行"?如何从正反两个方面来理解和适用该限制性条件,是正确处理本案的关键问题之一,同时也是一个重要的理论和实践问题。

(2)被害人过错对故意杀人死刑案件裁量的影响问题。湖北省高级人民法院认为:"该案被害一方虽有一定过错,但被告人刘加奎用剥夺他人生命的犯罪手段报复被害人,手段残忍,情节恶劣,后果特别严重,应依法严惩",认定被害人的过错情节不足以降低被告人的人身危险性和社会危害性,从而判定为死刑立即执行。而襄樊市中级人民法院和最高人民法院,却都认定该案中被害人对案件的发生和矛盾的激化发展有一定的过错,该过错情节的存在使得不需要对被告人立即执行死刑,从而判定为缓期二年执行。不同法院有不同的认定标准,其结果对被告人来说却是生死两重天。故意杀人案中的犯罪人和被害人是一对相互依存的矛盾体,其中被害人往往不是完全被动、无足轻重的，而是犯罪的发生和演进过程中的一个重要因素。因此在刑罚裁量中要考察加害人和被害人的相互关系，确定案件的起因以及促使案件恶化、升级的被害人因素，认定双方责任大小，方能正确量刑。因此，被害人过错是否和如何影响对故意杀人死刑案件的裁量，成为正确处理本案的关键问题之二，同时被害人过错情节的法定化也成为一个当前的现实问题。

(3) 民意①对故意杀人死刑案件裁量的影响问题。本案案发后，随州市厉山镇幸福村、厉山镇神农集贸市场、五眼桥农贸市场几百人签名写来请求司法机关对刘加奎从轻处理的信函，十余人向法庭提供了对被告人有利的证明材料。这些“民怜”②行为固然不是法定从宽处罚的情节，但最高人民法院认为，这些情节虽不是法定从轻处理的情节，但也是考虑对被告人是否判处死刑立即执行的因素。理性的法律的适用理应排斥非理性的民意的影响，但司法实践中民意对故意杀人死刑案件裁量的影响是现实存在的，如何对待民意，成为正确处理本案的关键问题之三。

上述三个问题是有内在联系的：首先，死刑案件“不是必须立即执行”的适用，是因为有其特殊的量刑情节，被害人过错是否属于该类情节？其次，被害人过错，往往是“民怜”行为的刺激因素之一。因此，最后对上述三个问题进行综合评述，能更全面地评析本案。

五、“不是必须立即执行”的理解和适用问题

（一）“不是必须立即执行”的理解

根据《刑法》第 48 条的规定，死刑立即执行和死缓适用的前提条件是一样的，即犯罪分子必须是“罪行极其严重”，而“不是必须立即执行”是二者的分水岭。所谓“不是必须立即执行”，是指犯罪分子罪该处死，但根据具体情况（主要是指案件具有的某些从轻处罚情节），尚不需立即执行死刑。“不是必须立即执行”，从逻辑上分析可以有两种释义：(1) 属于“不是必须立即执行”的情形，这是正面列举式的方法；(2) 不属于“必须立即执行”的情形，这是反面排除式的方法。是否为“必须立即执行”，对于适用死缓至关重要，但认定“不是必须立即执行”的标准，上述正反两面法律都没有具体、明确的规定。1997 年刑法修订时，有学者曾建议将“不是必须立即执行”的情形作出具体规定，以减少司法的随意性，但修订的《刑法》却未作修改，仍然保留了原来的表述。这使得死缓适用的实质条件具有一定的模糊性，在死缓废除论者看来，这一点是死缓的

---

① 从人民大众情感爱憎正反两个方面，笔者将民意分为民愤和民怜两种情况。——笔者注

② 民怜，与民愤相反，是指公众基于犯罪行为而引发的一种非常激动与同情的情绪表现，是一种对来自犯罪的刺激表示对犯罪行为人的同情、怜悯的情绪。这一刺激可能是媒体所报道的犯罪人受被害人的凌辱、虐待或被害人的恶劣人格等。参见汪明亮：《媒体对定罪量刑活动可能带来负面影响的作用机制》，载《现代法学》2006 年第 6 期。

缺陷所在,由此成为其废除死缓的理由之一。①

如何从理论上概括地把握什么是“不是必须立即执行”?有学者认为,“不是必须立即执行”的情形指的就是具体案件所具有的从轻处罚情节,并且是与“应当判处死刑”的从重处罚情节同时并存的情节,只不过它的重要性弱于或者数量上少于后者而已。② 具体而言,对于法定刑为绝对确定死刑之罪③来说,犯罪分子具有的从轻处罚情节,依法虽然不能对抗死刑刑种的适用,但却是适用死缓的理由和依据。而对于法定刑为相对确定死刑之罪来说,如果案件不具有从重处罚情节,或者仅具有从轻处罚或者减轻处罚情节,则不能对犯罪分子适用死刑,也谈不上适用死缓的问题,此时适用死缓的案件,只能是罪行极其严重且既具有从重处罚情节又具有从轻处罚情节的案件。因此,对于死缓的适用,所谓“不是必须立即执行”的依据,就是与从重处罚情节并存的从轻处罚情节。从定量分析的角度,只有在从重处罚情节的分量或数量重于或者多于从宽处罚情节的场合,才会发生“应当判处死刑”而又“不是必须立即执行”的问题,此时把握“不是必须立即执行”的条件,就是综合量化比较情节的分量和数量的问题。本案中被告人故意杀人即属罪行极其严重的行为,但同时既有在医院公共场所、用剔骨刀致命凶器、刺杀十几刀等恶劣情节,又有被害人过错、请求有关组织解决未果,以及民怜等“可宥”情节,才使得各级法院之间对是否适用死缓产生了重大分歧。

(二)“不是必须立即执行”的适用

1. “不是必须立即执行”的适用问题争议

关于“不是必须立即执行”的适用问题,学界和实务界对以下几个问题存在较大争议。

(1) 是否可以作为“留有余地”判处死缓的保险式判决依据问题。有学者认为,“留有余地”判处死缓案件应指根据犯罪事实和情节应当判处死刑的案件,因为在是否判处死刑立即执行问题的具体量刑情节上证据之间互相矛盾、互相排斥,而根据“疑义有利于被告人”原则而不判处死刑立即执行的案件。“留有余地”符合法律的规定及刑事政策。在死刑问题上,我们长期贯彻少杀、慎杀政策,可杀可不杀的,不杀。“留有余地”的判决就属于“不是必须立即执行”而不杀的适用范围。④

而司法实践中出现的问题是,将疑案错当成“留有余地”的案件,对应当判处死刑的案件,如果事实不清,证据不足,既有证实被告人有罪的证据,又有否定被告人有罪

① 参见钊作俊:《死刑限制论》,武汉大学出版社 2001 年版,第 282 页。

② 参见陈伶俐、于同志:《论死刑的裁量标准——从一起死刑改判死缓的案例说起》,载李洁等主编:《和谐社会的刑事法现实问题》(中卷),中国人民公安大学出版社 2007 年版,第 1030 页。

③ 现行《刑法》中主要有以下几种情形:(1) 劫持航空器致人重伤、死亡或者使航空器遭受严重破坏的(第 121 条劫持航空器罪);(2) 绑架致使被绑架人死亡或者杀害被绑架人的(第 239 条绑架罪);(3) 暴动越狱或者聚众持械劫狱的首要分子和积极参加者,情节特别严重的(第 317 条暴动越狱罪、聚众持械劫狱罪)。

④ 参见胡常龙、孙延涛:《留有余地判处死缓案件论析》,载《山东审判》2004 年第 3 期。

的证据,便留有余地判处死缓。这种保险式的判决恰好成为持否定态度学者批判的把柄,他们可以信手拈来杜培武案、佘祥林案[①]等作为“留有余地”案件的牺牲品以现身说法。

笔者认为,持否定态度的论者其实是混淆了疑案和“留有余地”两类案件。法院的裁判活动包括定罪和量刑两个环节。疑案因为其事实不清,证据不足,根本无法判定是谁实施了犯罪行为,即疑案的犯罪人是谁,犯罪事实的具体内容和情节都无法准确判定,是定罪这个环节出现了问题,司法实践中往往是靠刑讯逼供取得“证据”的,因而不可避免要出现冤假错案。而“留有余地”案件则不同,该类案件的犯罪事实清楚,根据现有证据可以对犯罪人及犯罪事实作出准确判断,定罪情节上事实清楚,证据确实、充分,定性是准确的,即“罪行极其严重,应当判处死刑”。只是由于量刑情节上证据的瑕疵,影响了其量刑的确定性,属于“不是必须立即执行”,因而留有余地判处了死缓。

(2) 是否需要有“特殊从宽情节”的问题。学界和实务界都有观点认为,判处死刑后如果要适用死缓,必须讲出“不是必须立即执行”的理由,必须有法定或者酌定的从宽、从轻处罚的情节。这显然是重刑主义思想的认识和结论。如上文对“不是必须立即执行”的理解,对法定刑为绝对确定死刑的案件,这种观点尚可适用,但对绝大多数法定刑为相对确定死刑的案件而言,只要没有从重情节,就应一律属于“不是必须立即执行”的;从重情节和从宽、从轻情节并存的情况下,也应优先适用从宽、从轻情节而不立即执行。更有学者认为,酌定从严情节(如拒不坦白、认罪态度差的,犯罪目的、动机卑劣的,以及民愤较大的等)一般也不宜作为适用死刑的主要事实依据。[②]

刘家琛大法官曾撰文指出:“判处死缓不能以具有法定情节为条件。那种认为对于应当判处死刑的犯罪分子,在没有法定从轻的情况下适用死缓就是法律适用不当,就是量刑畸轻的观点是没有法律依据的。”[③]在限制死刑呼声日益高涨的今天,这种需要有特殊从宽情节方可适用死缓的重刑主义认识和观点是应该被纠正的。

2. “不是必须立即执行”的适用

(1) 如何适用“不是必须立即执行”这一限制性条件? 评价每个量刑情节对是否为“必须立即执行”的影响程度,必须根据不同情节本身反映的行为社会危害性、犯罪人主观恶性以及人身危险性程度进行综合考量,简单地断言应当情节优于可以情节,法定情节优于酌定情节,从宽情节优于从严情节等是不当的。事实上,可以情节和酌定情节影响刑法的分量和作用,不一定轻于和小于应当情节和法定情节,在很多情况下,对犯罪分子是否适用死缓,就在于如何看待案件中的某一个或某几个情节。此外,

---

① 佘祥林最终被判处的是有期徒刑 15 年,而不是死缓。

② 参见陈华杰:《论死刑适用的标准》,人民法院出版社 2005 年版,第 235 页。

③ 参见刘家琛:《中国死缓制度的理论与实践》,载张正新:《中国死刑制度的理论与实践》,武汉大学出版社 2004 年版,第 2 页。

逆向性量刑情节之间不能简单地进行相互抵消,其中对从宽情节应给予特殊的考虑:应采取"先从严,后从宽"的思路,即一般应先考虑从严情节,后考虑从宽情节,类似数罪并罚中的"先并后减",如此则有利于限制死刑(尤其是死刑立即执行)的适用。在理论和司法实务界大致已形成这样的共识:对于具有法定应当从轻、减轻情节的,则不论所犯罪行多么严重,社会危害性多大,均是"不是必须立即执行"的情节,不能判其死刑立即执行①;对于具有法定可以从轻、减轻处罚情节,无特别从重情节的,可以认为是"不是必须立即执行"的情节,一般也不判处死刑立即执行。②

在具体案件裁量时如何具体把握"不是必须立即执行"的条件?有论者主张取上述第二种释义,即对"必须立即执行"的情形进行否定和排除,只要准确把握什么是"必须立即执行"的情形,除此之外都是适用死缓的范围。③ 但更多的学者主张取第一种释义,即根据审判实践,直接列举若干属于"不是必须立即执行"的情况,供适用死缓时参考。④ 还有学者针对审判实践中适用死刑较多的暴力犯罪中"不是必须立即执行"的标准,兼取上述两种释义,从正反两面进行了归纳总结。⑤

笔者认为,兼取上述两种释义,从正反两面进行列举,是全面和准确的。但在适用具体案件的时候,两者是有先后逻辑顺序的:首先取第二种释义,看案件是否属于"必须立即执行",如果不是,不管案件是否还有其他从重情节,都可以直接排除死刑立即执行的适用;如果是,再看有没有第一种释义,如果案件同时属于"不是必须立即执行",则根据有利于被告人和前述从宽情节优先的原则,还可以排除死刑立即执行的适用。只有在案件属于"必须立即执行"而没有其他从轻情节的情况下,才能适用死刑立即执行。

(2)"不是必须立即执行"的情形。上述适用情形的理想状态,是以法律对"不是必须立即执行"正反两方面都有明确规定为前提的;在当前法律滞后的情况下,司法解释进行规定也是一种途径;司法解释没有明确的情况下,学理解释进行总结也是很有现实意义的。就故意杀人死刑案件而言,类似司法解释性的法律文件,有1999年10月27日最高人民法院颁布的《全国法院维护农村稳定刑事审判工作座谈会议纪要》(以下简称《纪要》),但《纪要》中对"不是必须立即执行"的适用规定,是有限制条件的:

---

① 最高人民法院肖扬院长在十届人大四次会议的报告中也指出:"对罪当判处死刑但具有法定从轻、减轻处罚情节或者不是必须立即执行的,依法判处死缓或无期徒刑。"

② 金福:《刑事政策视野下故意杀人既遂案件的死刑适用》,载李洁等主编:《和谐社会的刑事法现实问题》(中卷),中国人民公安大学出版社2007年版,第1075页。

③ 王佩芬:《死缓制度论析》,2006年上海社会科学院硕士研究生毕业论文,第20页。

④ 马克昌:《论死刑缓期执行》,载赵秉志主编:《死刑制度之现实考察与完善建言》,中国人民公安大学出版社2006年版,第191页。

⑤ 田立文、司建军:《试论我国死刑的裁量情节与标准》,载李洁等主编:《和谐社会的刑事法现实问题》(中卷),中国人民公安大学出版社2007年版,第1005—1007页。

① 必须是农村中,因婚姻家庭、邻里纠纷等民间矛盾激化引发的故意杀人犯罪;② 必须是被害人一方有明显过错或对矛盾激化负有直接责任,或者被告人有法定从轻处罚情节的,才是“一般不应判处死刑立即执行”。[①] 另外,最高人民法院院长肖扬曾指出:“对于因婚姻家庭、邻里纠纷等民间矛盾激化引发的案件,因被害方的过错行为引起的案件,案发后真诚悔罪并积极赔偿被害人损失的案件,应慎用死刑立即执行。”[②]除此之外,鲜见有对此问题的官方表述。

学界和司法实务界对故意杀人死刑案件一般“不是必须立即执行”的情形有颇多建言和经验:① 罪该处死,但是具有法定从轻、减轻处罚情节的。主要是指犯罪分子具有自首、立功、犯罪中止等情节,以及在共同犯罪中不起最重要作用或者是从犯、胁从犯等。② 罪该处死,但有明显酌定从轻处罚情节的。主要是指上述《纪要》的规定和肖扬院长的讲话中指出的情形。[③] ③ 罪该处死,但需要体现特殊刑事政策的。如老年犯[④]、哺乳期的母亲[⑤]、犯罪分子刑事责任能力欠缺以及外国人犯罪等情形。④ 罪该处死,但缺少直接证据,应当留有余地的。此外,被害人仅为一人的共同故意杀人案件中,也不宜判处多名被告人死刑立即执行。

对属于“必须立即执行”的故意杀人案件类型,主要是从犯罪动机、手段等情节方面考虑的。例如有学者认为,对于具有下列情形之一的罪行极其严重的犯罪人,可以判处死刑立即执行:① 雇凶杀人的;② 出于恶意报复、奸情、图财等卑劣动机而预谋杀人的;③ 因实施其他犯罪、违法行为杀人的;④ 杀人灭口、毁尸灭迹,或者为逃跑、拘捕而杀人的;⑤ 以特别残忍的手段杀人的;⑥ 明知是未成年人、孕妇而将其杀害的等。[⑥]

(三)立法建议

因为立法规定的不明确,刑法学界在探讨死缓适用条件时基本上持经验立场,由此导致了司法适用中的模糊和混乱。因此应当对“不是必须立即执行”这一死刑适用的限制性条件进行立法完善。

---

① 最高人民法院关于印发《全国法院维护农村稳定刑事审判工作座谈会纪要》的通知(法[1999]217号),载《刑事审判参考》1999年合订本,第283页。

② 参见肖扬:《严格控制死刑,慎用死刑》,载《新华每日电讯》2006年11月9日,第7版。

③ 但很多论者对这些情形都作了扩大解释,例如有学者总结:案件起因系家庭矛盾、民间纠纷引发的;被害人有过错或对案件矛盾激化负有一定责任的,可以不适用死刑。参见金福:《刑事政策视野下故意杀人既遂案件的死刑适用》,载李洁等主编:《和谐社会的刑事法现实问题》(中卷),中国人民公安大学出版社2007年版,第1075页。

④ 例如高铭暄教授认为,老年人辨认和控制其行为的能力有所下降,对社会的危害相对较小,并且老年人犯罪数量较小,也往往事出有因,社会易于宽宥,因此可对70周岁以上老人不适用死刑。参见高铭暄:《中国死刑的立法控制》,载赵秉志主编:《刑法评论》(第8卷),法律出版社2005年版,第5页。

⑤ 例如联合国经社理事会《关于保护死刑犯权利的保障措施》第3条规定,对新生婴儿的母亲不得执行死刑。

⑥ 田立文、司建军:《试论我国死刑的裁量情节与标准》,载李洁等主编:《和谐社会的刑事法现实问题》(中卷),中国人民公安大学出版社2007年版,第1005—1006页。

(1) 立法上应当尽快明确“必须立即执行”的情形。在立法指导思想上,对“不是必须立即执行”应从两个方面来理解:① 如果不立即执行死刑,则无法控制该重大犯罪人对社会造成新的危害;② 如果不立即执行死刑,则可能引起社会动荡。二者至少居其一,才属于“必须立即执行”的情形,方可适用死刑立即执行。① 在立法技术上,应当采用列举式规定:一方面列举式规定本身明确、具体;另一方面还能在一定程度上限制死刑立即执行情形的数量,因为法律的列举式规定,不可能穷尽现实生活中的方方面面。

(2) 立法还应当明确“不是必须立即执行”的情形。在立法指导思想上同样要从上述两个方面来理解,如果两个方面都不具备,虽然“罪行极其严重”,也应属于“不是必须立即执行”的情形,就应当适用死缓。在立法技术上也要采用列举式规定,这些情形的列举又能进一步缩小“必须立即执行”的数量,因为只要属于“不是必须立即执行”情形的,就可以排斥“立即执行”的适用,其效力优先于“必须立即执行”,具有不可逆转性。

(3) 将《刑法》第48条“……对于应当判处死刑的犯罪分子,如果不是必须立即执行的,可以判处死刑同时宣告缓期二年执行……”中的“可以”一词修改为“应当”,既可以减少司法擅断,又使得法律条款严谨、准确。

如果在立法滞后的情况下,司法解释可以先行。最高司法机关应当进一步加强司法解释工作,尽可能为“必须立即执行”和“不是必须立即执行”明确具体的标准;同时加强适用死刑立即执行、死缓案件的编撰工作,这对于刑事审判工作也具有重要的指导作用。

六、被害人过错对故意杀人死刑案件裁量的影响问题

(一) 被害人过错概述

故意杀人案件中被害人的过错,是指被害人实施的,诱发犯罪人的杀人意识、激化犯罪人杀人行为程度的过失、违背道德或者其他社会规范、违法甚至犯罪等“恶”②行为。被害人过错的故意杀人死刑案件,通俗地讲,就是由于被害人自己的各种“恶行”,招致“杀身之祸”,从而使得加害人被判处死刑的案件。

故意杀人案件是典型的有被害人的犯罪,加害与被害是矛盾的两个方面,加害人和被害人在案件中往往具有互动关系。正如德国学者冯·亨蒂所言,“在某种意义上说,被害人决定并塑造了犯罪。尽管最终的结果可能是单方面的,但是,被害人与犯罪人之间具有深刻的互相作用,直至该戏剧性事件的最后一刻,而被害人可能在该事件

---

① 马克昌主编:《刑罚通论》,武汉大学出版社1999年版,第122页。

② 为行文方便,此处的“恶行”泛指上文述及的犯罪、违法、违背道德或者其他社会规范以及过失等行为。另外,该“恶”行为必须达到一定的严重程度,有量的积累,才具有刑法意义。

中起到决定性的作用。”[①]既然是互动，被害人有过错的情况下，就不能由犯罪人承担全部、足额的罪责。

1. 被害人过错作为从宽处罚情节的依据

（1）这是刑法公平价值观的要求。该类案件中，是因为被害人随意的、不理智的，甚至是挑衅的“恶行”招致“灭顶之灾”的危险，或者使得危险增大，被害人对危害结果的发生是有责任的，基于罪责自负的刑法原则，此时虽不必让被害人承担责任[②]，但对犯罪人从宽处罚，是完全符合公平价值观的。我国民法中有“受害人对于损害的发生也有过错的，可以减轻侵害人的民事责任”[③]的规定，这一公平的价值观，完全可以渗透到刑法思想中来。

（2）这是刑罚公正量刑观的要求。英国学者马丁·瓦希克认为：“被害人在罪行发生之前的行为，不论其是否应受谴责，只要该行为推动了犯罪人的暴力反应，那么犯罪人的应受谴责性就会得到适当的降低（幅度有时大、有时小）。尽管存在着对挑衅应该保持正常自我克制的强烈期待，但是一旦人们面对这类行为而失去自我控制时，在不同程度上，这又是可以理解的。”[④]我国《刑法》第 5 条规定：“刑罚的轻重，应当与犯罪分子所犯罪行和承担的刑事责任相适应。”罪责刑相适应的原则要求量刑要做到综合平衡，既要与行为的社会危害性相适应，又要与行为人的主观恶性相适应。在具体案件中，被害人过错的性质和程度，为我们考察该“两性”提供了重要的依据，并且被害人过错的性质和程度与该“两性”成反比关系：性质和程度越严重，该“两性”就越小。因此被害人的过错，理应作为对犯罪人从宽处罚的情节。

社会危害性是犯罪的本质特征，也是行为人承担刑事责任和国家对其科以刑罚的依据。犯罪的社会危害性可以从行为的客观危害性和行为人的主观恶性两个方面来考量。如果被害人的“恶行”诱发犯罪人起意杀人，基于公平价值观的要求，则该犯罪行为的客观社会危害性就降低，因为其他无“恶行”的公民不会受到类似犯罪人的无端攻击；如果被害人的“不当”行为激化犯罪人杀人行为的程度，矛盾激化就成为对犯罪心理动因的描述，基于公正量刑观的要求，则犯罪人的主观恶性就应当被弱化，因为人都是有情感的、具体的，“理性犯罪人”只是抽象的。

2. 国外的立法例

在被害人有过错的情况下，可以减轻犯罪人的刑罚，这在世界各国已屡见不鲜。

---

① 参见郭建安：《犯罪被害人学》，北京大学出版社 1997 年版，第 153—154 页。

② 有的学者甚至主张此种情况下被害人也应当承担责任。例如，德国学者霍勒认为，“一些犯罪行为发生之前，犯罪人与被害人的相互作用排除了将不法行为完全归咎于犯罪人。在那些案件中，犯罪行为部分应归责于被害人。”参见陈旭文：《西方国家被害人过错的刑法意义》，载《江南大学学报》2004 年第 1 期。

③ 《中华人民共和国民法通则》第 131 条。

④ 参见陈旭文：《西方国家被害人过错的刑法意义》，载《江南大学学报》2004 年第 1 期。

有成文立法例的,例如《瑞士联邦刑法典》第 64 条规定:"在出于值得尊敬的动机、行为人因被害人行为的诱惑、非法刺激或侮辱造成行为人愤怒和痛苦这三种情况下,法官可以对行为人从轻处罚";《巴西刑法》第 121 条规定:"犯罪人由于重大的社会利益和道德声誉的促使,或者由于受害人非正义行为而引起的极度激动的支配下而实施的犯罪,法官可以减轻刑罚 1/6 至 1/3";《俄罗斯联邦刑法典》第 61 条减轻刑罚的情节第 1 款第 8 项规定,"由于受害人的不法行为或不道德行为引发犯罪的"情形,作为法定减轻处罚情节。①

在普通法系国家,例如英国,刑法判例认为,如果存在被害人"激怒"的情况,可以减轻犯罪人的刑事责任;美国刑法也在就殴妻中妻之的防卫权问题进行讨论时,阐明了被害人过错可以减轻犯罪人刑事责任的司法惯例。②

有的国家的刑法典中虽然没有将被害人过错责任明确为总则性的法定量刑情节,但在分则对具体犯罪的处罚中,体现了与没有该情节的同类犯罪有所区别的规定。例如,1976 年《德国刑法典》第 213 条规定,"故杀者本人并无过错,而因被害人对其个人或亲属所加虐待或重大侮辱引起愤怒,致当场杀人行为……处 1 年以上 10 年以下自由刑。"而故意杀人罪在德国一般的处罚是不低于 5 年自由刑(自由刑为 1 个月以上 15 年以下),在特别严重的情形中,处以终身自由刑。③ 这里显然是考虑了被害人的严重过错,才对犯罪人给予从宽处罚(起刑点和最高刑平均下降近 5 年)。

3. 被害人过错责任成立的条件

被害人的过错能够导致犯罪人刑事责任减轻,其理论基础就是犯罪人的应受谴责性因被害人的过错而降低。正如英国学者马丁·瓦希克所言,"被害人的作用只是在与其对被害人遭受的损害或者犯罪人应受谴责性的大小的影响。"他认为,该理论是依据犯罪的严重性而由犯罪的客观危害性与应受谴责性决定的理论推导出来的,这也是对犯罪构成要件符合性(desert theory)研究的深化。④因此,并不是所有的被害人过错都会导致犯罪人刑事责任的减轻,只有影响到犯罪的应受谴责性的被害人过错才具有刑法上的意义。具有刑法意义的被害人过错,应当具备以下条件:

(1) 主体的特定性。过错行为必须是被害人本人实施的,其亲友等他人不能替代。这种过错,无论是诱引性的事实,还是侵害性的事实,或者是事后导致了继发性的不良后果,都必须是被害人自身的具体行为。

(2) 行为的过错性。这种行为或者是对社会公正秩序的违背,或者是对有关法

① 卢建平、王丽华:《被害人过错与死刑适用之探讨——以故意杀人罪为例》,载李洁等主编:《和谐社会的刑事法现实问题》(中卷),中国人民公安大学出版社 2007 年版,第 1035 页。

② 同上注。

③ 史卫忠:《论被害人过错对故意杀人罪量刑的影响》,载《法学论坛》1995 年第 2 期。

④ 陈旭文:《西方国家被害人过错的刑法意义》,载《江南大学学报》2004 年第 1 期。

律、法规以及其他社会规范的违背，也可以是对公序良俗道德的违反，即上文述及的“恶行”。这是被害人过错的客观特征。

(3) 与犯罪结果的关联性。过错或者具有案件发生的诱导性，或者对最终犯罪结果的产生具有激化作用。过错的存在，与犯罪人犯罪行为的产生虽没有必然性的联系，但必须具有关联性，这种关联性使得审判机关对犯罪人科以刑罚具有必然性。

(4) 过错的严重性。被害人过错，不是指被害人的任何不良行为，其过错性，必须要达到一定程度，有量的积累，才具有刑罚适用上的意义。《纪要》中使用了“明显过错”一词，意在说明被害人过错性质应有程度的要求。当然这种定量的分析，在立法层面上予以确定有一定的难度，需要在司法实践中综合案件来具体加以分析。

(二) 被害人过错的分类和对量刑的影响

德国法学家孔德·凯塞尔曾指出：“……受害者的作用及其应受惩罚的行为中的地位往往由于本身的特点而有明显的不同之处。”①被害人的过错行为，一方面会影响到犯罪人主观故意中的动机和目的因素；另一方面也会影响到犯罪的客观社会危害性程度，因而有必要从不同角度对被害人过错进行不同的分类，以确定不同过错对故意杀人死刑案件裁量的不同影响。可以说，对被害人过错类型的划分，就是为犯罪人刑罚的裁量服务的。按照被害人过错在故意杀人死刑案件中的性质或程度，可将其分为：罪错、重大过错和轻微过错。

(1) 罪错。罪错是指被害人自身具有犯罪的故意和行为，其被杀是由于自己主动进行的这个犯罪行为所导致，被害人的先行犯罪行为与其被杀的故意杀人犯罪具有直接的因果联系。防卫过当杀人案件中被害人的被杀就是因为被害人有罪错。防卫过当杀人，作为法定应当型从宽情节，是当今世界各国的通例。我国现行《刑法》第 20 条第 2 款对此也给予了确认。条文表述使用了“不法侵害人”这一称谓，显然指的就是有过错的被害人，此处的过错往往还不是一般的过错，常常是罪错。罪错，又可以分为以下三种情形：

① 加害人的行为符合正当防卫条件的，包括特殊防卫。此时由于加害行为不具有社会危害性而不被认为是犯罪，也就谈不上刑罚的问题了。

② 犯罪人防卫过当的。对防卫过当杀人案件中犯罪人的处刑，我国《刑法》的规定是“应当减轻或者免除处罚”。“应当减轻”，是刚性规定，显然就不能对犯罪人适用死刑(包括死缓)了；“应当免除”的，就没有刑事处罚问题了。

③ 犯罪人“事后防卫”的。也有学者称为“复仇型犯罪”，指的是被害人先前对犯罪人或者其亲友实施过故意犯罪，犯罪人实施复仇行为而杀人的，即犯罪人由先前的受害人变成了加害人。该种情形下，一般应给予犯罪人以较大幅度的从轻处罚，其中

---

① 参见史卫忠：《论被害人过错对故意杀人罪量刑的影响》，载《法学论坛》1995 年第 2 期。

对于后果较轻的,甚至可以考虑适用《刑法》第13条和第63条第2款的规定,或者判定其为情节显著轻微不构成犯罪;或者根据案件的特殊情况,经由最高人民法院核准,在法定刑以下判处刑罚。

(2) 重大过错。重大过错从客观方面来说,是指被害人的行为严重违背社会公德和有关法律,足以引起犯罪人犯意甚至当场杀人的情况。从主观方面来说,是指被害人积极制造冲突,或者放任冲突的发生,使被害人的行为与犯罪人的行为之间具有直接因果联系的情况。重大过错,又可以分为以下两种情形①:

① 被害人的重大过错引发犯罪行为的。即被害人对案件的起因或矛盾激化有重大过错,例如,老板恶意拖欠民工工资、犯罪人因持续性受迫害、欺辱而实施“自力救济”等行为而造成命案的情形。该种情形下,犯罪人的主观恶性和人身危险性都已经弱化,因而可以归入“不是必须立即执行”的行列,从而不判处死刑立即执行;或者可以认为罪行不是“极其严重”,从而直接不适用死刑。

② 被害人的重大过错造成了重大损害结果的。犯罪人的行为本来不足以造成严重的损害后果,但由于被害人的过错而导致最后致命结果的发生。这种类型的案件根据因果关系理论,可以在客观方面的犯罪构成要件要素上评价为结果未遂(因为犯罪人的行为与因被害人自己的过错而造成的严重后果没有直接的因果联系),从而根据主客观相统一的原则,对犯罪人应当给予从轻或者减轻处罚。这从理论上也符合我国《刑法》采取的未遂得减主义原则。

(3) 轻微过错。轻微过错是指被害人虽有一定的过错,但从社会一般人的标准看,尚不足以导致杀人行为的发生,仅属于一般的过失或客观上可以原谅的行为,被害人行为和犯罪人行为之间只具有间接因果联系。例如,被害人的过失行为,因民间、邻里、婚姻等行为引发的命案等。

① 被害人有轻微过错,一般意味着犯罪人主观恶性和人身危险性相对降低,所以应酌情从宽处罚,一般不予判处死刑立即执行。如上文述及的《纪要》和肖扬院长的讲话,即体现了慎用死刑立即执行的精神。另外,2007年9月,最高人民法院下发了《关于进一步加强刑事审判工作的决定》(以下简称《决定》)。《决定》要求贯彻执行“保留死刑,严格控制死刑”的刑事政策,对于具有法定从轻、减轻情节的,依法从轻或者减轻处罚,一般不判处死刑立即执行。对于因婚姻家庭、邻里纠纷等民间矛盾激化引发的案件,因被害方的过错行为引起的案件,案发后真诚悔罪,积极赔偿被害人经济损失的案件等具有酌定从轻情节的,应慎用死刑立即执行。注重发挥死缓制度既能够依法严惩犯罪又能够有效减少死刑执行的作用,凡是判处死刑可不立即执行的,一律判处死

① 参见胡云腾、刘晓虎:《“死刑不予立即执行”的适用案件类型标准》,载李洁等主编:《和谐社会的刑事法现实问题》(中卷),中国人民公安大学出版社2007年版,第1110—1111页。

刑缓期二年执行。

② 有些被害人的轻微过错,并不必然招致犯罪意识和意志力的减弱,如果犯罪人实施了极其残酷的杀人乃至碎尸或者杀死多人的行为,并不能从根本上降低其主观恶性和人身危险性,此时作为例外,保留死刑立即执行还是有必要的。另外,实际生活中被害人轻微过错的现象是频繁出现的①,如果一律不予判处死刑立即执行,也容易放纵犯罪。

③ 有些案件被害人有轻微过错,但同时犯罪人又有自首或立功表现的,一律不应判处死刑立即执行。如《决定》中要求的,"对于具有法定从轻、减轻情节的,依法从轻或者减轻处罚,一般不判处死刑立即执行",犯罪人的自首或立功情节,即属于法定从轻、减轻情节,再加上被害人过错这一从宽情节,又会在从轻、减轻的基础上向减免方向继续推进一步,根据宽严相济的基本刑事政策,此时应一律不判处死刑立即执行。

(三)被害人过错情节的法定化

1. 被害人过错情节法定化的依据

(1)是弥补司法实践中酌定情节适用缺陷的需要。被害人的过错,在我国刑法理论和司法实践中已经是从轻处罚的酌定情节了。本来酌定情节也是从轻情节,在对被告人量刑时也是应当考虑的,但在司法实践的具体操作中,尤其是对故意杀人死刑案件的适用中(特别是在"严打"时期)却往往不予考虑。酌定情节影响量刑,是法官自由裁量权应用的具体体现,受到法官的法律修养、法律意识等因素的影响。从我国的实际情况看,由于法官个体素质的差异,导致实践中对此类酌定情节的考虑和应用极不一致,容易产生量刑偏差。因此应该根据需要和可能,缩小酌定量刑情节范围,对"被害人过错"这样频繁出现、理论成熟又符合国家基本刑事政策但在实践中却常被"弃用"的酌定情节,应当适时地将其法定化。正如陈兴良教授所言:"一种圆满的、完善的法应当具有人情味,内含一种情理,没有情理的法是一种桎梏、一种奴役,所以,法应当具有人性基础。法不仅应有秋风扫落叶般的严酷,还要有春风煦日般的温暖。只有这样的法才是我们要追求的。"②

(2)是侦查实践的需要。我国《刑事诉讼法》第89条规定,侦查机关应当收集、调取犯罪嫌疑人有罪或者无罪、最轻或者罪重的证据材料。而在司法实践中,由于被害人过错在法律上没有明文规定,导致侦查机关,乃至检察和审判机关对被害人过错情节的重视程度不够,往往将工作重点放在对有罪证据的收集和运用上,忽视对犯罪嫌疑人有利证据的收集和运用。例如,"因琐事发生纠纷"、"因感情不和发生争吵"、"因

---

① 有调查显示,在故意杀人犯罪中,61%的案件可以看到被害人自身的责任。参见王佩芬:《死缓制度论析》,2006年上海社会科学院硕士研究生毕业论文,第7页。

② 陈兴良:《法治的最大特征应当是使人成其为人》,http://www.tz-lawyer.com/article/fazhi.htm,2010年12月23日。

怀疑两人有不正当关系而顿起犯意”等情节,办案人员对其往往只是作概括性的描述和认定,至于到底纠纷如何发生的,感情不和的原因和程度,怀疑是否有依据等细致情节,因为没有进一步的证实材料而无从知悉。这些问题有可能埋没或淡化被害人过错在案件发生、发展上的作用,最终影响到被害人过错这一酌定情节在量刑上的功能发挥。

2. 立法建言

参照俄罗斯和德国等国家刑法的做法,在我国现有的刑法体系内,在总则规定和分则个罪中,可以作出被害人有过错的故意杀人案件中对犯罪人从宽处罚的规定。

(1) 总则性规定。我国《刑法》第 61 条是量刑的总的指导原则,可以在该条内增加一款:“在有被害人的犯罪中,被害人有明显过错的,根据其过错程度,可以对犯罪分子从轻或减轻处罚。”至于过错的种类和具体情形,可以借鉴交通肇事罪中交警部门对事故责任认定的方式,将被害人过错责任与加害人责任相比较而划分为四个等级:① 被害人次要责任;② 被害人同等责任;③ 被害人主要责任;④ 被害人完全责任。其中负完全责任的被害人,指的是正当防卫等情形中的被害人,实质上就是加害人,正是由于其加害行为而导致了防卫案件的发生,其被害不能得到法律的救济而使得正当防卫人的行为不具有违法性,我国《刑法》第 20 条对此已经给予了确认。其他三种被害人责任情况下如何对犯罪人进行从宽处罚,可以交由立法解释或司法解释明确。

(2) 分则性规定。关于故意杀人罪,古今中外都有区分处理的先例。例如中国古代刑法中有“六杀”[①]之说,谋杀、故杀、殴杀和戏杀均为故意杀人。根据不同情节对故意杀人加以区分,以便规定轻重不等的法定刑。外国刑法中对故意杀人也往往区分为不同的类型,除普通杀人外,还包括杀婴、堕胎、激愤杀人、受托杀人、促成自杀、互殴致死等特殊情况的杀人,尤其是激愤杀人罪之设,体现了对故意杀人罪中由于被害人过错而对犯罪人从宽处罚的专门规定。[②] 我国 1957 年 6 月的《刑法草案》第 22 稿第 148 条第 2 款就曾有过此类规定:“为了国家和人民的利益,当场激于义愤杀人的,可以减轻或免除处罚。”当时没有写入刑法正文的此类规定,现在应该对其重新审视并予以确认。

我国《刑法》第 232 条对故意杀人罪只规定了一个类型的罪名,但在处刑上设置了两个幅度:故意杀人的,处死刑、无期徒刑或者 10 年以上有期徒刑;情节较轻的,处 3 年以上 10 年以下有期徒刑。这里的情节较轻,理应包括义愤杀人的情形。

因此,我们可以在《刑法》第 232 条内增加一款:“行为人本无过错,由于被害人的

---

① “明以人命至重,按唐律而增损之始,汇为人使一篇,大概以谋、故、殴、戏、误、过失杀统之。”参见吴坛:《大清律例通考》(卷二十六),第 1 页。

② 陈兴良:《被害人有过错的故意杀人罪的死刑裁量研究——从加害与被害的关系切入》,载《当代法学》2004 年第 2 期。

严重侮辱、挑衅、威逼、迫害等严重刺激行为或者基于重要的社会价值观和道德观的动机而义愤杀人的，应当从轻或减轻处罚”；或者直接将第 232 条修改为：“故意杀人的，处死刑、无期徒刑或者 10 年以上有期徒刑；有下列情形之一的，处 3 年以上 10 年以下有期徒刑：（一）被害人有重大过错的；（二）义愤杀人的；……”此种模式，可以为其他情形的从宽处罚情节预留空间。对“义愤杀人”的界定，可以交由立法解释或司法解释明确。

七、民意对故意杀人死刑案件裁量的影响问题

（一）民意应否成为故意杀人死刑案件的考量因素

民意，“是指人民共同的意见和愿望。”①从人民大众情感爱憎正反两个方面，民意可以分为民愤和民怜两种情形：民愤“是指人民大众对反动统治者或有罪恶的人的愤恨”②，在死刑案件中表现就是“主杀”；民怜，与民愤相对应，淡化其阶级色彩，可以定义为人民大众对有罪恶的人的怜悯，在死刑案件中的表现就是“主赦”。

关于民意可否成为酌定量刑情节，尤其是其对于死刑案件的影响问题，是刑法学界争议的焦点之一，可谓见仁见智。否定论者的观点和著述颇多，有的言之凿凿、论证充分、无可辩驳：民意是非理性的，而法律是理性的；民意是不确定的，容易被误导，为人所用；考量民意有违罪刑相当原则，影响个案间的量刑平衡等。③ 有的声情并茂、感人肺腑：“‘不杀不足以平民愤’带着正义的血腥气息跳荡于小贩农妇的街谈巷论，出没于死刑判决的字里行间……但它却能借助华夏法律传统之遗风泽雨，深植于法官的审判理念并左右着法官的定罪量刑，成了郁结于法官灵魂深处欲罢不能、挥之难去的审判情结。”④甚至笔者也可以列举古今中外的案例来支持否定论者，例如两千多年前古希腊哲学家苏格拉底“公众的审判”⑤，中国 1998 年公安民警张金柱的“媒体杀人”⑥等。相比而言，支持论者的论证就低调了一些，“民愤的大小，体现着犯罪对人们既存的价值观念的破坏程度，是人们心理上原有的价值平衡因受犯罪的冲击而失衡的严重

---

① 参见中国社会科学院语言研究所词典编辑室编：《现代汉语词典》，商务印书馆 1995 年版，第 790 页。

② 同上注。

③ 周永坤：《定罪量刑不宜考量民愤——从情绪的司法走向理性的司法》，载审判研究编辑委员会编：《审判研究》，法律出版社 2004 年第 6 辑。

④ 参见高压锅：《审判别理会“民愤”》，载《法律与生活》2001 年第 11 期。

⑤ 苏格拉底因为“不信仰城邦的神，只信仰自己的神”和“腐蚀或者败坏青年”两个理由，被三个希腊城邦的公民起诉，而审判他的是由 501 人（其中有鞋匠、裁缝、不识字的游民和一些莫名其妙而激愤的人）组成的陪审法院。法庭审理的第一阶段（定罪阶段），280 票对 220 票，裁定罪名成立。第二次投票（量刑阶段），360 票对 140 票，决定对苏格拉底处以死刑。See Plato：*Symposium and The Death of Socrates*，Wordsworth Editions Ltd，1997.

⑥ 当审判长宣布死刑判决时，张金柱当庭喟叹：“我是死在新闻记者手里的。”参见许涯文：《责任心 正义感 大局观——从张金柱事件看舆论监督功能的正常发挥》，载《中国记者》1998 年第 6 期。

程度的外化。同时,民愤的大小又反映了人们对犯罪的否定评价的严厉性程度,内含着人们要求惩罚犯罪以求恢复价值的心理平衡的愿望的强度。"①

但法律是为国家政治服务的。马克思主义的传统法学理论认为,法是"……反映统治阶级意志的,依靠国家强制力保证实施的……是阶级统治实现阶级统治和社会管理的工具","法与政治的关系主要是政治指导法……任何国家的法律都不能脱离政治,都是政治的表现形式……"②法律是为政治服务的,刑法在这方面的作用尤为明显,"刑法是统治阶级根据自己的意志和利益制定的,是统治阶级对被统治阶级实行专政的工具……我国《刑法》是人民民主专政的工具。"③从法律与阶级统治(以国家的形式实施)的关系来看,只要阶级社会存在,法律为国家政治服务的性质就不会变。

在我国长期的刑事司法实践中,民愤作为影响死刑案件审判的一个重要因素由来已久。例如1951年5月,毛泽东在对镇压反革命运动的指示中指出:"对于有血债或者其他最严重的罪行非杀不足以平民愤者和最严重的损害国家利益者,必须坚决地判处死刑,并立即执行。对于没有血债、民愤不大和虽然严重地损害国家利益但尚未达到最严重的程度而又罪该处死者,应当采取判处死刑,缓期二年执行,强迫劳动,以观后效的政策。""凡应杀分子,只杀有血债者,有引起群众愤恨的其他重大罪行……其余一律……"④再如最高人民法院、最高人民检察院《关于办理流氓案件中具体应用法律的若干问题的解答》(1984年11月2日)就规定:"进行流氓犯罪活动危害特别严重的,一般是指……民愤很大的;……引起群众强烈义愤……"最高人民法院1999年以来开展的"争创人民满意的好法院,争当人民满意的好法官"活动,以人民的满意度来评价法院和法官的工作,更使得民意对法院裁判的影响在所难免。民愤天然是一种报应,"报应作为刑罚的目的,是罪责刑相适应原则的题中应有之义,是刑罚公正的要求。"⑤"民众的愤恨就是惩罚犯罪行为的道德目的,道德目的是与刑罚的报应性质相联系的。人们对犯罪的愤恨影响引导着社会对犯罪所作的反应,这种愤恨对社会的正义是不可缺少的,长期以来,社会始终在尽力维护这种健康的愤恨情感。"⑥民愤或民怜,能够在一定程度上表明犯罪行为的社会危害性程度,这本身就是社会危害性程度的表现,因为人民是社会的主体,人民的爱憎反应本身就是社会安宁和谐与否的晴雨表。

"水可载舟,亦可覆舟。"因此,无论何种历史类型、何种政体形式的国家,"作为合法的暴力机关",为维护其阶级统治,在适用法律时就不可能不考虑民意。民愤可以作

---

① 参见陈兴良:《刑法适用总论》(下卷),法律出版社1998年版,第335页。

② 参见吕鹤云主编:《法学概论》,高等教育出版社2001年版,第6、13页。

③ 参见高铭暄、马克昌主编,赵秉志执行主编:《刑法学》(第三版),北京大学出版社、高等教育出版社2007年版,第9页。

④ 参见《毛泽东选集》(第5卷),人民出版社1977年版,第40、43页。

⑤ 参见赵秉志:《刑罚总论问题探讨》,法律出版社2002年版,第21页。

⑥ 参见〔法〕卡斯东·斯特法尼:《法国刑法总论精义》,中国人民大学出版社1998年版,第39页。

为酌定量刑情节，是司法实务中的普遍做法，民意不可避免地影响刑罚裁量，这是一个不争的事实。正如卢建平教授指出的，“司法对民意应该有正确的态度。任何司法活动都不是在真空中进行的，在任何体制下……要想杜绝民意对司法活动的影响是不可能的。问题是如何正确地认识民意、对待民意。”①高尔基在《时钟》一文中曾富有哲理地说：“凡属不可避免的就是理所当然的。”既然民意不可避免地要影响刑罚裁量，那我们就没有必要孤芳自赏地讨论是否应该的问题，理论与实践相结合才会更具有生命力，我们要做的工作就是研究如何最大限度地避免民意对刑罚裁量，特别是对死刑案件的“不当”影响。

民意是可以引导的，民意应该得到引导。民意以追求老百姓看不见的法的实质正义为根本诉求，却往往无暇顾及国家看得见的法的程序正义的价值，若任由恣意，难免泛滥成灾，破坏社会法治。邓小平同志曾深刻地指出：“制度好可以使坏人无法任意横行，制度不好可以使好人无法充分做好事，甚至会走向反面。”②因此，对于民意而言，应当从制度上进行规制、引导，扬长避短，使其在死刑裁量的过程中实现良性运转。具体而言，应做好以下两个方面的制度建设：(1) 避免民愤对死刑案件的不当影响。(2) 重视民怜对死刑案件的合理影响。

（二）避免“民愤”对死刑案件的不当影响

民愤作为被犯罪所引发的一种社会情绪，是对犯罪的群体性否定和谴责，往往具有以下特点：(1) 不同于法律的客观性，民愤是个体对社会外界矛盾刺激的反应，具有主观性；(2) 不同于法律的理性，民愤是情绪化的表现，在大多数情况下是感性的；(3) 不同于法律的整体意志性，民愤由于价值观、个体对相关案件信息接收和理解分析的差异，往往具有明显的异质性；(4) 不同于法律的确定性，民愤容易被误导，并且难以作量化处理，所以具有不确定性。

尽管民愤具有上述缺陷，但在必须考虑民愤对死刑裁量影响的前提下，要贯彻“以事实为依据，以法律为准绳”的司法原则，必须注意做好以下措施、制度的建立和完善工作。

1. 合理运用刑事政策

“死刑问题，主要是一个刑事政策问题。”③刑事政策就是刑事政治，例如死刑存废的问题，当今时代，死刑存废的政策和制度设计并非是单纯的民意问题，而更多的是由社会多方面利益的现实需要及其与死刑制度特定效果间的动态关系所决定的。就如法国著名刑法学家马克·安塞尔所言，“刑事政策是由社会，实际上就是由立法者和法

① 参见卢建平：《死刑适用与民意》，载赵秉志主编：《死刑制度之现实考察与完善建言》，中国人民公安大学出版社2006年版，第149页。

② 参见《邓小平文选》(第2卷)，人民出版社1994年版，第333页。

③ 参见张军等：《刑法纵横谈》，法律出版社2003年版，第339页。

官在认定所要惩罚的犯罪,保护‘高尚公民’时所作的选择。”①死刑的废除是一种政治选择而非简单的法律变革。并不一定需要等到多数国民赞同才能实现,比如在俄罗斯,80%以上的公民反对废除死刑,但政府在加入欧盟寻求经济发展的更大利益权衡中作出选择——对死刑冻结使用。“少杀、慎杀”是我国一贯的死刑政策。所以我们应该树立“少杀、慎杀”的观念,贯彻“少杀、慎杀”的政策,要重视民愤但不能迁就、屈服于民愤,该喊停时就要果断地“刀下留人”。拨乱反正时对“四人帮”的清算就是刑事政策“霸道”地运用。1980 年审判“四人帮”时,全国人民几乎皆曰可杀,神州大地一片骂声,但国家领导层坚持不杀,四人也得以苟延残喘。

2. 充分利用好人民陪审员制度

意大利著名刑法学家贝卡里亚曾经提出:“每个人都应由同他地位同等的人来审判,这是最有益的法律。因为在那些关系公民自由和幸福的地方,不应该煽动不平等的那些感情作怪……这时候,发言的便只是法律和真相。”②“人民陪审员来自立法、行政、司法以及执业律师等法律人之外,品行良好,公道正派”③,可以说是真正地来自人民。其本人的理性程度和民意的代表性理应高于案发当地和其他群情义愤的民众。“陪审员人选由其所在单位或者户籍所在地的基层组织向基层人民法院推荐,或者本人提出申请,由基层人民法院会同同级人民政府司法行政机关进行审查,并由基层人民法院院长提出人民陪审员人选,提请同级人民代表大会常务委员会任命”④,其当选过程本身就很具有公信力。陪审员没有专门法律知识,但具有较丰富的生活经验(要年满 23 周岁),他们对案件的认识、判断和评价更多是从“普通人”的视角作出的,应该说是社会主流价值观的体现。人民陪审员正确履行职责,参与死刑案件审判,作出的判决会更具公信力,在一定程度上对民愤能起到“避雷针”的作用。

人民陪审员制度的优点是显而易见的:(1) 人民陪审员来自法院及其他国家机关之外,不唯上。(2) 他们也适用有关回避的规定,不唯私。(3) 他们来自社会的各行各业,没有阶层偏见。(4) 有人民陪审员参与审判的判决结果也更容易取信于双方诉讼当事人。因此,进一步完善人民陪审员制度,克服陪而不审,陪审员本职工作与陪审工作的矛盾等现实弊端,在死刑案件审判中充分利用好人民陪审员制度,必能很大程度上减少民愤的不当影响。

3. 充分利用程序法的规定

我国《刑事诉讼法》中有关于指定管辖的规定。《中华人民共和国刑事诉讼法》第

---

① 参见〔法〕马克·安塞尔:《新刑法理论》,卢建平译,香港天地图书有限公司 1988 年版,第 12 页。

② 参见〔意〕贝卡里亚:《论犯罪与刑罚》,黄风译,中国人民公安大学出版社 2002 年版,第 309 页。

③ 参见全国人大常委会《关于完善人民陪审员制度的决定》(2004 年 8 月 28 日第十届全国人民代表大会常务委员会第十一次会议通过)。

④ 同上注。

26 条规定:“上级人民法院……也可以指定下级人民法院将案件移送其他人民法院审判”,最高人民法院《关于执行〈中华人民共和国刑事诉讼法〉若干问题的解释》第22 条进一步明确,“上级人民法院在必要的时候,可以将下级人民法院管辖的案件指定其他下级人民法院管辖。”关于“必要的时候”的理解,可以借鉴《人民检察院刑事诉讼规则》第 16 条的规定,“……对管辖权有争议的或者情况特殊的案件,由共同的上级人民检察院指定管辖。”民愤极大的案件,完全可以理解为“情况特殊”:面对被点燃的民愤,法院所在地的飞短流长已经使得公正审判不可能,法院如果难以找到一个满意的方法确保司法公正时,正是法院适用指定管辖“必要的时候”。但我国司法实践的做法正好相反,越是民愤大的案件,越是在当地审判,等于把自己放到了风口浪尖上:本意是为了平息民愤,却又背上了“司法不公”的负累。从法律的规定来看,是否指定而改变管辖,完全是上级法院的权利,由其根据“必要”而自由裁断;但从有利于被告人的原则出发,如果案件民愤极大,被告人也应当有权要求改变管辖,不能任由上级法院“垄断发言权”。因此,指定管辖程序的启动,应该包括依职权和依申请两种方式,但是《刑事诉讼法》只规定了依职权一种方式,这也是《刑事诉讼法》应当修改、补充的。通过指定而改变管辖,可以减少民愤以及案发地政府基于社会稳定而向法院施加的压力,更大程度地维护司法公正。

4. 规范新闻传媒的行为

互联网时代的到来,使得现代传媒无孔不入,其对社会舆论甚至现实社会生活的影响举足轻重,记者被称为“无冕之王”。媒体对公众舆论的影响,尤其是对重大案件司法审判的影响,是世界各国要面对的问题。在传媒时代如何保持司法的独立品质?国际刑法协会第 15 届代表大会《关于刑事诉讼中的人权问题的决议》(1994 年 9 月 10 日)第 15 条规定:“公众传媒对法庭审判的报道,必须避免产生预先定罪或者形成情感性审判的效果。如果预期可能出现这种影响,可以限制或者禁止无线电台和电视台播送审判情况。”

传媒对故意杀人死刑案件的影响主要通过两个途径:(1) 激起民愤,间接影响审判;(2) 直接向司法机关提出案件处理要求。①传媒尤其是网络表达的民意的真实强度是受到置疑的:平面媒体的信息传播可能失真,往往带有记者个人的主观性、片面性,甚至有的个别记者会为了寻求轰动效应而有意歪曲案件事实;而互联网的虚拟性、网民的匿名性以及结构性问题,使其与在现实环境中相比有可能“失真”。为避免传媒误导民众,制造出并不符合民众真实正义观的虚假民愤,一方面应该通过新闻媒体行业自律进行自我约束;另一方面可以通过行政立法规制媒体监督,对于超越法律界限报道、评论的,行政主管部门给予媒体单位和记者以资格处罚;对于情节严重的,可以给

---

① 邓斌:《民愤、传媒与刑事司法》,载《云南大学学报》(法学版)2002 年第 1 期。

予刑事制裁。例如,在英国就有专门的《蔑视法庭法》,关于案件的报道"将对正在争议的诉讼过程的公正产生严重妨碍或者损害,形成实质性危险"的,媒体单位就可能被判蔑视法庭罪。①

5. 建立和完善刑事被害人国家补偿制度

《决定》中还提出,要积极开展刑事被害人国家救助,对因犯罪行为导致生活确有困难的被害人及其亲属提供适当的经济资助,努力使被害人的损失减少到最低限度,化解矛盾,促进和谐。"以命抵命"对被告人立即执行死刑,虽然能满足被害人亲属的复仇愿望,暂时平息其愤怒的情绪,但是痛定思痛,生活还得继续。倘若被告人能对被害人亲属予以赔偿,或者在被告人无能力赔偿时,由国家对被害人及其亲属予以适当的经济补偿,也能起到很好的抚慰作用,减少民愤对故意杀人死刑案件审判的不当影响。从某种程度上讲,刑事被害人国家补偿也是一种义务,是国家没有尽到防止犯罪发生而应承担的责任。因此我们应该积极促成该项制度的建设,亡羊补牢尚不为迟,国家应为社会多营造一些和谐。

另外,在研究民愤与死刑案件关系的时候,应该厘清一个问题,就是民愤与被害人亲属的压力关系问题。民愤,如上文所述,是人民大众对有罪恶的人的愤恨。因此其首要的条件是主体种类的多数性,即人群众多,应具有广泛性和不特定性,仅有被害人亲属这一类人群提出要求,即使人"数"众多也不是笔者讨论的"民"愤。其次,民愤的表达应当具有自愿性,是民众真实情感的表露,因被收买、威胁、利诱而通过游行示威、联名上书或者集体上访等方式公开向政府和司法机关施加压力的,也不是笔者讨论的民"愤"。可以说,被害人亲属的这种愤恨情绪,是传统文化上复仇动机的本能反应。尽管被害人亲属对于被告人没有个人之间的怨仇,但如果不表达这种仇恨,不将杀人者置于死地,其本人就会被指责为对死者没有尽到为之报仇的责任,死者就会"死不瞑目"。在死者是其父母的情况下更是如此,"杀父之仇,不共戴天",不让罪犯"一命偿一命",似乎就对不起死者的"在天之灵"。而"民愤则是一种集体意识对于个体意识的离异感或者异己感,民众情感的义愤,是基于某种正义感而发,其心理机制就在于通过个体之间的相互作用而形成社会暗示和情绪感染,原旨并不是图一己之私利。"②

在司法实践中,一些案件本不该判处死刑或可判可不判,但是由于被害人亲属到法庭闹、到政府闹,或通过新闻媒介渲染犯罪情节,迫使法院判死刑,有时候法院为了息事宁人、维护稳定之类的理由而将罪犯判处死刑,这就纯粹是政治问题了。但在司

① 李风林:《论民愤与死刑的司法控制》,载李洁等主编:《和谐社会的刑事法现实问题》(中卷),中国人民公安大学出版社 2007 年版,第 1098 页。

② 同上注,第 1092 页。

法实践中，由于被害方的态度而影响死刑裁判的案件，却非个别现象。① 对此我们应该在处理具体案件时做细致、扎实的工作，不可简单地迁就被害人亲属的要求而一判了之。因此不能把被害人亲属的压力和民愤混为一谈，要区别对待，这样才更有利于问题的解决。

（三）重视“民怜”对死刑案件的合理影响

在故意杀人死刑案件中，民意的表达既有“民愤主杀”，也有“民怜主赦”。例如，2002 年浙江科技功臣徐建平杀妻案②中，社会各界要求法院网开一面，徐建平一审被判处死刑立即执行后，有二百多人上书法院呼吁“枪下留人”③；还有笔者分析的刘加奎故意杀人案中几百人上书要求从轻处理被告人的情形。对“民怜主赦”，司法实践中应该给予充分的重视。

（1）有利于贯彻死刑政策。“少杀、慎杀”是我国基本的刑事政策。一方面我们要在立法层面上努力减少死刑的设置；另一方面要在司法实践中减少死刑案件适用的数量。凡是有合理理由少杀、不杀的，我们都应该“笑纳”。再者，刺激民众表达怜悯行为的动因，往往是被害人有过错，犯罪人有功绩以及人文关怀的因素（比如犯罪人为老、幼、笃、疾，其亲老单丁等），这些动因本身就有可能使犯罪人的受谴责性程度降低。

（2）有利于社会主义道德体系的建设。在倡导“依法治国”的同时，我们也应该重视“以德治国”。“仁爱孝悌”是中华民族优秀的道德美德，“仁”就是要有慈悲心，是儒家哲学思想的最高范畴，是一种共德和恒德。相对于民愤，民怜更具有理性成分，与愤怒的冲动相比，仁爱怜悯的表达更含蓄，“事因难能而更可贵”，所以民怜比民愤具有更高的价值，理应有更高的处遇。民怜的初衷是善良的，彰显的是个人心中的善恶观，“积善成德，而神明自得”（荀子语）。我国明清时期就有“死刑监候”的制度，其中“可矜”（老幼笃疾）、“留养承祀”（父祖无人奉养）都是免死的法定事由，尽管“死刑监候”具有浓厚的封建残余，但是其仁爱的精神还是值得我们借鉴的。因此，重视“民怜”情节，有利于弘扬传统美德，有利于社会主义道德体系的建设。

（3）学理界和实务界对此也是持肯定态度的。例如刑法教科书中认为，根据刑事审判经验，应当判处死刑但是犯罪人有令人怜悯之情形的，可以被视为“不是必须立即

① 胡云腾：《关于死刑在中国司法实践中的裁量》，载《中英量刑问题》，中国政法大学出版社 2001 年版，第 128—129 页。

② 徐建平原系浙江绍兴轻纺城科技中心有限公司总经理，他在中国纺织技术领域曾作出过很大贡献，案发前申报过十多项国家专利，研究开发的一些成果，填补了国内纺织业的空白，被媒体称为“杰出科学家”。2002 年 5 月 26 日，因工作及家庭琐事，徐建平将其妻杀害并肢解。参见冯卫国、章雨润：《故意杀人罪死缓适用探讨——以科技功臣杀妻案为例》，载李洁等主编：《和谐社会的刑事法现实问题》（中卷），中国人民公安大学出版社 2007 年版，第 1124 页。

③ 但徐建平最后还是被注射执行了死刑。参见徐东良：《“科学家杀妻案”终审裁定　杀妻者徐建平被处决》，http://www.jcrb.com/zyw/n101/ca181108.htm.2003-12-26，2007 年 11 月 11 日。

执行”的犯罪分子。[①] 犯罪人有令人怜悯情形都可以作为从宽情节,那集体的民怜行为就更应该被给予充分重视,因为民众不会无缘无故对犯罪人怜悯的。

重视民怜对故意杀人死刑案件的合理影响,一个可行的方法就是以适当的方式(如司法解释或者案例选编等),明确基于特定情形引发的民怜行为应当作为从宽情节。特定的情形,首先可以包括上文述及的属于“不是必须立即执行”的各种情节;除此之外,还可以借鉴《刑法》中应当减刑的重大立功表现中的情形,如平时“有发明创造或重大技术革新”等对社会作出过重大贡献的,并且平时一贯表现良好,犯罪动机不十分恶劣,因偶然原因实施杀人行为的等。但是在考量民怜行为时,应当注意查明的一个前提性问题是,上书请愿主赦的民众,其行为应当完全是自觉自愿的,没有被欺骗、利诱以及胁迫等意思表示不自由、不真实的情形。

在研究民怜与死刑案件的关系时,也有一个与被害人亲属的关系问题,但与对待民愤和被害人亲属压力的问题不同,对待民怜情节,应当充分尊重被害人亲属的宽宥态度。在一般情况下,若被害方主动、自愿、真诚地提出枪下留人的要求,即使被告人可以处死,法院也可以适用死缓,既符合限制死刑的精神,也体现了对被害方意愿的尊重。[②] 这样处理,也是有逻辑依据的:在自然状态下,被害人亲属直接行使处罚权来复仇;进入文明社会后,这种私人复仇权收归国家并由国家代为行使,按照国家代议制的理论,此时被害方是委托人,国家是代理人,只是由于立场和使命的不尽相同,国家这个代理人不得以委托人的意志为转移,但在委托人渐息复仇之火时,撤销相应部分的委托是可以理解和接受的。委托人对自己利益的处分,应当被给予充分的尊重,例如对生命权处分的自杀行为尽管不被提倡,但也不是犯罪;甚至在有些国家受托杀人(安乐死)[③]等也都不被认为是犯罪。西方国家的刑事和解制度,其理论依据也正是基于此。因此,故意杀人案件中的被害人亲属自愿承受失亲之痛,要求对被告人从宽处罚的,我们理应最大限度地予以认可。

八、对本案的综合评价

本案是具有多向情节的案件,既有被告人“手段特别残忍”等从重情节,又有被害人过错的酌定情节,还有“民怜”这个有争议的情节,使得本案更具复杂性和典型性。

(一)被害人过错是本案的突出情节

正是由于被害人的恶劣言行、不依不饶,才激起被告人的愤怒,当众以残忍的手段

---

① 高铭暄、马克昌主编,赵秉志执行主编:《刑法学》(第三版),北京大学出版社、高等教育出版社 2007 年版,第 260 页。

② 冯卫国、章雨润:《故意杀人死缓适用探讨——以科技功臣杀妻案为例》,载李洁等主编:《和谐社会的刑事法现实问题》(中卷),中国人民公安大学出版社 2007 年版,第 1128 页。

③ 世界上第一个将积极安乐死合法化的国家是荷兰,比利时则紧随其后。2002 年 9 月 23 日,荷兰取消了对有条件安乐死实施者的刑罚。参见中国新闻网,2002 年 9 月 24 日。

致被害人一死一重伤;也正是被害人的蛮横跋扈和有恃无恐("黑道、白道都不怕,不给我媳妇看好病绝不罢休")才激发了民众同情弱者的上书、出庭作证等"民怜"行为。被害人的过错,也是襄樊市中级人民法院和最高人民法院适用死缓的主要理由。

"杀人偿命,天经地义",被告人刘加奎作为一普通屠户,理应深谙其意,无怨无悔,但为什么他宁愿当场剖腹自尽(致肝破裂而未遂),同归于尽,却不愿"认罪服法"?并且其在一审判决后还积极上诉,表示对判决的不满。说明他还是心有不甘,"势服人,心不然;理服人,方无言。"[①]刘加奎在上诉理由中称:在矛盾发生后,被害一方多次殴打侮辱、敲诈勒索自己,并非判决中所认定的"一定过错",而是一种犯罪行为。在医院检查结果无异常的情况下,被害人马立未仍无理要求拿十万八万元为其妻(另一被害人徐翠萍)整容,这是自己行凶的直接原因。可见被害人过错程度的认定是本案判决令人信服的关键。这也对立法工作提出了要求,应尽快将被害人过错情节法定化并细化,使之具有可操作性。

(二)多向性情节并存是本案的重要特点

被告人行凶"手段特别残忍",是酌定从重情节。本案被告人当众(在医院)持随身携带的(有预谋)剔骨刀(致命凶器)追杀被害人,朝被害人的胸、腹、背部(要害部位)猛刺十余刀,的确"手段残忍,情节恶劣,后果特别严重,应依法严惩"。但本案同时有被害人过错的酌定从轻情节,应当按照从轻情节优势的原则,对被告人从宽处罚。因此襄樊市中级人民法院和最高人民法院适用死缓是正确的,湖北省高级人民法院适用死刑立即执行失之偏颇。

(三)关于民意

2007 年 6 月 8 日,肖扬大法官在与广东法院部分刑事法官座谈时强调,必须要把握宽严相济刑事政策的度,"宽"和"严"都是相对的,不能"宽"无边,也不能"严"无度。"宽"可以增加和谐因素,"严"可以消除不和谐因素。[②] 从构建和谐社会的高度领会、贯彻宽严相济的刑事政策,就要求我们充分考虑故意杀人死刑案件对被告方、受害方以及其他民众的心理影响,这自然就要考量案内案外相关人对案件不同的心理感受,以及外化的民意表达行为。

本案被告人之所以如此疯狂,是因为他认为被害人欺人太甚,自己积愤太深。被告人本也没有给自己留后路,旋即自杀(未遂)。"历史上任何最新的酷刑都从未使决心侵犯社会的人们回心转意"(贝卡里亚),此时即使对刘加奎立即执行死刑,也达不到刑罚预防犯罪的积极效果,对国家而言也是"胜之不武"。"民不畏死,奈何以死惧之?"这本身就是一种朴素的法律意识,一种民意。"虽然故意杀人死刑案件要适当考虑民

---

① 参见《弟子规》"泛爱众"。

② 赵薇:《死刑裁量应介入非理性因素的考量》,载李洁等主编:《和谐社会的刑事法现实问题》(中卷),中国人民公安大学出版社 2007 年版,第 999 页。

意，但也不能盲从：国家不仅仅要聆听民众的声音，更负有引导民意循着理性方向发展之责。”[①]因此应该对民意有正确的认识和处理：（1）避免民愤对死刑案件的不当影响；（2）重视民怜对死刑案件的合理影响。

九、结语

“逝者已去，生者足戒”，“冤冤相报何时了”。当前全党和全国各族人民正在深入学习实践科学发展观，努力构建社会主义和谐社会，而科学发展观的核心就是以人为本，人权保障也是和谐社会的应有之义。另外，我国也已经签署并将批准加入《公民权利和政治权利国际公约》，2004年《宪法》修订中又明确了“国家尊重和保障人权”。在这样一个人权受到高度重视的国际、国内环境中，我国《刑法》中宽泛的死刑设置和大量的司法适用，明显不合时宜。因此，我们应该在继续深入贯彻“少杀、慎杀”死刑政策的同时，做好其他相关的工作。死刑的实际控制应当是包括刑事政策、立法、司法在内的系统工程，在立法滞后，或其本身的表述具有局限性的情况下，司法控制就显得更为重要，“如果说死刑政策是灵魂，是统帅，死刑立即执行是肉体，是本，那么死刑司法则为此灵魂统帅下的肉体之用。”[②]我们一方面呼吁完善相关立法，另一方面更要注意提高司法人员的死刑政策意识，用好、用足酌定从宽处罚情节，正确处理死刑案件。特别是在适用死刑最多的故意杀人案件中，要充分发挥死缓制度限制死刑立即执行适用的功能，扩大死缓的适用，减少死刑“数字”，向从事实上废除死刑更迈进一步。

附录

最高人民法院刑事判决书[③]

公诉机关：湖北省襄樊市人民检察院。

被告人：刘加奎，男，35岁。因涉嫌犯故意杀人罪，于1997年11月19日被逮捕。

湖北省襄樊市人民检察院以被告人刘加奎犯故意杀人罪，向襄樊市中级人民法院提起公诉。

襄樊市中级人民法院经公开审理查明：被告人刘加奎和被害人马立未同在随州市五眼桥农贸市场相邻摊位卖肉。1997年10月22日上午11时许，被告人刘加奎之妻胡坤芳在摊位上卖肉时，有客户来买排骨，因自己摊上已售完，便介绍左边摊主王×卖给

---

① 参见赵秉志：《刑法基本理论专题研究》，法律出版社2005年版，第661页。

② 参见钊作俊：《死刑限制论》，武汉大学出版社2001年版，第241页。

③ 参见最高人民法院刑一庭、刑二庭编：《刑事审判参考》，法律出版社2000年第1辑，第20—24页。

客户，此时，被害人马立未之妻徐翠萍即在自己摊位上喊叫更低的价格，但客户嫌徐翠萍摊位上的排骨不好，仍买了王×摊位的排骨。为此，徐翠萍指责被告一方，继而与胡坤芳发生争执厮打，二人均受轻微伤，被群众拉开后，徐翠萍又把胡坤芳摊位上价值300多元的猪肉甩到地上。市场治安科明确“各自看各自的伤，最后凭法医鉴定结果再行处理”。但是马立未夫妇拒绝市场治安管理人员的调解，在事发当日和次日多次强迫被告人刘加奎拿出360元钱给徐翠萍看病，并殴打了刘加奎夫妇。被告人刘加奎在矛盾发生后，多次找市场治安科和随州市公安巡警大队等要求组织解决，并反映马立未方人多势众、纠缠不休，请有关组织对自己给予保护。被害人马立未以刘加奎要向其妻赔礼道歉、承认错误为条件，托人给刘加奎捎话要求私了，刘加奎拒绝并托亲属找公安机关要求解决。马立未知道后威胁说：“黑道、白道都不怕，不给我媳妇看好病绝不罢休！”11月24日下午3时许，刘加奎被迫雇车同马立未一起到随州市第一医院放射科给徐翠萍拍片检查，结果无异常。马立未仍继续纠缠，刘加奎十分恼怒，掏出随身携带的剔骨刀朝马立未背部刺一刀，马立未、徐翠萍见状迅速跑开，徐翠萍跑动时摔倒在地，刘加奎朝徐翠萍的胸、背、腹部连刺数刀，又追上马立未，朝其胸、腹、背部等处猛刺十余刀，然后持刀自杀（致肝破裂）未遂，被群众当场抓获。马立未因被刺破肺脏致大出血而死亡；徐翠萍的损伤属重伤。

襄樊市中级人民法院认为：被告人刘加奎持刀行凶，杀死一人，重伤一人，其行为已构成故意杀人罪。杀人情节恶劣，手段残忍。本应依法严惩。但本案事出有因，被害人对案件的发生和矛盾的激化有一定过错。被告人归案后，认罪态度尚好，有悔罪表现。依照《中华人民共和国刑法》第232条、第48条第1款、第57条第1款的规定，于1998年2月22日判决如下：被告人刘加奎犯故意杀人罪，判处死刑，缓期二年执行，剥夺政治权利终身。

一审宣判后，被告人刘加奎向湖北省高级人民法院提出上诉，其上诉称：为争卖排骨之事与被害人马立未夫妇发生矛盾后，被害一方多次殴打侮辱、敲诈勒索我们，并非是一审判决所称的一定过错，而是一种侵犯人权的犯罪行为。在医院为徐翠萍拍片检查结果无异常的情况下，马立未仍无理要求拿十万八万为其妻徐翠萍整容，这是我行凶的直接原因。请考虑我在事情发生后曾找过多个部门得不到解决的情况下犯罪，要求从轻处罚。襄樊市人民检察院以被告人刘加奎在公共场所预谋杀人，手段残忍，后果严重，社会影响极坏，依法应当判处其死刑立即执行为由，提出抗诉。

湖北省高级人民法院经开庭审理查明的被告人刘加奎的犯罪事实与一审判决认定的基本一致。但认定起诉指控并已被一审判决确认的“徐翠萍拍片检查后无异常时马立未仍提出无理要求”这一情节，只有被告人刘加奎一人供述，没有其他证据能够印证，不能成立。

湖北省高级人民法院认为：该案被害一方虽有一定过错，但被告人刘加奎用剥夺他人生命的犯罪手段报复被害人在民事纠纷中的过错,手段残忍,情节恶劣,后果特别严重,应依法严惩。公诉机关抗诉要求判处被告人刘加奎死刑的理由成立,予以采纳。依照《中华人民共和国刑事诉讼法》第189条第2项和《中华人民共和国刑法》第232条、第57条第1款的规定,于1998年6月24日判决如下:

(1) 撤销襄樊市中级人民法院刑事判决中对刘加奎的量刑部分;

(2) 上诉人刘加奎犯故意杀人罪,判处死刑,剥夺政治权利终身。

湖北省高级人民法院依法将此案报请最高人民法院核准。

最高人民法院经复核认为:本案纯属因生产生活、邻里纠纷等民间矛盾激化引发的故意杀人刑事犯罪案件。被告人刘加奎与被害人之间平素并无矛盾,只是因为一点纠纷没有及时处理好而使矛盾激化。被告人在被害人马立未、徐翠萍夫妇没有任何对其人身加害的情况下,又是在医院内的公共场所用剔骨刀刺向被害人夫妇,将马立未扎十余刀刺破肝脏致肝脏大出血而死亡;将徐翠萍扎了数刀造成重伤。其杀人手段残忍,后果极其严重,应予依法严惩。但是,综观全案的发展过程,被害人一方在案件起因及其矛盾激化发展上有一定过错。被告人刘加奎提出,从事发到对马立未夫妇行凶前,曾多次找工商局和公安局巡警大队反映,要求解决。在有关部门让先各自治伤,然后再双方协商解决的情况下,被害人马立未再三无理相逼,刘加奎自己妻子的伤得不到治疗还要被逼迫给人家治伤,已产生一定的恐惧心理。被告人在11月23日曾向其妻流露过要与马立未同归于尽的想法。被告人行凶杀人后立即自杀(致肝破裂)未遂,归案后认罪态度尚好。

案发后,随州市厉山镇幸福村、厉山镇神农集贸市场、五眼桥农贸市场几百人签名写来请求司法机关对刘加奎从轻处理的信函,十余人向法庭提供了对被告人有利的证明材料,这些情节虽不是法定从轻处理情节,但也是考虑对被告人是否判处死刑立即执行的因素。此外,这一类案件与发生在社会上的严重危害社会治安的其他案件有所区别,无论从被告人的主观恶性程度上看,还是从其对社会公众安全的危害程度上看,都是不同的。我们认为,一审法院认定被告人刘加奎杀人手段残忍,后果极其严重,同时考虑到该案的被害人一方有一定过错,被告人行凶杀人与被害人一方私下无理逼迫对方看病赔钱,促使了矛盾激化有关;被告人刘加奎归案后认罪态度尚好,对其判处死刑,缓期二年执行,剥夺政治权利终身,是正确的。

湖北省高级人民法院在检察机关抗诉后,只考虑被告人刘加奎杀人手段残忍,后果严重,社会影响极坏,而对被害人一方有明显过错,并对矛盾激化负有直接责任没有充分考虑,支持抗诉对被告人刘加奎改判死刑立即执行,是不妥当的。最高人民法院1999年10月27日《全国法院维护农村稳定刑事审判工作座谈会纪要》中,对故意杀人的处刑问题明确规定:“对于被害人一方有明显过错或者对矛盾激化负有直接责任”的,“一般不应当判处死刑立即执行”。本案被告人刘加奎杀人,与被害人苦逼而被告人寻求组织解决未果有直接关系。一审判决认定刘加奎犯故意杀人罪，判处死刑，缓期二年执行，并无不当，不是“确有错误”，检察机关抗诉理由不成立，二审改判不当。

依照《中华人民共和国刑法》第232条、第48条第1款、第57条第1款、《中华人民共和国刑事诉讼法》第199条和《最高人民法院关于执行〈中华人民共和国刑事诉讼法〉若干问题的解释》第285条第3项的规定，经本院审判委员会讨论决定，于1999年9月6日判决如下：

（1）撤销湖北省高级人民法院二审判决中对被告人刘加奎的量刑部分；

（2）被告人刘加奎犯故意杀人罪，判处死刑，缓期二年执行，剥夺政治权利终身。

林育群杀人碎尸案法理研究

——以酌定量刑情节影响故意杀人罪死刑的限制适用为视角

覃颖慧*

一、选案理由

2003年，发生在福建省石狮市的“二奶”被碎尸案即林育群故意杀人案，因被告人的特殊身份——石狮市人大代表、国家工作人员以及被害人的“二奶”身份，而引起了社会的极大关注，一时间被舆论炒得沸沸扬扬。经过两审法院审理后，被告人被判处死刑立即执行，并被依法执行。对于社会大众来说，关注的可能是林育群的生死，或者说是一个人的命运；而对于法治来说，则更应关注的是判处林育群死刑背后的这种个案刑罚裁量是否具有正当性和合理性，因而可以说是攸关一种制度的命运。本案控、辩、审三方对林育群故意杀人碎尸的基本犯罪事实的认定没有异议，林育群也供认不讳，有争议的是对林育群的量刑问题。在此案中，被告人林育群虽具有碎尸这一酌定从重处罚的情节，但其亦具有诸多可以从宽处罚的情节，如被害人存在明显过错是导致被告人杀人的直接诱因；被告人并非预谋杀人，而是临时起意；被告人归案后积极主动交代犯罪事实，具有明显的悔罪表现；被告人亲属积极代赔被害人亲属的损失，获被害人亲属的真诚谅解，并且被害人的母亲也已向法院提交要求从宽处罚被告人林育群的请求书等。在我们看来，通过对本案若干关键情节的分析，可以充分说明被告人林育群在犯罪时主观恶性相对较弱，人身危险性相对较轻，具有明显的可改造性，法院的判决忽视了被告人林育群所具有的从宽处罚的情节和因素，这不仅不符合我国《刑法》关于死刑立即执行的规定和适用标准，而且也不符合构建和谐社会主题下宽严相济的基本刑事政策，甚至在某种意义上可以说是对宽严相济刑事政策基本精神的一种背离，因而对其适用死刑立即执行显然过重。通过对这样一个充满争议的死刑案件的深度研究，或许有助于我们对死刑进行更理性的思考，故将本案选入本书。

* 北京师范大学法学院2008级刑法学硕士。

二、基本案情

本案被告人林育群,男,1965 年 10 月 26 日出生,是福建省石狮市人大常委会经济工委副主任。2002 年 2 月间,被告人林育群在酒店就餐时与“西夏王葡萄酒”促销员被害人李某认识后开始交往,不久二人发生两性关系。同年八九月间,李某多次提出要与林育群结婚,扬言达不到目的就控告他,还多次向林育群的妻子索要数额较大的钱财,并威胁其儿子要小心。2003 年 4 月初,李某提出要回湖南老家一趟。同年 4 月 7 日,林育群送李某到厦门,以林育群的身份证登记后,两人入住新中林大酒店 1619 房间。期间,林育群曾返回石狮市。4 月 9 日凌晨,李某再次提出要挟,双方发生争执,被告人林育群掐死被害人李某。随后,林育群到其开办的位于厦门市的武汉大厦的启浪贸易公司办公室,拿了两个深蓝色旅行袋和一叠报纸、一把水果刀,两卷塑料薄膜垃圾袋返回,在新中林大酒店 1619 房间的卫生间里对李某的尸体进行肢解包装。离开酒店时,随手带走李某的手机等物品,并将尸块分别抛弃于厦门至诏安路段的高速公路路基下。案发后,被告人及其亲属根据与被害人家属达成的和解协议积极主动赔偿了 8.5 万元,后一审法院于 2003 年 10 月 31 日判处被告人林育群死刑立即执行,剥夺政治权利终身。林育群不服一审判决,提起上诉。在二审过程中,被告人及其亲属又提出愿意给予被害人家属不少于 50 万元的巨额赔偿,加之被害人存在明显过错,因而获得了被害人家属的真诚谅解,并且被害人的母亲也已向法院提交要求从宽处罚被告人林育群的请求书,得到了法院的初步认可。经二审法院审理后,又裁定驳回上诉,维持原判。林育群于 2003 年 12 月 30 日被核准执行死刑。

三、裁判要旨

被告人从杀人到毁容、肢解尸体、抛尸,到广东东莞用李某的手机、名字制造被害人李某在广东的整个犯罪过程,是周密的、刻意的安排;积极追求其犯意是直接的,仅凭被告人以自己的真实姓名登记住宿酒店、杀害李某,认为属间接故意杀人的理由不能成立。

被告人因受被害人的要挟,明知掐脖子会造成生命危险,在争执时掐死李某,主观上存在杀害李某的故意,客观上已致被害人李某死亡的结果发生,并进行毁容、肢解、包装、抛尸,其行为已构成故意杀人罪,且手段特别残忍,情节特别恶劣,后果严重。被告人归案后,虽认罪态度较好,有悔罪表现,在本案审理期间,其亲属赔偿被害方经济损失,并取得被害方的谅解,但鉴于其犯罪情节特别恶劣,依法必须严惩。

四、引发的理论问题

结合本案的整个诉讼过程可以看出,本案控辩双方的焦点在于:从宽的酌定情节与从严的酌定情节并存时如何量刑？酌定量刑情节是由法律予以概括性规定的，其具体内容和功能则由人民法院依据法律的规定及立法精神在审判实践中总结出来，体现了行为的社会危害性及行为人人身危险程度，并依其具体情况对刑罚之轻重或是否免除刑罚产生影响的各种事实情况。① 它具有刑法依据，但不具备内容的法定刑；其表现形式具有概括性但不具有确定性。正是由于酌定量刑情节的不确定性和概括性，其不可能由法律事先一一罗列，而只能由法官在具体案件中根据实际情况予以发掘，因此其具有相对独立性。酌定量刑情节可以在任何案件中找到，而法定情节却远非如此，因此无论在理论研究还是司法适用中，酌定量刑情节应起到更加重要的作用。与法定量刑情节一样，酌定量刑情节对犯罪人量刑的影响具有客观性，它可以与法定量刑情节相互配合，共同作为在法定刑范围内对犯罪人决定宣告刑的根据，在没有法定量刑情节的案件中，酌定量刑情节便成为法定刑范围内决定宣告刑的唯一依据，其地位和作用就尤为明显。许多量刑情节属于法定情节和酌定情节的结合，其认定离不开酌定量刑情节。更为关键的是，根据《刑法》相关法条的规定，酌定量刑情节在特殊情况下能够变更法定刑。可见，酌定量刑情节并非可有可无，而是对量刑有着重要的影响。相比较而言，法定量刑情节影响量刑的功能是恒定的，要么从宽，要么从严。由于酌定量刑情节内容不明确，法律只能将各种具体的酌定量刑情节予以归纳列举，而不可能事先规定其具体情况，酌定量刑情节的具体情况只能在个案中得以表现，因此法律不可能预先规定酌定量刑情节影响量刑的功能。这就要求法官在适用酌定量刑情节时，必须深入考察案件的具体情况，而不能停留于表面的认定。

酌定量刑情节是多种多样的，但是在刑事审判实践中常见的酌定量刑情节，主要有以下几种：犯罪的手段，犯罪的侵害对象，犯罪的损害结果，犯罪的时间、地点，犯罪的动机，犯罪后的态度，犯罪人的一贯表现等。② 酌定量刑情节的范围与法定量刑情节成反比例关系，即法定量刑情节越多，酌定量刑情节范围会相对缩小。从我国国情来看，过于宽泛的酌定量刑情节游离于《刑法》明文规定之外，于刑事法治并非一件益事。因为酌定量刑情节也是法官自由裁量权在量刑中的具体体现，但由于我国各层级、地区间法官的法律素质差异，实践中对酌定量刑情节的认识不一，任由法官自由定夺，易产生量刑偏差。为此，对于司法实践中经常使用、条件具备、时机成熟的酌定量刑情节，应尽快通过立法程序使之法定化。

酌定量刑情节在量刑中的不确定性并不代表这是可考虑可不考虑的，相反，能够成为酌定情节的若干事实体现了犯罪的社会危害性和犯罪人的人身危险性，在审判中应当予以考虑。我们可以从酌定量刑情节入手，对故意杀人案件中的死刑适用进行限

---

① 李永占：《论酌定量刑情节》，2009 年河南大学研究生硕士学位论文，第 5 页。

② 高铭暄、马克昌：《刑法学》，北京大学出版社 2000 年版，第 273 页。

制。“酌定”是指此类情节需要法官通过具体案件予以认定,从轻还是从重,如何从轻从重,这些内容是灵活掌握、酌情适用的,而不是指这些事实在司法适用时可以“酌情”考虑。在我国刑法理论界,不少人认为酌定量刑情节只是量刑时酌情适用,可有可无的情节。在司法实践中,这种看法更为普遍,不少法官对究竟什么是酌定量刑情节,在量刑时应考虑的酌定量刑情节包括哪些甚至都不了解,以至于他们在量刑时随意性极大,成为导致量刑偏差的重要原因。具体到本案中,被告人林育群就有诸多酌定从宽情节,例如,被告人并非预谋杀人,而是临时起意;归案后积极主动交代犯罪事实,具有明显的悔罪表现;其亲属积极代赔被害人亲属的损失,并获被害人亲属的真诚谅解等。虽然酌定从宽情节可以列出那么多,可还是没让林育群从死罪中逃脱出来,他还是被判处死刑立即执行,这不但是林育群本人及其家人的悲哀,更是我们法律人的悲哀。

针对林育群杀人碎尸案,笔者认为以下几方面值得作进一步的法理研究:(1)被害人过错对量刑的影响;(2)被害方谅解对量刑的影响;(3)酌定从宽情节与酌定从严情节并存时如何量刑。笔者将在下文逐一进行探讨。

五、被害人过错对量刑的影响

(一)被害人过错的定义

被害人与犯罪人是犯罪特定情境中一对既相互对立又相互依存的矛盾统一体。在很多情况下,被害人过错往往是确定犯罪人刑事责任大小的一个重要因素,并且,许多国家的刑法典中,还直接将被害人过错规定为导致犯罪人刑事责任减轻的情节。[①]在刑事暴力犯罪案件中,犯罪者对被害人侵害的程度,决定其自身受刑罚处罚的轻重;同时,被害人自身的过错,也影响对犯罪嫌疑人的处罚轻重。关于被害人过错对刑事案件定罪量刑,尤其是刑罚裁量的影响,1999 年最高人民法院的《全国法院维护农村稳定刑事审判工作座谈会议纪要》(下称《纪要》)提出,在故意杀人、故意伤害案件中,“对于被害人一方有明显过错或对矛盾激化有直接责任,或者被告人有法定从轻处罚情节的,一般不应判处死刑立即执行。”其显示出将“被害人过错”与法定从轻处罚情节等量齐观的观点,很快被各级法院作为酌定量刑情节广泛运用,且不局限于上述两类罪名和判处死刑的案件。

所谓被害人过错,是指被害人出于主观上的故意或过失,诱发犯罪人的犯罪意识,激化犯罪人的犯罪程度的行为。[②]《纪要》提出:“对于被害人一方有明显过错或对矛盾激化有直接责任,或者被告人有法定从轻处罚情节的,一般不应判处死刑立即执

---

① 高铭暄、张杰:《刑法学视野中被害人问题探讨》,载《中国刑事法杂志》2006 年第 1 期。

② 任玉芳:《刑事被害人学》,中国人民公安大学出版社 1997 年版,第 163 页。

行。”从语句结构上看,其给出的具备酌定从轻处罚情节的条件有二:(1)被害人有明显过错;(2)被害人对矛盾激化有直接责任。

1. 被害人有明显过错

在故意杀人罪中,被害人的过错是指被害人促成犯罪。这里的促成,是指被害人的行为是故意杀人罪发生的起因。引发故意杀人的过错是多种多样的,由于被害人过错在犯罪中的地位与作用各不相同,被害人过错按其程度与性质可以分为以下两种:(1)轻微过错。通常是指在整个犯罪与被害的过程中,被害人的过错有可能诱发、引起犯罪行为,对犯罪的发生起了一定的积极作用,比如有的被害人言行举止轻浮,贪图小利等,为被告人所利用而对被害人实施犯罪。但是,有这种过错的被害人,其错误只是生活上的,不属于招致犯罪的因素。因此,尽管不能说被害人过错对该案的发生没有一点责任,但是其过错属于道德范畴,与被告人的犯罪行为有本质的区别,因此不能因为被害人的过错而减轻被告人的罪责。(2)较大过错。是指被害人严重地侵害犯罪分子合法权益的行为。通常表现为:① 被害人以暴力侵害犯罪分子的人身权利,激起犯罪分子犯罪的;② 被害人多次损害犯罪分子的合法权益,犯罪分子一再忍让后实施犯罪的;③ 被害人以卑劣的手段侵害犯罪分子的合法权益,激起犯罪的。对具有上述情节之一的,对犯罪分子可以减轻或从轻处罚。《纪要》中采用“明显过错”一词,意在说明过错性质应有程度上的区别,上述第二种过错才清晰显露出来,让人容易看见的起到量刑作用的被害人过错。

2. 被害人对矛盾激化有直接责任

对矛盾激化有直接责任也是被害人有过错的表现之一,不同于一般的被害人过错。矛盾激化在犯罪学意义上的含义是指关系恶化并导致犯罪,因此,矛盾激化就成为对犯罪心理动因的描述。对矛盾激化负有责任的被害人过错与一般被害人的过错的不同之处在于:前者不以被害人对被告人的暴力加害为前提,而是在发生纠纷以后由于未能妥善解决,在一定条件下关系恶化,导致故意杀人的犯罪。在这一过程中存在两个层次的“矛盾激化”,从性质上看,第一层次的激化结果一般不会造成对生命、健康的侵害,只是普通的争执,而第二层次的激化结果才可能是《刑法》要评价的对象。因此,对矛盾激化负有责任的过错不如被害人曾经暴力加害那样的过错明显,其对于故意杀人罪量刑的意义更不容易认识。另外,《纪要》中提出的“被害人对矛盾激化有直接责任”,这里的“责任”一词当有两层意思:(1)被害人的行为与矛盾激化的后果有直接因果关系;(2)被害人的行为有过错。

(二)被害人过错的特征

笔者认为,刑法意义上的被害人过错具有以下几个特征①:

---

① 王新清、袁小刚:《论刑事案件中的被害人过错》,载《中国刑事法杂志》2008 年第 3 期。

1. 被害人行为的不正当性

被害人行为的不正当性应从以下两方面进行判断:(1) 对被害人行为是否违反某种善良社会规范的判断,这是构成被害人过错的规范条件。被害人过错,表现为被害人在故意或过失心态的支配下对社会公正、安定、秩序的破坏。首先,这种不正当性可能表现为对有关法律、法规、有关规章制度的违反,也可能表现为对社会道德规范的违反。另外,通过对许多刑事案件案发前因的分析发现,被害人先前行为的不正当性也可能表现为对人们日常遵循的习惯的违背,而这种情况容易被忽视。从乡村到国家,从个体到群体,习惯无所不在,习惯产生的本身就肯定了其存在的合理性及大众的认可。习惯作为一种社会调控手段,是法律规范和道德规范的补充,它对调整社会生活,保障人们的利益,增进社会福利,维护社会的安定和秩序起到重要作用。因此,被害人的行为如果与某一特殊领域的人们普遍遵循的习惯相悖,也属于被害人过错的范畴。但是,如果某种习惯与法律规范相左,那么判断是否构成过错应以法律、法规为准。其次,对社会规范的违反必须出于被害人的故意或过失,即被害人在主观方面有过错。(2) 对被害人主体适格性的判断,这是被害人过错的主体条件。被害人过错的主体条件应结合被害人不当行为的性质来判断。对于法律上的过错,不必过多分析,因为评价一个人的行为是否违法时已经将其责任能力涵盖在内,无责任能力人的行为自然不会构成违法。但值得研究的是,如果被害人仅仅因为无责任能力而不构成违法或犯罪时,其行为还能否构成被害人过错?笔者认为不能一概而论。因为一个人的行为虽然不构成违法或犯罪,但并不表明其没有社会危害性,其仍然可能会受到道德规范或习惯的谴责,其完全有可能构成道德上或习惯上的过错。在认定刑事案件的被害人过错时,应当考虑被害人的责任能力因素,毕竟,一般的被害人过错行为并不像正当防卫中的不法侵害那么紧迫,犯罪行为人有义务往往也有时间查明被害人的责任能力。一般来说,如果被害人是法定的无责任能力人,当被害人实施了其本人不能认知的道德上或习惯上的不当行为时,而犯罪行为人明知被害人是无责任能力人,则针对被害人实施犯罪行为就因为被害人主体不适格而不能认定被害人过错。如果被害人虽然是法定的无责任能力人,但其对其实施的道德上或习惯上的不当行为有一定程度的认知,而犯罪行为人又不明知被害人是法定的无责任能力人并实施了犯罪行为,那么就可以考虑认定被害人过错。总之,对于道德上的过错及习惯上的过错,被害人的主体适格性应结合被害人对自己行为的认知能力以及犯罪行为人对被害人责任能力知晓与否来谨慎判断。

2. 被害人行为与加害人犯罪行为的关联性

被害人行为与加害人的犯罪行为之间存在关联性,可以表示为“被害人行为→侵犯与加害人相关的利益或社会公共利益→加害人实施犯罪行为”。关联性应当从以下两方面来判断:(1) 利益关联性。利益关联性是构成被害人过错的事实条件,即被害人行为侵犯了与加害人相关的正当利益或社会公共利益的事实必须是客观存在的。比如,甲住在乙家与乙非法同居数年后,二人在生活中发生矛盾,乙欲结束这种非法同居关系而不让甲在乙家继续居住,甲搬出后恼怒,于某夜潜入乙家将乙杀死。本案的诱因是乙不让甲在乙家居住,但乙的行为并未侵犯甲的正当利益,因而不构成过错。如果被害人的行为与加害人的利益或公共利益完全无涉,那么就失去了讨论被害人行为对引发案件存在过错的基础。这种事实关联性包括直接相关和间接相关。直接相关指的是被害人的行为与犯罪行为加害人本人的利益有直接的利害关系;间接相关指的是被害人的行为与加害人本人的近亲属有利害关系或与社会公共利益有利害关系。也就是说,过错行为指向的对象并不仅限于犯罪行为人本人,还可能包括其近亲属或不特定的社会个体。但需要注意的是,对于间接相关的认定应当比直接相关的认定更加严格,否则可能会导致被害人过错范畴的不当扩大。在间接相关的情况下,如果被害人侵犯的加害人的近亲属的利益特定于个人身份,那么被害人的不当行为对引发加害人犯罪是否可归咎于被害人过错呢?例如,加害人杀死与自己嫂子有奸情关系的被害人,能否认定被害人过错?在此案例中,被害人的奸情行为直接侵害了加害人之兄的身份利益,如果直接受侵害人明知自己的身份利益受损而不采取相应的措施,而是听之任之,加害人越俎代庖实施犯罪,那么认定被害人过错就不太妥当。笔者认为,在间接相关的情况下,被害人的行为应主要限于侵害了加害人近亲属的人格权;比如自己的近亲属的身体受不当侵害时予以援手从而构成犯罪的情况。侵害犯罪行为人近亲属的身份权的情况是否构成被害人过错,应结合案件的具体情况(比如其近亲属对身份权遭侵害的态度及维护自己身份权的能力等)及社会公众的主流道德观念综合判断。(2)时间关联性。时间关联性是被害人行为构成过错的紧密性条件。时间关联性要求过错行为发生或过错状态的持续与犯罪发生之间的时间间隔较短。这种时间关联性会直接影响过错的认定,比如甲与乙在溜冰场上碰撞后,甲指使他人打乙(一般殴打,未致伤),被劝解开后乙怒气未消,随手掏刀将甲刺死,则甲指使人殴打乙的行为对引发本案存在过错。若乙被劝走,数日后丙怂恿乙“收拾”甲,乙遂纠集人将甲刺死,则不宜认定甲有过错。之所以强调时间关联性,其中很重要的判断因素是秩序的稳定。社会秩序,人与人之间交往的秩序是社会稳定的前提。在现有秩序被被害人打破后,尚未完全恢复时,加害人实施犯罪行为就与被害人先前行为有关联;在被被害人破坏的秩序得到修补或恢复后,加害人再对被害人实施犯罪就会对社会秩序形成新的破坏,那么被害人过错行为与犯罪行为就没有关联。比如,乙为了诈骗甲钱财与甲非法同居,后被甲发觉,甲追索钱财乙拒不退还,甲恼怒之下将乙杀死。本案中,乙的诈骗行为导致甲钱财被骗的状态一直持续,乙的诈骗行为及甲被骗的状态与杀人之间存在关联性,因而乙的行为构成被害人过错。如果乙退还了甲的钱财,甲仍然杀害乙,则由于乙的诈骗行为已经结束且甲被骗后其受损害的利益已经得到弥补,则乙的行为不构成被害人过错。

3. 犯罪行为的针对性

过错虽然主要涉及行为人的行为及对行为的评价，但是必须放在一个具体的案件之中讨论才有意义。过错行为的场合比比皆是，但是在刑事审判中并不一定都有量刑的意义。只有当犯罪行为人的犯罪行为指向实施了不正当行为的人时，认定被害人过错才有意义。针对性其实可以包含于利益关联性之中，因为犯罪行为人的犯罪行为如果指向不正当行为人以外的人，那么根本就不存在利益的关联性。之所以将针对性特征单独列出，是为了强调其重要性。现实生活中经常出现针对不正当行为人的近亲属所实施的犯罪，对于此类案件，虽然不正当行为人侵害了犯罪行为人的利益，但是不正当行为人的近亲属是无辜的，因此不能认定被害人过错，在量刑时更不能考虑从轻处罚。

（三）被害人过错对量刑的影响

所谓量刑，“是指人民法院在定罪的基础上权衡刑事责任的轻重，依法决定对犯罪分子是否判处刑罚，或适用某种非刑罚处理方法，判处何种刑种和刑度以及是否现实执行某种刑罚的审判活动。”①在量刑情节中，依照情节是否为法律明确规定量刑方向，可以分为法定情节和酌定情节。法定情节是法律明确量刑幅度的情节；而酌定情节则是司法机关酌定掌握量刑方向、量刑幅度的情节（关于酌定情节上文有详述）。根据我国现行《刑法》的规定，在存在被害人过错的案件中，只有正当防卫和防卫过当是法定的量刑情节，其余均为酌定的量刑情节。然而，在被害人有过错的犯罪案件中，绝大部分案件并不是属于正当防卫或防卫过当。对于被害人的过错行为不是正在进行的，或者不是一种具有积极进攻性，性质严重，程度激烈的侵害行为的，根据我国《刑法》和司法实践，对其均认定为一种酌定量刑情节。由于被害人过错是酌定量刑情节，因此，在司法实践中处理具体案件时，是否从轻处罚，要根据案件的具体情况确定。但在司法实践中，各地各级法院的做法有很大差异，有的法院实际很少考虑这一情节，原因是：(1) 酌定从轻情节不是法律规定应当或者可以从轻处罚的情节，不从轻不违法；(2) 犯罪就必然要受到惩罚的刑罚报应主义思想的影响；(3) 被害人方面施加的压力，如不按自己意愿审判就闹事等。其实在对被告人量刑时也应当对酌定情节充分加以考虑。

然而，在现行的刑法理论体系内，无法解决被害人与加害人分担责任的问题，因为现行刑法理论是以犯罪人为中心构建的，现行刑法理论孤立地从犯罪分子的角度研究犯罪，片面地以犯罪分子的主客观事实为依据，分析其行为是否构成犯罪，以及该处多重的刑罚。② 有鉴于此，对被害人过错责任进行定量分析，从而决定在多大程度上影响

① 马克昌：《刑罚通论》，武汉大学出版社 1999 年版，第 251 页。

② 郭建安：《犯罪被害人学》，北京大学出版社 1997 年版，第 129 页。

对犯罪人的定罪量刑是完全有必要的。在笔者看来,被害人过错对量刑的影响,表现在被害人过错越大,则被告人承担的刑事责任就越小;反之,被害人过错越小,则被告人承担的刑事责任就越大,被害人的过错责任与被告人的刑事责任成反比,具体来说,在存在被害人过错的案件中,裁量决定刑罚时,应充分考虑被害人过错的大小,按罪责刑相适应原则来决定被告人承担刑事责任的轻重。具体可以分两种情形把握被害人的过错责任:(1) 被害人存在轻微过错。即指在整个犯罪过程中,被害人存在轻微的过错,比如有的被害人言行轻浮、贪图小利等,为被告人所利用而对被害人实施犯罪。此时,被害人的过错有可能诱发或者引起犯罪行为,对犯罪的发生起一定的积极作用。但是,有这种过错的被害人,其行为不属于招致犯罪发生的因素,故被害人的这些过错,一点都不能减轻被告人的罪责。尽管不能说被害人过错对该案的发生没有一点责任,但是其过错属于道德范畴,被害人无意而被告人有心,与被告人的犯罪行为有本质的区别。因此,在此情形下,不能因为被害人的过错而减轻被告人的罪责。(2) 被害人存在较大过错。即指被害人在整个犯罪过程中存在与犯罪的发生有直接关系的过失行为与故意行为,且被害人的过失和故意对犯罪的发生起了较大的积极作用。即如果没有被害人的先行行为,被告人的犯罪就不可能发生,或者不必要的犯罪结果就不会出现。在这种情况下,犯罪人与被害人可能是因为利害冲突而相互伤害。被害人不同于被告人的地方就在于在犯罪的客观后果上他成了受害者。例如,由于挑衅引发斗殴,最终挑衅者被打伤或者被打死,在这种情况下,由于被害人有一定的责任,因此,在确定被告人的罪责时,应考虑被害人的过错因素,双方应按照各自在犯罪过程中实施的行为以及给对方造成的损害来承担责任。

(四) 目前各国对被害人过错的规定

1. 其他国家的相关规定

自20世纪40年代德国犯罪学家汉斯·冯·亨蒂格开始,许多学者着力研究被害人这一与犯罪密切相关的主体在犯罪中的作用,他们发现有的犯罪中被害人对犯罪的发生是存在一定的过错的。此后,西方学者对被害人过错的刑法意义进行了有益的探讨,并将其规定在自己国家的刑法典中。有些国家是规定在总则中,有些国家则规定在分则中,也有的国家在总则和分则中都予以列明。总则的规定一般是原则性的,作为一种量刑原则或情节予以规定。比如,《德国刑法典》第46条关于量刑的基本原则规定:"在量定时法院要对照考虑对行为人有利和不利的情况……"①《日本刑法典》第66条规定:"有值得酌量的犯罪情节时,可以减轻刑罚。"第67条规定:"即使在法律上有加重或者减轻刑罚的情形时,也可以酌量减轻。"②《俄罗斯联邦刑法》第60条刑罚裁

① 《德国刑法典》,冯军译,中国政法大学出版社2000年版,第20页。

② 《日本刑法典》,张明楷译,法律出版社1998年版,第26页。

量的一般原则第3款规定:"在裁量刑罚时应考虑犯罪的性质和社会危害性的程度及罪犯的个人情况,其中包括减轻刑罚的情节和加重刑罚的情节以及所判处的刑罚对改造罪犯和其家庭生活条件的影响。"第61条减轻刑罚的情节第1款第8项规定:"由于受害人的不法行为或不道德行为引发犯罪的"①,这一规定使被害人过错成为法定的减轻处罚情节。

而在分则中的规定就非常具体而详细。比如,《德国刑法典》第213条关于故意杀人的较轻的严重情形规定:"如果故意杀人者本人无责任而由被杀者所施加于他或者他的亲属的乱待或者严重侮辱所激怒,以致引起了当场的行为或者存在其他较轻的严重情形,那么,处1年以上10年以下的自由刑。"第216条基于要求的杀人规定:"(1)如果某人基于被杀者明确的和认真的要求而决定杀人的,处6个月以上5年以下的自由刑。"②《俄罗斯联邦刑法》第107条激情杀人罪中规定:"由于受害人的不法或不道德行为(或不作为)使人突然产生强烈的心理激动状态,以及由于受害人一贯的不法或不道德行为使人长期处于精神刺激的情境中而杀人的,判处三年以下限制自由或者三年以下剥夺自由。"③此外,日本、瑞士等国家都在刑法分则的具体罪名中明确列明被害人存在过错的量刑规定。

2. 我国的相关规定

(1) 总则规定

① 关于罪责刑相适应。我国《刑法》第5条规定:"刑罚的轻重,应当与犯罪分子所犯罪行和承担的刑事责任相适应。"这一条是我国《刑法》规定的罪责刑相适应原则。在某些情况下,被害人过错可对犯罪人动机的产生,犯罪手段及方式的选择和运用,危害结果的发生等起到促进作用,有些是诱发性的或继发性的。

② 关于量刑的规定。我国《刑法》第61条规定:"对于犯罪分子决定刑罚的时候,应当根据犯罪的事实、犯罪的性质、情节和对于社会的危害程度,依照本法的有关规定判处。"这一条是关于量刑的总的指导原则。犯罪的事实和情节无疑包含了作为酌定量刑情节的被害人过错。案件事实层出不穷,情节纷繁复杂,但主角往往只有犯罪人和被害人。双方互动关系中的犯罪人因素和被害人因素是分析案情的着眼点和归宿。因此,被害人过错这一酌定量刑情节理应是量刑的重要根据之一。

③ 关于正当防卫和防卫过当。我国《刑法》第20条规定了正当防卫、防卫过当、特殊防卫的内容。在正当防卫和防卫过当的情况下,加害与被害关系有个转换的过程。起初的加害者是最终的被害人,被害人的加害行为在先,引起他人加害。这个意义上的被害人实质上是加害人。《刑法》该条文的文字表述用了"不法侵害人"的称谓。这

① 《俄罗斯联邦刑法》,赵薇译,法律出版社2003年版,第289—290页。
② 《德国刑法典》,冯军译,中国政法大学出版社2000年版,第32页。
③ 《俄罗斯联邦刑法》,赵薇译,法律出版社2003年版,第325页。

一条规定,是被害人过错影响犯罪人的刑事责任,影响罪与非罪及刑罚轻重的最直接、最极端的适例,也是《刑法》条文中明文规定被害人过错严重(虽然没有被害人过错的文字表述),行为人不负刑事责任,或者应当减轻或免除刑事责任的唯一条款。

(2) 分则规定

① 交通肇事罪。《刑法》第133条规定了交通肇事罪,该条规定只是将肇事的损害后果作为量刑的主要依据。作为过失犯罪,在认定罪与非罪、罪轻与罪重的问题上,除了要考虑损害后果外,实践中还要根据交警部门对事故的责任认定来进行认定。2000年11月10日最高人民法院《关于审理交通肇事刑事案件具体应用法律若干问题的解释》第2条规定:"交通肇事具有下列情形之一的,处三年以下有期徒刑或者拘役:(一) 死亡一人或者重伤三人以上,负事故全部或者主要责任的;(二) 死亡三人以上,负事故同等责任的。"第4条规定的情形与此相似。这里的"负事故全部或者主要责任,负事故同等责任"等,是交警部门对事故责任的划分,也是相对于被害人的过错责任来说的。这里的责任不同于刑事责任,特别是对于被害人而言,这种责任划分是用以区分当事者双方违反注意义务的程度。对肇事者来说,这种责任要达到一定程度,并造成了一定的损害后果,才能追究其刑事责任。如果被害人有违反交通管理法规的行为或者其他过失行为,则会影响到肇事者的行为是否构成犯罪,以及罪轻与罪重。

② 故意杀人罪。《刑法》第232条关于故意杀人罪的规定设置了轻重两个法定刑,从3年有期徒刑到死刑,是刑法个罪中法定刑幅度较大的。故意杀人罪是多发性犯罪之一,也是典型的有被害人的犯罪。在量刑时要依据犯罪的法定情节和酌定情节以及刑事政策的要求等进行审慎裁量。尤其在少杀、慎杀刑事政策的影响下,有一些酌定情节在量刑中的作用被突显出来。例如上文中提到的1999年10月27日最高人民法院《全国法院维护农村稳定刑事审判工作座谈会纪要》这一司法指导意见。《纪要》中体现的精神已在实务界得到较好贯彻,对于死刑案件的裁量具有重要的指导意义,这里的被害人"有明显过错"和"有直接责任"意义相同。需要注意的是,从语法上理解这一精神似乎只是对因民间纠纷引发的故意杀人案件并且涉及死刑裁量时才具有指导意义。但司法实践中已远远超出这一适用范围。一些非民间纠纷引发的案件,根据实际情况,被害人一方确有严重过错,在没有其他法定从轻、减轻处罚情节时,对这一精神也予以贯彻适用。在一些非死刑案件裁量中,结合其他法定、酌定情节,对被害人有严重过错的也作为从轻处罚的依据。

③ 过失致人死亡罪。《刑法》第233条规定了过失致人死亡罪。该罪的犯罪人主观上是过失,客观上造成了被害人死亡的后果。但在致害与被害的过程中,存在两方面因素的相互作用问题。致害方基于疏忽大意或者过于自信实施了危害行为,被害方在有些情况下也可能因本身的过失甚至是故意行为促成损害事实的发生。被害方的过错行为与损害后果间可能有一定的因果关系,表现为应自负一定的责任,因此对加

害方应当酌情减轻其刑事责任。

④ 故意伤害罪。《刑法》第 234 条规定了故意伤害罪。故意伤害罪罪轻罪重的区分,往往是以伤害后果的轻重程度不同为标准的。轻伤、重伤、死亡,三种损害后果设置了三个法定刑。一般来讲,在三个法定刑区间内裁量刑罚时,都存在被害人过错促成犯罪的问题。从这一点上讲,故意杀人罪和故意伤害罪并无区别。

⑤ 过失致人重伤罪。情形同过失致人死亡罪。

⑥ 强奸罪。《刑法》第 236 条规定了强奸罪。从司法实践上看,现阶段强奸案件已经呈现出新的特点。据统计,有 60%—70% 的强奸案件的犯罪人与被害人相识或相熟,因交友恋爱、网恋或婚外不当男女关系引发的"半推半就型"强奸案件,以及针对发育早熟的幼女实施的"自愿型"强奸案件,和基于某种程度的相互利用而发生的强奸案件等大量出现。过去那种单纯因变态或发泄性欲而以暴力、胁迫等手段实施的典型的强奸案件数量呈下降趋势。情节的复杂性为判断罪与非罪,裁量刑罚的轻重带来新的课题。强奸犯罪往往只有加害人与被害方两人在场,因此要依据双方在事件前后的表现与反应,行为中的互动,事后的态度和情绪,并结合两人日常关系和其他情节来定罪。这一过程中,被害人的矛盾心理,不当的行为举止,对事实认识错误等,往往成为诱发犯罪的动因。这些应当对犯罪人量刑产生一定的影响。

⑦ 其他几种类型的犯罪。A. 非法拘禁罪。《刑法》第 238 条第 3 款规定:"为索取债务非法扣押、拘禁他人的,依照前两款的规定处罚。"即以非法拘禁罪定罪处罚。根据 2000 年 6 月 30 日最高人民法院《关于对为索取法律不予保护的债务非法拘禁他人行为如何定罪问题的解释》,行为人为索取高利贷、赌债等法律不予保护的债务,非法扣押、拘禁他人的,依照非法拘禁罪定罪处罚。针对恶意不履行债务(含法律不予保护之债)的问题,行为人采取非法手段催逼债务,也是事出有因。立法和司法解释未以绑架罪或抢劫罪定罪处罚,是因为该行为非纯粹的以勒索财物或劫取财物为目的,而是以被害人存在过错为前提。这种过错也因此成为区分此罪与彼罪、罪与非罪(情节显著轻微的,不认为是犯罪)的重要依据,自然也是量刑的依据。B. 拐卖妇女罪、收买被拐卖的妇女罪。近年来出现了一种新型的拐卖妇女案件。一些贫困地区的妇女,或者境外非法入境的妇女,为了生存需要,"自愿"被犯罪分子卖到偏远农村的一些光棍汉手里。犯罪分子对这些被害妇女只有"卖"的行为,没有"拐"的行为,实践中仍对他们以拐卖妇女罪定罪处罚。但考虑到被卖妇女对自己的行为也负有一定的责任,在对犯罪分子量刑时可以酌情从轻处罚。收买被拐卖的妇女罪亦然。C. 敲诈勒索罪。敲诈勒索罪与诈骗罪不同,前者是"明敲",后者是"暗骗"。敲诈勒索罪有一种情形是以将要揭发、张扬被害人的违法行为或者隐私相要挟,诈取财物。这种情况实际上是被害人的过错或者隐私被犯罪人所利用。如果被害人的过错行为与犯罪人有某种关联,就会影响到对后者的量刑。如被害人与犯罪人的妻子通奸被犯罪人捉奸在床,犯罪人以

告知被害人家人及工作单位相要挟,向被害人索要“精神损失费”的情形。

(五) 被害人过错的司法适用现状及存在的问题

1. 总体情况

(1) 仅将被害人过错行为作为量刑的一个酌定情节。从酌定情节的前述定义,我们可以发现,能够成为酌定情节的,必须是能够影响行为的社会危害性及行为人的人身危险性程度的,其中,能够涉及被害人的只有后者。如果被害人过错明显增大时,行为人的人身危险性就在降低。就目前的刑事司法实践来看,其定罪量刑之中心依据就在于行为的社会危害性,即行为的社会危害性决定了罪质。而与行为人之主观恶性有密切关系的被害人过错则仅对刑罚的裁量有影响,这就使刑事司法上定罪时主客观不统一。“本来酌定情节也是从轻情节,在对被告人量刑时也是应当考虑的,但在司法实践中往往不予考虑。”①针对这一司法现状,尤其是死刑案件中出于激愤杀人等被害人存在明显过错的情形,1999 年 10 月 27 日,最高人民法院发布《全国法院维护农村稳定刑事审判工作座谈会纪要》,这一司法指导意见确立了以下规则:被害人一方有明显过错或被害人对矛盾激化负有直接责任的故意杀人罪的被告人,一般不应判处死刑立即执行。笔者认为,最高司法机关明显意识到了被害人的过错在一定程度上应与其他减轻刑事责任的情节具有相同的效果,这一精神也已在司法界得到较好贯彻,对于死刑案件的裁量具有重要的指导意义。但需要注意的是,从语法上理解这一精神,似乎只是针对因民间纠纷引发的故意杀人案件并且涉及死刑裁量时才具有指导意义,因而显示出这一司法指导意见的不彻底性。

我国刑法总则和分则规定了多处法定的从轻、从重、减轻和免除处罚的情节,其中没有“被害人有过错,减轻加害人刑事责任”的条款。多年来,在对量刑问题的理论研究和司法实践中,总结出了一些卓有成效而又切实可行的酌定量刑情节,如犯罪动机、犯罪手段、犯罪当时的环境与条件、犯罪后的态度、犯罪人的平时表现等,其中也没有关于被害人过错影响定罪量刑的论述。由于被害人过错情节是一个酌定情节,使得司法实践中对于什么是被害人过错,被害人过错在何种情况下才影响对被告人的量刑等问题缺乏具体的依据,实践中不乏上级法院在对被害人过错问题上存在与下级法院不同的认识而将案件改判的案例。因此如何弥补这一不足,使被害人过错情节的适用相对规范化,是实践中亟待解决的新问题。

(2) 漠视了被害人在刑事法中的主体地位。现行法律强调刑法调整国家与个人之间的关系,这里的个人往往就是指犯罪人,而未考虑受害人,即现行刑事法律关系主体仅是二元的,仅为“国家—行为人”。在现行《刑法》中,一般均将犯罪被害人置于消

① 陈兴良:《被害人有过错的故意杀人罪的死刑裁量研究——从被害与加害的角度切入》,载《当代法学》2004 年第 2 期。

极的被动地位,而否定其人格。依我国刑法理论及司法实践,被害人只是和物处于同一层面的犯罪对象,将其视为无意识的、被动的物体,否定其主观能动性,这无疑是对其人格的降低或者否定。而将犯罪的发生完全归因于行为人,是不恰当的。因为实际上,在犯罪发生的刹那,其涉及的对象应该是三方,分别是"国家—被害人—行为人"。只有将被害人界定为刑法法律关系的主体,才能对犯罪人、被害人和国家三方的关系作出一个科学、圆满的解释,也才能够更加清晰、全面地分清罪责。[①] 在现行法体制下,二元结构主体的结果容易导致《刑法》仅仅关注决定其行为属性的客观危害结果,而对影响行为人之主观恶性的被害人行为并未予以充分关注。这样不仅不利于正确评价行为人之罪责,而且也不利于对犯罪人的改造。出于当今刑法之人权保障,尤其是犯罪人人权保障之基本旨趣,将被害人之过错行为纳入刑法考量范围,以稀释被告人行为之主观恶性,无疑是急迫而合理的。

刑法本质上是国家平衡各种利益的重要工具之一,因而刑法在调整社会利益时,应当对国家、社会和个人三者之间的利益进行衡量比较。而在刑法调整的利益中,存在最大的对立而又最需要调和的就是犯罪人与被害人之间的利益。一方面,被害人因为深受犯罪之苦,往往对犯罪人恨之入骨,甚至产生必欲置之死地而后快的情绪;而另一方面,犯罪人虽然曾经是他人利益的侵犯者,但一旦进入刑事司法程序,却又无可置疑地成为弱者,必然渴求国家法律的庇护,以使其利益免受法律之外的过分剥夺。然而,对于国家来说,无论是被害人还是犯罪人,都是国家的公民,国家都有义务对其利益依法加以保护,因而,国家在定罪量刑时,也就应当尽可能地保证犯罪人与被害人之间利益的平衡。为实现此目的,国家固然首先应当对犯罪人利益根据其犯下的罪行进行剥夺,以实现亚里士多德所谓的"矫正的正义";但同时,国家还应当防止犯罪人的利益过分地被剥夺,被害人的利益保护被过分倾斜。因而,由此也决定,国家在进行因果关系的考量时,必须对被害人的因素进行全面审视。

(3)忽视了被害人在犯罪事件中应当承担的责任。犯罪被害人最适于被看作同情和支持的对象,由于他们是被害人,由于他们因为犯罪人已经遭受了一定的损失,在心理上我们不忍心再指责他们,甚至忽略了他们对犯罪事件应当承担的责任。而学者们的研究结论告诉我们,并不是所有的被害人都是无辜和值得同情的,也不是所有的被害人都是对社会无害的。因此,改变传统的对被害人的不正确认识,辩证地看待被害人,是对其过错予以探讨,对其行为予以责难的心理基础。犯罪被害人学研究表明,犯罪由犯罪人、被害人和犯罪行为三个要素构成,被害人是其中一个非常重要的因素。犯罪行为往往是犯罪人和被害人之间相互作用的结果,犯罪人的行为和被害人的行为都对犯罪的发生起着作用。在多数情况下,被害人的行为对犯罪的发生也起着一定作

① 刘贵萍、许永强:《论刑事法律关系"三元结构模式"的建立》,载《国家检察官学院学报》2003年第3期。

用,被害人因此也具有一定的责任。被害人的责任直接影响着加害人的责任程度,在被害人负有完全责任的情形下,加害人的加害行为可能不构成犯罪,因而不负刑事责任;在被害人负有很大责任的情况下,犯罪人的责任可以因此大大减轻,对其处罚也应减轻;在被害人负有一定责任的情况下,犯罪人的责任可以部分减轻,对其处罚可以从轻。总之,具体分析被害人在犯罪过程中的过错,是准确定罪量刑的一项重要手段。现行刑法理论孤立地从犯罪分子的角度研究犯罪,片面地以犯罪人的主客观事实为依据,分析其行为是否构成犯罪以及该处多重的刑罚,而忽视了被害人应当承担的责任,这种刑事上的不公平现象应当予以改变。而在现行以犯罪人和犯罪人的行为为中心的刑法理论体系中,找不到被害人的位置。因此,扩大刑法理论的研究视野,将犯罪作为犯罪事件进行研究,分析犯罪事件的双方责任,成为解决这种刑事上的不公平现象的必然选择。

2. *死刑案件中被害人过错在刑罚裁量中的适用*

被害人过错的有无及其性质、程度等影响着对被告人刑罚裁量的轻重,在死刑案件中由于关系到被告人的生与死,因此,在死刑案件中,我们必须对被害人过错情节给予正确的认定与恰当的适用。根据司法实践经验,笔者认为,应当从以下几方面进行考察。

(1) 被害人过错的认定。目前,我国司法、执法机关对被害人死亡或严重残疾的严重后果往往更加关注,而对被害人的过错则容易忽视。加之,侦查机关在收集证据时,通常都把重点放在犯罪证据的收集上,往往忽略了对有利于犯罪嫌疑人的证据的收集,被害人过错证据的收集更加容易被忽视,这种做法使得因相关证据欠缺而无法确认是否存在被害人过错。司法实践中,遇到这种情况时,法官常常不敢认定被害人过错,通常的做法是用“琐事”一词代替对犯罪事实起因的表述。死刑案件中,司法机关在被害人是否有过错不能查清的情况下对被告人作出不利裁判的案件相当普遍,名噪一时的“枪下留人案(延安董伟案)”就是范例。① 笔者认为,在认定被害人过错的证据方面,原则上应当坚持量刑情节的证明标准应当低于犯罪构成的证明标准,后者的证明标准应当是“证据确实、充分,犯罪事实清楚”,前者的证明标准则应当是“排除合理怀疑”。在具体认定时,不仅要考虑被告人的供述,还要综合全案证据,考虑是否有其他证人证言、被害人陈述或者相关鉴定结论等证据能予以佐证。② 一般情况下,如果仅有被告人的供述,没有其他证据佐证,原则上不能加以认定,但是根据被告人、被害人在案件整个过程中表现出来的行为,通过合理的推定可以相信被告人所作的被害人有过错的供述有相当的合理性的,也可认定被害人过错的存在。在可以认定主要犯罪

---

① “枪下留人案”又称“延安董伟案”,陈兴良:《中国死刑检讨——以“枪下留人案”为视角》,中国检察出版社 2003 年版,第 308 页以下。

② 任志中、汪敏:《被害人过错与死刑适用》,载《法官说法》2009 年第 1 期。

证据,但影响罪责承担的被害人过错的证据不具有完全的排他性,个别证据存疑时,应采取"事实存疑有利于被告人"的原则,确认存在被害人过错,作出从宽的裁判。

(2)正确区分被害人过错的性质和程度,准确判断其对死刑适用的影响力。在死刑案件中,不同类型的被害人过错对死刑适用的影响力度不同,在刑罚裁量过程中,对被害人过错进行分类考察的办法是判断被害人过错对被告人量刑究竟有无影响以及影响力有多大的最有效的办法。前文中,笔者初步将被害人过错分为轻微过错和较大过错两类,在此,笔者将影响量刑的被害人过错再细分为四类,即严重的被害人过错、明显的被害人过错、激化矛盾的被害人过错、较小的被害人过错。严重的被害人过错以被害人积极实施严重违法犯罪活动,主动制造冲突为起因,由于被害人过错十分明显,所以这一类被害人过错比较容易认定,只要查清被害人先前实施的严重违法或犯罪行为即可。在死刑案件中,如果有明显的被害人过错情节,那么原则上不能适用死刑立即执行,但是如果被告人故意非法剥夺二人以上生命的或者同时存在其他从重情节且从重的分量很大时,也可以考虑适用死刑立即执行。[①] 明显的被害人过错指被害人主动实施严重不道德行为或者违法行为而引起犯罪行为发生,被害人的过错对犯罪的发生起了较大的积极作用,甚至有因果制约性,即如果没有被害人的先行行为,被告人的犯罪就不可能发生。在司法实践中,激化矛盾的被害人过错往往由于被害人与加害人(被告人)双方的不当行为对引起犯罪发生都有一定的过错,加之其责任的过错不如明显的被害人过错那样显著,所以其认定比较复杂。例如,在故意伤害或故意杀人案件中,一般情况下,当事人双方先争吵,再抓扯,推拉,最后到殴打。在这一过程中存在两个层次的"矛盾激化",从性质上看,第一层次的激化结果一般不会造成对生命、健康的侵害,只是普通的争执,而第二层次的激化结果才可能是刑法要评价的对象。《纪要》中提出"被害人对矛盾激化负有直接责任",这里的"责任"一词应当有两层意思:① 被害人的行为与矛盾激化的后果有直接因果关系;② 被害人的行为有过错。所以,如果第一层次"升级"到第二层次的原因与被害人的过错行为紧密相关,直接引发犯罪行为人的侵害行为,就具备对被告人酌情从轻处罚的条件。[②] 在死刑案件中,"激化矛盾的被害人过错"情节原则上可以起到阻却死刑立即执行适用的作用,但是它的力度要弱于"明显的被害人过错"情节。较小的被害人过错可能诱发或者引起犯罪,对犯罪的发生起了一定的积极作用。但是这种过错与加害行为的发生没有必然的因果关系,对加害行为发生的促进作用也不大,所以一般情况下其对刑罚裁量的影响力较小。如果被告人没有其他任何从重情节,在死刑案件中它也可以阻却死刑立即执行的适用,但是这种阻却力度相当小,一旦有其他从重情节的介入就会将其影响抵消殆尽。

---

① 任志中、汪敏:《被害人过错与死刑适用》,载《法官说法》2009 年第 1 期。

② 任永鸿:《刑事被害人过错解读》,载《人民法院报》2005 年第 4 期。

(3) 正确反映被害人过错与被告人行为的互动作用。需要指出的是,被害人过错与被告人行为是一个互动的统一体,因此在考察被害人过错对被告人量刑的影响时,必须将二者结合起来考虑,从而准确地判断被害人过错对被告人量刑的影响。一般而言,我们可以从被害人与被告人的生活环境进行考量。被害人平时表现较差的,发生"过错"的情况就会越多,表现程度就会较重,对犯罪发生的影响也较大;而被告人平时表现较差的,则因缺乏正常的抑制水准和是非观念,极易对他人的"过错"产生强烈的反应,导致犯罪的发生。正如德国法学家孔德·凯赛尔所言:"受害者的作用及其在应受惩罚的行为中的地位往往由于本身的特点而有明显的不同之处。"因此,在判断被害人过错对死刑适用的影响程度时,必须将被害人与被告人的情况结合起来。有的案件中,被害人虽然有一定的过错,但因被告人心理变态或者平时是非观念不分,对过错的反应很敏感,犯罪的主动性就较大。在这种情况下,应可视情形免除或者减轻被害人过错。①

(六) 就被害人过错问题对本案进行分析

林育群故意杀人案中,被害人存在明显过错且对激化矛盾负有直接责任,这是导致林育群犯罪的直接诱因。一审判决认为被害人虽有威胁等行为,但是与林育群的犯罪行为之间没有"必然的因果(关系)"。这一认定及理由显然是不符合实际的,如此即忽视了对林育群主观恶性的全面考察,进而对于林育群人身危险性的考察也过于偏颇。在本案诉讼过程中,公诉人在发表公诉意见(2003 年 9 月 18 日)时曾正确且恰如其分地指出:本案是林育群与李某共同导演的悲剧。从本案的前因后果分析,导致林育群杀害李某,被害人自己确实存在相当程度的过错。林育群在多次供述中均称:被害人李某在两人关系恶化后,再三向他索要钱财、要求买房,并称自己已经怀孕;林育群也曾给被害人钱,但被害人仍继续索要,并提出威胁。林育群的妻子李英黎证实:2002 年中秋后的一两个月,被害人不断给她打电话或发短信,予以争吵和纠缠,有时一天竟打了二三十个电话进行骚扰,索要二三十万元,并声称"要随便叫几个人把我小孩抓去"。林育群母亲施某证实:被害人曾威胁要绑架林育群的儿子。证人杨某、吴某均证实:二人曾听林育群的妻子李英黎说,有人想敲诈她二十多万。证人林婉婉证实:被害人李某曾对她说过要向林育群索赔。证人王某也证实:她曾出主意,让被害人李某向林育群索赔 5 万元,并代她写了控告信。在案发前,被害人李某还谎称自己已经怀孕,以此来要挟林育群。一审判决也认定,被害人李某曾打电话威胁过林育群及其亲属,并到林育群单位反映林育群的生活问题。

上述证据材料均表明,被害人生前确实曾向林育群索要财物和房产;被害人与林育群之间曾自愿发生性关系,对此林育群并没有合法的义务和责任进行赔偿;被害人

① 史卫忠:《论被害人过错对故意杀人罪量刑的影响》,载《山东法学》1995 年第 2 期。

不断打电话向林育群及其亲属索要钱财,并采取了一定的威胁手段,其行为性质已属于敲诈勒索,是一种明显的非法行为,甚至可以说是一种犯罪行为,即已触犯了《刑法》第274条的敲诈勒索罪。据林育群交待,他曾因此给过被害人李某一些钱,但李某仍不满足,而且要他买房子,还要和他结婚。一审判决也认定,2003年4月9日凌晨,“李某再次提出要挟,双方发生争执,被告人林育群掐死李某。”可见,正是被害人李某的一再要挟,终于导致林育群恼羞成怒,进而实施了犯罪。如上所述,林育群并没有任何犯罪预谋,因而在这起突发性案件中,被害人再次威胁,进而两人发生争执,导致矛盾激化,林育群一时冲动行凶杀人。被害人一再索要钱财,百般威胁、纠缠,甚至敲诈勒索,使林育群不堪其累;而事发当夜,被害人再次的要挟行为,可以看作是此起恶性案件的直接诱因。公诉人在公诉词(2003年9月18日)中也明确而正确地指出:“身处异乡的李某,虽正值青春年华,却不认真珍惜,明知林育群系有妇之夫,仍与其私通,进而将这不正常的行为作为要挟他人,谋取钱财的理由,从以上情况,我们可以看出,本案当事人道德观念淡薄,是发生本案的重要原因。”

因此,对于林育群主观恶性的评价,应当充分考虑其行为的动机的形成因素;如果忽略这一重要因素来断定林育群的主观恶性和人身危险性,显然不够客观、全面,也有违实事求是的精神。被害人是否存在过错,对于确定对犯罪人的量刑轻重具有重要意义。如果被害人存在明显和较为严重的过错且对矛盾激化负有直接责任时,即应考虑对犯罪人适当从轻处罚,因为犯罪人此时的罪责程度相对较轻。就本案而言,林育群虽然罪行严重,但是其行为动机的产生也是与被害人的威胁、要挟分不开的,因而在对其量刑时应当考虑适当从轻处罚。

六、被害方谅解对量刑的影响

(一)刑事被害方谅解制度

1. 刑事谅解的界定

(1)刑事谅解与和解。刑事和解是一种以协商合作形式恢复原有秩序的案件解决方式。刑事谅解与刑事和解有许多相似之处,但也存在明显的差别。刑事谅解的外延要比刑事和解大,范围广。刑事和解涉及诉讼阶段的不追究刑事责任、免除处罚或者从轻处罚。而刑事谅解除了具有刑事和解的特征之外,还延伸到了减刑、假释和缓期执行,既体现在定罪量刑的诉讼阶段,也体现在刑罚执行阶段。既有利于化解矛盾,又有利于对犯罪分子教育改造。

(2)刑事谅解与调解。刑事调解是一种以第三人对加害人和被害方进行斡旋、调停来解决纠纷、化解矛盾的方式,而刑事谅解不是以第三人的调解为前提,也不以加害人与被害方的和解为条件。它具有单一性和自主性。被害方的谅解也可能是第三人调解的结果,也可能是被害方和加害人和解的结果,也可能是被害方单方面、无条件地作出决定,完完全全取决于被害方的态度。

(3) 刑事谅解与私了。私了是一种不启动诉讼程序,以加害人和被害方达成某种契约来解决纠纷、化解矛盾的方式,私了虽然能够起到化解矛盾的作用,但它严重侵害了国家公权力,即将追诉的决定权彻底交给了被害方,忽略了加害行为对社会利益的侵害。由于没有启动诉讼程序,没有公权力的参与和监督,被害方和加害人达成的某种契约得不到法律的认可,即使私了,但仍然未了,国家还有追诉的权力,被害方还有反悔的可能。

综上,刑事被害方谅解制度就是在具有直接被害人的刑事案件中,被告人的犯罪行为得到了被害方的谅解,被害方申请从轻处罚、减轻处罚、免除处罚、减刑、假释、缓期执行的一种制度。①

2. 刑事被害方谅解制度的价值体现

犯罪是人类社会的毒瘤,一个犯罪行为不仅会破坏正常的社会秩序,而且还会给被害方(包括被害人本人及其亲属)造成无法弥补的伤害,同时也会使被告人的亲人陷入痛苦之中。在以往的刑事办案过程中,司法机关往往侧重于对被告人的惩罚、打击,而忽视了被害方遭受的心理创伤。有的刑事案件先后经过了一审、二审、申诉复查、审判监督以及检察机关抗诉等多道程序,法院一致认为案件判决是正确的,但是被害方却不愿接受判决结果。时间一久,被害方将矛头对准法院,对法院产生不满。所谓案结事了,不仅仅是案件实体了了,同时当事人的"心事"也得了,只有做到法律关系了了,被害方的心事了了,才能叫做真正的案结事了。

刑事被害方谅解制度的价值体现为:(1) 有利于社会的和谐建设。近年来,我国全面推行和谐社会的执政理念。和谐社会的基本要求是社会矛盾的最小化和冲突的柔和化。就刑事犯罪而言,就是尽最大努力地修复社会关系,消弭社会矛盾,预防犯罪的发生。被害方谅解加害人,既可以化解被害方与加害人之间的矛盾,也可以避免加害人与司法机关,被害方与司法机关产生新的矛盾。向刑事被害方征询量刑意见,办案人员告诉被告人以及被害方,被害方的谅解与否、谅解程度是对被告人酌定是否从轻以及从轻幅度的重要情节,这样有利于减少当事人之间的对抗,尤其是减少被害方对被告人的痛恨,淡化其复仇心理,尽力修复被犯罪所破坏的社会关系,促进社会和谐。(2) 有利于被害方得到精神安慰和物质补偿。如果建立了刑事被害方谅解制度,使不诉、判处缓刑、免于处罚、从轻处罚、减轻处罚的权力回归被害方,只要能得到被害方的谅解,就可以从轻、减轻或免于处罚,被害方就由被动转为主动,加害人及其亲属必然就把工作的重点从司法机关转向被害方,积极主动地安抚被害方,补偿被害方,有利于化解矛盾,有利于被害方得到精神安慰和物质补偿,能够最大限度地弥合犯罪带

① 刘伟发:《关于建立刑事被害人谅解制度若干问题的思考》,载《大众科技报》2007 年第 6 期。

来的伤害。(3) 有利于犯罪者的教育和改造。刑事犯罪中有许多罪大恶极的犯罪分子,他们应该接受最严厉的处罚,但也有相当一部分的刑事犯罪者,罪行并不是很严重,主观恶性也不大,特别是激情犯罪和过失犯罪,如果他们真诚地认识到自己行为的错误,愿意赔偿被害方的物质损失,补偿被害方的精神损伤,只要能得到被害方的谅解,就可以从轻、减轻或免除处罚,这样有利于刑事犯罪者认识错误并加以改正。而且对被害方的宽宏大量心存感激,就会以积极的态度接受教育和改造,有利于他们重新做人。(4) 有利于遏制和减少司法过程中的不正之风。从司法过程中的不正之风产生的根源来看,司法机关的自由裁量权过大是一个重要原因。如果建立了被害方谅解制度,使不诉、判处缓刑、免于处罚、从轻处罚、减轻处罚的权力回归被害方,那么,被告人及其亲属必然首先找被害方,会尽可能地给被害方以精神上的安慰和物质上的补偿,争取得到被害方的谅解。(5) 有利于节约司法资源。建立了刑事被害方谅解制度,在侦查阶段得到被害方的谅解,撤案后就不需要进入公诉环节,在公诉阶段得到被害方的谅解,不起诉后就不需要进入审判环节。在审判阶段得到被害方的谅解,就不会再进行申诉。如果被害方得到了物质赔偿和精神补偿,就不用再提起刑事附带民事诉讼或单独提起民事诉讼。这样就会大大节省有限的司法资源。同时避免了刑事被害方的诉累。(6) 有利于逐渐废除死刑。废除死刑已成为世界刑罚制度发展的趋势。而这也是保障人权、维护法制、实现民主的重要标志。如果建立了刑事被害方谅解制度,刑事被告人的犯罪行为能够被被害方谅解,申请从轻、减轻处罚,就可以判处死缓或无期徒刑,这样就可以大大降低死刑立即执行的数量,从而有利于逐渐废除死刑。

刑事被害方谅解制度固然有许多好处,但也可能产生一些消极影响。比如,由于犯罪人的经济能力和社会地位不同,该制度有可能会成为富人和有权势人犯罪的"护身符",产生新的社会不公正。但笔者认为,谅解的主动权始终掌握在被害方一方,能否取得谅解并不取决于犯罪人的经济能力和社会地位,而取决于被害方的态度。一般情况下,加害人及其家属首先会通过沟通交流和补偿来取得被害方的谅解,即使没有被害方谅解制度,被害方报案后,指证也有可能受到加害人及其亲属的威胁和报复。总之,笔者认为,刑事被害方谅解制度无论对被害方还是加害人,都是利大于弊。

3. 刑事被害方谅解制度的理论依据

(1) 被告人和被害方主体地位的回归。保护被追诉人的合法权利已被世界各国的刑事诉讼制度所接受。但在被告人的主体地位被强调和关注的同时,被害方的主体地位却长期没有得到足够重视,造成此种状态的原因很多,但最主要的原因是犯罪的社会危害性理论的影响。主流刑法理论界长期将刑事犯罪视为个人对国家、社会利益的侵害。对犯罪的追诉和处罚是对国家、社会利益的维护,而国家、社会利益包含了个人利益,追究和惩罚犯罪也就自然实现了被害方的利益,所以被害方利益就只能是刑事诉讼的附带保护利益,被害方不但主动追究犯罪的权力受到严格限制,也不能为了自己的利益直接与加害人和解,沦为“被遗忘的人”。在诉讼中强调主体性原则应当是所有诉讼当事人的主体性都受到尊重,如果矫枉过正,将本应该重视和保护的被害方抛到一边,就会犯买椟还珠的错误。

(2) 公权力和私权利的和谐统一。强调被告人或被害方在诉讼中的主体地位意味着对被告人和被害方在诉讼中的自主意愿的尊重和对自主处理权扩张的认可。刑事诉讼是一个公权力和私权利的博弈空间。公权力和私权利呈此消彼长的态势。尊重双方当事人的自主意愿,在实质上意味着公权力范围对私人权利范围的适度让步。刑事被害方谅解制度就是被告人和被害方主体意愿的体现,也是公权力(立案权、起诉权等刑事追究权)对私人权利范围适度让步的产物。在权利意识深入人心的今天,给私人权利较大的空间不仅是广大民众的基本要求,也逐渐成为政府制定、调整多项制度的基本导向之一。在这种背景下,我国刑事诉讼制度中原有的公诉与自诉范围的划分已经不能满足现实的要求,赋予公民更多的纠纷解决自主权,扩大私权利在刑事诉讼中的行使范围是我国现阶段的一种现实需求。刑事被害方谅解制度恰恰是扩大诉讼中的私权利范围的尝试之一。将被害方的谅解作为免于处罚、从轻处罚、减轻处罚、减刑、假释、缓期执行的条件之一,就形成了以公权力为主,私权利为辅的刑罚和诉讼体系,私权利弥补了公权力的不足,公权力很好地维护了私权利。

(3) 罪刑法定原则、罪责刑相适应原则从绝对到相对的转变。刑事被害方谅解制度与罪刑法定原则、罪责刑相适应原则所追求的普遍正义不同,刑事被害方谅解制度的理念与刑罚个别化更加关注具体案件当事人的意愿,尊重纠纷双方的合意,在实质上追求的是一种具体的个案正义。个案正义其实没有绝对标准,如果有,那就是不损害公共利益,且具体纠纷双方当事人满意。满足了上述标准,刑罚就可以放宽甚至免除。这与绝对的罪刑法定、罪责刑相适应理念有差异。但从解决纠纷、恢复和谐关系的目的来看却是必要和理性的,它以一种灵活务实的方式追求具体个案的圆满解决,也更加考虑社会效果。罪刑法定原则、罪责刑相适应原则从绝对走向相对的理论转变,给刑事被害方谅解制度的理论及其发展留出了广阔的空间,也只有通过刑事被害方谅解制度之实体法与程序法,立法规定与司法裁量相结合的特殊制度,才能在公正的基础上进一步实现个案的相对公正,将合法与合理因素结合起来。

(二) 犯罪后的态度及其法律意义

在林育群杀人碎尸案中,被告人之所以能够得到被害人亲属的谅解,被害人李某存在重大过错是原因之一,此外,被告人犯罪后的态度以及他对被害人家属的赔偿,也是林育群获得被害方谅解的重要原因。

犯罪后的态度作为一种客观存在,是刑事诉讼中不容回避的一个重要问题。不同的犯罪后的态度,对于犯罪危害的影响是不同的,由此而产生的法律意义也是不一样的。然而,多年来,人们对犯罪后态度的认识各有所见,对其应有的法律地位和法律意义的理解也不尽相同,以致在一定程度上影响了刑罚的正确裁量,林育群案就是典型。因此,有必要对犯罪后态度作进一步研究。

1. 犯罪后态度的概念及其特征

犯罪后态度,是指犯罪分子在其行为触犯《刑法》,构成犯罪之后所表现出来的心理活动状态和相应的行为表现。换句话说,犯罪后态度是犯罪嫌疑人、被告人(有时还包括被判处刑罚的罪犯)实施犯罪以后,对本人犯罪行为的看法和表现出来的客观举动或采取的行动、措施。[①]

犯罪后态度的基本特征主要有以下几点:

(1) 构成犯罪的前提性。任何犯罪后态度,都是行为人在已经构成犯罪的前提下所表现出来的态度。没有这一先决条件和前提,就谈不上所谓的犯罪后态度。犯罪后态度,既可以在实施终了阶段的既遂犯罪形态上表现出来,也可以在犯罪准备、实行阶段和犯罪的预备、未遂、中止形态中表现出来。只要行为人构成了犯罪,都存在着犯罪后态度问题。比如,行为人在犯罪的准备阶段,已经准备了犯罪工具,制造了犯罪条件,但之后又主动地放弃了犯罪的继续实施。又如,行为人在犯罪的实行阶段,已经实施了具体的犯罪行为,却自动、有效地防止了犯罪结果的发生。再有,在犯罪实施终了阶段,由于行为人意志以外的原因未能得逞,而本人主动向司法机关投案自首等。这些处于不同犯罪阶段和犯罪形态的犯罪,都能够表现出行为人犯罪后的态度问题。此外,被判处刑罚的罪犯,也有其犯罪后的态度问题,他们是否确实具有悔罪表现,关系到是否减刑、假释以及死缓是否执行的问题。因此,已被追究刑事责任的犯罪,也是犯罪后态度的前提和条件,在这种情况下表现出来的态度,同样应当视为犯罪后态度。

(2) 针对犯罪的指向性。犯罪后态度是行为人实施犯罪后表现出来的态度,这种态度虽然其表现形式不同,有的作用于犯罪对象,有的影响到犯罪客体,但最终是针对和指向犯罪的,是对本人已经犯罪而产生的认识和看法以及影响犯罪危害程度所表现出来的行动。比如,抢劫犯在犯罪后由于良心发现主动归还抢劫的赃款、赃物,就是针对本人犯罪而表现出来的犯罪后态度。

(3) 态度主体的特定性。犯罪嫌疑人、被告人和已被判处刑罚的罪犯,是犯罪后态度的主体。只有这些人针对本人已经实施的犯罪所表现出来的态度,才称得上犯罪后态度。此外,对犯罪具有一定看法和采取行动、措施的其他人,都不能成为犯罪后态度的主体。我们还应当明确,"送子归案"、"代为自首",虽然也有"送"、"代"者的态度问题,但归根结底还是出自犯罪分子本人的意愿和态度。如果犯罪分子拒绝规劝,本人没有自首的意思表示,也只能是被"扭送归案"或者被检举、揭发。

(4) 关联犯罪的表现性。不论是行为人的看法,还是其相应的举动,犯罪后态度

① 李勇忠:《对犯罪后态度及其法律意义的再认识》,载《楚天主人》1998 年第 5 期。

总有其一定表现,总是要对已经实施的犯罪产生一定的影响,能够为人们听到、看到或者其他感知方式所感受和认识。即使仅仅是一种看法,行为人也要通过其供述、辩解、忏悔等口头或书面的方式表现出来。如果这种看法只是一种心理活动,仅仅停留在内心深处而没有外现,就不属于犯罪后态度。事实上,行为人在犯罪后纯粹的心理活动是不存在的,其对犯罪的态度不可能不通过这样或那样的方式表现出来。对已经实施的犯罪不闻不问、放任不管,这本身就是一种犯罪后态度。

2. 犯罪后态度的基本类型

(1) 主动型与被动型。这是根据犯罪后态度的心理启动方式进行划分的。主动型的犯罪后态度,是指行为人对其犯罪持有的看法和采取的举动,完全是出自本人内心的,无论是放任其已经实施的犯罪,还是降低或减少其犯罪的社会危害程度,这种态度都是本人自觉自愿和积极的,其推动力完全为本人所使然。被动型的犯罪后态度,是行为人在外界因素作用下,对其已经实施的犯罪持有的看法和采取的举动,这种态度是"半推半就"或消极的。比如,受人教育规劝或者被逼迫指使等表现出来的犯罪后态度,即是如此。无论犯罪后态度呈现出积极意义还是消极意义,都有主动型与被动型之分。

(2) 彻底型与非彻底型。这是根据行为人对其已经实施的犯罪持有态度的程度作出的划分。彻底型的犯罪后态度,是指行为人不仅持有相应的看法,而且采取了能够采取的行动和措施。如行为人犯罪后真诚悔过,并且努力将犯罪的社会危害程度和具有的人身危险性予以降低或减少;或者行为人在犯罪后拒不认罪,并且通过种种方式逃避法律追究。这些都是彻底型的犯罪后态度。非彻底型的犯罪后态度,是指行为人有条件和能力充分体现其态度,但只是体现其中一部分,对其已经实施的犯罪,看法有保留,行动有余地。如行为人对自己的犯罪虽懊悔,但投案后又不能如实地供述其犯罪事实,就属于这种情况。

(3) 有益型与非益型。这是根据犯罪后态度具有的法律意义进行的分类。有益型的犯罪后态度,是指行为人在犯罪后持有的看法和采取的举动是有益的,有助于降低其犯罪的社会危害程度,有利于减少其人身的危险性。这种类型往往表现为行为人主动采取补救措施,带有"赎罪"的性质。非益型的犯罪后态度,是指行为人在犯罪后没有采取措施减轻其犯罪的社会危害,甚至还助长、加重其犯罪的社会危害,如故意杀人后碎尸,盗窃后当场使用暴力等,这种犯罪后态度显然是无益而有害的。

3. 犯罪后态度的法律地位及其意义

犯罪后态度作为影响犯罪危害的一种客观存在,是刑事诉讼中必须认真对待的一个重要问题,它在刑事诉讼中的法律地位及其意义是不容低估的。

(1) 犯罪后态度是罪责刑相适应原则的重要依据。犯罪决定刑罚,刑罚的轻重应当与行为人所犯罪行和承担的刑事责任相适应。笔者认为,犯罪后态度,也应当与刑罚的适用以及刑罚的轻重相适应。① 犯罪后态度属于犯罪事实。从广义上讲，犯罪事实是指客观存在的犯罪诸种情况的总和，既包括作为犯罪构成要件的基本事实，也包括与犯罪构成要件事实关系密切、直接影响犯罪危害程度的其他事实。而犯罪后态度作为一种客观存在，作为能够直接影响犯罪危害程度的其他事实，理应成为“犯罪诸种情况”之一，理应属于犯罪事实。不仅如此，有些犯罪后态度，本身就是犯罪事实，比如重复侵害的中止犯，行为人本来可以连续采取多次同一动作侵害犯罪客体、造成犯罪结果的出现，但是行为人实施侵害之后却自动将完全有条件和能力继续实行的侵害予以停止，有效防止了犯罪结果的发生，这种情况既是犯罪后态度问题，也是犯罪事实。② 犯罪后态度属于犯罪情节。犯罪情节是指决定构成犯罪及其社会危害程度的多种事实情况，包括定罪情节和量刑情节。一方面，有些犯罪后态度就是犯罪事实，就是构成犯罪的定罪情节，如前所述的重复侵害的中止犯。另一方面，有些犯罪后态度属于犯罪社会危害的事实情况，是量刑情节，当然，包括法定情节和酌定情节。前者如犯罪后自首，后者如犯罪后坦白交代。那种将犯罪后态度仅仅作为量刑的酌定情节加以理解的观点，显然是片面的。③ 犯罪后态度是刑罚的重要依据。我国《刑法》第 61 条规定：“对于犯罪分子决定刑罚的时候，应当根据犯罪的事实、犯罪的性质、情节和对社会的危害程度，依照本法的有关规定判处。”笔者认为，这里的“犯罪的事实、犯罪的性质、情节和对社会的危害程度”理应包括犯罪后态度这一客观情况在内。

（2）犯罪后态度关系到刑事诉讼的提起和发展、变化。行为人在犯罪后持有什么样的态度，既是司法机关贯彻罪责刑相适应原则依据的重要考量因素。有时还可以对刑事诉讼的提起及发展、变化产生积极影响。如行为人犯罪较轻，且在犯罪后又有重大立功表现的，就可以或者应当被免除处罚，就可能不被提起刑事诉讼；反之，即使犯罪行为较轻，但行为人在犯罪之后又加重了其犯罪的社会危害程度的，就可能引起刑事诉讼的发生、发展和变化。在这方面，《刑法》有相应的规定，如第 87、88、89 条规定，行为人在追诉时限内未被追诉，犯罪经过诉讼时效，且不再继续犯罪的，司法机关就不再追诉；《刑法》第 98 条规定，告诉案件的被害人如受到犯罪分子的强制、威吓而无法告诉的，人民检察院或者被害人的近亲属就可以成为控诉犯罪的主体。

（3）犯罪后态度对已经实施的犯罪所表现出来的意义是不同的，或者对犯罪本身具有一定的积极或消极作用，或者对所犯之罪的社会危害性产生进一步的影响，或者使得其人身危险性有所增大或减少，这些都能够在一定程度上影响相应刑罚的轻重。从我国刑法总则和分则的有关规定来看，除免除刑罚外，大致有以下情形：① 从轻或减轻处罚。如《刑法》第 24 条规定犯罪后自首的；第 164、390、392 条规定行贿人、介绍行贿人在被追诉前主动交代行贿或介绍贿赂行为的，对这些犯罪后态度的行为人，就可以从轻、减轻处罚。② 从重处罚。如《刑法》第 171 条规定伪造货币并出售或者运输伪造的货币的，《刑法》第 238 条规定非法拘禁他人具有殴打、侮辱情节的，由于行为人的态度加重了其犯罪的危害程度,故规定予以从重处罚。③ 数罪并罚。如《刑法》第241条规定收买被拐卖的妇女之后强行与其发生性关系的,以收买被拐卖妇女罪、强奸罪数罪并罚。④ 影响刑罚档次。如《刑法》第318条规定,组织他人偷越国(边)境的,处2年以上7年以下有期徒刑;行为人犯该罪又剥夺或者限制被组织人人身自由,或者以暴力、威胁方法抗拒检查的,处7年以上有期徒刑。⑤ 关系到对犯罪分子是否缓刑、减刑、假释以及死刑缓期执行与否。对此,《刑法》第50、78、81条都作了相应规定,这些规定都是将犯罪后态度作为一种必要或充分条件加以考虑的。

当然,有些犯罪后态度仅仅表现为量刑的酌定情节,其作用和意义不像法定情节那样明显。即使如此,其法律地位和法律意义也是不容抹杀的。

总之,犯罪后态度不仅是认罪态度问题,也不仅仅属于量刑的酌定情节问题,更重要的是指它的行为表现,重要的在于它对犯罪危害产生的影响及其程度,在于对正确贯彻罪责刑相适原则,准确适用刑罚具有密切的关系。因此,犯罪后态度的法律地位和法律意义是十分明显的。

(三) 判前赔偿从轻、减轻处罚制度及其适用

审判前对被害方进行赔偿也是行为人犯罪后态度的表现形式的一种。之所以单列出来讨论,是因为在林育群杀人碎尸案中,被告人对被害人亲属的主动赔偿也是其获得谅解的原因之一。

1. 关于判前赔偿从轻、减轻处罚的争议

判前赔偿从轻、减轻处罚制度是通过调解、真诚悔过、积极赔偿等方式,促进被害方与犯罪人之间的和解,恢复被损害的社会关系的一种制度。[①] 关于这一制度,在舆论层面和刑事理论层面都引起激烈的争论。

(1) 反对者的观点。① 于法无据。实行判前赔偿从轻、减轻处罚目前还没有明确的法律条文规定,虽然《刑法》规定的量刑原则中有"根据犯罪的社会危害程度量刑"的原则,但某一犯罪行为一经完成,它的社会危害程度基本已经确定,事后的经济赔偿不应被认为是"减小社会危害"的行为,不能将"赔偿"作为从轻、减轻处罚的情节。[②] ② 有违公平。倘若赔偿即可获得从轻、减轻处罚,那么,就是将人的"贫富状况"作为一种量刑情节,严重违背了"法律面前人人平等"的原则。实行判前赔偿从轻、减轻处罚有损法律正义,此先例一开,可能使"拿钱赎刑"乘虚而入,得不偿失。即使是对这一做法持宽容态度者,也对如何保证实践的公正性表示担忧。[③] ③ 有碍司法公正。虽然法院希望通过对这种赔偿机制的探索,再辅以国家赔偿,从而使被害人的利益可以得到最大维护,但是从法律上讲,一个人犯了罪,不仅要负刑事责任,也要负民事赔偿责

① 高庆国:《浅析判前赔偿从轻、减轻处罚制度》,载《河南工程学院学报》2008年第3期。
② 吕鸿雁:《"赔偿减刑"的合理性分析》,载《科技咨询导报》2007年第18期。
③ 李克杰:《谨防"赔钱减刑"沦为"拿钱买刑"》,载《燕赵都市报》2007年第2期。

任,“被告人赔偿被害人经济损失”是法律应有之义。然而,在当下,却是被告人被判刑之后,判决书判定的赔偿,被害人往往一分钱都拿不到,判决书成为一纸空文;反而往往是被害人事先与被告人协商好了,被告人能得到从轻、减轻处罚,被害人才能拿到赔偿。出现这种问题当然与一些被告人没有赔偿能力有关,但也与被告人故意转移或者隐瞒财产,以赔偿来要挟被害人要求减刑有关,如果同意从轻、减轻处罚就赔偿,否则就是“要钱没有,要命一条”。所以,在现有的司法环境下,过度提倡“对作出经济赔偿的被告人给予从轻、减轻处罚”的措施,可能成为被告人收买被害人的工具,妨碍司法公正。[①] ④ 有损法律权威。在公诉案件中,被害人对被告人刑事责任部分是没有处分权的,因此不应该以被害人是否原谅被告人,对赔偿是否满意来决定量刑幅度,否则就会动摇法律应有的严肃性,影响人们对法律的敬畏和信仰。⑤ 纵容犯罪,助长拜金主义。判前赔偿从轻、减轻处罚制度客观上削弱了打击犯罪的力度,会使一些应受严惩的犯罪分子逃避法律的制裁。实行判前赔偿从轻、减轻处罚制度,会使人深信“有钱能使鬼推磨”,从而助长金钱万能意识。⑥ 在法院执行工作困难重重的今天,出台判前赔偿从轻、减轻处罚制度,使得人民法院有逃避执行义务之嫌。

(2) 肯定者的观点。① 判前赔偿从轻、减轻处罚制度符合法律精神和刑事司法政策。对被害人进行经济赔偿,一方面体现了被告人对被害人的抚慰,是一种悔罪的表现;另一方面对缓解双方的冲突也是有利的。如果能缓解冲突,达到尽可能恢复心理平衡这个目的,法律也应该考虑从宽,这符合法律精神,同时也符合最高人民法院提出的“少杀、慎杀”原则。② 判前赔偿从轻、减轻处罚制度符合刑法原则和相关司法解释。《刑法》第 61 条规定:“对于犯罪分子决定刑罚的时候,应当根据犯罪的事实、犯罪的性质、情节和对社会的危害程度,依照本法的有关规定判处。”危害行为实施完毕,其直接结果已经确定,但其间接结果仍处于不确定状态,被告人通过采取措施挽回损失,减少其行为所造成的间接危害,从总体上说可以使其行为的社会危害性减小,这一做法可以成为依法减刑的情节。最高人民法院《关于刑事附带民事诉讼范围问题的规定》第 4 条也规定:“被告人已经赔偿被害人物质损失的,人民法院可以作为量刑情节予以考虑。”判前赔偿从轻、减轻处罚与“法律面前人人平等”的原则并不冲突。相反,对于积极采取措施承担赔偿责任的犯罪人,不加区别地判处刑罚才是真正有违法律公正的行为。③ 判前赔偿从轻、减轻处罚制度符合司法终极目标要求。在司法实践中,由于犯罪人经济能力有限等原因,被害人的经济损失往往很难得到赔偿。与此同时,被害人国家救助制度尚未确立。在这种情况下,实行判前赔偿从轻、减轻处罚制度,充分保护刑事被害人的各种权利,以切实稳定社会,这符合司法终极目标要求。④ 对于判前赔偿从轻、减轻处罚不能片面曲解为“花钱买刑”。判前赔偿从轻、减轻处罚的首

① 杨涛:《如何保证“赔钱减刑”的公正性》,载《北京青年报》2007 年第 2 期。

要目的不是替罪犯减刑,而是最大限度地维护受害者的利益。犯罪人以财产补偿来弥补受害人或其家属的心灵创伤和经济损失,一定程度上减轻了社会的振荡或矛盾。⑤ 对于国家而言,严格执行法律的目的,不是要再一次去破坏已经遭到破坏的社会关系,而是要通过法律的调整,实现社会利益的平衡。给被告人改过的机会体现了刑罚的人道与宽容,给被害方减少实际的物质损失,也体现了法律对被害人的关怀。司法的目的当然是解决纠纷,而不是制造纠纷。判前赔偿从轻、减轻处罚制度无论是从法理上还是现实需要来看,都具有其存在的合理性。⑥ 从某种层面上来说,尝试判前赔偿从轻、减轻处罚制度在一定程度上可以减少法律白条现象的产生。在一些刑事附带民事的案件中,被告人隐匿财产、消极赔偿等行为使得判决中对被害人的民事赔偿部分无法兑现。判前赔偿从轻、减轻处罚制度可以充分调动刑事被告人判前赔偿的积极性。

2. 笔者对判前赔偿从轻、减轻处罚制度的观点

(1) 笔者认为,该制度符合法律规定。判前赔偿从轻、减轻处罚制度在法律上有无依据,换言之,这种做法是否违法,这是首先应探讨的问题。实际上,在我国《刑法》和《刑事诉讼法》以及最高人民法院相关的司法解释中,都有类似的规定。《刑法》第61条规定:“对于犯罪分子决定刑罚的时候,应当根据犯罪的事实、犯罪的性质、情节和对社会的危害程度,依照本法的有关规定判处。”从该条的规定中可知:首先,犯罪行为对“社会的危害程度”是量刑时必须考虑的重要因素之一。而在“社会的危害程度”中包含了犯罪人给被害人造成的物质损失的大小,如果被告人赔偿了被害人的物质损失,则使其行为的社会危害程度减小,可以对其从轻处罚。其次,本条中规定的“情节”分法定情节和酌定情节,而酌定情节中又包含了被告人犯罪后的态度。① 被告人对赔偿问题是否持积极态度,应是其犯罪后态度的具体表现之一。“被告人在犯罪后的态度如何,是反映人身危险程度大小的一个重要因素。例如,真诚悔过、坦白交待、积极退赃、主动赔偿损失、积极采取措施消除或减轻危害结果等表现,较之拒不认罪、毁灭罪证、意图逃避罪责等表现,应当受到相对较轻的处罚。”②《刑法》第72条规定:“对于被判处拘役、三年以下有期徒刑的犯罪分子,根据犯罪分子的犯罪情节和悔罪表现,适用缓刑确实不致再危害社会的,可以宣告缓刑。”犯罪分子是否赔偿被害人的物质损失应该是衡量其是否有悔罪表现的内容之一。

从承担责任的方式上看,赔偿与刑罚也是可以互相衔接的,如《刑法》第37条规定:“对于犯罪情节轻微不需要判处刑罚的,可以免予刑事处罚,但是可以根据案件的不同情况,予以训诫或者责令具结悔过、赔礼道歉、赔偿损失,或者由主管部门予以行政处罚或者行政处分。”也就是说,对已构成犯罪,但犯罪情节轻微、不需要判处刑罚

---

① 樊凤林、周其华、陈兴良:《中国新刑法理论研究》,人民法院出版社1997年版,第311页。

② 高铭暄、马克昌:《刑法学》,北京大学出版社2000年版,第274页。

的,可以采用赔偿损失的责任方式而不需采用刑罚的方式。《刑事诉讼法》第172条规定:“人民法院对自诉案件,可以进行调解;自诉人在宣告判决前,可以同被告人自行和解或者撤回自诉。”这里的调解自然有赔偿的因素,如果赔偿后,自诉人满意而撤诉了,法院也就不再追究被告人的刑事责任了。

此外,2000年12月19日最高人民法院出台的《关于审理刑事附带民事诉讼范围问题的规定》第4条规定:“被告人已经赔偿被害人物质损失的,人民法院可以作为量刑情节予以考虑。”该规定以司法解释的形式明确了赔偿可以影响量刑,肯定了司法实务中长期以来的做法,使刑事损害赔偿由量刑的酌定情节变成了法定情节。

由此可见,被告人赔偿情况如何是可以影响量刑的,判前赔偿从轻、减轻处罚的做法有法可依。

(2) 该制度符合立法精神。一般来说,要准确理解法律就不能限于具体条文,还要探究条文之后的法理,追溯法理背后的立法精神,因为法律条文传递的仅是字面含义,是表面现象,潜藏在法律条文后面的法理、立法精神才是支撑法律条文的灵魂。法律条文是僵化的,单纯依靠条文很难应对日新月异的社会生活;而法理和立法精神则是灵动的,具有相当的普适性,能够应付纷繁复杂的社会现实。在现实生活中,如果仅按法律条文来办事会感到非常困难,会发现有许多法律空白地带,对于一些似是而非的东西,仅靠法律条文很难加以判断。从《刑法》的规定上看,判前赔偿从轻、减轻处罚的做法符合立法精神。《刑法》第2条明确指出:“中华人民共和国刑法的任务,是用刑罚同一切犯罪行为作斗争,……保护国有财产和劳动群众集体所有的财产,保护公民私人所有的财产,保护公民的人身权利、民主权利和其他权利……”显然,公民、法人和其他组织所有的财产是刑法保护的一项重要内容。在附带民事诉讼中,被告人的积极赔偿,使被害人的物质损失得到了补偿,符合刑法任务的要求;被告人用金钱的付出来表现自己的认罪态度,法律给予一定的宽容,符合立法精神;赔偿可以影响量刑,有利于调动被告人的赔偿积极性,有利于化解矛盾,解决纠纷,促进社会稳定,也有利于罪犯的改造,符合刑法的目的。

(3) 该制度符合刑事政策。刑事政策是指国家基于控制、预防犯罪的目的,在刑事立法、刑事司法领域所制定、执行的策略、方针、措施。刑事政策是刑事立法与刑事司法的灵魂,它对于刑事法治建设具有重要的指导意义。① 在建设和谐社会与法治国家新思路的指导下,我国的刑事政策也作了相应的调整,提出了宽严相济的刑事政策。宽严相济的刑事政策是刑事法对构建和谐社会这一政治目标的回应,它的确立表明我国的刑事政策在新的历史条件下的发展、完善。它是从最初的“镇压与宽大相结合”的对敌斗争的政治策略演变为“惩办与宽大相结合”的预防和控制犯罪的刑事政策,并逐

---

① 陈兴良:《解读宽严相济的刑事政策》,载《光明日报》2006年第11期。

渐被“宽严相济”刑事政策这一表述所取代。宽严相济的刑事政策,也就是轻轻重重、轻重结合的刑事政策,是指对刑事犯罪区别对待,特别是对那些情节轻微、主观恶性不大的犯罪人员,要尽可能给他们改过自新的机会,依法从轻、减轻处罚;对那些未成年犯罪人,可依法判处缓刑、运用减刑或假释等措施,进行教育、感化、挽救,做到既要有力打击和震慑犯罪,又要尽可能减少社会对抗,化消极因素为积极因素。① 它要求在刑事司法中既要治标,也要治本,既要注重法律效果,也要注重社会效果。尤其是在“和谐司法”理念与“少杀、慎杀”的语境下,“宽”的层面应该逐渐拓展。而判前赔偿从轻、减轻处罚的做法体现了宽严相济的刑事司法政策,达到了法律效果与社会效果的统一。

3. 判前赔偿从轻、减轻处罚制度的积极意义与现实意义

(1) 对被告人而言。首先,判前赔偿从轻、减轻处罚的做法有利于被告人的积极赔偿。如果明确赔偿可以影响量刑,则必将给被告人及其亲友以动力,充分调动被告人及其亲友的赔偿积极性,被告人或其家人,为了达到减刑的目的,即使倾家荡产或东挪西借,也愿意积极筹款,主动履行赔偿义务,使被害人的物质损失得到有效补偿。相反,如果赔与不赔都一样,对量刑都不产生影响,那么势必影响被告人及其亲友的赔偿积极性,被告人也将想方设法逃避赔偿。其次,积极赔偿本身也是犯罪人悔过的表现。加罗法洛认为,个人通常是重视钱财的,罪犯比工人更重视钱财,如果一名罪犯自愿放弃其大部分的份额和积蓄来赔偿被害人的损失,这将是一个有力的证明,证明其已经意识到了自己的违法行为,证明自己已经有了改过自新的愿望,这种证明比起那些有关良好举止的承诺和对过去忏悔的表白更有证明力。② 而且从心理学角度来讲,悔罪心理是犯罪人的主观心态,表现在行为上就是积极赔偿,尽可能地减轻行为的社会危害性等,基于此,也应该给他一个悔过自新的机会。再次,对避免被告人再次犯罪具有积极意义。控制与预防犯罪是我国刑罚的重要功能,是实现刑罚科学性的一项根本保证。因此,在我国对犯罪人判处和执行刑罚的全过程中,始终以教育改造犯罪人作为必不可少的内容,而这种教育改造本身起到预防犯罪人再次犯罪的最积极的、具有根本性意义的作用。这已经不仅仅是理论上的假定,而是经过实践检验的经验总结。③ 对被告人的赔偿从轻、减轻处罚,促进被告人真诚地认罪和悔过,从根本上避免其再次犯罪的可能。

(2) 对被害方而言。首先,犯罪人的物质赔偿是一种有效的安慰和救济。有相当一部分刑事案件,被害方人身权益遭到不同程度的损害,有的甚至失去了亲人,同时也

① 王利军、袁清彪:《贯彻宽严相济的刑事政策 促进社会主义和谐社会建设》,http://www.law-lib.com/lw/lw_view.asp? no=7453,2010 年 12 月 15 日。

② 加罗法洛:《犯罪学》,耿伟、王新译,中国大百科全书出版社 1996 年版,第 384 页。

③ 参见马克昌主编:《刑法学》,高等教育出版社 2003 年版,第 224 页。

蒙受了不同程度的物质损失。虽然从严格的法律上来讲,一个人犯了罪,不仅要负刑事责任,也要负民事赔偿责任,被告人赔偿被害方经济损失是法律应有之义,但目前的情况是:被告人被判刑之后,判决书判定的赔偿,被害方往往一分钱都拿不到,特别是那些没有赔偿履行能力的被告人,"要钱没有,要命一条",致使附带民事赔偿判决书成为一纸空文。原本身体受到损害的受害方,因无法兑现经济赔偿而使其状况雪上加霜。而通过赔偿从轻、减轻处罚的做法,鼓励被告人对被害方主动进行经济赔偿,弥补了被害方的物质损失,解决了其经济上的困难,达到对被害方家庭的救助,对其精神也是一个安慰。其次,物质赔偿更有利于被害方对司法公正的体验。以往的刑事审判不是特别注重对被害方的赔偿,被告人对赔偿采取消极态度,出于弱势的受害方或其家属因得不到补偿,往往陷入生活困境,这并不能完全体现司法的真正公正,因为公正的实现,并不仅仅表现为被告人受到了应有的刑罚处罚,被害方得到了应有的抚慰补偿也是一个重要的衡量标准。实际上,对于被害方来说,获得应有的物质补偿往往比对被告人判处更重的刑罚更能产生心理上的慰藉,更能萌生案件已经得到公正处理的心理认同。[①] 而且,在通常情况下,刑事被害方更关注的是他们因罪犯的行为所遭受的物质损失能否顺利通过司法程序得到弥补。被害方因犯罪行为而受到损失,如果得不到救济,有违社会正义的一般原则。再次,物质赔偿有利于社会的稳定。如果被害方所遭受的物质损失没有得到合理弥补,可能导致受害方生存遭受经济威胁,当其日后不时遭受生活贫困或肉体、精神痛苦折磨时,无论罪犯是否遭受刑事处罚,其都可能因强烈的报复心理而成为潜在罪犯。现实中,被害方因得不到及时赔偿而走上犯罪道路的案例不在少数。而注重被告人对受害方以财产赔偿来弥补受害人或其家属的心灵创伤,降低了被害方对社会的怨气,减少了被害方报复心理的产生,一定程度上减轻了社会的振荡或矛盾。

(3) 有利于恢复性司法制度的构建。恢复性司法发端于20世纪六七十年代,英国、美国、加拿大等国适用较早,并逐步在英美法系国家和非西方文化的国家得到适用。1999年,联合国作出了题为《制定和实施刑事司法调解和恢复性司法措施》的第1999/26号决议,2000年又作出了题为《关于在刑事事项中采用恢复性方案的基本原则》的第2000/14号决议,恢复性司法在世界范围内逐渐兴起。在我国,恢复性司法成为我国理论界和实务界共同关注的问题,是在2006年11月16日召开的江苏省刑法学年会上,以恢复性司法为内涵的刑事和解成为法学教授和公安、检察院、法院工作者讨论的热点问题之一。与此同时,在我国各地的司法实践中,也纷纷制定恢复性司法的操作规划。恢复性司法是一种前瞻性、恢复性的司法,不是着眼于对已经发生的犯罪行为进行报复,不是想办法如何对犯罪人进行更有效的惩罚;而是着眼于未来,设法解

---

① 陈卫东:《模范刑事诉讼法典》,中国人民大学出版社2005年版,第28页。

决已经存在的问题,如何恢复犯罪造成的损害,如何防止未来可能发生的犯罪行为。①它追求的是被害人和犯罪人的合法权益的实现,强调在以法律规范为依据对犯罪人的行为作出判断的基础上,通过反思,在犯罪方和被害方之间建立一种对话关系,使犯罪人意识到自己行为的错误性和严重性,尽最大所能提高双方达成赔偿损失协议的可能性和犯罪人实际履行义务的可能性,让犯罪人主动承担责任,消弭双方冲突,从深层次化解矛盾,修复受损的社会关系,以保护被害人的合法权益。而判前赔偿从轻、减轻处罚制度,提升了被害人和犯罪人的满意度,降低了再犯率,不仅减轻了监狱的压力,降低了司法成本高的问题,而且对被害人在刑事诉讼中所应具有的本体地位给予了足够的重视,有利于和谐社会下恢复性司法制度的构建。

(4) 符合世界刑法发展的趋势。主动赔偿可以从轻、减轻处罚的做法,在世界其他国家已有较为普遍的经验,并将之明确写入法律中。如《德国刑法典》第46条(量刑的基本原则)第2款规定:"在量定时法院要对照考虑对行为人有利和不利的情况。此时特别要考虑:……行为之后的活动,特别是其补偿损害的努力及行为人实现与被害人和解的努力。"第46条a款规定:"行为人与被害人的和解、损害补偿。如果行为人A. 在努力实现与被害人的和解(行为人与被害人的和解)中补偿了其行为全部或者绝大部分或者认真地力求了补偿,或者B. 在损害补偿需要他极大的人的付出或者人的放弃的情形中,赔偿了被害人全部或者绝大部分,那么法院可以根据第49条第1款轻处刑罚,或者如果没有科以比1年以下的自由刑或者360日额以下的金钱刑更重的刑罚,免除刑罚。"②《意大利刑法典》第62条规定:"在审判前,通过赔偿,或者在可能的情况下,通过恢复原状,完全弥补了损害;或者,除第56条最后一款的情况外,在审判前,主动并有效地消除或者减轻了犯罪的损害或者危险结果,是普通的减轻情节。"③《俄罗斯联邦刑法》第75条(因积极悔过而免除刑事责任)第1款规定:"初次实施轻罪的人,如果在犯罪之后主动自首,赔偿所造成的损失或者以其他方式弥补犯罪所造成的损害,则可以被免除刑事责任。"第76条(因与受害人和解而免除刑事责任)规定:"初次实施轻罪的人,如果他与受害人和解并弥补给受害人造成的损害,则可以被免除刑事责任。"④美国全国刑事司法标准与目标咨询委员会在1973年发表的报告中,也将犯罪人赔偿看成是减轻判处监禁刑的一个因素。⑤

判前赔偿从轻、减轻处罚制度有利于被害方及时获得赔偿,相应减轻犯罪者的刑

① 刘东根:《刑事损害赔偿研究》,中国法制出版社2005年版,第114页。

② 《德国刑法典》,冯军译,中国政法大学出版社2000年版,第20页。

③ 〔意〕杜里奥·帕多瓦尼:《意大利刑法学原理》,陈忠林译,法律出版社1998年版,第290页。

④ 〔俄〕斯库托拉夫·列别捷夫:《俄罗斯联邦刑法典释义》(上册),黄道秀译,中国政法大学出版社2000年版,第190—191页。

⑤ 吴宗宪:《非监禁刑研究》,中国人民公安大学出版社2003年版,第301页。

罚长度和严厉性，节省司法资源和成本，符合世界刑罚发展的趋势。

（四）坦白制度

林育群杀人碎尸案能够得到迅速侦破，犯罪嫌疑人林育群的坦白起到了举足轻重的作用，且是否坦白也是行为人犯罪后的态度，所以笔者想对坦白制度作一些简单的探讨。

1. 坦白的含义及其特征

在法律意义上，坦白的含义有广义与狭义之分。广义的坦白泛指一种认罪态度，包括自首与坦白，一般在表述刑事政策时使用，如“坦白从宽，抗拒从严”。从某种意义上讲，我国《刑法》中有关“自首”的规定也是这项政策的体现。作为一种政策上的“坦白”，应该是广义的“坦白”，而广义的“坦白”当然包括“自首”，自首是最好的坦白。在刑法理论研究和司法实践中使用的坦白，指狭义上的坦白，与自首有严格的区分。譬如1984年4月16日最高人民法院、最高人民检察院、公安部《关于当前处理自首和有关问题具体应用法律的解答》（以下简称《自首解答》），就曾将自首和坦白界定如下：“在司法实践中，对于犯罪分子作案后，同时具备自动投案、如实交代自己的罪行、并接受审查和裁判这三个条件的，都认为是自首。”而坦白通常是指“犯罪行为已被有关组织或者司法机关发觉、怀疑，而对犯罪分子进行询问、传讯，或者采取强制措施后，犯罪分子如实供认这些罪行的行为。”笔者所讨论的坦白主要是狭义上的坦白。它具有下列特征：

（1）犯罪人系被动归案。被动归案是相对于犯罪人自动投案而言的。被动归案主要有三种类型：① 被司法机关采取强制措施而归案。根据我国《刑事诉讼法》的规定，这些强制措施有五种：拘传、取保候审、监视居住、拘留、逮捕。② 被司法机关传唤到案。传唤是司法机关为了询问犯罪嫌疑人而将其召到指定地点的一种方法。传唤较强制措施来说，虽然强制性要轻一些，仍具有不可违抗的性质。如果被传唤人拒绝服从，就将进一步被诉诸拘传。③ 群众扭送归案。无论上述哪一类型的归案，都非出于犯罪人的主动，甚至是违背其意志的，因此都属于被动归案，这也是坦白区别于自首的最本质特征，坦白的其他特征都是受此特征制约的。

（2）犯罪人交代被指控的罪行。也就是司法机关对他采取强制措施或者传唤，以及人民群众扭送他所根据的罪行。被司法机关指控的罪行，无疑是已被发觉的罪行。如果犯罪人被动归案后所交代的是被指控以外、尚未被司法机关发觉的其他罪行，那就不能成立坦白而属于自首。如我国现行《刑法》第67条第2款规定的就是这种情形，即：“被采取强制措施的犯罪嫌疑人、被告人和正在服刑的罪犯，如实供述司法机关还未掌握的本人其他罪行的，以自首论。”

（3）犯罪人自己交代自己的罪行。司法机关决定对犯罪人采取强制措施，进行传唤，或者人民群众扭送犯罪人时，通常仅对案件有粗略的了解，全面、确实地查清全案情况,一般还有待于犯罪人归案后的如实交代。所谓犯罪人自己交代自己的罪行,一般是指犯罪人在被动归案后,司法机关未出示任何证据的情况下,自己向司法机关陈述犯罪的情况,从而有利于司法机关对案件全貌的了解。否则,在证据面前,犯罪人无法抵赖时才承认犯罪事实,就只能算作供认而非坦白了。可见,自己向司法机关交代自己被指控的罪行,是坦白区别于供认的重要特征,也是坦白区别于自首的重要特征。

根据上述坦白的特征,可见坦白与自首存在着一些相同之处,主要是:① 二者均以行为人实施了犯罪为前提,都是犯罪人犯罪后对自己所犯罪行的主观心态的外在表现形式。如果行为人并未实施犯罪,那么既谈不上自首,也谈不上坦白。② 犯罪人归案后都能如实交代自己的犯罪事实,并协助司法机关查证。③ 犯罪人具有接受司法机关审查、裁判的行为。④ 犯罪人主观上都能认罪、悔罪,因而均可以得到适当从宽的处理。

与此同时,坦白与自首也存在明显的区别,主要有:① 自首是犯罪人自动投案后,主动如实供述自己犯罪事实的行为;而坦白则是犯罪人被动归案后,主动如实交代自己被指控的犯罪事实的行为。② 自首与坦白所反映的犯罪人的人身危险性程度不同。自首的犯罪嫌疑人危险性往往相对较轻,而坦白者的危险程度通常相对较重。③ 根据我国现行法律规定,自首是法定的从宽处罚情节,而坦白只是酌定从宽处罚情节。在通常情况下,自首比坦白的从宽处罚幅度大一些。

当然,坦白与自首的区分也不是绝对的。首先,广义的坦白概念中包含了自首,如"坦白从宽,抗拒从严"政策便是。其次,自首与坦白的区别界限是根据需要而人为划定的,如为充分发挥自首制度的积极作用,通常将司法机关仅有所怀疑,而在询问时犯罪分子即交代了犯罪事实的情形也视为自首,这就是人为地扩大了自首的范围。再次,有时候,坦白中也包含了自首的质。如被动归案的盗窃犯罪嫌疑人,在主动交代了少量未被发觉的盗窃事实,其所交代的盗窃数额并不大,不会对其量刑结果产生重大影响时,其所作的交代仍会被视为坦白。

2. 坦白制度存在的价值

对坦白者给予从宽处理,正如我国的自首制度一样,有一定的理论依据,体现一定的价值观念。

(1) 使犯罪人尽早回归社会。人是生而自由的,人又是社会的人。刑罚的最大目的是实现特殊预防及一般预防。让犯罪人早日弃恶向善,尽早回归社会,无论其本人还是社会,都是希冀这一结果的。坦白者能如实交代,一方面说明其认识到了自己的错误,有一定认罪,悔罪表现;另一方面说明其主观恶性的减轻,有与社会合作并愿意融入社会的行动。坦白从宽,正是基于坦白者主观恶性的减轻,体现鼓励并帮助其早日回归社会的意图。

(2) 体现了社会正义。实现社会正义,理性的模式是正义的彻底伸张和邪恶的最终灭亡。应当说,这是我们的追求,而通过这种追求,在许多个案中确实也得到了或可能得到这种理想的结果。但从总体上看,就像真理是相对的以及事物是不完美的一样,正义实现也是有限的,否则,就不会有"破案率"这样的概念。我们在通过诉讼实现正义的过程中,正义的实现往往是有限的。这是因为诉讼是人所参与的,而不是神的功业,追诉者的能力也是有限的,其会受到主观和客观各方面条件的限制。同时,诉讼是一项具有对抗性质的活动,在个案中,可能通过努力而完全实现正义,也可能根本不能实现正义而让犯罪分子逍遥法外,有时还不能不进行妥协,以保证基本的正义(能将犯罪分子绳之以法,但不一定罚当其罪)的实现。坦白从宽,作为实现公平正义的可能途径,得到的往往是有限的正义,并非是对犯罪分子的放纵,不违背公正的价值。相反,它是一种双赢策略。所谓"双赢",即正义得到了有限的实现,而被追究者也得到了一定的利益。① 这也意味着,正义的实现必须付出代价,即"正义有价"的观念。也就是说,无价的、至上性的正义,仅存在于观念形态中,而现实形态的正义,则是有价的。正义实现过程中的妥协与利益的让渡,产生了正义的代价,这个代价,也就是为了实现正义而牺牲的那部分正义。正义的有价性甚至可以量化,可以用"价格"来体现。例如,通过"交易"而减少的刑期,就是正义的价格。

(3) 诚信价值。自由社会越来越提倡诚信,诚实信用在民事法律中更是被奉为"帝王条款"。诚实是一种美德。只有对诚实者给予鼓励,对不诚实者不给予好处,才能避免出现诚实人吃亏、不诚实的人占便宜的不合理、不公平现象。在刑事诉讼中,犯罪嫌疑人诚实之坦白,对自己本已置于可能被司法追究的不利境地,但在诚信价值观念作用下,还是勇于交代自己的问题。而对代表国家的监控方来说,坦白从宽如不法定化,就缺乏对坦白者践行"从宽"之保障。实践中出现司法悖论,往往是司法人员缺乏诚信造成的不良现象。因此,从一定意义上讲,国家法律规定坦白制度,是讲诚信的一种表现。

(4) 交换观念。交换是一种基本社会机制,同时也是一种诉讼机制。交换的适用有一个前提,即"该行为的最终目标只有通过与他人互动才能达到"。而刑事司法活动正是一种需要"与他人互动才能达到目标"的活动。这种互动包括警察、检察官与犯罪嫌疑人之间的互动。嫌疑人作为重要的证据来源,由于他最了解案件发生的过程,因此可以被称为"第一证人"。在实行证据裁判主义原则之下,检察官需要从嫌疑人那里获得支持指控的证据,某些情况下,如果没有嫌疑人配合,案件将难以证实(例如此处的林育群杀人碎尸案),责任将难以追究。而要求嫌疑人配合的过程,由于受到正当程序及人道原则的限制,不能采取强力方式,往往不得不采用交换利益即交易的方式。可见,交换也是现代刑事诉讼的一种重要机制。在刑事追诉中,诉讼的对抗性质,使其

① 吕金胜:《论坦白制度》,2004 年苏州大学硕士学位论文,第 41 页。

成为一种博弈,即以求胜为目的的智力竞技。既然是对抗,风险就难以避免,因而诉讼实际上是一种"风险博弈",为规避风险、降低成本,可以实行和解与妥协。辩诉交易就是一种典型的讨价还价博弈,在以刑事诉讼为背景的博弈中,参与人是检察官和犯罪嫌疑人,控辩双方在追诉与反追诉的对抗中,均可以采取一定的攻守进退战略。而在进入审判前,控辩双方可能的战略组合有两个:选择正式审判或者选择辩诉交易。参与人的收益如果量化,前者要么是100%,要么为0;后者的收益虽然达不到100%,但也可以避免出现收益为0的风险。在100%与0之间如何选择,对双方来说就是风险博弈。对坦白者给予从宽处遇是理性的诉讼当事人即控辩双方基于较大的诉讼风险以及昂贵的诉讼成本,发现进行交易更符合他们各自的利益,从而达成一致,选择退出诉讼,打断诉讼进程并获得相应收益的"诉辩和解"。和解的结局不是非赢即败,而是一种"双赢"。①

(5) 坦白从宽是自首从宽的逻辑延伸。对自首者之所以要求从宽处罚,一是因为投案自首者表现了对法律的归服,并一般表现了作案者弃恶向善的意愿,因而易于改造,立足于特殊预防确定刑罚量的限度时,以较轻处罚即可能达到刑罚目的;二是因为自首行为协助了司法,节省了国家的司法资源,减轻了国家的证明负担,同时保证了诉讼的效益和效率,为此需要对自首者予以法律上的褒奖,并因此而对其他违法犯罪者产生感召作用。应当看到,对自首者从宽的这两点理由对坦白者同样适用,坦白认罪是悔过的前提和改造的起点,坦白交代犯罪事实同样对司法目的的实现有十分积极和重要的作用,因此刑事司法也必须实行坦白从宽。由于自首与坦白同样以向司法机关交代犯罪事实为其基本内容,二者的主要区别是在其交代犯罪事实的主动性上,由于自首者具有更为积极的态度和作用,一般情况下从宽幅度可以大 些,但不能因此而忽视对坦白者的从宽处理。在一定情况下,坦白情节中所表现出的积极因素的量可能大于自首,因而更要求从宽处罚。例如,作案人主动交代司法机关未掌握的同类犯罪事实,在司法实践中不能作为自首只能作为坦白看待,但有些余罪十分重大,在目前情况下,却因犯罪性质与司法机关已经掌握或已有重大嫌疑的事实属于同一类型即同一罪名(这种认定还可能受司法人员的主观认识的影响),就不具有法定的从轻、减轻或免除处罚的情节;反之如果主动交代的是其他类型的犯罪事实或者司法机关将这些犯罪事实确定为其他类型,交代人即可享受自首从宽的待遇,这未免显得不平衡。主动交代同类余罪对司法的积极意义也许大大高于某些案件中嫌疑人的自首行为(如畏罪潜逃走投无路时投案自首),这种情况下如果没有确立坦白从宽的法律制度,就很可能造成处罚上的失衡和不公正。

① 龙宗智:《正义是有代价的——论我国刑事司法中的辩诉交易兼论一种新的诉讼观》,载《政法论坛》2002年第6期。

(五) 就以上问题对本案进行分析

本案被告人林育群归案后积极主动交待犯罪事实,较为彻底地坦白了自己的罪行,这充分说明林育群具有明显的悔罪态度,并已经得到侦查机关和检察机关的认可,这也是林育群能够得到被害人亲属谅解的重要原因之一。

在诉讼过程中,侦查机关和检察机关都认为林育群认罪态度较好,主动交待犯罪事实,并认为林育群有自首情节。在卷宗中,漳州市刑侦支队二大队致漳州市人民检察院的函中,侦查机关即指出:林育群对自己的犯罪行为有较正确的认识,并于4月26日向公安机关交待了其杀人碎尸、抛尸的整个犯罪过程,其供述犯罪行为态度好,有自首行为。检察机关的公诉意见亦指出:被告人林育群认罪态度较好,在公安机关掌握的破案线索极为有限的情况下,如实交待犯罪事实。一审判决却认为:林育群被采取强制措施归案后,还在否认与被害人李某的关系,即没有投案,就不存在自首。对于林育群是否存在自首情节,笔者认为,应当实事求是地依法衡量。根据《刑法》及最高人民法院有关司法解释的规定,林育群虽然主动交待全部犯罪事实,积极配合侦查机关侦破本案,但是尚不完全符合《刑法》第67条第2款规定的准自首的条件。不过可以充分肯定的是,林育群具有明显且彻底的坦白行为,充分说明其具备强烈而真诚的悔罪态度,因而在对林育群决定刑罚时,应当充分考虑这一情节,酌定从轻处罚。公诉人在公诉词中也曾建议一审法院的审判应当考虑这一情节。

无论在我国的刑罚理论上还是刑事司法实践中,坦白罪行都是一种酌定从轻量刑的情节,它体现了我国一贯坚持的“坦白从宽,抗拒从严”的刑事政策。因为犯罪人是否具有坦白情节,对于判断其主观恶性和改造难易程度都具有重大意义。对于具有坦白情节的犯罪人,一般而言,能够说明其认识到自己犯罪的性质,可以认为其具有明显的悔罪态度和主动接受审判以及刑罚惩罚的意识,因而应当判定其人身危险性相对较轻,量刑时酌定从轻处以相对较轻的刑罚符合罪责刑相适应的原则。就本案而言,林育群归案后主动交待犯罪事实,态度之诚恳、悔罪之深刻,已经得到侦查机关和检察机关的充分认可。

客观地讲,如果林育群在归案后矢口否认,或者干脆不配合侦查机关的侦查,那么本案不可能如此迅速地侦破,甚至也无法对其以证据确凿而定罪。当被害人尸体碎块被发现时,只能证明被害人被杀且被分尸;虽然后来侦查机关将各种线索综合起来,初步确定林育群有犯罪嫌疑,但是没有任何直接证据证明林育群就是凶手,而已有的间接证据也是极少的,一些关键事实根本无法查明:(1) 在林育群交待前,侦查机关不掌握犯罪现场。因为新中林大酒店的服务员没有经验和意识,根本没有发现任何杀人、分尸的痕迹。(2) 侦查机关没有查到犯罪工具。(3) 在被害人尸体以及用来包装的报纸上没有林育群的任何痕迹,根本无法确定被害人就是林育群所杀。正是由于林育群及时而彻底地坦白罪行,才使这些基本犯罪事实得以澄清,才能够使本案得以被顺利侦破和提起指控。试想,如果林育群坚决不招供,或者拖延敷衍,那么侦查机关将很难查明这些关键事实。虽然林育群与被害人有过不正当两性关系且发生争执,但这根本不能推断出被害人就是林育群所杀。即便从现有证据材料分析,除了林育群的供述外,没有其他任何直接证据能够证明林育群杀害了被害人,也没有诸多间接证据可以形成完整的证据链来说明林育群就是凶手。可见,林育群的坦白在本案的侦破和诉讼中发挥了关键性作用。林育群为何彻底地坦白罪行?结合林育群的供述以及案件前因后果联系来看,笔者认为,其原因就是林育群出于一时冲动致被害人死亡后,起先出于害怕、为逃避罪责而分尸、抛尸;而在接受侦查机关的调查后,充分认识到自己的罪恶。如此可见,林育群具有彻底的坦白行为,这充分说明其人身危险性较低,可改造程度较高,应当适用相对较轻的刑罚。

林育群诚恳的认罪态度,得到了被害人亲属的真诚谅解,这对于本案的量刑具有突出的意义。在以往的实践中,对于杀人碎尸的恶性案件(甚至一些情节比较轻微的刑事案件中),被害人亲属甚至不惜放弃赔偿而坚决要求法院判处犯罪人死刑立即执行,以此达到"血债血偿"的目的。一些审判机关也往往基于此种压力而对被告人作出判处死刑立即执行的判决。然而,在本案中,被害人亲属一再向法院表示,希望从宽处罚林育群。在一审过程中,被害人亲属对林育群的罪行即有所谅解,林育群及其亲属亦主动对被害人家庭进行了赔偿。被害人之母周某在和解协议(2003 年 9 月 16 日)中提出,要求司法机关对被告人予以从轻、减轻处罚。在二审过程中,周某也已向法院提交了要求从宽处罚林育群的请求书,在请求书(2003 年 11 月 20 日)中亦提出:"我女儿亦有威逼要挟之错才酿成本不该发生的事情",周某因而请求法院对林育群从轻、减轻量刑,给林育群一个自新、重新做人的机会。

被害人亲属之所以接受林育群的悔罪表示,并表示了真诚而积极的谅解,主要原因并非为了获得林育群的赔偿,因为在一审过程中,林育群已作出赔偿的数额仅有 8.5 万元,数额相当有限;而且,根据《刑法》第 36 条以及《刑事诉讼法》关于刑事附带民事诉讼的规定,无论如何,林育群都应当作出赔偿,这是法律规定的义务。笔者认为,被害人亲属作出谅解的原因主要有两点:(1) 认为被害人本身有过错。正如被害人之母周某所言:"我女儿亦有威逼要挟之错",而且认为这是导致这场悲剧的主要原因。(2) 林育群已作出了诚恳的悔罪表示,以及其亲属的多次道歉,使被害人亲属看到了林育群的真诚悔过之心,也希望给林育群一个改过的机会。毕竟,自己孩子已经过世,再找一个人偿命,同样要毁坏另一个家庭;给林育群一个机会,也会给他的家庭和孩子一个机会。被害人母亲的深明大义和仁慈之心,值得敬佩。如果将林育群立即执行死刑,我们甚至可以说,这也是违背了被害人亲属的良好意愿,如此,刑罚效果将发挥什么样的作用呢?

在我国的刑事司法实践中,案件的社会影响往往是审判机关量刑时予以参考的因素之一,而被害人亲属的反应又是判断案件社会影响的主要因素。被害人亲属,经常被老百姓称为“苦主”,是刑事案件的主要利害关系人。现在,作为“苦主”的被害人亲属都已经向法院“求情”,希望从轻处罚犯罪人,已经说明对犯罪人的责难程度被大大降低了。同时,如果被害人亲属能够对犯罪人的罪行予以谅解,则在一定程度上可以说明犯罪人的人身危险性亦相对较低,其悔罪表示已经在相当程度上被社会所接受。在本案中,被害人亲属已经对林育群有所谅解且接受了其悔罪表示,可以说明林育群罪行和罪责的社会影响相对较小,对其从轻处罚也有利于刑事政策的实现。

七、酌定从宽情节与酌定从严情节并存时如何量刑

(一) 酌定从宽情节与酌定从严情节并存时的解决

1. 量刑情节并存的含义及其产生的原因

量刑情节并存,是指在同一罪名的案件中,存在两个以上的量刑情节。这两个以上的量刑情节的功能或作用可以是相同、相近或者是不同,甚至是相反的,但是,它们发挥或者可能发挥作用的对象是同一犯罪人的同一罪名的犯罪事实;影响或者可能影响的是对该犯罪的刑罚适用轻重或者是否适用。①

根据案件的繁简程度可以将刑事案件分为简单案件和复杂案件,所谓简单案件是指犯罪人独立作案且案件事实清楚、法律有明文规定、适用程序简便易行的案件;复杂案件是指犯罪人多人作案且案件事实比较复杂、法律未明文规定或虽有规定但需要仔细斟酌、适用程序繁琐严格的案件。② 量刑情节并存大都发生在复杂的案件中,简单案件很少发生量刑情节并存的问题。之所以会发生量刑情节并存的现象,主要是因为以下原因:

(1) 法律规定模糊

我国《刑法》关于量刑的规定只有 4 个条文,即第 61 条关于量刑的基本原则、第 62 条关于如何从重处罚与从轻处罚、第 63 条关于如何减轻处罚以及第 64 条关于对犯罪物品的处理。这 4 个概括性规定,内容简单,可操作性不强。可见,我国《刑法》量刑一节只简单规定了从重、从轻以及减轻处罚三个量刑情节,对于三者在同一案件中出现时该如何解决并未明文规定。“关于冲突情节适用规则,除了意大利、韩国、泰国、土耳其、日本、巴西、西班牙等少数国家的刑法典有详略不同、方法各异的规定外,多数国家的立法均无明确的规定,我国亦如此。”③量刑情节并存的立法缺陷也引发了理论上的分歧,导致刑法理论界对此众说纷纭,迄今尚无公认之说。理论上的分歧必然影响司法实践,造成了各法院在处理此类问题时各行其是,量刑不公正在所难免。

---

① 王玮:《论量刑情节并存的适用》,载《山东审判》2009 年第 2 期。

② 徐国聪:《量刑情节冲突研究》,2009 年苏州大学硕士学位论文,第 16 页。

③ 贺平凡:《冲突情节并存的刑罚适用规则》,载《华东刑事司法评论》2004 年第 1 期。

(2) 案件本身复杂

众所周知,在复杂案件中最容易出现量刑情节并存的问题,比如犯罪人犯有抢劫罪,具有持枪抢劫的从重处罚情节,应处 10 年以上有期徒刑、无期徒刑或死刑并处罚金或没收财产,但犯罪人又具有自首的情节并且在讯问过程中检举他人一般犯罪行为并经查证属实,根据我国《刑法》第 67 条第 1 款规定:"对于自首的犯罪分子,可以从轻或者减轻处罚",根据第 68 条第 1 款规定:"犯罪分子有揭发他人犯罪行为,查证属实的,或者提供重要线索,从而得以侦破其他案件等立功表现的,可以从轻或者减轻处罚。"在上例中,犯罪人既具有从重处罚情节又具有从轻或减轻处罚情节,即存在量刑情节并存的现象。在司法实践中,如何衡量犯罪人的各个量刑情节,是摆在司法工作人员面前的一大难题。从某种意义上说,案件的复杂性质决定了量刑情节并存出现的极大可能性。

2. 酌定从宽情节与酌定从严情节并存问题的解决

由于林育群杀人碎尸案中涉及的有争议的量刑情节问题是多个酌定从宽情节与一个酌定从严情节并存时如何解决的问题,故笔者仅从多个酌定从宽情节与酌定从严情节并存时这一方面来讨论如何解决。在司法实践中如何得到较好解决,不仅仅是如何保护被告人权益的问题,更关系到法律的权威和统一性。

(1) 明确指导思想

量刑的指导思想是一切量刑活动的出发点。刑法对审判实践中就一切案件的不同情节如何适用作了相应的规定,但是所有的规定都是粗线条的而不是具体的,因此,仅仅根据《刑法》的既有规定,并不必然地达到量刑的完全合理化,有必要在依法的前提下,确定一个合理的规则。合理量刑意味着,在遵守法律有关量刑的规定的同时,按照量刑的一般原则决定对犯罪人的刑罚。合理量州包含几项主要内容:

① 在法定刑格内按基本情节的具体程度决定应定刑。即在已依法确定个罪的性质与所属法定刑格的情况下,如果其不具有影响量刑的从宽或从重情节,那么,决定个罪所属法定刑格的基本情节在格内的严重程度便是决定其在格内的最终应定刑(基本型),即宣告刑的唯一根据,因此,在确定个罪的基本情节的格的前提下,再具体评定其严重程度,并以所评定的严重程度为基准,在法定刑格内选择与之轻重对应的刑种或刑期作为宣告刑,是合理量刑的唯一选择。

② 根据法定量刑情节合理量刑。法定量刑情节,虽然规定了在法定刑格内或破格量刑、免刑的方向,并规定了应该或可以从宽或从严的影响的选择范围,但是,其并未规定在具体个罪中,在法定刑格内或破格量刑的具体标准,也为规定在何种情况下"可以"从宽,在何种情况下不"可以"从宽,在什么情况下应当或可以从轻,或不应或不可从轻,以及在什么情况下应当或可以减轻、免刑,而不能仅仅从轻等。因此,仅仅依照法律规定适用量刑情节,不足以解决根据法定情节量刑的问题,只有在此基础上进一

步将量刑的一般原理贯彻于具体个罪的情节的适用之中,才能最终实现根据情节量刑。

③ 按酌定情节合理量刑。对犯罪的严重性有加减影响的情节诸多,其中虽有一部分已由立法上确认为法定量刑情节,但仍有相当一部分未被规定为量刑情节,而留待法官在量刑时自由酌定,即法理上而言的酌定情节。如何确定酌定情节的范围及其对量刑的影响,也是合理量刑的重要内容。

(2) 明确量刑原则

树立了合理量刑的指导思想,在司法实践中,对被告人裁量决定刑罚,要把握好以下几项原则。尤其是两个总的原则。

① 综合平衡原则

在具体情况下,个罪可能存在多种情节,而根据其性质,不同情节对量刑的影响不同。若干个情节之中,既有有利于犯罪人的,也有不利于犯罪人的。有的犯罪中既有从轻情节,又有减轻或免除处罚情节,还有从重情节。在这种情况下,审判人员对两类不同性质的情节必须坚持综合平衡原则。在数个情节性质各异的犯罪中,应当兼而顾及,对各情节进行定量分析,给予同等重视,不允许厚此薄彼,否则就难以做到公正量刑,但是,从我国司法实践的实际情况看,重打击轻保护的倾向较为严重,加之重刑思想在我国仍然占有一定市场,因而审判人员往往忽视综合平衡,对犯罪人往往不能保持客观冷静的态度,只重视或是主要考虑不利于犯罪人的情节,对有利于犯罪人的情节则考虑较少,这种做法显然是与法治原则相悖的,需要纠正。

当然,谈到综合平衡原则,并不是排除在特定时期、特定社会形势下,着重强调某一或某几个情节在认定刑事责任中的特殊意义,而是要求对这些特殊意义情节的强调要进行适度的定量分析,同时不能因为强调这些情节,忽视其他情节在刑事责任的认定中应有的地位和作用,这一原则坚决反对在对数情节犯罪确定刑事责任时,片面强调、不适当夸大某一情节的作用,使其成为影响刑事责任轻重的决定性因素,孤立于其他情节之外,据此决定处刑轻重。它要求对案件中的各种情节进行定性与定量相结合的分析以后,如果从宽的情节属于主导地位,便应在法律允许的范围内判处较轻的刑罚,不能因为具有某一从严情节而判处较重的刑罚,如果从严的情节居于主导地位,则应在法律允许的范围内判处较重的刑罚,也不能因为具有某一从宽情节而处较轻的刑罚。

② 合理模糊原则

严刑并不能消除犯罪。之所以选择严刑峻法,也是社会的无奈之举。与之相适应,罪名的严重性与法定刑之间的罪刑对应关系,也是在绝对不对应的前提下的相对对应。因此,根据有限严厉的法定刑幅度,就严重性互不相同的案件量刑,应该允许同样严厉的刑罚,被适用于在一定程度上严重性互不相同的案件。也就是说,对在一定程度上存在严重性之差的不同案件,应视为符合同罪同罚的量刑原理,而不能以案件严重性存在程度之差为由,将对其所处的同样的刑罚视为异罪同罚而不符合量刑的理性。因此允许刑与罪之间的对应具有一定的模糊性,应该成为合理量刑的重要内容。

在刑法学界,有一种观点,认为禁止重复评价也是量刑原则。禁止重复评价"乃谓禁止法条所规定的构成要件的因素,在刑罚裁量中再度当作刑罚裁量事实,重加审酌,而作为加重或减轻刑罚的依据。"①如裁量过失致人死亡的行为,不应将被害人死亡的后果,当作刑罚裁量事实加以审酌。笔者认为,在量刑过程中,作为法官首先要弄清哪些是量刑情节,哪些是定罪情节。但是,这并不必然导致禁止重复评价就是量刑的原则。因为构成要件的因素已在刑事立法时为刑事立法者所顾及。早已作为决定各该犯罪行为的法定刑的标准。也就是说,定罪情节是立法者决定的事,毫无司法者的"酌量"可言。司法者只有按照法定的框子,用已然的案件去套条文,符合了法定条件,行为人才构成犯罪。在这个基础上,才有考虑量刑的必要。因此定罪量刑是裁决案件的先后不同的环节,"禁止重复评价"如果说要遵守,也是裁决案件过程中贯穿始终的,不能仅仅认为是量刑原则。

③ 建立正确的量刑规则

量刑活动是一项复杂而具体的工作。在司法实践中,要根据上述的原则针对不同类型的案件设立一套行之有效的规则。

刑法是保护犯罪者权利的大宪章。正确量刑是体现刑法宪章作用的重要环节。合理量刑意味着对犯罪者进行惩罚的同时,尤其应关注对犯罪者的保护。因此,应该很好地贯彻有利于被告的量刑规则。具体说来②:

A. 可免可不免者免。在刑法条文中,对于正当防卫、中止犯、胁从犯,均规定了应当免除处罚的内容,而对于未遂犯等也规定了可以免刑的内容,虽然对犯罪人予以免刑,并非量刑的唯一选择,但如果是处于可免可不免的模棱两可的境地中,只要免刑不违法,则应考虑对犯罪人免刑。

B. 可减可不减者减。对于法律规定的可以减轻处罚的内容,除非犯罪情节决定了罪犯不能减轻,否则,应对犯罪人予以减轻。在司法实践中,经常有司法工作者为了稳妥起见对于可以减轻的罪犯,往往在上下刑格链接点上量刑,如果犯罪的情形决定了没有可减情节时处于上刑格,那么这种量刑实际上在具有减轻情节时只是从轻处罚,并没有体现立法的要求。

C. 可轻可不轻者轻。在具体个案中,如果犯罪人所具有的情节介于可以从轻亦可以不从轻之间,那么理性的选择则应从轻量刑。在司法实践中,相当一部分人的观

① 林山田:《刑事法论丛》,台湾三民书局 1997 年版,第 102 页。
② 邱兴隆:《刑法理性导论》,中国政法大学出版社 1998 年版,第 446—448 页。

念是可以从轻亦可以不从轻。实质上不论是对被告人保护而言,还是对立法的贯彻,从轻应该是大多数案件的必然选择,不从轻只能是为数不多的例外情况,一般不从轻的观念应该修正。

D. 可上可下者下。这主要针对财产性犯罪而言,在构成犯罪以数额为主要条件的犯罪中,如果某一数额处于上下两格法定刑的交界点上,那么实际上可以在上刑格量刑,也可以在下刑格量刑,理性的选择则应选择下刑格。

E. 可重可不重者不重。如果犯罪与犯罪人具体情况表明,对其处以无期徒刑或死刑等重刑,符合法律的规定,但不对其处此类重刑亦不违法,那么应不对其处此类重刑。

F. 宽松严紧。在对犯罪人量刑时,如其具有从宽情节,从宽的分量可适当放大。但对从重的分量则应予以控制。

G. 法律没有明文禁止的可以从轻,法律没有明文规定的不可以从重。例如:经济犯罪人如果在案发后能够退赃,虽然法律没有将它作为从轻的情节,但是可以酌定从轻。相反,如果犯罪人在案发后没有退赃,由于法律没有规定可以从重,因此,对其不能酌定从重。但在司法实践者的裁判言语中,经常可以看到诸如被告人案发后没有退赃应从重处罚的字样,这是必须克服的一个问题。

H. 应允许作对被告人有利的解释,不允许作对被告人不利的解释。由于法律条文的抽象化和立法解释的贫乏,很多法律条文在司法者的眼中具有很多种含义,这是法律实施过程中,必然会出现的问题,但是如何解决这个问题态度大不相同。许多人往往是想方设法,牵强附会地对犯罪嫌疑人作出不利的裁决。实质上这是无理的选择。

I. 可轻可重者轻。如果个案中具有的从轻从重情节数量相同,在裁量时,应多考虑对犯罪人从轻。这是因为从立法的角度来看,任何法定从轻情节都同时至少又是减轻情节,而任何从重情节都只是从重情节,因此,从轻情节的分量,大于从重情节的分量,符合立法精神。

（二）对影响本案量刑轻重若干重要情节的分析

本案的从宽处罚情节包括:被害人存在明显过错是导致被告人杀人的直接诱因;被告人并非预谋故意杀人,而是临时起意;被告人归案后积极主动交代犯罪事实,具有明显的悔罪表现;被告人亲属积极代赔被害人亲属损失,获得被害人亲属的真诚谅解,并且被害人的母亲也已向法院提交要求从宽处罚被告人林育群的请求书。从严处罚情节只有一个,那就是被告人的碎尸行为。鉴于前文已对被害人过错,被告人认罪悔罪,积极赔偿被害人,获得被害人亲属谅解等问题进行了分析,下文就仅对从宽处罚情节中的被告人的临时起意杀人及从严处罚情节碎尸行为进行分析。

1. 临时起意杀人行为

被告人林育群并非预谋故意杀人,而是临时起意。

犯罪人在实施犯罪前是否存在预谋行为,是判断犯罪人主观恶性和人身危险性的重要因素,如果犯罪人存在预谋,说明其起意策划实施犯罪时间长,对自己行为性质认识明确,对犯罪而产生的危害进行了较为充分的衡量,在此基础上的积极促使犯罪结果的发生,则不但往往使犯罪行为之危害性、危险性更大,而且相对于临时起意犯罪人而言,其主观恶性更强,说明其对犯罪结果是积极地追求,并表明其对法律和他人权益的极端藐视。因此,我国刑法实践和有关理论均要求,对于预谋实施犯罪的犯罪人应在法定刑幅度内处以相对较重的刑罚。相反,如果犯罪人系临时起意,属于一时冲动而不计后果的,由于其对自己的行为性质和法律后果缺少充分的考量和心理准备,因而一般而言,其主观恶性相对较轻,这类犯罪人往往事后都会有较为深刻的悔罪表现,其人身危险性较低,具有较高程度的可改造性。对这类犯罪人量刑,我国刑法实践和有关理论均要求,应当考虑在法定刑内处以相对较轻的刑罚。

就本案而言,一审法院认定犯罪人林育群实施犯罪以及为隐匿罪迹而碎尸、抛尸,是"周密的、刻意的安排",意在说明其是预谋杀人。然而现有的案件证据材料均表明,林育群致被害人李某死亡,完全系临时起意,是一时冲动而行凶杀人。

林育群在侦查阶段曾供述,他在杀害被害人之前曾有过杀害李某的念头。林育群亲笔写的自述书则供述:虽然先前有过除掉被害人的念头,但是2003年4月7日两人"相处和谐,我是绝对不会做错事的"。在此之后的供述中,林育群一再强调,他是失手杀害被害人的,杀死被害人之后,才想到用肢解尸体的方法来转移尸体。从被告人的供述分析,他在致被害人死亡前并没有预谋,即没有为实施犯罪准备工具、制造条件。需要明确的是,犯罪人产生犯罪的念头并不等于其已经预谋犯罪,仅仅标志着其犯意的产生,而判断犯罪人是否预谋,关键要看其是否着手实施了必要的犯罪预备活动,即是否为犯罪准备了工具或创造了其他条件,更何况按照被告人的供述,其先后心理变化很大,在其案发前由于两人一度关系融洽,其已经放弃了杀人的念头。

当然,我们不能轻信林育群关于自己犯罪是没有预谋的辩解。但我们从本案的诸多有关情节,完全可以推断出林育群确实没有故意杀人的预谋;或者退一步而言,至少可以说一审法院认定被告人系预谋犯罪的证据与理由是严重不足的,与案情之间存在重大矛盾:(1)林育群实施犯罪的现场是在厦门新中林大酒店的客房内。如果林育群有预谋,为何选择宾馆这样一个人员流动性大、较为公开的场所来实施杀人并肢解尸体呢?这样很可能被他人及时制止,一旦被害人反抗也极有可能当时就被他人发现,且极易留下犯罪痕迹,而转移尸体风险又相当大。(2)林育群与被害人李某入住新中林大酒店,用的是自己的证件和真实姓名。如果他有预谋犯罪,他为何要用自己的真实姓名?这样一旦房间内发现犯罪痕迹,林育群就很容易被及时发现。(3)林育群2003年4月7日入住新中林大酒店,4月9日离开,期间曾返回石狮市。有证据材料证明,4月9日其回到新中林大酒店已经很晚。如果林育群有预谋,他何以不在时间较为充裕的第一天，即4月7日动手，而选择了4月9日动手？选择了4月9日，显然作案的时间要紧迫得多，这是不利于其顺利犯罪的。（4）林育群杀人后，为逃避罪责而将被害人分尸，其使用的工具都是临时到他妻子公司里去拿的，而且用的是水果刀。如果他预谋杀人，他为何不事先选择和准备更为锋利、便捷的工具？（5）林育群将肢解后的尸体抛在高速公路上，因而很快被发现。如果他是预谋杀人并企图隐匿罪迹，他为何不选择较为偏僻的地方抛尸？更何况他也明知高速公路上有摄像器。上述诸多具体情节，可以较为充分地说明被告人杀害被害人并非事先有预谋而为。

此外，还有一个重要情节的判定，即林育群用来肢解尸体的工具和报纸究竟是事先准备的，还是事后临时从厦门启浪贸易公司拿来的？这对于判断林育群是否有预谋而实施犯罪具有重要意义。证人蔡某证实：今年（即2003年）以来，在林育群的小卧室（在厦门启浪贸易公司）里就发现旅行袋、垃圾袋等物，并称旅行袋是林育群出差用的。公司里有水果刀和剪刀，水果刀是削水果的，剪刀是裁剪账本、报表纸样的。证人吴某也证实：水果刀、剪刀这些东西在她来公司时就有，林育群有时从石狮市带福建日报、参考消息过来。这两份证言完全可以证明，林育群用来肢解尸体的工具和报纸，并非其事先特意准备的。

综上，现有证据材料均表明：林育群致被害人死亡，其事先并没有预谋，而完全是临时起意。在这种情况下，对被告人量刑时，就应当成分考虑到其主观恶性程度相对较低，而应适当予以从轻处罚。

2. *碎尸行为*

对于本案的碎尸行为，应当实事求是地进行分析，不应仅仅以此作为施以重刑的客观依据。

应当看到，各种类型的致人死亡案件中都有可能发生碎尸的行为，比如故意伤害致死、过失致人死亡这些非故意杀人案件中同样可能出现碎尸的情形，因而是否有碎尸行为并非案件定性的判断根据，也不宜作为一定要判处死刑立即执行的充分理由。不可否认，碎尸行为确实是一种很不人道的行为，因而在一些致人死亡而碎尸的案件处理上，往往会对犯罪人处以较重的刑罚。但是，笔者认为，碎尸行为并不一定就能说明犯罪人主观恶性很重、人身危险性很强。对此，首先要看犯罪人碎尸的动机和目的。就本案而言，林育群杀人后碎尸，显然不是为了泄愤，也不是基于其他恶劣的原因，其直接目的就是将尸体带出酒店及便于抛弃。从本案的发案过程看，林育群致被害人死亡后，急于想摆脱困境，害怕法律的制裁，因而采取如此手段来达到逃避法律追究的意图。

客观地讲，如果林育群致被害人死亡后不采取分尸的行为，鉴于本案的具体情节，一审法院很可能不判处其死刑立即执行。正因为林育群杀人碎尸，一审法院才不顾被告人具有诸多酌定从宽量刑的情节而对其判处死刑立即执行。如此裁量，仅仅考虑了客观的结果,而没有充分考虑犯罪人的真实心态。一个人犯罪后意图逃避惩罚,可以说是一种正常的心理反应,既不能完全因此说明其主观恶性更深,也不能完全因此说明其人身危险性更强。本案中,林育群的心理亦是如此。被告人受过良好的高等教育,又是国家机关工作人员,仕途、家庭、事业、钱财都可谓事事顺利;但却因为一时冲动而酿成大错,他当时意识到自己的行为会受到严厉的惩罚,匆忙之间采取如此手段,也是他受到巨大精神压力后的慌乱之举。虽然手段很不人道,但是因此而明显加重林育群的罪责,或者因此认为林育群具有更高的人身危险性,因而必须判处死刑立即执行,笔者认为是很不恰当的。

本案是一起宽严量刑情节并存但存在多种从宽情节的案件,从严情节仅"碎尸"一项且也不能说明是被告人主观恶性很大、人身危险性很强;而从宽情节则存在非预谋犯罪、被害人有明显过错且对矛盾激化负有直接责任、被告人归案后能彻底坦白罪行、被害人亲属真诚谅解等多种,两相比较可见,本案的从严情节和从宽情节不是等量齐观的,二者比重是很不一样的,从宽情节的分量显然大于从严情节。既然如此,为什么对多种从宽情节的存在和其综合作用对量刑应有的从轻适用之影响根本不考虑?最高人民法院1999年10月27日印发的《全国法院维护农村稳定刑事审判工作座谈会纪要》"(一)关于故意杀人、故意伤害案件"中明确规定和要求:"要准确把握故意杀人犯罪适用死刑的标准。对故意杀人犯罪是否判处死刑,不仅要看是否造成了被害人死亡结果,还要综合考虑案件的全部情况。对于因婚姻家庭、邻里纠纷等民间矛盾激化引发的故意杀人犯罪,适用死刑一定要十分慎重,应当与发生在社会上的严重危害社会治安的其他故意杀人犯罪案件有所区别。对于被害人一方有明显过错或对激化矛盾负有直接责任,或者被告人有法定从轻处罚情节的,一般不应判处死刑立即执行。"本案案情完全符合最高人民法院这份司法文件的要求。首先,这是因感情纠纷矛盾激化引起的命案,与社会上严重危害社会治安的杀人案件有所不同;其次,更为重要的是,本案完全属于最高人民法院司法文件中所说的"被害人一方有明显过错"、"对激化矛盾负有直接责任"的情况。加之本案还存在被告人彻底坦白罪行、被害人亲属真诚谅解等其他从宽情节,因而对被告人判处死刑立即执行显属过重。

八、结语

通过对本案若干关键情节的分析,可以充分说明被告人林育群在犯罪时主观恶性相对较弱,人身危险性亦相对较轻,具有明显的可改造性,因而对其适用死刑立即执行显然过重,完全忽视了林育群的人格因素,这显然是不符合我国《刑法》关于死刑立即执行的规定及其适用标准的。《刑法》第48条第1款规定:"死刑只适用于罪行极其严重的犯罪分子。对于应当判处死刑的犯罪分子,如果不是必须立即执行的,可以判处死刑同时宣告缓期二年执行。"根据该条款规定,适用死刑立即执行,不仅要考虑犯罪人的罪行是否已经达到“罪行极其严重”的程度,同时也应综合犯罪人罪前、罪中以及罪后情节来判断犯罪人是否属于“必须立即执行”死刑的情形。就本案而言,从现有证据材料分析,林育群确实致被害人李某死亡,且事后采取了碎尸的恶劣手段,但是综合案件全部事实、情节以及前因后果,尤其是被告人案发前后的表现看,应当判定被告人的人身危险性尚未达到判处死刑立即执行的程度,其具有改恶从善、回归社会的较大可能,不属于“必须立即执行”死刑的情况,因此,在量刑中应酌定从轻处罚,不宜判处死刑立即执行。在一审过程中,公诉人发表公诉意见时亦指出:在审查案件时了解到,林育群是一位年富力强、深受领导重用的事业型干部,他曾献过爱心,多次参与捐献等社会公益事业。其他材料也表明,林育群一贯表现良好,是一位公益心很强的人。从其一贯表现也可以看出,其人身危险性较小,没有必要对其立即执行死刑。给他一个改造自新的机会,不仅对其本人和家庭有利,也可以促使其为社会作贡献,这也恰恰是被害人亲属的真实意愿。

从刑法学角度看,林育群杀人碎尸案涉及故意杀人罪中的一系列疑难问题:被害人过错对故意杀人罪量刑的影响;行为人犯罪后态度、判前赔偿及被害方谅解对量刑的影响;酌定量刑情节对量刑的影响等。希望通过对本案的分析,能够加快我国刑事法治的进程,严格坚持“少杀、慎杀”的刑事法治原则。

法治的发展是一个渐进的过程。这个过程难免会有阵痛,但我们应该学会在哪里跌倒就在哪里爬起来,不能因为怕痛而停滞不前。新《刑法》颁行以来,尤其是近几年,中国的刑事法治完成了一个漂亮的转身和飞跃,有了长足的发展,取得了许多可喜的成绩。正是在这种刑事司法实践中,我们的刑事法治观念才得以不断地变革和进步。我们坚信,刑事立法与刑事司法实践这种以社会进步和时代变迁为基础的良性互动关系应为我们所关注、所维护、所引导。而这正是我国建设社会主义现代法治国家的必由之路。

附录一

福建省漳州市中级人民法院刑事判决书

(2003)漳刑初字第74号

公诉机关:福建省漳州市人民检察院。

被告人:林育群,男,1965年10月26日出生于福建省石狮市,汉族,大学文化,原系福建省石狮市人大常委会经济工委副主任,住福建省石狮市湖滨办事处市经济局宿舍。因涉嫌犯故意杀人罪于2003年4月25日被刑事拘留,同年5月17日被逮捕。现羁押于龙海市看守所。

辩护人:廖惠忠、陈文才,福建闽隆律师事务所律师。

福建省漳州市人民检察院以漳检刑诉(2003)72号起诉书指控被告人林育群犯故意杀人罪,于2003年9月1日向本院提起公诉。本院依法组成合议庭,公开开庭审理了本案。福建省漳州市人民检察院指派检察员苏李津、李鲁漳出庭支持公诉,被告人林育群及其辩护人廖惠忠、陈文才等出庭参加诉讼。现已审理终结。

福建省漳州市人民检察院起诉指控,2002年2月间,被告人林育群到酒店就餐时,与促销员(西夏王葡萄酒)李小葵(被害人)认识,不久,双方发生了两性关系。2002年8、9月间,李小葵提出要与林育群结婚,扬言达不到目的要控告他,还多次打电话给林育群妻子,索要数额较大的钱财,并威胁其儿子要小心。2003年4月初,李小葵提出要回湖南老家一趟,4月7日,林育群送李小葵到厦门,住进新中林大酒店1619房间,4月9日凌晨,双方发生争执。被告人林育群掐死李小葵,后进行肢解包装,将尸块抛弃于厦门至诏安路段的高速公路路基下。经法医检验鉴定李小葵上呼吸道阻塞窒息死亡。认定上述事实的依据有:(1) 被告人林育群的供述及辩解;(2) 证人林婉婉、郑雨主、李英黎等人的证言;(3) 书证、物证;(4) 法医鉴定结论;(5) 现场勘验笔录和照片等。指控认为,被告人林育群因忍不了李小葵的威胁,将李小葵杀死,其行为已触犯《中华人民共和国刑法》第232条之规定,犯罪事实清楚、证据确实、充分,应当以故意杀人罪追究其刑事责任。案发后,其能如实供述所犯罪行,认罪态较好。根据《中华人民共和国刑事诉讼法》第141条的规定,提起公诉,请依法判处。

被告人林育群对公诉机关指控其犯故意杀人罪的主要事实供认不讳,辩称不是故意的,其有自首行为及赔偿被害方经济损失,请求从轻处罚。其辩护人提出,(1) 本案存在现场地毯上的血迹既不是李小葵的,又不是林育群的,无法排除第三人的可能;(2) 本案是一起突发性犯罪,属间接故意杀人,被告人林育群案发前没有准备工具,主观恶性较小,社会危害性较小;(3) 被告人有一定的过错责任;(4) 被告人归案后,坦白交代,应视为自首;(5) 被告人已赔偿被害方的经济损失,取得被害方谅解,可酌情从轻;(6) 被告人平时表现好,无前科劣迹,可酌情从轻处罚。并提供如下证据:(1) 两份证人证言,即证人杨志敏、吴东容分别证实,被告人林育群的妻子李英黎有受到被害人李小葵生前打电话敲诈20多万元的书证材料。(2)被告人林育群亲属与被害人母亲达成的一份和解协议并已赔偿人民币85 000元的收条,还有谅解书等材料。

经审理查明,2002年2月间,被告人林育群到酒店就餐时,与“西夏王葡萄酒”促销员被害人李小葵认识,不久,双方发生了两性关系;同年8、9月间,李小葵以此向被告人林育群提出要挟。2003年4月初,李小葵向被告人林育群提出要回湖南老家一趟,同年4月7日,被告人林育群送李小葵到厦门市,以被告人林育群的身份证住进新中林大酒店1619房间,期间,被告人林育群曾返回石狮市。同年4月9日凌晨,李小葵再次提出要挟,双方发生争执,被告人林育群掐死李小葵;随后,被告人林育群到其开办的位于厦门市的武汉大厦的启浪贸易公司办公室,拿了两个深蓝色旅行袋和一叠报纸、一把水果刀、两卷塑料薄膜垃圾袋返回,在新中林大酒店1619房间的卫生间里对李小葵的尸体进行肢解包装。离开酒店时,随手带走李小葵的手机等物品,并将尸块分别抛弃于厦门至诏安路段的高速公路路基下。

经法医鉴定,被害人李小葵上呼吸道阻塞窒息死亡。

认定上述事实的证据有:

(一)证人证言

(1)关于证实在高速公路路段发现尸块的证据有:

① 证人洪潮、郑雨主分别证实,2003年4月11日上午10时多,郑雨主在高速公路白水段往漳浦方向右侧水沟里捡破烂时,捡到尸块及报警等事实过程。

② 证人高斌、何建平、宋海程分别证实,2003年4月9日下午6时多,三人路过漳州往诏安方向出口400米时,发现公路下水沟里有三方块用报纸包着的东西,到11日才知是尸块。

(2)关于证实死者是李小葵及与其交往的异性的证据有:证人许瑞容、王芳、林婉婉分别证实,2003年4月24日中午,从街道公安机关所贴告示中的相片认出被人杀害的是李小葵;同时证实李小葵的男朋友叫小林,在石狮市经济局工作,李小葵可能怀孕等事实过程及辨认、证实李小葵的男朋友就是林育群。证人林婉婉同时证实,李小葵已有身孕,其与男朋友林育群关系不好。2002年年底,李小葵曾向林育群索赔不成,芳姐帮小葵写控诉信。2003年4月7日下午,李小葵有发短信说她在广州,要退房,其有回短信,但李小葵的手机已关机等事实过程。同时证实,小葵的手机是诺基亚8310型,机身是深红色,底座是银灰色的。其于2003年4月12日前后收到的三四个信息,其认为不是李小葵本人发的,因为其收到信息后有到管理处拿钥匙,但管理处人员告知,钥匙都是在租户本人手上,若是李小葵所发的信息,应该知道管理处没钥匙。证人王芳还证实,李小葵失踪前曾经讲过她与小林认识快两年了,并讲过几件与小林发生过不愉快的事情。其中讲到2002年年底,两人关系被小林的老婆知道了,闹得很僵,小林的老婆有打电话给小葵,两人在电话里吵得很凶,其指导小葵叫对方赔偿她一笔青春费就算了,后来小葵有要求对方赔偿5万元,对方不同意,其就对小葵说到单位去告,后来小葵到小林的单位去告过,有人接待等事实过程及辨认八人合照笔录,证实李小葵的男朋友就是林育群。

(3)证人上官金龙(被告人林育群公司的员工)证实,2003年4月8日晚上8点多,林育群开客户刘舒云一部东风雪铁龙小汽车载其和刘舒云自石狮从高速公路到厦门,其到厦门国联建材找同学,至于林育群及刘舒云当晚的情况就不清楚;9日早上其仅与林育群互发手机短消息,直到中午12时许从见到林育群与客户陈建荣在一起,后来陈建荣用他的车送其及林育群到厦门浯村汽车站搭快运客车回石狮等事实过程。

(4) 证人华佳佳(酒店服务员)证实,2003 年 4 月 7 日下午在厦门市新中林大酒店,由其填写入住 1619 房间的那个人身份证上的名字叫林育群,当时这人没打招呼自己走掉,房卡也没到前台退,因这人在厦门的公司有与酒店签订消费协议,代表就是林育群,到 4 月 9 日酒店就将 1619 房间视为退房等事实过程及辨认八人合照笔录,证实照片从左到右第三人是 4 月 7 日登记住宿 1619 房间的那人。

(5) 证人刘舒云证实,其有一辆闽 D74827 车牌号的车,2003 年 4 月 8 日晚 9 时许在厦门曾借给林育群,直到第二天上午才还,车窗上留有很多在高速路上行驶撞死在玻璃窗上的小蚊虫等事实过程。

(6) 证人李春景证实,2003 年 4 月 12 日由姐夫林育群开车和其从石狮一起到晋江上泉厦高速,到厦门接林育群哥哥林仲程夫妇,走高速到广东东莞,13 日到东莞市交易会看印刷材料,9 时多到广州买印刷材料,下午 2 时多离开广州到厦门回泉州,后林育群自己开车回家等事实过程。

(7) 证人林仲程证实,4 月 12 日其弟林育群和他的小舅子开车从石狮出发到厦门接其和妻子孙散散一起去广东,到了东莞四人在华侨大厦住下,第二天才去参观展销会,后又开车去广州看看纸张的信息,到 4 月 13 日吃完午饭便开车回来。到厦门都晚上 10 时多了,其弟开车送其夫妻回家后,他们又开车回石狮等事实过程。

(8) 证人李英黎证实,家中共有五部汽车,其丈夫林育群拥有闽 DA3851 的别克车和闽 C81851 的 2400 工具车及林育群到广东的时间等事实,并证实姓李的女子和其丈夫林育群之间有不正当男女关系,经常打电话来吵,刚开始都有和林育群讲,因这事和林育群吵了好多次,林育群一直都否认与这个姓李的女子有不正当关系;同时证实姓李的女子威胁其儿子要注意,向其索要二三十万,到后来担心孩子安全,想找她,给她打电话、手机不知何故打不通等事实过程。

(9) 证人王永亮(被告人林育群的朋友)证实,2001 年 10 月间林育群向其借租宿舍房给李小葵住,到后来才知道二人有不正当的男女关系。2002 年 6、7 月份,林育群的妻子打电话说才交个女的,住在其宿舍,其跟林育群讲,林育群要其把李赶走,过两三天李小葵就搬走等事实过程。

(10) 证人施碧霞(被告人林育群的母亲)证实,2002 年秋的一天将近中午其接到一个女孩的威胁电话,要绑架其孙子的事实过程。

(11) 证人周美华(被害人李小葵的母亲)证实,公安机关提供的被杀害女孩生活照上的女孩是其女儿李小葵及李小葵生前的特征;同时证实,李小葵去年在家买了一部全新的诺基亚 8310 型手机;往年她一般一年两次寄钱回家,一次 1 000 元,都是在学校上、下学期开学之前,寄钱回家供弟弟读书,去年寄 3 000 元,回家过年也没留下钱;今年 4 月中旬收到她汇款一次是 1 000 元,有留言在汇款单上,内容是她现在广州,身体很好,妈妈不用担心,弟弟买学习机要选好的。并证实李小葵在 2003 年 4 月 7 日有打电话说身份证丢失要回来补办等事实过程。

(12) 证人蔡粤疆(被告人林育群公司的员工)证实,2002 年 7 月份其到厦门启浪贸易有限公司任出纳工作,公司名义老板是施碧霞,正常管理工作是林育群,公司里只有一间林育群的小卧室,其见过里面有一些垃圾袋、茶叶、一次性茶杯、蓝色旅行袋、水果刀、裁缝剪刀、洗涤手套等日常用品,并证实公司 6 月份才有订《福建日报》和《参考消息》,以前没订,林育群有时从石狮过来顺便带过来给其看等事实过程。上述事实证人吴珊珊也有相同的证言。

(二) 鉴定结论

(1) 龙海市公安局龙公刑技医字(2003) No.006 李小葵被杀尸体鉴定意见结论证实,死者年龄在 21—25 岁左右;根据碎尸块断端损伤形态特征认为面部 13 处锐器创,前胸部多处锐器创均为死后伤,为锐器切割形式;李小葵上呼吸道阻塞窒息死亡,死后尸体被肢解。

(2) 龙公刑技(2003)09 号刑事科学技术鉴定书结论证实,2003 年 4 月 25 日在石狮市侨乡商业城三区 801 室内挂于墙上的挎包内化妆盒(MARY KY)镜面上以“502”胶熏显提取一枚汗液指纹是漳诏高速公路龙海白水路段碎尸案尸体右手拇指所留。

(三) 书证

(1) 现场勘查记录及照片经被告人林育群当庭辨认,证实确是其掐死李小葵、肢解尸体的房间位置和概貌。现场卫生间马桶座西壁上距地面 8.0cm,距后缘 6.0cm 处有一 0.4×1.0cm 点状血迹,经个体识别鉴定与死者李小葵的血样 STR 一致;被告人林育群交代抛丢碎尸块的高速公路各路段与发现碎尸块的地点、方位一致。

(2) 龙海市公安局寻找、确定被害人的通告。

(3) 搜查、扣押物证、书证笔录。

① 公安人员在林育群办公室搜到的“中国邮政汇款收据”1 张及诺基亚 8310 型手机一部,分别印证周美华证实在家收到女儿李小葵从广东东莞汇款人民币 1 000 元与李小葵生前购买、使用的手机同一的事实。

② 扣押厦门市宾馆(旅社、招待所旅店)住宿登记表 1 张及中国工商银行牡丹卡签购单 1 份,证明被告人林育群办理住宿和入住情况。

③ 领条,证实李小葵母亲周美华领回李小葵遗物的事实。

④ 李小葵的身份证复印件。

(4) 被告人的有关材料:

① 龙海市公安局 2003 年 4 月 24 日呈请石狮市人民代表大会常务委员会,关于对林育群采取强制措施的报告。

② 石狮市人大常委会石人大[2003]7 号、13 号、14 号文件,关于暂停、罢免、撤销林育群市人大代表资格和职务及许可对其采取强制措施的决定等。

③ 中国共产党石狮市委员会狮委[2003]67 号,决定对林育群予以开除党籍、开除公职的通知。

④ 被告人林育群供述、自述,其认识李小葵的时间、地点、经过及发生不正当关系的事实过程。供认 2002 年 6、7 月份后,因其的酒生意没谈成,二人关系就逐渐破裂,李小葵就开始不断向其索取钱财及威胁,并要砸其办公室,期间有满足她小额钱财,她也没有好态度,甚至提出她已怀孕,要其买房子给她。2003 年 3 月份,其和她曾到厦门看房子,但两次均因她不满意而没买成,其就产生想除掉她的念头。4 月初,小葵要回家补办身份证,要其用车送她到厦门搭火车,其认为是个很好的机会除掉她,别人也会以为她回家去了,于是送她住厦门新中林酒店 1619 房间时质问怀孕一事,两人发生争吵。在争执中李小葵抓伤其胸部,用脚踢其下身,并破口大骂,其捂她嘴、压住她脖子,李小葵反身抓住其下身,过后发现她无呼吸,其害怕,用人工呼吸抢救,但无济于事,在慌张中想到肢解尸体,就匆忙到其在厦门的公司宿舍拿刀具、垃圾袋、旅行袋等物,对李小葵的尸体进行毁容、肢解及包装,当时已是早晨 6 时,将她的尸块、手机、钱 2 000 多元等物装入旅行袋带出酒店,借用朋友刘舒云的车往漳诏高速公路方向,分别将李小葵的尸块抛弃于高速公路路基的水沟下,将手机及钱带走;车到广东东莞时,用李小葵的手机发了几个短信给小葵的朋友林婉婉,意思要她帮忙退租房,同时,从东莞邮局以小葵的名义向她家里寄了 1 000 元,让她弟弟买学习机等事实过程。辨认李小葵手机笔录,将 7 部手机分别标号,经犯罪嫌疑人林育群确认 4 号手机系死者李小葵的手机。

⑤ 身份证明,证实被告人林育群已达刑事责任年龄。

上列证据均由侦查机关依法收集,并由公诉机关向法庭提供,已经举证、质证,查证属实,本院予以确认。

关于酒店存在第三者血迹问题,控方提出“酒店是公共场所,旅客可能不小心留在作案现场地毯上的血迹并不影响本案的认定,而且高速公路录像被告人林育群抛尸时,车上只有其一人”的观点较客观,本院予以支持。

本院认为,公诉机关指控被告人林育群犯故意杀人罪的事实清楚,证据确实、充分,所指控的罪名成立,应予以支持。被告人林育群及其辩护人的诉辩理由,经查:(1) 被害人李小葵虽曾打电话威胁过被告人林育群及其家属,并到被告人林育群的单位反映被告人林育群的生活问题,被告人林育群应采取合理、合法手段,纠正自己生活作风,保护自己及家属的合法权益,但被告人林育群却采用杀人灭口、毁容、碎尸、抛尸等一系列残酷手段予以解决,这并不是必然的因果;被告人林育群辩称案发当时被李小葵抓伤胸部,经法医鉴定并不能证实是案发当时被李小葵抓伤的,故被害人有一定过错的理由不能成立。(2) 主动投案,就不存在自首,被告人林育群被采取强制措施归案后,还在否认与死者李小葵的关系,故被告人林育群具有自首行为的理由二不成立。(3) 综观被告人林育群从杀人到毁容、肢解尸体、抛尸,到广东东莞用李小葵的手机、名字制造被害人李小葵在广东的整个犯罪过程,是周密的、刻意的安排;积极追求其犯意是直接的,故本案仅凭被告人林育群以自己的真实姓名登记后住宿酒店、杀害李小葵,属间接故意杀人的理由不能成立。故被告林育群及其辩护人的诉辩理由不予采纳。被告人林育群因受李小葵的要挟,明知掐脖子会造成生命危险,在争执时掐死李小葵,主观上存在杀害李小葵的故意,客观上已致被害人李小葵死亡结果发生,并进行毁容、肢解、包装、抛尸,其行为已构成故意杀人罪。且手段特别残忍,情节特别恶劣,后果严重。被告人林育群归案后,虽认罪态度较好,有悔罪表现,在本案审理期间,其亲属积极赔偿被害方经济损失,并取得被害方的谅解,鉴于其犯罪情节特别恶劣,依法必须严惩。据此,依照《中华人民共和国刑法》第232条第1款和第57条的规定,判决如下:

被告人林育群犯故意杀人罪,判处死刑,剥夺政治权利终身。

如不服本判决,可在接到判决书的第二日起十日内,通过本院或者直接向福建省高级人民法院提出上诉。书面上诉的,应当提交上诉状正本一份,副本二份。

审　判　长　高振乾
审　判　员　杨柄森
代理审判员　庄欧玲
2003年10月30日
书　记　员　胡丽娟

附录二

福建省高级人民法院刑事裁定书

(2003)闽刑终字第686号

原公诉机关:福建省漳州市人民检察院。

上诉人(原审被告人):林育群,男,1965年10月26日出生于福建省石狮市,汉族,大学文化,原系福建省石狮市人大常委会经济工委副主任,住福建省石狮市湖滨办事处市经济局宿舍。因涉嫌犯故意杀人罪于2003年4月25日被刑事拘留,同年5月17日被逮捕。现羁押于龙海市看守所。

辩护人:赵秉志,北京市地石律师事务所律师。

辩护人:黄芳,北京市中同律师事务所律师。

漳州市中级人民法院审理漳州市人民检察院指控原审被告人林育群犯故意杀人罪一案,于2003年10月31日作出(2003)漳刑初字第74号刑事判决。被告人林育群不服,提出上诉。本院依法组成合议庭,经阅卷讯问被告人,审阅辩护词后认为事实清楚,决定不开庭审理。本案现已审理终结。

原判认定,2002年间,被告人林育群与被害人李小葵认识后,二人发生了两性关系。此后,林育群受到李小葵要挟。2003年4月9日凌晨,在厦门新中林大酒店1619房间,林育群将李小葵掐死后肢解尸体,抛尸于厦门到诏安高速公路的路基下。认定依据有证人证言、现场勘查笔录及照片、法医学鉴定书、刑事科学技术鉴定书、住宿登记表等证据,被告人林育群也供认在案。

据上事实和证据,原审法院以故意杀人罪,判处被告人林育群死刑,剥夺政治权利终身。

林育群上诉主要理由:其并非有预谋、有准备地杀人,而是失手扼死被害人,系间接故意杀人;其碎尸行为是为了掩盖罪行的后续行为,不能认定为情节特别恶劣;被害人多次对其敲诈、要挟导致本案的发生,被害人有重大过错;归案后在公安机关未掌握证据的情况下,如实供述犯罪事实,有自首情节;案发后积极赔偿被害人家属的经济损失,且已得到被害人家属的谅解,请求从轻处罚。辩护人辩护意见:林育群并非预谋杀人,而是临时起意致被害人死亡;被害人再三纠缠上诉人,多次索要财物和房子,向上诉人及其家庭进行敲诈,被害人的过错是上诉人犯罪的直接诱因;上诉人归案后主动坦白认罪且被害人亲属对上诉人的罪行已表示谅解;上诉人碎尸行为的直接目的是将尸体带出酒店及便于抛弃,不能以此说明上诉人主观恶性深、人身危险性强,并以此作为施以重刑的客观根据。综合本案全部事实、情节以及前因后果,尤其是上诉人案发前后的表现,请求依法改判。

经审理查明:2002年2月间,上诉人林育群到酒店就餐时,与“西夏王”葡萄酒促销员李小葵认识,此后,二人多次发生两性关系。同年8、9月间,林育群因未满足李小葵的一些要求,双方发生纠葛,李小葵即以到林育群的单位控告等相要挟,并打电话给林育群的家人,告知被林育群玩弄,要求赔偿损失。2002年年底,李小葵告知林育群自己已怀孕,要林育群为其购买房子、为孩子存款等,双方为此事又发生争执。2003年3月间,林育群认为李小葵是对其个人及家庭的威胁,萌生杀害李小葵的恶念。4月初,李小葵提出要回湖南老家,林育群认为是杀害李小葵的好机会。4月7日,林育群到石狮东南超市购买了水果刀、垃圾袋、橡胶手套等,又到办公室取一叠《福建日报》和《参考消息》放到车上,开车送李小葵到厦门,以林育群的身份证登记住进新中林大酒店1619房间。因当天无法下手,林育群将水果刀、垃圾袋等物品放在其开办的位于厦门市武汉大厦的启浪贸易公司办公室,并于当晚返回石狮市。4月8日,林育群与其公司的业务经理上官金龙乘坐刘舒云的车到厦门。当晚,林育群借用刘舒云的车到李小葵所住的新中林大酒店1619房间,林育群、李小葵再次发生争执,林育群即将李小葵按倒在床上并手扼李小葵颈部致其窒息死亡。为抛尸灭迹,林育群到启浪贸易公司办公室取来事先准备的作案工具返回新中林大酒店1619房间，对李小葵的尸体进行肢解，对尸首脸部切割十余刀进行毁容，而后将尸块包装成若干袋，带走李小葵的手机、现金等物品，开车将尸块分别抛弃于厦门至诏安路段的高速公路路基下。4月12日，林育群到广东省东莞市，用李小葵的手机卡给李小葵石狮的朋友林婉婉发短信息，谎称李小葵在广州并要在广州住一段时间，要求帮忙退房等。次日，林育群又以李小葵的名义汇款1000元给李小葵的母亲周美华，并在汇款单上留言：我在广州、身体很好等。以转移目标，逃避追究。

认定依据：

(1) 证人洪潮证言证实，2003年4月11日上午10时许，在其加油站旁一个捡破烂的人捡到尸块，其得知后即报警。

(2) 证人郑雨主证言证实，2003年4月11日上午，他在高速公路白水段往漳浦方向右侧水沟里拾废品时，拾到一大一小用报纸和青色塑料薄膜包装并用袋子捆着的两个包，加油站工作人员问他捡到何物并要求打开看，发现是尸块后，加油站工作人员即报警。

(3) 证人高斌、何建平、宋海程证言证实，2003年4月9日下午6时许，他们三人路过漳州往诏安高速公路出口约400米处时，发现公路下水沟里有三块用报纸包着的东西。与林育群供述抛尸地点及在该地点提取到尸块互相印证。

(4) 证人许瑞容证言及辨认笔录证实，2003年4月24日中午，她和王芳、林婉婉从街上公安机关所贴告示中的相片认出被人杀害的是李小葵；并证实李小葵的男朋友叫林育群，李小葵曾说过男朋友对她不好，2002年年底听说李小葵可能怀孕了。

(5) 证人林婉婉证言及辨认笔录证实，李小葵的男友叫林育群，李小葵对其说过林育群很小气，二人经常为了钱争吵。2002年年底，李小葵向林育群索赔不成，王芳曾帮李小葵写过控告信。2003年春节过后，李小葵告诉她自己已有身孕。2003年4月份，李小葵失踪后，有发短信说在广州，要求帮忙退房等，她发短信询问租房钥匙在哪里？对方回短信说钥匙在管理处，当她到管理处询问时，管理处告知钥匙都在出租户本人手上，因而怀疑短信不是李小葵本人发的。还证实，李小葵的手机是诺基亚8310型，机身是深红色，底座是银灰色的。

(6) 证人王芳证言及辨认笔录证实，李小葵的住房是她男朋友林育群租给她住的，李小葵经常发牢骚说，林育群很多疑、小气。2003年春节前后，李小葵讲自己怀孕了。失踪前她曾讲过，2002年年底，她与林育群的关系被林的妻子知道后，她与林妻吵得很凶，其开导李小葵叫对方赔偿一笔青春费就算了，后来李小葵有要求对方赔偿5万元，对方不同意。其就对李小葵说到林的单位去告，李小葵也曾到林育群的单位去告过。

(7) 证人上官金龙证言证实，2003年4月8日晚8时许，林育群开刘舒云的东风雪铁龙小轿车载他和刘舒云到厦门。当晚林育群去哪里不清楚，直到9日中午12时许才见到林育群。

(8) 证人刘舒云证言证实,2003 年 4 月 8 日晚 9 时许,林育群借走其闽 D74827 号车,次日上午归还,车窗上留有很多在高速路上行驶撞死在玻璃窗上的小蚊虫。与上诉人林育群供述驾驶该车到厦门往诏安的高速公路上抛尸一节相互印证。

(9) 证人华佳佳(酒店服务员)证言及辨认笔录证实,2003 年 4 月 7 日下午,林育群用其身份证登记住进新中林大酒店 1619 房间,4 月 9 日退房。

(10) 证人李春景(林育群的小舅子)、林仲程(林育群哥哥) 证言证实,2003 年 4 月 12 日,他们与林育群到广东东莞参加展销会,次日返回。与林育群供述 4 月 12 日在广东东莞发短信给林婉婉一节能相互印证。

(11) 证人李英黎(林育群妻子)证言证实,2002 年 8、9 月间,一个姓李的女子打电话称被林育群玩弄并与她争吵,该女子要她拿出二三十万元赔偿,否则当心她的儿子。后经常打电话与她争吵。证人施碧霞(林育群的母亲)证言证实,2002 年秋的一天,接到一个女子的电话,威胁要绑架她的孙子。该女子以前曾打电话找过林育群。二人的证言与林育群关于李小葵曾向其家人要挟的供述可互相印证。

(12) 证人王永亮证言证实,林育群曾向其租借宿舍给李小葵住,后来才知道他们二人有不正当男女关系。林育群曾说过李小葵老是要钱。

(13) 证人周美华(李小葵的母亲)证言证实,李小葵于 2002 年买了一部全新的诺基亚 8310 型手机。2003 年 4 月 7 日,李小葵打电话说身份证丢失,要回家补办。4 月中旬,收到李小葵汇款 1 000 元,汇款单上留言称,她在广州,身体很好等。并有提取在案的"中国邮政汇款单"、"中国邮政汇款收据"在案佐证。与林育群供述 4 月 13 日在东莞以李小葵名义汇款给周美华一节相互印证。

(14) 证人蔡粤疆、吴珊珊(厦门启浪贸易公司的员工)证言证实,林育群具体负责公司的管理工作,公司里有一间林育群的卧室,内有一些垃圾袋、蓝色旅行袋、水果刀、剪刀、洗涤手套等日常用品。

(15) 龙海市公安局龙公刑技医字(2003) No. 006 李小葵被杀尸体鉴定意见结论证实,根据尸体所见和提取尸块骨质处理,推断死者年龄在 21—25 岁左右;根据碎尸块断端损伤形态特征认为面部 13 处锐器创、前胸部多处锐器创均为死后伤,为锐器切割形式。结论为李小葵上呼吸道阻塞窒息死亡,死后尸体被肢解。

(16) 龙公刑技(2003)09 号刑事科学技术鉴定书证实,2003 年 4 月 25 日在石狮市侨乡商业城三区 801 室内挂于墙上的挎包内化妆盒(MARY KAY)镜面上以"502"胶熏显提取的一枚汗液指纹,是漳诏高速公路龙海白水路段碎尸案尸体右手拇指所留。

(17) 厦门市中心血站的个体识别鉴定报告,证实厦门市新中林大酒店 1619 房间马桶底座血迹与李小葵血样 STR 分型结果一致。

(18) 现场勘查笔录及照片,证实李小葵被杀害、肢解尸体的房间位置和概貌,经林育群当庭辨认无误;林育群交代在高速公路各路段抛丢碎尸块的地点与发现碎尸块的地点、方位一致。

(19) 辨认笔录及照片,证实林育群对购买作案工具的商店及商店中与作案工具同类物品进行了辨认确认。

(20) 搜查记录、扣押物品清单及照片证实,从林育群办公室搜到"中国邮政汇款收据"1 张、3R 彩色相片多张、诺基亚 8310 型手机一部、TCL 手机 8388 型一部、电池两块、台式充电器一台,在林育群办公室储货柜发现大量报纸,其中 4 月 11 日的《参考消息》一份,3 月 3 日、9 日、10 日、11 日、14 日及 4 月 11 日的《福建日报》各一份,未发现 3、4 月份其他《参考消息》及《福建日报》。与林育群供述从其办公室取一叠《福建日报》和《参考消息》用于包装尸块及现场提取的用该两种报纸包装的尸块能相互印证。

(21) 提取厦门市宾馆住宿登记表 1 张及中国工商银行牡丹卡签购单 1 份,证实林育群于 4 月 7 日在厦门市新中林大酒店登记住宿的情况。

(22) 上诉人林育群对杀害李小葵并将其肢解、抛尸的犯罪事实始终供认在案,在侦查阶段还多次供认了预谋杀害李小葵的事实。

以上证据经一审庭审调查质证,客观真实,本院予以确认。上诉人林育群及其辩护人诉辩称林育群并非预谋杀人,而是临时起意杀人。经查,认定林育群预谋杀人是有充分证据的。首先,林育群在 4 月 25 日归案后对萌生杀害动机,有预谋、有准备地杀人一节曾作过多次供述,供称:因自觉李小葵在石狮是对其个人前途及家庭的威胁,从 2003 年 3 月份开始,即产生除掉她的念头。4 月 7 日,李小葵提出要回老家,叫他用车送到厦门搭乘火车,认为这是除掉她的好机会,遂在石狮一家超市购买了水果刀等作案工具,在办公室拿了一叠《福建日报》和《参考消息》等,开车送李小葵到厦门,准备在一个酒店住下后掐死她,然后肢解、抛尸。在 4 月 27 日所写的长达 10 页的《自述书》中,林育群又自述了预谋杀人及其作案的具体经过。林育群的供述符合客观事实并得到其他证据的印证。其次,林育群在归案后的第三天即对其购买作案工具的超市及超市中与作案工具同类的物品进行了辨认确认,且林育群也确实将购买的作案工具用于肢解、抛尸,印证了其供述的真实性。再次,林育群供称他单位订了多种报纸,其选择发行面较广的《福建日报》、《参考消息》带到厦门,用于作案。可见,林育群杀人是作了精心准备的。林育群翻供否认有预谋、有准备地杀人,辩称失手致被害人死亡的理由与查明的事实不符,不能成立。

本院认为,上诉人林育群系有妇之夫,又与被害人保持不正当男女关系,因受被害人要挟,竟有预谋、有准备地杀害被害人并肢解尸体、抛尸灭迹,其行为已构成故意杀人罪。上诉人林育群上诉称有自首情节,经查,本案发生后,公安机关通过侦查查明被害人的身份并掌握林育群有重大犯罪嫌疑的情况下,将其拘留,经多次讯问,林育群才供认犯罪事实,显然不属于自首。上诉人林育群及其辩护人诉辩称被害人有重大过错一节,本院认为,被害人向林育群及其家人索钱、告发等相要挟虽然是林育群杀人的诱因,但林育群已有妻儿仍与未婚女青年保持不正当男女关系,其过错在先;对被害人的要挟不采取合理、合法的途径予以解决,竟杀害被害人并抛尸灭迹,不足以从轻处罚。上诉人亲属在案发后虽能赔偿被害人家属的经济损失等,但综观全案,上诉人林育群犯罪手段残忍,情节恶劣,后果严重,依法应予严惩。诉辩请求改判的理由均不能成立,不予采纳。原判定罪准确、量刑适当,审判程序合法。依照《中华人民共和国刑事诉讼法》第189条第1项、《中华人民共和国刑法》第232条第1款、第57条第1款之规定,裁定如下:

驳回上诉,维持原判。

本裁定为终审裁定。

根据《最高人民法院关于授权高级人民法院和解放军军事法院核准部分死刑案件的通知》的规定,本裁定即为核准以故意杀人罪判处被告人林育群死刑,剥夺政治权利终身的刑事裁定。

审　判　长　王成全
审　判　员　潘　希
审　判　员　姜建州
代理审判员　陈　捷
代理审判员　周华彪
2003年12月23日
书　记　员　黄长升

杨佳故意杀人案法理研究

杨　光*

一、选案理由

当时间的脚步来到21世纪,新闻媒体和网络在社会生活中扮演的角色越来越重要,一些重大的刑事案件不时被报道并迅速传播。从佘祥林到聂树彬,从孙志刚到郑筱萸,这些典型、重大、知名的刑事案件的诉讼过程都被整个社会所关注,案件本身也从多方面折射出犯罪人的个体问题、法律问题和社会问题,可以说是推动我国民主法治进程的重要力量。笔者所选取的杨佳故意杀人案同样在当时引起了巨大反响,是其中的一个典型案例。

本案是发生在上海市闸北区的一起恶性刑事案件。2008年7月1日9时40分许,犯罪嫌疑人杨佳携带刀具等作案工具窜入上海市闸北区政法大楼,在多个楼层先后突然袭击毫无防备的公安民警,致6名民警死亡,3名民警和1名保安受伤,杨佳后被民警当场捕获。杨佳袭警案经媒体报道,一石激起千层浪,学者、新闻媒体以及广大司法实务工作者都将关注的目光投向此案,各种说法不绝于耳。该案还位居2008年度十大影响性诉讼之首,加之杨佳案在审判过程中出现的诸多问题和争议,更使得此案成为人们热议的焦点。

客观看来,纵览杨佳案的全过程,既有媒体热炒的社会问题,如警民关系、新时期下各种社会矛盾的激化等,更有学术界和实务界普遍关注的理论问题。具体说来,杨佳案存在实体和程序两方面的争议。实体方面,首先是案件的定性问题,即杨佳的行为究竟属于故意杀人还是故意伤害致人死亡;其次是酌定量刑情节问题,即杨佳之前于2007年10月5日受到警方盘查及之后警方对其投诉处置不当的事实能否成为其量刑从宽的理由;最后是杨佳的刑事责任能力问题,也就是杨佳是否具有精神疾病的问题,这其中又涉及精神病司法鉴定的启动以及重新鉴定等若干程序问题。程序方面,则存在证人出庭作证、审判公开以及利害关系人回避等问题。同时,杨佳案还为理论中的若干焦点问题,如民意对司法裁判的影响以及《刑法》是否需要增设袭警罪等提供

---

* 北京师范大学刑事法律科学研究院2007级刑法学硕士。

了新的例证标本。

应当说,杨佳故意杀人案由一个一般刑事案件上升为一个引起社会广泛关注和公共空间热议的案件,其本身的意义已经超过了案件本身,它是在民主法治进程中,我国当代刑事法治深度演绎的一个范本。杨佳故意杀人案现在已尘埃落定,经过上海市第二中级人民法院一审及上海市高级人民法院二审,并由最高人民法院核准死刑,杨佳于2008年11月26日在上海被执行死刑。案件已经过去,但法理的讨论仍将是鲜活的。法学研究关注法治现实才有生命力,才有实际意义;法治现实不仅是当下的法治实际存在,而且是今后法治发展完善的基础,法治现实也是社会现状的反映,是社会发展所依赖的一个重要条件。正如赵秉志教授所言:“是否关注重大现实法治问题,乃是衡量法律学人的社会责任感和学术良知的重要标志。刑事法治是现代法治的重要方面,其保护利益的广泛性、重要性和对违法制裁的特殊严厉性,决定了刑事法治领域的重大现实问题往往事关国家文明、社会进步和公民基本权益,因而尤应为刑法学者所关注。”①

二、基本案情

2008年7月1日上午9时40分许,北京来沪无业人员杨佳突然持刀闯入上海市闸北区政法大楼内,连续捅伤多名公安民警及保安,后被民警当场捕获。杨佳,男,1980年2月27日出生,北京市人,中专文化程度,无正当职业。2007年10月5日晚8点半左右,杨佳骑自行车途经闸北区芷江西路和普善路口时,闸北公安分局芷江西路派出所的一名巡逻民警正在此设卡检查,因发现该车无牌照,便让杨佳停车接受检查,发现这辆自行车没有钢印。杨佳拒绝出示身份证件,也不愿意将自行车的来源证明提供给民警。其间,杨佳始终骑在自行车上与民警争执,持续近40分钟,引来大量路人围观。当晚9时10分左右,民警将杨佳就近带至派出所作进一步调查。到芷江西路派出所后,杨佳打110报警,称他与民警继续争执引发冲突,有七八名警察对他有推搡、殴打的情况。当晚,闸北公安分局督察支队接杨佳投诉后,派员到派出所了解情况,证实没有人对他有人身侵犯。警方对杨佳进行劝说疏导,一直到晚上10点,杨佳的情绪基本平静。晚10点15分,杨佳接受警方的正常问询笔录,笔录11点结束。民警笔录期间向租车公司核实,确认杨佳的自行车确系租用后,对杨佳予以放行。整个盘查工作于10月6日凌晨2点结束,因为购买了第二天上午8点回京的火车票,杨佳在派出所的长凳上躺了一夜,醒来后直接去火车站乘车返京。回京后,杨佳多次通过信访件、电子邮件等形式,向公安部、上海市公安局和闸北公安分局督察部门投诉,认为自己不该受到盘查,且遭到警方殴打,提出开除相关民警公职、赔偿其精神损失费和当时电话费1万元

① 赵秉志:《刑法基本问题》,北京大学出版社2010年版,第2页。

的要求。上海公安督察部门称，经过认真核查，认为民警执法依法有据，无不当之处。警方还曾在2007年10月和2008年3月两次赴京，对杨佳母子进行法制宣传和疏导劝解工作，但未达成和解。据杨佳的家人表示，第二次上海警方曾表示愿给杨佳1 500元，但不承认有错，被杨佳拒绝，之后双方有过几次电话沟通，都没有效果。

2008年6月12日，杨佳来到上海，住在距离芷江西路派出所20米远的旅馆，用望远镜观察派出所。他发现需要穿过几道大门才能进入办公区，且进出人员频繁，于是在6月23日，杨佳放弃对芷江西路派出所的报复，返回北京。两天后，杨佳乘火车于6月26日到上海，住进梅园招待所。其间，他在一家汽车维修店购买了3公升汽油，并在一家劳动防护用品店花千余元买了催泪瓦斯喷雾剂、防尘面具、橡胶手套等，还添置了单刃刀具、榔头、登山杖等。7月1日9时左右，杨佳从招待所走出，步行10分钟就可以到达闸北公安分局所在的闸北政法大楼。杨佳曾多次在政法大楼附近踩点，目标是闸北分局的督察支队。据紧邻政法大楼的银行监控录像显示，杨佳先绕着政法大楼走了一圈，最后从银行和政法大楼之间的一条小路里走出。路口有一个废弃的小屋，杨佳将背包和拉杆箱放在小屋内，身上只戴着装有榔头、催泪瓦斯喷雾器等物的腰包，手里还拿着一些啤酒瓶，瓶内装着汽油。

9时40分，杨佳在天目西路的警车停放处摔了两个啤酒瓶，但没点火。接着，他在政法大楼北门外三四米处的路边花坛处投了5个酒瓶并燃烧起火，突如其来的大火将北门的保安吸引过去，杨佳将最后一个酒瓶扔向保安，并掏出一把十几厘米长的单刃剔骨刀，戴上防尘面具和橡胶手套，趁乱从北门进入政法大楼。杨佳进门后遇到的第一个人是正在打电话的保安顾建明。他上前用刀柄猛砸其头部，将他砸倒在地。随后，他一手持刀，一手持催泪瓦斯在底楼大厅过道和治安值班室等处，先后袭击了正在工作的倪景荣（47岁，后勤保障处服务中心主任）、方福新（50岁，治安支队民警）、张义阶（56岁，治安支队民警）、张建平（47岁，北站派出所民警）。据目击者称，当时几位民警大多坐在办公桌前，杨佳突然冲至面前，朝民警的胸部、颈部连刺数刀，直到对方倒地才寻找下一目标。由于过于突然，遇袭民警往往还来不及呼救就倒在血泊中，鲜血甚至溅到值班室的墙壁上。一层遇袭的4名民警最终因失血过多不治身亡。法医鉴定，4人身上均有多处刀伤，创口多在8厘米以上，最长的有21厘米，刀刀深及胸腔。

被砸破脑袋的保安顾建明不久后挣扎着站起来，慌忙向指挥中心报告此事。9时42分，指挥中心立即发布调警指令，指令北站派出所、分局就近GPS巡逻车和特警支队民警立即对大楼进行搜捕，并通知相关部门，同时通知救护车到现场救治受伤民警。此时，杨佳已从一楼窜入南侧的消防楼梯爬上9楼，遇到徐维亚（48岁，交警支队民警），杨佳持刀向徐维亚发起突然袭击。徐维亚全身多处被刺倒地，胸腹部受到重创，其中两道最致命的伤口分别长18厘米和28厘米，后因伤重不治身亡。之后，在10楼和11楼消防梯外的楼道内，杨佳又分别突然袭击了王凌云（27岁，交警支队民警）和李珂(49岁,科技科民警),王凌云重伤,李珂于当晚11时抢救无效身亡。刺倒李珂后,杨佳返回消防楼梯直奔督察支队办公室所在的21楼,在督察支队2113办公室门口刺倒正在等电梯的督察支队民警吴钰骅,冲进了办公室内。吴钰骅受伤后一边高声呼叫提醒同事,一边挣扎着爬起来进入办公室内。正在室内工作的督察支队民警林玮和李伟立即起身,眼见杨佳拿着剔骨刀冲向林玮,林玮顺势操起办公椅奋力招架。与此同时,隔壁纪委监察室主任孔中卫闻讯冲了进来,军人出身的孔中卫从身后抱住杨佳,并将他死命摁倒在地。

争斗中,李伟脖子附近被扎伤,孔中卫的腹部被划伤,杨佳得以挣脱开来。孔中卫等4人和随后赶到的督察支队副支队长陈伟、民警容侃敏、纪委干部黄兆泉一起,用办公椅将杨佳牢牢顶在墙角边上,夺下其手中的凶器,给他戴上手铐。与此同时,携枪展开搜索的特警队员赶到,配合将杨佳制服。至此,杨佳共在5个楼层,刺中10人,导致6人死亡,4人受伤。到案后,犯罪嫌疑人杨佳对上述事实供认不讳。

该案于2008年7月10日由上海市公安局侦查终结并移送起诉。公安机关认为,犯罪嫌疑人杨佳故意非法剥夺他人生命,致6人死亡,4人受伤,其行为触犯了《中华人民共和国刑法》第232条,涉嫌故意杀人罪,且犯罪事实清楚,证据确实、充分,故移送上海市人民检察院第二分院审查起诉。

上海市第二中级人民法院于2008年8月26日对此案进行了审理,共有40余人被允许旁听。9月1日,上海市第二中级人民法院对杨佳案作出一审判决,以故意杀人罪判处杨佳死刑。杨佳不服一审判决提出上诉,上海市高级人民法院立案受理。2008年10月13日,"杨佳袭警案"在上海市高级人民法院二审开庭。庭审从上午9时30分开始,除去中午休庭一个半小时以及下午4点休庭5分钟,案件审理一直持续到晚间6时30分前后。有130余人参加旁听,其中包括30家境内媒体和3家境外媒体的记者。无论法庭调查阶段,还是法庭辩论阶段,控辩双方争辩都很激烈,均竭力向法庭阐述观点,杨佳亦作申辩。上海市高级人民法院将择日对此案进行宣判。10月20日上午9时30分,"杨佳袭警案"在上海市高级人民法院第五法庭继续二审,审判仍采取公开方式。上海市高级人民法院作出驳回上诉,维持原判的裁定,并上报最高人民法院进行死刑核准。11月25日晚7时,"杨佳袭警案"的被告人杨佳的母亲王静梅收到了最高人民法院11月21日签发的刑事裁定书。该裁定书核准了上海市高级人民法院维持杨佳死刑的二审判决,死刑判决将在7日内执行。杨母王静梅亦获准赴沪与杨佳见面。11月26日,经最高人民法院核准,杨佳于当日上午在上海被执行死刑。

三、裁判要旨

(1)故意杀人罪是指故意非法剥夺他人生命的行为;故意伤害罪是指故意非法地损害他人身体健康的行为,即明知自己的行为会伤害他人的身体健康,并且希望或者放任这种结果发生的行为。故意杀人罪与故意伤害罪的根本区别在于故意内容的不同,应该全面、综合地考察案件的全部事实,通过全面、客观的分析来准确认定行为人的主观故意。

(2) 通常情况下,犯罪起因不能作为酌定量刑情节,只有当犯罪是出于情有可原的原因并可以减轻犯罪人的主观恶性和人身危险性,且《刑法》又没有对此作明确的从轻、减轻的规定时,犯罪起因才可以作为酌定量刑情节。

四、引发的理论问题

纵览本案的全过程,其中不乏引人关注的问题和焦点。

(1) 定性问题。所谓定性问题,就是杨佳所犯之罪究竟是故意杀人罪还是故意伤害罪。杨佳的辩护律师在一审的辩护词中提到,闸北公安分局警务督察支队民警吴钰骅对杨佳的投诉处理不当。杨佳欲对吴钰骅进行报复伤害,其间遭到其他被害人的阻拦。被害人的死亡是出于杨佳的意料之外,且杨佳未对保安人员实施加害。因此,杨佳的行为构成故意伤害罪,不构成故意杀人罪。公诉人答辩称,被告人杨佳使用足以致人死亡的尖刀,朝被害人的要害部位连续刺戳,其追求的是非法剥夺他人生命的目的,且在被制服后声称"够本",充分表明杨佳有杀人的故意。法院则认为,被告人杨佳为泄愤报复,经预谋,携带尖刀等作案工具闯入公安机关,并持尖刀朝数名公安民警及保安人员连续捅刺,造成六人死亡,两人轻伤,两人轻微伤的严重后果,其行为已构成故意杀人罪。公诉机关指控的罪名成立。

(2) 裁判问题。裁判问题的争议主要体现在犯罪起因能否成为酌定量刑情节。杨佳的辩护律师认为,芷江西路派出所民警对杨佳的盘查缺乏法律依据,且不能排除杨佳在接受盘查的过程中遭公安人员殴打的可能性,而警方对杨佳的投诉处置不当是引起本案发生的重要因素。此外,其以杨佳案发前表现良好,到案后有一定的悔罪表现等为由,请求法庭对杨佳慎用极刑。公诉人则认为,杨佳以极其残忍的手段非法剥夺六名无辜民警的生命,还致其他三名民警和一名保安人员受伤,社会危害特别严重,且无法定或酌定从轻处罚情节,依法应予严惩。法院认为,被告人杨佳故意杀人的罪行极其严重,社会危害极大,无法定或酌情从轻处罚情节,应依法惩处。

(3) 刑事责任能力问题。刑事责任能力方面的问题主要体现在两个方面。即精神障碍者的刑事责任能力问题和精神病司法鉴定的启动权与重新鉴定的问题。杨佳的辩护人认为,杨佳很有可能存在精神方面的异常,具有精神疾病,故有必要对其精神状态和刑事责任能力重新进行鉴定和评定。二审中,杨佳的辩护人也提出,司法鉴定科学技术研究所司法鉴定中心不具备鉴定资质,该中心对杨佳所作的鉴定结论不具有法律效力;杨佳可能存在精神异常情况,建议对杨佳重新进行精神病司法医学鉴定。公诉方则认为,杨佳犯罪动机清楚,杀人行为系在其意志支配、控制下实施,经依法鉴定具有完全刑事责任能力。法院经审理认为,本案对杨佳进行司法鉴定的鉴定机构及鉴定人均有资质,鉴定人除对杨佳进行检查性谈话外,还审查了本案相关材料,鉴定程序规范、合法,鉴定依据的材料客观,鉴定结论符合杨佳的作案实际情况。本案无证据证实存在鉴定人不具备相关鉴定资格,鉴定程序不符合法律规定,鉴定材料有虚假,鉴定方法有缺陷,鉴定结论与其他证据相矛盾或者鉴定人应当回避而没有回避等情形。杨佳具有完全刑事责任能力的鉴定结论,符合刑事证据合法性、客观性、关联性的基本特征,应予采信。

(4) 袭警行为刑法规制问题。应该说,袭警问题不属于本案审判的中心问题和主要焦点。但杨佳案的发生及其严重后果又引起了人们对保护警察权益问题的关注。关于是否需要增设袭警罪或是否需要通过其他专门方式保护警察权益的争论不绝于耳。近年来,全国各地公安民警在打击犯罪和维护社会稳定工作中遭受暴力袭击伤亡的人数居高不下,各地袭警案件频发,袭警事件成为民警伤亡的重要因素。而公安机关的性质、任务,使警察队伍成为和平年代牺牲、负伤人数最多的队伍之一。因此,寻求一条适合我国国情的《刑法》保护警察权益的道路显得尤为重要。

五、故意杀人罪相关问题研讨

故意杀人罪是指故意非法剥夺他人生命的行为,是最严重的侵犯公民人身权利的犯罪,也是人类历史上最古老和最久远的犯罪,我国刑事立法将故意杀人罪置于侵犯公民人身权利罪之首,司法实践也历来将故意杀人罪作为打击的重点。故意伤害罪是指故意非法地损害他人身体健康的行为,即明知自己的行为会伤害他人的身体健康,并且希望或者放任这种结果发生的行为。从概念上看,故意杀人罪和故意伤害罪的差别很大,但由于司法实践中案件场景的多变和行为模式的多样,给故意杀人与故意伤害致人死亡以及故意杀人未遂与故意伤害之间的界定带来很大的困难。

(一) 故意杀人罪与故意伤害罪的区分

关于故意杀人罪和故意伤害罪两者之间的界限,学界大体上存在三种观点,分别是“目的说”、“工具和打击部位说”和“故意说”。

1. 目的说

这种观点认为,区分故意杀人罪与故意伤害罪的界限,在于犯罪目的的不同。因此,只有根据犯罪人的犯罪目的来认定、判断有关案件的性质才是正确的。其理由是:犯罪目的是犯罪活动的出发点,它统帅犯罪活动的全过程,贯彻在犯罪活动的一切方面和整个过程的始终,并实现在犯罪结果上。犯罪目的在认定故意杀人罪和故意伤害罪中的重要作用是客观存在的。故意杀人罪的目的是非法剥夺他人的生命;故意伤害罪的目的是损害他人的身体健康。非法剥夺他人生命这一点是故意杀人罪的质的规定性。这两种罪之所以能区别,就是因为它们具有杀人目的和伤害目的这个不同的质的内在属性,而这种内在属性又决定了与之相适应的行为方式以及带来的符合规律的结果。因此,判断一个案件是故意杀人还是故意伤害,关键在于确定行为人的犯罪目的是要致人于死还是致人于伤。凡是行为人的犯罪目的是要剥夺他人的生命,不论出于何种动机,也不论行为的方式、手段如何,也不论后果是既遂或未遂,其行为性质就是杀人,构成故意杀人罪;凡是行为人的犯罪目的是要损害他人的身体健康,不管其他情况如何,也不论后果是致死还是致伤,其行为性质都是伤害,构成故意伤害罪。所以,区分故意杀人罪与故意伤害罪,只能以行为人犯罪目的为界限,而不能另立其他标准。①

2. 工具和打击部位说

有学者认为,区别故意杀人罪和故意伤害罪,应当以案件的客观事实为标准,只有客观存在的案件事实才是犯罪人无法抵赖的客观标准。例如用可以致人死亡的工具,打击人的致命部位,就可以认定为故意杀人罪。②

3. 故意说

此种观点为多数学者所主张。此说认为,故意杀人罪与故意伤害罪的根本区别在于故意内容的不同,只有根据犯罪故意的实际内容才能准确区分这两种犯罪。明知自己的行为会引起他人死亡的结果并且希望或者放任这种结果发生的就具有剥夺他人生命的故意,不论是否造成被害人死亡的结果,行为的性质都是故意杀人;只具有伤害他人身体健康的故意,即使造成侵害人死亡的结果,也只能认定故意伤害(致人死亡)罪。③ 有的学者指出,之所以要以故意内容作为区分这两种犯罪的标准,是因为:(1) 行为人的主观意识是决定其行为的主观根据。这种主观根据决定行为的性质。(2) 刑法上所称的行为是行为人犯罪意识表现于外部的身体动作。如果行为人没有犯罪意识而在客观上造成他人死亡,就不能称为杀人行为。(3) 故意内容不同就可能构成不同的罪名。故意杀人罪和故意伤害罪在客观方面,后果可能是相同的,行为大体是相似的,因而要区分这两种罪也只能从主观方面去寻找它们不同的犯罪根据。以故意内容区别这两种犯罪行为,行为人的犯罪目的是不可忽视的,但也存在着没有犯罪目的的间接故意的罪过形式,因此仅凭有无杀人目的去判断,而不考虑间接故意,同样会导致定罪错误。④

以上三种观点,笔者较为赞成第三种观点“故意说”,认为此种说法符合犯罪构成理论。

---

① 参见赵长青:《试论杀人罪与伤害罪的区别》,载《青海社会科学》1981 年第 2 期。

② 参见宋晓新:《犯罪行为来认定杀人罪与伤害罪》,载《人民司法》1980 年第 6 期。

③ 参见中国人民大学法律系刑法教研室:《刑法各论》(修订本),中国人民大学出版社 1985 年版,第 150—155 页;伍柳村:《杀人伤害罪个案研究》,四川大学出版社 1990 年版,第 182—187 页。

④ 参见黄泽林:《谈谈区别杀人罪和伤害罪的标准》,载《法学研究》1984 年第 1 期。

(1) 就“目的说”而言,这种观点的最大缺陷就在于无法评价间接故意伤害犯罪的问题。根据刑法理论,故意杀人罪和故意伤害罪均存在直接故意犯罪和间接故意犯罪。直接故意伤害犯罪存在追求他人伤害结果的犯罪目的,而在间接故意伤害犯罪的情形中,则无法界定行为人的犯罪目的,因为行为人对可能出现的伤害后果所持的是一种放任的心理态度,所以单纯地采用犯罪目的来解决故意杀人犯罪与故意伤害犯罪的界限问题,等于否认了间接故意杀人犯罪的存在,导致将间接故意杀人犯罪错误地认定为故意伤害致人死亡。

例如这样一个案例,2009 年 7 月 14 日晚 11 时许,杨某(男,34 岁,原某酒店经理)酒后驾驶一辆 130 型客货车由北向南行驶,途中在超越与其同方向行驶的一辆公共汽车后,又向右打方向盘,引起该车车主董某不满。当两辆车行至一十字路口遇红色信号灯停车时,董某下车走到杨某驾驶的汽车驾驶室左侧,抓住倒车镜欲与杨某理论。杨某见状即发动汽车,董某便扒上已经起步的汽车左侧门外。此时,杨某不顾董某安危,闯红灯加大油门向前急驶,驶出 300 多米时,从右侧超越同方向行驶的一辆双排座货车,致使董某被该车车厢伸出的钢制门窗挂下车,仰面倒在马路上。杨某便驾车逃逸,在行驶中又将迎面而来的两辆车碰坏。后董某被他人送医院抢救,因伤势过重于次日凌晨死亡。经法医鉴定,董某系头部受到强大外力的撞击致重度颅脑损伤而死亡。本案中,杨某明知董某扒在车门外,快速行车会导致其摔下致死的严重后果,但其主观上对被害人死亡结果的发生持放任态度,快速强行超车,导致董某从车上摔下致死;客观上,杨某违章行车,造成了董某从车上摔下致死的结果。杨某的行为符合间接故意杀人罪的特征,应认定为故意杀人罪。显而易见,在本案中,如果以行为人是具有伤害的目的还是杀人的目的或以行为人有无杀人的目的为标准来区分故意伤害致人死亡与故意杀人的话,势必出现故意伤害致人死亡的错误定性。本案中杨某并无伤害董某的直接故意,而是在主观上对董某是被伤害还是被致死均持放任态度,在出现了死亡结果的情况下,认定其行为构成故意伤害罪,既有违立法规定,也不符合一般的刑法理论。

(2) 就“工具和打击部位说”而言,此种标准主张故意伤害与故意杀人区别的标准是看行为是不是使用“可以致人死亡的工具”、“打击致命部位”,这种标准看似从案件本身实际情况出发,讲究主客观相统一,其实是狭隘且有悖于犯罪构成原理的,问题就在于诸如“致命部位”和“致人死亡的工具”之类的用语在司法实践中很难操作,倘若结合司法实践的多变情况,必然会出现难以界定和适用的问题。以“致命部位”为例,究竟是以纯粹的医学生理标准为衡量标准还是以司法工作人员或行为人的认识为标准,如果行为人的认识出现偏差应该如何认定,倘若行为人所认为的非致命部位之于相对人恰恰产生了致命结果,对行为人的行为应如何评价,这都是“目的和打击部位说”所面临的困境。另外,“可以致人死亡的工具”的提法也含混不清,究竟何为可以致人死亡的工具,在司法实践中难以界定,因为几乎任何工具在施加足够外力的情况下均可致人死亡。即使是同一种工具,因为其使用环境的不同,也可能直接造成两种不同的定罪结果。甚至无需使用可以致人死亡的工具也可直接造成人身伤害或死亡的结果。因此,单独从客观方面的打击部位和打击工具来区分故意伤害罪与故意杀人罪是狭隘且不科学的。

(3) 笔者认为,第三种观点“故意说”揭示了故意伤害罪与故意杀人罪在本质特征上的区别,符合主客观相一致的基本原则和犯罪构成原理。故意杀人罪的本质特征在于侵犯他人的生命权利,而故意伤害罪的本质特征则在于侵犯他人的身体健康权利。两者的区别在于如果故意伤害致人死亡后,死亡的结果是否属于行为人希望或放任的,因为故意伤害即使造成他人死亡,这种死亡结果也不属于行为人希望或放任的结果,而故意杀人罪则恰恰相反,当行为人主观上希望或放任死亡结果发生,但实际上由于行为人意志以外的原因,只发生了伤害的结果,也不影响对行为人故意杀人罪的认定。

然而,由于司法实践中情况的复杂和多变,行为人的主观故意具有相当程度的隐蔽性,不易清楚地考察和判断,这就要求我们的司法工作者不能单凭行为人的口供,或者仅根据案件中某一个事实草率下结论。而应该全面、综合地考察案件的全部事实,通过全面、客观的分析来准确认定行为人的主观故意。结合司法实践与相关的刑法理论,笔者认为,区分故意伤害罪与故意杀人罪,以下关键因素应该加以考察。

(1) 犯罪起因。犯罪起因是直接反映行为人实施犯罪时心理状态的重要因素,对犯罪起因的考察可以直接探寻行为人的故意内容。一般说来,是因为琐碎小事而大打出手还是为报仇、泄恨、谋财或报复,是一时激愤犯罪还是经过周密部署踩点,这些都可以用来结合具体案情进而推断行为人的主观故意内容。

(2) 行为方式。行为方式包括行为人实施犯罪有无预谋、实施犯罪的地点和场所、实施犯罪时使用的工具,以及打击部位和方式等因素。一般说来,经过周密部署和踩点,选择偏僻安静的犯罪场所,选择致命工具对致命部位且使用最大力量进行打击甚至连续打击,如用刀连续猛捅被害人的要害部位,被害人丧失反抗能力后还继续实施,不顾他人劝阻极力实施等往往是故意杀人犯罪的行为特征。

(3) 感情因素。感情因素包括行为人与犯罪人平日的关系,考察二者有无亲属、朋友、同事、邻里等特殊关系,平日关系是否融洽,还是素昧平生,以前是否有矛盾,有无经济上的往来等。这些都有助于考察行为人实施犯罪的故意内容。此外,感情因素还应考察行为人实施犯罪后对犯罪结果的发生所持的心理态度。例如,故意杀人在造成他人死亡后,行为人往往表现出一种比较满足的神情,甚至向他人炫耀;故意伤害的行为人发现被害人死亡时,往往表现为惊恐或出乎意料的表情,进而有可能会采取积极施救,竭力挽回被害人生命等举动。

(4)个体因素。所谓个体因素是从行为人的角度而言的。包括行为人一贯表现以及犯罪后的口供等内容。犯罪人的一贯表现可在一定程度上有助于分析行为人杀人意图的可能性大小,例如粗暴凶残、放荡不羁、流氓成性的行为人较之平时比较胆小怕事、性格懦弱的行为人更有重罪倾向,当然,这只是一定程度的反映,实践中还需要结合具体案情来判断。行为人口供直接反映其行凶时的心理态度,实践证明,被告人的供述对准确地认定其主观故意还是有很大的作用的。但由于被告人趋利避害的普遍心理,其供述的真实性要求我们的司法工作人员对供述应结合其他的案件事实来分析,进而判断行为人实施犯罪时的心理状态和故意内容。

总之,上述所有因素都是互相联系、互相印证的,判断案件究竟是故意伤害罪还是故意杀人罪,需要综合以上各种案件事实后得出结论。例如这样一个案例,被告人赖某与朱某夫妻系工友,朱某因怀疑赖某与其丈夫有不正当男女关系,而于 2005 年 6 月下旬打电话将怀疑之事告知了赖某丈夫何某,导致赖某夫妻不和,并因处理此事方法不妥,赖某被工厂解雇。赖某因而产生杀掉朱某儿子以达到报复朱某之目的。2005 年 9 月 1 日上午,赖某携带一把水果刀来到朱某四岁的儿子廖某就读的幼儿园教室,然后将廖某带至该园男厕所,用刀在廖某脖子上刺割了五刀,廖某在挣扎时又被致伤了手、脸部,赖某在行凶时被幼儿园员工发现并被抓获,廖某经送医院抢救脱离危险。本案中,赖某因与朱某发生纠纷,便产生杀害朱某儿子廖某以报复朱某之念,为了达到报复目的,事先准备了水果刀积极寻找被害人,找到后又持刀刺割被害人颈部,其行为反映了其积极追求被害人死亡结果发生的主观心态。同时,赖某作为正常的成年人,对持刀刺割一个毫无反抗能力幼儿的颈部会造成被害人死亡的结果是明知的,因此赖某主观上明知自己的行为会发生被害人死亡的结果,并且积极追求这种结果的发生,其主观上具有杀人的故意;客观上实施了刺割被害人颈部五刀的行为,由于被他人发现并当场将其抓获而未得逞,其行为构成故意杀人罪。

(二)故意杀人罪的死刑适用

故意杀人罪的严重性在于它侵害的是人的生命,"这是故意杀人罪区别于其他侵犯公民人身权利罪的本质特征,也是其成为最严重的侵犯公民人身权利罪的原因所在。"①在我国《刑法》中,死刑是惩罚故意杀人罪的主要刑罚之一。经过观察不难发现,在《刑法》第二编侵犯公民人身权利犯罪的章节中所规定的 349 个条文中,所有的刑罚都是由轻到重排列的,只有第 232 条故意杀人罪是一个例外。该条规定:"故意杀人的,处死刑、无期徒刑或者十年以上有期徒刑;情节较轻的,处三年以上十年以下有期徒刑。"应该说,这种立法体例从一定程度上反映了立法者在对待故意杀人罪时的立法心态,即对于故意杀人罪首先应考虑适用死刑,在情节较轻的情况下才考虑第二档

① 丁强、丁猛:《侵犯公民人身权利、民主权利犯罪司法适用》,法律出版社 2005 年版,第 4 页。

次的刑罚即3年以上10年以下有期徒刑，对于这种现象，有学者指出，“这样由死刑到有期徒刑排列的法定刑的做法在《刑法》中唯有故意杀人罪一例。将死刑排在首位的做法，被不少人理解为对实施故意杀人罪的犯罪分子，应当优先适用死刑，死刑成了优先考虑的刑种。”①这也与中国古代流传下来的“杀人偿命”的观念相一致。

当今国际社会，人权越来越受到重视和保护，自20世纪70年代末以来，以欧洲为主导的废除死刑的运动已经发展成为一个国家是否尊重人权的国际标准的重要指标②，作为人类最原始的刑罚方法之一，死刑同当代社会的道德理念、社会政策、法律制度以及人权意识之间，往往存在着严重的冲突。事实上，死刑是同态复仇思想在当代刑罚制度中的残留，限制死刑的适用直至废除死刑的适用已是必然趋势。而作为适用死刑可能性最高的一种犯罪，故意杀人罪无疑是限制死刑适用的一个良好切入点。

1. 现阶段故意杀人罪适用死刑存在的问题

(1) 立法缺陷导致死刑适用标准相对较为宽泛，执行标准不统一，罪刑配置倾向化严重

我国《刑法》第232条规定：“故意杀人的，处死刑、无期徒刑或者十年以上有期徒刑；情节较轻的，处三年以上十年以下有期徒刑。”由此可以看出，我国故意杀人罪的立法技术上存在着明显缺陷。首先，立法过于宽泛。正如有学者指出的那样：“同为故意杀人罪，其情况却是千变万化的，穷凶极恶的连杀数人是故意杀人，临时起意的激情杀人是故意杀人，大义灭亲是故意杀人，生母杀婴也同样是故意杀人。但是这些完全不同的情况在刑事立法的规定中并没有相应的反映。”③这种笼统的立法弊端在于使得民众失去对犯罪预测的可能性，也便失去了立法通过犯罪构成的规定保障基本人权的意义。其次，法定刑幅度过大，加之量刑情节没有细化，也造成了执行标准不统一的问题。过于宽泛的刑罚适用标准，伸缩性过大的法定刑，势必导致法官在裁判时不得不加入更多的心理因素，必然产生适用死刑标准的不一致性和任意性，乃至产生同罪异判的现象。问题又恰恰在于这些不同判决结果似乎都在法律规定的范围和幅度之内，我们无法客观评判哪个案件适用法律正确，哪个案件适用法律错误，出现偏差，人们也就无法从判决中得到正确的导向性。所以，故意杀人罪的罪刑配置清楚地体现“杀人偿命”的报应化倾向。

(2) “杀人偿命”观念在人民群众乃至司法工作人员心中根深蒂固

在人民群众的朴素观念中，杀人偿命是死刑公正性极为原始同时又是极为精当的说明，它是等害报应观念的绝佳体现。对生命的侵犯只有以对生命的剥夺，才能补偿和抵消，因此，只要是故意杀人犯罪，首先考量的是死刑适用，然后，再寻找有没有适用

① 贾宇：《死刑研究》，法律出版社2006年版，第108页。
② 欧洲理事会：《死刑在欧洲的废除》，1999年版。
③ 参见付立庆：《故意杀人罪罪状检讨》，载《人民检察》2003年第5期。

较轻处罚的法定情节。据某省法院统计,最近几年因犯故意杀人罪而被判处死刑(包括死缓)的案件占全部死刑案件的百分比为:2000 年占 66.1%;2001 年占 51.3%;2002 年占 54.7%;2003 年上半年占 56.7%。从各地的统计数据看,在全部死刑案件中,故意杀人案件所占比例一般都在 30%—60% 间,个别省则高达 70%—80%。① 从我国现实来看,罪刑法定、程序公正等现代法治观念远远未深入社会各个角落,"杀人者偿命"等同态复仇观念仍然根深蒂固。但我们应该看到,"杀人偿命"只是一种过时的等害报应,是一种虚幻的价值均衡,是人道关怀的缺失。而基于"人道高于公正"的绝对命令,我们只能放弃这种粗暴野蛮、践踏人性的决定。②

(3)个别审判人员在审理案件时过多考虑民愤及社会舆论因素

有些法官不能理性地对待民愤和社会舆论,甚至将民愤和社会舆论夸大到不应有的程度;有些法官为了息事宁人,害怕被害人上访闹事,而迁就被害人的请求,对于故意杀人罪过多地适用了死刑。③ 以刘涌案为例,2002 年 4 月 17 日,一审法院以故意伤害罪,组织、领导黑社会性质组织罪等罪名判处刘涌死刑,立即执行;2003 年 8 月 15 日,二审法院以"鉴于本案的具体情况"为由,改判刘涌死刑,缓期二年执行。判决一出,立即招致民众和舆论的一片骂声,人们难以理解,像刘涌这样十恶不赦、无恶不作的黑社会老大怎能不被判处死刑,不杀怎能平民愤?这种死刑改死缓的判决简直是法治的退步和对人权的侮辱。④ 2003 年 12 月 22 日,最高人民法院对刘涌案经再审后作出判决,改判刘涌死刑,立即执行。当日,刘涌被执行死刑。还有一些审判人员一味追求办案效率,甚至出现错判错杀的案件。众所周知的如湖北佘祥林"杀妻"冤案、河北聂树斌"强奸杀人"冤案等。

2. 从司法上限制故意杀人罪死刑适用的若干建议

死刑的最终废止应以严格限制适用为起点。而死刑限制的焦点和难点则在故意杀人罪的死刑控制。控制了故意杀人罪的死刑适用,中国的死刑限制问题自会迎刃而解。⑤ 为了统一死刑适用标准,严格限制死刑适用和保障人权,自 2007 年 1 月 1 日起,死刑案件核准权统一由最高人民法院行使。死刑案件核准制度的重要改革,是我国司法体制和工作机制改革的一项重要内容,中央决定把死刑案件核准权统一收归最高人民法院行使,将为真正贯彻"保留死刑,严格控制死刑"的政策,坚持少杀、慎杀、防止错杀,公正、适当地适用死刑提供具体可靠的保证。

---

① 参见阴建峰:《故意杀人罪死刑控制论纲》,载《政治与法律》2008 年第 11 期。

② 参见杜宇:《诘问"杀人偿命"——死刑废止中一个"心结"的破除》,载《中国刑法学年会文集》(2004 年度),第 808 页。

③ 高憬宏:《论故意杀人罪的死刑适用》,吉林大学 2007 年博士学位论文,第 76 页。

④ 参见马雅玲:《公民舆论监督探析———以刘涌案等为背景的分析》,载《民主与法制》2004 年第 8 期。

⑤ 参见阴建峰:《故意杀人罪死刑控制论纲》,载《政治与法律》2008 年第 11 期。

限制和废除死刑往往有立法及司法两个途径。但结合我国的具体国情,考虑立法程序的繁琐,笔者认为,通过立法渠道限制死刑在短时间内较难实现,相比较而言,通过司法渠道限制死刑的实际适用范围和规模则有更大的空间,而且可以与现行立法保持一致。以日本为例,自1980年到1993年宣告死刑的有75人,而实际执行的仅有24人。[①] 通过司法途径限制直至废除死刑,不仅可以在较短时间内收到限制死刑的实际效果,而且可以在最大程度上削弱民意对国家决策的影响,使人们更容易接受限制乃至废除死刑的改革,同时还可以继续保留死刑所特有的刑罚威慑力,是最为经济以及有效的方法。

(1) 树立审慎适用死刑的观念,严格掌握死刑适用标准,控制故意杀人罪的死刑适用

要在司法上对死刑加以限制和控制,就首先要求我们的司法人员摒弃过去"杀人者死"、"杀人偿命"的原始报应观念,对于故意杀人罪要树立审慎适用死刑的新的理性观念。要让司法人员对死刑的威慑力和功能有一个正确的认识。过度迷信死刑、滥用死刑不仅不会起到预防和惩罚犯罪的作用,反而会加剧社会的对立情绪,并最终导致死刑威慑力的减弱,刑事法治人道性和公正性的丧失。

"罪行极其严重"是适用死刑的宏观标准,就故意杀人罪而言同样如此。任何有可能被适用死刑的故意杀人罪的犯罪分子,都必须根据主客观相一致的原则从犯罪性质、情节、危害后果、主观恶性等多方面综合考察,只有其均达到极其严重的程度,才可以考虑适用死刑。所谓犯罪性质特别严重,即从整体上看是具有特别严重的社会危害性的故意实施的重大犯罪。所谓危害后果特别严重,即客观上导致多人死亡、重伤、财产损失巨大或者其他特别严重的后果。而情节特别恶劣,即犯罪的手段特别残忍,具有在犯罪中起最主要作用,而且具有特别卑劣的犯罪目的或者有其他特别恶劣的情节。笔者认为,我国《刑法》在总则第48条中只是列出了可以判处死刑的最宏观、最直接的标准。然而在具体的案件中,司法工作人员必须严格掌握这一标准。即人民法院在量刑时,一方面应当根据犯罪分子的社会危害行为和后果去确定是否应当判处死刑;另一方面也应考察犯罪分子的主观恶性和人身危险性。[②] 在同样可以达到一定的刑罚目的的前提下,正视行为人主观上立功、自首等悔过情节,采用相对较为轻缓的刑罚来惩罚犯罪,不仅是宽严相济刑事政策的要求,更是罪责刑相适应原则的必然要求。

(2) 正确引导民意,以限制故意杀人罪死刑的适用

根据学者的解释,死刑民意是指民众对保留死刑还是废除死刑所持的基本立场和

---

① 〔日〕板仓宏:《刑法总论》,劲草书房1998年版,第407页。

② 赵秉志:《刑法基本理论专题研究》,法律出版社2005年版,第629页。

态度。[①] 据《理想与现实——中国死刑制度报告》一书所载，在对我国现行《刑法》规定的死刑制度的态度的调查中，在接受访问的2 019人里，有219人表示强烈支持，1 131人表示支持，合计百分比为67.3%，而表示强烈反对或反对的只占约10%。[②] 正如有学者指出的那样，应该看到的是，任何司法活动都不是在真空中进行的，在任何体制下，司法活动都会引起民意的关注，而民意又会对作为血肉之躯、情感动物的每一个法官产生影响。要想杜绝民意对司法活动的影响是不可能的。[③]

具体到故意杀人罪而言，应该看到，聆听民意并不意味着一味盲从甚至迁就民意。笔者认为，充分、全面地了解死刑民意，进而理性、科学地分析民意，正确地引导民意，是正确对待死刑民意的态度。民意在死刑适用中并非只有负面作用，无需对民意抱以过分戒备的心理；相反，应当将民意作为检视死刑适用的法律效果和社会效果的标准之一，认真、慎重地加以对待。[④] 我们要相信，随着人类的不断进步和社会精神文明程度不断提高，人民不再需要适用死刑来满足人类的报复心，人民开始理解，国家社会不能为了惩罚犯罪人而像犯罪人曾经做的那样再损害一个生命，因为人的生命都是很珍贵、很重要的，这是文明时代对人类理性的呼唤，作为社会公益的法律将最终替代民意，成为衡量司法公正的新标尺。但这需要一个过程，并不是立即废除死刑所能做到的。

(3) 正确把握死缓适用范围，充分发挥死缓制度的作用

所谓死缓，即死刑缓期执行制度的简称，这也是我国独创的一项刑罚制度。死缓制度的实行，客观上在贯彻"少杀"，限制故意杀人罪的死刑适用方面起到了很大的作用。马克昌教授指出，死缓制度是"我们党和国家长期执行的'少杀、慎杀'政策的法律表现，是当前处理死刑问题的一项正确、有力的措施。"[⑤]笔者认为，在全球限制和废除死刑的趋势下，死缓制度理应被赋予新的价值，进一步发挥其限制死刑的作用。

我国《刑法》第48条第1款规定："对于应当判处死刑的犯罪分子，如果不是必须立即执行的，可以判处死刑同时宣告缓期二年执行。"这说明执行死缓有两个条件，一个是应该判处死刑，也就是说，如果犯罪分子所犯罪行不应被判处死刑，也就不能谈及适用死缓；另一个则是不是必须立即执行死刑，即犯罪分子存在特定的从宽情节，可以不必立即执行死刑。较之死刑立即执行，死缓制度既保留了死刑的威慑力，又在很大程度上满足普通民众的报应心理，淡化社会反应，更重要的是，死缓制度在发挥刑罚教育功能上有着巨大作用，敦促犯罪分子悔罪自新，加强改造，是宽严相济刑事政策的充

---

① 张文等：《十问死刑——以中国死刑文化为背景》，北京大学出版社2006年版，第91页。

② 康均心：《理想与现实——中国死刑制度报告》，中国人民公安大学出版社2005年版，第28页。

③ 参见卢建平：《死刑适用与民意》，载《刑法评论》(第8卷)，法律出版社2005年版，第89页。

④ 参见左坚卫：《民意对死刑适用的影响辨析》，载《河北法学》2008年第2期。

⑤ 参见马克昌：《论死刑缓期执行》，载《中国法学》1999年第2期。

分体现。有学者指出:“如果说,可杀可不杀一定不杀,是实行少杀的原则,那么,死缓则是进一步贯彻少杀,将实际执行死刑的人数控制在最低的一个限度。”①可以说,死缓制度符合世界限制适用死刑的趋势,符合我国刑罚的特点,充分发挥死缓制度的作用是在司法领域尤其是故意杀人罪的判决中切实贯彻“少杀、慎杀”死刑政策的必要途径。

(三)杨佳故意杀人案的定性分析

按照法治的观点,当然应当以案件的全部事实为根据,以相关法条的规定为准绳,按照主客观相统一的刑事责任原则对本案进行分析认定。结合前述案情我们不难看出,在杨佳故意杀人案中,从主观方面来分析,杨佳因对公安民警就其所骑无牌照自行车依法进行盘查及对公安机关就其投诉的处理不满,为泄愤报复,在行凶前经过预谋和充分准备,其明确的犯罪意图并不是在短时间内产生的,他不仅对实施非法剥夺他人生命的行为存在明确的认识,而且对于其行为造成他人死亡的后果也是持希望和追求的态度的,其犯罪目的亦相当明显,显然存在故意非法剥夺他人生命的思想基础。从客观方面来看,杨佳两次图谋并精心准备,采用燃烧瓶吸引保安人员的注意力,携带尖刀等作案工具闯入公安机关,采用连续捅刺、砍击的方式先后袭击数名民警及保安人员,造成六死四伤的严重后果,综合杨佳的犯罪准备、犯罪工具、犯罪实施情况、被害人数等案件事实,杨佳显然有非法剥夺他人生命的犯罪故意,其行为完全符合故意杀人罪的客观构成特征。主客观结合起来看,杨佳的犯罪手段极其残忍,罪行极其严重,社会危害极大,其行为已构成故意杀人罪,毫无疑问地应构成故意杀人罪,而绝不属于故意伤害致死的犯罪。应该说,一审及二审法院的裁判是合理、公正的。至于辩护人所提出的杨佳欲对吴钰骅进行报复伤害,其间遭到其他被害人的阻拦,被害人的死亡是出于杨佳的意料之外,且杨佳未对保安人员实施加害的说法,结合案情不难发现,这种说法牵强附会,与杨佳客观方面实施的行为性质不符,不能成立。

六、酌定量刑情节的相关问题研讨

所有刑事裁判的焦点都将最后集中在两个环节,即定罪和量刑。定罪是量刑的前提和基础,量刑是定罪的后续和结果,正确的定罪为合理的量刑提供确实保障,公正的量刑是刑事正义的集中体现。正如有学者指出的,“在人类刑法文明史上,量刑公正始终是人们不懈追求的崇高目标。从某种意义上说,整个人类刑法文明史,就是一部为实现刑罚目的而不断探索量刑公正的历史。”②由此可见,量刑公正的刑法理论在刑事司法中的重要地位。

法定刑的确立在避免量刑的随意性,防止法官擅断方面起到重要作用。但是基于

---

① 杨春洗:《刑法理念新探索——杨春洗文集》,北京大学出版社 2003 年版,第 153 页。

② 参见沈德咏:《论量刑公正》,载《中英量刑问题比较研究》,中国政法大学出版社 2001 年版,第 11 页。

刑事案件千变万化的具体案情,如果要求法官毫无例外地在法定刑范围内量刑,那么量刑不能反映具体案件的差异,从而导致量刑不当,量刑公正也就无从实现。所以法定刑的限制与适度的自由裁量权都是必要的。也正是基于这个原因,各国在要求法官应在相对确定的法定刑范围内裁量刑罚的同时,又规定了种类繁多的决定刑罚的事实根据,即量刑情节。量刑情节的存在,既能使法官在法定刑范围内根据案件的具体情况依法斟酌决定刑罚,又能使其在特殊情况下摆脱法定刑的束缚,超出法定刑量刑,从而赋予法官以适度的自由裁量权,为实现公正、合理的量刑提供保障。所以说,量刑情节问题是量刑是否适当的重要环节,审判人员能否正确选择合理的量刑情节,决定了能否真正做到罪责刑相适应。

一般说来,量刑情节内涵丰富、外延广泛,许多国家的刑法都对其进行了分门别类的规定。我国《刑法》对量刑情节没有作出明确的分类,但理论上则存在多种不同的分类法。但比较多种不同的分类法不难发现,多种分类角度和观察角度透视了量刑情节的方方面面,具有一定的启发意义,但分类越多,量刑情节的属性似乎也就越多,对界定适用无太大意义。笔者认为,以《刑法》有无明文规定为标准,将量刑情节划分为法定量刑情节和酌量刑情节的分类法,得到我国刑法理论界和司法实务界的普遍承认和采纳,是较为科学、合理的分类。就酌定量刑情节而言,我国《刑法》对其采取了概括规定的方式,将适用和裁量权限更多地赋予了审判人员,这样的立法方式导致司法实践中出现了诸多问题。结合杨佳故意杀人案,笔者的研究重点将是酌定量刑情节问题。

(一)酌定量刑情节的定义辨析

关于酌定量刑情节的定义,学界争议颇多,没有形成统一意见,总的说来,存在以下几种代表性观点:(1)酌定量刑情节指审判机关在量刑时酌情考虑的情节。①(2)酌定量刑情节是指审判机关灵活掌握的影响犯罪的社会危害程度,从而影响处刑轻重的法定情节以外的其他情节,它虽然不是法律明文规定的,但却是根据立法精神和有关刑事政策,从审判实践经验中抽象概括出来的。②(3)酌定量刑情节是指根据立法精神,从审判实践中总结出来的,由人民法院灵活掌握、酌情适用的情节。③(4)酌定量刑情节是指《刑法》未作明文规定,根据刑事立法精神与有关刑事政策,由人民法院从审判经验中总结出来的,在量刑时需要酌情考虑的情节。④(5)酌定量刑情节指法律无具体规定,由人民法院在决定刑罚时予以灵活掌握、酌情适用的情节。⑤(6)酌定量刑情节是指与法定情节相对应的,法律对其具体内容及其功能没有作出明

① 何秉松:《刑法教程》,法律出版社1987年版,第1175页。
② 王作富:《中国刑法适用》,中国人民公安大学出版社1987年版,第249页。
③ 林准:《中国刑法教程》,人民法院出版社1989年版,第185页。
④ 张明楷:《刑法学》(第三版),法律出版社2007年版,第434页。
⑤ 贾宇、郭洁:《新中国刑法学》,陕西人民出版社1998年版,第180页。

确规定,依其具体情况对量刑之轻重产生影响的量刑情节。[①] (7) 酌定量刑情节指《刑法》未作明文规定,司法机关和理论工作者根据刑事立法精神和有关刑事政策结合司法实践总结出来的,由审判机关在量刑时应当灵活掌握和酌情适用的情节,并指出这类情节只能是在法定刑幅度内从轻或从重处罚,禁止用于加重和减轻处罚。[②] (8) 指我国《刑法》认可的,从审判实践经验中总结出来的,对行为的社会危害性和行为人的人身危险性程度具有影响的,在量刑时灵活掌握、酌情适用的各种事实情况。[③] (9) 法律虽然没有明文规定但予以认可的,由审判机关从犯罪事实和罪犯个人的事实情况中总结出来的反映行为的社会危害性和行为人的人身危险性而作为量刑具体依据的各种事实情况。[④]

笔者认为,上述几种观点分别从不同的角度探讨了酌定量刑情节的特征和定义,均具有其合理性的一面,但也存在狭隘与片面的问题。总的看来,酌定量刑情节应该具有以下三种特征:

(1) 酌定量刑情节的本质属性应在于通过该情节,可以探知行为人行为的社会危害性程度和行为人的人身危险性程度。这是酌定量刑情节的本质特征所在。倘若一个情节根本与行为人社会危害性程度和人身危险性程度无关,那么在量刑时也就无需考虑,更谈不上是酌定量刑情节了。

(2) 酌定量刑情节应该是法律没有明文规定但是认可的。关于此问题,学界争论由来已久。我国著名刑法学者高铭暄教授认为,首先,酌定量刑情节是刑法总则和分则都没有作出明文规定的情节,其内容不具有法定性。因而各个具体犯罪,甚至在一个罪名的不同法定刑幅度内,酌定量刑情节都可能是不同的。其次,酌定量刑情节是法律没有明文规定的,但这并不等于酌定量刑情节的适用没有法律依据。[⑤] 笔者认为,高铭暄教授的看法是正确的。"法定性"的含义应当严格界定为法律明文规定。就量刑情节而言,法定性应指法律明文规定了某一情节的情状及其如何影响量刑。所以,酌定量刑情节不具备法定性。但是,《刑法》第 61 条规定:"对于犯罪分子决定刑罚的时候,应当根据犯罪的事实、犯罪的性质、情节和对于社会的危害程度,依照本法的有关规定判处。"《刑法》第 63 条第 2 款规定:"犯罪分子虽然不具有本法规定的减轻处罚情节,但是根据案件的特殊情况,经最高人民法院核准,也可以在法定刑以下判处刑罚。"这里所谈到的"情节"和"案件特殊情况",均可以视为酌定量刑情节。因此,酌定量刑情节的适用是法律所认可的。

---

① 陈兴良:《刑事司法研究——情节、判例、解释、裁量》,中国方正出版社 1996 年版,第 140 页。
② 参见高铭暄、马克昌主编:《刑法学》,北京大学出版社、高等教育出版社 2000 年版,第 267 页。
③ 马克昌:《刑罚通论》,武汉大学出版社 2001 年版,第 326 页。
④ 蒋明:《量刑情节研究》,中国方正出版社 2004 年版,第 129 页。
⑤ 参见高铭暄:《宽严相济刑事政策与酌定量刑情节的适用》,载《法学杂志》2007 年第 1 期。

(3) 酌定量刑情节是审判人员必须酌情考虑的量刑情节。事实上,在我国理论界,不少人认为酌定量刑情节只是在裁量刑罚时酌情适用、可有可无的情节,在司法实践中,这种看法更为普遍,以至于他们在量刑时随意性极大,成为导致量刑偏差的重要原因。① 对此,笔者认为,酌定量刑情节在量刑中的不确定并不代表这是可考虑可不考虑的;相反,正如前文所述,能够成为酌定情节的若干事实恰恰能够反映犯罪的社会危害性和犯罪人的人身危险性,这对量刑有着非常关键的作用,切不可因为其是酌定量刑情节而予以忽视。酌定量刑情节对刑罚的公平正义的裁量所起的重要作用是不以人的主观意志为转移的,因此只要有其存在,法官就必须考虑其适用,就必然会对最终量刑产生各种影响。正如有学者指出的那样,"刑罚是有限的,而犯罪是无限的。以有限的刑罚对付无限的犯罪,是社会的一种无奈的选择。"②因此,在司法实践中,面对变化万千的案件,司法工作人员必须认可酌定量刑情节以应对每个具体案件的具体情况,从而准确地裁量刑罚。

(二) 酌定量刑情节的表现形式

酌定量刑情节具有一定的范围和表现形式,酌定量刑情节的范围主要解决的是在具体个案中可能存在哪些酌定量刑情节。酌定量刑情节的内容十分复杂,赵廷光教授在《量刑公正实证研究》一书中就罗列了 62 种具体的酌定量刑情节。③ 但也有学者认为,这种列举看似具体,但立法现象表明:前述所列内容并不是所有犯罪的酌定量刑情节,鉴于此,准确界定酌定量刑情节的范围,不得不分门别类地作一番考察。④ 在此,笔者从主观人身危险性和客观社会危害性出发,选取若干司法实践中比较常见的酌定量刑情节进行探讨。

1. 人身危险性方面的酌定量刑情节

人身危险性是指犯罪人再次犯罪的可能性,它体现的是犯罪本身之外与犯罪主体个人情况紧密联系的主观情形。一般说来,体现行为人人身危险性的酌定量刑情节主要有以下几个方面。

(1) 犯罪人的个人情况

犯罪人的个人情况主要是指犯罪人的年龄、心理、生理状况、生活、工作状况、道德观念、教育程度以及其他基本情况。⑤ 这些因素对犯罪人改造的难易度,是否会再犯有一定的影响,即这些情况可以反映其人身危险性,因此,法官在量刑时应对这些因素有

---

① 参见赵秉志、魏东:《中国刑法学基本问题检讨——首届中韩刑法学术研讨会综述》,载《河南政法管理干部学院学报》2004 年第 4 期。

② 邱兴隆:《刑法理性导论——刑罚的正当性原论》,中国政法大学出版社 1998 年版,第 129 页。

③ 赵廷光:《量刑公正实证研究》,武汉大学出版社 2005 年版,第 371 页。

④ 参见周静、张宝华:《酌定量刑情节范围探讨》,载《法学评论》1993 年第 6 期。

⑤ 李晓明:《中国刑法基本原理》,法律出版社 2005 年版,第 624 页。

所考虑。在《刑法》中,有的犯罪人的个人情况,例如,刑法总则规定的“已满 14 周岁不满 18 周岁的人”、“尚未完全丧失辨认或控制自己行为能力的精神病人”、“又聋又哑的人或盲人”等是作为法定量刑情节存在的;但对于大多数犯罪而言,犯罪人的个人情况在《刑法》中并未专门规定,在不将其作为法定量刑情节因素考虑时,就可以作为酌定量刑情节因素予以考虑。最简单的例子,一个 70 岁的老年人盗窃和一个普通的成年人盗窃,若两者在客观方面的情况相同,则都构成盗窃罪且属于同一法定刑范围,在这种情况下,我们就应仔细考虑,是否应该对年迈的老人多些恻隐之心,在量刑上考虑从宽处罚,以彰显法律的人性所在。

(2) 犯罪人犯罪前的一贯表现

犯罪人在犯罪前的表现如何,是一贯遵纪守法,没有任何违法乱纪的行为,还是一贯违法犯罪、作恶多端,这都是反映其改造难易程度和再犯可能性大小的参考因素。犯罪人一贯表现良好、该次罪系初犯,往往可以说明其人身危险性和主观恶性都较小,因而该情节可以成为酌定从宽处罚情节;相反,犯罪人一贯表现不良、称霸乡里,往往可以说明其人身危险性和主观恶性都较大,而可以作为酌定从严处罚情节考虑。比如王某和张某同样违章驾驶,造成交通事故,构成交通肇事罪,但法院经过考察两者一贯表现发现,王某一贯违章驾驶,张某平常一贯遵守交通规则,在这种情况下,王某和张某即使造成的损失完全一样,然而最后在对他们进行处刑时,肯定是不一样的,二者一贯的表现将成为法院量刑时考虑的情节。

(3) 犯罪人犯罪后的态度

犯罪后的态度,是行为人在犯罪之后的种种表现,是衡量行为人主观恶性大小的重要因素之一。它反映犯罪分子认罪、悔罪的程度,并反映犯罪分子再犯可能性的大小。从司法实践来看,犯罪人在犯罪后的行为表现被作为酌定量刑情节的,主要包括:认罪态度,行为人退赃、退赔情况,犯罪人事后的补救行为等。以行为人的坦白行为为例,《刑法》将坦白和自首区分开来,自首作为法定从宽处罚情节,而对坦白则未作明确规定。坦白是指在犯罪嫌疑人或被告人被动归案后,如实供述自己罪行的行为。自首虽然比坦白更能体现犯罪人的悔罪态度,更有利于提高司法机关破案的效率,但是,归案后的坦白行为,相对那些负隅顽抗、始终狡辩的犯罪人,也在很大程度上体现了犯罪人的认罪、悔罪态度,减轻了办案的难度,理应与前者区别对待,为此,最高人民法院、最高人民检察院以及司法部于 2003 年颁布了《关于适用普通程序审理“被告人认罪案件”的若干意见(试行)》,第 9 条明确规定:“人民法院对自愿认罪的被告人,酌情予以从轻处罚。”

(4) 犯罪动机

犯罪动机,是刺激犯罪人实施犯罪行为以达到犯罪目的的内心冲动或内心起因。①

---

① 参见高铭暄、马克昌主编:《刑法学》,北京大学出版社、高等教育出版社 2000 年版,第 122 页。

我国台湾著名刑法学者蔡墩铭指出,犯罪有属于高尚者,亦有属于卑劣者,凡此莫不与动机有关。因之犯罪动机既异,则刑罚之重轻亦当有别。① 犯罪动机是直接故意犯罪所特有的心理形成阶段,在同是直接故意犯罪的情况下,犯罪动机的恶劣与否构成了评价犯罪人主观恶性严重程度的重要标志。但是我国《刑法》并未明确规定犯罪动机是量刑时必须考虑的因素,因此我们在量刑的时候只能将犯罪动机作为酌定量刑情节予以考虑。例如,同样为盗窃,为筹集恶性犯罪资金而盗窃比为生计所迫而盗窃更加卑劣,更应受道德谴责,主观恶性更重。同样道理,故意杀人,因为为民除害而杀人与泄私恨私仇而杀人的行为人主观恶性显然也不同,法院在量刑时都要加以考虑。

2. 社会危害性方面的酌定量刑情节

(1) 被害人方面的酌定量刑情节

① 被害人的过错。一般情况下,犯罪原因通过犯罪动机对社会危害性评价产生影响。但有一种情况例外,那就是被害人存在过错导致犯罪发生。所谓被害人过错,是指被害人出于主观上的故意或者过失,诱发犯罪人的犯罪意识、激化犯罪人的犯罪行为。被害人的过错,刑法也在一定的情况下将其纳入法定量刑情节的范畴。例如,《刑法》中关于防卫过当的规定,"正当防卫明显超过必要限度造成重大损害的,应当负刑事责任,但是应当减轻或者免除处罚",其前提便是被害人自己实施了不法侵害行为,因而由此引起的加害人的犯罪从宽处罚。相关司法解释也对被害人有过错情况下犯罪人的定罪量刑作了具体规定,例如,1999年最高人民法院印发的《全国法院维护农村稳定刑事审判工作座谈会纪要》便规定,对于被害人一方有明显过错或对矛盾激化有直接责任,或被告人有法定从轻处罚情节的,一般不应判处死刑立即执行。可见,该纪要将被害人过错作为了酌定从轻量刑情节。

被害人积极制造矛盾并诱发犯罪的过错,主要是指被害人本身的行为就是违法、犯罪或者严重违背社会公德的行为,并且被害人的这些行为与犯罪行为之间存在紧密的因果关系。以著名的蒋爱珍故意杀人案为例②,赵秉志教授指出:对故意杀人犯罪的量刑,不仅要看是否造成了被害人死亡的结果,还要综合考虑案件中的影响行为人之行为的社会危害性及其人身危险性的其他情况以案件的全部事实为根据按照主客观相统一的原则进行综合认定。在被害人存在明显过错的情形下,被告人的应受谴责性程度也相应降低。被害人自身的过错程度当然也会在很大程度上影响对被告人人身

① 蔡墩铭:《刑法总论》,三民书局1994年版,第314—315页。

② 蒋爱珍,女,原新疆生产建设兵团农八师144团医院护理员。蒋爱珍因遭人诽谤诬陷,人格及名誉蒙受了严重的迫害和屈辱,她感到哭诉无门,忍无可忍,于1978年9月29日持枪对诽谤迫害者复仇,打死三人、打伤一人。1984年9月,新疆石河子地区中级人民法院作出一审判决,以故意杀人罪判处蒋爱珍无期徒刑。蒋爱珍不服一审判决,提出上诉。1985年1月16日,新疆维吾尔自治区高级人民法院作出终审判决,改判蒋爱珍有期徒刑15年。鉴于蒋爱珍在狱中的表现,她被多次减刑,并于1991年刑满出狱。

危险性大小的评价进而会影响到处罚的轻重,这也是正常的现象。①

应该看到,被害人过错并不是在所有情况下都能成为酌定量刑情节,并非所有过错都能影响到对犯罪人主观恶性的评价,被害人过错也不包括被害人在行使自身合法权利过程中的过失。例如,在强奸案中以被害人穿着暴露视为过错因素,在盗窃案中以被害人没有关闭门窗视为被害人过失因素,这些做法都是不科学的。

② 被害人的宽恕和谅解。被害人的谅解和宽恕说明被害人与行为人在一定程度上就伤害达成了一致,反映了行为人的悔罪态度和对自己错误行为的认识,应该说可以从一定角度探知行为人的社会危害性的降低。一般说来,被害人的宽恕和谅解往往发生在亲人或邻里等平常关系较为密切的人之间以及行为人积极退赔的情况。现实中,审判机关也开始重视此情节在审判中的适用,出台相关规定来保障被害人谅解的具体适用。例如,1998 年最高人民法院《关于审理盗窃案件具体应用法律若干问题的解释》中就规定:偷拿自己家的财物或者近亲属的财物,一般可不按犯罪处理;对确有追究刑事责任必要的,处罚时也应与在社会上作案的有所区别。再如,2009 年 7 月 24 日,北京市第一中级人民法院对外公布《关于规范刑事审判中刑事和解工作的若干指导意见》,根据该意见,在自诉案件和侵犯个人权益的刑事案件中,只要案犯和被害人达成谅解,法院在量刑时就可以对案犯从轻处罚或免予处罚。

(2) 犯罪客观方面的酌定量刑情节

犯罪客观方面的酌定量刑情节主要包括犯罪的时间及地点、犯罪手段、犯罪对象、犯罪结果,等等。这些都是直接反映行为人社会危害性的因素。以犯罪的时间为例,如果在抗击非典的过程中,有关国家机关工作人员严重不负责任、严重不履行职责或者不正确履行职责导致疫情扩大、造成重大损失的,构成玩忽职守罪或者在汶川地震灾害发生时期,挪用抗灾、抢险、救济物资,直接导致灾情的加重而使危害加重,在量刑时均可以考虑从重判处刑罚。汶川地震后,最高人民法院发出了《最高人民法院关于依法做好抗震救灾期间审判工作切实维护灾区社会稳定的通知》。通知要求,人民法院要依法严惩危害抗震救灾和灾后重建的各种犯罪活动,坚决维护灾区社会稳定。坚持特殊时期、特殊案件、特殊办理的方针,对那些严重危害抗震救灾和灾后重建工作进行的犯罪行为,要在法定期限内快审、快判,力争在最短的时间内使灾区人民群众感受到人民法院维护灾区稳定和打击犯罪的决心与力度,震慑潜在的犯罪分子,预防其他犯罪的发生。

以犯罪手段为例,同样是故意杀人,采用一枪毙命还是其他及其残忍的方式,甚至杀人后碎尸、焚尸,虽然都在客观上造成了被害人死亡的后果,但明显后者的社会危害性以及人身危险性都更大,在量刑时就可考虑从重判处。因为在同种犯罪中,犯罪手

① 参见赵秉志、彭新林:《中国刑法三十年》,载《民主与法制》2008 年第 16 期。

段不同所可能造成的结果和所具有的危险性不同,所以遏制其发生所需要的刑罚力度也不同。犯罪手段可能造成的后果越严重,所具有的危险性越大,遏制其发生所需的刑罚力度越大;反之,手段可能造成的结果越轻微,所具有的危险性越小,遏制其发生所需要的刑罚力度就越小。

就犯罪结果而言,对于任何犯罪来说,最直接反映行为人社会危害性的因素就是犯罪结果。笔者认为,作为酌定量刑情节的犯罪危害结果,是指除了作为犯罪构成要件和法定量刑情节的危害结果以外的损害结果。因为作为构成要件和法定量刑情节的危害结果,已由法定刑和法定量刑情节所评价,无需酌定量刑情节的调节,只有上述危害结果以外的结果,才需酌定量刑情节的参与适用。虽然我国《刑法》将犯罪结果作为许多个罪的犯罪构成要件或者是适用较重幅度法定刑的条件,但也有相当多的刑法条文未对犯罪结果作明确的规定。在这种情况下,应当将犯罪结果作为酌定量刑情节。

(三)杨佳故意杀人案中酌定量刑情节的探讨

杨佳的辩护律师提出,不能排除警方在 2007 年 10 月 5 日晚的盘查中曾殴打过杨佳,而警方之后对杨佳投诉的处置不当则是引起本案发生的重要因素,因而应从宽处理。笔者认为,通常情况下,犯罪起因不能作为酌定量刑情节,只有当犯罪是出于情有可原的原因并可以减轻犯罪人的主观恶性和人身危险性,且《刑法》又没有对此作明确的从轻、减轻的规定时,犯罪起因才可以作为酌定量刑情节。

具体到本案来讲,首先,庭审查明,警方对杨佳骑无牌无证自行车进行盘查于法有据,对其处理过程中并无殴打行为,在杨佳不满处理结果而投诉并提出无理要求的情况下,警方两次由上海赴北京进行沟通和劝解工作,杨佳均未接受。可以说,从案件起因上看,警方对杨佳的盘查及其投诉的处理过程并无过错,至少是没有明显过错,不能由此说明杨佳受到了严重迫害,也不能说他是义愤犯罪、激情犯罪,而是典型的因为琐碎的事情竟蓄意报复杀人的恶性犯罪,若从宽处罚有悖法理。其次,杨佳经过预谋和充分准备,公然闯入公安机关,连续杀害六名无辜公安干警,其主观恶性和人身危险性都很大,危害后果极其严重,退一步讲,在这种情况下,即使他是受到了明显的不公正处理,或者警方存在明显过错,也显然不足以减轻他的罪责而可对其从宽量刑。

正如赵秉志教授指出的那样,我国刑法理论和司法实践的确认为,在案件起因上,如被害人有明显过错,被告人犯罪动机不很恶劣、主观恶性和人身危险性不大的,一般可以酌情从宽处罚。但是,从杨佳案查明的事实看,案件起因对量刑基本已不产生影响,即不能因起因问题对杨佳从宽处罚。①

---

① 《审判实体公正、程序合法——权威专家谈杨佳案审判》,http://www.gov.cn/jrzg/2008-10/23/content_1129253.htm,2009 年 4 月 10 日。

七、刑事责任能力的相关问题研讨

刑事责任能力是犯罪行为成立的主观要件之一，是刑法犯罪论体系中重要的一环，无责任则无刑罚是刑法的基本原则，一般认为，行为人必须在行为时具备相应的责任能力，才能承担刑事责任。通常而言，行为人达到了刑事责任年龄，就相应地具有刑事责任能力。但是如果行为人有精神障碍，尤其是精神病性精神障碍，则有可能影响其刑事责任能力的大小及有无。

我国《刑法》第18条规定："精神病人在不能辨认或者不能控制自己行为的时候造成危害结果，经法定程序鉴定确认的，不负刑事责任，但是应当责令他的家属或者监护人严加看管和医疗；在必要的时候，由政府强制医疗。间歇性的精神病人在精神正常的时候犯罪，应当负刑事责任。尚未完全丧失辨认或者控制自己行为能力的精神病人犯罪的，应当负刑事责任，但是可以从轻或者减轻处罚。醉酒的人犯罪，应当负刑事责任。"从条文情况来看，我国《刑法》规定的是"精神病人"，并对精神病人刑事责任能力分为三个等级。

（一）精神障碍者刑事责任能力的判定标准及评价

精神疾病患者或者精神障碍者刑事责任能力的认定标准是用来解决达到刑事责任年龄的行为人的实际精神状态对行为人刑事责任能力的影响及其程度，判定具体行为人有无精神疾病或者精神障碍，什么样的精神疾病或精神障碍属于影响行为人刑事责任能力的精神状态。各国中所规定的精神障碍者刑事责任能力的判定标准或采用的立法方式不尽一致，差别较大。大致有以下三类标准：

1. 生物学标准

生物学标准，是指行为人被判定为无刑事责任能力或限制刑事责任能力，仅以其患有刑法所规定的精神障碍作为唯一的标准。这种判定标准的立法例以1810年《法国刑法典》为代表。如1810年《法国刑法典》第64条规定："被告人在行为之时处于精神错乱状态，或者系因不可抗拒的力量强制所迫，不构成重罪，也不构成轻罪。"①此外，挪威、丹麦、瑞典等北欧国家的立法也采取这一标准。②

生物学的标准，优点是具体、明确，易操作。只要确认行为人患有精神病，便可确认行为人无刑事责任能力，由此排除审判者恣意判断的可能。但相应的，其缺点也很明显，首先，因为生物学标准对刑事责任能力的判定完全依赖精神病医生的判断，屏蔽法官、检察官的作用，使得刑事责任能力的法律意义大大弱化。其次，生物学标准过于形式化，且依赖医学技术的进步，不注重探讨刑事责任能力与危害行为的关系，其稳定

---

① 〔法〕卡斯东·斯特法尼等：《法国刑法总论精义》，罗结珍译，中国政法大学出版社1998年版，第376页。
② 黄丁全：《刑事责任能力研究》，中国方正出版社2000年版，第44—45页。

性值得商榷。

2. 心理学标准

心理学标准又称法学标准,即纯从心理学的角度出发,判断行为人行为时是否欠缺辨别是非的能力或者常态的意识决定力来认定刑事责任能力有无及程度,即以行为人行为时的实际心理状态为唯一标准来认定行为人的刑事责任能力。但实际立法中尚无纯依心理学标准的立法例,只是在一些国家的刑法草案中出现过。①

究其原因,笔者认为在于以下三点。首先,立法层面操作难度太大,正如有学者谈到的,"此种立法方式以行为时行为人之心理状态为判断基准,固甚契合实际,然则心理学上之探求本已非易,更纯以行为时行为人之心理状态为基准,尤属更难。"②其次,司法实务部门操作难度过大,对于司法实务部门来说,要想探求行为人行为时准确的主观心理状态,只能从行为人的口供和一些事后证据来推断,所以要想得到精确的结果具有一定难度。对此,英国刑法学者哈特指出,"确定刑事责任所要求的条件在数量上的任何增加,都会增加借口不符合某一条件而欺骗法庭或陪审团的机会。如果免责条件是一种心理状态,则此类欺骗得逞的机会便会相当大。"③最后,纯心理学标准割断行为人行为时心理状态与引起这一状态的原因之间的联系,这会对司法实务机关从整体上判定行为人的责任能力造成一定影响,在某些情况下会产生有悖于罪刑法定原则的结果。

3. 折中(混合)标准

折中(混合)标准,即兼采生物学标准和心理学标准的立法方式。具体是指行为人不仅必须患有刑法所规定的精神障碍,而且其所患精神疾病必须引起法定的心理状态或心理结果,方可被判定为无刑事责任能力和限制刑事责任能力。混合标准吸取了生物学标准和心理学标准的长处,避免了二者的不足。这一标准现在为大多数国家所采用。《德国刑法典》及其自 1909 年以来各次草案,均采用混合方法。

根据我国《刑法》第 18 条之规定,在认定精神疾病患者刑事责任能力的标准上,我国《刑法》采取了混合标准,即生物学标准与心理学标准相结合的方法,在心理学标准的内容上,不但考虑行为人行为时的认识能力即辨认能力,而且还考虑行为人行为时的控制能力,采纳的是辨认能力与控制能力有一种丧失或者减弱即影响行为人刑事责任能力状况。笔者认同这一标准。

笔者认为,作为一个刑法学概念,刑事责任能力还兼有心理学层面的概念内容,因此对其的考察也应从生物学和心理学两个方面入手,片面强调其中的一个或者偏废其

① 1869 年 7 月 31 日北德联邦第一次刑法草案第 46 条为其适例,该草案曾建议采取纯心理学方法。黄丁全:《刑事责任能力研究》,中国方正出版社 2000 年版,第 449 页。

② 张丽卿:《司法精神医学——刑事法学与精神医学之整合》,中国政法大学出版社 2003 年版,第 256 页。

③ 〔英〕H. C. A. 哈特:《惩罚与责任》,华夏出版社 1989 年版,第 19 页。

中的一个都是不科学的，这就要求我们在考察行为人的刑事责任能力时需要现代医学知识和法律原则的结合，需要如精神病医生、心理医生等相关专业领域的人士和司法实务部门的密切配合，首先从生物学的角度判断影响行为人刑事责任能力的生理原因，然后再判断此种生理原因所产生的影响刑事责任能力的心理状态。也就是说，认定精神疾病患者或者精神障碍者的刑事责任能力，不但要认定行为人是否患有精神疾病，而且也要判断精神疾病是否影响了行为人行为时的认识能力或者控制能力，才能认定行为人的刑事责任能力状况。

（二）精神障碍者刑事责任能力的司法鉴定

司法鉴定是在诉讼过程中，对于案件的某些专门性问题，按诉讼法的规定，经当事人申请，司法机关决定，或司法机关主动决定，指派、聘请具有专门知识的鉴定人，运用科学技术手段，对专门性问题作出判断结论的一种核实证据的活动。简而言之，司法鉴定就是在侦查、起诉、审判等诉讼活动中依法进行的鉴定。①

1. 精神障碍者刑事责任能力司法鉴定的启动制度

就目前我国《刑法》及《刑事诉讼法》的规定而言，对于精神障碍者刑事责任能力的司法鉴定规定得比较简单、笼统。《刑法》第18条规定需要经过法定程序鉴定来确认精神病人的刑事责任能力情况，《刑事诉讼法》规定精神障碍者的刑事责任能力鉴定应该由省级政府指定的医院来进行，而鉴定人是所属该院或由该院委托的具有相当资格和资历的专家。针对后者来说，《精神疾病司法鉴定暂行规定》有专门的规定，即鉴定人必须是：具有5年以上精神科临床经验并具有司法精神病学知识的主治医师以上人员；具有司法精神病学知识、经验和工作能力的主检法医师以上人员。

（1）现行司法鉴定制度启动制度的评价

司法鉴定的启动是司法鉴定程序的开始，是具体司法鉴定行为实施的前提。只有在特定的机构或者人员进行司法鉴定委托后，司法鉴定机构才能开始进行鉴定或实施鉴定。

我国现行的精神障碍者的司法鉴定启动主要散见于《刑事诉讼法》及公、检、法、司有关的司法解释中。首先，精神障碍者的司法鉴定申请主体方面，申请主体是指有权向司法鉴定的决定主体申请鉴定或在意思自治的前提下约定鉴定部门或者鉴定人的主体。根据《中华人民共和国刑事诉讼法》第121条、《公安机关办理刑事案件程序规定》第241条、《人民检察院刑事诉讼规则》第205条之规定，犯罪嫌疑人、被害人或者其法定代理人、近亲属和诉讼代理人均有权得知作为证据的鉴定结论并有权申请补充鉴定或重新鉴定。其次，精神障碍者的司法鉴定决定主体方面，决定主体是指有权决定是否进行司法鉴定，何时进行司法鉴定，由谁进行司法鉴定的主体，也称司法鉴定的

① 邹明理：《我国现行司法鉴定制度研究》，法律出版社2001年版，第4页。

委托主体。根据《中华人民共和国刑事诉讼法》第158、191条,《公安机关办理刑事案件程序规定》第233条,《人民检察院刑事诉讼规则》第199、200、204、205、208条,《最高人民法院关于执行〈中华人民共和国刑事诉讼法〉若干问题的解释》第59、60条,以及《最高人民法院、最高人民检察院、公安部、国家安全部、全国人大常委会法制工作委员会关于刑事诉讼法实施中若干问题的规定》第18条之规定,包括公安机关、人民检察院在内的侦查机关及作为审判机关的人民法院,均有权在刑事案件的不同阶段,决定进行精神障碍者刑事责任能力的司法鉴定,或者补充鉴定及重新鉴定。

应该说,我国现行的精神障碍者刑事责任能力的司法鉴定既不完全同于大陆法系国家的司法官启动制,更不同于英美法系国家的当事人启动制,而是基本照搬苏联的超国家职权主义诉讼模式下的司法鉴定启动机制。① 正如有学者指出的那样,这种带有高度职权主义特征的制度,显然与已经进行的"审判方式改革",无论从立法精神还是制度设计层面都是不相符的。② 笔者认为,这种说法有一定道理,在这种体制下,侦查机关和起诉机关的权力过大,明显造成控辩双方的力量失衡,有损程序正义。而且,在这种体制下,有可能造成公、检、法三家各自为战,自鉴自用的局面,造成诉讼成本的极大浪费,影响司法效率的提高。因此,我国现行精神障碍者刑事责任能力的司法鉴定启动制度与我国现行诉讼法制,特别是司法改革的理念存在一定差距,与现代司法所追求的公正、效率以及民主价值的目标也存在着较大距离。

(2) 未来我国精神障碍者司法鉴定启动模式的选择

就此问题,有学者提出两种模式。一是当事人参与基础上的司法官启动制;另一个则是司法官备鉴条件下的当事人启动制。就第一种模式而言,其特点在于实行严格意义的司法官启动制,同时赋予包括公安机关和检察机关在内各方当事人以平等的司法鉴定申请权或建议权,并对其作出法律保障。后者则符合司法鉴定的初始启动与举证责任相一致的司法鉴定启动权的一般原则,并且与复核鉴定的启动与审核责任的承担相一致的司法鉴定启动权的特殊原则相符合,赋予了司法官在一定条件下的复核鉴定启动权。③

相较而言,笔者更为赞同第一种模式。首先,总的来说,第一种模式在传统职权主义模式上,充分考虑当事人主义的合理因素,符合我国现行司法改革的趋势。其次,这种制度既发挥了当事人对程序的参与能力,又结合了传统职权主义模式下鉴定活动客观、公正的特点,可以在最大程度上保证鉴定结论的公平、正义,较为可取。

2. 重新鉴定问题的现状与改进

重新鉴定是指诉讼当事人、诉讼代理人、犯罪嫌疑人及其律师对原鉴定结论全部

---

① 徐景和:《司法鉴定制度改革探索》,中国检察出版社2006年版,第81页。

② 参见陈瑞华:《司法鉴定制度改革之研究》,载《司法鉴定研究文集》,法律出版社2001年版,第109页。

③ 徐景和:《司法鉴定制度改革探索》,中国检察出版社2006年版,第85—86页。

持有异议,或司法机关对原鉴定结论进行审查后认为难以取信时,委托原鉴定机构、鉴定人以外的鉴定机构和鉴定人,对经过鉴定的同一个问题再次鉴定。①

目前,我国司法实践中重新鉴定处于一个比较尴尬的局面。首先,由于重新鉴定的决定权在案件所在程序的司法机关,因此,诉讼当事人、诉讼代理人、犯罪嫌疑人及其律师所提出的重新鉴定的要求往往不被采纳甚至不予理睬,使得重新鉴定只有空名而无实效,失去其本身制度设计的意义。其次,重新鉴定由于在立法上没有控制,在实践中甚至会出现当事人申请多次鉴定仍不服鉴定结论,无休止进行重复鉴定的另一个极端,造成司法效率的极端低下和司法资源的极度浪费。究其原因,笔者认为一方面是由于审判机关有法不依、把关不严造成的;另一方面,司法机关对重新鉴定缺乏控制,未建立起协调鉴定分歧、解决鉴定疑难问题的权威鉴定机构,导致当事人选择鉴定机构和鉴定人处于"自流"状态,延迟办案进程,影响诉讼效率,进而有害实体和程序的公平与正义。

就重新鉴定而言,笔者认为,应当从两方面入手解决重新鉴定存在的问题。首先,应通过立法明确赋予当事人一定次数的重新鉴定权,从程序上保证当事人的合理诉求,而这个次数应以两次为宜。因为一般说来,在一个诉讼阶段或审级上对不服的鉴定结论或不同的鉴定结论,经过两次重新鉴定是完全可以获得公正、客观的解决的。其次,整合现有鉴定机构,建立鉴定机构等级制度,鼓励公信度高、技术进步的鉴定机构发展,培养社会公信力和鉴定技术水平双领先的标杆鉴定机构。同时,建立鉴定委员会制度,对经过两次鉴定当事人仍不服的鉴定结论,由所在程序的司法机关提请本级鉴定委员会进行终局性裁定,最大限度保障诉讼效率和公平正义。

(三)杨佳故意杀人案中刑事责任能力与司法鉴定的分析

本案中,权威的司法鉴定机构和有资质的司法精神病鉴定专家出具的鉴定结论表明,杨佳并无精神疾病,他在本案中的行为被评定为完全刑事责任能力。这一鉴定结论与案件全过程的有关事实和证据也是相互协调、相互印证的,因而经过庭审质证,理所当然地得到了法庭的采信。作为刑事责任能力完备的犯罪人,杨佳理应负完全的刑事责任。

有学者指出,精神病人的行为造成危害结果是否要负刑事责任以及负何等程度的刑事责任,关键要看法学标准——辨认和控制能力。通常,重度精神病人丧失辨认和控制能力;中度和轻度精神病人并未完全丧失或基本没有丧失辨认和控制能力。因此不能简单得出,"精神病人造成危害结果一概不负刑事责任"这样的否定结论。对于杨佳的精神状态,上海警方委托鉴定机构作了鉴定,结论是杨佳"无精神病,具有完全刑事责任能力"。从其精心预谋犯罪、实施犯罪和一、二审庭审的表现看,杨佳也不是有

① 邹明理:《我国现行司法鉴定制度研究》,法律出版社 2001 年版,第 105 页。

精神病的人。为杨佳提供法律帮助的律师曾称,杨佳头脑清醒、逻辑清晰,这也印证了鉴定结论。①

八、由本案想到的另一个问题——袭警行为的刑法规制路径

杨佳故意杀人案的发生重新引起了社会各界对袭警行为以及警察这个特殊群体的关注,而袭警案的频发更是时刻拷问着我们现行立法对警察利益保护的缺失。据正义网报道,2009 年 12 月 17 日,汕尾市陆丰县发生一起持枪袭警致一民警受伤案件;2010 年 1 月 8 日,在南京板桥汽渡码头,多名狂徒持砍刀袭警,冲进警务室抢走同伙;2010 年 1 月 12 日下午,关岭布依族苗族自治县发生一起暴力袭警事件,两名男子在民警正常执行公务时,暴力袭警并公然抢夺民警佩枪,被子弹击中死亡。2010 年 2 月 19 日,四川省武胜县烈面镇发生一起恶性重大袭警事件。当地票贩群起围攻前往办案的重庆铁路公安处特警支队民警,特警队员陈科宇舍生忘死保护战友安全,头颅受到暴徒铁棍重击。2010 年 3 月 9 日,1 名歹徒在接受调查过程中,开枪将兰州市公安局特警支队民警、二级警督窦勇击伤。袭警案件发生频率如此之高,警察的人身安全问题受到越来越多的关注。今年"两会"期间,有全国人大代表提案我国应从立法上给予袭警行为有效遏制或者在现有法律基础上加大惩处力度,建立健全相应的法律环境,在刑法修正案中增设"袭警罪"。② 而这已不是最早有人大代表提出如此动议,早在 2003 年,就有 35 名人大代表提出在《刑法》中增设"袭警罪"的议案。那么究竟应不应该设立袭警罪,袭警行为应该如何用《刑法》这个武器进行规制就是一个值得探讨的问题。③

(一)当前对设立袭警罪支持和反对的观点

对于袭警行为的社会危害性,社会各界均持肯定意见,但对于袭警行为的入罪化,目前理论界存在两种意见,即赞同说及否定说。

持赞同说的学者认为,袭警行为入罪化有利于维护警察的执法权威及国家法律的尊严,警察是国家法律的执行者,法律的权威在相当程度上体现于警察的权威,一旦警察的权威被公然挑战,法律就面临名存实亡的危险。④ 还有学者认为,现行《刑法》单纯以妨害公务罪、故意伤害罪或故意杀人罪对袭警行为进行处理,显然缺乏足够的法理威慑力,很难起到预防效果。如果袭警造成警察伤亡,仅仅以故意伤害罪或故意杀人罪对犯罪分子判处刑罚,只强调对生命的尊重和保护,没有突出警察的公职身份及其

---

① 《审判实体公正、程序合法——权威专家谈杨佳案审判》,http://www.gov.cn/jrzg/2008-10/23/content_1129253.htm,2009 年 4 月 10 日。

② 《人大代表称暴力袭警频发 建议增设"袭警罪"》,http://news.163.com/10/0305/19/611MNO47000146BD.html,2010 年 3 月 15 日。

③ 《35 位人大代表提议刑法增加"袭警罪"条款》,http://www.chinacourt.org/html/article/200303/17/43635.shtml,2010 年 3 月 15 日。

④ 参见杨忠民:《建议增设袭警罪》,载《瞭望周刊》2005 年第 44 期。

背后的国家公权力。①

持否定论的学者则认为,现有罪名已足以惩处袭警行为。赵秉志教授指出,综合考量,不宜在《刑法》中增设袭警罪,主要理由是:(1)《刑法》中的妨害公务罪已可涵盖袭警的严重危害行为,而且其他执法、司法人员也可能被袭击,若单设袭警罪会导致法律不协调、不合理;(2) 从司法效果预测考虑,单独设立袭警罪并不能有效地阻止袭警行为的发生;(3) 单独设立袭警罪会加剧警民对立,不合我国的社会民情和文化观念;(4) 单独设立袭警罪会妨害我国社会主义法治的形象,造成负面的政治影响。② 有学者认为,“袭警行为只是妨害公务的一种特殊表现形式,若仅仅因为袭警现象日渐增多就设立袭警罪,那么随着社会的变迁,袭击人大代表、法官、税务人员等现象同样有可能增多,是不是也应当增设‘袭击人大代表罪’、‘袭击法官罪’、‘袭击税务人员罪’?这样发展下去,势必导致罪名设置的叠床架屋,破坏罪刑关系的均衡性与协调性,最终则有违法律的公平与正义,有损法律的神圣与尊严。”③还有学者认为,在创造和谐社会的大背景下,警察应该进一步加强服务意识,“服务”和“打击”不是对立的,加强对人民群众的服务意识是非常重要的。同时,加强对少数犯罪分子的打击也是对大多数人民群众的服务。增设袭警罪的呼吁,折射了片面夸大立法作用的“立法依赖症”,不是一切社会问题都能转化为法律问题,应该将法律的领域还给法律,将道德的领域还给道德。④

(二)袭警行为刑法规制路径的探讨

笔者认为,袭警行为的社会危害性是公认的,但是否需要通过增设袭警罪来对这种行为进行规制仍值得商榷。

(1) 增设袭警罪有悖于法律面前人人平等以及罪刑均衡原则。诚然,警察存在着极大的职业风险,但我们应该看到,几乎大部分的公务活动都存在着一定的矛盾与风险,这也是《刑法》设立妨害公务罪的立法目的所在。如果单独增设袭警罪,就没有彰显法律对其他如税务、工商或城管等职业的平等保护。这与《宪法》所确立的法律面前人人平等的原则相悖。

(2) 单独设立袭警罪违反刑事立法的观念基础。事实证明,只有被社会普遍接受的法律才能令公众产生对法律的信任,而违背此观念的立法将不被社会接受和认可。在西方国家,公民的个人权利得到高度重视,较之于我国,警察的社会意识与服务意识相对来说处于较高的层面,公民的私权较少遭到干涉,而在我国,警察往往出于权力本

---

① 参见王普:《专家建议增设袭警重罪》,载《北京晚报》2005 年 10 月 26 日,第 44 版。

② 参见蒋安杰:《袭警——法律该如何应对》,载《法制日报》2006 年 7 月 27 日,第 9 版。

③ 田宏杰:《我国不应增设袭警罪》,http://news.sohu.com/20051028/n227331114.shtml,2009 年 4 月 19 日。

④ 刘武俊:《呼吁增设袭警罪折射立法依赖症》,http://finance.sina.com.cn/review/20051009/11162017584.shtml,2009 年 4 月 19 日。

位的思想行使警察公权力,往往会产生干涉公民私权利的结果,因此在我国设立袭警罪缺乏相应的观念基础。据正义网调查,只有 24% 的网民支持设立袭警罪,大多数网民表达了警惕警力滥用和执法暴力等担心。[①] 对于这种现象,贝卡里亚有过精辟的论断,"道德的政治如果不以不可磨灭的人类感情为基础的话,就别想建立起任何持久的优势。任何背离这种感情的法律,总要遇到一股阻力,并最终被其战胜。"[②]

(3) 单独设立袭警罪会破坏现有的罪刑平衡。单独从立法技术上来看,在妨害公务罪之外单独设立袭警罪并没有问题,但立法技术的可行并不足以得出实际立法的可行。我们知道,《刑法》之所以在就某类犯罪设置了普通法条之后,又就这类犯罪中的一种或者几种特殊情形设置特殊法条加以规制,主要是因为这些特殊情形不但侵犯了这类犯罪所普遍侵犯的法益,而且侵犯了某些特殊法益,因而具有特殊的犯罪构成以及更严重的社会危害性,故需要配置独立的刑罚。例如,《刑法》之所以要在盗窃罪之外另设条文规定盗窃枪支、弹药、爆炸物、危险物质罪,是因为后者不但侵犯了财产所有权,还侵犯了公共安全,比普通盗窃犯罪具有更严重的社会危害性。[③] 而袭警罪则与此种情况不符,袭警罪与妨害公务罪所侵害的法益是相同的,袭警罪通常情况下既侵犯了国家机关的正常公务活动,也侵犯了公民的人身权利,与妨害公务罪无异,并无特殊法益支持袭警罪的设立,因此单独设立袭警罪,与妨害公务罪形成所谓的包容关系,必将会导致罪名重复,破坏罪刑平衡。

(4) 单独设立袭警罪并不足以预防袭警行为的发生,反而会在一定程度上扩大刑法的打击面。应该看到,现阶段袭警行为多发的原因是多方面的,而并非仅仅是由于立法层面的缺失。部分学者主张匆匆从立法的角度上马,利用《刑法》的预防犯罪功能来遏制袭警罪的发生是一种短视的行为。诚然,刑罚的重要目的在于预防犯罪,但如果将刑罚的预防作用视为刑罚的全部的话,则会产生罪刑失衡,重刑主义的恶果,是绝不可取的。纯粹依照预防犯罪需要设立的刑罚往往是不公平以及非正义的,势必影响法律在公民心中的公信力。此外,单独设立袭警罪还可能扩大刑法的打击面,将某些并未达到犯罪程度的警民冲突行为纳入刑法打击范围,或将某些对抗警察错误执法的非犯罪行为纳入刑法打击范围。[④]

(5) 我国《刑法》已经规定了妨害公务罪、故意伤害罪以及故意杀人罪,完全可以评价袭警行为的各种情形,无需单独设立袭警罪。就已经发生的袭警案件来看,如果行为人只是以暴力或威胁的方式妨害警察执行公务,而未对警察造成人身伤害,则可

---

① 《人大代表建议增设"袭警罪"遭网民质疑》,http://www.jcrb.com/zhuanti/szzt/lianghui2010/xmt/yqgch/201003/t20100306_328861.html,2010 年 3 月 18 日。

② 〔意〕贝卡里亚:《论犯罪与刑罚》,黄风译,中国大百科全书出版社 1993 年版,第 8 页。

③ 陈兴良:《刑法适用总论》,法律出版社 1999 年版,第 731 页。

④ 参见左坚卫、李益明:《论增设袭警罪的隐患》,载《法学杂志》2008 年第 6 期。

以用刑罚较轻的妨害公务罪加以定罪；倘若行为人的袭警行为造成警察重伤或死亡的，则以刑罚比较重的故意伤害罪或故意杀人罪进行评价。应该说立法体系是完备的，刑罚力度是足够的，无需单独设立袭警罪规制袭警行为。

仔细分析，袭警罪设立与否的关键就在于妨害公务罪的量刑轻重，因此，笔者认为，在必要条件下，我们可以参考我国台湾地区及其他国家的做法，将重伤和死亡的结果纳入妨害公务罪的考察范围，合理修改现行《刑法》中妨害公务罪的法定刑，贯彻宽严相济刑事政策，从严惩处暴力袭警行为，保障警察的合法权益。

同时应该看到，“警察权力与公民权利在一定条件下成反比关系，即警察权的扩大意味着公民权的缩小，警察权的滥用往往使公民权化为乌有。”①所以我们在强调警察权力保护的同时，还要重视警察权力的限制。人民警察树立执法为公、执法为民的指导思想，提高自身服务水平，建立警民之间的和谐关系才是赢得人民群众支持和拥护的根本途径。

九、结语

透过杨佳故意杀人案的整个过程，我们读到了罪刑均衡的理性构建，形式正义和实质正义的合理平衡以及公权力和社会民情的相互作用等深层次的问题，也正是这些问题反映着民主法治进程的点滴，关系着民主法治进程的脚步。

故意杀人罪的本质特征在于侵犯他人生命权利，而故意伤害罪的本质特征则在于侵犯他人身体健康权利。司法工作者应该全面、综合地考察行为人的犯罪起因，行为方式，结合行为人与犯罪人平日的关系及行为人一贯表现以及犯罪后的口供等内容，通过全面、客观的分析来准确认定行为人的主观故意。作为适用死刑可能性最高的一种犯罪，故意杀人罪无疑是限制死刑适用的一个良好切入点。树立审慎适用死刑观念，正确引导民意，正确把握死缓适用范围，是从司法上限制故意杀人罪死刑适用的合理路径。

酌定量刑情节是法律没有明文规定但是认可的，通过该情节可以探知行为人行为的社会危害性程度和行为人的人身危险性程度的，审判人员必须酌情考虑的量刑情节。刑事责任能力兼有心理学层面的概念内容，因此对其的考察也应从生物学和心理学两方面入手，片面强调其中的一个或者偏废其中的一个都是不科学的，也就是说，认定精神疾病患者或者精神障碍者的刑事责任能力，不但要认定行为人是否患有精神疾病，而且也要判断精神疾病是否影响了行为人行为时的认识能力或者控制能力，才能认定行为人的刑事责任能力状况。

我国现行的精神障碍者刑事责任能力的司法鉴定带有高度职权主义特征的制度，

① 参见陈兴良：《限权与分权：刑事法治视野中的警察权》，载《法律科学》2002 年第 1 期。

与我国现行诉讼法制,特别是司法改革的理念存在一定差距,与现代司法所追求的公正、效率以及民主价值的目标也存在着较大距离,所以应推行当事人参与基础上的司法官启动制,发挥当事人对程序的参与能力,同时发扬传统职权主义模式下鉴定活动客观、公正的优势。就重新鉴定而言,首先,应通过立法明确赋予当事人一定次数的重新鉴定权。其次,整合现有鉴定机构,建立鉴定机构等级制度,同时,建立鉴定委员会制度,最大限度保障诉讼效率和公平正义。

关于袭警行为的刑罚规制问题,笔者认为,我国《刑法》已经规定了妨害公务罪、故意伤害罪以及故意杀人罪,完全可以评价袭警行为的各种情形,无需单独设立袭警罪。人民警察树立执法为公、执法为民的指导思想,提高自身服务水平,建立警民之间的和谐关系才是赢得人民群众支持和拥护的根本途径。

总之,深入研究杨佳案的相关法理问题,不仅具有重要的理论价值,而且富有深远的实践意义。也正是在这种意义上,杨佳故意杀人案成为我国当代民主法治进程中在刑事法治领域的典型案件。

附录一

上海市第二中级人民法院刑事判决书

(2008)沪二中刑初字第99号

公诉机关:上海市人民检察院第二分院。

被告人:杨佳,男,1980年8月27日出生于北京市,汉族,中专文化程度,无业,户籍所在地北京市东城区前圆恩寺胡同17号,住北京市朝阳区慧忠里407楼1单元152号。因本案于2008年7月1日被刑事拘留,同年7月7日被逮捕。现羁押于上海市看守所。

辩护人:谢有明、谢晋,上海名江律师事务所律师。

上海市人民检察院第二分院以沪检二分刑诉[2008]123号起诉书指控被告人杨佳犯故意杀人罪,于2008年7月17日向本院提起公诉。本院依法组成合议庭,于同年8月26日公开开庭审理了本案。上海市人民检察院第二分院指派副检察长袁汉钧、代理检察员陈宏、倪伟出庭支持公诉,被告人杨佳及其辩护人谢有明、谢晋,证人林玮、顾海奇到庭参加诉讼。现已审理终结。

上海市人民检察院第二分院指控,2007年10月5日晚,被告人杨佳在沪骑一辆无牌照自行车而受到上海市公安局闸北分局(以下简称“闸北公安分局”)芷江西路派出所(以下简称“芷江西路派出所”)巡逻民警询问和盘查。之后,杨佳向公安机关投诉并提出赔偿精神损失费人民币1万元等要求。闸北公安分局派员疏导劝解。杨佳因要求未被接受,而决意对闸北公安分局民警行凶报复。

2008年6月26日,杨佳来沪后购买了“鹰达”牌单刃刀(刀全长29厘米,其中刀刃长17厘米)、催泪喷射器、防毒面具、汽油、铁锤、手套等犯罪工具。

同年7月1日上午9时40分许,杨佳携带上述犯罪工具,至本市天目中路578号闸北公安分局办公大楼门前,投掷装有汽油的啤酒瓶引起燃烧,并趁保安员灭火之际,杨佳头戴防毒面具闯入闸北公安分局办公大楼。在闸北公安分局办公大楼底层大厅等处,杨佳先用刀砍击保安员顾建明头部,继而持刀分别猛刺正在工作且赤手空拳、毫无防备的民警方福新、倪景荣、张义阶、张建平的头、颈、胸腹等要害部位,致四名民警当场受伤倒地。之后,杨佳沿消防楼梯至9楼至11楼途中,又持刀先后猛刺、猛砍赤手空拳且猝不及防的民警徐维亚、王凌云、李珂的头、胸腹等要害部位,致徐维亚、李珂当场受伤倒地,并致王凌云受伤。杨佳继续冲上21楼后,又持刀刺伤正在等候电梯的民警吴钰骅,并闯入2113室行凶,致民警李伟受伤,被在场民警林玮等人当场捕获。

民警方福新、倪景荣、张义阶、张建平、徐维亚、李珂虽经急送医院抢救,终因失血性休克而于案发当日死亡。民警王凌云、李伟构成轻伤。民警吴钰骅、保安员顾建明构成轻微伤。

上海市人民检察院第二分院针对上述指控的事实,向本院提供了被害人的陈述、证人证言、有关书证、物证和录像资料,公安机关的《现场勘查笔录》、《尸体检验报告》、《鉴定书》,司法科学技术研究所的《司法鉴定中心鉴定意见书》,被告人杨佳的供述等证据。上海市人民检察院第二分院认为,被告人杨佳因其无理要求未被公安机关接受,携带犯罪工具,闯入公安机关办公场所,持刀连续故意杀害六名民警,还致其他毫无防备的三名民警和一名保安员受伤,其行为已触犯《中华人民共和国刑法》第232条,应当以故意杀人罪追究刑事责任。

被告人杨佳以辩护人申请传唤薛耀、陈银桥、吴钰骅等证人出庭作证未获法庭准许,诉讼程序有失公正为由,拒绝回答法庭审理中的讯问和发问;对控辩双方宣读或出示的证据不发表意见,也没有为自己作辩护。

被告人杨佳的辩护人当庭宣读了2008年7月29日会见杨佳的笔录,请求法庭播放了芷江西路派出所对杨佳盘查时的相关录音、录像等视听资料,并经法庭同意,申请法庭传唤证人顾海奇出庭作证,据此提出如下辩护意见:

(1) 芷江西路派出所民警对杨佳的盘查缺乏法律依据,且不能排除杨佳在接受盘查的过程中遭公安人员殴打的可能性,而警方对杨佳的投诉处置不当是引起本案发生的重要因素。

(2) 杨佳认为,闸北公安分局警务督察支队民警吴钰骅对杨佳的投诉处理不当。杨佳欲对吴钰骅进行报复伤害,其间遭到其他被害人的阻拦。被害人的死亡是出于杨佳的意料之外,且杨佳未对保安人员实施加害。因此,杨佳的行为构成故意伤害罪,不构成故意杀人罪。

(3) 参与部分侦查工作的闸北公安分局的侦查人员,与本案被害人是同事,没有依照《中华人民共和国刑事诉讼法》第28条之规定进行回避,因此,所收集的证人证言不能作为定案的证据。

(4) 杨佳很有可能存在精神方面的异常,具有精神疾病,故有必要对其精神状态和刑事责任能力重新进行鉴定和评定。

此外,辩护人还以杨佳案发前表现良好,到案后有一定的悔罪表现等为由,请求法庭对杨佳慎用极刑。

公诉人答辩认为:

(1) 被告人杨佳使用足以致人死亡的尖刀,朝被害人的要害部位连续刺戳,其追求的是非法剥夺他人生命的目的,且在被制服后声称"够本",充分表明杨佳有杀人的故意。

(2) 参与本案侦查工作的闸北公安分局侦查人员,与本案没有利害关系,不存在需要回避的情形,因此所收集的相关证人证言合法有效。

(3) 司法鉴定科学技术研究所司法鉴定中心及参与对杨佳作精神状态鉴定和刑事责任能力评定的人员均具有法定资质,因此,其鉴定结论具有法律效力。

(4) 公安人员对杨佳骑无牌照自行车进行盘查合法有据,杨佳被盘查一节不能成为杨佳对被害人行凶,造成六人死亡、四人受伤的理由。

(5) 杨佳以极其残忍的手段非法剥夺六名无辜民警的生命,还致其他三名民警和一名保安员受伤,社会危害特别严重,且无法定或酌定从轻处罚情节,依法应予严惩。

经审理查明,被告人杨佳于2007年10月5日晚骑一辆无牌照自行车途经本市芷江西路、普善路路口时,受到芷江西路派出所巡逻民警依法盘查,由于杨佳不配合,被带至派出所询问,以查明其所骑自行车的来源。杨佳因对公安民警的盘查不满,通过电子邮件、电话等方式多次向公安机关投诉。闸北公安分局派员对杨佳进行了释明和劝导。杨佳在所提要求未被公安机关接受后,又提出补偿人民币1万元。杨佳因投诉要求未获满足,遂起意行凶报复。

2008年6月26日,杨佳来沪后购买了单刃尖刀、防毒面具、催泪喷射器等工具,并制作了若干个汽油燃烧瓶。

同年7月1日上午9时40分许,杨佳携带上述作案工具至本市天目中路578号闸北公安分局北大门前投掷燃烧瓶,并戴防毒面具,持尖刀闯入该分局底楼接待大厅,朝门内东侧办公桌前打电话的保安员顾建明头部砍击。随后,杨佳闯入大厅东侧的治安支队值班室,分别朝正在办公的方福新、倪景荣、张义阶、张建平四位民警的头面、颈项、胸、腹等部位捅刺、砍击。接着,杨佳沿大楼北侧消防楼梯至第9层,在消防通道电梯口处遇见正在下楼的民警徐维亚后,持尖刀朝徐维亚的头、颈、胸、腹等部位捅刺。

后杨佳继续沿大楼北侧消防楼梯上楼，在第9至10层楼梯处遇见下楼的民警王凌云，杨佳即用尖刀朝王凌云的右肩背、右胸等部位捅刺。杨佳至11楼后，在1101室门外持尖刀朝民警李珂的头、胸等部位捅刺。此后，杨佳沿大楼北侧消防楼梯至第21层，在大楼北侧电梯口朝正在等候电梯的民警吴钰骅胸部捅刺。吴钰骅被刺后退回2113办公室。杨佳闯入该室持刀继续对民警实施加害。室内的民警李伟、林玮、吴钰骅等人遂与之搏斗，并与闻讯赶来的容侃敏、孔中卫、陈伟、黄兆泉等民警将杨佳制服。其间，民警李伟右侧面部被刺伤。

被害人方福新、张义阶、李珂、张建平因被锐器戳刺胸部伤及肺等致失血性休克，被害人倪景荣被锐器戳刺颈部伤及血管、气管等致失血性休克，被害人徐维亚被锐器戳刺胸腹部伤及肺、肝脏等致失血性休克，经抢救无效而相继死亡。被害人李伟外伤致面部遗留两处缝创，长度累计达9.9厘米，并伤及右侧腮腺；被害人王凌云外伤致躯干部遗留缝创，长度累计大于15厘米，右手食指与中指皮肤裂伤伴伸指肌腱断裂，李、王两人均构成轻伤；被害人吴钰骅外伤致右上胸部软组织裂创长为3厘米；被害人顾建明外伤致头皮裂创长为5.1厘米，吴、顾两人均构成轻微伤。

以上事实，有公诉人、辩护人当庭举证并经法庭质证，本院予以确认的下列证据证实：

（1）被害人顾建明（上海市保安服务总公司闸北区公司保安员）2008年7月2日陈述称："2008年7月1日上午10时许，我听见天目西路大门外有人在喊：'有人放火，快报警呀。'我一听有人放火就往外看，看到分局围墙右侧处有两处明火，其中一处火势相当大。我想打电话到指挥中心汇报情况。我刚拨完电话还未通话，有一个人对我说了一句：'你敢打电话'，接着就举起右手向我头部敲过来，我用手一摸血流出来了。这个人当时戴着一个防毒面具，身高1.70米左右，上身穿浅色衣服，右手拿了一把刀，刀长约十几公分，宽五六公分。我回头看到他右手拿着刀冲进底楼治安支队值班室，一会儿的工夫，就看到民警倪景荣从值班室走出来，全身是血，到了底楼女厕所门口仰面躺在地上，一动也不动了。接着，又看到那个砍伤我的人出治安值班室大门后左转朝分局电梯方向走去。这时，有人对我说104室门口还有一个人躺着，我走近一看是民警张义阶，当时他也是仰面躺在地上，全身是血。"

（2）被害人王凌云（闸北公安分局交警支队民警）2008年7月1日陈述称："2008年7月1日上午9时45分左右，我从10楼的楼梯处向下走，刚走了几步，听到9楼发出几声尖叫声。于是我快步朝下走，看到一持刀男子由下往上冲上来，没说一句话，就挥刀朝我的胸、头部劈来。我胸部先被刺中一刀，即朝后退回到10楼的木门处，而这男子冲上来，用刀刺中我的右后背。我用手去抓他的刀，结果右手食指被刺伤。当我退回到10楼的楼面，遇到浑身是血的徐维亚。当时我遇到这名持刀男子时，他戴一副防毒面具，是黑色的。此人身高1.73米，体形较结实，上身穿淡颜色的短袖T恤。"

(3) 被害人吴钰骅(闸北公安分局警务督察支队民警)2008 年 7 月 2 日陈述称:“2008 年 7 月 1 日 9 时 30 分至 10 时之间,我准备外出工作,到电梯间时,看见在 2112 室门口有一个人,头戴防毒面具,穿淡色衣服,我就问了他一句:‘你在干什么?’那个人就突然向我猛扑过来,右手横握刺刀刺我右胸部。我赶紧后退,他转身朝 2112 室跑去。我回到自己的办公室告诉同事自己被刺了,并打电话给分局的指挥中心。不久,那个蒙面的人持刀推门而入并行凶。我的同事就拿起椅子将他围住,最后将他制服。”

(4) 被害人李伟(身份同上)2008 年 7 月 2 日陈述称:“2008 年 7 月 1 日 9 时 45 分许,我在自己办公室 2113 室工作,同事吴钰骅冲进来说:‘我被人捅了一刀。’这时,突然冲进来一男青年,头戴防毒面具,穿一件白色短袖圆领衫,右手举一把尖刀,向我们冲了上来。这时,我们的纪委副书记孔中卫和其他人也冲进来。我和同事林玮、孔中卫合力将他夹住,他右手拿刀朝我头上砍来,我的右脸侧被刀划伤。这时同事们都围上来,将这名男青年制服。”

(5) 证人童佳骏(系被害人顾建明的同事)2008 年 7 月 1 日陈述称:“2008 年 7 月 1 日上午,我在天目中路 578 号巡视时,听到一声玻璃瓶砸碎的声音,还发现分局正门东北处的花坛烧起来,地上有砸碎的深咖啡色的玻璃瓶,旁边站着一名男子。于是,我就问他:‘你在干什么?’他没有回答我,而是迎面朝我大步走来。我准备去叫几个保安来制止他,这名男子就用玻璃瓶砸我。我退到警卫室旁边,同时叫另外几个保安打 110 报警。此时,我看见民警倪景荣倒在女厕所门口的地上,身下有很多血。我还看到顾建明捂着头部,并对我说:‘我头上也被刺了一刀。’这名男子身上背了一只黑色小方包。”

(6) 证人佘长富、石金根、惠立生(均系顾建明的同事)、陶文瑾(闸北公安分局临时工)于 2008 年 7 月 1 日、2 日分别作了陈述,其内容证实一头戴面具,手持尖刀的男子杀害倪景荣等四名民警的事实经过。这四名证人的证言与前述被害人陈述及证人证言能相互印证。

(7) 证人黄骏远(闸北公安分局交警支队民警)2008 年 7 月 1 日陈述称:“今天上午 9 时 40 分许,我的同事徐维亚离开办公室后不久,我就听到几声惨叫,我出去看见一个男子头上戴了一个深色的防毒面具,上身穿白色 T 恤衫,右手拿了一把类似匕首的刀具,刀身约长 20 厘米左右。此人正从 9 楼的消防通道往 10 楼走来。等我拿了警棍出来,看见民警柏伟良在 9 楼电梯处扶着我的同事王凌云,王凌云的警服上有很多血,左手托住右手,对我说他的手不行了。”

(8) 证人柯璟(身份同上)2008 年 7 月 1 日陈述称:“2008 年 7 月 1 日上午 9 时 40 分许,我和同事徐维亚、仓定骏、王凌云等都在办公室工作,徐维亚准备下楼,我也走了出去。我听见楼梯口处传来嘈杂声,看见从 9 楼冲上来一个男子,头戴像防毒面具一样的面罩,中等身材,右手持一把长约 20 多公分的匕首。后我在 1101 室外楼道上碰到李珂,告诉他有一个持刀的男子戴面具冲上来。李珂叫我到他办公室去坐一会儿。后来我听到李珂叫:'你干什么?'接着外面很吵。后我打开门看见李珂倒在地上,身上和地上都是血。"

(9)证人乔军(身份同上)2008年7月7日陈述称:"2008年7月1日上午,我在905室办公,突然黄骏远进办公室讲:'有人杀人了。'我听后立即冲出去,跑到9楼楼梯口处,看见王凌云捂着肩处的伤口蹲在地上,我见他伤得不是太重就继续往上跑,跑到11楼见李珂倒在1101室门口,地下都是血。"

(10)证人孔中卫(闸北公安分局纪委副书记)2008年7月1日陈述称:"7月1日9时45分左右,我在吴钰骅办公室门口,看见吴钰骅身上有血迹,左手捂在右胸口处。后我看到一个男子,身高170厘米左右,他左手拿着喷雾器,右手拿着一把刀,穿白色汗衫,深色长裤,脚下穿一双运动鞋,头上戴着头罩,手上还戴着手套。他一边对民警使用喷雾器一边挥刀。在我们的合力下,用椅子将该男子顶在墙面上,之后缴下刀和喷雾器,然后把他铐起来。制服该男子后,由特警队的同志带了出去。他当时说:'我够本了,你们一枪崩了我吧。'"

(11)证人黄兆泉、容侃敏、陈伟(均为闸北公安分局警务督察支队民警)于2008年7月1日、2日分别作了陈述,其内容分别印证了被害人吴钰骅、李伟的陈述和证人孔中卫的证言。

(12)证人林玮(闸北公安分局警务督察支队民警)就被告人杨佳在闸北公安分局21楼向民警行凶一节当庭作证,其证言内容与孔中卫、黄兆泉、容侃敏、陈伟等人的证言内容基本一致。此外,林玮还当庭指认了杨佳就是被当场制服并被摘下面具的那个男子,林玮还对从杨佳处查获的尖刀、防毒面具、喷射器进行了辨认并予以确认。

(13)公诉人当庭播放的闸北公安分局北大门口、底楼接待大厅、该分局治安支队值班室的监控录像显示,被告人杨佳在该分局大门口外投掷汽油燃烧瓶后,头戴防毒面具,手持尖刀闯入接待大厅和治安支队值班室,先后对保安人员顾建明及民警方福新、倪景荣、张义阶、张建平实施了加害的全部过程。

(14)上海市公安局(2008)沪公刑技痕勘字第0069号、(2008)沪公闸刑技勘字第1841号《现场勘查笔录》记载:

现场位于南星路东面,天目中路南侧的天目中路600号闸北政法大楼内。位于天目中路578号系闸北公安分局北大门(门朝北),位于大统路199号系闸北公安分局南大门(门朝东南)。中心现场位于该大楼的1楼、9楼、10楼、11楼、21楼,勘查按中心向外围的顺序进行。

对1楼勘查:闸北公安分局北大门接待大厅内靠西侧通道处(距大厅玻璃门260厘米、距西墙90厘米)地面上有一处110厘米×80厘米的血迹。从北大门接待大厅向东经接待休息室至治安支队值班室的地面上有大小不等成趟点状血迹。在接待休息室内有四排接待椅子,在部分椅子上有血迹;室内的西北墙角距地面110厘米高度的墙面上有擦拭状血迹;在治安值班室靠南墙处办公桌的桌面、本子、电话机等物品上均有点状血迹。值班室门口内侧地面上有两只翻倒的椅子,木椅上下均有血迹;在值班室靠门西墙处距地面90厘米高度的墙面上有擦血。

从北大门接待大厅北侧消防电梯通道至北侧电梯大厅的地面上有成趟点状血迹,从大厅的走道靠东墙处距地面110厘米高度的墙面上有擦拭状血迹;在距北侧消防电梯垂直距离429厘米、距接待大厅玻璃门930厘米通向北侧电梯大厅的走道上有一倒卧的木椅,木椅上有大量血迹。从北大门接待大厅向西的走道上、地面上,向南至闸北区政法大楼底楼大厅及大厅内羽毛球场地面上,向南经7号走道至闸北公安分局南大门底楼大厅地面上,再向北经警苑文化展示厅至大楼北侧电梯大厅及南侧消防通道地面上均有点状血迹。

对9楼勘查:在9楼北侧消防电梯口地面上发现有血迹,该血迹向东经北侧消防电梯延伸至9楼北侧电梯大厅处。

对10楼勘查:在9楼通向10楼的消防电梯上发现有成趟的点状血迹,在通向10楼楼梯通道靠东墙侧距地面150厘米高度的墙面上有擦拭状血迹。在10楼北侧电梯大厅中央距离南面电梯门180厘米、距1006室房门300厘米的地面上有一处血迹,该血迹由北向南经1006室延伸至交警支队综合科科长室,在该科长室西墙处距地面1厘米高度的墙面上有擦拭状血迹。

对11楼勘查:在11楼北侧消防电梯通道地面上有大量血迹,该血迹由西向东延伸至1101室腰门处,在距地面120厘米高度的腰门上有擦拭状血迹,该血迹在由腰门处向南延伸至11楼北侧电梯口,在北侧电梯大厅的北墙处距地面130厘米高度墙面上有擦血。

对21楼勘查:在位于大楼西面2110室门口与南侧电梯之间的地面上有一处60厘米×50厘米的血迹,该血迹由北向西南延伸至2113室督察队办公室,在督察队办公室地面上有较多点状血迹,室内中央有一张椭圆形会议桌,在会议桌上有一只"onePolar"腰包,室内共有六把办公椅倒地。督察队办公室北墙下由西向东放着三人沙发、电视柜。在电视柜南侧地面上有鹰达牌剔骨刀一把(刀全长29厘米,刀柄长12厘米,刀刃长17厘米,刀刃最宽平面5厘米,刀背宽0.8厘米,刀上有血迹)、橡皮手套一只(在剔骨刀下)、榔头一把(全长33厘米,锤面2.6厘米×2.6厘米)、望远镜一副、望远镜套一只、警用催泪喷射器一支、摩托罗拉手机一部、霖碧矿泉水瓶一瓶、红柄折叠式水果刀一把。在室内东墙下有一跑步机,在跑步机上有一只"3M"面具,面具上有血迹。

另外,在底楼至2楼楼梯地面上、4楼至5楼楼梯地面上、10楼至21楼楼梯地面上均发现有点状血迹分布。

对外围现场勘查:由北大门接待大厅玻璃门至分局北侧围墙大门(天目中路578

号）处地面上有成趟点状血迹。在南北高架天目路乌镇路下匝道的停车场内（紧靠北侧铁栅栏）有一处110厘米/140厘米棕色酒瓶玻璃碎片，该碎片距2号桥墩510厘米，其中破碎瓶口上有用绳子捆扎的白色布片。在分局北侧围墙大门向东670厘米处的人行道花坛之间的空地上有一堆110厘米/45厘米的烧灼过的酒瓶玻璃碎片，两侧花坛围墙及花木有烧灼痕。在天目中路538弄1号有一扇铁门，在铁门距地面100厘米高度处的栅栏上有一根70厘米的登山杖，在该门下方地面上有一只“3M”包装袋。在南星路北站医院正门北侧10米处的人行道上有一辆东西方向停放的捷安特自行车。

公安机关对现场勘查后，对现场及相关物证予以照相、录像的方法固定，提取了血迹及痕迹。另外，还依法提取涉案物证：其中在21楼督察队办公室提取了“onePolar”腰包一只、沾满血迹的“鹰达”牌剔骨刀一把、榔头一把、望远镜一副、望远镜套一只、催泪喷射器一支、摩托罗拉手机一部、霖碧矿泉水瓶一瓶、红柄折叠式水果刀一把、“3M”面具一只；在南北高架下匝道的停车场内提取了破碎瓶口及碎片；在闸北公安分局东侧人行道花坛之间提取烧灼过的酒瓶玻璃碎片；在天目中路538弄1号铁门上及地面上分别提取登山杖一根、“3M”面具包装袋一只。

（15）上海市公安局物证鉴定中心沪公刑技物字（2008）0091号《检验报告》的结论为：

① 不能排除嫌疑人杨佳左手食指、左手中指、右手拇指、右手中指、右手腕内侧、杨佳汗衫右上臂前端、汗衫上臂处血迹、杨佳裤子左前口袋处、后右口袋处血迹、现场刀柄上的血迹及闸北公安分局大堂、1楼至21楼的消防楼梯、通道、电梯门口、地面上等处的血迹为犯罪嫌疑人杨佳所留。

② 不能排除1楼治安值班室值班本上血迹、1楼治安值班室台上烟蒂、1楼大厅椅子上血迹、1楼大厅标牌3处墙上血迹、嫌疑人杨佳汗衫左肩上血迹为被害人张义阶所留。

③ 不能排除1楼治安值班室地上血迹、1楼大厅提取的鞋子底部血迹、1楼大厅标牌1处地面血迹、1楼大厅进门楼梯处血迹、嫌疑人杨佳左脚鞋子鞋尖处血迹、天目中路578号门大堂走道12号标牌处血迹为被害人倪景荣所留。

④ 不能排除1楼大厅过道标牌8处地面血迹、3M面罩上血迹1、天目中路578号门大堂走道7号标牌处血迹为被害人方福新所留。

⑤ 不能排除嫌疑人杨佳裤子前右裤下缘血迹、电梯口血迹、督察办公室5号标牌处血迹、督察办公室6号标牌处血迹、督察办公室7号标牌处血迹、督察办公室4号标牌处血迹、刀尖上血迹、嫌疑人杨佳的右脚鞋子鞋尖处血迹、嫌疑人右脚鞋子外侧鞋帮处血迹为被害人李伟所留。

⑥ 不能排除10楼消防楼梯处血迹、9至10楼消防楼梯处血迹、9楼消防通道门口处血迹为被害人王凌云所留。

⑦ 不能排除11楼消防楼梯口处血迹、11楼消防通道与走廊交汇处血迹、11楼1104室门口处血迹、11楼电梯口处血迹、1105室门口血迹、1104室至1101室走廊之间的门上的血迹、11楼消防栓旁墙上的血迹、3M面罩上血迹4为被害人李珂所留。

⑧ 不能排除刀刃处血迹、刀身根部血迹(有字面)、天目中路578号门大堂走道1号标牌处血迹、天目中路578号门大堂走道2号标牌处血迹为被害人张建平所留。

⑨ 不能排除10楼1005室门口血迹、10楼电梯门口白色毛巾上血迹、10楼电梯门口格子状花纹毛巾上血迹、10楼1006室门口血迹、10楼消防通道门口血迹、10楼消防通道楼梯口血迹、9楼消防通道电梯口处血迹、9楼消防通道入口处血迹、1006室门内地面血迹、1006室室内过道血迹、1006室综合科科长室内血迹、3M面罩上血迹5为被害人徐维亚所留。

(16) 上海市公安局沪公刑技法检字(2008)00293号《尸体检验报告》确认:

死者方福新左胸部于左乳头处下第四至第五肋间由胸骨至左腋前线处有长为16厘米的缝合创口,创缘整齐、创壁较光滑、创腔无组织间桥,相应处胸廓壁肋间呈洞状创口,创道深及左胸腔、左肺,左侧胸腔有积血,左肺下叶有贯穿性创口。

死者李珂头面、颈项部:左额部有长为4厘米的皮肤划创,左唇处有长为2厘米的皮肤划创,左下领处有长为3厘米的皮肤划创,此三处均仅深及皮下,创缘整齐、创腔无组织间桥。躯干、四肢部:右胸于锁骨中线第三肋处有长为5厘米的缝合创口,深及胸腔;右腋前线第三至第四肋间有长为8.5厘米的缝合创口,深及胸腔;右乳头下由胸骨旁线至腋中线处有长21厘米的缝合创口,深及胸腔。右胸腔有积血,右肺上叶见贯穿性损伤,右肺动静脉裂伤。左手拇指近节腹侧有长为3.5厘米的缝合创口,左手食指近侧指间关节腹侧有长为3厘米的缝合创口。以上创口均创缘整齐、创壁较光滑、创腔组织间桥不明显。

死者张建平头面、颈项部:左颈部有长为9厘米的缝合创口,深及头皮下。躯干、四肢部:左肩背部有长21厘米的缝合创口,深及肌肉层;左乳头上由第二肋间有长13厘米的缝合创口,深及胸腔。右乳头下锁骨中线至腋中线处有长18厘米的缝合创口,深及胸腔,其下有长为3厘米的缝合创口,深及胸腔;右腋中线第六至第七肋间有长为7.5厘米的缝合创口,深及胸腔。两侧胸腔有积血,以右侧为重,右肺下叶有贯穿性创口,探查隔肌右侧以及其下肝脏有破裂。以上创口均创缘整齐、创壁较光滑、创腔组织间桥不明显。

死者倪景荣颏部见有长6.5厘米的皮瓣创。颏下至左颈部见长9厘米的创口,创腔内见颈静脉、颈动脉多处血管破裂,甲状软骨断裂深及气管腔,创腔内相应颈部肌肉断裂。创口具有创缘整齐、创壁光滑、创腔内未见组织间桥等特点。

死者张义阶左腋前见长为11厘米的创口,深达左侧胸腔,左胸腔积血,左肺有破裂口。左腋下平乳头处见长3厘米的刭口,深达肌层。左手无名指末节掌侧见长1.5

厘米的创口。左膝关节前侧见0.4×1.2厘米、1×1.5厘米的表皮剥脱。右踝关节内侧上方见2.3厘米的创口。以上创口具有创缘整齐、创壁光滑、创腔内未见组织间桥等特点。

死者徐维亚头面、颈项部:前额部有长5厘米的缝合创口,深及皮下;左颊至左颞有长为14厘米的缝合创口,深及肌层。两处创口均创缘整齐、创壁光滑、创腔内未见组织间桥。躯干、四肢部:左颈下有长为1厘米的缝合创口。右胸第二肋、锁骨中线处有长为2厘米的缝合创口。右胸及腹部有呈倒"L"型缝合创口:于右乳下右腋前线左至剑突处长为18厘米,剑突处至脐处纵形长为28厘米,深及胸腹,探查胸腔、腹腔积血,左侧肺脏、肝脏均有破裂口。右腋中线第六肋间有长为2厘米的缝合创口。两侧腹股沟有长为1至2厘米的缝合创口,并伴有皮下淤血。左上肢1×2至4×5厘米的散在皮下出血斑,左上臂略肿胀。右肘关节处有长为12厘米的缝合创口。左股下段外侧有3/5厘米皮下出血。以上创口均创缘整齐、创壁较光滑、创腔内未见组织间桥的特点。

结论为:

被害人方福新、李珂、张建平、张义阶系被他人用锐器戳刺胸部伤及肺等致失血性休克死亡;倪景荣系被他人用锐器戳刺颈部伤及血管、气管等致失血性休克死亡;徐维亚系被他人用锐器戳刺胸腹部伤及肺脏、肝脏等致失血性休克而死亡。

(17) 上海市公安局损伤伤残鉴定中心沪公刑技伤字(2008)01899号、01900号、01901号、01902号《鉴定书》分别确认:

被鉴定人李伟外伤致面部遗留两处缝创,长度累计达9.9厘米,并伤及右侧腮腺,参照《人体轻伤鉴定标准(试行)》第14条、第12条第4项规定,构成轻伤;

被鉴定人王凌云外伤致躯干部遗留缝创,长度累计大于15厘米,右手食指与中指皮肤裂伤伴伸指肌腹断裂,经清创缝合并修复伸指肌腱,参照《人体轻伤鉴定标准(试行)》第28条及第21条之规定,构成轻伤;

被鉴定人吴钰骅外伤致右上胸部软组织裂创长为3厘米,创深未达胸腔,参照《人体轻微伤的鉴定》4.2规定,构成轻微伤;

被鉴定人顾建明外伤致头皮裂创长为5.1厘米,参照《人体轻微伤的鉴定》3.2规定,构成轻微伤。

(18) 证人李秀英、李金英(均为本市梅园招待所服务员)于2008年7月1日所作的陈述笔录及其辨认笔录证实,被告人杨佳于2008年6月26日入住本市长安路33号梅园招待所202-2房间。

(19) 江玉英(上海张小泉刀剪总店营业员)2008年7月2日陈述称:"2008年6月29日下午4点多钟,有一个男的来我柜台前说要买刀。他自己看中并买了一把标价160元的鹰达牌料理刀。"

证人江玉英在作上述陈述的当天对公安人员出示的一组10张照片进行了辨认，确认该组照片中8号(杨佳)即为2008年6月29日下午来其商店购买刀具的人。

(20) 证人陈舟(上海滁全经贸有限公司员工)2008年7月2日陈述称:“我们单位生产并销售防毒面具,牌子是‘3M’的。2008年6月28日下午4时许,有个叫‘行天下’的人上网求购防毒面具,并留了我的手机号。6月30日中午11时许,他用13162590196的电话打我手机,告诉我来取6800型面具的货,我称可以。当日下午,此人以1224元的价格从我处购买一个6800型防毒面具。”

证人陈舟在作上述陈述的当天对公安人员出示的一组10张照片进行了辨认,确认该组照片中的8号(杨佳)即为2008年6月30日下午前往约定的地点向其购买防毒面具的人。

(21) 上海市公安局(2008)沪公刑技痕勘字第0069号、(2008)沪公闸刑技勘字第1841号《现场勘查笔录》记载:

梅园招待所位于大统路西侧、长安路北侧的长安路33号,中心现场位于该招待所二楼的202-2室。室内床上有一个蓝色的旅行袋、一个标有“3M”字样的白色防毒面具盒子、一把兆升牌强力剪刀、一把标有“鹰达料理庖丁”字样的刀具盒及各类发票(刀具发票、防毒面具发票等)。

(22) 上海市公安局编号为4008930号、4008932号《扣押物品、文件清单》连同《现场勘查笔录》证实,公安人员在对本案案发现场及被告人杨佳在梅园招待所的暂住处提取了“鹰达”牌单刃刀、“3M”防毒面具、催泪喷射器、铁锤、标有“3M”字样的白色防毒面具盒子等相关物证,被告人杨佳在相关清单中以物品持有人的身份签名捺印。

(23) 证人薛耀(芷江西路派出所民警)2008年7月21日陈述称:“2007年10月5日晚8时30分左右,有一个男子骑一辆自行车沿芷江西路由东向西到普善路时,我看见他骑得很慢,四处张望。因为当时芷江西路附近失窃自行车的情况比较多,我就将其拦下检查。该男子将自行车停下后,我发现他的自行车没有牌证,于是我就问他自行车来源。他说自行车是租来的,我让他出示租车凭证,他拒绝提供,并说我无权检查,且限制了他的人身自由。过了大约二十分钟左右,他才拿出一张纸说是租赁凭证,我说天黑看不清,叫他把凭证交给我。他拒绝,只用手举着一张纸。我说看不清楚,他说我连字也看不清,做什么警察,并开始拨打‘114’查询上海市公安局督察队电话,我告诉了他我的警号,将闸北公安分局督察队电话告诉他。他拨打了督察队电话,投诉我限制他的人身自由,并对我的身份表示怀疑。后来我呼叫当班的警长陈银桥增援。过了一会儿,陈银桥带了三四个民警过来,向该男子了解情况。该男子将我检查他自行车的事情告诉了陈银桥。陈银桥说现在自行车横在马路当中影响交通,希望该男子到派出所解决纠纷。该男子表示不愿到派出所,经解释后才坐上警车到了芷江西路派出所,自行车由社保队员骑回派出所。我先疏导当时围观的群众,在我回到芷江西路派出所时,看见民警高铁军在对该男子做解释工作,该男子说高铁军向其吐唾沫,并冲到派出所门口,高铁军就去拦他,他抓住高铁军的手。后来我和陈银桥、高铁军将该男子架进里面的工作区域,让他坐在椅子上,并由陈银桥、高铁军继续做解释工作。我就上二楼叫值班民警给我作笔录,然后将当时记录我执法过程的录音复制到派出所电脑里。整个过程大概半个小时。我后来回到一楼,看见分局督察队吴钰骅仍在对该男子做解释工作。我就向当晚值班所长寿绪光汇报了这件事。吴钰骅也向我询问了有关情况。我除了将该男子架进派出所的工作区域之外,没有接触过该男子。我肯定没有动手打过该男子。"

(24) 证人陈银桥(身份同上)2008 年 7 月 21 日陈述称:"2007 年 10 月 5 日晚,我是值班警长,我接到薛耀请求增援,立即赶至芷江西路、普善路路口,看见有十多名群众在围观。我走过去看见一个男青年坐在自行车上,民警薛耀向我陈述要检查该男青年自行车来源,因为自行车没有牌照,但该男青年不配合。我问该男青年自行车凭证,该男青年说他不相信民警薛耀的身份,我回答:'你现在应该相信我是民警了吧,请将自行车凭证给我看看。'他就拿出一张纸说是租车单,并在手里晃了晃。我说:'你这样晃,我根本看不见,你拿给我看。'该男青年仍然不肯,于是我们劝他回芷江西路派出所询问情况。后来他坐警车去派出所,自行车由社保队员骑回派出所。到了派出所后,我和高铁军向该男青年做解释工作,告知民警依法可以盘查他自行车来源,他突然说高铁军用唾沫吐他脸,并说有口臭。后来该男青年说他要走了,就朝派出所门口走去,高铁军拦他,他一下子扳高铁军手指。我看见他打民警就与高铁军等人将该男青年架进派出所内工作区域,让他坐下。我又向他做解释教育工作。几分钟后,我将该男青年交值班民警处理,我就离开到街面巡逻了。"

(25) 证人陈红彬(身份同上)2008 年 7 月 3 日陈述称:"2007 年 10 月 5 日晚,我所的值班人员查实杨佳骑的自行车处于正常状态,进行解释后让杨佳自行离开。但是杨佳声称有民警在执勤过程中对其进行了殴打,拒绝离开派出所。后所内值班人员接到杨佳母亲的电话,通话中要求协助对杨佳进行说服、疏导,之后杨佳自行离开。事后杨佳通过信访、市公安局督察部门投诉我所民警。派出所为了妥善处置此事,就多次电话联系杨佳及其母亲,进行解释和疏导工作,但是杨佳及其母亲声称派出所在执勤过程中存在过错,要求派出所对杨佳进行赔偿。

之后,派出所在 2007 年 10 月中旬派民警周英赴北京进行疏导工作,并提出支付给杨佳 300 元钱补偿他的长途电话费,但是杨佳拒绝接受,并提出要求赔偿 1 万元人民币的无理要求。后杨佳及其母亲还是通过信访途径继续投诉我所民警。在正常信访回复之后,2008 年 3 月间,所里再次派民警顾海奇赴北京与杨佳及其母亲见面并进行疏导工作,但是杨佳及其母亲提出还要派出所出具没有打人的书面证明等无理要求。因为我所民警在处置过程中没有任何过错,就拒绝了杨佳及其母亲的无理要求。"

(26) 证人顾海奇(芷江西路派出所民警)就其根据芷江西路派出所领导的指示,前往北京同被告人杨佳及其母亲就执法依据进行解释和疏导的事实向法庭作了陈述,其陈述内容与陈红彬的证言内容基本一致。

(27) 公诉人当庭出示了被告人杨佳于2007年10月25日通过电子邮件的方式向上海市公安局有关部门发送的投诉信并予以宣读。该投诉信中的内容结合相关证人的证言可以证实杨佳接受盘查的事实。

(28) 法庭当庭播放由本院根据辩护人的申请,依法向公安机关调取的芷江西路派出所在对杨佳实施盘查过程中形成的录音及监控录像,该视听资料反映了民警在对杨佳实施盘查时的对话内容以及杨佳被带至芷江西路派出所接受进一步盘查的事实。

(29) 公诉人和辩护人当庭分别宣读了被告人杨佳于2008年7月1日、11日分别接受公安、公诉机关讯问的供述笔录及同年7月29日同辩护人会见的笔录。杨佳在该三份笔录中就其持刀对方福新、倪景荣等实施加害的事实均作了供认。

此外,公诉人宣读的司法鉴定科学技术研究所司法鉴定中心出具的司鉴中心[2008]精鉴字第205号《司法鉴定科学技术研究所司法鉴定中心鉴定意见书》确认,被鉴定人杨佳无精神病,在本案中应评定为具有完全刑事责任能力。

关于杨佳是否加害过保安人员。经查,被害人顾建明受伤的时间与方福新、倪景荣、张义阶、张建平四名民警遇害的时间基本相同,顾建明受到不法侵害的地点处于闸北公安分局治安支队值班室外,顾建明头部的创口系锐器作用所致,且顾建明确认对其加害者为一头戴防毒面具,手持尖刀的人,而童佳骏、佘长富等证人的证言证实当时一头戴防毒面具,手持尖刀的人在底楼接待大厅行凶时,顾建明也同时受了伤。证人吴钰骅、李伟、孔中卫、林玮均证实抓获杨佳时,杨头戴防毒面具,手持尖刀。以上事实足以证明顾建明头部的伤系被告人杨佳行为所致。杨佳认为其没有加害保安人员,与事实不符。

关于闸北公安分局侦查人员参与本案部分侦查工作,所收集的相关证人证言是否合法。经查,本案发生后,由上海市公安局立案并负责侦查,闸北公安分局侦查人员虽参与收集相关证人证言,但没有证据证明上述侦查人员和本案有利害关系或者其他关系,可能影响公正处理案件的事实存在,故辩护人关于闸北公安分局侦查人员收集的证人证言违反《中华人民共和国刑事诉讼法》第28条之规定,相关证人证言不能作为定案证据的辩护意见,缺乏事实和法律依据。

关于司法鉴定科学技术研究所司法鉴定中心出具的对杨佳作案时的精神状态和刑事责任能力的鉴定结论是否有效。经查,司法鉴定科学技术研究所司法鉴定中心及参与对杨佳作精神状态鉴定和刑事责任能力评定的人员均具有法定资质,鉴定结论具有法律效力,且与本案的其他证据互相印证,应予采信。辩护人没有提供杨佳精神状态异常,具有精神疾病的相关依据。因此,辩护人申请重新鉴定的意见,理由不足,本院不予准许。

关于本案的起因。被告人杨佳因对公安人员就其所骑无牌照的自行车依法进行盘查及处理结果不满，而起意行凶报复的事实，证据确实、充分。辩护人提出，不能排除公安人员在盘查杨佳时，对杨佳实施殴打的意见，没有证据支持。

本院认为，被告人杨佳为泄愤报复，经预谋，携带尖刀等作案工具闯入公安机关，并持尖刀朝数名公安民警及保安人员连续捅刺，造成六人死亡，两人轻伤，两人轻微伤的严重后果，其行为已构成故意杀人罪。公诉机关指控的罪名成立。杨佳持刀刃长达10余厘米的单刃尖刀对公安民警及保安人员的头、颈、胸、腹等要害部位连续猛刺，《尸体检验报告》证实被害人胸腹部的创口深达胸腔、腹腔，上述事实和证据足以证明杨佳具有非法剥夺他人生命的主观故意，其行为符合我国《刑法》第232条故意杀人罪的构成要件。故辩护人提出杨佳的行为仅构成故意伤害罪的理由不能成立。被告人杨佳故意杀人罪行极其严重，社会危害极大，且无法定或酌情从轻处罚情节，应依法惩处。为维护社会治安秩序，保障公民的人身权利不受侵犯，依照《中华人民共和国刑法》第232条、第57条第1款和第64条之规定，判决如下：

（1）被告人杨佳犯故意杀人罪，判处死刑，剥夺政治权利终身。

（2）作案工具予以没收。

如不服本判决，可在接到判决书的第二日起十日内，通过本院或者直接向上海市高级人民法院提出上诉。书面上诉的，应当提交上诉状正本一份，副本一份。

审　判　长　王智刚
审　判　员　叶建民
人民陪审员　孙国瑛
2008年9月1日
书　记　员　赵晖兵
书　记　员　李　琼

附录二

上海市高级人民法院刑事裁定书

（2008）沪高刑终字第131号

原公诉机关：上海市人民检察院第二分院。

上诉人（原审被告人）：杨佳，男，1980年8月27日出生于北京市，汉族，中专文化程度，无业。因涉嫌犯故意杀人罪于2008年7月1日被刑事拘留，同年7月7日被逮捕。现羁押于上海市看守所。

辩护人:翟建,上海市翟建律师事务所律师。

辩护人:吉剑青,北京市大成律师事务所上海分所律师。

上海市第二中级人民法院审理上海市人民检察院第二分院指控原审被告人杨佳犯故意杀人罪一案,于2008年9月1日作出(2008)沪二中刑初字第99号刑事判决。原审被告人杨佳不服,提出上诉。本院依法组成合议庭,公开开庭审理了本案。上海市人民检察院指派检察员季刚、郭菲力、代理检察员金为群出庭履行职务。上诉人杨佳及其委托的辩护人翟建、吉剑青,鉴定人管唯到庭参加诉讼。现已审理终结。

上海市第二中级人民法院判决认定:

被告人杨佳于2007年10月5日晚骑一辆无牌照自行车途经上海市芷江西路、普善路路口时,受到上海市公安局闸北分局(以下简称闸北公安分局)芷江西路派出所巡逻民警依法盘查,由于杨佳不配合,被带至该所询问,以查明其所骑自行车的来源。杨佳因对公安民警的盘查不满,通过电子邮件、电话等方式多次向公安机关投诉。闸北公安分局派员对杨佳进行了释明和劝导。杨佳在所提要求未被公安机关接受后,又提出补偿人民币1万元。杨佳因投诉要求未获满足,遂起意行凶报复。

2008年6月26日,杨佳来沪后购买了单刃尖刀、防毒面具、催泪喷射器等工具,并制作了若干个汽油燃烧瓶。

同年7月1日上午9时40分许,杨佳携带上述作案工具至上海市天目中路578号闸北公安分局北大门前投掷燃烧瓶,并戴防毒面具,持尖刀闯入该分局底楼接待大厅,朝在门内东侧办公桌前打电话的保安员顾建明头部砍击。随后,杨佳闯入大厅东侧的治安支队值班室,持尖刀分别朝方福新、倪景荣、张义阶、张建平四名民警的头面、颈项、胸、腹等部位捅刺、砍击。接着,杨佳沿大楼北侧消防楼梯至第9层,在消防通道电梯口处遇见民警徐维亚,持尖刀朝徐维亚的头、颈、胸、腹等部位捅刺。后杨佳继续沿大楼北侧消防楼梯上楼,在第9至10层楼梯处遇见民警王凌云,持尖刀朝王凌云的右肩背、右胸等部位捅刺。杨佳至第11层后,在1101室门外,持尖刀朝民警李珂的头、胸等部位捅刺。此后,杨佳沿大楼北侧消防楼梯至第21层,在大楼北侧电梯口,持尖刀朝民警吴钰骅胸部捅刺。吴钰骅被刺后退回2113室。杨佳闯入该室,持尖刀继续对民警实施加害,室内的李伟、林玮、吴钰骅等民警遂与杨佳搏斗,并与闻讯赶来的容侃敏、孔中卫、陈伟、黄兆泉等民警将杨佳制服。其间,民警李伟右侧面部被刺伤。

被害人方福新、张义阶、李珂、张建平被锐器戳刺胸部伤及肺等致失血性休克;被害人倪景荣被锐器戳刺颈部伤及血管、气管等致失血性休克;被害人徐维亚被锐器戳刺胸腹部伤及肺、肝脏等致失血性休克,上述六名被害人经抢救无效而相继死亡。被害人李伟外伤致面部遗留两处缝创,长度累计达9.9厘米,并伤及右侧腮腺;被害人王凌云外伤致躯干部遗留缝创,长度累计大于15厘米,右手食指与中指皮肤裂伤伴伸指肌腱断裂,李、王二人均构成轻伤。被害人吴钰骅外伤致右上胸部软组织裂创长为3厘米;被害人顾建明外伤致头皮裂创长为5.1厘米,吴、顾二人均构成轻微伤。

以上事实,有公诉人、辩护人当庭举证并经法庭质证,予以确认的下列证据证实:

(1) 证实被告人杨佳故意杀人的证据有:查获的尖刀、防毒面具、催泪喷射器等作案工具;上海市公安局(2008)沪公刑技痕勘字第0069号、(2008)沪公闸刑技勘字第1841号《现场勘查笔录》;上海市公安局物证鉴定中心沪公刑技物字(2008)0091号《检验报告》;上海市公安局沪公刑技法检字(2008)00293号《尸体检验报告》;上海市公安局损伤伤残鉴定中心沪公刑技伤字(2008)01899号、01900号、01901号、01902号《鉴定书》;上海市公安局4008930号、4008932号《扣押物品、文件清单》;闸北公安分局北大门口、底楼接待大厅、治安支队值班室的监控录像;被害人顾建明、王凌云、吴钰骅、李伟的陈述,证人童佳骏、佘长富、石金根、惠立生、陶文瑾、黄骏远、柯璟、乔军、孔中卫、黄兆泉、容侃敏、陈伟、李秀英、李金英、江玉英、陈舟等人的证言和相关辨认笔录,证人林玮的当庭陈述以及被告人杨佳的相关供述。

(2) 证实被告人杨佳作案动机的证据有:芷江西路派出所民警在对杨佳依法盘查过程中形成的相关录音及监控录像;证人薛耀、陈银桥、陈红彬等人的证言,证人顾海奇的当庭陈述;被告人杨佳的相关供述以及杨佳发送给本市公安机关的《投诉信》。

(3) 证实被告人杨佳具有完全刑事责任能力的证据有:司法鉴定科学技术研究所司法鉴定中心出具的司鉴中心[2008]精鉴字第205号《鉴定意见书》。

上海市第二中级人民法院认为,被告人杨佳为泄愤报复,持尖刀朝数名公安民警及保安人员连续捅刺,造成六人死亡,二人轻伤,二人轻微伤的严重后果,其行为已构成故意杀人罪,应依法惩处。据此,依照《中华人民共和国刑法》第232条、第57条第1款和第64条之规定,以故意杀人罪判处被告人杨佳死刑,剥夺政治权利终身;作案工具予以没收。

杨佳上诉辩称:其闯入闸北公安分局大楼时无杀人故意,造成多名民警死亡,实属意外;在芷江西路派出所接受盘查时,被数名民警按倒在地殴打;要求相关民警出庭未获准许,一审审判程序不公正。

辩护人认为:公安机关未能提供杨佳在芷江西路派出所接受盘查时的完整录像,不能排除杨佳曾遭公安民警殴打;司法鉴定科学技术研究所司法鉴定中心不具备鉴定资质,该中心对杨佳所作的鉴定结论不具有法律效力;杨佳可能存在精神异常情况,建议对杨佳重新进行精神病司法医学鉴定。

上海市人民检察院认为:一审判决认定杨佳犯故意杀人罪事实清楚,证据确实、充分,定性准确;杨佳犯罪动机清楚,杀人行为系在其意志支配、控制下实施,经依法鉴定具有完全刑事责任能力;民警对杨佳的盘查依法有据,杨佳所称遭民警殴打,没有证据支持;一审开庭符合公开审判的原则,所有证人证言均经当庭质证,未准许杨佳申请的证人出庭于法有据,法庭保障了其质证权利,杨佳在一审庭审中不回答法庭提问,不影响对案件事实的认定,一审审判程序合法;杨佳故意杀人,罪行极其严重,社会危害极大,且无法定从轻、减轻情节,一审判决量刑恰当。综上,杨佳的上诉理由缺乏事实和法律依据,不能成立。建议二审法院驳回杨佳的上诉,维持原判,依法报请最高人民法院核准。

本院在开庭审理时,检察员就上诉人杨佳的作案动机和刑事责任能力宣读和出示了相关证据,并申请对杨佳进行精神病司法医学鉴定的鉴定人之一管唯出庭作证。

关于杨佳的作案动机,检察员宣读和出示了下列证据:

(1) 司法鉴定科学技术研究所司法鉴定中心出具的司鉴中心[2008]技鉴字第504号《鉴定意见书》的结论为,未发现芷江西路派出所民警现场执法的录音经过剪辑处理。

(2) 上海市公安局物证鉴定中心沪公刑技文鉴字[2008]第0687号《鉴定书》的结论为,杨佳笔记本中的"20:30左右芷江西路,由东向西,遇一警察拦车,检查,停车(车上有东西,不能下车),警:你的身份证,答:在旅店里。为什么要查身份证,J:把身份证拿出来,靠边停车"字迹是杨佳本人所写。

(3) 证人寿绪光(芷江西路派出所副所长)2008年9月24日陈述:2007年10月5日晚,因杨佳骑一辆无牌照自行车,且不配合民警盘查,民警将杨佳口头传唤至派出所,派出所民警在盘查过程中未殴打过杨佳。

证人高铁军(芷江西路派出所民警)2008年9月24日陈述:2007年10月5日晚,民警将杨佳带进派出所工作区域后未殴打过杨佳。

证人吴钰骅(闸北公安分局督察支队民警)2008年9月28日陈述:2007年10月5日晚,其先后接到上海市公安局警务督察处和芷江西路派出所的电话,遂赶至芷江西路派出所,听取了杨佳的意见,向所内民警了解了情况,审查了当晚的执法录音和监控录像,没有发现民警殴打杨佳的证据,并将调查结果告知了杨佳,同时做了说服工作。

关于杨佳的刑事责任能力,鉴定人管唯当庭对杨佳进行精神病司法医学鉴定的程序、鉴定结论的依据向法庭作了说明。检察员还宣读和出示了下列证据:

(1)《司法鉴定许可证》记载:上海市司法局颁发给司法鉴定科学技术研究所司法鉴定中心的《司法鉴定许可证》的有效期限为2006年9月28日至2011年9月28日,鉴定业务范围包括法医精神病鉴定等。

(2)《司法部关于撤销"司法部司法鉴定中心"的批复》记载:根据全国人大常委会《关于司法鉴定管理问题的决定》,司法部于2005年9月22日同意撤销"司法部司法鉴定中心"。

(3)《事业单位法人证书》记载:司法鉴定科学技术研究所系事业单位法人,业务范围包括司法鉴定与检验等。

(4) 证人朱广友(司法鉴定科学技术研究所司法鉴定中心机构负责人)2008年9月27日陈述:司法鉴定中心系由公益性事业单位司法鉴定科学技术研究所设立的机构,经上海市司法局审核,编入司法鉴定机构名册并予以公告。

原判确认的证据及检察员提供的证据,均经二审当庭质证,查证属实,本院予以确认。本院审理查明的事实与原判相同。

针对上诉人的上诉理由、辩护人和检察机关的意见,结合本案的事实和证据,本院综合评判如下:

关于杨佳上诉称其没有杀人故意,且在本院开庭审理时,对其行凶杀人的事实辩称记不清或不是事实。经查,杨佳在闸北公安分局持刀行凶杀人的事实,有查获的作案工具、《现场勘查笔录》、《尸体检验报告》、相关《鉴定书》和闸北公安分局大楼监控录像、被害人的陈述、目击证人的证言等大量证据证实,杨佳到案后亦曾供认在案。根据杨佳持刀行凶过程及捅刺被害人身体的部位、力度和结果,已充分证实杨佳具有明显的杀人故意。因此,杨佳的相关辩解,与事实不符。

关于杨佳上诉称在芷江西路派出所接受盘查时,被数名民警按倒在地殴打。经查,现场执法录音以及相关证人证言证实,芷江西路派出所巡逻民警依法盘查杨佳时,由于杨佳不配合,即将杨佳带至派出所询问;芷江西路派出所的监控录像中未反映出民警对杨佳实施殴打;杨佳本人笔记本记载及给本市公安机关的《投诉信》中均未提及被数名民警按倒在地殴打;相关民警陈述,在芷江西路派出所内对杨佳进行盘查时没有殴打过杨佳。因此,杨佳上诉称其在芷江西路派出所被数名民警按倒在地殴打,没有证据证实。

关于杨佳上诉称部分证人未出庭作证,一审审判程序不公正。经查,上海市第二中级人民法院开庭审理时,针对本案的起因,公诉人宣读了相关民警的证言,出示了杨佳的《投诉信》;法庭还根据辩护人的申请,通知证人顾海奇到庭作证,播放了芷江西路派出所的现场执法录音和监控录像,上述证据均经当庭质证,查证属实,作为定案根据。本院认为,根据《最高人民法院关于执行〈中华人民共和国刑事诉讼法〉若干问题的解释》第58条规定,“未出庭证人的证言宣读后经当庭查证属实的,可以作为定案的根据”,一审法院的审判程序,符合我国《刑事诉讼法》和相关司法解释的规定。

关于辩护人提出司法鉴定科学技术研究所司法鉴定中心不具备鉴定资质,建议对杨佳重新进行精神病司法医学鉴定的意见。

经查,《司法鉴定许可证》和证人朱广友的证言等证据证实,司法鉴定科学技术研究所司法鉴定中心根据《全国人民代表大会常务委员会关于司法鉴定管理问题的决定》的规定,经司法行政部门审核后予以登记并公告,取得了包括法医精神病鉴定等业务范围的《司法鉴定许可证》。因此,该鉴定中心依法具备鉴定资质。

司法鉴定科学技术研究所司法鉴定中心的《鉴定意见书》及鉴定人管唯的当庭说

明反映,该鉴定中心接受公安机关的委托后,鉴定人审查了本案的有关材料,结合送检材料及精神检查所见,杨佳有现实的作案动机,对作案行为的性质、后果有客观的认识,根据有关诊断标准,杨佳无精神病,作案时对自己的行为存在完整的辨认和控制能力,按照有关技术规范,应评定为完全刑事责任能力。

现有证据表明,本案对杨佳进行司法鉴定的鉴定机构及鉴定人均有资质,鉴定人除对杨佳进行检查性谈话外,还审查了本案相关材料,鉴定程序规范、合法,鉴定依据的材料客观,鉴定结论符合杨佳的作案实际情况。本案无证据证实存在鉴定人不具备相关鉴定资格、鉴定程序不符合法律规定、鉴定材料有虚假、鉴定方法有缺陷、鉴定结论与其他证据相矛盾或者鉴定人应当回避而没有回避等情形。杨佳具有完全刑事责任能力的鉴定结论,符合刑事证据合法性、客观性、关联性的基本特征,应予采信。辩护人申请对杨佳重新进行精神病司法医学鉴定的理由不充分,本院不予准许。

本院认为,上诉人杨佳因对公安民警就其所骑无牌照自行车依法进行盘查及对公安机关就其投诉的处理不满,蓄意行凶报复,经充分准备,携带尖刀等作案工具闯入公安机关,连续捅刺、砍击数名民警及保安人员,造成六人死亡、二人轻伤、二人轻微伤的严重后果,其行为已构成故意杀人罪,犯罪手段极其残忍,罪行极其严重,社会危害极大,且无法定从轻情节,应依法惩处。原判认定被告人杨佳故意杀人的犯罪事实清楚,证据确实、充分,适用法律正确,量刑适当,审判程序合法。杨佳的上诉理由不能成立。辩护人的辩护意见,本院不予采纳。上海市人民检察院建议驳回上诉,维持原判的意见正确,应予支持。现依照《中华人民共和国刑事诉讼法》第 189 条第 1 项的规定,裁定如下:

驳回上诉,维持原判。

依照《中华人民共和国刑事诉讼法》第 199 条的规定,本裁定依法报请最高人民法院核准。

审 判 长 徐 伟
代理审判员 瞿 崎
代理审判员 孟 猛
2008 年 10 月 20 日
书 记 员 费 琦

邓玉娇故意伤害案法理分析

戴泉泉*

一、选案理由

2009年5月10日晚，湖北省巴东县发生了一起女服务员邓玉娇故意伤害案。该案一经报道，网络上、社会上即对邓玉娇的行为展开了热烈讨论。其中，既有社会普通民众的朴实观点，也有新闻媒体的连篇报道，还不乏专家学者的学理意见，而讨论和争议的主要问题是，邓玉娇刺死他人的行为到底应如何定性，应认定为故意伤害还是防卫过当，邓玉娇是否应被定罪量刑等。这使得邓玉娇这位普通的宾馆服务员成为社会关注的焦点人物，本案也成为社会热点事件。而本案引发的相关刑事法律问题，特别是防卫过当等一些基本理论问题再次成为刑事法学界关注的焦点。这是因为防卫作为人类个体面对侵害的本能反应，作为公民的一种权利而在未过当时不具有违法性，但防卫人制止不法侵害的防卫行为，若超过了法律规定的必要限度，就被认为是防卫过当，应承担相应的刑事责任，因而其中存在较多的复杂、疑难问题。从学理研究层面，对防卫过当相关理论问题的研究，不仅决定着防卫人个人是维护权益的守法公民还是危害社会的犯罪分子的具体判断，而且关系到社会主义法治的维护和巩固。同时，研究这样一个有一定疑难的热点案件，对以后出现的类似案例也会具有普遍的指导意义和实践意义。

二、基本案情

邓玉娇原系湖北省恩施州巴东县野三关镇“雄风宾馆梦幻城”宾馆服务员。2009年5月10日晚上8时许，时任野三关镇招商办主任的邓贵大和副主任黄德智等人酗酒后到该镇“雄风宾馆梦幻城”玩乐。黄德智要求正在该房内洗衣的宾馆服务员邓玉娇为其提供异性洗浴服务。邓玉娇向黄德智表明自己不从事异性洗浴服务，拒绝了黄德智的要求。黄德智对此极为不满，紧随邓玉娇进入休息室，辱骂邓玉娇。闻声赶到休息室的邓贵大，与黄德智一起纠缠、辱骂邓玉娇，邓贵大拿出一叠人民币向邓玉娇炫耀

---

* 共青团中央干部，北京师范大学刑事法律科学研究院2010届刑法学硕士。

并搧击其面部和肩部。后邓玉娇两次欲离开休息室,均被邓贵大拦住并被推倒在身后的单人沙发上,倒在沙发上的邓玉娇朝邓贵大乱蹬,将邓贵大蹬开。邓贵大再次逼近邓玉娇,邓玉娇起身用随身携带的水果刀朝邓贵大刺击,刺中多处,致邓贵大左颈、左小臂、右胸、右肩受伤。一直在现场的黄德智见状上前阻拦,被刺伤右肘关节内侧。后邓贵大因伤势严重,在送往医院抢救途中死亡。案发后,邓玉娇主动向公安机关投案自首。2009 年 5 月 11 日,邓玉娇因涉嫌故意杀人罪被巴东县公安局刑事拘留。同年 6 月 5 日,湖北省巴东县人民检察院以邓玉娇犯故意伤害罪向该县人民法院提起公诉。

三、裁判要旨

邓玉娇在遭受邓贵大、黄德智无理纠缠、拉扯推搡、言行侮辱等不法侵害的情况下,实施的反击行为具有防卫性质,但明显超过了必要限度,造成不法侵害人邓贵大重伤死亡、黄德智轻伤,邓玉娇的行为属于防卫过当,构成故意伤害罪,应当承担相应的刑事责任。案发后,邓玉娇主动向公安机关投案如实供述罪行的行为构成自首,且经法医鉴定,邓玉娇为心境障碍(双相),属部分(限定)刑事责任能力。在这样的情况下,虽然邓玉娇的行为构成犯罪,但其具有防卫过当和自首等法定从轻、减轻或者免除处罚情节,可以对邓玉娇免除处罚。

四、引发的理论问题

综观上述本案案情及控、辩、审三方的意见,笔者认为,关于本案的刑事判决,主要涉及以下三个方面的理论问题:(1) 防卫过当的内涵与外延。公诉人认为邓玉娇的行为构成故意伤害,辩护人在庭审辩论中认为被告人构成特殊防卫①,社会舆论倾向认为邓玉娇是正当防卫,而审判机关和很多专家学者认为邓玉娇构成防卫过当。对于邓玉娇刺死他人的行为到底应如何定性,就成为正确处理本案的关键问题,这就涉及对防卫过当基本问题的理解和认定。(2) 防卫过当的刑事责任意义。法院判决认为邓玉娇的行为构成犯罪,但具有防卫过当和自首等法定从轻、减轻或者免除处罚情节,对邓玉娇作免除处罚处理。对于防卫过当中构成犯罪的行为人应当如何定罪和量刑,同时在具有其他法定减免情节的情况下能否免于刑罚处罚等问题,也成为正确处理本案的重要问题,这就需要分析防卫过当刑事责任的相关理论问题。(3) 社会舆论对司法机关处理刑事案件的影响。邓玉娇案发生后,全社会都高度关注案件的进程和发展。社会民众、新闻媒体和专家学者等都对邓玉娇案相关问题提出看法,众说纷纭,对本案审理产生了强大的社会舆论影响。本案审结以后,有学者、司法人员认为社会舆论导向

① 对于《刑法》第 20 条第 3 款的规定,理论界有的称之无限防卫权,有的称之为无过当防卫,有的称之特殊防卫,笔者采用特殊防卫这一说法。

有可能干预司法[1],网民推动案件是“不相信法制”的表现。[2] 笔者认为,对于社会舆论(尤其是新闻媒体和民众舆论)对司法机关处理案件的影响问题,有必要进行重新审视。

五、邓玉娇案防卫过当问题研究

(一)防卫过当基本问题研究

防卫过当作为正当防卫制度中的一个重要问题,理论界在对防卫过当基本问题的认识上存在诸多分歧,司法实务中存在诸多争议。防卫过当方面的问题,主要包括对防卫过当概念、性质和表现形式的认识,对防卫过当的具体认定及对防卫过当主观罪过形式的界定等。

1. 对防卫过当概念、性质和表现形式的认识

(1)防卫过当概念的理论界定

防卫过当的概念是资本主义国家从自由竞争向垄断时期过渡的产物。当时,西方资本主义国家的法也逐渐从权利本位向社会本位过渡。无限防卫权开始受到否定,防卫过当概念随之出现。各国的刑法立法对防卫过当也有不同规定,《日本刑法典》第36条第2款规定,“超过防卫限度的行为”即是防卫过当;《德国刑法典》第33条规定,“超越正当防卫的界限”即是防卫过当,防卫过当是违法的。在我国,最早规定防卫过当的是1911年清政府颁布的《大清新刑律》,其第15条规定:“对现在不正之侵害,而出于防卫自己或他人的权利之行为不为罪。但防卫行为过当者,得减本刑一等至三等。”这也是在我国最早出现的有关防卫过当的概念。我国1979年《刑法》第17条第2款规定:“正当防卫超过必要限度造成不应有的危害的,应当负刑事责任。”1997年修订《刑法》时,对此款规定作了修改,修订后的《刑法》第20条第2款规定:“正当防卫明显超过必要限度造成重大损害的,应当负刑事责任,但是应当减轻或者免除处罚。”

刑法理论界一般认为,《刑法》第20条第2款是我国《刑法》对防卫过当的规定。对于防卫过当的概念,目前有以下几种认识:第一种观点认为,防卫过当是指防卫明显超过必要限度造成重大损害的应当负刑事责任的犯罪行为。[3] 此观点也是目前我国刑法理论界的通说。第二种观点认为,防卫过当是指正当防卫明显超过必要限度造成重大损害,并且应当负刑事责任的行为。[4] 第三种观点认为,在实行正当防卫的过程中,违反了正当防卫的限度条件,明显超过正当防卫的必要限度造成重大损害的,就是刑

① 罗智敏:《从邓玉娇案看民众“干预”司法的若干问题》,载《比较法研究》2009年第6期。

② 张寒:《司法改革核心是加强监督》,载《新京报》2010年3月9日,第A10版。

③ 高铭暄、马克昌、赵秉志主编:《刑法学》,中国法制出版社1999年版,第242页。

④ 王仲兴:《新刑法典导论》,中山大学出版社1999年版,第116页。

法理论上的防卫过当。① 第四种观点将防卫过当界定为:“防卫过当是指行为人出于防卫意图,在防卫的过程中,因故意、过失或无法预见的原因,对不法侵害人的防卫超过必要限度,造成不应有的损害的情形。”②

通过比较,我们发现,上述观点在界定防卫过当的概念时,都认为防卫过当是发生在正当防卫的过程中,这一点显然是受我国《刑法》第20条第2款规定的影响。因为从该款刑法条文的字面意思来看,防卫过当是采取正当防卫时的超限行为。行为人采取防卫行为时,正当防卫要求防卫行为造成的只能是应有的损害。当防卫行为造成不应有的损害时,超过了法律所允许的必要限度,就是防卫过当。所以,笔者认为,防卫过当应当是发生在防卫的过程中,而不是从正当防卫开始到防卫过当结束,防卫过当的行为人实际上具有正当防卫的动机与目的,只是防卫的行为超过了正当防卫的必要限度。

上述前两种观点还认为,防卫过当是应负刑事责任的犯罪行为。这显然是将《刑法》第20条第2款的规定理解为对防卫过当的定义,将该款中所规定的“明显超过必要限度造成重大损害”认为是防卫过当的成立条件。有论者就提出,在《刑法》第20条第1款、第2款规定中出现了一个问题,即“超过了正当防卫的必要限度造成了不应有的损害,但未明显超过必要限度,也未造成重大损害的防卫行为在法律上应作何评价”。这种防卫行为显然不属于正当防卫,也不属于防卫过当。所以,防卫过当应当不限于构成犯罪这一种情形,还应当包括一般违法的防卫过当,乃至无过失的防卫过当(即意外事件)。③《刑法》第20条第2款就只是对构成犯罪,应当负刑事责任的防卫过当的规定,并没有包含所有的防卫过当情形。笔者认为,这种看法是值得商榷的。《刑法》第20条第1款对正当防卫中的防卫行为的规定应当是,“为制止不法侵害对不法侵害人造成损害的”行为。而刑法理论界对正当防卫限度条件的通说是,“防卫不能明显超过必要限度造成重大损害。”④那么,上述看法提出的问题就迎刃而解了,没有明显超过必要限度造成重大损害的防卫行为都不是防卫过当,不负刑事责任。防卫行为明显超过必要限度造成重大损害的,就是犯罪行为,应当负刑事责任。上述最后一种观点在界定防卫过当的概念时,还指出了行为人的主观罪过形式,认为故意、过失或无法预见的原因都可能导致防卫过当。笔者认为,防卫人的主观罪过形式只能是间接故意和过失(包括疏忽大意的过失和过于自信的过失),后文将作详细论述。

综上所述,笔者认为,应对通说略作修改和补充,即防卫过当的概念是:为保护合

---

① 陈兴良:《正当防卫论》,中国人民大学出版社2006年版,第164页。

② 郭晓鹏:《防卫过当概念探微》,载《福建公安高等专科学校学报》2004年第4期。

③ 郭晓鹏:《防卫过当概念探微》,载《福建公安高等专科学校学报》2004年第3期。

④ 高铭暄、马克昌、赵秉志主编:《刑法学》,中国法制出版社1999年版,第240页。何秉松主编:《刑法教科书》,中国法制出版社2000年版,第403页。

法权益免受正在进行的不法侵害,在防卫过程中,采取的防卫行为明显超过必要限度造成重大损害的犯罪行为。

(2)防卫过当的性质

对于防卫过当的性质,刑法理论界大致有以下几种观点:第一种观点认为,防卫过当是正当防卫的一种,必要限度不是正当防卫的构成条件,防卫是否过当,只是防卫行为造成的客观结果。因此,防卫过当是正当防卫中的一种特殊(而非例外)情况。① 该观点认为,防卫行为必然会对不法侵害人造成损害,不论损害的大小和程度,即使超过了必要限度,防卫行为都属于正当防卫性质,防卫过当是正当防卫应负刑事责任的特殊情况。第二种观点认为,防卫过当是具有社会危害性的行为,“犯罪的本质特征是行为的社会危害性,从这个意义上说,防卫过当行为和其他犯罪没有质的区别。但在社会危害的程度上,防卫过当行为和其他犯罪存在量的差别。”②第三种观点认为,防卫过当行为具有两个显著的特征:① 防卫过当同正当防卫一样,具有行为的防卫性;② 防卫过当同正当防卫相异的一个特征,就是防卫过当具有客观危害性和主观罪过性。③

上述第一种观点认为防卫过当属于正当防卫的范畴,是正当防卫的一种特殊情况,这一观点无法解释防卫过当不能阻却行为违法性的问题。正当防卫是不具有法益侵害性的正当行为,是排除社会危害性的行为,而防卫过当是应负刑事责任的犯罪行为。将防卫过当看作正当防卫应负刑事责任的特殊情况,在概念上就自相矛盾。第二种观点虽然强调了防卫过当行为的社会危害性,却没有说明防卫过当行为的主观罪过,也没有提及防卫过当行为具有的防卫性质,实际上是将防卫过当行为等同于一般的犯罪行为,不符合《刑法》规定防卫过当的本意。因为防卫过当的行为虽然具有一定的社会危害性,但动机是出于正当防卫,行为人的主观恶性和行为的社会危害程度都小于其他犯罪。第三种观点比较全面地揭示了防卫过当的性质,认为防卫过当是出于防卫目的而实施了防卫行为,由于防卫行为超出了必要限度,造成了危害社会的结果,而行为人对危害结果又具有一定的主观罪过,这体现了主客观相统一的原则。

综上所述,笔者认为,防卫过当是行为的防卫性和结果的社会危害性的统一。一方面,防卫过当中行为人的意图是防卫,因而行为具有防卫的性质;另一方面,防卫行为造成了危害社会的结果,且防卫人对危害结果具有一定的主观罪过,因而防卫行为还有一定的社会危害性。

(3)对防卫过当的表现形式的认识

防卫过当在客观上的表现形式,即防卫过当在实际上表现为怎样的客观事实?对此,国内外刑法理论界观点不一。

---

① 赵国强:《论新刑法中正当防卫权之强化》,载《法学家》1997年第6期。

② 陈兴良:《正当防卫论》,中国人民大学出版社2006年版,第169页。

③ 马克昌主编:《犯罪通论》,武汉大学出版社2001年版,第753页。

苏联刑法学者沙尔高罗斯基在其《侵犯人身罪的责任》中提到:“被认为是超过正当防卫限度而成立防卫过当的,有以下两种情况:第一,防卫人采取的防卫措施,其强烈程度与侵袭行为的强烈程度很不相称;第二,防卫不适时。”[①]在日本刑法理论中,防卫过当被称为过剩防卫,是“在急迫不正的侵害继续之中,对其进行反击的行为超过了防卫的程度”,必须从客观的观点判定是否超过了防卫的程度。[②] 过剩防卫分为质的过剩和量的过剩,所谓质的过剩是指防卫超出了必要性与相当性的程度。如对方用木拖鞋打过来,为了先发制人,行为人用匕首刺死了对方。所谓量的过剩防卫是指,实施了防卫行为,但是最初的反击就使对方的侵害态势消除,却继续进一步实施反击行为杀伤了对方,这一系列的行为整体超过了防卫的程度。

我国刑法学者对防卫过当的表现形式的认识,有以下几种意见:① 防卫过当在客观上表现为正当防卫明显超过必要限度造成重大损害。造成重大损害说明正当防卫明显超过了必要限度,正当防卫明显超过必要限度又必然造成重大损害,两者之间存在内在和必然的因果关系。[③] ② 防卫过当表现在客观上的特征就是防卫行为明显超过了必要限度,造成了重大的危害后果。防卫行为的强度超过必需的强度,与在后果上造成重大的危害,二者的互相统一,才能构成防卫过当。[④] ③ 防卫过当的客观特征表现为,防卫行为明显超过必要限度造成了重大的损害,防卫人实施的犯罪行为所侵犯的客体以及犯罪主体与一般的犯罪没有太大的区别,防卫过当行为完全符合了《刑法》所规定的某些犯罪的犯罪构成。[⑤]

笔者认为,防卫行为是否构成防卫过当,在客观表现上取决于两个方面:一方面是防卫行为明显超过了必要限度;另一个方面是出现了重大的损害结果。防卫过当既包括防卫行为的形态,也包含防卫行为造成的结果状态。有论者提出:“防卫过当的表现形式是行为过当与结果过当的统一。仅有行为过当或仅有结果过当均不能构成防卫过当。”[⑥]该说法实质上是把防卫过当划分为行为过当与结果过当,认为只有行为过当与结果过当同时具备才构成防卫过当,这是不全面的。因为首先,防卫过当是一个统一的概念,既包含行为的形态,也包含行为造成的结果状态,两者是一个整体。其次,从理解防卫的必要限度的角度看,只有防卫行为明显超过了制止不法侵害的必要限度,才会出现重大损害的危害结果,而衡量防卫行为是否明显超过必要限度,就要看是否出现了重大损害。二者之间相辅相成,不可分割。还有论者将防卫过当的损害结果

① 马克昌主编:《犯罪通论》,武汉大学出版社 2001 年版,第 753 页。
② 〔日〕大塚仁:《刑法概说》,冯军译,中国人民大学出版社 2003 年版,第 334—335 页。
③ 陈兴良:《正当防卫论》,中国人民大学出版社 2006 年版,第 167 页。
④ 马克昌主编:《犯罪通论》,武汉大学出版社 2001 年版,第 754 页。
⑤ 高铭暄、马克昌、赵秉志主编:《刑法学》,中国法制出版社 1999 年版,第 240 页。
⑥ 卢云华:《试论正当防卫过当》,载《中国社会科学》1984 年第 2 期。

分为两个部分，即“一部分是必要的，正当的，防卫人对此不负刑事责任；另一部分是超过了必要的限度，是不必要的，是过当的，防卫人仅对这部分的损害负刑事责任。”①这种观点在司法实践中显然行不通，如防卫过当造成不法侵害人死亡的，我们就不能说在致人死亡的损害结果中，有一部分是必要的、正当的，而另一部分是不必要的、过当的。因为死亡结果只有一个，根本不可能划分成两个部分。在防卫过当中，由于防卫人的防卫行为超过了法律规定的必要限度，才造成了重大的损害结果。如果防卫人的行为没有超过法律规定的必要限度，就不会导致重大损害结果的产生。所以，防卫过当造成的损害结果只能是一个整体，行为人应该对整个损害结果负刑事责任。

2. 防卫过当的具体分析

(1) 防卫过当的前提条件

防卫过当是防卫行为超过必要限度引起的犯罪行为，但与一般的犯罪行为又有本质上的区别。防卫过当的前提是为了使国家、公共利益、本人或者他人的人身、财产等其他权利免受正在进行的不法侵害，为了制止不法侵害人的侵害行为，才采取了防卫手段。只是由于防卫行为明显超过了必要限度，给不法侵害人造成了重大损害，防卫人才应负刑事责任。因此，防卫过当的行为具有防卫性质，而行为具有防卫性质，则须满足以下前提条件：

① 防卫起因。不法侵害是防卫的起因，没有不法侵害就不存在防卫。只有在不法侵害真实地发生的情况下，才存在防卫问题。作为防卫起因的不法侵害的范围，理论界存在不同看法，目前有“犯罪侵害说”、“无限制的犯罪违法侵害说”和“有限制的犯罪违法侵害说”三种观点。“犯罪侵害说”认为不法侵害只能是犯罪侵害，“无限制的犯罪违法侵害说”认为不法侵害包括犯罪侵害和一般违法侵害。“有限制的犯罪违法侵害说”认为不法侵害可以是犯罪侵害，也可以是一般不法侵害，但并非所有的犯罪违法侵害都是不法侵害。② 只有那些正在进行的对国家、公共利益、本人和他人的人身、财产等合法权利具有侵害的紧迫性，而且可以通过采取防卫行为制止的犯罪违法侵害才属于不法侵害范畴。笔者同意最后一种观点，因为“犯罪侵害说”将不法侵害认定为犯罪侵害，我国《刑法》明确规定是“不法侵害”而不是“犯罪侵害”，防卫人在采取防卫行为制止不法侵害时，首先还要判断不法侵害人的行为是否是犯罪侵害行为，岂不是强人所难？违法侵害和犯罪侵害本身界限就不明确，对于一般人而言很难加以区分，“犯罪侵害说”缩小了不法侵害的范围，限制了防卫权。“无限制的犯罪违法侵害说”认为犯罪侵害和一般违法侵害都是不法侵害，不符合立法规定防卫的本意。对于那些不具备紧迫性的犯罪违法侵害，无须使用防卫手段予以制止，完全可以通过其他途径解决

① 张春发：《防卫过当的刑事责任问题》，载《法学杂志》1983 年第 1 期。

② 高铭暄、马克昌、赵秉志主编：《刑法学》，中国法制出版社 1999 年版，第 234 页。

侵害问题,这些犯罪违法侵害也就不属于不法侵害的范围。“无限制的犯罪违法侵害说”不适当地扩大了不法侵害的范围,也是不妥的。不法侵害应当具备两个特征:一是具有社会危害性,某一行为直接对国家、公共利益、本人和他人的人身、财产等合法权利造成了危险,才会有不法侵害的性质。二是侵害具有紧迫性,指那些具有暴力性和破坏性的不法侵害行为,对我国《刑法》保护的国家、公共利益和其他合法权利造成的侵害具有一定的紧迫性。不法侵害只有同时具备以上两个特征,才能成为防卫的起因。不法侵害行为的社会危害性,是防卫起因的现实基础,侵害紧迫性排除了那些没有紧迫性的不法侵害成为防卫起因的可能性。总之,作为防卫起因的不法侵害,是具有社会危害性的不法侵害,确切地说,是正在进行的不法侵害危害到国家、公共利益、本人和他人的人身、财产等合法权利,并且达到了一定紧迫程度的犯罪违法侵害。

② 防卫意图。行为人要认识到不法侵害正在进行,为了保护国家、公共利益、本人或者他人的人身、财产等合法权利,而决意制止正在进行的不法侵害的心理状态。防卫意图是防卫人对客观存在的不法侵害及其紧迫程度的认识,并通过一定的防卫行为体现出来。一方面,防卫人实施防卫行为的意图,是出于对正在进行的不法侵害的认识,防卫认识是对客观存在的不法侵害的正确反映。只有防卫人认识到国家、公共利益、本人或者他人的人身、财产等合法权利正在受到犯罪违法行为的侵害,才可能产生防卫的意图。另一方面,防卫人采取防卫行为的目的,是出于制止正在进行的不法侵害的决意,对正在进行的不法侵害进行反击,从而达到保护合法权益的目的。总之,防卫人要清楚地认识到,不法侵害正在进行,国家、公共利益、本人或者他人的人身、财产等合法权利已处于被危害的紧急状态,自己采取的防卫行为是为了有效制止不法侵害,而对不法侵害人实施的反击。

③ 防卫时间。这是指行为人可以采取防卫的时机。正当防卫是为制止不法侵害而采取的还击行为,必须面临正在进行的不法侵害才能实行。不法侵害正在进行,是指侵害行为正处于实行阶段,侵害行为已经发生,但尚未结束。这里要正确认定不法侵害的着手和终止。不法侵害的着手,是可以采取防卫行为的开始时间,应该根据当时的主客观因素全面分析,主观上不法侵害人要有犯罪的故意,客观上不法侵害人已经开始直接实行我国刑法分则所规定的犯罪行为。在个别情况下,不法侵害虽然还没有进入实行阶段,但已逼近实施,侵害迫在眉睫,不实行防卫不足以保护合法权益,此时也可以实行防卫。不法侵害终止以后,就不存在防卫的前提条件,也就不能再发生防卫的问题。所以,必须正确确定不法侵害的终止时间,以便确定不能行使防卫权利的时间。防卫的目的是使国家、公共利益、本人或者他人的人身、财产等合法权利免受正在进行的不法侵害,因此,不法侵害的终止应以不法侵害的危险是否已经排除作为客观标准。所谓排除不法侵害的危险,是指不法侵害对于国家、公共利益、本人或者他

人的人身、财产等合法权利造成了现实危险性,通过对不法侵害人造成一定的人身或者其他利益的损害就可以排除。而不能是侵害已经造成了危害结果,或者不能通过采取防卫行为予以制止的侵害。另外,在不法侵害人已经被制服或者已经丧失侵害能力的情况下,防卫人必须停止防卫行为,因为客观上已经不存在危险,或者不需要通过防卫排除危险。

④ 防卫对象。防卫是通过对不法侵害人造成一定损害的方法,使国家、公共利益、本人或者他人的人身、财产等合法权利免受正在进行的不法侵害的行为。防卫的性质要求只能以不法侵害人为防卫对象,通过对不法侵害人的人身或者其他利益造成一定损害的方法来实现防卫意图。由于不法侵害是不法侵害人为了追求侵害的意图,通过其身体的外部动作实现的,要直接阻断不法侵害行为,就要采取必要的不可缺少的反击手段,剥夺不法侵害人的侵害能力。一般情况下,防卫人通过采取某些强制性的,甚至暴力性的手段,使不法侵害人丧失继续进行不法侵害的行为能力。因此,防卫行为只能损害不法侵害者本人的人身,在某些特定的情况下防卫行为也可损害不法侵害人的其他利益,而不能损害与不法侵害无关的第三者的利益,否则,制止不法侵害、保护合法权益的防卫目的就无从谈起。

(2) 防卫过当的结果条件

我国1979年《刑法》第17条第2款规定防卫过当是,"正当防卫超过必要限度造成不应有的危害的,应当负刑事责任。"但什么是"超过必要限度",什么是"不应有的损害",法律并没有作明确、具体的规定,司法和实务上的认识也很不一致,执法中存在随意性,实践中难以操作,不利于正确认定正当防卫和防卫过当的行为,也不利于鼓励群众与犯罪作斗争。因此,1997年修订《刑法》时,对防卫过当的表述作了修改,即在"超过必要限度"之前加上了"明显"二字,将原规定的"不应有的危害的"改为"重大损害",以便于划分正当防卫与防卫过当的界限。正如王汉斌副委员长在《关于〈中华人民共和国刑法〉(修订草案)的说明》中指出的,"受害人和其他公民对于暴力侵害所采取的制止不法侵害行为都应当属于正当防卫,不存在防卫过当问题。只有那些明显的不应采取的行为才属于防卫过当。"[①]根据修订后的《刑法》第20条第2款的规定,防卫过当应该同时具备两个限度条件:一是防卫过当必须是明显超过必要限度;二是对不法侵害人造成了重大损害。正确理解限度条件是认定防卫过当的关键,下面将从三个方面进行分析:

① 如何认定"必要限度"?1997年《刑法》修订以前,对于如何理解防卫的必要限度,当时有三种学说,第一种是"基本适应说",认为防卫的性质和强度基本上相当于侵害行为的性质和强度,也就是说,对不法侵害人造成的损害后果,不需要比防卫人可能

① 李益前:《刑法(修订)》(简明读本),经济科学出版社1997年版,第3页。

遭受的侵害要轻,只要在大体上相适应即可。第二种是"客观需要说",认为防卫应该以制止不法侵害所需要的强度为必要限度,防卫行为既然是以制止正在进行的不法侵害为目的,那么认定防卫行为是否超过必要限度,就要看防卫行为的强度是否为制止不法侵害所必需。第三种是"基本适应和客观需要统一说",该说也是目前刑法理论界的通说,该说具体认为,基本适应说和客观需要说不是相互排斥、彼此对立的,基本适应说用不法侵害的性质和强度衡量防卫的强度,过于强调防卫行为的客观效果,不利于防卫人行使防卫权利;客观需要说以有效保护合法权利为前提,以造成尽可能小的损害为条件,较好地解决了防卫需要和防卫效果之间的关系,是我们认识防卫强度的基础,因而应该将基本适应说和客观需要说统一起来,即对必要限度的理解和认定,"应当以防卫行为是否能制止住正在进行的不法侵害为标准,同时考察所防卫的利益的性质和可能遭受的损害的程度,是否同不法侵害人造成的损害的性质、程度大体相当。"①

刑法修订以后,对于必要限度的概念,法律没有作出规定,而刑事法理论界大都认可基本适应和客观需要统一说能更好地说明"必要限度"。具体而言,理论上主要有以下几种认识:一是"必要限度是指刑法所规定的,为保持正当防卫的合法性质,而要求防卫损害之轻重应予遵守的界限。"②二是"必要限度应当界定为防卫行为保持其自身合法性的防卫强度(包括防卫手段、防卫工具、防卫打击侵害部位、打击力度等)和防卫损害应予遵守的界限。"③三是"必要限度是指防卫人防卫行为正好足以制止不法侵害人的不法侵害行为,而没有对他造成重大损害。"④四是"必要限度是足以有效地制止正在进行的不法侵害所需要的限度。"⑤五是"必要限度应当理解为制止不法侵害、保护合法权益所必需的限度。"⑥分析上述定义,我们发现,相比较 1979 年《刑法》和现行《刑法》对防卫过当的相关规定,对必要限度本身的含义,刑法并没有作出修改,只是改变了防卫过当的限度条件,由原来的"超过必要限度"改为"明显超过必要限度",明显放宽了防卫过当的限度条件。所以,刑法修订以后,正当防卫和防卫过当之间的界限不再是 1979 年《刑法》中规定的"超过必要限度",而是"明显超过必要限度"。正当防卫的必要限度与防卫过当的限度条件是完全不同的两个概念。

因此,必要限度是指为有效地制止不法侵害所必需的强度。一方面,防卫人采取的防卫行为,是制止不法侵害后果所必需的。因为在面对正在进行的不法侵害时,防卫人面临紧迫的侵害时一般都处于紧张状态,并不一定能准确判断不法侵害的具体强

① 高铭暄:《正当防卫论》,载《刑法论丛》(第 6 卷),法律出版社 2002 年版,第 252 页。
② 杨忠民:《对正当防卫限度若干问题的新思考》,载《法学研究》1999 年第 3 期。
③ 杨鸿、商志超:《无限防卫权质疑》,载《中山大学学报(社会科学版)》2001 年第 4 期。
④ 马克昌主编:《犯罪通论》,武汉大学出版社 2001 年版,第 758 页。
⑤ 陈兴良:《正当防卫论》,中国人民大学出版社 2006 年版,第 121 页。
⑥ 高铭暄:《正当防卫论》,载《刑法论丛》(第 6 卷),法律出版社 2002 年版,第 253 页。

度，只能采取相应的防卫措施来制止不法侵害。所以，对防卫行为必要限度的要求不能过于苛刻，即使手段较为激烈、强度稍大，都可以认为是制止不法侵害所必需的。另一方面，防卫人的防卫行为要足以有效制止不法侵害人的不法侵害行为。所谓“有效制止”，是指防卫行为的强度是有效制止不法侵害所必需的，并且防卫行为的强度应当与不法侵害行为的强度基本适应。在实践中，要分析不法侵害的性质、手段、缓急以及侵害人的人数、体力、性格等，也要分析防卫的时间、地点、手段、损害后果和防卫人的性格、体力、心理等。只有通过对比分析，认为防卫行为和侵害行为在强度上基本相当，才能认定防卫限度没有超过必要限度。

② 如何认定“明显超过”？根据《现代汉语字典》的释义，“明显”是指“清楚地显露出来，容易让人看出或感觉到。”[①]所以，“明显超过必要限度”是指，一般人都能够认识到其采取的制止不法侵害的防卫行为的强度已经明显超过了正当防卫所必需的强度。超过必要限度的防卫行为并不都构成防卫过当，只有那些明显超过防卫强度，造成重大损害的才构成防卫过当。从主观上看，有论者认为：“防卫行为的强度明显超过了必要限度。一般人都可以清楚地感觉到防卫行为已经过当，超过了防卫的必要限度条件。司法人员和其他人在事后能清楚地认识到，受到防卫行为损害的原不法侵害人能感觉到，防卫人在其实施防卫行为时也能清楚地认识到其行为不符合正当防卫的限度条件。”[②]笔者认为，在司法实践中去评价一个防卫行为及其造成的后果是否过当，只能由法官全面把握案件的具体情况，依照社会上民众通常的观点去判断，而不能在对案件实际情况的综合分析后，认为某一防卫行为“明显超过”必要限度，就要求防卫人在制止不法侵害的紧迫情况下，也一定能清楚地认识到。是否“明显超过”，只能是从一般人的、民众的法律意识来看，某些防卫行为是否超过了必要的限度，造成了不应有的重大损害，这个标准只能是事后社会和公众认同的标准。从客观上看，防卫行为已经明显超过了必要限度，并且造成了重大损害。只要防卫行为不是明显超过必要限度，就不能作为防卫过当案件来处理。这有利于鼓励公民为了保护国家、公共利益、本人或者他人的人身、财产等合法权利免受正在进行的不法侵害，而大胆地采取防卫措施，与不法侵害人作斗争。这里可以参考期待可能性的理论认识进行分析，期待可能性是指根据具体情况，有可能期待行为人不实施违法行为而实施其他适法行为。[③] 在防卫中，防卫人本来能够实施而且应当实施法定限度内的“适法行为”制止正在进行的不法侵害，一般人处于防卫人状态下，也能够期待其实施“适法行为”阻却责任，但防卫人的行为明显超过了“适法行为”的必要限度，造成了不法侵害人的重大损害，防卫过当行为就是不能阻却责任的犯罪行为。

---

① 中国社会科学院语言研究所字典编辑室：《现代汉语字典》（第5版），商务印书馆2005年版，第890页。

② 王政勋、贾宇：《论正当防卫限度条件及防卫过当的主观罪过形式》，载《法律科学》1999年第2期。

③ 张明楷：《刑法学》，法律出版社2007年版，第274页。

所谓“明显超过”,具体而言,主要有以下几种情形:A. 防卫行为所保护的利益明显小于防卫行为对不法侵害人造成的损害。例如,防卫人为了制止不法侵害人的辱骂,而持刀杀害了不法侵害人。B. 对于不具有紧迫性的不法侵害行为,防卫人采取了明显较为紧迫的防卫行为,或者防卫行为明显超过了制止不法侵害行为所应有的紧迫性程度。如对于正在实施的盗窃行为,完全可以通过扭送来制止盗窃,而防卫人采取了紧迫的防卫行为,将犯罪嫌疑人打伤。C. 防卫人采取轻微程度的防卫行为就可以制止不法侵害,却采取了明显不必要的、较为严重的防卫手段,给不法侵害人造成了重大的损害后果。如对于醉酒的人的挑衅行为,防卫人本可以采取强度较小的防卫手段就足以制止,但是防卫人采取了将其打死的方式来制止不法侵害。

③ 如何认定“重大损害”? 防卫过当行为必然造成了重大损害,在某种意义上,可以将防卫过当犯罪认定为结果犯,刑法理论上一般认为结果犯是以法律规定的一定结果作为必要构成条件的犯罪。防卫行为是否过当,就应当以是否造成了重大损害来判断。没有造成重大损害,防卫行为就不过当,只有造成了重大的损害结果,才构成防卫过当,行为人就应当负刑事责任。相比较正当防卫而言,两者都造成了一定的损害结果,但其性质不同,正当防卫的损害结果是足以有效制止不法侵害所必需的,是对不法侵害人应有的损害,排除其违法性。而防卫过当的损害结果是防卫行为明显超过必要限度,造成了重大损害,具有一定社会危害,不能阻却防卫过当行为的违法性。

那么,什么样的损害才是“重大损害”? 我国《刑法》没有作明确规定,司法解释也没有予以说明,在理论界主要有以下几种不同的观点:有论者认为,“防卫过当中的‘重大损害’是仅就人身方面而言的,因为正当防卫是制止不法侵害的行为,而这种制止不法侵害的行为又是针对不法侵害者的人身进行的。”①也就是说,过当行为造成的重大损害,是针对不法侵害的人身进行的,就是造成不法侵害人重伤、死亡。有论者认为,“重大损害是指致人重伤、死亡,特殊情况下也包括致侵害人财产的重大损失。”②有论者则认为,“所谓重大损害,是指由于防卫人所采取的明显超过必要限度的防卫行为所造成的不法侵害人或者其他人人身伤亡及其他能够避免的严重的损害结果的情形。”③另有论者认为,“重大损害具有相对标准,是相对于防卫人所要保护的利益而言,对不法侵害人造成的利益损害,远远大于防卫人所保护的利益。”④

笔者认为,重大损害并不要求一定要造成不法侵害人的重伤或者死亡,也不要求只能造成不法侵害人的人身损害。因为我国《刑法》第 20 条第 2 款并未限定不法侵害的对象,也未说明防卫行为只能造成不法侵害人身体损害。防卫行为的对象可以是不

① 侯国云:《新刑法对防卫过当的修改》,载《云南法学》1998 年第 2 期。
② 许海波:《谈新刑法对正当防卫限度的放宽》,载《政法论丛》1998 年第 2 期。
③ 陈正云:《论准确认定和把握防卫过当的标准》,载《中国刑事法杂志》1999 年第 1 期。
④ 高铭暄:《正当防卫论》,载《刑法论丛》(第 6 卷),法律出版社 2002 年版,第 253 页。

法侵害人的人身或者其他利益，防卫过当也应当是对不法侵害人人身或其他利益造成了重大损害，只不过是损害结果过于严重，明显超过了足以制止不法侵害的必要限度所能造成的损害。从理论上来说，防卫的损害结果应当是必要限度所造成的“应有损害”和明显超过必要限度所造成的“不应有损害”两部分。由于损害结果是一个整体，我们不能简单地加以分解。因此，认定一个防卫行为是否造成“重大损害”，应当先考虑在防卫的必要限度之内对不法侵害人所可能造成的损害结果，再判断防卫行为实际造成的损害结果是否明显超过该结果，从而认定损害结果是否属于“重大损害”。无论是对不法侵害人造成了重大的人身伤害，还是其他利益的重大损害，只要明显超过了防卫行为应有的必要限度，符合应负刑事责任的规定，都应当属于《刑法》规定的“重大损害”范畴。

3. 防卫过当的主观罪过形式

（1）防卫过当主观罪过形式的立法规定及学说纷争

在防卫过当的场合，由于防卫人实施的防卫行为明显超过了必要限度，给不法侵害人造成了重大损害，防卫过当行为完全符合我国《刑法》规定的某些犯罪的犯罪构成，防卫人实施的过当行为、侵害的客体以及犯罪主体都与一般犯罪差别不大。那么，防卫过当行为人对其造成的重大损害结果所持的是何种主观心理状态呢？这是追究行为人刑事责任的关键性问题之一。对此，各国刑事立法及我国刑法理论界都有不同见解。

世界各国刑事法律中对防卫过当的主观罪过形式立法规定都不尽相同，大体有以下几种立法形式：① 在刑法中不明确规定防卫过当的主观罪过形式，仅在刑法总则中规定防卫过当的概念及量刑的一般原则，但仍不明确，如《日本刑法典》第 36 条第 2 项对“过剩防卫”的规定；或是仅在刑法分则中明确规定防卫过当成立独立的罪名和量刑幅度，如《法国刑法典》的规定。② 在刑法中明确规定防卫过当的主观罪过。如《巴西刑法典》和《意大利刑法典》在总则中就明确规定防卫过当的主观罪过形式只能是过失；《蒙古刑法典》在分则中将防卫过当规定为过失犯罪；1954 年《阿尔巴尼亚刑法》在分则中将防卫过当规定为故意犯罪；《俄罗斯刑法典》在总则中规定了对防卫过当应追究刑事责任，防卫人防卫过当构成故意犯罪或过失犯罪的，按刑法典分则的相应条款定罪处罚。可见，由于各国刑事立法技术的不同，对防卫过当的主观罪过形式规定也存在较大差异。

我国《刑法》没有明确规定防卫过当的主观罪过形式，刑法理论界对防卫过当的罪过形式的理解存在较大差异，主要有以下几种看法：① 故意、过失并存说。这种观点认为，“防卫过当的罪过形式既可能是故意（包括直接故意与间接故意），也可能是过失（包括疏忽大意的过失和过于自信的过失）。但是，不存在无罪过的情况。同时认为，在实践中，疏忽大意的过失犯罪的情况占绝大多数，过于自信的过失占少数，故意犯罪的情况只是极个别的。”[①]② 间接故意和过失并存说。该观点认为,“防卫过当的罪过形式不可能是直接故意,但可能是过失(包括疏忽大意的过失和过于自信的过失)和间接故意。”[②]这也是我国刑法学界目前对防卫过当主观罪过形式的通说。③ 间接故意说。该观点认为,“对于超过必要限度造成重大损害来说,不仅司法人员和其他人在事后能清楚地认识到,而且防卫人也能清楚地看出并感觉到其行为超出了正当防卫的限度条件。对于这种情况虽然有认识,但是仍然在这种认识因素的作用下实施其过当防卫行为,这种主观心理态度就是间接故意。”[③]④ 疏忽大意的过失说。该观点认为,“防卫过当的罪过形式只能是疏忽大意的过失。理由是:防卫过当虽然是犯罪行为,但行为从整体上来看仍具有防卫性质,防卫过当行为的前提条件和目的的正当性决定了既不可能由故意构成,也不可能由过于自信的过失构成。”[④]⑤ 全面过失说。该观点认为,“防卫过当的罪过形式只能是过失,包括疏忽大意的过失和过于自信的过失,但不能是故意。”[⑤]⑥ 过失、故意和意外事件并存说。该观点认为,“防卫过当的罪过形式可以是过失,也可以是故意,除此之外,还存在着意外事件的防卫过当。”[⑥]

由上述六种观点我们可以看到,在防卫过当理论中,防卫过当的主观罪过形式到底是何种状态,众说纷纭。所以,我们应当从现行《刑法》的规定出发,结合刑法理论中关于罪过的理论,阐明防卫过当的主观罪过状态,这样有利于正确认定防卫过当,也有利于在司法实践中合理地对防卫过当定罪量刑。

(2) 防卫过当主观罪过形式的界定

① 防卫过当的主观罪过形式是否可以是直接故意?直接故意是指,“行为人明知自己的行为必然或者可能发生危害的结果,并且希望这种结果发生的心理状态。”防卫过当具有行为的防卫性和结果的过当性的双重性质,防卫过当行为与防卫行为最大的界限就在于行为超过了必要限度造成了重大损害,这说明,防卫行为无论过当与否,防卫人在主观上都具有防卫的意图。防卫人采取防卫行为的目的是为了有效制止不法侵害,保护国家、公共利益、本人和他人的人身、财产等合法权利,这也决定了防卫行为具有正当性的目的。而刑法理论界的通说认为,直接故意犯罪的主观方面包含着犯罪目的的内容,犯罪目的是指犯罪人通过实施犯罪行为达到某种危害社会结果的心理状态,也就是危害结果在犯罪人主观上的表现。[⑦] 犯罪目的是一种非正当的目的,这与防卫行为所具有的正当性目的是相矛盾的,两者不可能在同一个行为的心理状态中并

---

① 周国钧:《正当防卫的理论与实践》,中国政法大学出版社 1988 年版,第 161 页。
② 高铭暄、马克昌、赵秉志主编:《刑法学》,中国法制出版社 1999 年版,第 243 页。
③ 王政勋:《正当行为论》,法律出版社 2000 年版,第 195 页。
④ 利子平:《防卫过当罪过形式探讨》,载《法学评论》1984 年第 2 期。
⑤ 张明楷:《刑法学》,法律出版社 1997 年版,第 234—235 页。
⑥ 王晨:《刑事责任的一般理论》,武汉大学出版社 1998 年版,第 374—378 页。
⑦ 高铭暄、马克昌、赵秉志主编:《刑法学》,北京大学出版社、高等教育出版社 2007 年版,第 131 页。

存。如果行为人为了达到某种目的,故意挑逗对方实施不法侵害,而后借口“防卫”加害对方的行为,就是防卫挑拨。① 在防卫挑拨中,虽然存在着一定的不法侵害,挑拨人也实行了所谓的防卫行为,形式上符合正当防卫的客观条件。但该不法侵害是在挑拨人的故意挑逗下诱发的,挑拨人主观上具有犯罪意图而没有防卫意图,客观上实施了犯罪行为,这显然不能构成正当防卫或者防卫过当。所以,如果防卫过当的主观罪过形式可以包含直接故意,就扩大了防卫过当刑事责任的范围。

② 防卫过当的主观罪过形式是否可以是间接故意?间接故意是指行为人明知自己的行为可能发生危害社会的结果,并且放任这种结果发生的心理状态。在某些防卫过当中,防卫人根据常识对不法侵害的紧迫性、不法侵害人、自身情况以及即将采取的防卫手段进行判断,认识到自己的反击行为可能造成不法侵害人的重大损害,却放任了防卫过当行为的发生,造成了对不法侵害人的重大损害。一方面,这种对重大损害结果发生的认识,具有或然性、可能性,而不具有必然性,符合间接故意对危害结果可能发生的认识因素,也为放任重大损害结果发生的心理提供了前提和基础。另一方面,防卫人对防卫过当造成重大损害结果发生的心理态度,不是希望,也不是积极地追求,而是明知道防卫行为明显超过必要限度,有可能造成重大损害,仍然决意实施防卫过当行为,也不阻止损害结果的发生,听之任之,放任了重大损害结果的发生,符合间接故意放任危害结果发生的意志因素。所以,防卫过当的主观罪过形式可以是间接故意,即在防卫过当中,防卫人为了制止不法侵害,实现防卫的意图,尽管认识到采取的防卫反击行为可能明显超过了必要限度造成重大损害结果,防卫人却放任了某种犯罪结果的发生,因而应当负刑事责任。那些将间接故意排除在防卫过当的主观罪过形式之外的观点,是片面的。

还有论者认为,由于现行《刑法》第20条第2款规定中使用了“明显”二字,“明显”应包括主观方面的内容。在主观上,行为人清楚地知道其防卫行为已经远远超过必要限度并会造成重大损害,但他为了追求防卫效果,对过当结果的发生持满不在乎、听之任之的态度,没有以任何方式、手段来避免、防止发生过当结果。《刑法》所规定的防卫过当在主观罪过方面只能是间接故意。② 笔者认为,这种对“明显”的解释是不符合刑法立法本意的,“明显”是法官和一般人在事后比较冷静的情况下,综合分析全案的具体情况作出的判断,是指按常识,普通人都能认识到其防卫限度已经明显超过了制止不法侵害所必需的强度,但在紧迫的不法侵害下,防卫人不可能清楚、容易地判断出自己的防卫反击行为是否明显超过必要限度,只存在可能认识到。所以,不能从事后的心态来分析看待防卫人当时的心理状态。除非行为人在采取反击行为时已经清楚地

① 高铭暄:《正当防卫论》,载《刑法论丛》(第6卷),法律出版社2002年版,第255页。
② 王政勋、贾宇:《论正当防卫限度条件及防卫过当的主观罪过形式》,载《法律科学》1999年第2期。

认识到行为的过当和即将造成损害结果的重大,仍然采取过当的反击行为,造成了某种犯罪结果的,这样就不再是追求防卫的目的,而是出于犯罪的目的,其行为也就不能认定构成防卫过当。

③ 防卫过当的主观罪过形式是否可以是过失?过失包括疏忽大意的过失和过于自信的过失。首先,疏忽大意的过失指行为人应当预见自己的行为可能发生危害社会的结果,因为疏忽大意没有预见,以致发生这种结果的心理态度。防卫过当的主观罪过形式,在大多数情况下应当是疏忽大意的过失,因为防卫人在实施防卫反击行为的过程中,能够也应当预见到自己的行为明显超过正当防卫的必要限度,可能造成重大损害结果,由于疏忽大意没有预见,以致重大危害结果的发生。这种情况下,应当认定防卫过当属于疏忽大意导致的过失犯罪。其次,过于自信的过失,是指行为人预见到自己的行为可能发生危害社会的结果,但轻信能够避免,以致发生这种危害结果的心理状态。在某些情况下,防卫过当的主观罪过形式也可以是过于自信的过失。防卫人已经预见到自己的防卫反击行为可能明显超过必要限度造成重大损害,因为轻信能够避免而导致重大损害结果的发生。值得注意的是,在司法实践中,由于防卫大多在十分紧迫的情况下发生,防卫人很难从容地综合判断现场状况,选择适当的防卫手段和程度。因此,认定防卫过当中的过失犯罪应当区别于一般的过失犯罪。只有从一般人的常识判断,结合案件的实际情况,认为防卫人能够预见到自己的防卫反击行为会明显超过必要限度造成重大损害,防卫人由于疏忽大意或者过于自信而没有预见,造成了损害结果的发生,才认定其应当构成过失犯罪,承担相应的刑事责任。

④ 是否存在意外事件的防卫过当?意外事件是指行为虽然在客观上造成了损害结果,但不是出于行为人的故意或者过失,而是由于不能预见的原因所引起的。防卫过当作为　种应负刑事责任的行为,应当具有一定罪过,而意外事件是无罪过的行为,不负刑事责任,两者在根本上就是不相容的。如果认为可以存在意外事件的防卫过当情形,就等于是让无罪过的意外事件负刑事责任,这显然不符合“无罪过即无责任”的刑事责任原则。笔者认为,如果属于防卫过当就不属于意外事件,如果属于意外事件就不属于防卫过当,两者只能取其一,不可能又是防卫过当又是意外事件。所以,认为可以存在意外事件的防卫过当是不恰当的。另外,还要注意偶然防卫既不属于意外事件也不属于防卫过当的情形,偶然防卫是指行为人出于一定的犯罪故意实施犯罪行为,但该行为在客观上产生了防卫的效果。① 例如,甲在枪杀乙时,恰好丙出于杀害甲的故意开枪杀死了甲,从而客观上使得乙避免了甲的杀害。在这种情况下,虽然丙的行为客观上具有防卫效果,但其主观上不具有防卫的意图,因而不能认定是防卫行为,也就不可能构成防卫过当。

---

① 曲新久、陈兴良、张明楷:《刑法学》,中国政法大学出版社 2008 年版,第 48 页。

⑤ 因对事实认识错误而导致防卫过当的情况。事实认识错误,是指行为人在实施行为时预见或者设想的事实与实际发生的事实不符合。在采取防卫的紧迫情况下,由于防卫人对防卫手段、工具、打击部位等因素的认识错误,将明显超过必要限度的防卫行为,误认为是符合防卫必要限度内的防卫行为,造成了重大损害。对于这种情形,有日本刑法学者认为构成假想防卫,指出:"当对于急迫之不正之侵害而为防卫时,由于错误而认识为超越防卫程度之事实,加以超越程度之反击的情形,亦与虽无任何急迫不正之侵害,然而误想为有而加以反击之情形同样,皆相当于误想防卫之一情形。"①行为人由于对主观认识错误,实际上不存在不法侵害或者侵害程度较小,而对臆想的不法侵害或较强程度的不法侵害实行了防卫反击,造成了他人的无辜损害。例如,甲与乙因争吵而对峙,乙伸手到怀中掏烟,甲误认为乙要拔枪,马上拔枪对乙连开数枪,造成乙死亡,甲的行为就构成假想防卫,而非防卫过当。

综上所述,笔者赞同通说观点,防卫过当的主观罪过形式只能是间接故意和过失(包括疏忽大意的过失和过于自信的过失)。而且,大多数情况下是疏忽大意的过失,在个别情况和特殊情形下,可能是间接故意和过于自信的过失。

(二)邓玉娇案防卫过当的认定

1. 对邓玉娇行为性质的争议

在邓玉娇一案的审理过程中,对邓玉娇的行为性质的认定主要有两种不同观点:一种观点认为,邓玉娇的行为构成正当防卫,这也是当时很多民众和媒体的看法。理由是黄德智要求宾馆服务员邓玉娇为其提供异性洗浴服务未果后,邓贵大、黄德智两人就对邓玉娇进行拉扯、辱骂,其间邓贵大还用钱搧击邓玉娇面部和肩部,邓玉娇两次欲离开房间,均被邓贵大拦住并推倒在沙发上。邓玉娇面对的是两个喝过酒丧失理性的强壮男人的暴力伤害行为,持刀杀死邓贵大、刺伤黄德智的防卫行为并未明显超过必要限度,造成一死一伤也情有可原,属于正当防卫范畴。在一审的法庭辩论中,辩护律师甚至认为邓玉娇的防卫行为属于特殊防卫。另一种观点认为,邓玉娇的行为构成防卫过当②,这一观点也是很多论者的观点。理由是邓玉娇为了保护自己的人身权利免受邓贵大正在进行的不法侵害,采取用水果刀伤害侵害人的方法制止不法侵害,可以认定其行为是防卫行为。但是,从事实看,邓贵大的侵害行为不是很严重,并且侵害的不是重大的人身权利,邓玉娇却采取使用水果刀进行防卫,造成不法侵害人伤害致死,其防卫行为明显超过必要限度造成重大损害,难以认定构成正当防卫,而应认定构成防卫过当。比较上述两种不同的观点,主要的争议点在于正当防卫和防卫过当的界

① 〔日〕伊达秋雄:《防卫过当之一情形》,《日本刑法判例评释选集》,台北汉林图书出版有限公司 1977 年版,第 74 页。

② 中国新闻网:《著名法学家解读邓玉娇案:免予处罚有三理由》,http://www.chinanews.com.cn/gn/news/2009/06-17/1736937.shtm,2009-06-17/2010-02-27.

限问题。对正当防卫和防卫过当的界限认识不同,结论也会不同。对此,显然需要结合上述关于防卫过当的论述予以分析。

2. 分歧的解决——正当防卫与防卫过当的界限

刑法理论上一般认为,成立正当防卫应当具备以下五个要件:(1) 防卫起因——不法侵害行为发生;(2) 防卫时间——不法侵害正在进行;(3) 防卫意图——保护国家、公共利益、本人或者他人的人身、财产等合法权利免受正在进行的不法侵害;(4) 防卫对象——不法侵害者本人;(5) 防卫限度——允许对不法侵害者造成损害的上限要求。[①] 而防卫过当在成立条件上,除了限度条件与正当防卫有所不同,防卫的起因、时间、意图、对象四个条件都要满足上述条件。所以,防卫限度条件就成为区别一个防卫行为是正当防卫还是防卫过当的决定性条件。

在1997年《刑法》修订之前,对于正当防卫的限度要求"必要限度"的具体含义,法律未作明确规定,在实践中也认识不一。处理具体案件时,司法机关对正当防卫的必要限度的掌握比较苛刻,致使很多应该按正当防卫处理的案件却被当作防卫过当处理,这也极大地挫伤了广大群众同违法犯罪行为作斗争的积极性。在此背景下,1997年修订《刑法》时对防卫过当的成立条件作了重大修改。根据1997年《刑法》的相关规定,正当防卫和防卫过当在刑法规定上的界限主要表现为:(1) 防卫行为是否明显超过必要限度;(2) 是否给不法侵害人造成重大损害。所以,在相同的防卫前提条件下,如果防卫行为没有明显超过必要限度,且未给不法侵害人造成重大损害,就是正当防卫,不负刑事责任;反之就构成防卫过当,应当负刑事责任。但应当注意的是,修订后的《刑法》对正当防卫的概念作了相应修改,最明显的是将"对不法侵害人造成损害的"引入了正当防卫的概念之中。这就说明,在一些只有采取防卫行为损害不法侵害人才能保护合法权益的正当防卫情形中,为了制止正在进行的不法侵害,给不法侵害人造成一定的损害可能就是必要的。因此,对不法侵害者造成损害是一些正当防卫实施后的必然结果。只要防卫行为没有明显超过必要限度,且未给不法侵害人造成重大损害,都不会影响正当防卫的性质。

笔者认为,司法实践中正确认定和把握防卫行为是正当防卫还是防卫过当,还应当注意如下两个方面:(1) 主观上,从一般人的认知水平上去判断,防卫行为有没有"明显"超过必要限度。要从案件的具体情况出发,综合分析不法侵害的程度、防卫人对不法侵害的认知、防卫人对所采取的防卫手段的认识等,判断制止不法侵害的防卫行为是否超过正当防卫的必要限度。如果无须经过推理或者思索,就能显而易见地认定是超过了必要限度,就是防卫过当,反之就是正当防卫。(2) 客观上,要从防卫行为造成的客观结果来认定,判断防卫行为是否给不法侵害人造成重大损害。只要防卫人

---

① 曲新久、陈兴良、张明楷:《刑法学》,中国政法大学出版社2008年版,第47—49页。

的明显超过必要限度的防卫行为造成了不法侵害人人身或其他利益的重大损害，就构成防卫过当，反之就是正当防卫。

3. 对邓玉娇行为性质的认定

（1）邓玉娇的行为是否具有防卫的特质

邓玉娇刺伤他人致死的行为是否具有防卫特质，主要在于其行为是否具备防卫行为的特质。我国《刑法》第20条第1款规定："为了使国家、公共利益、本人或者他人的人身、财产和其他权利免受正在进行的不法侵害，而采取的制止不法侵害的行为，对不法侵害人造成损害的，属于正当防卫，不负刑事责任。"可见，正当防卫是一种有目的的防卫行为，其目的就在于保护一定的利益。[①] 我国《刑法》将国家利益、公共利益列为正当防卫的首要保护对象，同时也规定保护公民的人身、财产和其他权利。在公民受到正在进行的不法侵害的情况下，为保护本人和他人的人身、财产和其他权利，可以对不法侵害人实行正当防卫。因此，防卫行为应具备以下特质：① 防卫目的的正当性。即防卫行为的目的在于使国家、公共利益、本人和他人的人身、财产等合法权利免受正在进行的不法侵害。② 防卫行为的防卫性。对正在进行不法侵害的违法犯罪分子的人身或财产所采取的反击手段，是基于保护合法权利的需要而采取的。

由此来分析邓玉娇的行为，可以得知邓玉娇的行为具有防卫的性质。首先，对邓贵大、黄德智的行为进行分析。黄德智要求宾馆服务员邓玉娇为其提供异性洗浴服务遭到拒绝，邓贵大知道后，与黄德智一起对邓玉娇进行拉扯、辱骂，邓贵大还用一叠人民币搧击邓玉娇的面部和肩部，又两次阻挠邓玉娇离开房间，并将其推倒在沙发上。在刑法理论上，一般认为我国《刑法》规定的正当防卫的起因条件既包括犯罪行为，也包括一般的违法行为。[②] 邓贵大、黄德智的行为已经严重侵害到他人的人身安全，客观上达到了危害社会的程度，应当属于不法侵害的范畴。其次，邓玉娇在邓贵大再次向其逼近时，选择了起身用随身携带的水果刀将邓贵大刺伤，符合我国《刑法》规定的"对正在进行的不法侵害"实行防卫，如果邓玉娇不采取防卫行为，邓贵大的不法侵害必然会造成其人身权利和其他权利的重大损害。最后，邓玉娇反击的对象正是不法侵害人邓贵大和黄德智，防卫行为针对不法侵害人本人实施，制止了不法侵害，符合正当防卫的对象条件。因此，邓玉娇在认识到正在进行的不法侵害后，出于保护自己的人身安全的防卫目的，选择对不法侵害人邓贵大的人身采取防卫反击，符合防卫行为的特质。

（2）邓玉娇的行为是否能定性为特殊防卫

我国《刑法》第20条第3款规定了特殊防卫，特殊防卫与正当防卫的主要不同点在于：① 防卫起因的特殊性。正当防卫的起因多是一般的违法犯罪，而特殊防卫的起

① 陈兴良：《正当防卫论》，中国人民大学出版社2006年版，第25页。

② 高铭暄：《正当防卫论》，载《刑法论丛》（第6卷），法律出版社2002年版，第255页。

因只能是正在进行行凶、杀人、抢劫、强奸、绑架以及其他严重危及人身安全的暴力犯罪。② 法律后果的特殊性。正当防卫存在限度条件,超过必要限度就属于防卫过当,应当负刑事责任。但对于特殊防卫来说,即使防卫行为造成不法侵害人死亡的,也不构成防卫过当,不负刑事责任。对于邓玉娇案,有论者就提出:"按照刑法理论,在邓玉娇案特定的场景下,除认定强奸外是不可能作其他解释的,仅仅在案发现场休息室的那场惊心动魄的搏斗,就足以认定邓玉娇享有无限防卫权。"①笔者认为,这种观点值得商榷。首先,邓玉娇拒绝提供异性洗浴服务后,邓贵大和黄德智只是对邓玉娇进行了拉扯推搡和言词辱骂,后来邓贵大的行为也仅是阻挠其离开房间并将其推倒在沙发上,两人实施的不法侵害行为侵犯到了邓玉娇的人身自由,但显然没有达到严重危及性自主权的暴力犯罪的程度。其次,从检察机关移送的证据中也不能清楚地显示不法侵害人是强奸未遂,而并非像有新闻报道中称的"邓玉娇可能遭受性侵犯"②,这显然不符合特殊防卫的起因条件。因此,很难认定邓玉娇的行为能构成特殊防卫。

(3) 邓玉娇的行为应当属于防卫过当

关于邓玉娇的行为是否属于防卫过当,结合上述关于正当防卫的研讨,可从如下几个方面分析。首先,关于邓玉娇的行为是否满足防卫的条件。邓玉娇在拒绝为黄德智提供异性洗浴服务后,邓贵大、黄德智两人就对邓玉娇进行拉扯、辱骂,其间邓贵大还用钱搧击邓玉娇面部和肩部,邓玉娇两次欲离开房间,均被邓贵大拦住并推倒在沙发上。我们可以认定,邓玉娇的人身权利正在受到邓贵大、黄德智两人的不法侵害。邓玉娇在第二次被推倒后,站起来从包中掏出一把水果刀藏于背后。在邓贵大再次逼近邓玉娇时,邓玉娇才持刀将邓贵大刺伤。从邓玉娇将"水果刀藏于背后"这一事实可以认定,邓玉娇对自己行为的性质是有清楚认识的,即制止邓贵大、黄德智的不法侵害。为了保护自己的人身安全,制止正在进行的不法侵害,对不法侵害人邓贵大、黄德智采取防卫行为,完全符合法律的规定,因而具有防卫的性质。其次,关于不法侵害的程度。从司法机关调查的案件事实来看,邓贵大、黄德智的行为已经侵害到邓玉娇的人身自由和人格尊严。至于邓贵大阻止邓玉娇离开的行为是为了进一步实施严重的侵害,还是为了强奸或者强制猥亵邓玉娇,我们都无从得知,但可分析知其行为有较严重的侵害性。再次,关于邓玉娇所采取防卫行为的程度。邓玉娇采取刺击不法侵害人邓贵大的方法以制止不法侵害。从一般人的认知来看,用刀刺人的上身完全可以致人重伤或者死亡。邓玉娇可以通过击伤不法侵害人邓贵大以制止不法侵害为限度,但其刺击不法侵害的身体部位包括颈部、胸部、肩部和手臂,法医鉴定也认为"邓贵大系他人用锐器致颈部大血管断裂、右肺破裂致急性失血性休克死亡",且受伤处有四处之

① 赵蕾:《法学家身陷邓玉娇案漩涡》,载《南方周末》2009年6月24日,第A3版。
② 万阕歌:《邓玉娇没被强奸不等于没被性侵犯》,载《广州日报》2009年5月24日,第A10版。

多。将不法侵害人刺成重伤并造成其死亡，这就超越防卫目的和防卫尺度，就应属于“明显”范畴。最后，关于防卫行为造成的损害结果。邓玉娇采取用刀刺击不法侵害人的防卫行为，致使不法侵害人邓贵大重伤死亡，造成了重大损害。相比较而言，邓贵大、黄德智两人对邓玉娇侵害所造成的损害并不大，没有严重危及邓玉娇的身体健康和生命，应当认定邓玉娇的防卫行为造成了“重大损害”。所以，邓玉娇的行为构成防卫过当。

六、邓玉娇案定罪量刑问题研究

(一) 防卫过当的刑事责任分析

1. 防卫过当应负刑事责任的理论依据

国外刑法理论认为，防卫过当应当负刑事责任。其理由有：在正当防卫中，由于行为阻却违法，所以，正当防卫不负刑事责任。① 而对于防卫过当而言，“防卫过当是对急迫不正的侵害，以防卫的意思作出反击行为，但其反击行为超过了防卫限度的场合。”②防卫行为超过了防卫的必要程度，造成了不应有的损害，具有社会危害性，不能阻却其违法性。防卫过当行为相对不法侵害而言，是使用不法行为反击非法行为，应当承担相应的刑事责任。

在我国，有论者认为，“防卫过当之所以要负刑事责任，就在于它同正当防卫有着本质的区别，已经具备了我国《刑法》中犯罪构成的要件。”③由于正当防卫具有排除违法性，不认为是犯罪，也就不具备犯罪的构成要件，因而不能追究正当防卫的刑事责任。然而，防卫过当与正当防卫不同，两者具有本质上的区别。这种区别表现为：一方面，防卫过当在客观上采取了明显超过必要限度的行为，造成了重大损害的结果，侵犯了我国《刑法》所保护的社会利益。为了制止正在进行的违法犯罪行为，法律允许公民在适当条件下对不法侵害人加以一定程度的损害，构成正当防卫，排除其违法性。但是，法律允许对不法侵害实施防卫，并不是不保护不法侵害人的权益，当防卫行为超过必要限度造成重大损害时，防卫行为就侵犯了法律保护的不法侵害人的某些权利和利益，从而防卫过当行为就转变为对法律所保护法益的侵害行为，防卫过当行为就具有社会危害性，这种危害性已经触犯了我国《刑法》的有关规定，防卫行为也就成为违反《刑法》的行为。另一方面，防卫人在防卫过当时，其主观上具有一定的罪过。防卫人在实施防卫行为时，有可能将自己对不法侵害人的反击行为控制在法律要求的必要限度以内，但其放任了自己过当的防卫行为，或者对自己过当的防卫行为有过失，以致其防卫行为超过必要限度，造成了重大损害结果。

---

① 马克昌主编：《犯罪通论》，武汉大学出版社 2001 年版，第 769 页。

② 〔日〕大谷实：《刑法总论讲义》，日本成文堂 1994 年版，第 272 页。

③ 马克昌主编：《犯罪通论》，武汉大学出版社 2001 年版，第 769 页。

防卫过当应负刑事责任的依据也在于防卫过当行为符合了犯罪行为的一般特征。具体而言:(1) 防卫过当行为具有社会危害性,防卫人实施的防卫过当行为明显超过防卫的必要限度,侵犯了不法侵害人某些受刑法保护的人身、财产等权利,具有达到犯罪程度的社会危害性。(2) 防卫过当行为具有刑事违法性。防卫过当中,行为人客观上实施了危害社会的行为,主观上对重大损害的发生又有罪过,那么,防卫过当行为就符合了刑法分则规定的具体犯罪的主客观全部构成要件,属于《刑法》中禁止的行为,也就违反了《刑法》的规定。(3) 防卫过当行为具有应受刑罚惩罚性。我国《刑法》规定了侵犯法律保护的权益的犯罪行为应当受到刑罚惩罚,防卫过当行为构成犯罪的,依照我国《刑法》规定就应当受到刑罚处罚。

笔者认为,在防卫过当中,主观上,行为人具有间接故意或者过失(包括疏忽大意的过失和过于自信的过失)的主观罪过;客观上,行为人实施的防卫过当行为造成了重大损害的结果,具有社会危害性。防卫过当是在主观上有罪过而且在客观上有危害社会的行为,并且,主观上的罪过和客观上的危害行为有必然的因果关系,防卫人主观上的罪过是危害社会的行为和重大损害结果的原因,而危害社会的行为也是主观罪过的必然结果,防卫过当符合了构成犯罪的基本特征。因此,我国《刑法》规定,防卫过当应负刑事责任。

2. 对防卫过当的定罪

追究防卫过当的刑事责任,首先要解决的是正确地对防卫过当进行定罪。由于我国《刑法》对此没有规定,在司法实践中,由于防卫过当大多造成不法侵害人重伤或者死亡,有的将其定为"防卫过当致人死亡罪"或"防卫过当致人重伤罪",有的定为故意伤害罪和故意杀人罪,也有的定为过失杀人罪或过失重伤罪。对此,有论者建议,立法机关修改《刑法》时,可以参照原来的《苏俄刑法典》,在刑法分则中增加有关防卫过当构成犯罪的具体规定,可以规定为如下罪名:如防卫过当故意杀人罪、防卫过当故意伤害罪、防卫过当过失重伤罪等。① 笔者认为,在《刑法》未作修改之前,我们应综合分析防卫过当案件的具体案情,根据防卫人的行为手段、行为方式、主观罪过状态及造成的危害后果,再依据我国刑法分则的具体规定来确定罪名。因此,对于防卫过当案件,除援引我国刑法分则的相关条文定罪,还应当援引我国《刑法》第 20 条第 2 款的规定,表明该行为具有防卫过当的性质,从而和一般的犯罪行为区分开来。在具体案件中,防卫过当主要表现为对不法侵害人人身或其他利益(如财物)的重大损害,所以,防卫过当行为涉及的罪名主要有:故意杀人罪、故意伤害罪、过失致人死亡罪、过失致人重伤罪和故意毁坏财物罪等,再援引《刑法》第 20 条第 2 款对防卫过当的规定。总之,司法机关应依照案件具体情况及《刑法》对防卫过当的立法精神,考虑防卫过当行为人所应

---

① 陈兴良:《正当防卫论》,中国人民大学出版社 2006 年版,第 233 页。

承担的具体刑事责任。

3. 对防卫过当的量刑

(1) 对防卫过当减免处罚的根据

我国《刑法》第 20 条第 2 款明确规定,对防卫过当的行为,“应当减轻或者免除处罚。”国外立法上也有类似规定,如《日本刑法典》第 36 条第 2 款规定:“超过防卫限度的行为,根据情节,可以减轻或免除其刑罚。”《波兰刑法典》第 22 条第 3 款规定:“法院可使用刑罚之非常减轻甚至免除刑之适用。”《瑞士刑法典》第 33 条第 2 款规定:“防卫过当者,法官依自由裁量减轻其刑。”《蒙古刑法典》第 9 条第 3 项规定:“如果法院确认正当防卫超过限度是基于特殊情况,基于侵害行为的性质和情节而导致了防卫人严重的精神障碍,可以对犯罪人减轻处罚或者免除处罚。”笔者认为,法律规定对防卫过当减轻或者免除处罚的原因主要在于如下两点:① 在主观上,防卫人采取防卫行为的目的是为了有效制止不法侵害,保护国家、公共利益、本人或者他人的人身、财产等合法权利。防卫过当的行为虽然具有一定的社会危害性,但其动机是出于正当防卫,而一般犯罪中行为人出于非法目的,通过实施犯罪行为以达到某种危害结果,如为了报复,故意地非法剥夺他人的生命或者伤害他人的身体健康等。防卫过当的主观罪过要比后者小得多。② 客观上,防卫行为一般都会给不法侵害人造成损害,只是在防卫过当中,由于防卫行为明显超过了必要的限度,造成了重大损害。而对于一般犯罪而言,所有的损害都是不应有的。所以,防卫过当的社会危害也小于其他一般犯罪,社会危害性不同,处罚上也应当有所区别。另外,我国《刑法》并没有规定对防卫过当应当如何减轻处罚或者免除处罚的具体情节,这是因为防卫过当的实际案情千差万别,只规定处罚的基本原则,以便法官在审判具体案件时加以适用。

(2) 对防卫过当的量刑

与很多国家对防卫过当的规定是“可以”减轻或者免除处罚不同的是,我国《刑法》第 20 条第 2 款规定的是“应当”减轻或者免除处罚。“可以”和“应当”的逻辑含义是不同的,“可以”是指《刑法》明确规定允许司法机关根据案件的具体情况,酌情决定是否在量刑时予以考虑适用,即既可以减轻处罚,也可以免除处罚,还可以不减轻或不免除处罚。“应当”是指《刑法》明确规定司法机关在量刑时,必须考虑并予以适用,作出相应的处理。所以,我们在对防卫过当案件量刑时,一定要充分理解立法精神,至于在什么情况下减轻处罚,什么情况下免除处罚,要从主客观相一致和罪刑相适应的原则来考虑,综合考察防卫行为的起因、防卫行为所保护的法益、防卫过当行为造成的重大损害、防卫人的主观罪过形式以及其他主客观因素后作出裁判。

具体而言,在认定防卫过当符合我国刑法分则罪刑条文规定的某个具体犯罪的犯罪构成后,根据行为所造成的重大损害结果选择相应的量刑幅度,再援引我国《刑法》第 20 条第 2 款的规定,综合考察案件主客观因素,决定对防卫过当行为人判处减轻处罚还是免除处罚。就具体案件而言,防卫过当同样造成了重大损害结果构成犯罪的,如果防卫人的主观恶性和行为的社会危害性都比较大,就可能判处减轻处罚;反之,如果防卫人的主观恶性和行为的社会危害性都比较小,就可能判处免除处罚。判处减轻处罚的,要依据我国《刑法》第63条第1款的规定:“犯罪分子具有本法规定的减轻处罚情节的,应当在法定刑以下判处刑罚。”在具体量刑上,判处防卫过当行为人相应法定刑的最低刑期或刑种以下的刑罚。判处免除处罚的,就不存在适用刑罚的问题了。因为我国《刑法》中的免除处罚,就是对犯罪分子作有罪宣告,同时免除对其的刑罚处罚。免除处罚的前提是应当受刑罚处罚,这也体现了我国《刑法》对防卫过当否定的社会政治和法律的评价,应当受到刑罚处罚而免除对其的刑罚处罚,则是由于防卫过当事出有因、情有可原。① 这样,不仅体现了我国《刑法》保护公民的防卫权,鼓励公民勇于同不法侵害作斗争,又否定了超过必要限度造成重大损害的防卫过当行为,可以说是体现了我国《刑法》的原则性和灵活性相结合的立法原则。

4. 处罚防卫过当时的具体考虑因素

由于在防卫过当的具体场合中,防卫的起因、防卫过当的程度、防卫人的心理状态以及所保护的权益性质等千差万别,都对防卫过当的处罚有所影响。所以,根据我国《刑法》的立法精神,在司法实践中处罚防卫过当案件时,应当考虑以下因素:

(1) 不法侵害的程度

防卫过当的起因都是正在进行的不法侵害,但相同的防卫过当结果,在不同的不法侵害原因下,量刑时应当有所区别。如在面对同一性质的正在进行的不法侵害时,其中甲是因为不法侵害人进行飞车抢夺,而乙是因为不法侵害人进行未采取交通工具的一般抢夺,甲、乙都可以用轻伤害就足以制止不法侵害,却都超过必要限度造成了不法侵害人的重伤害,构成防卫过当。在不法侵害上,飞车抢夺相对于一般抢夺而言,显然更有可能侵害到防卫人的人身安全。两个防卫过当案件中不法侵害的程度明显不同,那么适用防卫限度条件也应当有所不同。因此,在造成了同样的重伤害结果的情况下,司法机关在量刑时就应当予以考虑,在处罚情况上有所体现。相比较而言,制止特别紧迫的、危害更大的不法侵害的防卫过当,在处罚上就要轻于制止一般紧迫的、危害较大的不法侵害的防卫过当。

(2) 防卫过当的程度

防卫过当的程度大小体现在其社会危害性上,社会危害性是犯罪的本质特征,其大小是影响量刑的决定性因素。在防卫过当中,所造成的重大损害严重的,过当程度也大,反之,过当程度就小。例如,面对不法侵害,对不法侵害人造成轻伤害就可以有效制止正在进行的不法侵害,防卫过当行为造成了不法侵害人重伤害,或者同样情况

① 陈兴良:《正当防卫论》,中国人民大学出版社2006年版,第192页。

下,防卫过当行为却造成了不法侵害人死亡。显然,这两种防卫过当的程度在量上是有明显差别的,在对防卫过当量刑时,就要加以考虑。对于防卫过当程度大,造成十分严重的损害结果的,处罚应当与之相适应,而防卫过当程度并不太大,造成一般严重的损害结果的,处罚也应当相应较轻。

(3) 所保护的权益性质

根据我国《刑法》对正当防卫的规定,防卫所保护的权益包括国家、公共利益、本人或者他人的人身、财产等合法权利,内容十分广泛。在法律意义上受保护的合法权益性质都是一样的,但不同合法权益之间仍然有较大的权益和较小的权益之分。如全国人大常委会法制工作委员会对紧急避险的解释,"紧急避险是指行为人在遇到某种危险的情况下,为了防止国家、公共利益、本人或者他人的合法权利遭受损害,不得已而采取的侵害另一个较小的合法权利,以保护较大的合法权利的行为。"①这里就认为合法权益有大小之分。笔者认为,国家利益和集体利益是公民个人利益得以实现的根源,其重要性显而易见,显然要大于公民个人利益,而公民的人身权利又比财产权利重要一些。虽然各种权益都受刑法的保护,为保护这些权益免受正在进行的不法侵害都可以采取防卫手段。但是,由于各种权益的重要性不同,在防卫过当案件量刑时,也应当有所考虑。同样是为了保护合法权益免受正在进行的不法侵害,防卫过当造成不法侵害人重大损害的,为了保护较为重大的合法权益的,如为了保护国家利益、公共利益,相比较为了保护较小的合法权益的,如个人的财产利益,在对防卫过当的刑罚处罚上就应当有所区别。另外,还要注意防卫过当中防卫行为保护法益和损害法益的对比问题,如防卫行为是为了保护国家利益、公共利益等较大的权益,而造成了不法侵害人财产利益等较小权益的损害,相比较防卫行为是为了保护个人财产利益等较小的权益,而造成了不法侵害人人身利益等较大权益的损害,在对防卫过当处理时也应当区别对待。

(4) 防卫人的心理状态

防卫过当行为人对于造成重大损害结果的不同心理状态,也对防卫过当的处罚有所影响。在过当程度相同的情况下,间接故意心理状态下的防卫过当,相比较过失心理状态下的防卫过当,行为人的主观恶性就有所不同,因而在定罪量刑时也应有所不同,如果对间接故意心理状态下的防卫过当减轻处罚,对过失心理状态下的防卫过当就应当免于处罚。某些国家刑法就规定,对于因防卫人处于惶恐、恐怖、激愤等心理状态下实施的防卫过当,适用不予处罚的规定。如《联邦德国刑法》第 33 条规定:"行为人由于惶恐、恐怖、惊愕,致逾正当防卫之限度者,不罚。"《瑞士刑法》第 33 条第 2 款规

① 全国人大常委会法制工作委员会刑法室:《〈中华人民共和国刑法〉条文说明、立法理由及相关规定》,北京大学出版社 2009 年版,第 33 页。

定:"……因过于激愤或惊慌失措而防卫过当者不罚。"[①]笔者认为,上述规定有一定的合理之处,防卫人在面对突如其来的、紧迫的不法侵害之时,由于精神上未作准备突然受到强烈刺激,往往会处于惶恐、惊恐、恐怖或者惊慌失措的心理状态下。在这种心理状态下,防卫人很难准确认识不法侵害的程度,对将要采取的防卫行为的程度和后果也难以进行准确判断,因而防卫行为超过必要限度,造成不法侵害人的重大损害也在所难免。但由于我国《刑法》对此并未作明确规定,在司法实务中处理类似的防卫过当案件,应当综合案情充分考察防卫过当行为人采取防卫行为时的心理状态,在处罚时酌情予以考虑。

(5) 防卫人与被防卫人的身份

理论上认为刑法中的身份对定罪量刑有特别的影响,主要分为自然身份和法律身份。[②] 前者如行为人的年龄、精神状态和性别等,后者如行为人的职务身份、职业身份和其他身份。在同样程度的防卫过当中,如果防卫人或不法侵害人的身份不同,那么,防卫人在对法律的认识、对不法侵害的认识、面对不法侵害时的心理状态、对所采取防卫行为的手段和强度的认识上也会有所不同,在对防卫人刑罚处罚中也应该有所区别。① 处理防卫过当时应考虑自然身份。如为了制止同样程度的不法侵害,防卫人是精神正常的成年人的,相比较于精神疾病患者或老年人的,对前者量刑时就可能会略重。再如防卫人都造成了同样程度的重大损害,但不法侵害是老年人、精神病人等实施的,相比较于普通成年人实施的,在对防卫人的量刑上,前者就可能略重于后者。② 处理防卫过当时应考虑法律身份。如都是制止正在进行的不法侵害,防卫人甲是普通群众,而防卫人乙是警察,两人的防卫行为都超过了必要限度,给不法侵害人造成了重大损害,相对而言,防卫人乙是警察身份,法律对乙的要求就要高于甲,在量刑上就可能较重。同样,都是普通群众制止同一性质的不法侵害,都造成了不法侵害人死亡构成防卫过当,但不法侵害人甲是地方一霸,不法侵害人乙却是一般流氓地痞,司法机关在处罚两个案件时,对前一案件中的防卫人的量刑就可能轻于后一案件中的防卫人。

(6) 社会舆论的影响

防卫过当虽然明显超过必要限度造了重大损害,但是由于其目的是为了制止正在进行的不法侵害,行为针对的是不法侵害人。很多防卫过当案件中,防卫人都容易得到社会舆论和媒体的同情。特别是在一些见义勇为的情况下,防卫人为了保护国家、集体、公共利益或者他人的人身和其他利益不受侵害,如果防卫对象是作恶多端的犯罪分子,则防卫过当行为人就可能被社会民众和媒体描述成"为民除害的英雄"。因

---

① 马克昌主编:《犯罪通论》,武汉大学出版社 2001 年版,第 775 页。

② 赵秉志:《共犯与身份研究》,载《中国法学》2004 年第 1 期。

此,司法机关在处理此类案件时,如果处理不当,就会造成法律评价和社会评价之间的矛盾,也不利于教育当事人和广大民众。此时,应该通过对防卫过当案件的审判,一方面鼓励人民群众勇于同不法侵害作斗争,保护合法权益;另一方面教育当事人和其他民众,即使为了保护合法权益,在实施防卫过程中,也不允许采取明显超过必要限度造成不法侵害人重大损害的过当行为。只有这样,才能提高人民群众的法律意识,维护法律尊严,也不挫伤公民对采取正当防卫制止正在进行的不法侵害的积极性。

(二) 邓玉娇故意伤害案定罪量刑分析

1. 邓玉娇故意伤害案的定罪

对于邓玉娇案件,湖北省巴东县人民法院认为,"邓玉娇在遭受邓贵大、黄德智无理纠缠、拉扯推搡、言行侮辱等不法侵害的情况下,实施的反击行为具有防卫性质。但明显超过了必要限度,属于防卫过当,邓玉娇的行为构成犯罪。"该院并认为,其构成故意伤害罪。笔者赞成该人民法院的司法认定结论,邓玉娇实施的防卫过当行为造成了不法侵害人邓贵大重伤致死,符合故意伤害罪的犯罪构成,具体表现在如下几个方面:(1) 在主体上,邓玉娇生于1987年,在案发时是年满16周岁具有刑事责任能力的自然人。(2) 在主观方面上,其有间接犯罪故意。有人认为邓玉娇的心理状态应当是过失。① 理由是邓玉娇虽然能够预见到自己持刀刺击邓贵大的行为可能会对邓贵大造成伤害,但是由于当时不法侵害人再次逼近到她的身前,她已经来不及作出思考,属于因为疏忽大意而没有预见,以致伤害邓贵大的结果发生,应当是疏忽大意的过失。② 笔者认为,在认识因素方面,虽然邓玉娇处于正在逼近的不法侵害的紧迫情况下,但作为有认知能力的成年人,应当本能地知道用刀刺击别人身体重要部位可能会造成的结果,其认识到会发生严重的危害结果有较高的可能性。在意志因素方面,邓玉娇明知自己的刺击行为可能会给邓贵大造成一定程度的身体伤害,但其不是希望造成邓贵大重大伤害,也不是想避免这种损害结果发生,而是采取了放任态度,既不积极追求也没有设法避免,容忍了重大损害结果的发生。邓玉娇的主观心理状态只能是间接故意。(3) 在客观方面上,邓玉娇用刀刺击邓贵大,实施了非法损害他人身体健康的行为,并且造成其伤害致死。(4) 在客体上,邓玉娇的行为造成了邓贵大伤害致死,侵犯了被害人的人身健康权。所以,邓玉娇的行为构成故意伤害罪。

2. 邓玉娇故意伤害案的量刑

(1) 邓玉娇故意伤害案的主要量刑情节

① 邓玉娇属于限定刑事责任能力人。对于邓玉娇的精神状态,经过法定程序鉴定,相关司法鉴定部门出具鉴定意见书证明:"邓玉娇为心境障碍(双相),系部分(限

---

① 张新雪:《"邓玉娇案"防卫过当与特殊防卫的透视》,载《法制与社会》2009年第8期。

② 同上注。

定)刑事责任能力。"心境障碍(双相)通常被称作躁狂抑郁症或躁狂抑郁性疾病,是一种精神疾病,其特征为情绪可从高涨(躁狂)到低落(抑郁)间波动,即心境变化较大。根据案件情况,邓玉娇在案发之前一直在巴东县野三关镇雄风宾馆从事服务员工作,邓玉娇平时与同事相处并未出现其他问题,而且能正常从事相关工作,可见邓玉娇并非是完全不能辨认或者不能控制自己行为的精神病人。在案发时之所以出现精神问题,是由于遭受到邓贵大和黄德智的无理纠缠、拉扯推搡、言行侮辱等不法侵害,致使其情绪发生较大波动,从而诱发了精神疾病。但邓玉娇的病情尚未达到完全不能辨认或者不能控制自己行为的程度,还有部分识别是非、善恶和控制自己行为的能力,即是尚未完全丧失辨认或者控制自己行为能力的精神病人,还有部分行为能力和责任能力,属于我国《刑法》规定的限制刑事责任的精神障碍人。对限制刑事责任的精神障碍人触犯《刑法》的犯罪行为,只有令其负减轻的刑事责任,适用从宽处罚原则,才符合责任能力、刑事责任及刑罚适用之间的正确关系和我国定罪量刑的基本原则。① 因而,邓玉娇应当承担相应的减轻刑事责任。

② 邓玉娇构成自首。相关证据证明,邓玉娇持刀将邓贵大、黄德智刺伤后,就在案发地点雄风宾馆休息室内打电话至巴东县公安局野三关派出所,报案称:"我在雄风宾馆杀人了。你们快来。"根据1998年5月9日最高人民法院公布施行的《关于处理自首和立功具体应用法律若干问题的解释》第1条的相关规定,我们可以认定:邓玉娇是在将邓贵大刺成重伤的犯罪事实尚未被司法机关发觉,主动、直接打电话向当地公安机关报案。属于犯罪嫌疑人在案发后"先以信电投案的",应当视为自动投案;邓玉娇打电话报案时就称自己在雄风宾馆"杀人了",后又在公安机关如实供述了自己刺伤邓贵大、黄德智的经过。属于"犯罪嫌疑人自动投案后,如实交代自己的主要犯罪事实",如实供述了自己的罪行。所以,邓玉娇在犯罪以后自动投案,如实供述自己的罪行,符合《刑法》对自首情节的相关规定,可以考虑从宽处理。

(2) 对邓玉娇可以免于刑事处罚

根据我国《刑法》第234条的规定,"故意伤害他人身体的,……致人死亡的……处十年以上有期徒刑、无期徒刑或者死刑。"邓玉娇的行为构成故意伤害罪。但是,邓玉娇故意伤害的情节与一般的故意伤害罪不同,在主观恶性和行为手段上都比较轻,应承担的刑事责任也相应较低。在具体量刑情节上,首先,邓玉娇的行为构成防卫过当,"应当减轻或者免除处罚。"即司法机关在量刑时应当判处邓玉娇相应法定刑的最低刑期或刑种以下的刑罚,或者对其作有罪宣告,同时免除对其的刑罚处罚。其次,邓玉娇是患有心境障碍(双相)精神疾病的精神病人,是限定刑事责任能力人依照《刑法》第18条第3款的相关规定,邓玉娇"应当负刑事责任,但是可以从轻或者减轻处罚。"这属

① 赵秉志:《精神障碍与刑事责任问题研究》,载《云南大学学报》(法学版)2001年第3期。

于可以型情节，即《刑法》明确规定了司法机关在量刑时，应根据案件的具体情况，酌情决定是否减轻或者免除对被告人的处罚。可以型情节表明了立法者对这一情节量刑作用的倾向性意见，也就是在通常情况下，量刑时还是应当考虑并适用的。只有在特殊情况下，适用这一情节可能严重损害刑法的基本价值，导致判刑结果明显失当时，才可以不予考虑。① 如相比较一般正常人，有的聋哑人在犯罪时，作案手段十分残忍，情节极其恶劣，危害后果也特别严重，此时就很难再适用对聋哑人可以减免处罚这一可以型情节了。所以，邓玉娇一案中，司法机关在量刑时应当考虑适用这一可以型情节。最后，邓玉娇案发后有自首行为，《刑法》第 67 条第 1 款规定，"对于自首的犯罪分子，可以从轻或者减轻处罚。"这也属于法定从宽的可以型情节，同上分析，司法机关在追究邓玉娇的刑事责任时，也要考虑适用。综上所述，邓玉娇的行为虽然构成故意伤害罪，但认定其行为构成防卫过当，同时，邓玉娇是限制刑事责任能力人，还有自首情节，因而具有一个"应当减轻或者免除处罚"的从宽情节，两个"可以从轻或者减轻处罚"的从宽情节。综合全部案情分析，笔者认为，人民法院对邓玉娇免予刑事处罚的判决是比较恰当的。

七、邓玉娇案社会舆论影响的反思

（一）邓玉娇案引发的社会舆论

邓玉娇案在被网络媒体报道之后，在短短几天时间内就成为全社会关注的焦点刑事案件，新闻媒体、学者、普通民众和网友都对案件事实、案件发展进程及判决结果各抒己见，进而形成了一股强烈的社会舆论风暴。自 2009 年 5 月《三峡晚报》在头版刊发"邓玉娇事件"之后，该事件开始受到国内各大媒体和广大网民的关注，在社会上引起强烈反响，《南方都市报》等纸质媒体、新浪网等其他各大网站及一些网络论坛（如百度吧等）纷纷对此事件展开报道，有关此事件的舆论大讨论狂潮在媒体和网络上全面涌动，"邓玉娇事件"迅即成为全社会关注的焦点。在邓玉娇因涉嫌故意杀人罪被巴东县公安局刑事拘留之后，很多媒体和网民的舆论几乎呈现一边倒的趋势，认为邓玉娇虽然杀人，但她的行为是一位"替天行道"、"为民除害"的"巾帼英雄"。网上网下各种声援力量也不断涌现，除了律师后援团，一些知识分子与网民还组成各种后援团，要"营救邓玉娇"，形成了强大的社会舆论效应。② 这也对人民法院对邓玉娇一案的审理产生了一定影响，如事后不少论者批评法院判决中未对"有罪免罚"作出权威的解释。

（二）邓玉娇案引发社会舆论的原因

一定时期以来，社会舆论都会对一些热点刑事案件保持高度关注，如对许霆案、邱兴华案、云南躲猫猫事件等的热议。但对于邓玉娇案，社会舆论的关注度远远超过此

---

① 高铭暄、马克昌、赵秉志主编：《刑法学》，中国法制出版社 1999 年版，第 472 页。

② 李瑞芳：《"邓玉娇事件"网络舆论风暴的生成及其特点分析》，载《东南传播》2009 年第 10 期。

前的任何个案,特别是一些新闻媒体和网络舆论更是站在了最前线,在关注案件的过程中,除了对案件事实、案情进展、案件定性的关注和讨论之外,也出现了很多不同程度的过激、非理性、不健康的舆论倾向。之所以出现这种现象,笔者认为,原因在于:(1)司法机关不断变化的案情通报,使得公众对司法公正产生了怀疑,失去了对某些司法机关的基本信任,即使一些通过合法程序公布的正确的事实,公众也不愿再相信。在本案中,巴东县警方第二次发布的案情通告,就对第一次案情通告中涉及的案件情节作了多处修改,如将要求"特殊服务"改为要求"异性洗浴服务",将"按倒"改为"推坐",将邓玉娇拒绝提供特殊服务改为"双方发生口角",将邓贵大等人到梦幻城娱乐休闲改为"陪他人消费",这些前后不一的通报都导致了舆论对司法机关工作的极度不信任。(2)很多新闻媒体和网络媒体为了追求自身利益,都起到了推波助澜的作用。有时不惜背离案件事实,违背职业道德,不客观也不公正地报道案情,甚至出现了一些以标题为噱头的"标题党",刻意渲染案情中的一些细节问题,故意挑起舆论争议,都误导了一些关心案件的民众。(3)很多民众对案件的判断过多依据自己朴素的正义情感,与法律理性有较大差距。特别是在评价邓玉娇的行为时,往往将官场的某些贪腐现象和少数官员的声色犬马、飞扬跋扈作为背景,不自觉就认为邓玉娇是在"为民除害"、"替天行道"。这些都影响了民众对邓玉娇事件的正确看法和态度,引发了社会舆论的大讨论,从而对法院处理邓玉娇案件产生了一定程度的影响。邓玉娇案件宣判以后,围绕邓玉娇案的舆论争议也逐渐平息,但在其他刑事案件处理的进展过程中也会出现这些社会舆论问题,因而值得我们认真思考。

(三)邓玉娇案社会舆论问题的应对

邓玉娇案的公正处理,得益于公众的广泛关注,也有赖于社会舆论对司法机关活动的强力监督和及时纠偏,但我们对社会舆论本身存在的问题,也不能因为其发挥了巨大作用而予以忽略,因而仍有必要给予反思,并采取相应的应对措施。

1. 司法机关需要满足公众的司法知情权

"知情权"(Right to Know)即了解权,即公民了解公共事务和有关个人利益信息的权利。1789年法国《人权宣言》首先明确规定了知情权的实质内涵,即"社会有权要求全体公务人员报告其工作。"知情权也是我国1998年签署的《公民权利和政治权利国际公约》规定的一项基本人权。我国现行《宪法》虽然没有直接规定公民的知情权,但我国《宪法》确立的人民主权原则以及规定广泛的公民权利都被认为是知情权的宪法基础。[①] 2007年中国共产党第十七次全国代表大会上的报告中也明确指出:"保障人民的知情权。"而知情权中最主要的一项就是司法知情权。司法知情权是指在法律允许的情况下,公众有权了解案件的事实。这是公众知情权的重要组成部分,也是公开

① 姚小林:《论知情权的宪法基础》,载《广东商学院学报》2003年第6期。

审判和司法公正的需要，司法机构理应予以充分尊重。我国现行《宪法》、《民事诉讼法》、《刑事诉讼法》都规定了审判公开制度，最高人民法院 2009 年 12 月 24 日公布了《关于司法公开的六项规定》和《关于人民法院接受新闻媒体舆论监督的若干规定》，也向社会承诺立案、庭审、执行、听证、文书、审务六公开，接受社会和新闻媒体的监督。

但是，目前司法机构对于公众知情权的态度与处理方式也存在很多值得商榷的地方，如 2006 年 9 月 12 日在全国法院新闻宣传工作会议上明确了司法个案信息的发布纪律，就规定了“包括‘院领导指示不得发布的其他信息’在内的 5 项内容一律不得发布”。笔者认为，院领导“指示”信息是否发布就等于将新闻发布的“许可权”下放给了法院领导，法院不依法公开案件信息，而执行领导指示，这不免让人对法院的公信力和法律本身的尊严和权威产生疑问。而且，正是基于“多一事不如少一事”的心态，很多司法机关领导有可能倾向于“指示不得发布”，这无疑使公众知情权的实现多了一重障碍。在地方上也出现了多个司法部门公布的案件情况不一，或者同一个司法部门公布的案件情况前后不一。我们应当看到，对当前一些重大、特大案件，尤其是已经成为备受关注的大案要案，公众对这类案件的信息的需求是强烈而又迫切的。笔者认为，在公众知情权和司法机关工作之间，最大的共识在于对公众知情权的充分尊重与价值认知，在此基础上，应当建立积极合作与良性互动的关系。希望相关部门能采取一系列举措来确保司法信息的公开，不断完善司法公开的内容，丰富司法公开的手段和形式，增强司法工作的透明度、公信度，依法保障人民群众对司法活动的知情权、参与权、监督权，以公开促公正，从而尊重公众知情权，更好地实现审判公开和司法公开。

2. *正确看待新闻媒体对案件的评论*

在邓玉娇一案中，由于某些新闻媒体和网络媒体的不负责任的报道，导致了社会舆论对邓玉娇事件一边倒的现象，一些新闻媒体的舆论立场完全是站在邓玉娇一方，甚至在法院未宣判之前就先对邓玉娇的行为作了定性。有论者就认为这样做的结果是使舆论倒向邓玉娇一边，政府部门受到了质疑。① 从法治国家的角度讲，我们肯定新闻媒体评论对司法机关工作的监督作用，这有利于披露事情的真相，批评非法干涉司法的行为，反映公众对案件公正审理的期望。但是，由于法律工作本身具有的专业性，个别媒体对案件所作的评判，都仅仅是新闻媒体从业人员或个人在对案情的片面了解和分析的基础上产生的，对公众起到了潜在的误导作用，使公众对司法制度本身和法官能力产生了怀疑，影响了公众对司法乃至法治的信赖，也妨碍了公众对案件事实的正确把握和对法律的正确理解。

笔者认为，严谨的新闻媒体在对司法机关行为作评论时，应当持慎重的态度，确有必要进行评论的，应当注意如下几个方面的问题：(1) 要重视程序评论而少实体评论，

① 谭泽明：《从邓玉娇案看新闻事实与真相的距离》，载《新闻世界》2009 年第 11 期。

程序问题有可能影响到案件公正审理，新闻媒体对此提出批评或建议，有助于庭审的公正，而对于案件事实的认定和适用法律等实体问题，特别是案件的结论性意见，新闻媒体不应轻易进行批评或议论。（2）对正在审理的案件不宜进行评论，这也是世界很多国家的公认原则。对正在审理的案件发表倾向性报道或评论，极易导致法官先入为主，产生偏见，或使法官迫于舆论压力，作出不当判断以迎合舆论。《中华新闻工作者职业道德准则》第3条就规定："维护司法尊严。对于司法部门审理案件的报道，应当与司法程序一致，不能超越司法程序。"这就要求新闻媒体在司法机关作出宣判前，不能仅凭主观猜测推断司法机关的判决结果，也不能超越司法程序阶段进行报道，误导群众，影响司法活动。（3）我国有必要尽快出台新闻媒体舆论监督的相关法律、法规，明确新闻媒体的监督权利和新闻媒体自律、他律的机制，将新闻媒体的舆论监督纳入规范化轨道。只有这样，新闻媒体才能在法律范围内，站在客观、真实、中立的立场上，对案件事实进行合理的、有秩序的报道和评论，对司法活动进行监督，确保司法的独立性。

3．正确处理社会舆论所代表的"民意"

1762年，卢梭在其《社会契约论》一书中将拉丁文中的"公众"和"意见"两个词联结起来，提出了"舆论"（法文为 Opinino Publique）的概念，将其定义为人们对于社会性的或者公共事务方面的集体意见。① 社会舆论是指相当数量的公民对某一问题的共同倾向性看法或意见。而网络舆论是社会舆论的一种新型表现形式，是指通过互联网表达的社会舆论。互联网在我国拥有越来越广泛的群众基础，网民在论坛、新闻跟帖等发表自己的言论，形成了一个社会讨论的公共领域。② 社会舆论一般都具有巨大的导向性，体现了所谓的"民意"。但在司法机关处理案件时，是否一定要体现社会舆论所代表的民意。有论者就提出，"……从表面看，法庭顺应了民意，媒体功不可没，但实际上，由于法律程序受到舆论的左右，法律的公正性和权威遭到了破坏。"③笔者认为，社会舆论在一定程度上代表了民意，反映了民众的呼声和对特定事件的评价，尤其在刑事案件中，一般都体现了公众的法律正义观，表达了人们对行为的社会危害性和行为人的主观恶性的评价，但并不是所有的社会舆论都可以代表民意，有的社会舆论就可能干涉司法。司法机关通过了解社会舆论，尤其是那些体现真正民意的舆论，可以正确把握公众对案件的看法和见解。如果一点都不考虑民众的舆论，就会使案件的判决脱离群众基础，也难以起到应有的教育效果。当然，处理案件时正确考虑社会舆论，并不是单纯地让公众意见来左右案件的处理。有论者就从民意本身具有异质性、易变性和盲目性等特点分析，认为司法者应当尽量避免受到民意的干扰，严格依照法律办事。因为作为民众意志的体现，法律已经代表了最根本的民意；严格依法办事，就是对民意

① 〔法〕让·雅克·卢梭：《社会契约论》，商务印书馆2003年版，第70页。

② 李瑞芳：《"邓玉娇事件"网络舆论风暴的生成及其特点分析》，载《东南传播》2009年第10期。

③ 杜骏飞、胡翼青：《深度报道原理》，新华出版社2001年版，第157页。

最好的体现。司法实践中，即使面对酌定量刑情节，法官也应当根据法律的精神和内心的确信进行独立审判。① 所以，我们应当看到社会舆论的片面性和多样性，社会舆论所代表的民意评价有时与案件客观事实的真正性质并不相符，在这种情况下，就不能一味地迎合公众对行为人的“同情”而脱离事实与法律对行为人不处理，也不能一味地考虑公众的看法而脱离事实对行为人进行处罚。对于代表人们的一种朴素的报应观念的民意，目前也不能完全否定，这种民意在一定程度上还可能有遏制某些人犯罪的作用，而应当采取措施积极进行疏导、指引。如果司法机关在处理具体案件时，既严格依法办案又正确把握了民意，就能与公众普遍的正义情感相符，减少民众对具体案件处理的疑问，还能更好地增进民众对法律的了解，发挥法律对公民的教育作用。

八、结语

防卫权因其所具有的对公民合法权利的救济性、对国家权力的补充性，从而成为一项普遍的权利，这种普遍性表现在：任何公民，在国家、社会公共利益或者本人、他人的人身、财产和其他权利遭受不法侵害时，均可以对不法侵害人采取武力反击的防卫权，这是法律所赋予并受法律保护的。在刑法意义上来说，规定防卫权不是为了制裁和惩罚违法犯罪行为，而是为了使合法权益免受正在进行的不法侵害的危险，是救济性的权利而非惩罚性的权利。防卫权的行使必然会引起刑法意义上的后果，刑法更关注防卫权行使的合法性问题。换言之，刑法和防卫权之间，是权利的行使和权利的监督、制约的关系。② 所以，《刑法》明确规定了正当防卫和防卫过当，肯定了正当防卫是排除社会危害性的行为，而防卫过当的行为，由于其具有一定的社会危害性，不能阻却其违法性，行为人应当承担相应的刑事责任。但防卫过当行为无论在主观上还是客观上都与一般的犯罪行为有所不同，这是我国《刑法》明文规定对防卫过当应当减轻处罚或者免除处罚的根据，也是罪刑均衡原则的体现。

笔者通过对邓玉娇一案的学理分析，探讨了刑法理论界关于防卫过当的一些具有代表性的问题，如防卫过当的性质、对防卫过当的认定、防卫过当的定罪量刑以及防卫过当与正当防卫的界限等。希望这不仅对于理论上认识和把握防卫过当有一定帮助，而且对在今后司法实践中出现的类似问题的认定和处理发挥示范和指导的作用。通过邓玉娇案，我们应当认识到，在法治社会的当下，为了保护合法权利免受正在进行的不法侵害，任何公民都可以对不法侵害人采取反击来进行防卫。但是防卫行为不能明显超过必要限度造成不法侵害人重大损害，否则就超出了《刑法》规定的防卫权的合法范围，由合法的正当防卫转变成违法的危害行为。

---

① 赵秉志、郑延谱：《中美两国死刑制度之立法原因比较》，载《现代法学》2008 年第 2 期。

② 赵秉志：《犯罪总论问题探索》，法律出版社 2003 年版，第 643 页。

附录

湖北省巴东县人民法院刑事判决书

[2009]巴刑初字第82号

公诉机关:湖北省巴东县人民检察院。

被告人:邓玉娇(又名邓玉姣、娇娇),女,1987年7月11日生于湖北省巴东县,土家族,初中文化程度,巴东县野三关镇雄风宾馆服务员,住巴东县野三关镇木龙垭村10组。因本案于2009年5月11日被刑事拘留,同年5月26日被监视居住。系部分刑事责任能力人。

法定代理人:张树梅,女,1965年6月1日出生于湖北省巴东县,土家族,农民,住湖北省巴东县野三关镇竹园淌村7组。系被告人邓玉娇之母。

辩护人:汪少鹏,湖北立丰律师事务所律师。

辩护人:刘刚,湖北诚业律师事务所律师。

巴东县人民检察院以巴检刑诉字[2009]第58号起诉书指控被告人邓玉娇犯故意伤害罪,于2009年6月5日向本院提起公诉。本院审查受理后,依法组成合议庭,于同月16日公开开庭审理了本案。巴东县人民检察院指派检察员许雪梅、杨玉莲出庭支持公诉。被告人邓玉娇及其法定代理人张树梅以及邓玉娇的辩护人汪少鹏、刘刚到庭参加诉讼。本案经合议庭评议并提交本院审判委员会讨论决定,现已审理终结。

巴东县人民检察院起诉指控:2009年5月10日晚上8时许,邓贵大、黄德智等人酒后到巴东县野三关镇"雄风宾馆梦幻城"玩乐。黄德智要求宾馆服务员邓玉娇为其提供异性洗浴服务,遭到拒绝。邓贵大、黄德智为此对邓玉娇进行拉扯、辱骂。邓贵大拿出一叠钱向邓玉娇炫耀并搧击邓玉娇面部和肩部。在"梦幻城"服务员罗某某和阮某某等人的先后劝解下,邓玉娇两次欲离开房间,均被邓贵大拦住并推倒在沙发上。倒在沙发上的邓玉娇朝邓贵大乱蹬,将邓贵大蹬开,并从随身携带的包内掏出一把水果刀藏于身后,站立起来。当邓贵大再次扑向邓玉娇时,邓玉娇持刀朝邓贵大刺击,致邓贵大左颈、左小臂、右胸、右肩受伤。黄德智见状上前阻拦,被邓玉娇刺伤右肘关节内侧。邓贵大因伤势严重,经抢救无效死亡;黄德智所受伤情经鉴定为轻伤。案发后,邓玉娇主动向公安机关投案自首。经法医鉴定,邓玉娇为心境障碍(双相),属部分(限定)刑事责任能力。

针对上述指控事实,检察机关以证人证言、勘验笔录、检查笔录、物证、书证、鉴定结论及被告人邓玉娇的供述作为指控证据,认为邓玉娇在制止正在进行的不法侵害的过程中,致人死亡的行为属于防卫过当。应当以故意伤害罪追究其刑事责任。邓玉娇具有防卫过当和投案自首及系部分刑事责任能力人等情节,提请本院依法判处。

被告人邓玉娇提出:公诉机关指控其持刀刺击邓贵大不当,自己当时只是持刀在邓贵大面前上下晃动;自己的行为属正当防卫,不构成犯罪。其辩护人除了提出相同的辩护意见外,还提出即使邓玉娇的行为构成犯罪,也是防卫过当,且其是部分刑事责任能力人,具有自首情节,依法应当免于刑事处罚的辩护意见。

经审理查明:2009 年 5 月 10 日晚上 8 时许,时任巴东县野三关镇招商办主任的邓贵大和副主任黄德智等人酗酒后到巴东县野三关镇"雄风宾馆梦幻城"玩乐。黄德智进入"梦幻城"5 号包房,要求正在该房内洗衣的宾馆服务员邓玉娇为其提供异性洗浴服务。邓玉娇向黄德智解释自己不是从事异性洗浴服务的服务员,拒绝了黄德智的要求。并摆脱黄德智的拉扯,走出该包房。与服务员唐芹一同进入服务员休息室。黄德智对此极为不满,紧随邓玉娇进入休息室,辱骂邓玉娇。闻声赶到休息室的邓贵大,与黄德智一起纠缠、辱骂邓玉娇,拿出一叠人民币向邓玉娇炫耀并搧击其面部和肩部。在"梦幻城"服务员罗文建、阮玉凡等人的先后劝解下,邓玉娇两次欲离开休息室,均被邓贵大拦住并被推倒在身后的单人沙发上。倒在沙发上的邓玉娇朝邓贵大乱蹬,将邓贵大蹬开。当邓贵大再次逼近邓玉娇时,邓玉娇起身用随身携带的水果刀朝邓贵大刺击,致邓贵大左颈、左小臂、右胸、右肩受伤。一直在现场的黄德智见状上前阻拦,被刺伤右肘关节内侧。邓贵大因伤势严重,在送往医院抢救途中死亡(殁年 45 岁)。经法医鉴定:邓贵大系他人用锐器致颈部大血管断裂、右肺破裂致急性失血休克死亡。黄德智的损伤程度为轻伤。

案发后,邓玉娇主动向公安机关投案,如实供述罪行,构成自首。经司法精神病医学鉴定,邓玉娇为心境障碍(双相),属部分(限定)刑事责任能力。

认定上述事实的证据有:

(1) 公安机关出具的邓玉娇到案情况说明材料证实:2009 年 5 月 10 日 20 时 15 分,巴东县公安局野三关派出所接到邓玉娇号码为"151 × × ×32727"的电话报案称:"我在雄风宾馆杀人了。你们快来。"接警后,该所民警迅速赶到雄风宾馆,将等候在此处的邓玉娇带回派出所。此情节,还有巴东县公安局接受刑事案件登记表、巴东县公安局野三关派出所警情信息清单、中国移动通信集团湖北有限公司巴东分公司出具的客户通话清单予以印证。

(2) 证人黄德智的证言:2009 年 5 月 10 日下午,我和邓贵大、邓中佳等八人在巴东县野三关镇"美味佳"饭店吃饭时,我和邓贵大等四人喝了三瓶"稻花香"白酒。我们都有点醉意。晚上 8 时许,邓贵大安排我们一起到"雄风宾馆梦幻城"玩乐。我在玩乐时,发现正在该宾馆 VIP5 房间洗衣服的邓玉娇,便向其提出陪我洗浴的要求,邓玉娇予以拒绝并离开 VIP5 房间进入休息室。我心中恼怒,尾随邓玉娇进入休息室辱骂邓玉娇。邓贵大闻声赶至休息室,在辱骂邓玉娇的同时,拿出钱炫耀并搧击邓玉娇的面部和肩部。当邓玉娇两次从单人沙发上站起来时,都被邓贵大用手掌按倒在单人沙发上。邓玉娇用双脚连续蹬邓贵大后,起身用右手在邓贵大胸前挥动。我见邓贵大受伤流血,就上前用右手将邓玉娇和邓贵大隔开,导致自己手臂被划伤。

(3) 证人邓中佳(巴东县野三关镇招商办工作人员)的证言:2009年5月10日下午,我和邓贵大、黄德智等八人在巴东县野三关镇"美味佳"饭店吃饭时,邓贵大等四人喝了白酒。晚上8时许,邓贵大安排我们一起到"雄风宾馆梦幻城"玩乐时,我听到有人争吵,即顺着声音进入服务员休息室,看见邓贵大拿出一叠百元人民币在邓玉娇面前抖动,并说:"我有的是钱。"接着,邓贵大先后两次将邓玉娇推倒在单人沙发上,邓玉娇站起来用手自上而下击打邓贵大,黄德智用手去拦。我走近时发现邓贵大胸前出了很多血,黄德智右手臂也受了伤。

(4) 目击证人唐芹(雄风宾馆服务员)的证言:2009年5月10日晚上8时许,我在"雄风宾馆梦幻城"服务员休息室碰见从VIP5房间走出来的邓玉娇。此时,一个高个子男人(黄德智,下同)和一个矮个子男人(邓贵大,下同)先后进入休息室,辱骂、推搡邓玉娇。我见此情况,到前台喊来领班阮玉凡。阮玉凡劝解期间,邓贵大掏出一叠百元钞票在邓玉娇面前晃动并扬言要砸死邓玉娇,邓玉娇离开休息室时被邓贵大拉回室内。我又出门用手机联系经理贺德红,返回时才得知里面杀了人。邓玉娇从休息室出来,叫我将她随身携带的挎包转交其母。

(5) 目击证人罗文建(雄风宾馆服务员)的证言:2009年5月10日晚上8时许,邓玉娇进入休息室时,我与袁芹、王贞在休息室看电视。一个高个子男人紧跟着进入室内辱骂邓玉娇。随后,一个矮个子男人来到休息室,在辱骂邓玉娇的同时,从裤子口袋内掏出一叠百元面值的钱炫耀。我见状劝邓玉娇离开休息室。但邓玉娇刚出门又被矮个子男人拉回室内,并将其推倒在单人沙发上。唐芹喊来领班阮玉凡劝解时,邓玉娇又被矮个子男人推倒在单人沙发上。邓玉娇用脚蹬矮个子男人。矮个子男人伸起身子时,我发现邓玉娇手中有一把小刀,矮个子男人胸前在流血。

(6) 证人袁芹(雄风宾馆服务员)的证言:2009年5月10日晚上8时许,我和王贞、罗文建在雄风宾馆服务员休息室看电视时,从外面跑进来一个高个子女孩(邓玉娇)。一个高个子男人和一个矮个子男人也先后进入休息室辱骂、推搡那个女孩。将其推倒在单人沙发上,矮个子男人走到单人沙发前,高个子也跟着走过去。倒在单人沙发上的女孩用脚乱蹬,手也在乱打。接着,那个女孩从沙发上站起来,右手持刀朝那个矮个子男人戳了几下。高个子男人见状上前拦时右手也被划伤了。

(7) 证人王贞(雄风宾馆服务员)的证言:2009年5月10日晚上8时许,我和袁芹、罗文建在雄风宾馆服务员休息室看电视时,邓玉娇从外面进入休息室。跟着一高一矮两个男人相继进入休息室。矮个子男人一掌将邓玉娇推倒在单人沙发上。此时,高个子男人站在沙发的正前方,还有一个男人(邓中佳)站在他们中间靠后一点的位置。邓玉娇面朝矮个子男人,用脚蹬他。这时,我听见罗文建喊:"流血了。"我往旁边一看,看到矮个子男人颈部以下至胸部的衣服上有血,邓玉娇手中拿着一把刀。

(8) 目击证人阮玉凡(雄风宾馆领班)的证言:2009年5月10日晚上8时许,唐芹跟我说休息室有人在吵架,我就赶到休息室,向邓贵大解释说:"她(邓玉娇)是楼上KTV服务员。"我叫邓玉娇离开休息室。邓玉娇往休息室门口走时,被邓贵大拉回。邓贵大边推搡邓玉娇边拿出一叠钱说:"我用钱砸死你",并将邓玉娇推倒在单人沙发上。高个子男人跟着上去,我就将高个子拉住,说:"有话好说。"此时,邓玉娇在单人沙发上用脚蹬。高个子往后退了两步,挡住了我的视线。随后我就见矮个子男人倒在地上,高个子男人手臂上在流血,邓玉娇站在沙发边,手中有把刀。

(9) 公安机关出具的检查笔录和扣押物品清单证明:2009年5月10日晚上,侦查人员从张树梅处提取邓玉娇委托唐芹交给其保管的女式挎包一个,从邓玉娇处提取T恤衫1件,牛仔裤1条,鞋子1双,女式挎包内有"金利"牌水果刀1把。邓玉娇母亲张树梅证言证实,2009年5月10日晚上,唐芹递给我一个包说是邓玉娇的,到派出所后,警察将包打开检查。其中有一把水果刀。水果刀经被告人邓玉娇当庭辨认,系其刺伤邓贵大的凶器无疑。

(10) 巴东县公安局制作的现场勘查笔录证明了案发现场的情况。该笔录记载:"雄风宾馆梦幻城"服务员休息室内单人沙发及地面上有大量的血泊,沙发左下角及地面上有喷溅状血迹。侦查人员提取了单人沙发和地面上的血迹。

(11) 湖北省公安厅出具的刑事科学技术鉴定书证明:从现场提取送检的血迹及邓玉娇作案时所持的水果刀和所穿的高跟鞋、牛仔裤、T恤衫上的血迹,经检验,均为邓贵大、黄德智共同所留。

(12) 巴东县公安局出具的法医学尸体检验报告书证明:邓贵大系他人用锐器致颈部大血管断裂,右肺破裂致急性失血性休克死亡。巴东县民族医院出具的病历资料和邓贵大的死亡证明材料及证人戴炳基(巴东县民族医院医生)的证言,均证实了邓贵大在被送往医院抢救途中死亡的事实。

(13) 被告人邓玉娇供述:2009年5月10日晚上8时许,我在"梦幻城"VIP5房间洗衣服时,一个高个子男人进来坐在床上。我将衣服洗完后准备离开。他站起来提出要我陪他洗澡,我拒绝了他的要求,继续往外走。他动手拉我。我摆脱后,就到服务员休息室。当时休息室有唐芹等三四个服务员在看电视。我刚进入休息室,高个子男人跟着进来辱骂我。接着,一个矮个子男人也进入休息室,除了辱骂我之外,还从口袋里拿出一叠钱朝我脸部和肩部搧击。这时领班(阮玉凡)来了,对他们进行劝解、解释,并要我出去。我先后两次出去,都被矮个子男人拉回来,并将我推倒在单人沙发上。我倒在单人沙发上后用脚蹬矮个子男人,但他们仍不罢休。这时,我才站起来掏出随身携带的水果刀朝向我走过来的矮个子男人刺过去。他受伤倒地后,我就向巴东县野三关镇派出所电话报警称我在雄风宾馆杀了人,并在宾馆等候派出所派人过来。没过一会儿,派出所的人就过来将我带走了。事后,我听说黄德智手臂也受了伤。我之所以用刀刺他们,是因为他们进休息室时态度凶狠,不听旁人的劝解。我又用脚蹬了他们,他们肯定要打我,我怕被他们打死。我用刀刺他们之前之所以没有警告他们,是因为如果我警告他们,他们肯定会将刀子夺过去,死的就肯定是我。

(14)湖北省人民医院法医精神病司法鉴定所、武汉市精神病医院司法鉴定所联合出具的鉴定意见书证明:邓玉娇为心境障碍(双相),系部分(限定)刑事责任能力。

上述证据,均经庭审质证,其来源合法、有效,所证内容客观、真实。本院予以确认。

关于被告人邓玉娇及其辩护人提出的公诉机关指控被告人邓玉娇持刀刺击邓贵大不当,邓玉娇当时只是持刀在邓贵大面前上下晃动的辩解和辩护意见。经审查,邓贵大系被刺击身亡,这不仅有邓贵大所受伤口的形状、深度等证实,而且有在场多名证人的证言佐证,被告人邓玉娇亦曾作供述,足以认定。被告人邓玉娇及其辩护人的上述辩解和辩护意见,本院不予采纳。

本院认为,被告人邓玉娇故意伤害他人身体,致人死亡。其行为已构成故意伤害罪,公诉机关指控的罪名成立。关于邓玉娇的辩护人提出邓玉娇的行为属于正当防卫,不构成犯罪的辩护意见。经审查:邓玉娇在遭受邓贵大、黄德智无理纠缠、拉扯推搡、言行侮辱等不法侵害的情况下,实施的反击行为具有防卫性质,但明显超过了必要限度,属于防卫过当,邓玉娇的行为构成犯罪。故对此辩护意见本院不予采纳。鉴于邓玉娇是部分刑事责任能力人,并具有防卫过当和自首等法定从轻、减轻或者免除处罚情节,可以对邓玉娇免除处罚,邓玉娇的辩护人提出如果认定邓玉娇构成犯罪,应当对其免于刑事处罚的辩护意见成立,本院予以采纳。依照《中华人民共和国刑法》第234条、第18条第3款、第20条第2款、第67条第1款和《最高人民法院关于处理自首和立功具体应用法律若干问题的解释》第1条规定,判决如下:

被告人邓玉娇犯故意伤害罪,免于刑事处罚。

如不服本判决,可在接到判决书的第二日起十日内,通过本院或直接向湖北省恩施土家族苗族自治州中级人民法院提起上诉。书面上诉的,应提交上诉状正本一份、副本两份。

审 判 长 姜 涛
审 判 员 罗桂香
代理审判员 覃方平
2009年6月16日
书 记 员 李小艳

李长河雇凶伤害案法理研究

林　燕*

一、选案理由

雇佣犯罪并不是严格意义上的规范概念,而仅是对一类具有类似特征的犯罪行为的概括性描述。中华人民共和国成立后,雇佣犯罪尤其是为权力而进行的雇佣犯罪一度销声匿迹。近些年,此类犯罪又死灰复燃,且呈逐步蔓延之势。由于我国正处于剧烈的社会转型期,特别是从计划经济向市场经济的变化,更多地涉及个人利益,由此导致个人间的纠纷和冲突明显增多。传统社会里视如至宝的各种情的联结,如血缘情、同学情、战友情、朋友情、上下级情等在新的社会大背景下都面临着严峻的挑战。拜金主义、金钱至上的腐朽思想逐渐盛行,“有了钱,什么都能做”的错误观念在社会上重新得到不少人的心理认同。而且,随着贫富差距的逐步拉大,使得雇佣犯罪中的受雇者一方形成了潜在的市场,一些亡命之徒信奉“为了钱,什么都敢做”,贫富差距为雇佣犯罪提供了“买方市场”和“卖方市场”,各种雇佣犯罪频繁发生。

据不完全统计,1995年以来,我国雇佣杀人案件正以每年6.1%的速度快速增长,1999年下半年,该类案件已占所有刑事案件的11.4%,而且仍有上升的趋势。1998年和1999年两年,全国共发生有较大影响的公职人员为权力而进行的雇佣犯罪案达30余起。在河南省,近几年就连续发生了原兰考县农机管理中心主任丰学良、原镇平县高丘镇李沟村党支部书记李生彦、原平顶山市政法委书记李长河、原副省长吕德彬等公职人员的多起雇佣犯罪案件。全国其他地方的雇佣犯罪案也不绝于耳,2006年北京发生了房山区政协原副主席许志远雇凶杀人案,2007年济南发生了原人大主任段义和雇凶杀人案等。这一起起血案败坏了社会风气,严重损害党和国家的政治声誉,造成了极为恶劣的社会影响。此外,一些带有黑社会性质的组织也涉足于此,其手段、性质都更为恶劣,成为当前“严打”整治斗争的一个重点,引起了社会各界的广泛关注。无论是司法实践部门,还是刑法理论界,都开始对雇佣犯罪问题予以高度重视。

但由于缺乏法律的明确规定,加之雇佣犯罪自身所具有的复杂性特点,刑法学界

---

* 北京师范大学刑事法律科学研究院2006级刑法学硕士,现在法制日报社工作。

对雇佣犯罪的研究尚不够成熟,有关该类犯罪的一些基本问题仍存在较大的认识分歧,而对雇佣犯罪死刑适用的研究更是一片空白,这些都极大地影响到对这类案件的认定和处理,因而有对其进行深入研究的必要。

李长河是截至目前我国已公开的雇凶者中职位较高的政法干部,其雇凶伤害案无疑是雇佣犯罪中影响较大的案件。该案一案关乎六人性命,受害人一死一伤,罪犯五人被判死刑(其中三人被判死刑立即执行,两人被判死缓),案件影响深远,备受社会各界关注。该案也是雇佣犯罪中较为典型的案件,其引发的诸多理论和实践问题,具有很大的探讨价值和现实意义,因而对其进行个案法理研究具有较大意义。

对李长河这一典型的雇佣犯罪个案进行分析,对雇佣犯罪这一类案进行归纳研究,对鲜有学者论及的限制和减少雇佣犯罪中死刑的适用问题提出创建性构想,这些对于完善雇佣犯罪的相关立法,预防和减少我国雇佣犯罪的出现,引导司法实务部门正确认定和处理雇佣犯罪案件都具有重要的指导意义。笔者尝试性地探讨雇佣犯罪死刑适用的若干问题,以资学理完善,并为我国限制与废止死刑之改革道路添砖加瓦、尽微薄之力。

二、基本案情

被告人李长河为报复被害人吕净一举报自己的违法违纪问题,曾直接干预案件致吕净一被逮捕并被以贪污罪判处有期徒刑1年。1998年5月,李长河担心吕净一的举报会影响自己升任平顶山市市委常委、政法委书记,就曾与被告人鲁耀民商定,找人"收拾"吕净一。1999年5月,在吕净一被河南省高级人民法院撤销有罪判决、裁定,宣告无罪,写信给李长河表示要继续揭发舞钢市巨贪的情况下,被告人李长河与本案第二被告人鲁耀民再次策划报复吕净一,商定由鲁耀民找人"收拾"吕净一,"打折其一条胳膊腿",以达到阻止其揭发行为且怀疑不到是李长河所为的目的。鲁耀民当即表示由其负责找人。鲁耀民找到第三被告人田兴民说:"最近吕某告李某的状,你找人收拾他一顿。"田兴民即以吕净一欠其钱不还为由,找到第四被告人刘国兴和第五被告人依志宏,让二人帮忙打吕净一一顿,砍两刀出出气,刘、依二人表示同意。后李长河通过鲁耀民将吕净一家的住址的大致方位告诉了田兴民,田兴民进行了确认。后因吕净一第二天要离家出差,1999年6月18日晚,鲁耀民催田兴民抓紧行动,并给田兴民5 000元现金。田兴民给刘国兴购买一件衬衣和一部BP机,并给刘国兴500元现金,让刘国兴买两把刀。后田兴民伙同刘国兴、依志宏携刀到吕家楼下,田兴民催促二人赶紧下手,并说:"重了就重了。"刘国兴、依志宏各持一把尖刀再次上楼,二人合力将吕净一的家门踩开后,刘国兴首先砍、刺被害人吕净一,当吕净一和妻子钟松琴在搏斗中将刘国兴压倒在地时,依志宏从身后猛刺吕净一、钟松琴二人数刀,将二人砍倒在地,刘国兴、依志宏逃离现场,伙同田兴民乘车逃走。被害人钟松琴经抢救无效死亡。吕净一经抢救脱险。经法医鉴定,吕净一系被他人用锐器刺割身体致多部位损伤,造成大网膜活动性出血、腹腔积血,需手术治疗,属重伤。

一审判决认定李长河、鲁耀民、田兴民、刘国兴四名被告人的行为构成故意伤害(致人死亡)罪,被告人依志宏构成(间接)故意杀人罪,分别判处李长河、刘国兴、依志宏死刑立即执行,判处鲁耀民、田兴民死刑缓期两年执行。被告人认为判决过重,不服提出上诉,二审法院除定罪上将依志宏改判为与其他四被告同样的故意伤害(致人死亡)罪外,在量刑上并未改变,仍维持原判三名被告人死刑立即执行,两名被告人死缓。

三、裁判要旨

被害人家人的死亡没有超出雇佣者和中间人的犯意,不属于实行过限。理由有:首先,雇佣者和中间人共谋找"赖孩""收拾"被害人。"赖孩"在当地是指有劣迹,做事大胆不计后果的人,让这些人去伤害他人,伤害的程度和后果雇佣者和中间人都应该预料到。其次,从作案地点看,当实行犯找不到被害人时,雇佣者通过中间人提供了被害人的家庭住址。此时应该预料到"收拾"被害人的行动可能会在被害人家进行,既然在"家"这个特定场合"收拾"被害人,被害人的家人就不会袖手旁观,这就难免伤及吕净一的家人,对此五被告人都是能够预料到的,他们对致被害人死亡这一危害结果采取了放任的态度。

中间人积极拉拢、收买并雇佣、指挥受雇者对被害人行凶。中间人和实行犯对造成一人死亡一人重伤的后果,均起了关键作用,二实行犯的行为均已构成故意伤害罪,且犯罪严重,论罪应当判处死刑,但二人是在他人授意下实施的犯罪,还不是必须立即执行的罪犯。

四、引发的理论问题

笔者认为这起涉及死刑的雇凶伤害罪的判决定罪基本准确,五名被告人都应判故意伤害罪,但也有不妥之处。雇主李长河和中间人鲁耀民、田兴民应是故意伤害(致人重伤),而不同于受雇人刘国兴、依志宏是故意伤害(致人死亡)。量刑上,本案死刑适用存在两大问题:一是判决量刑过重,李长河罪不足以致死,鲁耀民、田兴民判处死缓也过重;二是判决死刑人数过多,一案判处三名罪犯死刑、两名罪犯死缓。笔者拟围绕这些问题,结合相关法理和具体案情,对雇佣犯罪的死刑适用问题展开论述,并对限制雇凶犯罪死刑适用提出一些构想。

五、实行过限问题

本案中实行犯是否存在实行过限,是控辩双方争议最大的问题,也是决定本案被告人李长河刑事责任的关键问题——若存在实行过限,则李长河仅需对吕净一的重伤结果负责,构成故意伤害罪(致人重伤);若不存在实行过限,则李长河不仅要对吕净一的重伤结果负责,还要对吕妻钟松琴的死亡负责,构成故意伤害罪(致人死亡)。这也是讨论对李长河适用死刑是否适当的前提性问题,所以笔者认为有必要在开篇对这一问题先进行一些分析。

(一)实行过限的概念

雇佣犯罪是共同犯罪的一种特殊情形,而实行过限是共同犯罪中独有的内容,也是共犯理论中的热点和难点问题。日本刑法称之为实行犯实现的结果比其他共犯认识的范围严重的犯罪场合;在英国刑法中,有关于实行过限的一般原则,即当两个人合谋从事一项犯罪时,彼此要对为促成这项犯罪的行为负责,包括要对由此而产生的意外结果负责。但是如果其中一人超出了彼此同意的范围,另一人不能对这种未经他同意的行为负责。至于这种行为是属于合谋的范围,还是超出了这个范围,要由每个案件的陪审官具体断定。①

我国《刑法》中没有明确规定实行过限这一概念。刑法理论界一般认为,所谓实行过限,又称共同犯罪中的过剩行为,是指实行犯实施了超出共同犯罪故意的行为。

(二)实行过限的刑事责任

研究雇佣犯罪中的实行过限问题,目的是为了明确刑事责任的归属。

根据我国《刑法》共同犯罪理论中的"部分实行全部责任"的原则,如果成立共同犯罪,则由于各共犯人相互利用、补充对方的行为,而使数人的行为成为一个整体,每个共犯人的行为都是其他共犯人行为的一部分,故共犯人不仅要对自己行为及其结果负责,而且要对整个共同犯罪承担刑事责任。

但是,实行过限行为则是超出了共同犯罪人的事先联系,属于个人行为,根据罪责一致的原则,这一部分行为的责任理应由行为人自己承担。② 根据我国刑法理论中的个人责任原则及主客观相统一的原则,任何人只对自己的违法行为承担责任而不对他人的违法行为承担责任,而且行为人只有在对危害结果主观上有罪过的情况下才负刑事责任。过限行为超出了共同犯罪故意的范围,所以过限行为的实行犯与原共犯间不构成共同犯罪。可见,实行犯过限行为是伴随着共同犯罪而发生的,同时又与共同犯罪有着本质的差异,这种差异直接决定了过限行为的刑事责任只能由该实行犯承担,其他共犯只承担共同谋议之罪的刑事责任。这构成了我国刑法处理实行过限问题的一般原则。笔者同意大多数国家及我国对实行过限的处理原则,这符合"任何人不因他人的违法行为受处罚"的刑法格言及"无犯意即无犯罪行为"的刑法原理。

① 欧阳涛等主编:《英美刑法刑事诉讼法概论》,中国社会科学出版社 1984 年版,第 78 页。

② 参见张明楷:《刑法的基本立场》,中国法制出版社 2002 年版,第 271 页。

（三）实行过限的判定标准

1. 共同犯罪中实行过限的判定标准

在司法实践中如何判定是否成立实行过限，直接影响着随后的定罪量刑，但由于我国《刑法》对实行过限并无明文规定，司法机关在过限行为的认定上并无统一标准可循，而使得司法实践中常常发生案情相同，定性、量刑却不同的情况。因此，有必要先在理论上确立一个实行过限的判定标准。

纵观学者们的观点，在实行过限的判定标准上有这样几种观点：

第一种观点认为，实行过限实质上是一种共犯之间意思联络不一致的问题。意思联络不一致包括两种情况：其一是一方误解了另一方的犯罪意图；其二是在实行犯罪的过程中，正犯实行了超出原来预谋的、故意的过限行为即实行过限。对此，在认定过程中应结合不同的具体情况予以认定：(1) 对组织犯的认定采用“能够预见说”，即组织犯只要预见实行犯可能会实行过限却未采取相应措施就要对此负责；(2) 对共同犯罪中的实行犯采取“分离说”，即使共同实行犯明知、容忍甚至希望其他实行犯超出其原来共同故意的范围，也不能简单地认为他们之间形成了一种新的“不谋而合”的默认的故意；(3) 教唆犯的实行过限要根据不同的实行过限行为进行区分；(4) 帮助犯的实行过限需要根据具体情况具体区分。

第二种观点认为，对实行过限的认定应区分为实行犯、组织犯、教唆犯、帮助犯等不同情形：(1) 认定共同犯罪实行犯的实行过限时，必须注意考察实行犯对某临时起意的犯罪行为是否知情。如果根本不知情，则其本身就无罪过，临时起意者实施的行为即为实行中的过限。(2) 对组织犯组织其犯罪集团的成员预谋实施犯罪，在犯罪集团的成员实行并非预谋的犯罪行为和作案计划时，单独实施该行为的成员属于实行过限，应就此独立承担责任。(3) 对教唆犯应确定其教唆的范围，在查明实行犯的行为明显超出教唆范围时，应认定为实行过限。(4) 对帮助犯而言，无论被帮助者是否利用了帮助犯的帮助，只要其超出帮助故意的范围，都属于实行过限。①

第三种观点认为，实行犯实施的行为中，在共同约定意志范围内的行为是共同犯罪行为，超出约定范围的，则属于过限行为。在这种做法中，认定时首先必须分清哪些是共同犯罪行为，哪些是过限行为，从而作出不同的责任认定。该说法认为，明确共同犯罪故意的内涵对判断行为是过限行为还是共同犯罪行为非常关键。具体情况又将共同犯罪故意内容分为确定故意、概括故意、转移故意和突发故意。②

笔者认为上述前两种观点都有所不妥：第一种观点将认识错误问题归入实行过限中，混淆了两者区别；第二种观点认为实行过限无统一标准，而要具体分析案情也是不

① 参见张骥、臧建伟：《共同犯罪中实行过限的认定》，载《南通职业大学学报》2003 年第 6 期。

② 参见马松建：《雇佣犯罪基本问题研究》，载《郑州大学学报》（哲学社会科学版）2005 年第 4 期。

合理的。相比较而言,第三种判定标准比较合理,笔者赞同这种观点,因为共同犯罪的核心在于共同的犯意,因此应以其作为判定实行过限的标准,在共同犯意范围内的是共同犯罪行为,超出共同犯意范围的是实行过限。

2. *雇佣犯罪中实行过限的判定标准*

在雇佣犯罪中,雇主的授意即为共同犯罪故意。在纯粹的雇佣犯罪中,雇主只是向受雇人表授犯罪意图,不参与犯罪行为的实施,但受各种因素的影响,受雇人实施的犯罪结果可能与雇主的意图不相一致。根据主客观相统一的原则,笔者认为在雇佣犯罪中应结合雇主的授意的客观外在表现和其主观心态的情况,来判断实行行为是否超过了共同的犯罪故意。

从客观上,可依据雇主的授意外在表现分为确定性的授意与概括性的授意两种情形,来分析实行过限与否。

(1) 确定性的授意。确定性的授意是指雇主的授意十分明确、具体,对犯罪的种类、犯罪的对象、犯罪的手段、犯罪的时机等有明确的意思表示,内容具体、明确,含义十分严密。在一般的雇佣犯罪中,雇主都十分明确地对受雇人提出所达到的意图,诸如杀死他,给他家房屋炸了,砍掉他一条腿等,在这种情况下受雇人如果实施犯罪行为时超出了雇主的授意,就属于实行过限,因受雇人的实行行为超出了雇主的故意范围,由受雇人对其行为单独负责,雇主对实行过限的行为不承担刑事责任。

(2) 概括性的授意。概括性的授意是指雇主的授意并不明确,只对实施犯罪的行为有约定,但对具体的侵害对象、结果等内容则不明确。例如,在司法实践中,常常发现雇主说“收拾”、“摆平”、“教训”、“修理”等词语,这些词语的内涵和外延含混不清,会产生严重分歧,轻则轻微伤,重则重伤或死亡。所以,这时雇主的故意内容包括几种可能发生的危害结果,是在该范围的上限和下限之间摆动。雇主如果说出修理某人,受雇人可能杀害某人,或者采取爆炸的方式对某人进行伤害,受雇人不确定故意范围内造成的所有危害结果,都不属于实行过限,雇主和受雇人一起承担全部刑事责任。在雇主授意不明确时,认定实行是否过限较为困难,因此实践中必须根据具体的情境和约定,共同犯罪人的行为习惯、案件发生的情境因素,进行认真考察。

从主观上,可依据雇主对危害结果的主观心态分为希望和放任两种情形来分析。

(1) 雇主希望、追求特定危害结果的发生。即组织犯希望、追求发生的危害结果是明确的,如将人杀死,将人砍成重伤,将人打成轻伤等。这种情况下,雇主应对其希望心理支配下特定的共同犯罪行为及其所造成的危害结果承担刑事责任。

(2) 雇主放任一定范围内几种危害结果的发生。如雇主指使他人实施伤害而未明确伤害程度,实行犯伤害他人致轻伤、重伤均为组织犯伤害他人的意图所包容。这种情况下,不管实行犯的犯罪行为所造成的实际危害结果如何,只要其未超出雇主放任故意的包容范围,雇主均应对该危害结果负责。

（四）本案的实行过限问题

本案是一起由三名组织犯和两名实行犯共同构成并有不同分工的共同犯罪案件。被告人李长河、鲁耀民、田兴民系组织犯，策划和指使犯罪；被告人刘国兴、依志宏系实行犯，现场具体实施犯罪。

本案中，实行犯依志宏将吕妻故意伤害致死，是否超出了李某等组织犯的组织范围，亦即是否属于实行过限呢？一审和二审判决都认为不属于实行过限，笔者不赞同法院的定性，认为本案属于实行过限，李长河不应对致被害人钟松琴死亡的行为及其后果负责。运用上文中主客观相统一的实行过限判定标准，结合具体案情，论述理由如下：

首先，从客观上看，李长河的授意是明确的。表现在：

（1）犯罪对象是明确的，在李长河与鲁耀明共谋、策划“收拾”吕净一的整个过程中，二人始终将加害对象明确在吕净一一人，而从未涉及吕净一之妻，通过田兴民告诉刘国兴、依志宏二人的“任务”，也只是针对吕净一，未指使、同意或放任吕净一之妻被故意伤害致死这一行为及结果的发生。这在几个被告人之间都是可以印证的。而且案发后，李长河、鲁耀明二人得知伤及了吕净一之妻，都感到意外，基本可以排除李长河等人对吕净一之妻进行伤害的故意。

（2）犯罪行为的程度也是明确的，李长河与鲁耀明共谋作案方法时，是要找俩“赖孩”“收拾”吕净一。李长河曾对鲁耀明讲，“收拾他得讲究分寸，不能把他弄得太狠，弄残了。”“注意大拇指和小拇指的关系，弄断小指头，不能弄断大拇指，弄断小指头是轻微伤，是治安案件；弄断大拇指就是刑事案件了。”

其次，从主观上看，组织犯对吕净一之妻的死亡并无希望或放任的心态。体现为：

（1）组织犯对吕净一之妻的死亡并非“明知”，从现场实施犯罪的两名实行犯来说，事前也并无加害吕净一之妻的意图，而是在伤害吕净一之时，吕净一之妻上前参与搏斗，另一实行犯才对吕净一之妻予以加害。应该说依志宏现场伤害吕净一之妻致其死亡的犯罪行为是临时起意的犯罪，完全超出了李长河的犯罪意图，也是李长河所无法预料到的。从上述的情况可以看出，在本案中，三名组织犯对实行犯伤害吕净一的行为是明知的，而且也是希望发生的，但对伤害吕净一之妻的行为则不明知也不希望发生，这种结果的发生是违背三名组织犯的意愿的。行为人明知自己的行为会发生危害社会的结果，是构成犯罪故意的认识因素，是一切故意犯罪在主观认识方面必须具备的特征。若让行为人对不知情情况下的行为负责，难免有客观归罪之嫌。

（2）李长河对吕净一家人的死并非有所放任。李长河是否告知吕净一家的具体地址也是案件审理中的一个关键性的问题。若李长河确实将吕净一家的具体地址告诉实行犯，那么他有可能预见到伤害会危及吕净一家人的安全而持放任心态；否则他无法预见这一后果。从案件笔录中，李长河交代：“找俩赖孩在街上或公共汽车上，以踩了鞋或碰了女人为由,打他几耳光,揍他一顿,吓唬吓唬他。”由上可见,李长河比较明确地指使将伤害吕净一的地点选择在公共场所。法庭调查中李长河也说,后来在多次守候未果的情况下,他才提供被害人吕净一家庭住址的大致方位,“不是在计生委就是在民政局家属楼上住。”目的是为了缩小实行犯寻找吕净一的范围,便于守候,乘机伤害,并不是也根本没有让鲁耀明派人去吕净一家中进行伤害。后来被害人的具体家庭住址是刘国兴从附近一住户那打听到的。而控方则认定说李长河告诉了具体地址,但没有充分的证据材料证明这一点。根据刑事诉讼中的证明规则,控方应承担举证责任,若举证不能则应承担相应的不利后果。尽管被告人的辩解未必可信,但依据案件相关证据,只能认定李长河是提供大致方位,因而也就不存在预料和放任吕净一家人受害的可能性。

综上,笔者认为,对于三名组织犯来说,故意伤害吕净一之妻的行为存在实行过限,对此其不应承担刑事责任;只应对吕净一的重伤后果负责,构成故意伤害罪(致人重伤)。法律面前人人平等,在刑罚适用时体现得尤为明显,罪责刑相适应原则与罪责自负原则在此也应得到充分体现。

在定性明确的基础上,下文我们再进一步探讨本案死刑适用是否合理。

六、故意伤害罪的死刑适用问题

本案中,审判机关最终以故意伤害罪判处李长河死刑立即执行。一个具体罪名适用死刑除了应符合刑法总则中适用死刑的一般性规定外,还应符合分则中该罪名刑罚的具体规定。结合《刑法》中的相关规定,笔者认为,李长河死刑立即执行的判决过重,下面将作分析。当然在这里,笔者并不是为李长河翻案、鸣不平,而只是分析案例,总结问题,以益将来。

(一)我国现行刑法总则中死刑适用的标准

我国刑法总则中,对死刑的适用规定了比较严格的标准,第 48 条第 1 款中规定:“死刑只适用于罪行极其严重的犯罪分子。”其中,“罪行极其严重”是其关键性要件。如何理解与认定这一要件,是把握现行刑法总则中死刑适用标准的关键所在。

在理论和司法实务界,对“罪行极其严重”的理解,主要有以下几种具有代表性的观点:(1)所谓“罪行极其严重”,是指所犯罪行对国家和人民利益危害特别严重和情节特别恶劣的。① (2)认定“罪行极其严重”应当以犯罪行为的严重程度作为标准,犯罪行为的严重程度包括犯罪分子所实施的具体罪的性质和犯罪行为所造成的危害后果的严重程度,即只有当犯罪分子实施了《刑法》中挂有死刑条款的罪,且犯罪行为造

① 参见胡康生、李福成主编:《中华人民共和国刑法释义》,法律出版社 1997 年版,第 53 页。

成了极其严重的危害后果,才可以适用死刑。[①](3)"罪行极其严重",是指犯罪行为对国家和人民的利益危害特别严重,社会危害性极为巨大,而判断是否属于"罪行极其严重",应当坚持主观罪过和客观危害相统一的原则,以使死刑的适用与犯罪行为所造成的客观危害和犯罪分子的主观恶性相适应。[②]

笔者比较赞同第三种观点,认为罪行极其严重是主客观方面的统一,在适用死刑时,主观恶性和客观危害性缺一不可。对"罪行极其严重"的理解,我们应从以下三个方面把握:

(1)犯罪行为的性质及其危害后果极其严重。所谓犯罪的性质极其严重,是指行为人在其主观恶性的支配下,实施了极其严重的危害社会的行为,这种行为的性质不仅属于应当判处死刑的犯罪,而且在同一种犯罪中也属于性质最为严重者。在通常情况下,性质最为严重的犯罪只是该种犯罪中比较少见的现象或特例,而不是这种犯罪中的多数情况,不应将一种犯罪中的多数情况视为性质极其严重。

所谓的犯罪行为的危害后果即犯罪构成中所说的结果,是专指犯罪行为对我国《刑法》所保护的客体造成的损害。[③] 所谓危害后果极其严重,是指犯罪行为极其严重地危害了《刑法》条文所保护的合法权益。由于合法权益的性质和价值不同,所以认定后果极其严重的标准也因罪而异。如故意杀人罪的后果极其严重,就是生命权受到实际的侵害,当一个故意杀人行为剥夺了被害人的生命时,该行为的后果就是极其严重的;如果只造成伤害结果,这个行为的后果就不是极其严重。

(2)犯罪分子的主观恶性极其严重。在现代刑法理论中,主客观相统一是公认的基本原则。犯罪的严重程度也必须是主观罪过和客观危害的统一。仅有危害行为和危害后果的极其严重,而无犯罪分子主观恶性的极其严重,或者相反,都不属于罪行极其严重。例如,交通肇事导致一死一伤,上万元财产毁损,其行为后果不可谓不严重,但是,由于事故系行为人的过失所引起,而过失犯罪的主观罪过总是轻于故意犯罪的主观罪过,所以,这类犯罪的主观恶性就不属于极其严重。这也是过失犯罪致人死亡也只能判处有期徒刑,而故意犯罪致人死亡也可以判处死刑的根本区别所在。

(3)犯罪的情节极其严重。犯罪情节是案件中体现行为的社会危害性或行为人的主观恶性,影响定罪量刑的主客观情况。犯罪情节极其严重即犯罪的手段特别残忍,在犯罪中起最主要的作用,具有卑劣的犯罪目的或者其他特别恶劣或特别严重的情节。性质特别严重的犯罪,也不是都具有特别恶劣的情节,法律往往列举特别恶劣的具体情节作为这类犯罪可以适用死刑的条件。死刑案件一般应有足以体现罪行极其严重的情节存在,情节实际上是对犯罪性质极其严重和主观恶性极其严重的表现形

---

① 参见王作富主编:《中国刑法的修改与补充》,中国检察出版社 1997 年版,第 31—32 页。

② 参见赵秉志主编:《新刑法教程》,中国人民大学出版社 1997 年版,第 300 页。

③ 参见高铭暄主编:《刑法学》,法律出版社 1984 年版,第 122 页。

式和必要补充。①

因此,所谓"罪行极其严重",就是犯罪的性质和危害后果极其严重,犯罪人的主观恶性极其严重,以及犯罪情节极其严重的统一。三者皆具备的犯罪,才符合罪行极其严重的死刑适用标准,才可以适用死刑。只有其中某一项或两项达到极其严重的,并非必须判处死刑。

(二)我国现行刑法分则中故意伤害罪死刑适用的标准

故意伤害罪的量刑问题,尤其是适用死刑的限度问题,一直是一个比较有争议的问题。笔者认为,根据主客观相统一的原则,轻伤害行为情节较轻,犯罪分子主观恶性不大,是不应该规定死刑的,这与现行《刑法》的规定是相一致的;而对于重伤害犯罪,根据我国目前的量刑幅度以及犯罪性质,笔者认为应该保留死刑。因为人的健康与生命是密不可分的两个方面,健康如果不能保障,生命的安全也无从谈起,所以,对于故意伤害罪应该适当保留死刑,但应当严格限制死刑的适用条件。

我国的《刑法》曾经在故意伤害行为中适用了大量的死刑,随着社会的发展,人们逐渐认识到死刑是一个严厉的刑罚,与人类文明的进步是相违背的,《刑法》对于故意伤害罪适用死刑的条件作了比较严格的限制。《刑法》第234条规定:"故意伤害他人身体的,处三年以下有期徒刑、拘役或者管制。犯前款罪,致人重伤的,处三年以上十年以下有期徒刑;致人死亡或者以特别残忍手段致人重伤造成严重残疾的,处十年以上有期徒刑、无期徒刑或者死刑。本法另有规定的,依照规定。"根据《刑法》的上述规定,故意伤害罪适用死刑的条件是"致人死亡或者以特别残忍手段致人重伤造成严重残疾",这是一个选择性的条件,即只要伤害行为致人死亡,或者以特别残忍手段致人重伤造成严重残疾,可能选择适用死刑,而不是必须适用死刑。

故意伤害罪可能适用死刑的第一种情况是,故意伤害致人死亡。"伤害致死"是指被害人的死亡是由重伤行为直接造成的。我国台湾学者林山田也认为,伤害致死的成立,以死亡与伤害具有因果关系为限,若被害人所受伤害,原不足引起死亡,系因加害者以外他人行为(包括被害人或第三人)而致死亡,则与加害者之行为并无相当因果关系,自然难以令其负伤害致死之罪责。如受伤后由于医疗事故而死亡应排除在"伤害致死"之外。"伤害致死"适用无期徒刑、死刑时,必须以死亡结果是由伤害行为或与其有直接联系的并发症所造成的,如本案中被害人之妻的死亡就是故意伤害行为导致的。②

故意伤害罪可能适用死刑的第二种情况是,以特别残忍手段致人重伤造成严重残疾。一般来说,故意伤害致人重伤,比起伤害致死和故意杀人,其后果及危害性更轻。

---

① 参见李翔、张金柱:《交通肇事案法理研究》,载《中国疑难刑事名案法理研究》(第一卷),北京大学出版社2008年版,第15页。

② 参见林山田:《刑法特论》(上),台湾三民书局1997年版,第128页。

因此《刑法》对故意伤害致人重伤适用重刑,作了更加严格的限制,判处死刑就应当更加从严掌握,这应当是立法的本意。故意伤害致人重伤的犯罪适用《刑法》第 234 条第 2 款规定的法定刑,其条件是非常严格的,其适用具有两个层次。

1. 故意伤害致人重伤适用死刑,必须同时具备三个条件

(1) 实施伤害的手段特别残忍。犯罪手段反映了行为人的主观恶性程度和客观危害性及危险性的程度,是立法确定刑罚的重要依据,也是司法量刑考虑的重要情节。手段特别残忍即采取为一般的伤害行为所不使用或者不能为一般公众容忍的伤害手段,如以强硫酸毁容,造成被害人极度精神创伤,痛苦终身;以锐利的凶器乱刺乱砍或者以棍棒等钝器猛砸乱打;以特别阴险或者特别淫秽的手段伤害他人;伤害多人并致多人重伤;采取肢解的方式进行伤害等。

(2) 致人重伤,即具备《刑法》第 95 条规定的几种情形之一:① 使人肢体残废或者毁人容貌的,即使他人的肢体缺损,或者使他人的面容变得丑陋不堪、显著变形等。② 使人丧失听觉、视觉或者其他器官功能的。丧失听觉是指一耳语音听力减退 91 分贝以上,或者两耳语音听力减退在 60 分贝以上的,丧失视觉是指造成一眼盲或者两眼低视力,其中一眼低视力为 2 级。③ 其他对人身健康有重大伤害的,如对他人大脑的严重伤害等。

(3) 造成严重残疾,这里的残疾,是指故意伤害犯罪行为给被害人身体健康所造成的损害结果,包括精神的、生理功能的和解剖结构的异常,以及生活、工作和社会活动能力不同程度的丧失。我们必须注意到,这里要求的是必须达到严重残疾程度而不是一般残疾程度,即由于行为人的伤害行为使他人受到重伤并且无法痊愈,留下严重残疾。

只有这三个条件同时都具备的,才可以考虑选择适用死刑。从总体上讲,这些条件是指故意伤害行为对他人人身权利的危害达到了最为严重、无以复加的程度。①

2. 即使以特别残忍手段致人重伤造成严重残疾的,也不能都判处死刑

上述死刑适用的条件是和“十年以上有期徒刑、无期徒刑”规定在一起的,因此,即使符合上述条件,一般情况下也应当优先选择适用 10 年以上有期徒刑;只有当选择 10 年以上有期徒刑不足以实现罪责刑相适应的时候,才退而求其次,选择适用无期徒刑;也只有当适用无期徒刑仍不足以实现罪责刑相适应的时候,才最终选择死刑,死刑是最后的选择,是最后的手段。笔者认为,只有对于那些多次作案、后果特别严重、社会影响极其恶劣的犯罪分子,才可以适用死刑,若不是这样,即使造成重伤,适用无期徒刑已足以惩罚犯罪分子。

同时,还需要指出,即使其行为符合故意伤害的适用死刑的标准,依法应当适用死

---

① 参见康凤英:《论故意伤害罪的量刑——适用死刑的条件》,载《中国刑事法杂志》2001 年第 6 期。

刑,也要注意和刑法总则规定的死刑适用规定“罪行极其严重”相协调,只有对那些不论是从分则规定的条件上看相符合,还是从总则上看,又符合了“罪行极其严重”者才能以死刑惩治。即便如此,对于那些应当判处死刑的犯罪分子,如果不是必须立即执行的,仍可适用死刑缓期二年执行。

(三)本案中对李长河适用死刑的分析

通过前面对刑法总则中死刑适用标准和分则中故意伤害罪的死刑适用标准的论述,笔者认为,判处李长河死刑立即执行并不合理,结合案情主要表现在:

1. 李长河所犯的罪行不符合刑法总则中死刑适用的标准

如前所述,我们知道,我国刑法总则中死刑适用的标准是“罪行极其严重的犯罪分子”。认定罪行极其严重,就必须是犯罪的性质和危害后果极其严重,犯罪人的主观恶性极其严重,以及犯罪情节极其严重的统一,三个条件必须同时具备。然而笔者认为,本案中李长河的犯罪行为并没有同时具备这三点,不是“罪行极其严重”,即不符合我国刑法总则中死刑适用的条件。

(1)本案中李长河的犯罪行为性质和危害后果并不是极其严重。故意伤害罪的犯罪性质相对于故意杀人罪、严重的危害公共安全罪等犯罪来说,并不是犯罪性质最严重的犯罪。故意伤害罪所侵犯的是他人的身体健康权,相对于侵犯他人的生命权和危害公共安全的故意杀人罪和危害公共安全罪来说,其社会危害性也不是最严重的。并且本案中致吕净一重伤的危害结果也并不是故意伤害罪中最严重的危害结果,重伤只是故意伤害罪中常见的一种危害结果,一般情况下故意伤害致人死亡的结果才是最严重的危害结果。所以说,本案中李长河的犯罪行为的性质和危害结果都不是极其严重。

(2)本案中李长河的主观恶性并非极其严重。众所周知,雇凶杀人的主观恶性远大于雇凶伤害,同样是雇凶犯罪,雇主唆使受雇人用残酷手段杀死受害人的并不鲜见。而本案中李长河只有伤害吕净一的故意,并无伤害其家人的故意;即使对于吕净一,也只是想把他打伤,使他不能再到处告状,并不像有些雇凶者一样一不做二不休,干脆把仇人杀了或来个“满门抄斩”。从案发后李长河得知钟松琴死后非常生气指责鲁耀民说:“这就是你弄的事?人命关天,这事不得了。”也可看出,李长河并非杀人不眨眼的恶魔,他虽然对吕净一检举他怀恨在心但并不希望凶手将其杀死。李长河的主观恶性不是极其严重,并不是那种人性泯灭、天良丧尽、毫无宽宥可能的负顽之辈,从这点上对其适用死刑也是不合适的。

(3)本案中李长河的犯罪情节也并非极其严重。笔者注意到案件中的几个重要情节:李长河开始交代鲁耀民说:“找俩赖孩找个借口,以踩住鞋或碰住女人为由,在街上或公共汽车上揍他一顿。”可见其希望的侵害的地点是在公共场所而非在家中,只是后来受雇人在回家路上守了几次没等到吕净一才闯入其家中;即使是实行犯也是为了逃脱,才临时起意向被害人钟松琴刺了几刀,导致其死亡的。这些对被告人李长河量刑的适当从宽考虑都是有意义的。

此外,案发后李长河还有应当被考虑从宽处理的量刑情节:① 被告人李长河在归案后和庭审中,对其所犯的故意伤害罪认罪、悔罪,并表示愿意赔偿被害人的经济损失。② 李长河检举揭发他人贪污等犯罪 11 起,其中有 3 起被查证属实,成立立功。

从以上三点看,无论是从客观行为,还是主观心态,以及认罪服法的态度等方面,李长河并不是那种罪行极其严重,罪大恶极的犯罪分子,这并不符合我国刑法总则中死刑适用的标准;而且从量刑来看,量刑者必须权衡加重情节证据和从轻情节证据,并对两者进行比较、评估后作出量刑决定,但本案中并无可加重处罚的情节,只有从轻处罚情节,而对李长河却适用了极刑,不能不说是一个过重的处罚。

2. 李长河的犯罪行为并不符合故意伤害罪中死刑适用的标准

前面我们对故意伤害罪的死刑适用标准进行了论述,故意伤害罪适用死刑的第二种情况是,以特别残忍手段致人重伤并造成严重残疾。只有当使用了特别残忍的手段,致使被害人重伤,并且造成严重残疾,这三个条件同时都具备时,才可能适用死刑,而不是必须适用死刑,即这三个条件的同时具备是适用死刑的最低标准。

对照本案,就手段而言,在检察院的记录中,被告人李长河和鲁耀民在共谋故意伤害吕净一的过程中都只说要“打折(弄断)其一条胳膊腿”,从未说过“要砍折其一条胳膊腿”之类的话。虽然“砍折”与“打折”仅一字之差,但其含义却是明显有别的:“砍折”的说法包含了使用刀具予以伤害的犯罪意图在内;而“打折(弄断)”则并未包含有使用刀具予以伤害的犯罪意图。可见雇佣者所希望的手段并非用刀砍,而“打折”的危险性相对要小一些。说是“手段特别残忍”,似乎证据不足。

本案就后果而言,虽然致被害人吕净一重伤,但还没有达到“严重残疾”的程度。伤害结果是伤害犯罪的基本情节,直接决定着犯罪的危害程度,从而也是决定行为人责任大小、量刑轻重的主要依据。参考《人体重伤鉴定标准》和有关部门组织专家制定的重伤等级划分标准,只有达到一级重伤才能视为造成特别严重残疾,才可以适用死刑或者无期徒刑。如:(1) 因颅脑、脊髓及周围神经损伤而导致植物状态;或者极度智力缺损或精神障碍,生活完全不能自理的,四肢瘫痪或偏瘫、截瘫伴有大小便失禁等。(2) 头面部损伤,造成双侧眼球缺损,及两侧面瘫难以恢复;或容貌毁损丑陋,或颞上颌关节强直、牙关紧闭,完全失去咀嚼和语言功能等。(3) 脊柱胸段损伤致严重畸型愈合,呼吸功能严重障碍,静卧时亦呼吸困难,体力活动完全受限等。(4) 颈部损伤致呼吸和吞咽功能严重障碍等。

案发后鉴定机构对吕净一的伤残鉴定结果是:被人用钝器刺、割身体致多部位损伤,造成大网膜活动性出血、腹腔积血,须手术治疗,根据《人体重伤鉴定标准》第 72 条的规定,吕净一的损伤属于重伤。从伤残鉴定结果来看,吕净一并未达到“严重残疾”

的程度。本案中缺少"造成严重残疾"这一可能适用死刑最低标准的必备要件,也就是说,本案连适用死刑的最低标准都没有达到,就不应该有适用死刑的可能性,更何况适用死刑立即执行。然而本案的审判机关最后判处了李长河死刑立即执行,这就让我们不得不怀疑此判决的合法性。

总之,笔者认为,无论从刑法总则中死刑的适用标准还是从刑法分则中故意伤害罪的死刑适用标准来看,对李长河都不应当适用死刑。申言之,我国对死刑的政策精神是,"严格限制死刑"、"少杀"、"慎杀"。虽然《刑法》未完全体现这一原则,但没有任何人强调在我国应多用死刑。相反,我们都说要限制死刑,减少死刑。剥夺一个不能够再生的人的生命,对于文明社会来说毕竟是一个悲剧,在"尊重生命"已成为当今一种普遍的价值观的情况下,公开地处死一个人毕竟不是善举,世界许多发达国家取消死刑,原因就在于此。

七、雇佣犯罪的死刑适用问题

(一) 我国雇佣犯罪适用死刑的概况

对我国雇佣犯罪案件判处死刑的情况进行纵向的历史统计,并从横向与别的国家进行比较,不难得出,雇佣犯罪是我国适用死刑较多的一类案件,其中较常见的雇凶杀人、雇凶伤害案中,罪犯大多都被判处了死刑:李长河案三名罪犯被判死刑立即执行,两名罪犯被判死缓;河南省吕德彬雇凶杀人案中包括造意者、实行者甚至事中帮助犯在内的四名同案罪犯全都被判死刑;谢福建雇凶杀人案三名被告人在一审中都被判处了死刑立即执行,二审中才将两人改判为无期徒刑和死缓……

"两命抵一命"、"四命抵一命",一案牵涉几条人命的现象在雇凶犯罪的判决中似乎司空见惯。这不禁让学者感叹中国雇佣犯罪死刑适用过多,不禁让国人感叹被告人的命"似乎不太值钱",……这也引起了笔者深深的思考——究竟是什么原因导致雇佣犯罪死刑适用的泛滥?

(二) 雇佣犯罪适用死刑的影响因素分析

从以上分析可见本案中李长河罪不足以致死,且总体上看雇佣犯罪判决死刑人数过多,那么最终为何会导致这样的判决呢?其中原因是多方面的,下面笔者拟结合本案案情,对影响雇佣犯罪死刑适用的内部和外部因素进行分析。

1. 内部因素分析——雇佣犯罪案件本身的特点

雇佣犯罪案件死刑适用多,究其原因首先是雇凶犯罪案件本身所具有的特点所决定的:

(1) 雇佣犯罪多是有预谋性的共同犯罪,分工周密,案件涉及罪犯人数众多,除了雇主、受雇的一个或数个凶手外,还涉及一些中间人。如李长河案中雇主李长河,中间人鲁耀民、田兴民,受雇人刘国兴、依志宏,一案就牵涉了五名共犯。

(2) 雇佣犯罪手段一般较为恶劣,且多为暴力性杀人或伤害案件,社会影响较大,在我国当前暴力犯罪死刑适用还较多的背景下,雇佣犯罪死刑判处较多似乎也就可以理解了。

(3) 由于雇佣犯罪案件本身较为复杂,刑法理论上对“造意为首”还是“实行为首”存在很大争议,主犯、从犯的划分并不是很清楚,司法实践中特别是一些存在实行过限的案件,更难划清刑事责任的大小,在这种情况下,审判者就干脆“一刀切”。李长河案中是否存在实行过限问题是公诉方和辩护人的争论焦点之一,最后法院并未认定是实行过限,这直接影响了李长河的刑事责任——他不仅要对吕净一的重伤负责,还要对吕妻的死亡负责,最终被判处了死刑。

2. 外部因素分析——社会环境因素

除了上述雇凶犯罪案件本身的特点外,更为重要的是一些外在因素对案件定罪量刑的影响。由于雇佣犯罪中的雇主往往身居高位或腰缠万贯,受雇人多是劣迹斑斑的累犯、惯犯,被害人是有正义感的举报人、申诉人、控告人等,这三方相差悬殊。新闻媒体对案件炒作,对舆论不适当引导,民意往往一边倒,普通民众多对被害人掬一把同情之泪,而对雇凶者、行凶者欲除之而后快。

笔者拟对新闻媒体、民愤、党政批示、被告人身份这些外在因素对雇佣犯罪死刑适用的影响进行一些分析。

(1) 新闻媒体对雇佣犯罪死刑适用的影响

李长河雇凶伤害一案,惊动上至中央领导,下至普通百姓,各大报纸、各地电视台长篇累牍地报道,以至于在案件真相尚未搞清的情况下,上上下下已形成一种“共识”,“李长河必死无疑”,“若李不死,天理何在,人心何在。”可见新闻媒体误导对雇佣犯罪死刑适用的影响。“舆论判决”已成为我国命案审判中不可忽视的问题。

司法公正需要新闻舆论的监督,也欢迎新闻舆论的监督,传媒监督司法不仅能发挥制约权力的效能,更能获得人民群众的普遍认可、支持。舆论监督司法,可能因其对实情的掌握,对问题的合理分析以及对民意的反映而促进司法公正,但又可能因妄评错议破坏司法威信,因过多干预司法过程损害司法的独立性,影响雇佣犯罪死刑的适用。因此,笔者认为,新闻媒体不应过多干预司法特别是影响刑事案件的定罪量刑。为确保司法公正和新闻监督的平衡,在雇佣犯罪死刑适用过程中强调新闻媒体监督司法应遵循的原则和规则是十分重要的。

① 客观真实性原则。客观真实性是新闻报道的灵魂,新闻媒体对司法的监督更应以此为准则。不客观、不真实的报道可能误导公众舆论,煽动群众情绪,影响司法公正,这一点在雇佣犯罪中体现得尤为明显。例如在报道李长河雇凶犯罪一案中,有两篇文章:一篇的题目是《李长河身为政法委书记却称“我不懂法”》;另一篇是《罪名怎样炼出来的》,讲到李长河因痛恨吕净一举报自己而将其罗织罪名,送进监狱。实际上

据法庭调查表明,在此时,吕净一根本没有举报李长河,李长河也没有挟私报复。这种不真实的报道造成恶劣的影响,形成对李长河人格的全面否定。又如在李生彦、李德伟雇凶杀人一案中,被害人李明久等人仗势欺人,并扬言要杀被告人全家,被告人长期生活在恐怖中。在此情况下,两被告人才雇佣他人杀害李明久,但是新闻媒体有意或无意忽略这一方面,没有看到案件的前因后果,报道片面,观点有失偏颇,造成极坏的影响。

② 道德原则。新闻媒体参与司法监督,自身的高道德水准是应予以强调的。我国的新闻媒体介入司法是在反对司法腐败情况下提出的,新闻媒体的特殊手段取得了显著的效果,人们便更崇尚新闻媒体的清正。但是,新闻媒体在介入监督之前最好先约束自身,否则不但不能维护司法公正,反而会损害司法公正。在某些雇凶案件中,被害人为达到严惩被告人的目的,借助舆论的力量,往往不惜以重金,去贿赂新闻工作者,新闻工作者的拜金化使得有些媒体或个人在进行采访、报道时已失去了基本的公正、客观和无私的社会责任感。

③ 法律原则。知法守法是作为法律的监督者所必须做到的。如果监督者本身不懂法,而通过媒体报道对判决指手画脚,那样只会给司法审判添乱。雇佣犯罪是共同犯罪的一种特殊形式,它具有自身的特殊性。不是所有指使人犯罪都是雇佣犯罪,它具有严格的标准。所有新闻媒体从业者在从事法律新闻报道时应知道相关法律知识,以免贻笑大方。

④ 权限原则。新闻的使命是让民众明辨是非,了解事情真相,但不能对案件进行"新闻宣判",超越法律规定和法律程序来"论定"哪个是犯罪分子,应受惩罚,怎样惩罚等。这种有意无意的"舆论攻势"影响公众情绪,从而难免影响司法人员的倾向,不利于司法公正。在雇佣犯罪中,新闻媒体最易制造轰动效应,他们挖空心思地寻找"爆炸点",或猎奇或编造。在这类报道中有生动形象的细节,有绘声绘色的心理描写,有活灵活现的场面情景,极大地满足了公众的"窥私欲",但对当事人、对司法者来说却无一益处。例如河南张金柱交通肇事案中新闻媒体通过连篇累牍的具有煽动性的报道,激起民愤,引起各级领导的重视,层层批示从重从快处理此案。张金柱在法庭上哀叹:"我是死在新闻记者之手啊。"①

(2) 百姓民意对雇佣犯罪死刑适用的影响

李长河雇凶伤害案的暴露,在河南省舞钢市引起强烈反响,当地干部群众纷纷通过不同方式为上访干部吕净一的遭遇鸣不平,要求严惩杀人凶手。"不杀不足以平民愤"已成为判处被告人死刑的重要理由。雇凶杀人多为情节恶劣,手段恶劣的案件,在当地民众中极易形成民愤,百姓民意对死刑适用的影响就特别突出。

① 参见方琳琳:《论雇佣犯罪的若干问题》,郑州大学 2001 年硕士论文。

就我国目前的情形而论，死刑与民意的关系问题集中在两个层次、两个阶段：一是宏观层次、立法和政策制定阶段，即死刑存废与民意的关系；二是微观层次、司法阶段，即民意对于个案中死刑适用与否的影响。对于微观层面的民愤是否应左右刑事司法，理论界主要有两种观点：一为肯定说，主张民愤作为酌定情节影响量刑，并建议以民愤大小区分死刑立即执行与死刑缓期二年执行的判处。① 二为否定说，认为民愤不能影响量刑，论者从民愤的概念和现实条件论证了民愤影响量刑的不合理性。②

笔者赞同否定说，认为个案判决不应以民意来量刑，否则有违司法的独立性，并且赞同这样一种观点：民意影响的对象应该主要在宏观层面，在于国家的死刑立法和司法政策，在于使个别的、局部或者地区性的民意成为普遍的民意，成为“公意”，而不在于具体的案件审理。

宏观层面，当今中国之普通民众对死刑还有较强的依赖乃至迷信的观念，具体就表现在微观层面对具体严重刑事犯罪案件的罪犯予以严惩（即适用死刑）的强烈民愤，犹如李长河案、刘涌案。笔者认为，刑事审判中适用死刑时的“民愤”因素应该排除。对于具体的案件，民意或者舆论的作用主要在于监督，而不是干预司法，代替司法，因为司法本应该是具有独立性的，而民意本身具有不稳定性、局部性。作为司法者应当尽量避免受到民意的干扰，严格按照法律办事。如果审判随民众喜而轻，因民众怒而重，则失去了法律的严肃性、稳定性和应有的理性，虽然会在某些个案上暂时实现了“公正”，但它从根本上破坏了法治精神，最终将使民众丧失对法律的信仰，实属短视之举，因小失大。司法要保持独立的品格，必须高扬民众都认同的包括权力也畏惧的原则——罪刑法定原则：定罪与量刑只能依据最根本的民意——法律，而不是民意或者权力。

（3）领导批示对雇佣犯罪死刑适用的影响

李长河雇凶伤害案很快惊动了河南省委和中央领导。河南省委先后召开书记办公会和常委会，对依法查处此案作出了部署。河南省有关部门也成立联合调查组，前往舞钢市现场办案。本案中党政领导批示对法院的审判造成了很大的压力，一定程度上也影响了对李长河死刑的适用。因为上级党政领导批示而加重对罪犯的处罚是否合理？答案当然是否定的。这让我们不禁对我国政治干预对司法判决的影响和司法审判的独立性问题进行反思。

在我国确立人民法院独立审判原则是为了保障法院依照法律规定独立行事审判权，公正审理刑事、民事、行政案件。由于法律必须具有权威性、稳定性和普遍性，才能维护人们对法律的信仰，建立起有效的法律秩序。故司法的任务只能是严格地适用既

① 参见陈兴良主编：《刑法案例教程》（上卷），中国政法大学出版社 1994 年版，第 527 页。

② 参见马克昌主编：《刑罚通论》，武汉大学出版社 1999 年版，第 365—367 页。

定的“党的主张和人民意志相统一”的法律,根据普遍性的法律对案件作出不偏不倚的裁决,而不能接受各级党政机关的批示、指示等各种新的临时“主张”。依法审判是独立审判的核心,正如马克思所说的,“法官除了法律就没有别的上司,法官的责任是当法律运用到个别场合时,根据对法律的诚挚的理解来理解法律。”①从一定意义上讲,司法机关依法以独立的方式保证司法公正实现的程度越高,其维护执政党的领导权威和人民利益的作用就越大;相反,如果各党政机关都绕过法律对司法机关的办案活动发指示、批条子、随意干预,使司法机关和办案人员不能独立地、公正地依法作出裁判,则势必损害执政党的威信和人民的根本利益。

而在我国司法实践中,有的地方党委以协调政法机关关系的名义,组织公、检、法三机关讨论具体案件,对定罪量刑作出决定;还有的权力机关对法院滥用监督权,采用批条子、下指示、调查审查等方式干预法院独立审判,这些现象并不鲜见。各种党政批示对死刑案件定罪量刑的影响也不容忽视,许多本不该判死刑的案件可能就因为“一纸批示”,导致数人“脑袋落地”,特别是官员雇凶杀害举报人的案件,由于社会影响大,更是如此。试问在这些案件中法律的权威何在?权大于法,依法治国的目标又将如何实现?

透过党政领导批示这一表象,我们能看到更为深层的问题,也就是中国决策层的重刑观、死刑威慑观。在我国的大部分司法官员的思维中,都有偏向于重刑主义的思想。在党政批示中经常出现的“社会影响极其恶劣,从重从严处罚”这样的非法律用语就可见一斑。国家决策领导层往往能够把握到社会进步的脉搏,他们如何看待死刑与社会治安、国家发展的关系,对引导民意循着理性的方向发展,对死刑的限制与废止有着举足轻重的作用。因此,正如赵秉志教授所言,“中国现阶段死刑制度的改革有必要将促进国家决策领导层观念的变革作为重点。”②

要转变中国决策层的重刑观、死刑威慑观,提高司法官员的素质和准入门槛,对司法官员进行相应的继续教育是相当重要的。此外学者们还应在这方面多作努力,向决策者陈明死刑的利弊,促成其对死刑的观念的转变。正如我国著名刑法学家马克昌老先生所言:“只要做好了决策层的工作,在中国废除死刑同样具有现实性和可行性。”

(4) 官员职位对雇佣犯罪死刑适用的影响

上文已经分析了李长河罪不足以致死,对比其他相类似的雇凶案件,雇主仅被判为无期徒刑、有期徒刑(如康岭山、曹广杰、康寿雇凶杀人案中雇主康岭山被判无

---

① 《马克思恩格斯全集》(第1卷),人民出版社1979年版,第178页。

② 赵秉志:《死刑改革探索》,法律出版社2006年版,第254页。

期徒刑[①],童琇琳雇凶杀人案中雇主童琇琳被判 15 年有期徒刑[②]);而李长河却被判死刑而且是死刑立即执行,其中一个重要因素是不少民众甚至司法人员认为他身处政法委书记这一要职,“知法犯法,罪加一等。”在现实中,因为身处高位而加重处罚似乎也是常事,但笔者认为,因为被告人的特殊官职身份就不讲法律规则而无限制加重其刑罚的反向歧视是不合理的。其理由如下:

① 有违罪刑平等原则。罪刑平等原则是法律面前人人平等这一宪法原则在刑法中的体现。罪刑平等原则要求司法机关对一切犯罪人,不分其性别、职业、家庭出身、宗教信仰、教育程度、财产状况、功劳大小等,都应当平等地定罪、量刑和行刑,以做到相同案件相同处理,同罪同罚。

法官在审判双方当事人时,要有一颗公允的心,尤其是对待公众人物应以普通的心态、平常的眼光去对待,不能把他看成特殊公民,然后用特殊的标准去对待他。无论是何人,李长河也罢,其他人也罢,在法律面前都是平等的,都应用同一标准对待,不能要求法外重惩。贝卡里亚在《论犯罪与刑罚》中说道:“一切额外的东西都是擅权,而不是公正的;是杜撰的而不是权利。超越法律限度的刑罚就不再是正义的刑罚。”[③]

② 有违罪刑法定的原则。平等地适用刑法并不等于在定罪量刑时不能根据情况的不同而有所区别,我国《刑法》中确实有一定身份影响刑事责任有无和大小的规定,但《刑法》中身份要起加重处罚的作用必须是《刑法》中明确规定的身份和情节,如国家机关工作人员诬告陷害,应从重处罚的规定。《刑法》中并未将特殊的官职身份作为故意伤害罪的从重处罚情节,而司法机关人为地将特殊身份作为从重处罚情节,这在一定程度上违反了罪刑法定的原则。量刑的公正应当体现在不同个案的相互比较中。同样性质、同样情节、同样后果的犯罪,受到不同的处罚,必然会引起人们对法律公正的怀疑,动摇人们对法律的信仰和信心。

---

① 参见郑州市中级人民法院(2001)郑刑初字第 116 号刑事附带民事诉讼判决书。案情和判决如下:被害人康建伟多次反映被告人康岭山存在问题,致使其选举未成。1999 年,康岭山指使曹广杰“到康建伟家修理他一顿,可别出现意外差错”。曹广杰联系蒋伟,付其 5 万元让蒋伟加害康建伟。蒋伟又联系了杜少林。3 月 21 日晚,蒋伟、杜少林各带一把尖刀、胶带纸一卷来到康建伟家,蒋伟朝康建伟的母亲胸部刺两刀,然后用胶带纸将其手、腿、嘴缠住,致其死亡。蒋伟、杜少林又用刀朝康建伟身上连捅 12 刀,致其死亡。蒋伟、杜少林犯故意杀人罪,被判死刑;康岭山犯故意伤害罪,被判无期徒刑。

② 参见丁一鹤主编:《解密中国大案 2006》,中国城市出版社 2007 年版,第 2 章。案情和判决如下:1996 年 11 月,被告人童琇琳丈夫日本人冲浦秀昭因心情郁闷,患上重病,不幸去世,童琇琳认为这是合伙人唐晓斌不返还合伙财产造成的。童琇琳找到朋友王江涛帮忙介绍人杀掉被害人唐晓斌。童琇琳经介绍找了吕途和基多夫。童琇琳向吕支付 30 万元人民币,提供了唐晓斌的照片。后来,童琇琳因故不想再杀唐晓斌,要吕中途停止,但遭到了拒绝,童琇琳便不再劝阻。2004 年 1 月,吕途和基多夫将唐晓斌骗到事先准备好的车上,开车到河北省三河市某区。在车上,基多夫用锤子将唐晓斌打晕,然后弄下车,两人用枪将唐晓斌打死,抛尸野外。法院判决,以故意杀人罪,判处吕途和基多夫无期徒刑;以故意杀人罪,判处童琇琳有期徒刑 15 年;以故意杀人罪,判处王江涛有期徒刑 6 年。

③ 〔意〕贝卡里亚:《论犯罪与刑罚》,黄风译,中国大百科全书出版社 1993 年版,第 58 页。

③ 侵犯被告人的平等量刑权,不利于对被告人人权的保障。人权是与作为生命的个体的人身与人格密切相关的权利与自由。要保障人权,首先要保障刑罚不得侵犯人权。国民应当受到尊重,被告人也应当受到尊重,不能将被告人作为实现其他任何目的的手段。[①] 除了人们自身的要求外,不得为了某种目的而将人工具化,是尊重人的最基本要求。如果刑罚仅以对社会成员的威慑,对犯罪人的隔离或最适当的再社会化为追求目标,无疑就是将刑罚变成了一种实现某种预防性刑事政策的随机的工具。[②]我国在司法实践中,量刑时重视一般预防,为了"严打"常加重处罚。在舆论一片"恶人当杀"之声时,我们是否理性地想过罪犯的生命非依法定不能剥夺,是否对被告人李长河的合法权利保留了不是施舍的尊重?不公正的量刑,多多少少甚至极为严重地侵害了被告人的人权。

法院应当严格遵循罪刑相适应、平等适用刑法的原则,明确量刑根据与量刑基准,采用合理的量刑方法,实现公正量刑,从而保障被告人的人权。

(三)限制雇凶犯罪死刑适用之理论与构想

应当看到,我国不少学者都认识到了雇佣犯罪判决死刑人数过多这一问题,认为应当限制这类犯罪死刑的适用,但至今鲜有学者对为什么要限制和如何限制进行论述,使得限制雇佣犯罪死刑尚缺乏有力的理论依据和具体可行的操作途径,加之实践中雇凶犯罪这类共同犯罪案件往往人数较多、案情复杂、责任不易区分,司法实务界"一刀切"的做法也就不足为怪。因此很有必要在理论上先对这一问题进行探讨,这也是切实减少这类犯罪死刑适用的重要一步。

基于此,笔者初探限制雇凶犯罪死刑适用之理论依据并提出一些粗浅的解决构想,以期抛砖引玉促进理论界对这一问题深入研究,更好地引导司法实务界有效减少这类犯罪的死刑适用。

1. 限制雇凶犯罪死刑适用之理论

从理论上分析,笔者认为限制雇凶犯罪死刑适用的理由有两个方面:

(1)雇佣犯罪死刑适用过多有违报应主义这一死刑的理论基础

① 报应主义是死刑的理论基础。

死刑作为人类惩罚其同类的一种最严厉的方式,有着漫长的历史,但是,1764年,意大利刑法学家贝卡里亚在《论犯罪与刑罚》中,对此提出了大胆的质疑:"在一个组织优良的社会里,死刑是否真的有益和公正?人们可以凭借怎样的权利来杀死自己的同类呢?"[③]由此在世界范围内掀起了至今不息的死刑存废之争,形成了存置说、废除说、限制说三大主张。对于死刑存废问题,不同的理论会作出不同的回答。报应论往往从

① 参见张明楷:《刑罚裁量与人权保障》,载《云南大学学报》(法学版)2005年第2期。
② 〔意〕杜里奥·帕多瓦尼:《意大利刑法学原理》,陈忠林译,法律出版社1998年版,第181页。
③ 〔意〕贝卡里亚:《论犯罪与刑罚》,黄风译,中国大百科全书出版社1993年版,第45页。

正义出发来支持死刑，而大多数功利论者则反对死刑。但总的来说，目前中国真正主张立即、无条件废除死刑的学者仍然只是少数[①]；而相对主流的观点是严格限制死刑的适用。[②] 这是因为在当今中国的文化背景下，死刑仍有其根深蒂固的历史和文化根基。

报应主义又称报应刑主义、绝对理论，强调刑罚的施加在于报应，犯罪是一种恶，对于犯罪之恶，应以刑罚应之。刑罚是犯罪之报应，着眼于已然之罪，犯罪事实不仅为刑罚之条件，而且为刑罚之唯一原因。

从我国的文化渊源来看，报应观在人们的头脑中根深蒂固，所谓“善有善报，恶有恶报”，而死刑正是这种报应观的体现。任何刑罚方法，如果不具备公正性，便是不应该存在的。报应与刑罚的公正有着天然的联系。而我国更有学者指出，刑罚的本质是对犯罪的报应。[③] 从报应论的角度来说，死刑具有公正性。在中国“杀人偿命”与“借债还钱”一样，历来被视为天经地义的事，实际上便是对死刑因可让杀人者偿命而具有公正报应的共识。从历史渊源来看，死刑是最原始的刑罚方法，它的产生，本身便是原始的、本能的公正报应要求的结果。死刑本质上是人们内心报应和复仇观念的反映，死刑能够满足人们的报应观念，抚慰人们的报复心，实际上这正是死刑能够真正发挥的现实功能，报应观也是死刑存在的理论依据。

尽管功利主义者曾将报应主义批驳得体无完肤，但当今报应主义仍颇受青睐，主要有两点原因：一是报应主义能够对犯罪分子的量刑给予一个合理的标准，其客观性既有利于司法操作也有利于保护犯罪人的人权；二是在人类文明未臻高度道德化的时期，报应主义符合当代人们心中的公平观念，因而能得到大多数人的响应。

② 报应主义三学说，都要求“罪与罚相称性”。

量刑是国家对具体犯罪行为进行否定评价的过程，罪与罚应当适应。只有让犯罪者受到应受的惩罚，守法者才感到法律是公平的；相反，如果犯罪者未受惩罚或惩罚与罪行不相适应时，守法者便会对法律产生质疑，法律的权威也就荡然无存。因此，量刑时应当遵循罪刑相称原则。

罪刑相称原则是犯罪和刑罚两大实体范畴之间的关系原则，意指犯罪与刑罚关系的匹配性与合适性，其依据是报应主义——“恶有恶报”的报应原则。报应论主张重罪

---

① 持这一观点的刑法学者有邱兴隆、曲新久。参见邱兴隆：《在死刑的正当程序学术研讨会闭幕式上的讲话》，载邱兴隆主编：《死刑正当程序之探讨》，中国人民公安大学出版社 2004 年版，第 688 页；参见曲新久：《推动废除死刑——刑法学者的责任》，载《法学》2003 年第 4 期。

② 持这一观点的刑法学者有赵秉志、陈兴良、胡云腾、王世洲等。参见赵秉志：《中国逐步废除死刑论纲》，载《法学》2005 年第 1 期；参见陈兴良：《死刑存废的应然和实然》，载《法学》2003 年第 4 期；参见王世洲：《关于中国死刑制度的反思》，载《死刑——中外关注的焦点》，中国人民公安大学出年版社 2005 年版，第 154 页；参见胡云腾：《死刑通论》，中国政法大学出年版社 1995 年版，第 302 页。

③ 马克昌主编：《刑罚通论》，武汉大学出版社 1995 年版，第 86 页。

重罚、轻罪轻罚,刑罚的严重性和罪行的严重性之间是一种对应关系,罪与刑之间的均衡性和相称性是报应主义刑罚观的核心。

在此,笔者拟用可能不是很准确但却比较形象的比喻来说明这个问题:罪与罚好比一个天平,天平一边是犯罪人所犯下的罪行,另一边是国家施加的刑罚,罪犯在天平的一端放下了砝码——一定的犯罪行为和社会危害,国家就要相应地在天平的另一端放上砝码——对罪犯定罪量刑后的刑罚,这样才能使天平平衡——满足受害人和民众对罪犯的报应观,实现社会的公正。

报应主义从不完善趋向于完善,经历了从等害报应到等价报应,转而为现代的该当报应的大致路线。报应主义观三阶段的三学说,都要求"罪与罚相称性"。

康德是等害报复论的倡导者。他指出:"如果你偷了别人的东西,你就是偷你自己的东西,如果你打了别人,你就是打了自己,如果你杀了别人,你就是杀了你自己。"①这是指明刑罚应与犯罪在损害形态上相对应的典型注解,好比天平的一边放的是苹果另一边也必须是苹果。其给人以某种直观上的对等感,符合人们朴素的公正感觉。但等害报应论存在着一些不可克服的矛盾之处。许多现代报应主义者反对同害惩罚法,因为犯罪的表现形式是纷繁复杂的,而为之所制定的刑罚的形式和种类却是有限的。除了谋杀这样的罪行可以对犯罪人施加同其对受害者带来的伤害同等的惩罚外,很多犯罪施以同害的刑罚不仅不可能(如对强奸犯施加"强奸"作为惩罚)也是不合理的,因为这违反了尊重罪犯的人格尊严和具有作为人的道义价值这一报应理论中固有的原则。因此,同态复仇观不可行。

针对等害报复论的缺点,黑格尔提出了等价报复论。他指出:"犯罪的扬弃是报复,因为从概念上说,报复是对侵害的侵害,犯罪具有在质与量上的一定范围。但是,这种基于概念的同一性,不是侵害行为特种性状的等同,而是侵害行为自在地存在的等同,即价值的等同。"②黑格尔所提倡的等价报应论突出地显示刑罚和犯罪在质和量上的等同,是两者内在价值的等同,而不是两者在外在形式或损害形态上的等同。好比天平的一端放了苹果,另一端并不一定要放苹果,只要是与其价值相等的水果即可。等价报复论较之等害报复论具有较大的进步性,但它对刑罚过剩和刑罚宽容等现象同样不能作丝毫的解释或应变,因此等价报应论也遭遇生存危机。

该当报应论是针对学者们对以往报应论的抨击,用一个较为涵括的"该当"限定报应主义,由于"该当"的弹性,可以对之作出多方面的解释,实现了罪刑评价标准的完全抽象化。③ 好比一边是苹果另一边不一定要是等价的东西,只要人们认为大体平衡即可。失去报应主义基石的刑罚观所能导致的刑罚不确定性和可能的对人权和自由的

① 〔德〕康德:《法的形而上学原理》,沈叔平译,商务印书馆 1997 年版,第 165 页。

② 〔德〕黑格尔:《法哲学原理》,范扬、张企泰译,商务印书馆 1996 年版,第 104 页。

③ 参见邱兴隆:《关于惩罚的哲学》,法律出版社 2000 年版,第 24 页。

侵犯,其结果是相当严重的,而该当报应论由于其涵括的弹性因而导致了当代刑罚思想对报应主义的复归。

③ 雇佣犯罪适用死刑过多,不符合现代的该当报应,有违人权保障。

报应观念是与一个社会的精神文明程度成反比的,事实证明,在一个精神文明程度较低的社会,报应观念愈是强烈,对于死刑的认同感也就越强。而唯有当精神文明程度发展到一定水平,超越报应的刑罚人道主义思想才具有存在的社会土壤。

该当报应论是当代西方较为流行的报应观。该当报应论使死刑适用的“量”随着社会观念和社会价值体系的更改而改变。该当报应主义认为,罪与罚不一定要相等,随着人权观念的发展,适当的比死刑轻的惩罚足矣。西方国家由于社会发展和文明程度高,人权意识较强,人民对生命权利更加看重,对罪犯作为人的主体资格也更加尊重。而死刑是剥夺人的生命权的刑罚,具有不可撤销性,因此即使是保留死刑的国家对死刑的适用都是慎之又慎。在罪与罚的天平中,国家在刑罚的一端所加的生命刑的砝码比发展中国家就少。

而不少雇佣犯罪案件往往是被害人只有一人而被执行死刑的有两三人甚至四五人,司法天平的一端往往是一个人的生命,而另一端却是数个人的生命,公正的天平严重倒向一边,重刑主义的倾向也就显而易见;过犹不及——注重打击犯罪,却忽视了罪犯最基本的生命权。这也与该当报应主义的人道主义目的相违背,不利于人权保障,因而是不合理的。

法官只能在报应刑的范围内追求预防犯罪的目的,因为超出报应刑的范围追求预防犯罪的目的,会将人作为达到集体目的的手段,而丧失对他们作为个人的尊重,否定他们的人的尊严——总之,将侵犯他们的人权。①

④ 雇佣犯罪适用死刑过多是超等量报应,即使传统的等量报应都不符合。

纵然,我们现在是发展中的大国,无论从物质文明还是精神文明同发达国家相比都有很大的差距,人权意识还较为薄弱,我国的民众还不能接受西方国家“罪与罚”的天平中刑罚甚至小于犯罪的该当报应观,我国仍处于等价报应阶段,但即使为了满足百姓的报应观,也应奉行等量报应的观念,而不能是超量报应。

等量报应主义认为罪与罚应基本相等。从报应主义的等价性出发,等价应是死刑的分配标准。也就是说,雇凶犯罪所适用的死刑与其所分配的犯罪之间必须具有价值的对等性。死刑的价值在于其剥夺的生命的价值,而犯罪的价值取决于其所侵害的权益的价值。死刑只有分配于所侵害的权益的价值不低于生命的价值的犯罪,才有可能具有等价公正性,其一旦分配于所侵害的权益的价值低于生命的价值的犯罪,便不可

---

① 〔美〕皮文睿:《论权利与利益及中国权利之旨趣》,张明杰译,载夏勇主编:《公法》(第一卷),法律出版社 1999 年版,第 118 页。

能具有等价公正性。

雇佣犯罪中如果一个被害人死亡是两个以上犯罪人之共同故意造成的,各个被告人在犯罪的预谋、准备和实行阶段作用均相当,不宜全都判处死刑,不能搞"两命抵一命"、"三命抵一命"的超量报应,因为"任何刑罚都蕴含着原始的、简单的等量或等值报应,从某种角度讲,国家可以对犯罪人施以低等量、低等值的报应,但一般不宜施以超等量、超等值的报应。"①人的生命是平等的,不能说谁的生命比谁的更重要,几个人的生命在质上不一定优于一个人的生命,但其量之和肯定大于一个人的生命,过犹不及。

综上,雇佣犯罪判决死刑过多不仅不符合当代的该当报应主义,就连传统的等量报应主义也不符合,从而不符合作为死刑存在基础的报应主义,因而从根本上说是不合理的。

(2)从刑事政策的角度考虑,雇佣犯罪适用死刑过多也不符合"宽严相济"的基本刑事政策

2006年《中共中央关于构建社会主义和谐社会若干重大问题的决定》明确提出:"实施宽严相济的刑事司法政策,对严重犯罪进行严厉打击、对轻微犯罪轻缓化是该政策的应有之义。"②"宽严相济"作为基本的刑事政策,对死刑控制具有当然的指导性作用。"宽"字为先,更是体现了构建社会主义和谐社会下对宽缓而严密刑法的追求,而其重要的内容即在于严格限制我国司法实践中死刑的过度适用。

对于雇佣犯罪案件,实践中对造成一人被害结果往往要判决两个或以上犯罪人死刑,这显然是和我国"严格限制死刑"的政策不相协调的。因而,立足于我国"严格限制死刑"的政策基础,贯彻宽严相济的刑事政策,要求对于共同犯罪人应区别对待,甄别处罚,以限制雇佣犯罪案件中的死刑适用。在雇佣犯罪中也应少杀、慎杀,避免一案杀人过多,这样既可以避免在同一案中判处死刑的人数过多,造成死刑适用的过多、过滥,又可以分化瓦解犯罪分子,体现刑罚的审慎、人道与个别化,有利于维护稳定与促进和谐;反之,若对雇佣犯罪的同案犯不分主次地一律适用死刑,则不利于鼓励犯罪分子中止犯罪或减少危害,可能会导致不少实行犯在犯罪时心想只要同伙杀死了被害人,自己不管怎样都要死,还不如狠点,"一不做二不休"干脆把被害人杀了,造成更加严重的危害后果。

2. 限制雇凶犯罪死刑适用之构想

从上文的数据统计和理论分析,我们可以毫不犹豫地说,我国雇凶犯罪的死刑适用确实过多了,限制雇佣犯罪过多的死刑适用势在必行。那么如何限制雇凶犯罪死刑适用就成为关键的问题。死刑适用过多既有内部也有外部因素,对症下药,笔者拟从

① 陈华杰:《论死刑适用的标准》,人民法院出版社2005年版,第65页。
② 《中共中央关于构建社会主义和谐社会若干重大问题的决定》单行本,人民出版社2006年版。

司法审判的内部制约和社会外部环境对这一问题提出几点构想。

(1) 从司法审判角度进行内部制约

① 严格区分主从犯,死刑应仅限于雇佣犯罪中的主犯。

在现实生活中,雇佣犯罪有着非常复杂的形式。不少学者根据客观方面的表现将雇佣犯罪分为纯正的或者纯粹的雇佣犯罪和不纯正的或者不纯粹的雇佣犯罪两种类型。前者为雇佣犯罪的典型形式,是指雇主仅仅实施雇佣行为的雇佣犯罪,而后者是指雇主不但实施雇佣行为而且还实施帮助行为或者实行行为的雇佣犯罪。

雇佣犯罪是复杂的共同犯罪形式,为了减少雇佣犯罪死刑的适用,在被害人为一人的情况下,应尽量“一命抵一命”,而不能“几命抵一命”,死刑立即执行只能适用于主犯,处于从属地位的从犯,应当从宽处罚不适用死刑。而雇佣犯罪案件本身较为复杂,主从犯的划分并不是很明确,这是其适用死刑较多的重要原因,主从犯的划分也是解决问题的关键。

在纯粹的雇佣犯罪中,判断雇佣犯罪的主犯标准,究竟是以“造意为首”,还是“实行为首”,对此学者们有不同的观点。

主张“造意为首”即雇主为主犯是主流的观点,学者的理论依据也较为充分,其理由有五个方面:

A. 从历史上看,古代刑法是造意为首。从历史渊源上看,主从犯分类理论源于我国古代刑法中的首从犯理论。在《唐律》中就有许多有关首从犯的规定。[①] 首从犯主要根据共同犯罪人在共同犯罪中的地位和作用划分。按照我国古代刑法中的首从犯理论,首犯为造意犯,从重处罚。而主从犯分类理论秉承首从犯的分类实质,区分共同犯罪人在共同犯罪中的地位和作用。这特别表现在对于教唆犯的处理上。在我国,无论在理论上还是实践中,教唆犯一般都按照主犯处罚。

B. 从主观恶性来看,由于是犯意的制造者,即“造意犯”,若没有雇主的利诱、收买行为,受雇人就不会实施犯罪,雇主对犯罪的发生起了决定的作用;更有论者认为,在雇佣犯罪中,雇主比一般教唆犯具有更强的主观恶性,因而,一律应以主犯论处。

C. 从利益分析法看,考虑犯罪的实施谁会从中得利,虽然杀手会得到一些好处,一些金钱,但是只是一些蝇头小利,而获得精神上满足的,更大的物质利益的是雇主。

D. 从法律的正义看,我们的法律就是要保护社会的平衡,要注意惩处社会上的强势群体,扶助弱势群体,才能使社会不发生倾斜。雇主往往在经济上有实力,要么是为了官位、要么是为了金钱而杀人。他们往往受过良好的教育还犯罪,更加可恶。而法律要保护弱者,行凶的人要么愚昧,要么凶残。他们通常没有正常的经济所得,改革开放的发展没有给他们带来好处,所以说这样的人既可怜又可悲、可恶。

---

① 转引自刘高勇:《论唐代的共同犯罪及首从犯认定》,载《兰州学刊》2006 年第 4 期。

E. 从实践中看,大部分案件中一般凶手实行过限是很少的,大部分都是雇主不达目的誓不罢休,不停地催促,甚至是加大报酬,因此从犯罪的坚决程度来说也是雇主。[①]

主张"实行为首",即雇主为主犯的学者较少,其主要理由如下:

A. 犯罪行为的危害性。实施者如只是为了一点钱,而雇主则和被害者有一定的起因,从犯罪动机来看,前者是仅为了谋财而并无其他利害关系的无因犯罪,后者是有因犯罪,而且在现实中不少还是由于被害人过错而导致被告人雇凶犯罪,相比较而言,受雇人的社会危害性更大。

B. 犯罪行为的可预测性。雇凶者的犯罪行为从某种程度上说还是可预测的,而实施者只是为了一点钱就可以将毫不相识的人杀死,甚至是杀错人,这是完全不可以预测的和难以控制的,也会对社会造成更大的恐慌。

C. 在实践中常常出现受雇者自己与被害人有仇而杀死被害人,临时起意超出授意将被害人杀死而实行过限,手段特别残忍或者有从重情节,在这种情况下受雇人是主犯是无疑的,应考虑对其适用死刑。

D. 在这种案件中,实施者并非像"造意为首"支持者所认为的只是一个工具,而是其自由意志选择的结果。

笔者认为,"实行为首"的理论依据并不是很充分,相比较而言,"造意为首"较为合理,但认为其中也有一些问题。

A. 从历史渊源上看,我国传统刑法思想中的"造意犯"的处理显示出强烈的主观主义倾向,在某种程度上已经背离了主客观相统一的近现代刑法思想。对于教唆犯而言,教唆犯虽然有教唆行为,但不是构成要件行为。因而,教唆犯对犯罪的作用主要体现在主观上,即这种主观上的作用和实行犯的一致。然而,这种主观上的作用与被教唆犯直接实行侵害法律保护利益的作用相比,真的就更大吗?这不免让人置疑。

B. 我国古代自唐朝就已形成"造意为首,余者为从"的共犯定律,但这种有中国特色的共犯观自民国起即被轻易地放弃了。[②] "首恶必办,胁从不问"也曾是新中国的刑事政策,后来这种主张也在很大程度上受到了否定。

C. 实践是丰富的,雇凶犯罪的形式复杂,不论具体案情,一律"造意为首"这种"一刀切"的模式太武断。

因此,笔者认为,应判雇主还是受雇人死刑应当结合案情,认真比较,具体分析。

实际上,雇佣犯罪的复杂形式不仅表现在客观方面,而且表现在主观方面。这些复杂形式构成了雇佣犯罪构成要件的主要组成部分,考察它们,对于雇佣犯罪的定罪与处罚具有非常重要的意义。因此在区分主犯和从犯时,需要从主客观两个方面进行

---

① 参见张勇、赵永柯:《雇佣犯罪新探》,载《河南公安高等专科学校学报》2003 年第 1 期;支起来、鲍华民:《雇佣犯罪刑事责任研究》,载《法学杂志》2005 年第 6 期。

② 许玉秀:《刑法的问题与对策》,台湾成阳印刷股份有限公司 1999 年版。

综合考虑。主观方面上要考虑行为人对共同犯罪故意的形成是否起了主要作用,客观方面要考虑行为人具体实施了哪些行为,这些行为对于侵害结果的发生所起的具体作用。

A. 从雇佣犯罪的主观方面上看,犯罪意图可能来源于雇主,也可能来源于受雇人,也可能同时来源于这二者。

在犯罪意图来源于雇主的情形下,雇主实施的雇佣行为在实质上属于教唆行为,雇主构成教唆犯。a. 如果雇主仅仅实施了雇佣行为,则这种情况属于典型的雇佣犯罪形式,对于雇主按照教唆犯的相关规定进行定罪和处罚。具体来说,在定罪上,按照雇主所教唆的罪名进行认定,在处罚上,按照雇主在共同犯罪中所起的作用大小进行裁量。如果起主要作用,则雇主为主犯;如果起次要作用,则雇主为从犯;如果雇主在实施雇佣行为时受到胁迫,则为胁从犯。b. 在非典型的雇佣犯罪中,除雇佣行为外,雇主还会实施帮助行为、实行行为等。如果雇主实施了帮助行为,从刑法理论分析,雇主既构成教唆犯,又构成帮助犯,属于共犯竞合问题。在这种情况下,雇主对于目的犯罪行为的危害明显要比典型雇佣犯罪大,因而处罚应更为严重,一般以教唆犯从重处罚。对于上面两种形式,在进行处罚时,可以进行主犯、从犯、胁从犯的区分。

在犯罪意图来源于受雇人或者同时来源于雇主和受雇人的情形下,雇主实施的雇佣行为在实质上属于共谋行为,雇主构成共谋共同正犯(实行犯)。如果雇主仅仅实施了雇佣行为,则雇主仅仅构成共谋共同正犯,对于目的犯罪行为承担全部刑事责任。如果除雇佣行为外,雇主还实施了帮助行为,不构成帮助犯,仍以共同正犯论处。如果除雇佣行为外,雇主还实施实行行为,也以共同正犯论处,但相对于前两种情形处罚应更重。按照我国的共同犯罪理论,在这三种形式下,可以进行主犯、从犯、胁从犯的区分。①

B. 客观上要看行为的社会危害性。所有与雇佣犯罪有关的一切主客观事实情况,都集中反映了共同犯罪对于社会的危害程度,即具体共同犯罪案件所具有的社会危害性,这是对案件整体进行事实认定适用法律的基础事实;而对于各共同犯罪人来说,影响量刑的事实还有反映个人人身危险的事实情况,由此决定必须对共同犯罪区别对待,不能"一刀切",不分情况一律同等处罚。

对于雇佣犯罪一般根据犯意的提起者,犯罪的组织和指挥者,犯罪行为的积极参加者,致命伤的造成者等多种因素确定各被告人在整个犯罪中的地位和作用,据此认定主犯、从犯和适用刑罚。

对于雇主,从实践中的情况来看,若其对雇佣犯罪的形成、实施与完成起决定或重

---

① 参见丁芝华:《雇佣犯罪的定罪与处罚研究——兼论主从犯分类理论的不合理性》,载《湖南公安高等专科学校学报》2007 年第 10 期。

要作用,则应认定为主犯,并参照对教唆犯的其他规定进行处罚。对于受雇人应具体情况具体对待,不能一概而论。若自愿参与犯罪活动或者积极从事犯罪活动,甚至成为共同犯罪中的骨干分子,就应按主犯处理;若在共同犯罪中起次要或辅助作用,可以认定为从犯;若受雇存在着受威胁、受强迫的因素,则应认定为胁从犯。

② 即使主犯有数人也不能都适用死刑。

在只有致一人死亡的共同犯罪中,有两名以上主犯符合死刑适用标准,一般也应从主犯的行为中区分出罪行最严重的,判处一人死刑立即执行。①

正确的方法是综合全案的各种情况,充分考虑有无法定从宽处罚情节、酌定从宽处罚情节,或有无基于证据考虑的特殊因素,按照行为的严重性给主犯们排个"罪行阶梯",尽量区分责任大小,只对最重要的主犯判处死刑,对其中犯罪情节尚不是最严重的主犯不适用死刑。

严格按照罪责自负的原则,根据犯罪人在共同犯罪中的地位、作用,能划分主从犯的尽量划分主从犯,确定责任,准确量刑。如确无法分清罪责的,应根据主犯所起作用或情节上的差别,一般对罪行极其严重、情节特别恶劣、没有宽宥因素、排列在前的主犯,判处死刑立即执行;而对罪行稍轻排列在后的主犯,则可考虑判处死缓。

同时要坚持贯彻执行罪责刑相适应原则。一般情况下,对被告人不施以超等量、超等值的处罚,对被告人可以不搞"一命抵一命"的,不搞"一命抵一命";确需"一命抵一命"的,除极个别罪行特别严重的案件外,尽量不搞"两命抵一命"。

③ 树立少杀、慎杀思想,严格限制雇佣犯罪中适用死刑的犯罪类型。

雇佣犯罪中死刑适用应仅限于暴力性犯罪,通过对犯罪进行分层处理,将死刑的适用范围限制在"最严重犯罪"——暴力性犯罪的层次内,通过立法规定明确"最严重犯罪"的内涵和外延,做到有效控制死刑的适用。

在法律规定不明确的情况下,应当按照从严解释的原则,严格限制死刑的适用范围,努力限制死刑适用。死刑适用应严格依照法律的明文规定,不能通过简单的推理,想当然地将某一犯罪行为纳入死刑适用范畴。在这个意义上说,凡关系到死刑适用的,只能限制解释,不可随意地扩大解释。

④ 从刑罚理论角度考虑,可适用死缓的,就不用"死刑立即执行"。

死缓适用条件中的"不是必须立即执行",法律并无明文规定,理论界主要有"社会危害性标准说"、"主客观相结合说"、"功利说"等代表性观点。笔者认为,"不是必须立即执行"侧重于功利方面。只要对雇佣犯罪中应当判处死刑的适用死缓,不致引起社会震荡或者对社会造成新的危害,就可以适用死缓。对于有立功、自首等法定从轻、减轻处罚情节或者有明显的酌定从轻情节的,一般予以从宽处理,不判处死

① 参见王健、岳宗毅:《命案量刑情节分析》,载《刑事司法指南》2007年第3期。

刑立即执行。通过“实际地不执行死刑”这样的方式来控制死刑一直是我国一项重要的刑事政策，也是我国加入《公民权利与政治权利国际公约》以后必须履行的国家义务。

（2）改变外部环境，对雇佣犯罪死刑适用进行外部制约

前文中对雇凶犯罪案件死刑适用的外在因素进行了分析，其对案件定罪量刑的影响是毋庸置疑的，改变外部环境实现司法审判的独立，才能对雇佣犯罪死刑适用进行有效的外部制约。

依法治国，确保司法公正和建设社会主义法治国家，最终不是依靠政府和个人，而是依靠具有独立性的司法系统和体制的建立，依靠法院作为系统主力的独立性的建立。在一个法治公正、民主的国家，法院有权独立、公正地对一切问题作终极的司法审查。英国思想家弗朗西斯·培根在《论法律》一文说：“一次不公正的裁判，其恶果甚至超过10次犯罪，因为犯罪虽无视法律——好比污染了水流，而不公正的审判则毁坏了法律——好比弄脏了水源。”①影响审判公正的因素是多方面的，但许多重要的因素都可以归结到影响司法审判的独立性上。

死刑案件，人命关天，一旦错判、错杀，将造成不可挽回的损失，必须慎之又慎，绝对不能出任何差错。为了确保死刑判决的公正，审判机关必须有意识地阻隔对结果、对法律以外的目标的过早考虑和把握，这种程序上的正义是为了防止司法主体恣意决定以及排除任何人意志的干预和影响。只有排除了新闻媒体、民愤、党政批示、被告人身份这些不必要的外在因素对雇佣犯罪死刑适用的影响，才能在死刑审判中真正实现独立审判，保证公正审判。

八、结语

作为一种性质极其恶劣且多伴随暴力性的雇凶犯罪，在认定和处理的时候不可避免地要考虑到刑事政策和社会因素，故笔者在落笔的时候，内心亦有重重矛盾和困扰，比如呼吁对雇主给予相应人文关注适当减少死刑适用的时候，虽然知道这些呼声终究可能淹没在社会和司法实践对雇佣犯罪一片喊打的大潮中，虽然脑中也不时浮现被害者美满家庭一日破碎的阴晦画面，但却始终无法消除诸多理论问题对自己的困扰。

认真研究和解决雇佣犯罪案中的相关问题，对端正党风和社会风气，维护党和政府的形象，巩固社会主义制度也具有重要作用。目前，不论在刑法理论还是司法实践中，对雇佣犯罪的死刑适用的研究还很薄弱，日益严峻的雇佣犯罪现实呼唤对此进行迫在眉睫的研究。笔者通过对李长河雇凶伤害案等雇凶犯罪的典型类案进行研究，对

① 郭建淮编：《培根哲言录》，吉林教育出版社1990年版，第46页。

雇佣犯罪的概念、特点、性质、定罪量刑等进行了初步探讨,抛砖引玉以期理论界对雇佣犯罪的死刑适用的相关理论问题进一步深入研讨。

确立雇佣犯罪的相关定罪量刑制度,在当前对于维护社会秩序、保护人民生命财产安全的重要意义。和谐社会必然是一个公平正义的社会,必然是一个稳定有序的社会,然而雇佣犯罪的频发却成为当下一个刺耳的不和谐音符。当然,引发雇佣犯罪的是一系列的社会原因,所以,雇佣犯罪率的降低需要的也是社会治安的综合治理,涉及社会的方方面面。可以说,雇佣犯罪的有效治理和限制、减少雇佣犯罪死刑的适用,很大程度上取决于社会整体环境的改善,而这无疑是一个浩大的工程,任重而道远。

由于时间和文献资料所限,笔者仅对雇佣犯罪的死刑适用的若干问题谈了一些粗浅的看法和建议,有待日后继续学习研究,结合司法实践,充实理论知识,以期对雇佣犯罪问题有一个更为全面、透彻的认识。

附录

河南省高级人民法院刑事附带民事判决书

(2001)豫刑终字第482号

原公诉机关:河南省安阳市人民检察院。

上诉人(原审附带民事诉讼原告人):吕净一,男,35岁,汉族,大学文化,河南省舞钢市残联干部,住舞钢市计生委家属楼。系被害人钟松琴的丈夫,1999年6月18日被害致重伤。

上诉人(原审被告人):李长河,男,1954年12月17日生,汉族,河南省济源市人,大学文化,原系中共平顶山市委常委、政法委书记、平顶山市人大代表,住平顶山市委家属院7号楼6号。因涉嫌故意伤害罪于1999年6月28日被刑事拘留,同年7月18日被逮捕。现押于安阳市看守所。

辩护人:赵秉志,北京市地石律师事务所律师。

辩护人:刘德法,河南郑大律师事务所律师。

上诉人(原审被告人):鲁耀明,男,1952年8月15日生,汉族,河南省舞钢市人,大专文化,原系平顶山市天使集团股份有限公司董事长、总经理、平顶山市人大代表,住平顶山市新华区和平北路6号院10号楼41号。因涉嫌故意伤害罪于1999年6月22日被刑事拘留,同年7月18日被逮捕。现押于安阳市看守所。

辩护人:王海泉,北京市力格律师事务所律师。

辩护人:马建生,舞钢声元律师事务所律师。

上诉人(原审被告人):刘国兴,男,1962年1月14日生,汉族,黑龙江省齐齐哈尔市人,初中文化,无业,住齐齐哈尔市富拉尔基区铁北钢三委64组。1981年7月因犯抢劫罪被判处有期徒刑7年。因涉嫌犯故意伤害罪于1999年6月21日被刑事拘留,同年7月18日被逮捕。现押于安阳市看守所。

指定辩护人:任林泉,安阳大沧海律师事务所律师。

上诉人(原审被告人):依志宏,男,1968年4月30日生,汉族,辽宁省抚顺市人,初中文化,无业,住舞钢市寺坡一街坊25号。1992年5月因犯盗窃罪被判处有期徒刑13年,同年12月14日保外就医。因涉嫌犯故意伤害罪于1999年6月21日被收监。现押于安阳市看守所。

指定辩护人:马海平,安阳大沧海律师事务所律师。

原审被告人:田兴民,男,1970年9月19日生,汉族,河南省舞钢市人,高中文化,原系舞钢市棉纺厂制革分厂职工,住舞钢市寺坡二街坊煤炭公司家属楼。因涉嫌犯故意伤害罪于1999年6月21日被刑事拘留,同年7月18日逮捕。现押于安阳市看守所。

安阳市中级人民法院审理安阳市人民检察院指控原审被告人李长河犯故意伤害罪和受贿罪,原审被告人鲁耀民、田兴民、刘国兴、依志宏犯故意伤害罪,原审附带民事诉讼原告人吕净一提起附带民事诉讼一案,于2000年5月23日作出(2000)安刑一初字第9号刑事附带民事判决。原审附带民事诉讼原告人吕净一和原审被告人李长河、鲁耀民、刘国兴、依志宏不服,分别提出上诉。本院依法组成合议庭,经过阅卷,讯问被告人,听取其他当事人、辩护人的意见,认为本案事实清楚,决定不开庭审理。现已审理终结。

原判认定:1995年下半年,有人反映舞钢市八台镇党委副书记、常务副镇长吕净一背后操纵该镇农民集体越级上访,引起时任舞钢市市委书记的被告人李长河的不满和反感。1996年1月至6月,因有人举报吕净一有挪用公款和贪污行为,在李长河的干预下,吕净一先是被免职,后被刑事拘留、逮捕和起诉,并于1997年4月被以贪污罪判处有期徒刑1年。同年6月,吕净一刑满释放,提出申诉,并向上级有关部门和领导举报李长河的违法违纪问题。

1998年5月,平顶山市召开党代会,被告人李长河被列为市委常委候选人。党代会召开期间,李长河听被告人鲁耀民之兄鲁耀峰讲吕净一要到平顶山市申诉告状,即与鲁耀民商量找人“收拾”吕净一。被告人鲁耀民当即找来本公司职工岳奎山,安排岳奎山次日回舞钢市找人将吕净一打得出不了门或住几天医院,以阻止吕净一在此期间控告李长河。当晚,被告人李长河考虑到在吕净一正告状时“收拾”他,会引起怀疑,暴露自己,遂决定亲自做工作。次日,李长河回到舞钢市与市委其他领导共同做吕净一的父亲和妻子的工作,二人表示可以劝说吕净一不再去告状。李长河即电话通知鲁耀民,让岳奎山暂停"收拾"吕净一。后李长河升任平顶山市委常委、政法委书记。

1999年5月中旬,河南省高级人民法院依照审判监督程序审理了吕净一贪污一案,宣告吕净一无罪。被告人李长河得知这一消息后,认为吕净一肯定会借此机会告状,即与被告人鲁耀民预谋赶在吕净一告状之前,找俩"赖孩""收拾"吕净一,并商定弄断吕净一一条胳膊腿,阻止吕净一告状。鲁耀民表示负责找人。5月29日晚,鲁耀民将准备安排被告人田兴民具体找人"收拾"吕净一的情况向李长河作了介绍。次日上午,鲁耀民把田兴民叫到办公室,说:"最近吕净一告李书记的状,你找人'收拾'他一顿,打他时就说是欠账或耍流氓,别提告状的事。"被告人田兴民同意后,回到舞钢市即以请吃饭等手段拉拢被告人刘国兴和依志宏,并告诉刘、依二人吕净一欠钱不还,让二人帮忙打他一顿,砍他两刀出出气。刘、依二人表示同意。后被告人李长河通过鲁耀民将吕净一的家庭住址告诉了田兴民,田兴民按告诉的地址以敲错了门为由敲开吕净一的家门,对吕净一进行了确认,并将确认情况电话告诉了鲁耀民。6月初,李长河让鲁耀民催促田兴民抓紧行动,并让鲁耀民给田兴民一些钱。6月12日上午,鲁耀民给田兴民安排要狠狠"收拾"吕净一,打折他一条胳膊腿,使他不能告状。随后鲁耀民给田兴民5000元现金,并告诉田兴民如果所找的人提出安排工作等要求,可以先答应下来。当天下午,被告人田兴民给刘国兴买了一件衬衣和一部传呼机,并给刘国兴500元现金。之后,鲁耀民把给田兴民5000元钱的事告诉了李长河。6月14日晚上,被告人田兴民请被告人刘国兴、依志宏吃饭,给刘国兴现金200元,让刘国兴买两把刀,并约定次日去找吕净一,把吕净一的胳膊腿砍残废。随后,被告人田兴民带领刘、依二被告人携刀分别于15日上午、下午和17日晚上三次到吕家楼下,均因吕家无人、没有遇见吕净一而未得逞。

6月18日下午,被告人李长河让鲁耀民告诉正在寻找吕净一的田兴民:吕净一可能明天就离开舞钢市,要抓紧时间,把活做利落点,别留后遗症。当晚10时许,被告人田兴民、刘国兴、依志宏携带两把尖刀,乘坐刘富国(另案处理)驾驶的面包车到吕净一家楼下。被告人田兴民上楼见吕净一家没亮灯即下楼,在楼下发现吕家厕所内有灯光,就对刘、依二人说吕净一在家。刘、依二人持刀上楼期间,被告人田兴民给鲁耀民打电话说:"现在我在吕净一家楼下,他俩已经上楼了,吕净一不一定在家。"鲁耀民说:"吕净一肯定在家,今晚上该弄就弄,明后天他可能就不在家了,要狠狠收拾他,把活做利落点。"田兴民马上给刘国兴打传呼,让刘、依二人下楼,说:"吕净一在家,要弄快点弄,明后天他就不一定在家了。"刘国兴说天黑看不见,砍重了咋办?田兴民说,重了就重了。刘、依二人各持一把尖刀上楼,二人合力将屋门踩开,刘国兴首先冲进卧室,照站着的吕净一头部猛砍一刀,随后持刀乱刺乱砍,将吕净一身上多处划伤、刺伤。此时,吕妻钟松琴上前抱住刘国兴的后腰,夫妻二人合力将刘国兴按倒在客厅内。被告人依志宏上前朝吕净一的后腰、臀部及钟松琴的背部、腹部连刺数刀。二被告人挣脱后跑下楼，与田兴民一起乘车逃离现场。吕净一的邻居将吕净一夫妇送往医院抢救。钟松琴身体腹背部被刺中4刀，肺、肝、肾脏被刺破，造成失血性休克而死亡；吕净一头部、胸部、腹部、背部、臀部、双手被刺伤10余处，造成大网膜活动性出血、腹腔积血，经法医鉴定构成重伤。当夜，田兴民给鲁耀民电话汇报了作案情况。19日上午，鲁耀民将钟松琴死亡、吕净一正在抢救、田兴民被抓获的消息告诉了李长河。在此后几天内，李长河、鲁耀民二人频繁见面，商量对策，企图逃避法律的制裁。

被告人李长河、鲁耀民、田兴民、刘国兴、依志宏的犯罪行为，给附带民事诉讼原告人吕净一家造成了重大的经济损失。

另查明，自1993年至1999年初，被告人李长河在担任中共平顶山市委副秘书长兼办公室主任、舞钢市市委书记和平顶山市市委常委、政法委书记期间，利用干部推荐、提拔、调整、调动等机会，在其家、办公室、平顶山饭店等地，先后17次非法收受他人贿赂共计13.8万元。案发后，受贿所得赃款被全部追回。

安阳市中级人民法院认为，被告人李长河身为市委常委、政法委书记，为谋官保权，对举报人吕净一打击报复，先是干预政法机关正常工作，导致冤案发生，后因害怕影响自己职务升迁，为阻止吕净一告状，又与被告人鲁耀民多次预谋报复，雇凶伤害吕净一，致一人死亡一人重伤，其行为已构成故意伤害罪，且作案动机卑劣，社会影响极坏，应依法从严惩处。同时，其还利用职务之便，收受贿赂13.8万元，其行为已构成受贿罪，且情节严重，但其归案后，对受贿犯罪认罪态度较好，所得赃款已被全部追回，故对其犯受贿罪可从轻处罚。被告人刘国兴刑满释放后不思悔改，在田兴民的拉拢、收买、雇佣下，对田兴民交待收拾吕净一，将吕净一弄残废的任务积极响应，在共同犯罪中积极主动，对依志宏又起指挥作用，其行为已构成故意伤害罪，且作案手段残忍，后果特别严重，应依法严惩。被告人依志宏系保外就医的罪犯，在田兴民和刘国兴的指挥下，积极参与犯罪，多次前往吕家欲对吕净一行凶，案发当晚看到刘国兴被吕净一夫妇追使在地无法挣脱时，持尖刀向被害人吕净一、钟松琴要害部位猛刺数刀，对被害人死亡后果持放任的态度，并造成了一人死亡一人重伤的严重后果，其行为符合间接故意杀人罪的特征，起诉书指控其犯故意伤害罪不妥，应认定其构成故意杀人罪，且作案手段残忍，后果特别严重，应依法严惩。被告人鲁耀民在李长河的授意下为李长河报复吕净一积极参与出谋划策，主动承担找人的任务，按照李长河的授意两次给田兴民布置任务，并出资5 000元让田兴民雇佣凶手，多次催促抓紧动手，狠狠收拾吕净一。被告人田兴民为巴结、讨好鲁耀民，接受找人收拾吕净一的任务后，积极拉拢、收买并雇佣、指挥刘国兴、依志宏对吕净一行凶。被告人鲁耀民、田兴民对造成一人死亡一人重伤的后果，均起了关键作用，二被告人的行为均已构成故意伤害罪，且犯罪严重，论罪应当判处死刑，但二人是在他人授意下实施的犯罪，根据本案情况，还不是必须立即执行的罪犯。由于各被告人的犯罪行为,给被害人吕净一家庭造成了重大经济损失,吕净一要求赔偿的诉讼请求应予支持,但其要求赔偿65万余元,显然过高,其中精神赔偿达30万元,不属于刑事附带民事赔偿范围,不予支持。对其中的合理要求,可根据各被告人的责任和赔偿能力予以判处。原判认定:(1) 被告人李长河故意伤害罪,判处死刑,剥夺政治权利终身;犯受贿罪,判处有期徒刑10年;决定执行死刑,剥夺政治权利终身。(2) 被告人刘国兴犯故意伤害罪,判处死刑,剥夺政治权利终身。(3) 被告人依志宏犯故意杀人罪,判处死刑,剥夺政治权利终身。与其因犯盗窃罪被判处有期徒刑13年未执行完的刑罚5年1个月12天并罚,决定执行死刑,剥夺政治权利终身。(4) 被告人鲁耀民犯故意伤害罪,判处死刑,缓期二年执行,剥夺政治权利终身。(5) 被告人田兴民犯故意伤害罪,判处死刑,缓期二年执行,剥夺政治权利终身。(6) 被告人李长河赔偿附带民事诉讼原告人吕净一经济损失人民币2万元;被告人刘国兴赔偿吕净一经济损失人民币5000元;被告人依志宏赔偿吕净一经济损失人民币2000元;被告人田兴民赔偿吕净一经济损失人民币1万元。(7) 被告人李长河受贿所得赃款人民币13.8万元及非法所得赃款人民币2.65万元予以追缴,由扣押机关安阳市人民检察院上缴国库。

附带民事诉讼原告人吕净一上诉称:原判民事赔偿少,精神损失费和孩子的教育费、扶养费及钟松琴之母的赡养费均应予以赔偿;由于被告人的犯罪行为伤及胰腺,给其造成了终身疾病(糖尿病),其终身治疗也应当赔偿等。

被告人李长河上诉及其辩护人称:(1) 钟松琴的死亡超出了犯意,属实行过限,李长河不应对钟松琴的死亡后果负责;(2) 本案不存在雇佣关系;(3) (李长河)没有说过"要弄断吕净一一条胳膊腿"、"给所找的人一些钱"之类的话,以前之所以如此供述是公安人员逼供、诱供、指供所致;(4) 案发后,吕净一指使他人与凶手串供,欲置李长河于死地;(5) (李长河)检举揭发他人犯罪,有立功表现;(6) 原判量刑过重等。

被告人鲁耀民上诉及其辩护人辩护称:(1) 钟松琴的死亡属实行过限,鲁耀民对此后果不应承担刑事责任;(2) 本案不存在雇佣关系;(3) (鲁耀民)没有说过"砍折吕净一一条胳膊腿"、"吕肯定在家,狠狠收拾他"之类的话,以前之所以如此供述系公安人员逼供、诱供所致;(4) 量刑重等。

被告人刘国兴上诉称:(1) 仅砍吕净一一刀;(2) 吕净一通过舞钢市看守所工作人员张根义串供,让狠咬李长河,同案人犯可以作证;(3) 量刑重等。其指定辩护人辩护意见:量刑重等。

被告人依志宏上诉称:(1) 只在钟松琴背部、腰部和臂部各砍一刀,腹部两刀是刘国兴所为,钟松琴的死亡是刘国兴造成的;(2) 不是受雇佣作案;(3) 不构成故意杀人罪;(4) 量刑重。其指定辩护人辩护称:量刑重等。

安阳市中级人民法院在判决书中列举了认定本案事实的证据,列举的证据已在一审开庭审理时当庭宣读、出示并质证。在本院审理时,上诉人和其他当事人、辩护人均未提出新的证据。本院对一审判决书所列证据予以确认。本院经审理认为,一审判决认定的事实清楚,证据确实、充分。

关于附带民事诉讼原告人吕净一的上诉理由,经查,其要求赔偿精神损失费、扶养费及钟松琴之母的赡养费的诉讼请求,原审判决均已考虑。从法医对吕净一的损伤检验鉴定书看,被告人的犯罪行为并没有伤及胰腺,而且吕净一至今也没有就被告人的犯罪行为与糖尿病之间有因果关系提供任何证据,故其上诉称"所造成的糖尿病治疗费应予赔偿"的理由不予支持。

关于被告人李长河、鲁耀民及其辩护人提出的"钟松琴的死亡属实行过限,不应对此后果负责"的辩解,经查:首先,在报复伤害吕净一的问题上,被告人李长河和鲁耀民共谋找"赖孩""收拾"吕净一。"赖孩"在当地是指有劣迹,做事大胆不计后果的人,让这些人去伤害他人,伤害的程度和后果李、鲁二被告人都应该预料到。而事实上田兴民所找的刘国兴和依志宏,一个是刑满释放犯,一个是被保外就医的罪犯。其次,从作案地点看,当田兴民找不到吕净一时,被告人李长河通过鲁耀民提供了吕净一的家庭住址。此时李长河和鲁耀民应该预料到"收拾"吕净一的行动可能会在吕家进行,既然在"家"这个特定场合"收拾"吕净一,吕净一的家人就不会袖手旁观,这就难免伤及吕净一的家人。对此,五被告人都是能够预料到的。特别是对被告人致死这一危害结果采取了故意放任的态度,因此,钟松琴的死亡没有超出李长河、鲁耀民的犯意,不属于实行过限,其对钟松琴的死亡结果就承担罪责,二被告人及其辩护人的理由和意见不能成立。

关于被告人李长河、鲁耀民、依志宏及李长河和鲁耀民的辩护人提出"本案不存在雇佣关系"的辩解,经查,被告人李长河在和鲁耀民预谋找"赖孩"伤害吕净一后,提出给所找的"赖孩"一些钱。鲁耀民根据李长河的授意,给田兴民5 000元钱,让田兴民给凶手,并交待田兴民如果凶手提出将来找工作等要求,可以先答应他们。被告人田兴民随即给刘国兴购买衣服和传呼机,给刘国兴和依志宏现金,多次请二人吃饭,并许诺事成之后给二人找份工作。而且,被告人田兴民与刘国兴、依志宏案发前刚认识不久,彼此之间并没有多深的交情,刘、依二被告人并不是出于朋友关系帮田兴民的忙,而正是在田兴民给予财物、许诺找工作的诱惑下,才铤而走险对与其本无冤无仇、素不相识的吕净一夫妇实施犯罪行为的。可见,由李长河授意,鲁耀民出钱,田兴民具体拉拢、收买刘国兴和依志宏的雇佣关系成立。

关于被告人李长河及其辩护人提出"没有干预政法机关对吕净一贪污一案的处理"的辩解,经查,原舞钢市人民检察院反贪局局长姬自卿证实,李长河先后四次将姬自卿叫到其办公室,亲自安排并督促尽快对吕净一采取强制措施并起诉。原舞钢市政法委书记李起民证实,李长河多次过问吕净一贪污一案,并讲该案处理判上几年为上策,作有罪处理为中策,判不了为下策。根据李长河的旨意,其也多次到检察院和法院督促尽快处理此案。法院认为该案有点问题,但李长河是书记,所以研究时还是通过了。舞钢市法院院长王炳旭和副院长张晓辉也证明李长河干预了该案的审判。上述证人证言与被告人李长河关于在吕净一贪污一案查处过程中,过问过此事,也听过汇报的供述能够相互印证,足以认定。

关于被告人李长河、鲁耀民及其辩护人提出"没有说过'弄断吕净一一条胳膊腿'、'给所找的人一些钱'、'吕肯定在家,狠狠收拾他'之类的话,以前之所以如此供述系公安人员逼供、诱供、指供所致"的辩解,经查,被告人李长河和鲁耀民对上述言语均曾作过供述,所供基本一致,并与被告人田兴民、刘国兴、依志宏的供述系公安人员逼供、诱供、指供所致的理由没有证据证实,不能成立。

关于被告人李长河和刘国兴提出"吕净一串供让刘国兴狠咬李长河,欲置李长河于死地"的辩解,经查,舞钢市看守所干警张根义、被告人刘国兴在该所羁押时的同号人犯付元强、付广东和被害人吕净一均不证明此事,故不能成立。

关于被告人李长河及其辩护人提出"检举揭发他人犯罪,有立功表现"的辩解,经查,李长河共检举揭发他人犯罪11起,其中有8起经查不实;有两起虽然事实存在,但均是其为了工作亲自参与送给他人钱物,不能认定为立功;还有一起揭发周某某贪污问题,经查虽然有证据证明该人确实将虚开的3万元发票在其下属部门报销,揭发属实,但不构成重大立功。

关于被告人刘国兴提出"只砍吕净一一刀"的辩解,经查,被告人刘国兴对其冲进卧室后即照吕净一头部猛砍一刀,随后持刀乱刺乱砍,将吕净一划伤、刺伤多处的犯罪事实曾有多次供述。法医对吕净一的损伤检验鉴定书记载,吕净一头部、胸部、背部、臀部、双手被刺伤十余处,造成大网膜活动性出血、腹腔积血,构成重伤,并有被害人吕净一的陈述在卷为证,足以认定。

关于被告人依志宏提出"只在钟松琴背部、腰部和臀部各砍一刀,腹部两刀是刘国兴所为,钟松琴的死亡是刘国兴造成"的辩解,经查,被告人依志宏对其为逃跑,照钟松琴腹部等处连刺数刀的犯罪事实至一审开庭一直供认不讳,所供与被告人刘国兴的供述、被害人吕净一的陈述相一致,现翻供称钟松琴系刘国兴扎死的理由没有证据支持、不能成立。但被告人依志宏在持刀和刘国兴一起进入吕家,直到钟松琴出现之前,主观上一直是伤害无杀人故意。对钟松琴持刀乱捅,目的是为了帮助刘国兴逃跑,认定此时的依志宏对钟松琴的死亡后果发生有放任心理,证据不足,故其上诉称"不构成故意杀人罪"的理由成立。

本院认为,被告人李长河身为市委常委、政法委书记,为谋官保权,多次与被告人鲁耀民预谋,指使鲁耀民出钱让田兴民雇佣刘国兴、依志宏报复伤害举报人吕净一,致一人死亡一人重伤,五被告人的行为均已构成故意伤害罪,且手段残忍,情节恶劣,后果严重，社会影响极坏，应依法严惩。同时，被告人李长河还利用职务之便，收受贿赂13.8万元，其行为已构成受贿罪。被告人李长河虽有检举揭发他人犯罪行为，但不构成重大立功，且所犯罪行情节恶劣，后果严重，依法不予以从轻处罚。根据本案具体情节，被告人鲁耀民和田兴民还不是判处死刑，必须立即执行的犯罪分子。原判量刑及附带民事赔偿适当，审判程序合法，对被告人李长河、鲁耀民、田兴民、刘国兴的定罪准确，但对被告人依志宏的定罪不准。附带民事诉讼原告人吕净一和被告人李长河、鲁耀民、刘国兴的上诉理由及其辩护人的辩护意见均不予采纳。被告人依志宏上诉称“不构成故意杀人罪”的理由予以采纳。依照《中华人民共和国刑事诉讼法》第189条第1、2项和《中华人民共和国刑法》第234条第2款、第385条第1款、第386条、第383条第1款第1项、第25条第1款、第26条第1、4款、第48条第1款、第57条第1款、第69条第1款、第71条、第64条、第36条和《中华人民共和国民法通则》第119条、第130条之规定，判决如下：

（1）维持安阳市中级人民法院（2000）安刑一初字第9号刑事附带民事判决中的第1、2、4、5、6、7项，即被告人李长河犯故意伤害罪，判处死刑，剥夺政治权利终身；犯受贿罪，判处有期徒刑10年，决定执行死刑，剥夺政治权利终身；被告人刘国兴犯故意伤害罪，判处死刑，剥夺政治权利终身；被告人鲁耀民犯故意伤害罪，判处死刑，缓期二年执行，剥夺政治权利终身；被告人田兴民犯故意伤害罪，判处死刑，缓期二年执行，剥夺政治权利终身；被告人李长河赔偿附带民事诉讼原告人吕净一经济损失人民币2万元，被告人刘国兴赔偿吕净一经济损失人民币5000元，被告人依志宏赔偿吕净一经济损失人民币2000元，被告人鲁耀民赔偿吕净一经济损失人民币2万元，被告人田兴民赔偿吕净一经济损失人民币1万元；被告人李长河受贿所得赃款人民币13.8万元及非法所得赃款人民币2.65万元予以追缴，由扣押机关安阳市人民检察院上缴国库，以及第3项中对被告人依志宏的刑罚部分，驳回附带民事诉讼原告人吕净一和被告人李长河、鲁耀民、刘国兴的上诉。

（2）撤销安阳市中级人民法院（2000）安刑一初字第9号刑事附带民事判决第3项中对被告人依志宏的定罪部分。

（3）上诉人（原审被告人）依志宏犯故意伤害罪，判处死刑，剥夺政治权利终身，与其因犯盗窃罪被判处有期徒刑13年未执行完的刑罚5年1个月12天并罚，决定执行死刑，剥夺政治权利终身。

本判决为终审判决。

根据《中华人民共和国刑事诉讼法》第201条的规定，本判决即为核准以故意伤害罪分别判处被告人鲁耀民、田兴民死刑，缓期二年执行，剥夺政治权利终身的刑事判决。

根据《最高人民法院关于授权高级人民法院和解放军军事法院核准部分死刑案件

的通知》的规定,本判决即为核准以故意伤害罪分别判处被告人李长河、刘国兴、依志宏死刑,剥夺政治权利终身的刑事判决。

审　判　长　王宏印
审　判　员　陈宗洲
审　判　员　赵同福
代理审判员　司明灯
2001 年 12 月 4 日
书记员　马献钊(兼)